Leopold Löwenfeld

Sexualleben und Nervenleiden

Nebst einem Anhang über Prophylaxe und Behandlung der sexuellen Neurasthenie

Verlag
der
Wissenschaften

Leopold Löwenfeld

Sexualleben und Nervenleiden

Nebst einem Anhang über Prophylaxe und Behandlung der sexuellen Neurasthenie

ISBN/EAN: 9783957003454

Auflage: 1

Erscheinungsjahr: 2015

Erscheinungsort: Norderstedt, Deutschland

Hergestellt in Europa, USA, Kanada, Australien, Japan
Verlag der Wissenschaften in Hansebooks GmbH, Norderstedt

Cover: Sandro Botticelli "die Geburt der Venus"

SEXUALLEBEN

UND

NERVENLEIDEN

SEXUALLEBEN
UND
NERVENLEIDEN

NEBST EINEM ANHANG
ÜBER PROPHYLAXE UND BEHANDLUNG DER SEXUELLEN NEURASTHENIE

VON

HOFRAT DR. L. LÖWENFELD
SPEZIALARZT FÜR NERVENKRANKHEITEN IN MÜNCHEN

SECHSTE VERMEHRTE UND ZUM TEIL UMGEARBEITETE AUFLAGE

MÜNCHEN UND WIESBADEN
VERLAG VON J. F. BERGMANN
1922

Vorwort zur fünften Auflage.

Die vorliegende neue Auflage weist wiederum ihrer Vorgängerin gegenüber zahlreiche Änderungen und umfängliche Mehrungen auf. Die Seitenzahl ist von 404 auf 495 angewachsen. Es erklärt sich dies aus mehreren Umständen. Dieses Werk ist aus sehr bescheidenen Anfängen hervorgegangen, und die Umfangsmehrung von Auflage zu Auflage mußte sich in gewissen Grenzen halten. Einige Lücken, welche die IV. Auflage noch enthielt, konnten daher erst in der gegenwärtigen beseitigt werden. Es geschah dies durch Einfügung der Abschnitte V und VI, welche die nervösen und psychischen Störungen während des Geburtsverlaufes, des Wochenbettes und der Stillperiode behandeln. Auch die Umarbeitung und Erweiterung des I. Abschnittes, die sich allmählich als notwendig erwiesen hatte, war erst in dieser Auflage durchführbar.

In den seit dem Erscheinen der IV. Auflage verflossenen Jahren ist die Literatur, die sich mit dem Sexuellen beschäftigt, ganz enorm angeschwollen, und wenn dies auch zu keiner einigermaßen entsprechenden Mehrung unserer Kenntnisse führte, so war doch die Zahl der Publikationen, welche Berücksichtigung erheischten, erheblich genug. Dazu kam, daß meine eigenen in den letzten Jahren veröffentlichten Arbeiten zu den in diesem Buche behandelten Thematen manche Beiträge geliefert hatten, deren Aufnahme nicht unterbleiben konnte. Dagegen war ich nur in wenigen Punkten veranlaßt, die Ansichten, zu denen ich mich früher bekannt hatte, zu ändern.

Die Meinungsverschiedenheiten, die über manche Fragen des sexuellen Gebietes (so insbesondere sexuelle Abstinenz und Malthusianismus) in medizinischen Kreisen seit langem bestehen, sind in den letzten Jahren z. T. in verschärftem Maße zutage getreten. Ich habe, unbeirrt von der Parteien Eifer, mich bemüht, in den betreffenden Abschnitten meine aus breitester Erfahrung erwachsene Auffassung darzulegen, und hoffe, daß meine Ausführungen einiges zur Ausgleichung der gegensätzlichen Meinungen beitragen werden.

München, Dezember 1913..

L. Löwenfeld.

Vorrede zur sechsten Auflage.

Auch die hier vorliegende sechste Auflage meines Werkes „Sexualleben und Nervenleiden" weist wieder eine erhebliche Reihe von Änderungen und Zusätzen auf. Der Weltkrieg und seine Folgen, die Revolution und die Umgestaltung unserer politischen Verhältnisse, sowie die immer mehr anwachsende Verschlechterung unserer materiellen Lage, all dies vermochte nicht, das Interesse und den Eifer für das Studium der Sexualwissenschaften irgendwie einzuschränken, und die Ergebnisse dieser Tätigkeit mußten, soweit sie die Themata dieser Schrift betrafen, Berücksichtigung finden. Insbesondere gilt dies von den zur Zeit noch viel umstrittenen Entdeckungen und Theorien Steinachs. Den Zeitverhältnissen entsprechend mußte sich der Verlag mit Rücksicht auf die Preisgestaltung dazu entschließen, das Werk in einer Form erscheinen zu lassen, welche bei gleicher Größe trotz Beschränkung der Bogenzahl eine Aufnahme all des durch den derzeitigen Stand der Literatur gebotenen Neuen ermöglichte.

Die völlige Umarbeitung des Abschnittes XII (Präventivverkehr) mit Weglassung der entbehrlichen Krankengeschichten erleichterte die Durchführung dieses Planes nicht unwesentlich.

Ich darf wohl hoffen, daß das Werk in der vorliegenden Form wieder die Anerkennung finden wird, die den früheren Auflagen zuteil wurde.

München, Juni 1922.

Der Verfasser.

Inhaltsübersicht.

	Seite
Vorwort zur fünften und sechsten Auflage	V—VI
Vorbemerkungen	1
I. Entwicklung und Dauer der sexuellen Funktionen	5
II. Die nervösen Störungen der Pubertätszeit	22
III. Die nervösen und psychischen Störungen der Menstruationszeit	26
IV. Die nervösen und psychischen Störungen der Schwangerschaft	32
Anhang. Über den Einfluß der Schwangerschaft auf Neurosen und Psychosen	41
V. Die mit dem Geburtsakte zusammenhängenden nervösen und psychischen Störungen	44
VI. Die nervösen und psychischen Störungen im Wochenbett und in der Säugeperiode	46
Die Puerperalpsychosen	48
VII. Die nervösen Störungen im natürlichen und künstlichen Klimakterium der Frau	53
Das Klimakterium virile	60
Steinachs Verjüngungstheorie	62
VIII. Die sexuelle Abstinenz beim Manne	67
IX. Sexuelle Abstinenz und Mangel sexueller Befriedigung beim Weibe	93
X. Sexuelle Exzesse und ähnliche Schädlichkeiten	99
XI. Onanie	109
XII. Der sexuelle Präventivverkehr	134
XIII. Über den Einfluß sexuellen Verkehrs auf bestehende Nerven- und Geisteskrankheiten und die Disposition zu solchen	144
XIV. Erkrankungen der Sexualorgane bei Männern als Ursache von Nervenleiden	151
Anhang. Über Pollutionen und pollutionsartige Vorgänge bei beiden Geschlechtern	154
XV. Erkrankungen der Sexualorgane bei Frauen als Ursache von Nervenleiden	165
XVI. Die Freudsche Theorie von der Sexualität in der Ätiologie der Neurosen	178
Meine Ansichten über die Rolle der Sexualität in der Ätiologie der Neurosen	180
XVII. Eigene Untersuchungen über die sexuelle Ätiologie der neurotischen Angstzustände	189
XVIII. Die Anomalien des Sexualtriebes	196
I. Quantitative Anomalien des Geschlechtstriebes	196
A. Mangel und krankhafte Herabsetzung des Geschlechtstriebes. Sexuelle Anästhesie, Anaphrodisie (Eulenburg)	196
B. Krankhafte Steigerung des Geschlechtstriebes. Sexuelle Übererregbarkeit. Sexuelle Hyperästhesie, sexuelle Hyperlagnie (Eulenburg). Libido nimia	198
II. Qualitative Anomalien	206
A. Homosexualität	206
Konträre Sexualempfindung	206
1. Konträre Sexualempfindung beim Manne. Uranismus, Urningtum	206
2. Die konträre Sexualempfindung beim Weibe. (Viraginität, Maskulinität, Gynandrie)	226
Anhang. Narzismus	228
Transvestitismus	229

Seite

B. Substitutive Formen heterosexueller Perversion. Geschlechtlicher Symbolismus . . . 230
I. Fetischismus . . . 230
II. Andere substitutive Formen heterosexueller Perversion . . . 239
Exhibitionismus . . . 239
C. Algolagnie . . . 240
Sadismus und Masochismus . . . 240
I. Sadismus . . . 241
II. Masochismus . . . 248
Anhang. Periodisches Auftreten von Anomalien des Sexualtriebes . . . 252
XIX. Prophylaxe und Behandlung der sexuellen Neurasthenie . . . 254
Literatur . . . 281
Sachregister . . . 290

Vorbemerkungen.

Die Vorgänge des sexuellen Lebens stehen unter dem Einflusse des Nervensystems; sie sind von der Funktion gewisser zentraler Apparate abhängig. Von Budge, Eckhard, Goltz, Spina, R. L. Müller u. a. wurden auf experimentellem Wege bei Tieren in den unteren Rückenmarksabschnitten (oberes Lumbalmark und unteres Sakralmark) Zentren für die Vorgänge der Erektion und Ejakulation nachgewiesen, und es besteht kein genügender Grund, zu bezweifeln, daß auch beim Menschen in den gleichen Markabschnitten Zentren für den Geschlechtsakt vorhanden sind [1]). Auch in der Großhirnrinde hat das sexuelle Leben seine Vertretung; die demselben angehörigen psychischen Geschehnisse, Vorstellungen, Gefühle und Dränge, sind jedenfalls an gewisse kortikale Territorien gebunden. Ob jedoch eine einheitliche, umschriebene Zentralstelle für den Geschlechtssinn in der Großhirnrinde existiert, blieb bis in die neuere Zeit zweifelhaft [2]). Die Theorie Galls, nach welcher das Kleinhirn den Sitz des Fortpflanzungstriebes beherbergen soll, ist schon lange als irrtümlich erkannt. Ferrier glaubte aus gewissen experimentellen Tatsachen schließen zu können, daß die Zentren der sexuellen Vorstellungen wahrscheinlich in jenen Regionen des Gehirns zu suchen seien, welche den Hinterhauptslappen mit dem tieferen und inneren Teile des Schläfenlappens verbinden. Die fraglichen Beobachtungen Ferriers sind jedoch mehrdeutiger Natur [3]) und die darauf basierte Vermutung hat bisher weder durch physiologische, noch durch pathologische Beobachtungen eine weitere

---

[1]) Nach dem Vorgange von R. L. Müller (klinische und experimentelle Studien über die Innervation der Blase, des Mastdarms und des Genitalapparates. Deutsche Zeitschrift für Nervenheilkunde. 1901 und Weitere Beiträge zur Pathologie und zur pathologischen Anatomie des unteren Rückenmarksabschnittes, ebenda 1901) wurde von einer Anzahl von Autoren angenommen, daß die Zentren für die Erektion und Ejakulation ausschließlich oder wenigstens z. T. außerhalb des Rückenmarks und zwar in den Gangliengeflechten des kleinen Beckens (Plexus prostaticus oder Plexus vesicae seminalis) liegen. Diese Annahme wurde nachträglich von R. L. Müller selbst als irrtümlich aufgegeben (R. L. Müller und W. Dahl, „Die Innervierung der männlichen Geschlechtsorgane". Deutsches Archiv f. klin. Medizin 107 B., 1912).

[2]) So hielt es z. B. v. Krafft-Ebing für gerechtfertigt, als Stelle für die Auslösung sexualer Gefühle, Vorstellungen und Dränge eine bestimmte Region der Hirnrinde (zerebrales Zentrum) zu vermuten. J. Roux (Psychologie de l'Instinct sexuel, Paris 1899) erachtete es dagegen für nutzlos, nach einem bestimmten Zentrum für die sexuelle Funktion im Gehirn zu suchen, da ein solches Zentrum nicht existiert.

[3]) S. Ferrier, Die Funktionen des Gehirns, deutsch von Obersteiner 1879, S. 216; und Philosophical Transactions of the Royal Society of London, Vol. 165, p. 484. Ein Affe, welchem Ferrier die Hinterhauptslappen des Gehirns abgetragen hatte, machte nach der Operation wiederholt einem männlichen Gefährten gegenüber Versuche sexueller Annäherung. Ferrier glaubt, dies auf Reizung eines Zentrums für die sexuellen Empfindungen in der Nachbarschaft der Läsionsstelle beziehen zu dürfen.

Stütze erhalten. Nach Flechsig sind die Wollustgefühle, „soweit sie durch die Haut und Schleimhaut der äußeren Geschlechtsteile vermittelt werden“, in der Körperfühlsphäre (Zentralwindungen, hintere Partie der Stirnwindungen, Parazentrallappen, Gyrus fornicatus) lokalisiert, da auch diese Teile der Körperoberfläche bei Zerstörung des Stabkranzes der Körperfühlsphäre unempfindlich werden. Ob jedoch auch der Geschlechtstrieb, soweit er von den inneren Sexualorganen, insbesondere den Keimdrüsen abhängt, in der Körperfühlsphäre repräsentiert ist, hält der Autor für fraglich. Experimentelle Untersuchungen an Hunden, die zu Anfang dieses Jahrhunderts von russischen Autoren angestellt wurden, haben zwar die Existenz eines umschriebenen Rindenzentrums für den Geschlechtstrieb beim Menschen sehr wahrscheinlich gemacht, für die Lage desselben jedoch keine Fingerzeige geliefert [1]).

Nach den Untersuchungen Eckhards, Goltz u. a. an Tieren stehen das Gehirn und die höheren Rückenmarksabschnitte mit den genitalen Rückenmarkszentren durch Bahnen in Verbindung, welche diesen erregende und hemmende Einflüsse übermitteln. Pathologische Tatsachen und Erfahrungen des täglichen Lebens lehren, daß solche Verbindungen zwischen den höheren Zentralteilen und den spinalen Zentren des Geschlechtsaktes auch beim Menschen existieren. Bei Erkrankungen der höheren Rückenmarksabschnitte werden Erscheinungen sexueller Reizung (andauernde Erektionen, selbst Samenergießungen) beobachtet; bei Rückenmarksaffektionen mit ausgedehnterer Leitungsunterbrechung kommt es mitunter bei Einwirkung peripherer Reize, die unter normalen Verhältnissen sich unwirksam zeigen, zu reflektorischer Auslösung von Erektionen. Wir wissen ferner, daß psychische Vorgänge, Vorstellungen sinnlichen Inhaltes geschlechtliche Erregungen wachrufen, daß aber ebensogut gewisse Vorstellungen vorhandene sexuelle Regungen hemmen oder deren Eintritt verhindern können. Indes sind es nicht bloß zentrifugale, sondern auch zentripetale Bahnen, welche die spinalen Geschlechtszentren mit dem Gehirne verknüpfen. Die Nerven, welche die Sexualorgane versorgen, laufen in den unteren Rückenmarksabschnitten zusammen, und die Erregungen, welche von diesen Organen dem Gehirne übermittelt werden, strömen zunächst in die erwähnten spinalen Zentren, um von hier aus erst nach oben geleitet zu werden.

Der innige Konnex der einzelnen Zentralteile untereinander bedingt es, daß Tätigkeiten und Zustände des einen Teiles nicht ohne Belang für die übrigen sind. Erschöpfende Inanspruchnahme eines Zentrums wirkt erschöpfend auf das Nervensystem im allgemeinen, Steigerung der Erregbarkeit eines Teiles zieht ähnliche Veränderungen in anderen Zentralteilen nach sich. Vergleichen wir die Intensität und Ausbreitung der Erregungen, die sich an die Funktion der genitalen Rückenmarkszentren beim Geschlechtsakte oder bei der Samenentleerung überhaupt knüpfen, mit der jener Erregungen, welche z. B. die Entleerung der Blase und des Mastdarms und die Tätigkeit des Magens begleiten, so sehen wir, daß die sexuell-nervösen Vorgänge an sich besonders geeignet sein müssen,

[1]) L. Pussep (Über die Gehirnzentren der Erektion des Penis und der Samenabsonderung. Dissertation 1902. St. Petersburg) fand bei Hunden eine unmittelbar hinter dem Sulcus cruciatus gelegene kleine Rindenstelle, deren elektrische Reizung Erektion und Ejakulation und deren Exstirpation Schwinden der Libido zur Folge hatte. Bechterew (Archiv f. Anatomie u. Physiologie 1905) fand bei Hunden am hinteren Teile des Gyrus sigmoideus eine Stelle, deren Reizung Spannung und Größenzunahme des Gliedes hervorruft, ferner bei Reizung einer benachbarten und z. T. mit dem Erektionszentrum zusammenfallenden Rindenstelle gesteigerte Samenabsonderung.

das Nervensystem in weitem Umfange und in intensivster Weise zu affizieren. Ebenso zeigt sich, daß die von den Generationsorganen den genitalen Lenden- und Sakralmarkszentren kontinuierlich zufließenden und deren Erregbarkeitszustand modifizierenden Eindrücke von großer Bedeutung für das Nervensystem im allgemeinen sind. Es genügt hier ein Hinweis auf die Veränderungen der Gemütslage und Vorstellungswelt bei männlichen und weiblichen Individuen während der Pubertätsperiode, den Einfluß der Kastration auf den Charakter bei Menschen und Tieren und die Störungen in den verschiedensten Nervengebieten infolge gewisser Erkrankungen und abnormer funktioneller Zustände der Sexualorgane [1]).

Die Natur hat den Akt, an welchen sich die Erhaltung der Art knüpft, mit Sensationen ausgestattet, deren Beschaffenheit viele Personen bestimmt, den Genuß derselben unabhängig von irgendwelchen weiteren Zwecken zu erstreben. Dies führt sowohl zur Unmäßigkeit im sexuellen Verkehre wie zu sexuellen Verirrungen, deren Kosten in erster Linie das Nervensystem zu tragen hat. Andererseits ist das, was man gewöhnlich als sexuelles Bedürfnis bezeichnet, nicht ein so klar und unzweideutig sich kundgebender Zustand wie bei den meisten anderen Bedürfnissen. Wenige Menschen sind im Zweifel darüber, ob sie gewisse Gefühle als Hunger oder Durst deuten sollen, und das Bedürfnis der Nahrungs- und Getränkeaufnahme wird von niemand geleugnet. Dagegen machen sich sexuelle Regungen auch nach der Pubertätsperiode noch bei sehr vielen Personen (insbesondere solchen weiblichen Geschlechts) nur in nebelhaft verschwommener Weise oder in völliger Idealisierung bemerklich, in Form eines gegenstandslosen Sehnens oder einer Gefühlsschwärmerei für Personen oder Dinge, deren innerer Wert zum Teil den entgegengebrachten Kultus nicht rechtfertigt. In den Fällen hinwiederum, in welchen Gefühle vorhanden sind, welche unverkennbar auf sexuelle Erregtheit hinweisen, mögen diese ebensowohl durch die Einwirkung von Vorstellungen auf die genitalen Zentren des Rückenmarkes als durch auf rein somatischem Wege erzeugte Erregungszustände der spinalen und kortikalen Sexualzentren bedingt sein. So kommt es, daß manche ihre sexuellen Leistungen psychisch erzeugten, d. h. imaginären Bedürfnissen anpassen, während andere durch äußere Verhältnisse oder irrtümliche Anschauungen verhindert werden, dem physiologischen Drange ihrer Natur Rechnung zu tragen.

Alle diese Umstände machen es begreiflich, daß Vorgänge im sexuellen Leben häufig Ursache von Störungen im Nervensystem werden. In der Tat hat sich bereits von alters her die Aufmerksamkeit der Ärzte auf die nervösen Leiden gerichtet, welche durch geschlechtliche Tätigkeit oder Zustände der Generationsorgane hervorgerufen werden. In der Neuzeit, in welcher die Lebensverhältnisse und angeborene Konstitution das Nervensystem bei einer ungeheueren Anzahl von Menschen für Reize jeder Art empfänglicher machen, drängt sich dem beobachtenden Arzte der Zusammenhang vieler nervöser Erkrankungen mit Vorgängen und Zuständen in der Sexualsphäre in überzeugenderer Weise auf als wohl je in früherer Zeit. Auf der anderen Seite haben wir aber auch in neuerer Zeit für viele Nervenübel, deren Quelle man früher auf geschlechtlichem Gebiete suchte, andere Ursachen kennen gelernt. Im nachstehenden werden wir diejenigen Verhältnisse des sexuellen Lebens und pathologischen Veränderungen

[1]) Daß die in Frage stehenden Veränderungen nicht lediglich durch nervöse, von den Generationsorganen ausgehende Erregungen, sondern auch, und zwar wahrscheinlich überwiegend, durch Vorgänge der sog. inneren Sekretion zustande kommen, müssen wir hier, um irrtümlichen Auffassungen vorzubeugen, vorgreifend bemerken.

der Genitalorgane besprechen, welche am häufigsten zu Störungen im Nervenbereiche führen, deren pathogenetischer Einfluß sohin das Interesse des Arztes am meisten in Anspruch nimmt.

Wir haben im vorstehenden lediglich den Zusammenhang des Nervensystems berücksichtigt, wie er für die sexuellen Funktionen in Betracht kommt. Diese Funktionen stehen aber auch unter dem Einflusse von sogenannten Blutdrüsen, Drüsen mit innerer Sekretion, und manches, was man bisher dem Nervensystem allein zugeschrieben hat, fällt überwiegend oder ausschließlich den inkretorischen Leistungen von Drüsen zu. Diese lassen sich ganz allgemein in anregende und hemmende sondern und wirken nicht nur auf das Nervensystem, sondern auch direkt auf die Organe und untereinander. Erregende Wirkungen kommen zu: der Hypophyse, der Thyreoidea, den Keimdrüsen; hemmende Wirkungen: der Zirbeldrüse (Glandula pinealis), der Nebenniere usw.

Der ganze Komplex von Wirkungen, die hier in Frage kommen, ist noch nicht erforscht und wir können auf das hierüber Feststehende, soweit es die sexuellen Funktionen betrifft, erst im nächsten Abschnitte eingehen.

I.

Entwicklung und Dauer der sexuellen Funktionen.

Die kindliche Sexualität bildete erst in neuerer Zeit den Gegenstand eingehenderer Studien, die unsere Kenntnisse in vielen Beziehungen vermehrten, aber auch zu Meinungsverschiedenheiten geführt haben, welche früher nicht bestanden. Bis 1905 war in den ärztlichen Kreisen die Ansicht alleinherrschend, daß der Komplex von Vorgängen, die man als sexuelle Funktionen bezeichnet, beim Kinde normalerweise mangelt. Die alltägliche Beobachtung schien diese Ansicht genügend zu stützen.

Der Sexualapparat unterscheidet sich in funktioneller Hinsicht beim neugeborenen Kinde von den übrigen Organsystemen ganz wesentlich. Der Zirkulationsapparat ist bereits vor der Geburt in Tätigkeit, der Respirationsapparat beginnt diese unmittelbar nach der Geburt, der Verdauungs- und der Harnapparat folgen alsbald nach, die Muskeln, die peripheren Nerven und die Sinnesorgane üben ebenfalls von dem Moment an, in welchem das Kind das Licht der Welt erblickt, die ihnen zukommenden Verrichtungen. Bei den Sexualorganen und den diesen zugehörigen nervösen Mechanismen liegen die Dinge wesentlich anders. Was dieser Apparatenkomplex in der ersten Zeit des kindlichen Lebens, abgesehen von seiner Beteiligung an den Ernährungs- und Wachstumsvorgängen, im Organismus leistet, hierüber sind wir noch im unklaren. Wir können nur vermuten, daß die Keimdrüsen in bezug auf die sogenannte innere Sekretion eine ähnliche Rolle spielen wie im späteren Leben. Hierbei handelt es sich jedoch nur sozusagen um eine Nebenfunktion dieser Organe. Das Verhalten des ganzen Sexualapparates läßt unter normalen Verhältnissen durchaus nichts erkennen, was auf die später ihm zufallenden spezifisch sexuellen, d. h. der Fortpflanzung tatsächlich oder möglicherweise dienenden Funktionen hinweist. Dieses eigenartige Verhalten beschränkt sich jedoch nicht auf das Säuglingsalter, es erstreckt sich wenigstens bei einem erheblichen Prozentsatze der Kinder über den größeren Teil des infantilen Lebens und hat dazu geführt, daß man als das Normale für die Kindheit bis in die letzten Jahre dieser Lebensperiode einen asexuellen Zustand betrachtete. Daß bei Kindern und zwar schon vom 1. Lebensjahre an verschiedene dem sexuellen Gebiete angehörige Erscheinungen beobachtet werden, ließ sich allerdings nicht in Abrede stellen. Man glaubte jedoch diesen Tatbestand mit der erwähnten Annahme dadurch vereinbaren zu können, daß man die fraglichen Sexualäußerungen als abnorm oder krankhaft betrachtete, oder auf äußere Einflüsse (Lokalaffektionen an den Genitalien, Verführung, Mißbrauch durch Erwachsene usw.) zurückführte. Zwar mehrten sich allmählich etwas die Mitteilungen, welche die Asexualität der Kindheitsperiode als Normalzustand zweifelhaft erscheinen ließen. Doch hat erst Freud in seinen 1905 veröffentlichten drei Abhandlungen [1]) zur Sexualtheorie es unternommen, die Lehre von der kindlichen Asexualität in eingehender Weise zu widerlegen. Nach Freud beginnt die Vita sexualis normalerweise schon in der Säuglingsperiode, nicht erst in den letzten Kindheitsjahren. Es mangelt nach ihm schon beim Säugling nicht an gewissen Sexualäußerungen, an die sich weitere anschließen, so daß man an der infantilen Sexualität einen bestimmten Entwicklungsgang wahrnehmen kann. Daß dieser Tatbestand nicht schon früher eruiert wurde, glaubt der Autor auf die infantile Amnesie zurückführen zu dürfen, welche nach seiner Ansicht bei den meisten Menschen die Erlebnisse bis zum 6. oder 8. Lebensjahre verhüllt. Das Beweismaterial, welches der Autor in der erwähnten Schrift gegen die ältere Theorie und zugunsten seiner Auffassung vorbrachte, war jedoch nicht ausreichend, letzterer allgemeine Anerkennung zu verschaffen.

Bei einem Teile der von Freud angeführten Sexualäußerungen im Säuglingsalter und in der späteren Kindheit handelt es sich um Erscheinungen, die auch in anderer (nicht sexueller) Weise gedeutet werden können. Die Vorgänge andererseits, deren Charakter als Sexualäußerung nicht zu bestreiten ist, ermangeln der Regelmäßigkeit; sie bilden zum Teil sogar seltene Vorkommnisse. Bei alledem erscheint der Grundgedanke des Autors, daß auch die infantile Lebensperiode normalerweise nicht frei von Sexualäußerungen ist, die gewisse regelmäßige Züge darbieten dürften, gerechtfertigt. Vorerst können wir jedoch, wenn wir uns begnügen, uns an die gesicherten Tatsachen zu halten, nur konstatieren, daß es zwar schon vor dem Eintritt der Geschlechtsreife bei den Kindern an sexuellen Vorgängen nicht mangelt, diese aber weder in ihrem Auftreten, noch in ihrer Aufeinanderfolge eine Regelmäßigkeit zeigen und zum erheblichen Teile nicht durch den natürlichen Gang der Entwicklung bedingt, sondern auf äußere Einflüsse (Verführung, Mißbrauch, krankhafte Zustände) zurückzuführen sind.

Wir müssen uns hier darauf beschränken, zum Beweise für das eben Bemerkte einige jener Tatsachen, auf welche Freud seine Auffassung der kindlichen Sexualität stützt, anzuführen. Die Lippen des Kindes bilden nach Freud eine erogene Zone, i. e. ein Hautgebiet, durch dessen mechanische Reizung sexuelle Erregung ausgelöst werden kann. Die Nahrungsaufnahme durch Saugen führt daher schon zu sexueller Erregung und Befriedigung. Das sexuelle Lustgefühl, welches das Kind beim Saugen kennen gelernt hat, veranlaßt es, sich den gleichen Genuß durch das sogenannte Ludeln oder Wonnesaugen zu verschaffen.

Diese Annahme stützt sich auf eine Deutung der Mimik des gesättigten Säuglings. Freud findet in dieser den Ausdruck der sexuellen Befriedigung, während es doch wohl nahe liegt, in derselben lediglich den Ausdruck eines einfachen Wohlbehagens zu sehen, wie es auch der Erwachsene nach der Befriedigung des Hungers durch eine gute Mahlzeit empfindet. Das Ludeln oder Wonnesaugen andererseits kann nicht, wie ich schon anderen Orts erwähnt habe, unter allen Umständen als sexueller Vorgang gedeutet werden. Die unter dieser Bezeichnung zusammengefaßten Vorgänge sind sehr verschiedenartig, und es hängt von der individuellen sexuellen Konstitution ab, ob es hierbei zu einer sexuellen Miterregung kommt oder nicht. Bei der großen Mehrzahl der Kinder ist dies nach meinen Beobachtungen nicht der Fall [2]).

[1]) 4. Auflage 1920.

[2]) Der Auffassung des Ludelns als einer Sexualäußerung trat in neuerer Zeit insbesondere Moll (Sexualleben des Kindes S. 155) entgegen. Auch Bleuler ist keineswegs überzeugt, daß

Besonders bemerkenswert ist der Umstand, daß die Onanie beim Säuglinge von Freud als ein gewissermaßen regelmäßiges Vorkommnis betrachtet wird, während tatsächlich die Säuglingsonanie nicht nur nach meinen eigenen Erfahrungen — auf diese allein würde ich wenig Gewicht legen —, sondern auch nach denen einer großen Anzahl von Kinderärzten, wie mir bekannt wurde, zu den Seltenheiten zählt.

Nach Freud folgen der Masturbation in den ersten Kindheitsjahren andere Sexualäußerungen, die Triebe der Schau- und Zeigelust und der Grausamkeit, welche Quellen sexueller Erregung bilden sollen. Das kleine Kind kennt noch keine Scham und besitzt eine Neigung, seinen entblößten Körper, insbesondere die Genitalien, zu zeigen. Das Gegenstück, der Trieb, die Genitalien anderer Personen zu betrachten, tritt nach Freud wahrscheinlich erst in späteren Kinderjahren hinzu und kann als spontane Sexualäußerung sich geltend machen. Auch die hier angeführten Triebe bilden keine regelmäßigen Erscheinungen im Kindesalter. Die Neigung, sich zu entblößen, insbesondere die Genitalien zu zeigen, findet sich nur bei einem Teile der Kinder und muß nicht in der Art wie der Exhibitionismus gedeutet werden. Die Annahme liegt wohl näher, daß das Vergnügen des Kindes bei der Entblößung lediglich auf der Befreiung von der von ihm lästig empfundenen Umhüllung beruht. Der Schautrieb andererseits läßt sich ungezwungen als eine Teilerscheinung der Wißbegierde oder Neugierde des Kindes deuten, die sich auf alles erstreckt, was seinen Blicken und seinen Händen unzugänglich ist. Und was schließlich die kindliche Grausamkeit betrifft, so beruht dieselbe zumeist auf Unverstand, Mangel an Kenntnis der Tatsache, daß die Menschen und Tieren zugefügten Unbilden Schmerz verursachen. Von einem förmlichen Triebe zur Verübung derartiger Handlungen kann bei normalen Kindern kaum gesprochen werden; wo ein solcher deutlich zutage tritt, handelt es sich gewöhnlich um pathologische Erscheinungen, die man dem Gebiete des Sadismus zurechnen darf.

Bevor ich daran gehe, eine kurze Übersicht über die wichtigsten Sexualäußerungen der infantilen Lebensperiode zu geben, muß ich mir einige Bemerkungen über die schon berührte sexuelle Konstitution gestatten. Nach meinen Untersuchungen [1]) gibt es eine von der allgemeinen Konstitution unabhängige Sexualkonstitution, deren besondere Artung sich schon im Kindesalter kundgeben mag. Die sexuelle Konstitution bedingt die Zeit des Eintritts, d. h. das frühere oder spätere Eintreten jener sexuellen Vorgänge, die in den letzten Jahren der Kindheitsperiode regelmäßige Vorkommnisse bilden. Sie bedingt ferner, daß bei manchen Kindern sexuelle Erregungen durch Einwirkungen hervorgerufen werden, welche in der großen Mehrzahl der Fälle ohne derartige Folgen bleiben. Sie ist auch von größerer oder geringerer Bedeutung für die Gestaltung

---

das Ludeln im Prinzip etwas Sexuelles sei (Jahrbuch für psychoanalytische usw. Forschungen. II. Bd. 2. Hälfte. S. 647).

Wenn Dr. Galant, wie Freud erwähnt, von einem erwachsenen Mädchen berichtet, das beim Ludeln Sensationen hatte, die sich nicht wesentlich von denen unterscheiden, welche andere weibliche Personen bei der Kohabitation empfinden, kann ich diesem gegenüber auf die Aussagen zweier mir als völlig zuverlässig bekannter Frauen verweisen, die das Ludeln mit einer Brotrinde vor dem Schlafengehen bis etwa zum 10. Jahre betrieben und dadurch ihre Zähne geschädigt hatten. Beide erklärten mit Bestimmtheit, daß ihre Empfindungen beim Ludeln keinerlei Ähnlichkeit mit denen beim sexuellen Verkehr hatten.

[1]) S. Löwenfeld: Über die sexuelle Konstitution und andere Sexualprobleme. Wiesbaden. J. F. Bergmann. 1911.

der Sexualäußerungen, welche während der infantilen Periode durch äußere Einflüsse (Verführung, Mißbrauch, krankhafte Zustände) herbeigeführt werden.

Sexuelle Empfindungen und Erregungen können schon im Kindesalter durch äußere und psychische Reize hervorgerufen werden. Als äußere Reize kommen vorwaltend mechanische Einwirkungen auf den Damm und die Genitalien in Betracht, wie sie bei Knaben durch Reibung enger Hosen, zufälliges Andrücken weicher oder harter Gegenstände gegen die genannten Partien, besonders häufig aber durch Rutschen auf Geländern, Balken, Klettern an Stangen, Reiten auf Schaukelpferden und lebendigen Tieren zustande kommen. Die hierbei zufällig ausgelösten sexuellen Lustempfindungen veranlassen häufig eine Wiederholung der erregenden Prozedur, die zu onanistischer Neigung sich entwickeln kann. Streicheln der Genitalien durch Pflegepersonen usw. kann ähnliche Folgen haben. Ein selteneres Vorkommnis bildet die Auslösung sexueller Empfindungen durch mechanische Einwirkungen auf die Mastdarm- und Harnröhrenschleimhaut (Freuds Analerotik, Sadgers Urethralerotik). Daß auch schmerzhafte Einwirkungen, insbesondere Schläge auf das Gesäß, sexuelle Empfindungen verursachen können, ist seit langem bekannt. Die Fälle dieser Art sind jedoch nicht sehr häufig, ebenso wie diejenigen, in welchen die gleiche Erscheinung durch schaukelnde Bewegungen oder intensive Körperanstrengungen, „Raufen" (Freud), hervorgerufen wird.

Als psychische Reize können sowohl Vorstellungen als Affekte wirksam werden. Bei Knaben beginnt die Empfänglichkeit für sinnlich erregende Eindrücke (Anblick des ganzen oder teilweise entblößten weiblichen Körpers) mitunter schon sehr früh — im 6. oder 7. Lebensjahre. Ähnlich verhält es sich mit dem Einfluß des Verkehrs mit Individuen des anderen Geschlechts, von Berührungen solcher usw. Bei älteren Knaben spielt auch die Phantasietätigkeit, indem sie sich mit sexuell erregenden Vorgängen beschäftigt, mitunter eine Rolle (psychische Onanie). Daß der Affekt der Angst sexuelle Erregungen, die bis zu Pollutionsvorgängen sich steigern können, bei jugendlichen Individuen hervorrufen kann, wurde zuerst von mir eruiert und in der Folge von einer Reihe von Beobachtern (Janet, Freud, Bernhardt u. a.) bestätigt. Diese Wirkung der Angst tritt zumeist bei Schülern ein, die sich fürchten, mit einer Schulaufgabe nicht fertig zu werden, oder eine Strafe zu erwarten haben, kann aber auch nach meiner Erfahrung bei Kindern in noch nicht schulpflichtigem Alter vorkommen.

Erektionen können bei Knaben schon in sehr zartem Alter auftreten. Sie bilden selbst in der Säuglingsperiode durchaus keine Seltenheit. In der Mehrzahl der Fälle, aber keineswegs immer, steht diese Erscheinung mit Lokalaffektionen an den Genitalien, welche Reizzustände hervorrufen (Phimose, entzündliche Prozesse an der Eichel, juckende Exantheme usw.), in Zusammenhang. Man darf die im frühen Kindesalter vorkommenden Erektionen, die nicht durch äußere Reize hervorgerufen werden, im allgemeinen nicht als Äußerungen sexueller Erregung betrachten, da, wie die Morgenerektionen der Erwachsenen lehren, die Gliedsteifung auch ohne solche Vorgänge zustande kommen kann. Es mangelt aber auch schon im Kindesalter nicht an Fällen — sie sind aber bei Knaben unter 10 Jahren sehr selten —, in welchen Erektionen durch Eindrücke oder Vorstellungen hervorgerufen werden, die auch bei Erwachsenen sinnlich erregend zu wirken vermögen. Zu einer regelmäßigen und physiologischen Erscheinung werden die Erektionen jedoch erst von der Pubertätszeit an, d. h. infolge der Reifung des Geschlechtsapparates. Hiermit ist schon die Facultas coeundi gegeben, die mitunter von älteren Knaben, insbesondere unter dem Einflusse von Verführung, zu regelrechtem sexuellen Verkehr ausgenutzt wird.

Erotische Neigungen vom Charakter der sexuellen Liebe bilden bekanntlich bei älteren Kindern beider Geschlechter keine Seltenheit, mitunter zeigen sie sich jedoch auch schon bei sehr jungen Kindern in deutlicher Weise. Das Objekt der infantilen Neigung kann ebensowohl eine erwachsene Person als ein Kind sein und auch bei Individuen, welche in ihrem späteren Leben ein völlig normales sexuelles Verhalten zeigen, nicht nur dem anderen, sondern auch dem eigenen Geschlechte angehören.

Ich kann nicht umhin, jenen Teil der Freudschen Theorien hier noch kurz zu berühren, den man unter dem Titel „Ödipuskomplex" zusammengefaßt hat. Nach Freud entbehrt auch die Liebe der Kinder zu den Eltern nicht ganz des sexuellen Charakters, und, wenn die Entwicklung des Geschlechtstriebes in der Zeit vor der Pubertät in die Phase der Objektwahl gelangt ist, richtet sich diese in der Phantasie zunächst auf die Eltern, bei Knaben auf die Mutter, bei den Mädchen auf den Vater, was in vorübergehenden inzestuösen Phantasien zum Ausdruck gelangt. Diese transitorische Objektwahl ist nach Freud für das spätere Leben namentlich bei Neurotikern von weittragender Bedeutung. Ich habe hiergegen a. O. geltend gemacht, daß ich dieser Annahme auf Grund meiner Beobachtungen an meinen eigenen und fremden Kindern, sowie meiner psychoanalytischen Erfahrungen nicht beipflichten kann und, daß ich speziell die Entwicklung eines Ödipuskomplexes bei Kindern, die von ihren Eltern, bei Söhnen, die von der Mutter, bei Töchtern, die vom Vater strenge behandelt werden, als ganz ausgeschlossen erachte. Es ist zu berücksichtigen, daß die Lehre vom Ödipuskomplexe in der Hauptsache auf psychoanalytischen Ermittlungen bei Neurotikern fußt. Nach Freud ist es auch durch den Fortschritt der psychoanalytischen Arbeit dahin gekommen, daß die Anerkennung des Ödipuskomplexes zum Schiboleth geworden ist, welches die Anhänger der Psychoanalyse von ihren Gegnern scheidet. Adler hat jedoch ebenfalls auf Grund psychoanalytischer Erfahrungen den Ödipus- oder Inzestkomplex auf eine Fiktion, eine Erinnerungsfälschung der Patienten zurückgeführt, welche diese zu ihrer Sicherung gewählt haben [1]).

Die Entwicklung des Sexualapparates während der Kindheitsperiode findet nicht gleichmäßig entsprechend der der übrigen Organsysteme statt. Gegen Ende der Kindheitsjahre setzt ein stärkeres Wachstum der Geschlechtsorgane ein — es beginnt die Zeit der Pubertätsentwicklung, mit welcher sich auch jene geweblichen Veränderungen verknüpfen, welche zur Bildung der Zeugungsstoffe führen. Der frühere oder spätere Beginn dieser für das Individuum in körperlicher und seelischer Hinsicht so wichtigen Periode hängt von der sexuellen Konstitution ab, die ihrerseits wieder durch Rassen- und Familieneigentümlichkeiten, sowie die Lebensverhältnisse des Individuums (Stadt- und Landbevölkerung usw.) modifiziert wird.

Im allgemeinen läßt sich sagen, daß die Pubertätsentwicklung für beide Geschlechter bei den Bewohnern südlicher Länder früher einsetzt und deshalb auch früher zum Abschlusse gelangt als bei den Völkern des Nordens, wobei es sich jedoch, wie wir sehen werden, mehr um Rassen- als um Klimaeinflüsse handelt. Die beiden Geschlechter verhalten sich bezüglich der Zeit des Eintritts der Geschlechtsreife nicht gleich. Die weiblichen Individuen eilen in dieser Hinsicht den männlichen im allgemeinen um zwei Jahre voran. Bei beiden Geschlechtern entwickeln sich mit dem Wachstum des Sexualapparates mehr und mehr die sogenannten sekundären Geschlechtsmerkmale. Bei Knaben gesellt sich zur Vergrößerung der Hoden und des Penis das Keimen des Bartes und Haarentwicklung an anderen Stellen (Mons veneris und Achselgegend). Die Vergrößerung des Kehlkopfes, welche zu einem Länger- und Stärkerwerden der Stimmbänder

[1]) Adler: „Über den nervösen Charakter." Wiesbaden 1912. S. 72. „Das heißt, er arbeitet mit einer aus dem Endzweck abgeleiteten Fiktion, um sich zu sichern, ähnlich wie Sophokles die Ödipussage formt und ausgestaltet, um die heiligen Gebote der Götter zu festigen." An einer anderen Stelle S. 104 äußert sich der Autor dahin, daß der Inzestkomplex lediglich die Übertragung der kindlichen Liebesbeziehungen zu Vater oder Mutter in ein sexuelles Schema darstellt.

führt, verursacht eine auffällige Veränderung der Stimme (das Mutieren). Der Beginn dieser Entwicklungsvorgänge schwankt bei unserer Bevölkerung im allgemeinen zwischen dem 13. und 15. Lebensjahre und findet seinen Abschluß [1]) gegen das 18. Lebensjahr.

Mit dem stärkeren Wachstum der Keimdrüsen entwickelt sich bei den männlichen Individuen neben der Erektionsfähigkeit und der dadurch bedingten Facultas coeundi auch die Ejakulationsfähigkeit als normale physiologische Erscheinung. Hiermit ist jedoch die Zeugungsfähigkeit noch nicht gegeben. Jene Entwicklungsstufe der Keimdrüsen, an welche die Bildung der Hauptbestandteile des Samens, der Spermatozoen, geknüpft ist, wird im allgemeinen erst erreicht, nachdem die Erektionsfähigkeit schon einige Zeit besteht, bei unserer Bevölkerung im Durchschnitte zwischen dem 14. und 18. Lebensjahre. Ein Ejakulat kann zwar schon früher, selbst schon vor dem 10. Lebensjahre bei sexuellen Vorgängen entleert werden, doch enthält dasselbe nur ganz ausnahmsweise Spermatozoen. Findet, nachdem die Spermabereitung einmal im Gange ist, keine Entleerung des in den Samenblasen angehäuften Sekrets durch sexuelle Betätigung statt, so kommt es früher oder später zum Auftreten von Pollutionen. Bei Individuen, die von Masturbation frei bleiben, treten nach meinen Erfahrungen Pollutionen vor dem 15. Lebensjahre nur selten auf, während bei solchen, die der Selbstbefriedigung kürzere oder längere Zeit ergeben waren, Pollutionen nach dem Aussetzen der Gepflogenheit schon erheblich früher auftreten können.

Das erste Auftreten von Pollutionen kann, da das Ejakulat der Spermatozoen noch ermangeln mag, nicht als gleichbedeutend mit dem ersten Erscheinen der Menstruation beim weiblichen Geschlechte erachtet werden. Letzteres Ereignis (die Menarche nach Kisch) fällt großenteils noch in die Kindheitsjahre, bildet aber trotzdem in Anbetracht des Zusammenhangs von Ovulation und Menstruation ein sicheres Anzeichen dafür, daß der Sexualapparat die für die Konzeptionsfähigkeit erforderliche Entwicklung erreicht hat. An die Menarche schließt sich, soweit dieselbe nicht schon früher begonnen hat, die Entwicklung der sekundären Geschlechtsmerkmale (Schamhaare, Brüste, Verbreiterung und Erweiterung des Beckens, Abrundung der Formen, insbesondere in der Schulter- und Hüftgegend durch stärkere Ausbildung des Fettpolsters usw.) an. In dem Zeitpunkte des ersten Eintritts der Menses finden sich sehr erhebliche Schwankungen, die man früher vorwaltend auf klimatische Einflüsse zurückführte, was nicht auffallen kann, da z. B. in Ägypten die Mädchen schon mit 10 Jahren, in Indien mit 12 Jahren, im schwedischen Lappland dagegen erst mit 18 Jahren menstruiert werden. Daß es sich dabei aber mehr um Rassen- als klimatische Einflüsse handelt, geht aus dem Umstande hervor, daß auch bei einzelnen im hohen Norden wohnenden Volksstämmen die Mädchen bereits mit 12 und 13 Jahren menstruiert werden. In Europa betragen die Unterschiede im ersten Eintreten der Menses fast 5 Jahre, in Deutschland 3 Jahre. Die Menarche fällt hier zumeist zwischen das 13. und

---

[1]) Über den Beginn der Pubertätsentwicklung schwanken die Angaben der Autoren sehr. Moll (l. c.) verlegt dieselbe an das Ende der zweiten nach seiner Einteilung vom 8. bis zum Beginn des 15. Lebensjahres sich erstreckenden Kindheitsperiode. Köhl (Pubertät und Sexualität 1911) nimmt als untere Grenze für die Zeit der Pubertätsentwicklung für Mädchen das 14. und 15., für Knaben das 15. und 16. Lebensjahr an. Diese Angaben sollen jedoch nur für die Landbevölkerung gelten. Dörnberger (Deutsche Praxis Nr. 24. 1905) bemerkt, daß man als Beginn der Pubertät im allgemeinen das 12.—16. Jahr annimmt. Nach Seved Ribbing soll die Pubertätszeit beim Manne meist zwischen das 17. und 21. Lebensjahr fallen, eine Angabe, die zwar für Skandinavien, aber für die mitteleuropäische Bevölkerung keine Geltung beanspruchen kann.

16. Lebensjahr. Die Erfahrung, die sich schon lange aufgedrängt hatte, daß bei Mädchen der wohlhabenden Klassen in den Städten die Menses früher auftreten als bei den Töchtern der ländlichen und hart arbeitenden Bevölkerung, wurde in neuerer Zeit durch die Untersuchungen Theilhabers bestätigt. Theilhaber fand als Zeit für die Menarche für die letztere Kategorie von Mädchen 15,67 Lebensjahre, für die ersteren 13,8, also einen Unterschied von fast 2 Jahren. Außerdem konstatierte dieser Autor, daß die Mädchen jüdischer Abkunft zumeist um 1 Jahr früher menstruiert werden als die Töchter wohlhabender Familien im Durchschnitt. Neben diesen in der Breite des Normalen liegenden Schwankungen mangelt es auch nicht an Fällen von abnorm frühem Auftreten der Menses, die noch der Aufklärung harren. In der Literatur findet sich über eine Anzahl von weiblichen Individuen berichtet, bei welchen die Menses schon in der ersten Hälfte der Kindheitsperiode, selbst schon mit 2 Jahren und noch früher sich einstellten. Häufiger sind, wie es scheint, die Fälle von abnorm spätem Auftreten der Menarche. Insbesondere bei unserer Landbevölkerung kommt es nicht selten vor, daß Mädchen, bei denen kein Zurückbleiben der ganzen körperlichen Entwicklung vorliegt, erst mit 20 Jahren oder noch später menstruiert werden. Einem analogen Verhalten begegnen wir auch bei männlichen Individuen. In manchen Fällen kommt es (bei Mangel von Masturbation und sexuellem Verkehr) erst im 18. Lebensjahre oder später zum Auftreten von Pollutionen. Auch die psychosexuelle Entwicklung kann, und zwar bei völlig normaler Ausbildung des äußeren Geschlechtsapparates, verspätet eintreten. Manche junge Männer bekunden bis zum 20. Lebensjahre und noch länger kein sexuelles Interesse für das zarte Geschlecht, ebensowenig aber auch homosexuelle Neigungen. Ihr Verhalten jüngeren weiblichen Personen gegenüber verharrt noch auf der Stufe infantiler Indifferenz, während ihre geistige Entwicklung im übrigen völlig ihrem Alter entspricht.

Von den psychischen Vorgängen, welche normalerweise mit der Reifung des Geschlechtsapparates zusammenhängen, spielt jener Komplex von Erscheinungen, den man unter der Bezeichnung „Geschlechtstrieb“ zusammenfaßt, die Hauptrolle. Die Erfahrung hat gelehrt, daß die an der Bildung dieses Triebes beteiligten psychischen Elemente (Komponenten) in den Einzelfällen schwanken oder wenigstens in ungleicher Stärke vertreten sind. Man hat früher vielfach angenommen, daß der Geschlechtstrieb sich aus zwei ihrem Wesen nach verschiedenen und auch für die Erhaltung der Art nicht gleich wichtigen Partialtrieben zusammensetzt: dem Begattungs- oder Kopulationstrieb (der Libido sexualis im engeren Sinne) und dem Fortpflanzungstriebe. Bei dem zivilisierten Manne der Gegenwart beruht jedoch das Verlangen nach Nachkommenschaft, wo dasselbe überhaupt vorhanden ist, in der Regel lediglich auf vollbewußten, kühlen Überlegungen, denen nichts Triebartiges anhaftet. Ähnlich verhält es sich bei dem zivilisierten Weibe, wenn auch bei diesem ein lebhaftes Verlangen nach Kindersegen ungleich häufiger als bei dem Manne sich findet. „Der Schrei nach dem Kinde“, von dem so viel die Rede ist und der in manchen weiblichen Kreisen als Ausfluß eines mächtig nach Befriedigung drängenden Triebes hingestellt wird, darf nicht als Äußerung eines Fortpflanzungstriebes ohne weiteres aufgefaßt werden. Es handelt sich hierbei im Grunde zumeist um den Schrei nach dem Manne, von dem man Befriedigung ebensowohl ideeller als sinnlicher Bedürfnisse erwartet. Was man als Beweise für das Bestehen eines Fortpflanzungstriebes beim Weibe erachtet hat und zum Teil noch erachtet (Schrei nach dem Kinde), sind Äußerungen des mütterlichen Instinktes, der seine Befriedigung nicht lediglich durch Fortpflanzung findet.

In neuerer Zeit hat die Mollsche Unterscheidung des Geschlechtstriebes in einen Detumeszenz- und einen Kontrektationstrieb manche Anhänger gefunden. Der Detumeszenztrieb ist auf Beseitigung der in den Sexualorganen bestehenden Spannung und Schwellung gerichtet, der Kontrektationstrieb auf körperliche Berührung einer Person, gewöhnlich des anderen Geschlechts. Bei Berücksichtigung aller in Betracht kommenden Umstände bin ich dahin gelangt, als das Wesentliche des Geschlechtstriebes den Trieb zur Erlangung der spezifisch sexuellen Wollustgefühle und zur Beseitigung gewisser der Sexualsphäre entstammenden Unlustgefühle und zwar, wenn möglich, durch den als Beischlaf bezeichneten Akt zu betrachten [1]).

Diese beiden Komponenten sind bei den Einzelindividuen je nach der Gestaltung ihres sexuellen Lebens (Abstinenz oder Nichtabstinenz), ihrer psychischen und sexuellen Veranlagung und verschiedenen anderen Umständen in sehr ungleicher Weise vertreten, und es kann sich zeitweilig oder dauernd lediglich eine derselben mit Ausschluß der anderen geltend machen. So mag sich für den ethisch hochstehenden Mann, der durch seine Lebensstellung oder andere Verhältnisse zur Abstinenz verurteilt ist, das sexuelle Verlangen im wesentlichen auf die zweite Komponente beschränken, während bei dem sinnlich veranlagten Individuum, das an häufigen sexuellen Verkehr gewöhnt ist, die erste Komponente die Hauptrolle spielt. Um die erwähnten beiden Faktoren gruppieren sich andere im Einzelfalle wechselnde psychosexuelle Elemente von mehr oder weniger ausgesprochenem triebartigen Charakter. Zu diesen zählt in erster Linie das Verlangen nach körperlicher Berührung des Sexualobjektes oder einzelner Körperteile desselben (Küssen, Umarmen u. dgl.).

Moll sondert, wie wir gesehen haben, den Geschlechtstrieb in zwei Partialtriebe: Detumeszenztrieb und Kontrektationstrieb. Der Autor hat die Bezeichnung Detumeszenztrieb aus dem Grunde gewählt, weil den Geschlechtsakt eine Abschwellung des äußeren Genitale beim Manne beschließt. Er legt hierbei jedoch auch auf die Herausbeförderung des Samens Gewicht. Diese beiden Momente sind jedoch nicht das Objekt des Triebes, weder die Anschwellung des Penis beim Manne, noch die Anhäufung von Sperma sind für die Anregung der Libido nötig. Diese kann auch bei Impotenz, i. e. Mangel der Erektionsfähigkeit sehr wohl bestehen und kurze Zeit nach wiederholter Kohabitation sich schon wieder geltend machen, in Fällen also, in welchen von einer Spermaanhäufung keine Rede sein kann. Andererseits wissen wir, daß die mechanisch bedingten morgendlichen Erektionen, auch wenn sie sehr kräftig sind, mit keiner Libido verknüpft sind, d. h. keinen Detumeszenztrieb auslösen.

Was den Mollschen Kontrektationstrieb betrifft, so fällt derselbe bei der Libido vieler Masturbanten ganz weg; es gilt dies insbesondere für jugendliche Individuen, welche sexuellen Verkehr noch nicht gepflogen haben. Außerdem ist der Trieb nach körperlicher Berührung von Individuen des anderen Geschlechtes bei Männern äußerst verschieden entwickelt und beim weiblichen Geschlechte im allgemeinen geringer als beim männlichen. Dieser Trieb kann schon im Kindesalter vor der Entwicklung der Libido sexualis sich geltend machen und nach dem Schwinden derselben und der Potenz im Greisenalter noch erhalten bleiben. Hierauf sind die von Greisen verübten unsittlichen Handlungen zumeist zurückzuführen. Daß der Berührungstrieb nicht eine der Libido gleichwertige Komponente des Geschlechtstriebes bildet, erhellt auch aus den Wirkungen der Befriedigung beider. Die Befriedigung des Berührungstriebes hat lediglich Steigerung der Libido zur Folge, während Befriedigung der Libido den Berührungstrieb aufhebt. Havelock Ellis sondert an dem Sexualtrieb zwei Stadien oder Prozesse: Tumeszenz und Detumeszenz. Der erstere hat das Ziel, eine gewisse sexuelle Spannung herbeizuführen, der zweite, diese Spannung zur Entladung zu bringen und instinktiv das Ereignis herbeizuführen, durch welches die Art fortgepflanzt wird. Der Tumeszenzprozeß beim Manne

---

[1]) Hierdurch ist auch den Verhältnissen bei der Masturbation Rechnung getragen, da bei dieser der Trieb nicht auf Begattung, sondern lediglich auf Herbeiführung gewisser sexueller Lustgefühle und — vielfach in erster Linie — auf Beseitigung gewisser der Sexualsphäre entspringenden Unlustgefühle gerichtet ist.

soll zugleich das Ziel haben, einen ähnlichen Vorgang beim Weibe (affektive Erregung und sexuelle Turgeszenz) herbeizuführen.

Nach meiner Auffassung bilden die oben angeführten Momente, Erlangung der spezifisch sexuellen Wollustgefühle und Beseitigung spezifisch sexueller Unlustgefühle den Kern des Sexualtriebes, um welchen sich im Einzelfalle, wie bereits erwähnt wurde, andere Elemente von mehr oder weniger triebartigem Charakter gruppieren. Für die Unterscheidung eines besonderen Tumeszenztriebes als erster Phase des Geschlechtstriebes nach Ellis gilt das gleiche wie von dem Mollschen Kontrektationstriebe. Von einem auf Herbeiführung sexueller Spannung gerichteten Triebe ist bei vielen zivilisierten Menschen nichts nachweisbar. Die sexuelle Spannung stellt sich häufig infolge innerer und äußerer Vorgänge ein, ohne daß derselben ein bewußtes Verlangen vorhergeht, ja selbst trotz Meidung jeder Gelegenheit, die solche herbeiführen könnte. Man dürfte sogar bei manchen Individuen statt eines Tumeszenztriebes einen Antitumeszenztrieb unterscheiden. Dagegen unterliegt es keinem Zweifel, daß die sexuelle Spannung einen Trieb auslöst, der auf Beseitigung derselben gerichtet ist.

Die Stärke des natürlichen, durch äußere Einwirkungen unbeeinflußten Sexualtriebs bei beiden Geschlechtern und insbesondere beim weiblichen ist ein Faktor, dessen Beurteilung auf große Schwierigkeiten stößt. Es ist daher nicht befremdlich, daß die Ansichten hierüber vom Altertum bis in die Gegenwart weit auseinander gehen. Es sei hier nur an die bekannten Äußerungen Buddhas und Luthers über den Geschlechtstrieb und die hierzu in Gegensatz stehenden Auffassungen der christlichen Asketiker des Mittelalters erinnert. Letztere sind auch gegenwärtig (wenigstens in den christlichen Ländern) noch nicht völlig überwunden, und es läßt sich nicht verkennen, daß in der Beurteilung des Geschlechtstriebes sich noch immer zwei Richtungen geltend machen: eine, welche diesen Trieb nur sozusagen als notwendiges Übel anerkennen und ihm nur eine sehr beschränkte Existenzberechtigung zugestehen will, und eine andere, welche der Libido sexualis die Bedeutung eines den Menschen übermächtig beherrschenden Dranges zuschreibt, der aber nicht lediglich zu sexuellen Akten den Anreiz liefert, sondern auch auf das Geistesleben des Individuums einen weittragenden Einfluß äußert. Auch in den ärztlichen Kreisen haben diese Meinungsverschiedenheiten bezüglich des Geschlechtstriebes noch in der Gegenwart Vertretung gefunden. Während z. B. v. Krafft-Ebing in demselben einen Naturtrieb erblickte, „der allgewaltig, übermächtig nach Erfüllung verlangt“, und das Geschlechtsleben als den „gewaltigsten Faktor im individuellen und sozialen Dasein, den mächtigsten Impuls zur Betätigung und die Wurzel aller Ethik“ betrachtete, glaubt Hegar, daß der naturgemäße Geschlechtstrieb bei dem jetzigen zivilisierten Menschen gar nicht so exzessiv stark sei, als er geschildert wird, wohl aber durch künstliche, in unseren gesellschaftlichen und kulturellen Zuständen begründete Erregungen gesteigert wird. Aufschluß über die Stärke des Triebes geben uns nur die subjektiven Empfindungen sexuellen Dranges und die tatsächlichen sexuellen Leistungen des einzelnen Individuums, Faktoren, welche erfahrungsgemäß durch äußere Einflüsse (sinnlich erregende Eindrücke verschiedenster Art, Gelegenheit zu geschlechtlichem Verkehr usw.) und innere Vorgänge (Denkgewohnheiten, religiöse, ethische, hygienische Grundsätze) in ihrer Intensität, respektive Frequenz ebensowohl gesteigert als herabgesetzt werden können. Da wir einen Maßstab für die Taxierung des subjektiven Empfindens sexuellen Dranges (der Libido) nicht besitzen, müssen wir, wenn wir uns eine Vorstellung von der Stärke des Sexualtriebes bei gesunden Männern in den Jahren der größten körperlichen und sexuellen Leistungsfähigkeit verschaffen wollen, die Frequenz des geschlechtlichen Verkehrs bei annähernd gleicher Gelegenheit, i. e. bei Verheirateten in Betracht ziehen. Da begegnen wir den auffallendsten Schwankungen. Ich habe einerseits Männer kennen gelernt, welche nach ihrer Verheiratung nicht nur einige Zeit, sondern viele Jahre hindurch, soweit es die Verhältnisse gestatteten, täglich die Gattenpflicht leisteten, andererseits aber auch solche getroffen, welche in den ersten Jahren nach ihrer Verheiratung wie später nur in mehrwöchentlichen und selbst mehrmonatlichen Zwischenräumen den Akt vollzogen [1]. Berücksichtigen wir auch den Umstand, daß manche Männer von Beginn ihrer Ehe an aus hygienischen oder anderen Rücksichten sich gewisse Beschränkungen im sexuellen Genusse auferlegen, während andere dem momentanen Verlangen jederzeit ohne irgendwelche Bedenken nachgeben, auch die sexuellen Ansprüche der Frauen sehr verschieden sind, so sind wir doch zu dem Schlusse genötigt, daß die Libido bei normalen Männern ganz außerordentlichen Schwankungen unterliegt. Auch gänzlicher Mangel des Geschlechtstriebes (Frigiditas) bei sonst völlig gesunden Männern kommt vor, doch sind Fälle dieser Art sehr selten.

Noch schwieriger zu beurteilen und daher noch kontroverser ist die Stärke des Geschlechtstriebes beim Weibe, bei welchem Sitte, Erziehung, und nicht zum wenigsten Erwägungen der Folgen geschlechtlichen Umganges auf eine Verhüllung des sexuellen Fühlens hinwirken. Die Meinungsverschiedenheiten betreffen hier sowohl die absolute Stärke des Triebes wie das Verhältnis dieser zu der Intensität des Triebes beim Manne. In letzterer Hinsicht haben alle überhaupt möglichen Anschauungen Vertreter gefunden. Während eine Reihe von Autoren dem Manne den stärkeren Geschlechtstrieb zuschreibt, so z. B. Hegar, Fürbringer, P. Müller, Naecke, Moll, Lombroso, erkennen andere dieses Prä dem weiblichen Geschlechte zu [2]. Daneben mangelt es aber auch nicht an Autoren, welche einen Unterschied in der Entwicklung des Sexualtriebes bei beiden Geschlechtern nicht annehmen (v. Winkel, Kisch, Bloch u. a.).

Wenn wir zu einem richtigen Urteile über den weiblichen Geschlechtstrieb gelangen wollen, dürfen folgende Tatsachen nicht unberücksichtigt bleiben:

1. Ein Geschlechtstrieb im engeren Sinne (Begattungstrieb) fehlt bei sexuell unberührten und nicht erotisch erregten weiblichen Personen gewöhnlich gänzlich [3].

2. Dieser Mangel (sexuelle Anästhesie, absolute Frigidität) verbleibt bei einem nicht unerheblichen Teile der Frauen auch nach der Einleitung des Geschlechtsverkehrs, und zwar für die Dauer, und bei einem noch größeren Teile derselben erhebt sich die Libido nie über ein sehr bescheidenes Niveau (relative Frigidität). Die im einzelnen sehr abweichenden Zahlenangaben verschiedener Autoren [4] über die Häufigkeit der relativen und absoluten Frigidität können schon aus

[1] Der extremste Fall meiner Beobachtung war der eines gesunden Beamten, der in einer 24jährigen Ehe mit seiner erheblich jüngeren Frau durchschnittlich nur zweimal im Jahre sexuell verkehrte.

[2] Dies war insbesondere bei Mantegazza der Fall. In einem späteren Werke: „Fisiologia della donna“ hat der Autor jedoch seine früher vertretene Ansicht modifiziert und sich dahin erklärt, daß die Geschlechtsempfindung in ihrer Stärke beim Weibe größere Schwankungen aufweise als beim Manne.

[3] Die Richtigkeit dieses Satzes, der sich nicht allein auf theoretische Erwägungen, sondern auch auf Erfahrungstatsachen stützt, wird, wie mir sehr wohl bekannt ist, von manchen Seiten bestritten. Ich habe mich bisher jedoch von der Irrtümlichkeit meiner Ansicht nicht zu überzeugen vermocht und kann nur zugeben, daß sie in einer sehr geringen Minderzahl von Fällen nicht zutrifft.

[4] Effertz taxiert die Zahl der Frauen mit absoluter Frigidität auf 10%, Fehling auf ungefähr 50%. Fürbringer schreibt der großen Mehrzahl der deutschen Hausfrauen die Eigenschaft der sexuellen Frostigkeit zu, während Adler bei 25% der Frauen mangelhafte Geschlechtsempfindung (mit Einschluß des Mangels der Libido) annimmt. Pfister dagegen, dessen Angaben sich auf Schweizerinnen beziehen, ermittelte unter 72 Frauen, bei welchen Dr. Kuhn in St. Gallen die Operation der Kastration vorgenommen hatte, nur bei 5 gänzlichen Mangel und bei 8 sehr geringe Entwicklung der Libido schon vor der Operation.

dem Grunde wenig Wert beanspruchen, weil die Verbreitung dieser Eigenschaften in verschiedenen Bevölkerungsschichten — wenigstens in Deutschland —, wie wir sogleich sehen werden, erheblich variiert. Als sichergestellt läßt sich nur erachten, daß die beiden Arten der Frigidität beim zarten Geschlechte weit häufiger vorkommen als beim männlichen.

3. Diese größere Häufigkeit läßt sich jedoch nach meinen Erfahrungen nur für einen Teil der weiblichen Bevölkerung behaupten. Der Prozentsatz der Frigiden ist in den sozial höherstehenden und gebildeteren Klassen unzweifelhaft weit beträchtlicher als in den unteren (Arbeiterinnen, Dienstboten, bäuerliche Bevölkerung). Hierfür spricht eine Reihe von Tatsachen: die große Zahl außerehelicher Schwängerungen und von Verhältnissen mit geschlechtlichem Verkehr bei Dienstboten, Arbeiterinnen und sozial letzteren nahestehenden weiblichen Elementen, die Häufigkeit von Eheschließungen, die eine Verschlechterung der materiellen Lage der Betreffenden mit sich bringen, der größere Kinderreichtum bei den Verheirateten. Was man von der geringeren Stärke der Libido des Weibes behauptet hat, kann demnach, wenigstens bei uns, nur für die sozial höherstehenden Klassen gelten, in welchen ererbte Anlage, Erziehung, Milieueinflüsse, zum Teil auch der höhere Stand der Intelligenz zusammenwirken, das Niveau der Libido herabzudrücken.

4. In bezug auf die Häufigkeit höherer Grade sexueller Leidenschaft, die beim weiblichen Geschlechte sich seltener als beim männlichen finden, ist ein ähnlicher Unterschied in den einzelnen Bevölkerungsschichten nicht nachzuweisen.

5. Außerdem kommt in Betracht, daß die Stärke der Libido bei den weiblichen Einzelindividuen auch mehr oder weniger erheblichen Schwankungen unterliegt. Der Menstruationsvorgang wird häufig von einem Anwachsen der Libido eingeleitet oder häufiger gefolgt. Von einem lediglich periodischen Auftreten und Wiederverschwinden der sexuellen Erregbarkeit beim Weibe kann jedoch keine Rede sein [1]).

Aus dem Angeführten dürfte sich ergeben, daß mit allgemeinen Angaben über die Stärke des menschlichen Geschlechtstriebes den tatsächlichen Verhältnissen nicht Rechnung getragen werden kann. Die Intensität des Triebes unterliegt in der Breite des Normalen sehr bedeutenden Schwankungen, für welche eine Reihe von Faktoren: Lebensalter, Abstammung (Rasse, Familie), äußere Lebensverhältnisse, Klima, Ernährung, Kultur, Beruf, sexuelle Konstitution und endlich auch die Gestaltung der Vita sexualis von Bedeutung sind. Diese Faktoren äußern ihren Einfluß dadurch, daß sie auf die physiologischen Momente, welche die Stärke des Geschlechtstriebes zunächst bestimmen, modifizierend einwirken. Von den angeführten Faktoren kann im folgenden nur das Lebensalter kurze Berücksichtigung finden.

Bezüglich der übrigen die Stärke des Sexualtriebes beeinflussenden Momente muß auf meine Schrift „Über die sexuelle Konstitution und andere Sexualprobleme“, Wiesbaden, J. F. Bergmann 1911, verwiesen werden.

---

[1]) Meine Angabe in der V. Auflage dieses Werkes über den Einfluß der Menstruation auf die Stärke der Libido bezog sich nur auf die Zeit vor und nach den Menses. Fürbringer, der sich in sehr eingehender Weise mit dem Verhalten der Libido während der Menstruationszeit beschäftigte, ermittelte bei 60 Frauen, vorwiegend der höheren Gesellschaftsklasse, im Alter von 26—56 Jahren, daß 52, also 87 %, jede stärkere Regung des Geschlechtstriebs während der Menstruationszeit in Abrede stellten. Ich muß hier, ohne die Angabe Fürbringers irgendwie bezweifeln zu wollen, auf den von mir hervorgehobenen Unterschied in der Stärke der Libido der sozial höherstehenden und der unteren Klassen hinweisen, dessen Berücksichtigung vielleicht ein anderes Resultat ergeben hätte.

Der Geschlechtstrieb in dem von mir definierten Sinne kann schon sehr früh im Kindesalter durch Einwirkungen auf die Genitalien und deren Umgebung (juckende Lokalaffektionen, welche zum Kratzen Anlaß geben, Mißbrauch, Verführung usw.) geweckt werden und führt dann gewöhnlich zu onanistischen Vorgängen. Normalerweise, d. h. bei Mangel der erwähnten Momente, bildet der Trieb das Ergebnis eines längeren Entwicklungsprozesses, der in den letzten Jahren der Kindheitsperiode beginnt und mit der Reifung des Geschlechtsapparates, wie wir schon andeuteten, zusammenhängt. Dabei können einzelne Komponenten des Triebes in ihrem zeitlichen Auftreten erhebliche Unterschiede aufweisen. So macht sich der Trieb zu körperlicher Berührung eines Individuums des anderen Geschlechts (Molls Kontrektationstrieb) häufig schon längere Zeit vor dem Einsetzen der Pubertätsentwicklung und dem Auftreten der eigentlichen Libido geltend. Meist, aber keineswegs immer, steht das Auftreten dieser Komponente in Verbindung mit erotischen Neigungen, die ja, wie wir sahen, bei Kindern schon sehr früh entstehen und als Objekt ebensowohl ein Kind als eine erwachsene Person haben können. Andererseits kann die Libido, wenn sie im Kindesalter auf die eine oder andere Weise geweckt wurde, lange Zeit bestehen, ohne daß sich daneben Kontrektationserscheinungen zeigen. Für die Entstehung der Libido beim männlichen Geschlechte ist das regelmäßige Auftreten von Erektionen von erheblicher Bedeutung. Dieser Vorgang kann allein schon zur Weckung der Libido genügen; zumeist ist jedoch in dieser Richtung das Auftreten von Pollutionen wirksamer, da das Individuum hierdurch die mit der Ejakulation verknüpften Lustgefühle kennen lernt und sich daher auch bei ihm ein Trieb entwickeln kann, der auf Erlangung dieser Gefühle gerichtet ist. Wesentlich anders liegen die Dinge beim weiblichen Geschlechte. Bei weiblichen Personen, die von jeder sexuellen Berührung frei bleiben, mangelt es nicht nur vor der Pubertätsentwicklung, sondern auch unbegrenzte Zeit nach dieser noch gewöhnlich an Vorgängen, die der Erektion und Pollution beim Manne entsprechen. Die spezifisch sexuellen Gefühle bleiben ihnen daher unbekannt [1]), weshalb es auch nicht zu einem auf Erlangung derselben gerichteten Triebe kommen kann. Soferne ein Verlangen nach sexuellem Umgange auftritt, kann sich dieses nur als Begehren nach einem seiner Natur nach ganz unbekannten Genusse charakterisieren. Die Kontrektationskomponente des Sexualtriebes kann sich dagegen bei Mädchen schon vor der Pubertätszeit deutlich zeigen und nach dieser unbegrenzte Zeit erhalten, auch wenn die Entwicklung einer Libido völlig ausbleibt. Zu berücksichtigen ist ferner der Umstand, daß das Objekt infantiler erotischer Neigung, und zwar auch bei Individuen, welche in ihrem späteren Leben sich sexuell völlig normal verhalten, nicht nur dem anderen, sondern auch dem gleichen Geschlechte angehören kann. Es hängt dies damit zusammen, daß der Geschlechtstrieb auch bei älteren Kindern in bezug auf das Objekt noch nicht die Differenzierung und Fixierung besitzt, wie bei Erwachsenen. Die homo- und heterosexuelle Richtung der Erotik können auch abwechseln. Bei Knaben wendet sich die homosexuelle Neigung zumeist gleichalterigen oder wenig älteren Freunden zu, bei Mädchen sehr häufig erwachsenen Personen ihrer Umgebung (einer Lehrerin, Gouvernante usw.). Im großen und ganzen ist jedoch die heterosexuelle Richtung in der infantilen Erotik vorherrschend, d. h. die Indifferenziertheit des Geschlechtstriebes findet sich zwar sehr häufig, aber doch nicht bei der Mehrzahl jugend-

---

[1]) Es mangelt nicht an Ausnahmen in dieser Beziehung, soferne es auch bei Mädchen, und zwar vor wie nach der Pubertätszeit unabhängig von sexuellen Reizungen, zum Auftreten sexueller Empfindungen, auch von Pollutionen (Freud, Moll) kommen kann.

licher Individuen. Die zeitliche Dauer dieser Phase in der Entwicklung des Geschlechtstriebes schwankt erheblich. In der großen Mehrzahl der Fälle dürfte sie sich nicht über das 17. Lebensjahr hinaus erstrecken. Bei einzelnen Individuen erfolgt jedoch die definitive Fixierung der Objektwahl erst gegen das 20. Lebensjahr oder noch später. Dies gilt insbesondere für das weibliche Geschlecht.

Bei letzterem läßt sich der mütterliche Instinkt als normale Komponente des Geschlechtstriebes betrachten. Dieser Partialtrieb zeigt sich in seinem Auftreten und seiner Stärke von der Libido mehr oder weniger unabhängig. Er macht sich sehr häufig schon vor der Geschlechtsreife in verschiedenen Formen in deutlicher Weise geltend (Spiel mit Puppen, Bemutterung jüngerer Geschwister, Zärtlichkeiten gegen fremde Kinder) und erhält sich auch nach dem Erlöschen der sexuellen Funktionen. Die Großmutter pflegt im Bedarfsfalle ihre Enkel mit derselben Hingebung, wie früher ihre Kinder. Bei völlig unberührten Jungfrauen und Frauen, bei welchen die sexuellen Bedürfnisse sehr gering sind oder auch ganz fehlen, ist der Trieb häufig sehr lebhaft, andererseits kann er bei Personen mit starkem Geschlechtstrieb (im engeren Sinne) ganz fehlen, was jedoch als ein Entartungszeichen zu betrachten ist. Die Befriedigung des Triebes, die ebensowohl durch Fürsorge für fremde wie eigene Kinder geschehen kann, ist wenigstens in vielen Fällen für das körperliche und seelische Befinden der Frau wichtiger als der sexuelle Genuß.

Über die körperlichen Vorgänge, durch welche der Sexualtrieb angeregt und unterhalten, sowie dessen Intensität bestimmt wird, ermangeln wir noch genügender Aufklärung, wenn auch die Forschungen der neueren Zeit unsere Kenntnisse in dieser Richtung nicht unerheblich gefördert haben. A priori liegt der Gedanke gewiß nahe, daß die Libido durch Erregungsvorgänge im Bereiche der kortikalen Sexualzentren zustande kommt, Erregungsvorgänge, welche durch von den peripheren Sexualorganen ausgehende Reizungen ausgelöst und in ihrer Intensität bestimmt werden. Für eine derartige Annahme ließe sich der Umstand geltend machen, daß mit der Reife des Geschlechtsapparates gewöhnlich auch die völlige Ausbildung des Sexualtriebes zusammenfällt und die jeweilige Stärke desselben von wechselnden Zuständen des Sexualapparates abhängt (beim Manne starke Libido bei längerer Rententio seminis, sinkender Libido nach sexuellen Akten und Pollutionen, letzteres auch bei der Frau). Auf der anderen Seite mangelt es jedoch nicht an Tatsachen, welche die Abhängigkeit des Sexualtriebes von den peripheren Sexualorganen, speziell dem Funktionieren der Keimdrüsen, zweifelhaft erscheinen lassen. Hierher gehören vor allem die Erfahrungen über die Wirkung der Kastration bei Menschen und Tieren. Nach Entfernung der Keimdrüsen kann bei beiden Geschlechtern die Libido erhalten bleiben. Beim Manne kann auch die Potenz fortbestehen. Im alten Rom erfreute sich eine gewisse Gattung Kastrierter, die als Spadones bezeichnet wurden, bei den Lebedamen einer besonderen Beliebtheit. Und bei den Skopzen der Gegenwart, welche sich aus religiösen Gründen entmannen, sollen nach den Berichten einzelner Autoren sogar geschlechtliche Exzesse vorkommen.

Die Ergebnisse der neueren Untersuchungen über die Wirkungen der Kastration beim Manne stimmen zwar nicht soweit überein, wie man a priori erwarten sollte, bestätigen jedoch das oben Bemerkte vollkommen. Tandler und Groß, welche Gelegenheit hatten eine Anzahl von Skopzen zu untersuchen, fanden, daß bei Spätkastrierten die Libido kaum eingeschränkt war, aber auch bei Frühkastrierten nicht fehlte. Hirschfeld bemerkt, daß bei Kastration im reiferen Alter nur die Intensität des Triebes vermindert, aber keineswegs aufgehoben wird. Dagegen findet sich unter drei von Oberholzer mitgeteilten Fällen von Kastration bei Männern anfangs der dreißiger Jahre einer, in welchem der Geschlechtstrieb nach dem Eingriffe erlosch, während bei den beiden anderen Fällen der Detumeszenztrieb (nach Molls Bezeichnung) schwankte, der Kontrektationstrieb dagegen unverändert erhalten blieb. Zu erwähnen ist hier auch der Umstand, daß in zwei von Hirschfeld untersuchten Fällen von angeborenem Hodenmangel der Geschlechtstrieb nicht fehlte.

Tandler und Groß: Untersuchungen an Skopzen usw. Neurol. Zentralbl. Nr. 17, 1909. Oberholzer: Kastration und Sterilisation von Geisteskranken in der Schweiz. Halle 1911 und „Über die Wirkungen der Kastration auf die Libido sexualis." Sexual-Probl. 1912, 12. Heft. Magnus Hirschfeld: Sexual-Probl. 1912, 2. Heft.

Auch bei kastrierten Tieren, Ochsen, Wallachen, mangelt es nach den Erfahrungen der Tierärzte nicht an Äußerungen eines Geschlechtstriebs. Wallache können auch ihre Potenz behalten. Hiermit stimmen die experimentellen Erfahrungen Steinachs [1]) an weißen Mäusen überein. Dieser Autor fand, daß die Kastration bei reifen Tieren die sexuelle Erregbarkeit nicht aufhebt und die Vornahme des Eingriffs vor der Pubertät die Entwicklung einer beträchtlichen sexuellen Erregbarkeit nicht verhindert. An diese Erfahrungen reihen sich andere Tatsachen an: das Bestehen eines rudimentären Geschlechtstriebes unter normalen Verhältnissen im Kindesalter, die vorzeitige Entwicklung erheblicher Libido vor der Pubertätszeit in pathologischen Fällen, das Fortbestehen beträchtlicher Libido im Greisenalter trotz Atrophie der Sexualorgane, die in Krankheitsfällen (bei Neurasthenie usw.) zu beobachtende Steigerung der Libido bei Herabsetzung der sexuellen Leistungsfähigkeit, ferner der Umstand, daß bei Männern Orgasmus mit folgendem Sinken der Libido ohne Ejakulation eintreten und andererseits das Zustandekommen letzterer beim sexuellen Verkehr ohne Einfluß auf die Libido bleiben kann.

Schon bei Erwägung aller dieser Momente wird man zu der Annahme gedrängt, daß die Intensität der Erregung der kortikalen Sexualzentren, die sich subjektiv als Libido fühlbar macht, nicht lediglich und nicht hauptsächlich durch von den peripheren Sexualorganen ausgehende, mechanisch (durch Druck, Spannung) verursachte Reizvorgänge bedingt wird. Neben diesen Quellen sexueller Erregung muß noch eine andere existieren, und es liegt hier am nächsten, an die Einwirkung gewisser chemischer, im Blute kreisender Stoffe zu denken. Zu einer derartigen Auffassung ist bereits Jastrowitz speziell durch Berücksichtigung des Verhaltens der Tiere zur Brunstzeit gelangt, und er hat die in Frage stehenden chemischen Stoffe als erogene oder eragoge bezeichnet. Ich habe dieselben anderen Orts als libidogene benannt und halte diese Bezeichnung für zutreffender, weil die in Betracht kommende Wirkung bei Menschen und Tier die Libido betrifft, mit der der Affekt der Liebe nicht notwendig zusammenhängt [2]).

Eine sehr wertvolle Stütze hat die Annahme libidogener Stoffe durch Beobachtungen von Lanz (Amsterdam) an thyreopriven Tieren und Menschen erhalten. Der genannte Autor stellte an einer Reihe von Tieren (Ziegen, Hunden, Katzen, Hühnern) sehr sorgfältige Experimente über den Einfluß der Thyreodektomie auf die Fortpflanzungsfähigkeit an, und er fand, daß diese durch den fraglichen Eingriff bei beiden Geschlechtern in der Regel dauernd aufgehoben wird. Die Erfahrungen, welche der Autor bei Menschen in zwei Fällen machen konnte, stimmen damit vollkommen überein. Bei einem Manne, bei welchem nach voll-

---

[1]) Steinach: Untersuchungen zur vergleichenden Physiologie der männlichen Geschlechtsorgane, insbesondere der akzessorischen Geschlechtsdrüsen. (Arch. f. d. gesamte Physiologie 1894, Bd. 56, S. 304—338.)

[2]) M. Hirschfeld hat die in Frage stehenden Stoffe beim Manne als Andrin, beim Weibe als Gynäzin bezeichnet. Ich habe der Vereinfachung halber die Bezeichnung „libidogene Stoffe" für beide Geschlechter beibehalten, obwohl deren Aufgabe sich nicht auf Erregung von Libido beschränkt.

ständiger Thyreodektomie die sexuellen Funktionen erloschen waren, machten sich dieselben nach Gebrauch von Jodothyrin wieder geltend. Bei einer Frau, bei welcher nach der gleichen Operation die Menses zessiert hatten, stellten sich dieselben nach der Darreichung von Schilddrüsentabletten wieder ein. Noch entschiedener spricht eine experimentelle Erfahrung Marshalls [1]) für die Existenz libidogener Stoffe. Der genannte Autor fand, daß bei Hündinnen und weiblichen Ratten durch die Einspritzung eines Extraktes von Eierstöcken aus der Brunstzeit sexuelle Erregung erzeugt werden kann [2]).

Die zur Zeit vorliegenden Erfahrungen sprechen dafür, daß die Keimdrüsen bei beiden Geschlechtern zu den Organen mit sogenannter innerer Sekretion zählen, jedoch nicht lediglich der Produktion von Keimstoffen dienen. Was die männlichen Keimdrüsen anbelangt, so geben die Veränderungen in der physischen und psychischen Organisation, die nach Entfernung derselben eintreten (Neigung zur Fettbildung, weiblicher Typus der Körperformen, spärlicher Bartwuchs, weibischer Charakter bei Kastraten) gewichtige Fingerzeige für die Bedeutung dieser Organe für den Stoffwechsel. Ebenso verhält es sich mit den Störungen, die bei Frauen nach Entfernung der Ovarien und im natürlichen Klimakterium eintreten, auf die wir an späterer Stelle zu sprechen kommen werden.

Zur Zeit ist die Annahme, daß in den Keimdrüsen Stoffe, Inkrete oder Hormone, gebildet werden, welche imstande sind, den Geschlechtstrieb anzuregen, in den Kreisen der Forscher allgemein anerkannt. Die Keimdrüsen enthalten jedoch, und zwar bei beiden Geschlechtern. zweierlei Gewebe: ein generatives und die Leydigschen Zwischenzellen. Die generativen Elemente werden beim Manne von den Samenkanälchen, aus deren Epithelien die Keimzellen hervorgehen, und beim Weibe von den eibildenden Elementen des Eierstocks geliefert. Die Leydigschen Zwischenzellen, welche aus den bindegewebigen Elementen hervorgehen, sind ein akzessorisches Element. Darüber, von welchen von den beiden Gewebselementen die Inkrete gebildet werden, welche man den Keimdrüsen zuschreibt, bestehen unter den Forschern Meinungsverschiedenheiten. Steinach und seine Anhänger sind der Ansicht, daß diese Inkrete von den Leydigschen Zellen (Zwischenzellen) gebildet werden, die er in ihrer Gesamtheit als Pubertätsdrüse bezeichnet hat, da sie nach seiner Auffassung um die Zeit der Pubertät sich stark vermehren und die Erscheinungen, die man als Pubertät zusammenfaßt, bedingen sollen. Nach der Ansicht der Gegner Steinachs (Stieve, Kyrle, Romeis, Bukura u. a.) ist dies nicht der Fall. Den Leydigschen Zwischenzellen kommt lediglich eine trophische Funktion zu, sie sammeln nur Ernährungsmaterial an, das sie an die Keimzellen zu deren Aufbau übermitteln. Kyrle sieht die Aufgabe der Zwischenzellen darin, ein trophisches Hilfsorgan für das Samenepithel zu bilden, wenn für diese pathologische Verhältnisse eintreten. In den Zeiten der Geschlechtsruhe erscheint im Hoden die Menge der Zwischensubstanz am größten.

Die Erfahrungen, die man an Kastraten machte, sprechen aber dafür, daß den Hoden nicht nur die Produktion des Samens zufällt, sondern auch die Erzeugung der sogenannten sekundären Geschlechtsmerkmale und der Abschluß des Knochenwachstums. Auch über diese Punkte bestehen Meinungsverschiedenheiten. Während Steinach und seine Schüler die Ansicht vertreten, daß es lediglich die Inkrete der Hodenzwischenzellen sind, welche diese Vorgänge einleiten, äußert Stieve, Romeis u. a. die Auffassung, daß nur die inkretorische Tätigkeit der Samenzellen die in Frage stehende Aufgabe zustande bringt. Wir können hier nicht auf die Details der beiderseitigen Beweisführung eingehen, müssen jedoch betonen, daß, wenn auch zur Zeit die Auffassungen der Gegner Steinachs berechtigter erscheinen als die seiner Anhänger, letztere doch nicht als völlig widerlegt erachtet werden können. Es handelt sich hier um die Beurteilung histologischer Details, die in manchen Beziehungen sehr schwierig ist.

[1]) Marshall: The Physiology of Reproduktion 1910. Hier sind auch experimentelle Beobachtungen Steinachs, Zentralbl. f. Physiologie, Bd. 24, Nr. 13, 1910, zu erwähnen. Der Autor fand, daß bei kastrierten und impotenten Fröschen durch Einspritzung der Hoden oder von Teilen des Nervensystems brünstiger Männchen sich geschlechtliche Erregung (der Umklammerungstrieb) auslösen ließ. Bei in jugendlichem Alter kastrierten Ratten, bei welchen die Hoden mit Erfolg an die innere Bauchwand implantiert wurden, mangelte es nicht an einem starken Geschlechtstrieb, obwohl das spermatogene Gewebe sich nicht entwickelt hatte.

[2]) Für die Abhängigkeit der Libido von im Blute kreisenden chemischen Stoffen ist auch Freud (3 Abhandlungen zur Sexualtheorie) eingetreten.

Die Erfahrungen über den Einfluß der Kastration auf den Sexualtrieb sprechen dafür, daß die Bildung der libidogenen Stoffe sich nicht auf die Keimdrüsen beschränkt. Diese bilden unter normalen Verhältnissen allem Anscheine nach die Haupterzeugungsstätten dieser Stoffe, doch nehmen an deren Produktion wahrscheinlich noch andere Teile des Sexualapparates (beim Manne Prostata und Samenblasen, vielleicht auch andere Organe [Niere]) Anteil, so daß bei Ausfall der Funktion der Keimdrüsen ein gewisses Vikariieren anderer Organe möglich ist.

Daß nicht die Anhäufung von Spermaflüssigkeit in den Samenblasen, sondern ein im Blute kreisendes Agens die Intensität der Libido bedingt, hierfür sprechen auch noch andere Momente, auf die schon von Jastrowitz hingewiesen wurde. Zunächst kommt das Verhalten vieler Tiere zur Brunstzeit in Betracht, ihre Unruhe, Reizbarkeit, Wildheit, Kampfeslust usw., was mehr auf die Wirkung eines im Blute kreisenden, gewissermaßen toxischen Stoffes, als eine vom Sexualapparate ausgehende mechanisch verursachte Erregung hinweist. Auch die Erscheinungen, die bei in sexueller Abstinenz lebenden Menschen mit beträchtlichem Sexualtriebe gelegentlich beobachtet werden — Zustände hochgradiger allgemeiner Erregtheit —, lassen sich kaum auf die mechanische Wirkung der Spermaanhäufung zurückführen. Dieser Erfahrung steht die Tatsache zur Seite, daß bei sehr beträchtlicher Libido durchaus nicht selten auch durch in kurzen Zwischenräumen aufeinanderfolgende sexuelle Akte keine nachhaltige Herabsetzung derselben herbeigeführt wird.

Aus dem Angeführten dürfte sich ergeben, daß, wenn auch für die Entwicklung des Sexualtriebes die von den peripheren Sexualorganen ausgehenden Erregungen von Bedeutung sind, die Intensität der Libido doch von anderen Faktoren im wesentlichen abhängt. Als solche kommen in Betracht: 1. die Erregbarkeit der kortikalen Sexualzentren (vielleicht auch die der spinalen). Daß in dieser Beziehung bedeutende, auf angeborener Veranlagung beruhende Unterschiede vorkommen, hierfür sprechen insbesondere die Fälle, in welchen schon vor der Pubertätszeit, unabhängig von Verleitung zur Onanie und von peripheren Reizungen irgendwelcher Art, Zustände sexueller Erregung auftreten, z. B. beim Anblick von Vorgängen, die auf normale Kinder keinerlei Eindruck machen. Die Bedeutung des kortikalen Momentes erhellt auch deutlich aus der Beeinflussung der Libido durch verschiedene Gehirnaffektionen und krankhafte Zustände des gesamten Nervensystems.

Den zweiten für die Intensität des Sexualtriebes in Betracht kommenden Faktor bildet die Produktion der libidogenen Stoffe, die allem Anscheine nach höchst bedeutenden Schwankungen unterliegt, die mit Rassen- und Familienanlagen, der sexuellen Konstitution, dem allgemeinen Gesundheitszustande, Lebensalter, der Ernährungsweise und äußeren Verhältnissen zusammenhängen. Für den Mann liegt die Annahme nahe, daß die libidogenen Stoffe in größerer Menge in der Spermaflüssigkeit enthalten sind und mit dieser in den Samenblasen angesammelt werden. Die vorliegenden Erfahrungen weisen jedoch darauf hin, daß der Übergang der libidogenen Substanz in das Blut nicht lediglich von den Samenblasen aus erfolgt. Bei beträchtlicher Entwicklung der Libido findet wahrscheinlich beständig eine Resorption gewisser Mengen libidogener Substanzen von den Keimdrüsen und vielleicht auch anderen Bildungsstätten aus statt, während bei geringerer Entwicklung des Triebes erst nach einer gewissen Anhäufung des Stoffes in den Samenblasen der Übertritt desselben in das Blut erfolgt. Beim weiblichen Geschlechte kann nur ein direkter Übergang libidogener

Substanzen von den Keimdrüsen und den etwaigen anderen Bildungsstätten in das Blut in Frage kommen.

Was die Weiterentwicklung und Dauer der sexuellen Funktionen betrifft, so nimmt nach meinen Erfahrungen der Sexualtrieb bei männlichen Individuen bis zum 25. oder 26. Lebensjahre zu, um sich dann etwa ein Dezennium auf gleicher Höhe zu halten. In den folgenden drei Dezennien sinkt der Trieb anfangs langsam, dann rascher, so daß er in der zweiten Hälfte der 60er Jahre zumeist erloschen oder dem Erlöschen nahe ist. Das Verhalten der Potenz (Facultas coeundi) zeigt einen ähnlichen Verlauf. Der Mann gelangt erst anfangs der 30er Jahre zum Höhepunkt der Potenz; von dieser Zeit an sinkt dieselbe, und zwar im ersten Dezennium wenig und langsam, im zweiten Dezennium dagegen schon viel erheblicher und noch mehr im dritten Dezennium, um gegen die Mitte der 60er Jahre, wenigstens bei der Mehrzahl der Männer, zu erlöschen. Es mangelt jedoch keineswegs an Fällen, in welchen Männer eine gewisse Potenz bis in die 70er Jahre (vereinzelt sogar noch darüber hinaus) bewahren, wie andererseits ein Schwinden der Potenz schon in den 50er Jahren und noch früher (vereinzelt selbst Ende der 30er) vorkommt. Die Libido überdauert die Erektionsfähigkeit nicht selten längere Zeit.

Beim weiblichen Geschlechte hält die Tätigkeit der Generationsorgane, an welche die Fortpflanzungsfähigkeit gebunden ist, Ovulation und Menstruation, soweit die europäische Bevölkerung in Betracht kommt, im Durchschnitte 30 bis 40 Jahre an. Der Geschlechtstrieb scheint bei Frauen im allgemeinen etwas später als beim Manne seinen Höhepunkt zu erreichen (gegen das 30. Lebensjahr). Ein erhebliches Sinken desselben tritt zumeist zwischen dem 40. und 50. Lebensjahre ein; häufig überdauert er den Eintritt der Menopause. Bestimmte Angaben über den durchschnittlichen Zeitpunkt des definitiven Erlöschens der Libido bei Frauen lassen sich nicht machen. Die Konzeptionsfähigkeit überdauert in vereinzelten Fällen die Menopause noch eine gewisse Zeit.

II.

Die nervösen und psychischen Störungen der Pubertät.

Die Pubertät, die Jahre der Geschlechtsreife, bilden nicht nur eine Zeit sehr verstärkten Wachstums des Sexualapparates, sondern auch des Gesamtkörpers, insbesondere des Skeletts. Mit diesem Wachstum gehen Veränderungen der Erregbarkeit und der Funktionen des Nervensystems einher, die sich insbesondere auf seelischem Gebiete äußern. Neben einer Steigerung der allgemeinen nervösen Erregbarkeit begegnen wir als durchgehendem Zuge bei beiden Geschlechtern einer erhöhten gemütlichen Reizbarkeit, auffälligen Schwankungen des Gemütszustandes ohne ersichtliche Veranlassung, unverhältnismäßigen Gefühlsreaktionen auf geringfügige Reize, z. B. leichtem Tadel, Nichterfüllung einer belanglosen Bitte, mitunter auch explosiven, jede Rücksicht beiseite setzenden Affektäußerungen.

Auf intellektuellem Gebiete machen sich im allgemeinen, abgesehen von dem normalen geistigen Wachstum, weniger Veränderungen geltend als auf emotivem. Eine quantitative Abnahme der Leistungen kann durch Mangel an Aufmerksamkeit, Zerfahrenheit, Verminderung des Interesses für die Unterrichtsgegenstände, Faulheit bedingt werden, während die Qualität der Leistungen bei normalen Jugendlichen nur sehr selten leidet. Daneben machen sich in dem seelischen Verhalten beider Geschlechter Unterschiede geltend, wie schon aus dem Umstande hervorgeht, daß man nur bei männlichen Individuen von „Flegeljahren" spricht, die gleichalterigen Mädchen dagegen in Anbetracht ihres im ganzen weniger anstößigen Verhaltens als „Backfische" bezeichnet. Auf der männlichen Seite ist die Eckigkeit, selbst Ungeschlachtheit der Bewegungen, erhöhter Tatendrang und Selbstüberschätzung, die mit Geringschätzung von Eltern und Lehrern einhergeht, eine ziemlich häufige Erscheinung. Ebenso bei Mädchen verträumtes Wesen, auffällige Schüchternheit, schwärmerische Neigung für einzelne Personen, die solchen Gefühlsaufwand nicht verdienen.

Der Grad, der durch die Pubertätsvorgänge bedingten seelischen Veränderungen ist jedoch in den einzelnen Fällen sehr verschieden, derart, daß neben den Individuen, die unter dem Einfluß der Pubertätsvorgänge nur sehr wenig Abweichungen von ihrem gewöhnlichen Verhalten zeigen, sich in nicht geringer Zahl andere finden, die auf nervösem und psychischem Gebiete Erscheinungen darbieten, die man als Störungen bezeichnen darf und bei denen sich eine scharfe Grenze zwischen dem noch in die Breite des Physiologischen Fallenden und dem ausgesprochen Pathologischen sich nicht ziehen läßt. Diese Unterschiede hängen wohl in erster Linie mit der durch die Erbmasse des Individuums bedingten Veranlagung und der damit wahrscheinlich zusammenhängenden Tätigkeit der endokrinen Drüsen ab.

Bei den weitgehenden Veränderungen, welche der Organismus in der Pubertät erfährt, liegt es auch nahe, daß normale wie abnorme Veranlagungen in dieser Periode stärker hervortreten und daher auch bei neuro- und psychopathischer Disposition die durch diese bedingten Störungen stärker oder schwächer sich geltend machen, oder, wenn schon früher vorhanden, zunehmen. Es ist auch zu berücksichtigen, daß beim weiblichen Geschlechte, bei welchem die Pubertätsvorgänge tiefer in den Organismus eingreifen als beim männlichen, auch der Einfluß dieser auf die Nervensphäre sich im allgemeinen stärker geltend macht als bei männlichen Individuen.

Das erste Auftreten der Menstruation — die Menarche nach Kischs Bezeichnung — kann sich ohne jede Beschwerde vollziehen; häufig gehen jedoch diesem für das junge weibliche Wesen so wichtigen Ereignisse Beschwerden vorher, ähnlich denjenigen, welche auch später in vielen Fällen die Menses begleiten: Kreuzschmerzen, Gefühle von Druck, Schwere oder Ziehen im Unterleibe, Empfindlichkeit der Ovarialgegend. Erheblich seltener sind nervöse Herzstörungen, auf deren Vorkommen in der Zeit der Menarche, insbesondere von Kisch, die Aufmerksamkeit gelenkt wurde. Nach den Beobachtungen dieses Autors handelt es sich zumeist um Herzklopfen, das auch bei bis dahin gesunden Mädchen auftreten kann, vor dem ersten Erscheinen der Menses anfallsweise sich einstellt, die erste Periode überdauert und nach mehrmaliger regelmäßiger Wiederkehr derselben sich wieder verliert. Hierbei besteht nicht immer eine objektiv nachweisbare Veränderung der Herzaktion. In der Mehrzahl der Fälle ist jedoch Pulsbeschleunigung vorhanden (120—140 Schläge), der Puls hierbei voll, mitunter auch unregelmäßig; hiermit vergesellschaften sich öfters Schmerzen in der Herzgegend, Brustbeklemmung und Angstzustände. Mit den Herzbeschwerden, welche von Kisch teils auf psychische Vorgänge, teils auf von den Ovarien ausgehende, reflektorisch auf die Herznerven wirkende Reize zurückgeführt werden, stellen sich mitunter noch andere nervöse und psychische Erscheinungen ein: unruhiger Schlaf, auffällige gemütliche Reizbarkeit, Verstimmungszustände, Unlust zur Beschäftigung, Verdauungsstörungen. Kisch fand, daß die jungen Mädchen, bei welchen diese Zustände zur Beobachtung kamen, zum größten Teil lebhaft erregbare Naturen, Kinder nervöser Eltern waren, welche frühzeitig schon Tanzstunden und Bälle besucht hatten.

Anfälle von Herzklopfen, ähnlich den erwähnten, treten auch bei Mädchen auf, bei welchen sich das erste Erscheinen der Menses auffällig verspätet oder die Menses nach ihrem ersten Erscheinen einige Zeit hindurch sich sehr unregelmäßig verhalten, länger ganz ausbleiben oder nur in Spuren sich zeigen. In diesen Fällen liegt zumeist Chlorose vor und mangeln auch andere bei Chlorotischen gewöhnliche nervöse Beschwerden nicht. Neben diesen zeigen sich bei Mangel der Menstruation in Zwischenräumen von drei oder vier Wochen mehr oder minder erhebliche Molimina menstrualia.

Wenn schon bei normal veranlagten Jugendlichen durch die Pubertätsvorgänge auf nervösem und seelischem Gebiete Erscheinungen hervorgerufen werden können, die über das Gebiet der Norm hinausgehen, ist es begreiflich, daß bei neuropsychopathisch Disponierten ein solcher ungünstiger Einfluß sich noch in stärkerem Maße geltend macht. In der großen Mehrzahl der Fälle handelt es sich jedoch nur um Erscheinungen, die dem großen Grenzgebiete zwischen Geistesgesundheit und Geisteskrankheit angehören, die man als psychopathische

Minderwertigkeiten oder kurzweg als Psychopathie zusammengefaßt hat. Die hier in Betracht kommenden Störungen, auf die wir nicht näher eingehen können, betreffen alle Seiten des Seelenlebens, Intelligenz, die Gemütssphäre und die Willenstätigkeit, und es ist besonders bemerkenswert, daß unter den durch die Pubertät bedingten seelischen Veränderungen die die Gefühlssphäre betreffenden am ausgesprochensten sind.

Was die Beziehungen der Pubertät zu den Psychosen anbelangt, so ist nicht zu bezweifeln, daß ein deutliches Anwachsen der letzteren in die Zeit vom 15. bis 20. Lebensjahre, d. h. zum Teil noch in die Pubertätszeit fällt. Die Frage, ob es eine durch die Pubertät bedingte, besonders charakterisierte geistige Erkrankung gibt, ist zur Zeit noch strittig. Von Schönthal und Friedmann wurde als „primordiale menstruelle Psychose" eine bei Mädchen in der Pubertätszeit auftretende, anscheinend mit Störungen in der Entwicklung der Menstruation zusammenhängende periodische geistige Erkrankung beschrieben, Klingeberger [1]) dagegen äußert sich entschieden dahin, daß es eine der Pubertät eigene oder ausschließlich durch sie bedingte nervöse oder geistige Erkrankung, eine Pubertätsneurose oder Pubertätspsychose im engeren Sinne nicht gibt. Auch Pappenheim [2]) und Grosz führen in ihrer eingehenden Schrift über die Neurosen und Psychosen des Pubertätsalters eine primordiale menstruelle Psychose nicht an [3]).

Daß die Pubertätsentwicklung bei gesunden männlichen Individuen als Ursache ausgesprochener nervöser Störungen wirksam wird, hierfür liegt kein genügender Beweis vor. Dagegen läßt sich nicht in Abrede stellen, daß die gesteigerte nervöse Erregbarkeit während dieser Lebensepoche bei beiden Geschlechtern das Auftreten einzelner Nervenleiden, so insbesondere der Migräne und der Epilepsie, begünstigen mag. Gowers fand, daß bei fast $^1/_3$ seiner Fälle die Epilepsie zwischen dem 13. und 18. und zwar zumeist im 14., 15. oder 16. Lebensjahre ausbrach. Der Einfluß, welchen die Entwicklung der Menstruation bei Mädchen auf die Epilepsie äußert, ist jedoch, wie wir an späterer Stelle sehen werden, verschiedenartiger Natur.

Weniger deutlich ist der Einfluß der Reifung des Geschlechtsapparates auf die Entwicklung der Hysterie. Briquet fand bei einer statistischen Verwertung von 426 Fällen von Hysterie, daß sich ein Fünftel der Fälle in Frankreich vor dem Alter der Pubertät (dem 15. Lebensjahre) entwickelt, vom 15.—20. Lebensjahre sowohl die Häufigkeit der hysterischen Disposition als der manifesten Hysterie bedeutend wächst, dagegen vom 20.—25. Jahre wieder erheblich herabsinkt. Briquet betont jedoch, daß die rasche Zunahme der Hysterie in der erwähnten Lebensperiode keineswegs lediglich auf den Einfluß des Sexualapparates, sondern auch auf eine Reihe psychischer Momente zurückzuführen ist, die sich beim weiblichen Geschlechte in den betreffenden Jahren geltend machen. Beim männlichen Geschlechte tritt nach Bataults Statistik, welche 192 Fälle umfaßt, die Hysterie am häufigsten zwischen dem 10. und 20., sodann zwischen dem 20. und 30. Lebensjahre auf.

Ich habe bei meinen Beobachtungen von Hysterie, die auf das Alter vom 10.—20. Lebensjahre fallen, ein besonderes Überwiegen einzelner Jahre bisher

---

1) Klingeberger: Über Pubertät und Psychopathie. Wiesbaden, J. F. Bergmann, 1914.

2) Pappenheim und Grosz: Die Neurosen und Psychosen des Pubertätsalters. Berlin, J. Springer, 1914.

3) Es ist mir daher wahrscheinlich, daß die von Friedmann und Schönthal beschriebene Psychose von den angeführten Autoren als dem Gebiete des manisch depressiven Irreseins angehörig erachtet wird.

nicht finden können, so daß ich die Bedeutung der Pubertätsvorgänge für das Auftreten hysterischer Zustände nur gering veranschlagen kann [1]).

Mönkemöller hat darauf hingewiesen, daß bei neuro- und psychopathischer Veranlagung die dadurch bedingten Mängel und Störungen vielfach erst in der Pubertätszeit stärker hervortreten, so das intellektuelle Defizit bei Imbezillen und krankhafte Charaktereigenschaften, daß aber auch der Prozentsatz der Psychosen in dieser Periode rasch und bedeutend anwächst. Die erste Stelle unter den hier in Betracht kommenden Geistesstörungen nimmt die Dementia praecox ein. Kräpelin fand unter 296 Fällen ein Erkrankungsalter bis zum 15. Jahre in 6%, bis zum 20. in 32,5%; Wolfsohn bei 618 Patienten der Anstalt Burghölzli bis zum 15. Jahre 4%, vom 15.—20. 18% [2]). Man nimmt gegenwärtig vielfach an, daß das Jugendirresein durch eine Autointoxikation bedingt wird, und wenn dieses der Fall ist, kann man sich wohl vorstellen, daß es zu einer solchen bei den Veränderungen des Stoffwechsels in der Pubertätszeit (vielleicht durch Anomalien der inneren Sekretion) leichter kommt als in anderen Lebensperioden.

An die Dementia praecox schließt sich in bezug auf Häufigkeit des Auftretens in den Pubertätsjahren das manisch depressive Irrsein an. Nach Pappenheim und Grosz pflegt die erste Phase des manisch depressiven Irreseins und der Zyklothymie (leichte Form des manisch depressiven Irreseins) in der großen Mehrzahl der Fälle in oder bald nach der Pubertät aufzutreten. Die Bedeutung dieses ersten Anfalls für die Zukunft des Befallenen wird, da er gewöhnlich in Genesung ausgeht, vielfach verkannt. Das frühe Einsetzen der Erkrankung in der einen oder anderen Form ist bei der dominierenden Bedeutung, welche der Heredität bei dem Leiden zukommt, nicht auffällig und die erhöhte gemütliche Erregbarkeit der Pubertätsperiode mag die Wirksamkeit der ererbten Veranlagung mehr oder weniger verstärken.

---

[1]) Pitres fand das Einsetzen der Hysterie bei weiblichen Personen am häufigsten im Alter von 16—20 Jahren (34 unter 69 Fällen), Landoucy unter 355 Fällen 30% im Alter von 16—20 Jahren, dagegen im Alter von 11—15 Jahren nur 13%. Binswanger (Die Hysterie, 1904, S. 89) stimmt mit Jolly darin überein, daß nur das Alter der Pubertätsentwicklung im weiteren Sinne — etwa vom 12.—20. Lebensjahre — die Zeit ist, in welcher die Hysterie vornehmlich zum erstmaligen Ausbruch gelangt.

[2]) S. Bleuler: Dementia praecox. 1911. S. 278.

III.

Die nervösen und psychischen Störungen der Menstruationszeit.

Die immer mehr sich einbürgernde Bezeichnung der Menstruation als Unwohlsein ist nicht lediglich eine Redefigur. Die Zahl der Mädchen und Frauen, bei welchen der Vorgang der Menstruation ohne Beschwerden irgendwelcher Art verläuft, ist zwar nicht so gering, daß man sie mit dem englischen Frauenarzte Emmet als Ausnahmen von der Regel betrachten müßte, und unter unserer ländlichen Bevölkerung sind jedenfalls diese Glücklicheren noch immer reichlich vertreten; allein in den Städten sind offenbar diejenigen weiblichen Wesen bei weitem in der Überzahl, für welche die Menstruation in der Tat eine Zeit des Unwohlseins bedeutet und insbesondere mit nervösen Störungen verschiedener Art einhergeht. Da die ohne Beschwerden Menstruierenden gewöhnlich Personen von robuster nervöser Konstitution sind, darf man wohl annehmen, daß die während der Menstruation bei im übrigen gesunden weiblichen Personen auftretenden nervosen Störungen die Folgen einer erhöhten Reizbarkeit des Nervensystems, die angeboren oder erworben sein mag, sind.

Man kann die mit der Menstruation zusammenhängenden nervösen Störungen in lokale, entferntere und allgemeine sondern. Unter den lokalen Beschwerden sind wohl Schmerzen in den unteren Partien des Abdomens oder im ganzen Abdomen, im Kreuz und in den Beinen die häufigsten. Denselben reihen sich die bei einer sehr großen Zahl von Frauen vorkommende Neigung zu häufigen, zum Teil diarrhoischen Darmausleerungen und als seltenere Erscheinungen Schmerzen im After und vermehrter Harndrang an. Von den entfernteren Störungen sind zu erwähnen: Rücken- und Kopfschmerzen, Kopfdruck, Magenbeschwerden in der Form von Übelkeit, Erbrechen und Kardialgien, mehr oder minder erhebliche Schmerzen in den Brüsten (Mastodynie), seitens des Zirkulationsapparates Herzpalpitationen — Kisch fand bei 8,5% der Frauen mit normalem Herzen und regelmäßiger Menstruation eine Beschleunigung der Herztätigkeit um 10—28 Schläge in der Minute — und vasomotorische Störungen, Kälte der Hände und Füße, Wallungen nach dem Kopfe, da und dort auftretende fliegende Hitzen, Schweißausbruch. Oft wird auch über ein allgemeines körperliches Angegriffensein und Neigung zu rascher Ermüdung bei jeder einigermaßen anstrengenden Tätigkeit geklagt.

Von besonderem Interesse sind die während der Menstruationsperiode auftretenden psychischen Veränderungen, die von den harmlosesten Erscheinungen alle Übergänge bis zu den schwersten psychotischen Zuständen aufweisen. Abweichungen in dem gemütlichen Verhalten, erhöhte emotionelle Erregbarkeit mit Neigung zum Weinen, Gereiztheit, leichtere Verstimmungszustände und rascher Stimmungswechsel finden sich sehr häufig. Die gemütliche Reizbarkeit erreicht bei Belasteten mitunter so hohe Grade, daß äußerst geringfügige Anlässe zu tobsuchtartigen Ausbrüchen führen. Bei Frauen, die an Zwangsangstzuständen leiden, nehmen solche während der Menses an Intensität und Häufigkeit gewöhnlich zu. Manche weibliche Personen, deren gemütliches Verhalten in der intermenstruellen Zeit völlig normal ist, werden während der Menses von Zwangsverstimmungen heimgesucht, die sich gelegentlich bis zum völligen Lebensüberdruß steigern können, wobei jedoch die äußere Ruhe nach meiner Erfahrung gewahrt bleiben kann. Die Menses begünstigen auch das Auftreten anderer Zwangserscheinungen, was unter Umständen forense Bedeutung erlangen kann; insbesondere kommen hier gewisse Zwangsimpulse, Kleptomanie, Pyromanie und Dipsomanie in Betracht [1]).

In manchen Fällen nehmen die seelischen Veränderungen, welche sich mit der Menstruation verknüpfen, den Charakter einer ausgesprochenen Psychose an. Das „menstruelle Irresein" (Menstruationspsychose) ist eine Form periodischer Geistesstörung, deren Anfälle sich in ihrem zeitlichen Auftreten an den Ovulationsvorgang gebunden zeigen, brüsk einsetzen und gewöhnlich ebenso enden. Die Anfälle sind weit vorherrschend prämenstruell, selten postmenstruell und werden oft durch gewisse Prodromalerscheinungen, Schlafmangel, Unterleibsbeschwerden, Herzklopfen, Beklemmungsgefühle usw. eingeleitet. Bei prämenstruellem Einsetzen zessieren sie mit dem Eintreten der Blutung. Nach Beobachtungen von v. Krafft-Ebing kann in Fällen, die mit Dysmenorrhöe einhergehen, auch bei Ausbleiben der Blutung die Psychose zur Zeit der Menses wiederkehren.

In klinischer Hinsicht zeigt das menstruelle Irresein die verschiedensten Formen. Melancholie und Manie finden sich am häufigsten (letztere oft mit sexueller Färbung), Verworrenheitszustände mit massenhaften Halluzinationen sind ebenfalls nicht selten. Nach Ziehen kommt bei belasteten Frauen prämenstruell ein systematisierter Eifersuchtswahn vor, der in der übrigen Zeit nicht nachzuweisen ist. Die Anfälle menstruellen Irreseins währen meist nur einige Tage, können aber auch eine Dauer von 1—2 Wochen erreichen. Der Genitalbefund ist zumeist negativ (v. Krafft-Ebing).

Der sogenannte „Ovulationsreiz" bildet natürlich nicht die einzige oder wesentliche Ursache dieser Psychosen, sondern eher lediglich den Tropfen, der das Gefäß zum Überlaufen bringt. Die in dieser Weise Erkrankten sind zumeist Personen von jugendlichem Alter und erblicher psychopathischer Belastung, die zum Teil schon früher von neurotischen Leiden (Hysterie) oder nicht periodischer Geistesstörung heimgesucht wurden. Körperliche Leiden und gemütliche Erregungen spielen öfters die Rolle der Agents provocateurs der Krankheit, zu deren Ausbruch die nächste Menstruation den letzten Anstoß gibt. Die Anfälle schwinden zumeist wieder, nachdem sie sich einige Male wiederholt haben; doch kommen auch Fälle vor, in welchen die einzelnen Anfälle sich immer mehr verlängern und schließlich in dauernde Geistesstörung übergehen.

---

[1]) Die Impulse können auch dem sexuellen Gebiete angehören. In einem von Anjél (Arch. f. Psych. XV. Heft 2) mitgeteilten Falle stellte sich bei einer erblich schwer belasteten, dem Klimakterium nahestehenden Frau während der Menses neben Insomnie ein Drang ein, Knaben unter 10 Jahren an sich zu locken, zu küssen und ihre Genitalien zu betasten. Die Frau, welche intermenstruell keinerlei sexuelle Begehrlichkeit zeigte, verlangte selbst Überwachung in der kritischen Zeit.

Es ist begreiflich, daß Menstruationsanomalien in noch höherem Maße geeignet sind, nervöse Störungen herbeizuführen, als die normal verlaufende Menstruation. Am erheblichsten sind zweifellos die Beschwerden, welche durch dysmenorrhoische Vorgänge veranlaßt werden, deren Ursachen hinwiederum sehr verschiedenartig sind. Anfallsweise eintretende wehenartige Schmerzen im Unterleibe (Uterinkoliken) oft von großer Heftigkeit, häufiger Harndrang, Schmerzen in den Beinen, im Kreuz und Rücken, ähnlich wie zum Teil auch bei normaler Menstruation, nur noch erheblicher, Kardialgien, Übelkeit und Erbrechen sind gewöhnliche Erscheinungen bei Dysmenorrhöe; seltener sind reflektorische Störungen der Herztätigkeit, Anfälle von beschleunigter Herzaktion mit kardialer Dyspnoe bei geringen Bewegungen und Angst oder Anwandlungen von Herzschwäche mit kleinem, sehr frequentem Pulse, unter Umständen bis zur völligen Ohnmacht sich steigernd (Kisch)[1]).

Nach Theilhaber stellt sich die Uterinkolik manchmal $^1/_2$—1 oder gar mehrere Tage vor dem Eintritte der Blutung ein. Nach dem Auftreten der Blutung dauert sie häufig nur einige Stunden, zuweilen jedoch auch noch 1—2 Tage an (selten während der ganzen Dauer der Menstrualblutung). Solange die Schmerzen sehr heftig sind, fließt häufig das Blut nur tropfenweise ab.

Die Anschauungen über die Verursachung der dysmenorrhoischen Beschwerden haben sich in neuerer Zeit erheblich geändert. Man hat früher und zwar insbesondere unter dem Einflusse von Marion Sims vorwaltend angenommen, daß es sich um eine Retention des Menstrualblutes infolge verschiedenartiger krankhafter Veränderungen des Uterus (Lageveränderungen, Zervixstenosen, Tumoren, Endometritis usw.) handle. Theilhaber und Wille fanden jedoch, daß in der großen Mehrzahl der Fälle von Dysmenorrhöe organische Veränderungen nicht nachweisbar sind (nach Theilhaber in $^3/_4$ der Fälle), sohin eine idiopathische Dysmenorrhöe vorliegt. Nach dem letztgenannten Autor werden die wehenartigen Schmerzen der Dysmenorrhöe durch spastische Kontraktion der zirkulären Muskelfasern am inneren Muttermunde (des Sphincter orificii interni) herbeigeführt. Eine Retention des Menstrualblutes hält Theilhaber für die Entstehung der Uterinkolik nicht für nötig, da Kolikschmerzen auch bei krankhaften Kontraktionen anderer muskelhaltiger Organe (Darm, Magen usw.) entstehen. Für das Auftreten der in Frage stehenden Spasmen bei Mangel lokaler Veränderungen halten Theilhaber und Wille eine gewisse nervöse Disposition (neuropathische Veranlagung, Neurasthenie, Hysterie) für erforderlich. Wille wies darauf hin, daß mit dieser Disposition noch gewisse Gelegenheitsursachen sich verknüpfen müssen, wenn es zur Entwicklung der Dysmenorrhöe kommen soll. Er konnte mehrfach wie Krönig konstatieren, daß die Dysmenorrhöe nicht von der Pubertät, sondern erst von einer bestimmten Gelegenheit (Überanstrengung) an bestand. Hiermit stimmen auch meine Erfahrungen überein. Ich habe ebenfalls Fälle beobachtet, in welchen bei nervösen Personen die Einwirkung gewisser Schädlichkeiten um die Zeit der Menses (gemütliche Erregungen, Überanstrengungen) Dysmenorrhöe zur Folge hatte und dieser Zustand längere Zeit hindurch sich wiederholte, ohne daß weitere Gelegenheitsursachen im Spiele waren. Für den weit vorherrschend nervösen Ursprung der dysmenorrhoischen Beschwerden spricht auch der Umstand, daß sich dieselben sehr häufig durch verschiedenartige Einwirkungen auf bestimmte Stellen der Nasenschleimhaut (Ätzungen, Kokain-

[1]) Funkelstein stellte fest, daß bei gesunden Frauen während der normalen Menstruation eine Einschränkung des Gesichtsfeldes eintritt; diese Einschränkung ist nach den Untersuchungen Salo Cohns bei Dysmenorrhöe in den Tagen der größten Beschwerden am erheblichsten.

einpinselungen, unter Umständen auch durch Einpinselung mit Aq. dest.) beseitigen lassen [1]).

Die Beziehungen zwischen Uterus und Nasenschleimhaut bildeten längere Zeit den Gegenstand von Diskussionen in der Literatur, wobei zum Teil sehr abweichende Ansichten zutage traten. So berichtet Malherbe [2]) (Paris), daß er eine Anschwellung der Schwellkörper der Nasenschleimhaut zur Zeit der Menstruation fand und bei heftigen dysmenorrhoischen Schmerzen eine besonders intensive Kongestion am vorderen Ende der unteren Nasenmuschel und am Tuberculum septi beobachtete. Nach den Erfahrungen Malherbes sind nicht nur die Fälle rein nervöser Dysmenorrhöe, sondern auch ein Teil der Fälle mit Erkrankungen des Genitalapparates durch nasale Therapie günstig zu beeinflussen.

Kuttner auf der anderen Seite erklärt es für unrichtig, daß sich bei den „meisten“ oder gar „allen“ Frauen zur Zeit der Menses Veränderungen der Nase finden; er erachtet dies nach seinen Erfahrungen geradezu für eine Ausnahme. Für richtig hält Kuttner nur, daß menstruelle Beschwerden von der Nase aus beeinflußt werden können, aber nicht lediglich durch Bepinselungen des Tuberculum septi und der Muscheln durch Kokain usw. Der gleiche Erfolg ist durch Bepinselung des Rachens und Kehlkopfes mit verschiedenen anästhesierenden Lösungen und sogar mit Brunnenwasser zu erzielen. Kuttner erachtet den Zusammenhang zwischen Nase und Menstruationsbeschwerden für eine Erscheinung der Hysterie. Der Autor hat auch den Einwänden Koblancks [3]) gegenüber, der sich gegen die suggestive Erklärung der Erfolge der Nasenbehandlung bei Dysmenorrhöe aussprach, seine Auffassung aufrecht erhalten. Nach ihm sind die in Frage stehenden Erfolge bedingt durch bewußte oder unbewußte psychische Beeinflussung der Patientinnen, durch die Allgemeinwirkung des Kokains und sicher oft genug auch durch die Verbesserung des Allgemeinbefindens, wie sie nach der Ausheilung einer nasalen Stenose einzutreten pflegt [4]).

Bei kritischer Würdigung der vorliegenden Erfahrungen kann man sich wohl dem Schlusse nicht entziehen, daß es sich bei der Beeinflussung der Dysmenorrhöe von der Nasenschleimhaut aus nicht um reflektorische Vorgänge, sondern um Suggestivwirkungen handelt.

Bela Schick gelang es nachzuweisen, daß die längst vermutete giftige Beschaffenheit des Menstrualblutes eine Tatsache ist. Er konnte jedoch diesen Nachweis nicht in allen Fällen bringen. Der Autor fand, daß die Wirkung des Menstruationsgiftes nicht immer gleich stark ist und, wenn vorhanden, am ersten Tage am stärksten. Das Menstrualgift findet sich ferner im Schweiße der Achselhöhle und im Blute, in diesem wahrscheinlich an die roten Blutkörperchen gebunden. Als Entstehungsort muß wohl das weibliche Genitale angesehen werden.

Die Amenorrhöe, i. e. das Ausbleiben der monatlichen Blutung bei einer bis dahin regelmäßig menstruierten, nicht schwangeren weiblichen Person führt an sich wenigstens sehr häufig zu keiner Belästigung, während die dieselbe veranlassenden Momente, Krankheitszustände, Unterernährung und psychischen Einflüsse (Kummer, Angst usw.) mannigfache nervöse Störungen nach sich ziehen

---

[1]) Man hat, um die Beeinflussung der Dysmenorrhöe von der Nase aus zu erklären, komplizierte Reflextheorien ausgesonnen. Die menstruellen Veränderungen im Uterus sollen auf reflektorischem Wege Anschwellungen bestimmter Stellen der Nasenschleimhaut herbeiführen und diese hinwiederum reflektorisch die dysmenorrhoischen Erscheinungen auslösen (Schiff, Fließ). Nach dem letztgenannten Autor haben besonders zwei Stellen der Nasenhöhle Beziehungen zum weiblichen Sexualapparat: die untere Muschel und das Tuberculum septi.

[2]) Malherbe, Paris (Le Bull. méd. Nr. 82. 1903).

[3]) S. Koblanck: Über nasale Reflexe. Deutsche med. Wochenschr. 1908. Nr. 24.

[4]) S. Kuttner: Die nasalen Reflexneurosen und die normalen Nasenreflexe. Berlin 1904; ferner: Die nasale Dysmenorrhöe. Deutsche med. Wochenschr. 1908. Nr. 24.

können. Nach Kisch kommt es hierbei zuweilen zu tachykardischen Anfällen, welche entweder unregelmäßig oder in bestimmten Perioden, d. h. einige Tage vor dem Termine, an welchem die Menses erscheinen sollten, wiederkehren. Bei amenorrhoischen Hysterischen werden mitunter vikariierende Blutungen aus inneren Organen (Blutbrechen, Hämoptoe) beobachtet, deren Eintritt mit verschiedenen Beschwerden verknüpft sein kann. Plötzliches Zessieren der bereits im Gange befindlichen menstruellen Blutung infolge heftiger Gemütserregungen kann verschiedenartige nervöse Zufälle zur Folge haben, wobei es jedoch fraglich bleibt, was auf Rechnung der ursächlichen gemütlichen Erregung zu setzen und was der Suppressio mensium zuzuschreiben ist. Die Krankheitserscheinungen seitens des Nervensystems, welche bei zu starker Menstrualblutung (Menorrhagie) auftreten, sind in der Regel auf hierdurch verursachte Anämie oder das Grundleiden zurückzuführen, durch welches der übermäßige Blutverlust bedingt ist (Neubildungen im Uterus, Endometritis usw.).

Anhang.

Einfluß der Menstruation auf bestehende Nervenkrankheiten und Psychosen.

Berücksichtigen wir den Einfluß, welchen der Menstruationsvorgang auf das Nervensystem bei gesunden und nur nervösen Frauen äußert, so kann es nicht befremden, daß bei verschiedenen Nervenkrankheiten die Menses mit einer Steigerung beständig oder zeitweilig vorhandener Symptome einhergehen und unter Umständen auch zum Auftreten von Erscheinungen Anlaß geben, welche in der übrigen Zeit fehlen. Eine derartige Einwirkung des Menstruationsvorganges zeigt sich am meisten bei den Neurosen. Bei an Neurasthenie leidenden Frauen ist es etwas Gewöhnliches, daß während der Menses und schon vor Einleitung derselben die Kopf- und Rückenbeschwerden, die Gefühle allgemeiner körperlicher Schwäche oder speziell der Schwäche und Müdigkeit in den Beinen sich mehren, Schwindel, Angstzustände und Zwangsvorstellungen stärker hervortreten und, wo Erscheinungen der nervösen Herzschwäche bestehen, sich diese im besonderen Maße geltend machen. Dabei ist es bemerkenswert, daß diese periodische Verschlimmerung des Zustandes nach meinen Beobachtungen im allgemeinen bei geringfügiger menstrualer Blutung, also relativer Amenorrhöe viel erheblicher ist als bei reichlichem Blutabgange. Bei der Angstneurose und der Hysterie verhält es sich ähnlich. Bei Hysterischen, welche an Krampfanfällen oder Attacken anderer Art (hysterischem Somnambulismus, Schlafzuständen usw.) leiden, treten diese Anfälle mit Vorliebe oder mit besonderer Schwere zur Zeit der Menses auf; es mangelt auch nicht an Fällen, in welchen sich hysterische Anfälle lediglich zur Menstruationszeit einstellen. In diesen Fällen ist die Beziehung des Menstruationsvorganges zu den Anfällen nicht immer die gleiche. Bei manchen Patientinnen ist der Zusammenhang ein zufälliger, psychisch vermittelter. Die Anfälle traten zum ersten Male zur Zeit der Menses infolge zufälliger Einwirkungen (gemütlicher Erregungen usw.) auf, und es scheint hier die Wiederkehr der Erinnerung an die betreffenden Vorfälle zur Menstruationszeit als anfallauslösendes Moment zu wirken. Hier kann in der Zeit zwischen den einzelnen Menstruationsperioden das Befinden ein ganz befriedigendes sein. In anderen Fällen handelt es sich dagegen um Hysterische, deren Nervensystem beständig in einem solchen Zustande erhöhter Erregbarkeit sich befindet, daß die mit der Menstruation verknüpfte Erregung genügt, Krampfattacken oder Anfälle anderer Art (Asthma uterinum, Tremor usw.) herbeizuführen. Die Menstruation begünstigt auch das Auftreten von Migräneanfällen. Von den mit Migräne behafteten Frauen leiden manche nur während oder vor der Menstruationszeit an dem Übel, und bei anderen bevorzugen die Anfälle diese Zeit, oder sie stellen sich während derselben in besonderer Schwere ein. Ähnlich ist die Beziehung der epileptischen Anfälle zur Menstruation. Bei epileptischen Frauen, bei welchen die Anfälle nicht häufig sind, treten dieselben mit Vorliebe um die Zeit der Menses, und zwar zumeist vor Beginn derselben auf; ich habe auch Fälle gesehen, in welchen in der Zeit zwischen den Menstruationsperioden lediglich leichte Anfälle (Petit mal) bestanden, während der Menses dagegen Anfälle schwerster Art in größerer Zahl regelmäßig sich abspielten [1]). Der Einfluß, welchen das erste Erscheinen der Menses in bezug auf die Epilepsie äußert, ist ein sehr verschiedener. Wir begegnen einerseits Fällen, in welchen die ersten epileptischen Anfälle sich mit dem Einsetzen der Menstruation zeigen; andererseits kommt es aber auch vor, daß bei an Epilepsie erkrankten Mädchen die Anfälle nach dem Beginne der Menstruation aufhören; ich habe dieses Verhalten namentlich in Fällen gefunden, in welchen lediglich Anfälle von Petit mal vorhanden waren. Auch auf die neuralgischen Affektionen äußert die Menstruation häufig eine ungünstige Wirkung; besonders auffällig macht sich dieselbe mitunter bei Trigeminusneuralgien bemerklich.

Der Einfluß der Menstruation auf bestehende Psychosen ist in der Regel ein ungünstiger. Erregungszustände erfahren während dieser Zeit meist eine Steigerung, treten mitunter auch bei sonst ruhigen Kranken auf.

Es muß hier ferner bemerkt werden, daß die Psychosen häufig zu Störungen der Menstruation, und zwar namentlich in der Form der Amenorrhöe führen. Am häufigsten begegnet man letzterer bei melancholischen Zuständen. Beim manisch depressiven Irresein wird mitunter in der Depressionsphase Zessieren der Menses beobachtet, während sie in der manischen Phase nicht ausbleiben. Bei akuten Geistesstörungen stellt sich die Menstruation gewöhnlich mit der Besserung des Zustandes wieder ein. Bei manchen Geisteskranken (so bei Dementia praecox nach Kräpelin) ist jedoch auch der Übergang in Verblödung von der Wiederkehr der Menses begleitet [2]).

[1]) Diese Erfahrung bezieht sich auch auf Fälle, in welchen organische Gehirnerkrankungen mit epileptischen Symptomen bestanden.

[2]) Skeene (zitiert bei Jaworski, Wiener klin. Wochenschr. 1910. Nr. 40) fand, daß unter 192 psychisch kranken Frauen im Alter von 17—46 Jahren nur 27 normal menstruierten.

IV.

Die nervösen und psychischen Störungen der Schwangerschaft.

Mit dem Einflusse der Schwangerschaft auf das Nervensystem verhält es sich in gewissem Maße ähnlich wie mit dem der Menstruation. Wir begegnen Frauen, welche die Schwangerschaft von Anfang bis zu Ende ohne jede auf den Zustand zurückzuführende nennenswerte Störung des Befindens durchmachen, und daneben wieder anderen, welche während der Schwangerschaft von mehr minder bedeutenden, zum Teil selbst das Leben bedrohenden nervösen Störungen heimgesucht werden. Die Veränderungen, welche der weibliche Organismus während der Gravidität erfährt, das allmähliche Anwachsen des Uterus, die Modifikation der Blutbeschaffenheit und des Stoffwechsels und der Übertritt fötaler Stoffwechselprodukte in das mütterliche Blut, machen es begreiflich, daß Personen, deren Nervensystem die Merkmale der reizbaren Schwäche (i. e. der sogenannten neuropathischen Disposition) in irgend einem Grade aufweist, während der Schwangerschaft von nervösen Zufällen heimgesucht werden, während Personen von robuster Nervenkonstitution unter sonst gleichen Verhältnissen verschont bleiben. Daß übrigens auch bei gesunden Frauen die Schwangerschaft an sich, d. h. infolge der mit ihr verknüpften physiologischen Veränderungen des Organismus die Erregbarkeit des Nervensystems nicht unbeeinflußt läßt, ist sehr wahrscheinlich. Hierfür könnte der Umstand geltend gemacht werden, daß Naumann bei den meisten von ihm untersuchten Schwangeren eine Steigerung des Kniephänomens fand, die im Verlaufe der Schwangerschaft zunahm [1]).

Die am häufigsten zu beobachtenden nervösen Beschwerden sind gastrischer Natur: Übelkeit, Brechreiz und Erbrechen. Diese Erscheinungen treten zuweilen schon in den ersten Wochen der Gravidität ein und bilden für manche Frauen ein Symptom, das sie noch vor dem Ausbleiben der Menses über die stattgehabte Konzeption in untrüglicher Weise aufklärt. Häufiger stellt sich das Erbrechen im zweiten und dritten Schwangerschaftsmonate ein. Nach einer Zusammenstellung von Horwitz trat das Erbrechen unter 179 Fällen von Schwangerschaft

zwischen der	5.	und	6.	Woche	bei	16
„	„ 6.	„	8.	„	„	38
„	„ 8.	„	10.	„	„	48
„	„ 10.	„	11.	„	„	60
„	„ 11.	„	12.	„	„	22

Frauen auf.

---

[1]) Die Angaben anderer Autoren über die Häufigkeit der Steigerung der Sehnenreflexe in der Schwangerschaft stimmen hiermit jedoch nicht ganz überein. So fand Bauchnitz (Veränderungen des Nervensystems in der Gravidität, Inaugural-Diss. München 1903) die fragliche Erscheinung nur in 27 % der von ihm untersuchten Fälle und nur gegen Ende der Schwangerschaft.

Zwischen Übelkeit und Erbrechen besteht in der Schwangerschaft keine konstante Beziehung. Das Erbrechen stellt sich zum Teil nach größerer oder geringerer Nausea bei leerem Magen (z. B. des Morgens) oder nach den Mahlzeiten, zum Teil nur nach letzteren ohne Vorhergehen irgendwelcher Beschwerden ein. Der Ernährungszustand der Schwangeren wird durch das Erbrechen gewöhnlich nur wenig oder überhaupt nicht beeinträchtigt. In manchen Fällen beschränkt sich die Störung auf zeitweilig auftretende oder mehr andauernde Übelkeit. Nicht selten ist auch Appetitmangel und insbesondere Abneigung gegen einzelne Speisen, namentlich Fleischspeisen. Das Auftreten der erwähnten gastrischen Störungen schon in der ersten Zeit der Gravidität spricht für deren reflektorische Verursachung, die wahrscheinlich vom Uterus ausgeht.

Die gewöhnliche Emesis gravidarum, die von manchen wegen ihrer Häufigkeit und relativen Belanglosigkeit als eine physiologische Erscheinung betrachtet wird, erfährt in vereinzelten Fällen eine Weiterentwicklung, durch welche sie nicht nur einen sehr ernsten, sondern selbst lebensbedrohlichen Charakter annehmen kann. Man spricht dann von Hyperemesis gravidarum (dem unstillbaren Erbrechen der Schwangeren). Die Brechanfälle nehmen in den betreffenden Fällen allmählich an Häufigkeit und Intensität zu; sie stellen sich sowohl nach der Nahrungsaufnahme als zwischen den Mahlzeiten ein, und die Art der aufgenommenen festen oder flüssigen Speisen bleibt ohne Einfluß. Appetitmangel und Schmerzen in der Magengegend gesellen sich hinzu, mitunter auch Diarrhöen und lästiger Speichelfluß. Die Zeichen hochgradiger Störung der Allgemeinernährung bleiben nicht lange aus (rasch zunehmende Abmagerung, Beschleunigung und Kleinwerden des Pulses, Sinken der Urinsekretion, mitunter mit Eiweißgehalt des Urins, schließlich auch Inanitionsdelirien). Gelingt es in diesem Stadium nicht, dem Erbrechen auf die eine oder andere Weise ein Ende zu machen, so erfolgt der Exitus. Walzer hat in einem schweren Falle von Hyperemesis gravidarum die Ehrlichsche Diazoreaktion nachgewiesen und leitete daraufhin den künstlichen Abortus ein.

Über die Pathogenese der Hyperemesis gravidarum sind zur Zeit die Ansichten noch geteilt. Früher waren die Gynäkologen vorwaltend geneigt, das Leiden auf Fernwirkungen zurückzuführen, die von pathologischen Zuständen des Sexualapparates (Lageveränderungen des Uterus, perimetritischen Verwachsungen usw.) ausgehen sollten. Seit den 90er Jahren des vorigen Jahrhunderts gewann die Anschauung mehr und mehr Anhänger, daß das unstillbare Erbrechen der Schwangeren psychogenen Ursprungs, d. h. ein Symptom der Hysterie ist oder wenigstens sein kann.

Kaltenbach hat erstere Auffassung mit Nachdruck vertreten und sie mit dem Hinweis auf den ganz unberechenbaren Verlauf des Leidens gestützt. Neben der Kaltenbachschen Auffassung hat aber in den letzten Dezennien auch die Anschauung, insbesondere in gynäkologischen Kreisen, zahlreiche Vertreter gefunden, daß die Hyperemesis gravidarum überhaupt oder wenigstens in einem Teil der Fälle auf einer Intoxikation beruht. Über die Quelle der Intoxikation gehen die Ansichten der einzelnen Autoren auseinander: Magendarmkanal (Dirmoser), Leber (Williams und Planchon), Plazentaveränderungen (Veit u. a.). Bemerkenswert ist ferner, daß jene Autoren, welche neben dem psychogenen auch einen toxischen Ursprung der Hyperemesis gravidarum annehmen, hinsichtlich der Frequenz der einen oder anderen Ursache sehr abweichende Meinungen vertreten.

H. Müller [1]), der 34 Fälle der Universitätsfrauenklinik in Zürich analysierte, kam zu dem Schlusse, daß die Hyperemesis gravidarum in der Mehrzahl der Fälle psychogenen Ursprungs ist und in seltenen Fällen ein Symptom, eventuell Frühsymptom von Blasenmole, Chorionepitheliom, Eklampsie, Neuritis puerperalis bildet. Saenger [2]) dagegen, welcher selbst Fälle von Hyperemesis gravidarum mehrfach beobachtete, in welchen die Transferierung in das Krankenhaus schon kurativ wirkte, hält es trotzdem für wahrscheinlich, daß der Zustand in der Regel toxischer Natur ist [3]).

Wie die Hyperemesis bildete auch die Schwangerschaftschorea bis in die neuere Zeit den Gegenstand zahlreicher Diskussionen. Dieselbe ist kein häufiges Vorkommnis und soll nach Mongeri in den südlichen Ländern Europas seltener auftreten als in den nördlichen. Die Erkrankung befällt vorwaltend jugendliche Individuen und Primipare und kann in jeder Periode der Schwangerschaft zum Ausbruch gelangen; doch ist, wie aus den Statistiken von Gowers und Kroner sich ergibt, die erste Hälfte [4]) der Schwangerschaft entschieden bevorzugt. Bestand schon vor der Schwangerschaft Chorea, so kann es während derselben zu einem Rezidiv kommen.

In ätiologischer und symptomatologischer Hinsicht präsentiert das Leiden kein einheitliches Krankheitsbild. Ein Teil der hierher gehörigen Fälle ist offenbar der Hysterie zuzurechnen und auf psychische Traumen zurückzuführen. So bestanden in zwei von mir beobachteten Fällen neben den choreatischen Erscheinungen andere hysterische Symptome und war das Leiden infolge gemütlicher Erregungen [bei der einen Patientin nach Mißhandlung seitens des Gatten [5])] aufgetreten. Die Ätiologie der übrigen Fälle ist noch unklar und wahrscheinlich keine gleichartige. Ein Teil derselben mag infektiösen Ursprungs sein (rheumatisches Virus), während bei einem anderen Teile vielleicht eine gewisse Autointoxikation vorliegt. Mongeri erblickt in letzterem Momente die Hauptursache der Schwangerschaftschorea, und er glaubt im Anschlusse an die Theorie von Labadie-Lagrave Störungen der Leberfunktion als die Quelle der in Frage stehenden Autointoxikation betrachten zu dürfen. Die Chorea gravidarum ver-

---

[1]) Hermann Müller: Beiträge zur Kenntnis der Hyperemesis gravidarum. Sonderabdruck aus der psychiatrischen neurologischen Wochenschr. X. Jahrgang.

[2]) Saenger: Nervenerkrankungen in der Gravidität. Münch. med. Wochenschr. 1912. Nr. 41. S. 2214.

[3]) Es muß hier noch bemerkt werden, daß die psychogenen Momente, welche die Hyperemesis gravidarum herbeiführen, allem Anscheine nach nicht immer die gleichen sind. Man hat früher angenommen, daß es sich hierbei gewöhnlich um Autosuggestionen handle, wofür ja auch die Erfahrungen über suggestive Beeinflussung des Zustandes sprachen. H. Müller hat jedoch darauf hingewiesen, daß die Hyperemesis auch von unbewußten stark affektbetonten Vorstellungskomplexen ausgehen und ein Symbol der Abneigung gegen den Gatten oder das (unerwünschte) Kind bilden mag.

[4]) Nach der 125 Fälle umfassenden Statistik von Kroner begann die Chorea

im 1. Monat in 10 Fällen
„ 2. „ „ 12 „
„ 3. „ „ 22 „
„ 4. „ „ 21 „
„ 5. „ „ 15 „
„ 6. „ „ 19 „
„ 7. „ „ 9 „
„ 8. „ „ 6 „
„ 9. „ „ 10 „
„ 10. „ „ 1 Fall.

[5]) Dieser Fall nahm nach der Transferierung der Patientin in eines der hiesigen Hospitäler einen tödlichen Ausgang.

liert sich zumeist schon im Laufe der Schwangerschaft, nur selten hält sie bis zur Entbindung an, um dann gewöhnlich in den ersten Tagen des Puerperiums zu schwinden. Ein tödlicher Ausgang bildet keine Seltenheit, doch ist derselbe in der Regel auf Komplikationen, namentlich seitens des Herzens, zurückzuführen. Der Prozentsatz der Todesfälle bei Chorea gravidarum schwankt in den bisher mitgeteilten Zusammenstellungen von 12—32%.

Bezüglich der Eclampsia gravidarum et parturientium wollen wir uns auf die Bemerkung beschränken, daß dieselbe nach den neueren Untersuchungen ebenfalls auf eine Autointoxikation zurückzuführen ist, und zwar soll es sich hierbei nach den neueren Forschungen um die Einwirkung vom Fötus gebildeter Toxine handeln, welche infolge einer Störung der Nierenfunktion im Körper zurückgehalten werden. Endlich ist hier noch zu erwähnen, daß in einzelnen Fällen wiederholtes Auftreten einer anderen, wahrscheinlich ebenfalls auf Autointoxikation beruhenden Erkrankung, der Tetanie, während der Schwangerschaft bei Frauen beobachtet wurde, die außerhalb der Gravidität von dem Leiden verschont blieben.

Unter den sonstigen während der Schwangerschaft auftretenden nervösen Leiden stehen die Neuralgien und neuralgiformen Affektionen obenan. Wir müssen dieselben in zwei Gruppen sondern:

a) in solche, welche durch direkte oder indirekte mechanische Einwirkungen des wachsenden Uterus auf benachbarte Nervenstämme zustande kommen,

b) in solche, welche in entfernteren Nervengebieten infolge nicht näher bekannter Ursachen auftreten.

Die Neuralgien der ersterwähnten Gruppe treten gewöhnlich in den letzten Schwangerschaftsmonaten und vorwaltend einseitig im Gebiete des Nervus ischiadicus auf. Unter den entferntere Nervengebiete befallenden Neuralgien finden wir die Trigeminusneuralgien am häufigsten; dieselben setzen meist in den ersten Schwangerschaftsmonaten ein und können eine außerordentliche Intensität erreichen. Windscheid berichtet über zwei Fälle, in welchen die Schmerzattacken schließlich einen so exorbitanten Charakter annahmen und so unbeeinflußbar wurden, daß man sich veranlaßt sah, die künstliche Frühgeburt einzuleiten, was beide Male das sofortige Schwinden der Neuralgie zur Folge hatte. Die Neuralgien im Trigeminusgebiete treten häufig in Form von Zahnschmerzen bei gesunden Zähnen auf und kehren bei manchen Frauen während jeder Schwangerschaft wieder. Von neuralgiformen Affektionen sind die anfallsweise in der Brust eintretenden Schmerzen (Mastodynie) wohl die häufigsten. Man darf dieselben wohl mit fluxionären Vorgängen nach der Brustdrüse in Verbindung bringen, wie dies bei der menstruellen Mastodynie der Fall ist.

Im Verlaufe der Schwangerschaft können sich ferner die verschiedensten organischen Erkrankungen des Gehirns, Rückenmarks und der peripheren Nerven entwickeln, da dieser Zustand die Wirksamkeit keines der ätiologischen Momente ausschließt, die zu organischen Erkrankungen des Nervensystems führen. Der Verlauf der die Gravidität komplizierenden organischen Affektionen des Nervensystems kann sich in der gleichen Weise gestalten wie bei ihrem Auftreten unter anderen Verhältnissen, auch muß durch dieselben der Fortgang der Schwangerschaft keine Störung erfahren. So erlitt, um ein Beispiel zu geben, in einem Falle meiner Beobachtung eine im achten Schwangerschaftsmonate befindliche Frau durch einen Sturz aus dem Wagen eine traumatische Gehirnblutung, welche eine leichte Hemiplegie und Aphasie zur Folge hatte. Die zerebralen Funktionsstörungen besserten sich alsbald, und die Entbindung erfolgte zur normalen Zeit ohne Störung. Abgesehen von den als reine Komplikationen zu betrachtenden können jedoch im Verlaufe der Schwangerschaft auch organische Erkrankungen des Nervensystems sich entwickeln, denen eine ursächliche Beziehung zu dem bestehenden Zustande nicht abzusprechen ist. Mit diesen Erkrankungen hat sich insbesondere v. Hoeßlin [1]) eingehend beschäftigt, dessen Ausführungen im folgenden in erster Linie Berücksichtigung finden werden.

Was zunächst die Erkrankungen des Gehirns betrifft, so hat man eine genuine Schwangerschaftsapoplexie unterschieden, deren Ätiologie jedoch noch wenig geklärt und allem Anscheine nach keine einheitliche ist. So berichtete Ahlfeld [2]) über den Fall einer Frau, welche an dem Tage, an welchem sie die Menses erwartete, die jedoch wegen inzwischen eingetretener Gravidität ausblieben, von einer Hemiplegie befallen wurde. Hier liegt die Annahme nahe, daß eine sogenannte vikariierende Blutung im Spiele war. In der größten Mehrzahl der Fälle treten die hier in Betracht kommenden Apoplexien jedoch erst in der letzten Schwangerschaftszeit auf; Lebensalter und Zahl der Schwangerschaften scheinen hierbei keinen Einfluß zu äußern. Unter 27 von v. Hoeßlin zusammengestellten Fällen [3]) betrafen 12 Frauen unter, 15 solche über dem 30. Lebensjahre. Unter den Befallenen sind Erst- bis Drittgebärende zwar in der Mehrzahl vertreten, doch finden sich unter denselben auch Frauen mit zahlreichen Schwangerschaften. In einzelnen Fällen wurden Frauen während mehrerer Schwangerschaften wiederholt von Apoplexien heimgesucht. v. Hoeßlin hält es für möglich, daß bei den in Frage stehenden Apoplexien eine mit der Schwangerschaft Hand in Hand gehende Herzhypertrophie und die Erhöhung der Widerstände im Gefäßsystem der unteren Extremitäten während der letzten Schwangerschaftsperiode eine Rolle spielen. Er hält auch durch Toxine bedingte Gefäßveränderungen nicht für ausgeschlossen. Was die Symptome der sogenannten genuinen Schwangerschaftsapoplexien betrifft, so handelt es sich hierbei zumeist um jäh einsetzenden Verlust des Bewußtseins, begleitet von Hemiplegie, die sehr häufig mit Aphasie verknüpft ist. Der Fortgang der Schwangerschaft erfährt hierdurch gewöhnlich keine Störung.

Zu Gehirnblutungen kann es ferner in den während der Schwangerschaft so häufig sich entwickelnden urämischen, durch parenchymatöse Nephritis bedingten Zuständen kommen. Der Umstand, daß hierbei nicht selten mehrere Blutherde sich finden, spricht, wie v. Hoeßlin mit Recht bemerkt, dafür, daß hierbei eine Erkrankung der Blutgefäße vorliegt. Schwere zerebrale Funktionsstörungen, insbesondere Hemi- und Monoplegien und Aphasie, können aber bei den fraglichen urämischen Zuständen auch unabhängig von Gehirnblutungen auftreten. In einem Teile der betreffenden Fälle wurde zirkumskriptes Ödem des Gehirns und der Meningen gefunden, in einem anderen mangelten makroskopische Läsionen. Den schweren Gehirnerscheinungen bei der Schwangerschaftsurämie gehen meist kürzere oder längere Zeit neben der Albuminurie noch andere Prodromalsymptome vorher, besonders häufig Kopfschmerzen und Übelkeiten. Die Kopfschmerzen können eine außerordentliche Intensität erreichen und die

[1]) v. Hoeßlin: Münch. med. Wochenschr. 1904. Nr. 10 und Archiv f. Psychiatrie. Bd. 38. H. 3. 1904, ferner Münch. med. Wochenschr. Nr. 14. 1905. Den Angaben v. Hoeßlins hat sich auch Anton (Über Geistes- und Nervenkrankheiten in der Schwangerschaft, im Wochenbett und in der Säugungszeit, Wiesbaden 1910) im wesentlichen angeschlossen.

[2]) Archiv f. Gynäk. Bd. XI. S. 584.

[3]) In dieser Zahl sind jedoch auch Fälle mit Gehirnblutungen eingeschlossen, die inter partum und während des Wochenbettes auftraten.

Nachtruhe andauernd stören. Zum Eintritt von Lähmungen kommt es in der Mehrzahl der Fälle erst nach einem oder mehreren eklamptischen Anfällen; letztere können aber auch, wie v. Hoeßlin hervorhebt, an die Lähmung sich anschließen oder auch ganz ausbleiben. Der Verlauf der Lähmungen ist von ihrer anatomischen Grundlage abhängig; bei Mangel einer Gehirnblutung oder Embolie können dieselben sich rasch zurückbilden. Die Prognose der durch letztere Momente verursachten Lähmungen ist viel ungünstiger. v. Hoeßlin ermittelte, daß von 40 Frauen mit albuminurischen Lähmungen nur 11 am Leben blieben. Zu erwähnen ist hier ferner, daß alte Endokarditiden während der Gravidität exazerbieren oder rezidivieren können, wodurch Embolien von Gehirnarterien verursacht werden mögen. Von Olivier wird jedoch eine der Gravidität eigentümliche schleichende Endokarditis beschrieben, die in ihren Symptomen und ihrem anatomischen Bilde völlig mit der rheumatischen übereinstimmen und ebenfalls zu Embolien der Gehirnarterien führen soll. Mir erscheint die Existenz einer besonderen Schwangerschaftsendokarditis vorerst noch zweifelhaft, dagegen muß zugegeben werden, daß in der Schwangerschaft wie im Wochenbette eine erhöhte Neigung des Endokards zu Erkrankungen besteht (Anton), wodurch die Entwicklung embolischer Lähmungen begünstigt wird.

Chronische organische Rückenmarksaffektionen, insbesondere Tabes, die schon vor der Gravidität bestanden, werden durch diese zumeist nicht beeinflußt; umgekehrt wird auch der Verlauf der Schwangerschaft und der Geburt durch die fraglichen Erkrankungen gewöhnlich nicht alteriert. Bei vorgeschrittener Tabes kann es jedoch vorkommen, daß die Geburt sich verzögert [Beobachtungen von Macdonald und Litschkus [1])] und die Wehen nur in sehr geringem Grade schmerzhaft empfunden werden.

Bezüglich der Frage, ob eine Rückenmarkserkrankung, welche während einer Schwangerschaft sich entwickelt, in ätiologischer Beziehung zu dieser steht, ist ein gewisser Skeptizismus sehr gerechtfertigt. Man hat früher öfters die Schwangerschaft als Ursache von Spinalerkrankungen in Fällen angenommen, in welchen andere ätiologische Momente im Spiele waren oder überhaupt kein Spinalleiden vorlag. Windscheid äußerte sich dahin, daß mit der zunehmenden Kenntnis der Ätiologie mancher Rückenmarkserkrankungen die sogenannten spinalen Schwangerschaftslähmungen mehr und mehr verschwinden werden. Wenn wir die zur Zeit vorliegenden Beobachtungen prüfen, so ergibt sich jedoch, daß ein ätiologischer Zusammenhang zwischen Spinalerkrankung und Gravidität nicht in allen in Betracht kommenden Fällen auszuschließen ist. Es sind hier zwei Reihen von Beobachtungen zu berücksichtigen: In der ersten Reihe handelt es sich um myelitische Prozesse, die während der Gravidität sich entwickelten, nach derselben sich besserten, bei folgenden Schwangerschaften exazerbierten. Größere Beweiskraft kommt jedoch den viel selteneren Fällen von rezidivierender Schwangerschaftsmyelitis zu. Ein sehr beachtenswerter Fall dieser Art kam in v. Hoeßlins Beobachtung:

„Ganz merkwürdig war mein eigener Fall. Eine Kranke kam mit ausgesprochen myelitischen Erscheinungen zu mir, die in der letzten Zeit der Gravidität eingesetzt hatten und sich nach dem Wochenbett noch steigerten. Die Kranke wurde geheilt entlassen. Nach einiger Zeit kam die Kranke wieder zu mir in die Anstalt mit einer spastischen Parese der unteren Extremitäten, Blasenstörung und Sensibilitätsstörungen von ausgesprochen segmentalem Typus. Das Krankheitsbild war im großen und ganzen das gleiche wie früher, die Frau war im vierten

[1]) Zitiert bei Müller: Krankheiten des weiblichen Körpers in ihren Wechselbeziehungen zu den Geschlechtsfunktionen. S. 37.

Monat der Gravidität, und seit zwei Monaten hatten sich die Symptome bis zur jetzigen Höhe entwickelt. Da der Zustand sich noch andauernd verschlimmerte und die Krankheit, wie aus der Mitbeteiligung der Respirationsmuskulatur geschlossen werden konnte, einen ausgesprochen aszendierenden und somit akut bedrohlichen Charakter hatte, entschlossen wir uns — Geheimrat von Ziemssen war damals noch am Leben — zur Einleitung des künstlichen Aborts, die Herr Professor Gustav Klein durchführte. Nach dem Abort trat im Verlaufe einiger Monate wieder völlige Genesung ein. Die Kranke kam ein drittes Mal, diesmal nicht gravid; sie wurde wieder geheilt entlassen. Ein weiteres Mal kam sie wieder im vierten Monat der Gravidität und, da auch diesmal wieder ein deutliches Aszendieren des Krankheitsprozesses — wir konnten von einer Woche zur anderen das Ergriffenwerden höherer Dorsalsegmente durch die Sensibilitätsbestimmung nachweisen — konstatiert wurde, mußten wir uns wieder zur Einleitung des Aborts entschließen. Wieder rasche Genesung. Nun kam die Frau ein fünftes Mal mit spastischer Paraplegie der unteren Extremitäten und Sensibilitätsstörungen, die bis ins erste Dorsalsegment hinaufreichten. Ich konstatierte eine faustgroße Geschwulst, die links vom Uterus und sehr hart war. Ich empfahl der Kranken, einen Gynäkologen aufzusuchen; erst einige Monate später entschloß sie sich zu einer Operation, die Herr Dr. Simon in Nürnberg ausführte; er entfernte ein kindskopfgroßes Fibrom des linken Ovariums und ein kleines des rechten. Der Zustand der Myelitis blieb unbeeinflußt durch die Operation; die Kranke war $^3/_4$ Jahr später auch wieder für längere Zeit in meiner Anstalt, aber ohne Erfolg. Ungefähr $^1/_2$ Jahr später berichtete sie mir über ihre völlige Wiederherstellung. Seitdem ist eine neue Erkrankung nicht eingetreten."

Der Autor glaubt, daß die Markerkrankung in dem geschilderten Falle auf eine Autointoxikation zurückzuführen ist, wie sie auch anderen während der Schwangerschaft auftretenden Nervenleiden zugrunde liegt. Ein sehr seltenes Vorkommnis bei Schwangeren sind die Spinalapoplexien, die unter denselben Verhältnissen aufzutreten scheinen, wie Gehirnblutungen (in Verbindung mit Eklampsie bei Urämischen). Was die Beziehungen der multiplen Sklerose zur Schwangerschaft betrifft, so kann diese Erkrankung während der Gravidität bedeutende Verschlimmerung erfahren. Es sind aber auch Fälle beobachtet worden, in welchen die ersten Erscheinungen des Leidens während der Schwangerschaft auftraten. Ob hier ein ätiologischer Zusammenhang mit der Gravidität vorlag, bleibt vorerst zweifelhaft.

Die während der Schwangerschaft einsetzende Neuritis ist in einem Teile der Fälle zweifellos durch ätiologische Momente bedingt, die auch außerhalb der Gravidität diese Erkrankung verursachen (insbesondere Alkoholismus und Infektionskrankheiten). Daneben finden sich jedoch nicht selten Fälle, in denen der Schwangerschaft selbst eine ätiologische Bedeutung zuerkannt werden muß, so daß man von einer speziellen Neuritis gravidarum sprechen kann. Besonders bemerkenswert ist hier der Umstand, daß die Schwangerschaftsneuritis öfters in Verbindung mit Hyperemesis gravidarum auftritt und mehrfach auch in Fällen beboachtet wurde, in welchen eine abgestorbene Frucht längere Zeit im Uterus zurückgehalten war. Die Annahme einer Toxinwirkung liegt in diesen Fällen gewiß nahe. Bei der Kombination von Hyperemesis mit Neuritis sind zwei Möglichkeiten in Betracht zu ziehen. Besteht das Erbrechen längere Zeit vor dem Auftreten der Neuritis, so kann die durch die Inanition bedingte schwere Störung der Allgemeinernährung die Ursache der Neuritis bilden (dyskrasische oder kachektische Neuritis). Es sind aber auch Fälle beobachtet worden, in welchen Hyperemesis und Neuritis (Polyneuritis) fast gleichzeitig auftraten oder die Neuritis nach kurzer Dauer des Erbrechens einsetzte, so daß man, wie v. Hoeßlin mit Recht bemerkt, an die Möglichkeit einer Verursachung beider Affektionen durch das gleiche toxische Agens denken kann [1]).

Die Symptomatologie der Neuritis gravidarum zeigt je nach der Ausbreitung und Intensität des Prozesses alle die Schwankungen, die bei Neuritis überhaupt

[1]) Diese Auffassung wird auch von Saenger vertreten.

beobachtet werden. Fast ebenso häufig wie die Beschränkung des Prozesses auf ein einzelnes Nervengebiet oder eine Extremität kommt die generelle Polyneuritis mit schweren atrophischen Lähmungen der Extremitäten, öfters auch mit Beteiligung der Gehirnnerven vor. Letztere Form des Leidens zeigt nicht selten einen ausgesprochen aszendierenden Charakter; bei demselben kann auch Lähmung der Blase und des Mastdarms eintreten, was diagnostische Schwierigkeiten herbeiführen mag. Die in der Literatur gewöhnlich als Korsakowscher Symptomenkomplex bezeichneten, in der Tat von G. Fischer [1]) und mir [2]) zuerst beschriebenen psychischen Störungen, unter denen die Gedächtnisschwäche eine besonders hervorragende Rolle spielt, bilden eine häufige Komplikation der Schwangerschafts-Polyneuritis.

Der Verlauf der Neuritis gravidarum gestaltet sich nicht verschieden von dem anderer toxischer Neuritiden. Bei Lokalisation des Prozesses ist Heilung das Gewöhnliche. Bei den schweren polyneuritischen Formen zeigt sich nach der Entbindung nicht immer sofort ein Rückgang der Symptome. Die Heilung erfolgt hier mitunter erst im Verlaufe von mehreren Jahren. Nicht selten kommt es jedoch hier wie bei anderen Formen der Neuritis auch zum letalen Ausgange.

Im Anschlusse sei hier erwähnt, daß sich im Verlaufe der Schwangerschaft auch selbständige Muskelerkrankungen entwickeln können; zumeist handelt es sich um die die Osteomalazie häufig komplizierende Dystrophia musculorum. Ungleich seltener begegnet man der Polymyositis. Wie mit dieser verhält es sich mit der Myasthenia gravis, einem Leiden, dessen anatomische Grundlage noch nicht genügend aufgeklärt ist. In vereinzelten Fällen ist das Auftreten dieser Affektion während der Schwangerschaft, deren Rückgang nach der Entbindung und deren Exazerbationen bei Wiederkehr der Gravidität beobachtet worden.

Die psychischen Störungen der Schwangerschaft.

Unter den während der Schwangerschaft auftretenden psychischen Störungen sind die krankhaften Gelüste (Picae) allbekannt. Dieselben richten sich zum großen Teile auf unverdauliche Stoffe, wie Kreide, Siegellack, Kaffeebohnen usw. Es handelt sich hier um Erscheinungen, die dem Gebiete des psychischen Zwanges angehören und nicht mit Anomalien der Geschmacksempfindung, wie man vielfach annimmt, zusammenhängen. Dieselben finden sich wahrscheinlich nur bei hereditär psychopathisch belasteten Individuen (insbesondere Hysterischen). Die Schwangerschaft kann jedoch auch das Auftreten weniger harmloser Zwangstriebe begünstigen, von denen wir hier zunächst nur die Kleptomanie erwähnen wollen [3]). Häufig begegnet man bei Schwangeren, namentlich Erstgeschwängerten, Zuständen leichter gemütlicher Depression, und Mongeri ist sogar geneigt, diese als eine regelmäßige Begleiterscheinung der Gravidität zu erachten. Diese Auffassung ist entschieden irrtümlich. Wir begegnen gemütlicher Depression insbesondere in den Fällen, in welchen die Konzeption für die Frau ein unerwünschtes Ereignis oder geradezu ein Unglück bedeutet (so insbesondere bei außerehelicher Schwängerung, nach Vorhergang schwerer Geburten oder Erkrankungen u. dgl.), so daß es zumeist an einer gewissen Motivierung

[1]) Fischer: Archiv f. Psychiatrie. Bd. 13. I. Heft. 1882.

[2]) Loewenfeld: Ibidem. Bd. 15. Heft 2.

[3]) Bei den von unbescholtenen Schwangeren ausgeführten Diebstählen handelt es sich jedoch nicht immer um Zwangstriebe. Von Fischer wurde (Allg. Zeitschr. f. Psychiatrie. Bd. 61. Heft 5) der Fall einer schwangeren Frau mitgeteilt, welche in einem hysterischen Dämmerzustande während eines Geschäftsganges eine Anzahl von Diebstählen ausführte.

der Verstimmung nicht fehlt. Auf der anderen Seite kann aber auch die Schwangerschaft, namentlich wenn sie nach längerer vergeblicher Erwartung von Kindersegen sich einstellt, eine Quelle freudiger Erregung bilden.

Die eigentlichen Schwangerschaftspsychosen sind keine sehr häufigen Vorkommnisse; die an solchen erkrankten Frauen bilden nur 3% von den Patientinnen der Irrenanstalten. Die erste, resp. die ersten Schwangerschaften geben am häufigsten den Anstoß zu diesen Erkrankungen, und das Auftreten derselben fällt überwiegend in die zweite Hälfte der Schwangerschaft. In klinischer Hinsicht zeigen die einzelnen Fälle eine sehr verschiedene Gestaltung. Die Schwangerschaftspsychosen bilden keine einheitliche, selbständige Gruppe geistiger Störungen, wie dies noch in neuerer Zeit von Mongeri angenommen wurde. Am häufigsten treten sie in der Form der Melancholie auf (nach Fürstner in 80%, nach Ripping in 84,4% der Fälle); an zweiter Stelle rangiert die Manie.

Auf die melancholische wie die manische Stimmungsveränderung kann eine Reaktion, ein Umschlag in das Gegenteil erfolgen, und zwar nach Anton auch bei Nichtdegenerierten. An Stelle der schmerzlichen, angstvollen Gemütslage tritt heitere, euphorische Stimmung, an Stelle der Denk- und Tätigkeitshemmung Redseligkeit und Geschäftigkeit. Besonders prononciert ist dieser Umschlag in den Fällen von manisch depressivem Irresein.

Nach Kräpelin scheint die Schwangerschaft auch nicht selten zur Entwicklung der Dementia praecox den Anstoß zu geben. Im Zusammenhang mit melancholischen Zuständen kann es zum Auftreten suizidaler und krimineller Impulse (Mord, Brandstiftung) kommen, die mitunter auch zu den betreffenden Handlungen führen.

Bei mit Epilepsie behafteten Frauen kommt es zuweilen im Verlaufe der Schwangerschaft zur Entwicklung einer Psychose, ebenso im Anschluß an eklamptische Anfälle. Die eklamptische Psychose tritt meist in Form der halluzinatorischen Verwirrtheit mit angstvoller oder depressiver Erregung auf und nimmt gewöhnlich, wenn nicht schwere körperliche Komplikationen vorliegen, alsbald einen günstigen Ausgang (Anton), wobei jedoch längere Zeit eine retrograde Amnesie bleiben mag, die sich weit über die Krankheitsperiode, selbst über die ganze Gravidität erstreckt. Halluzinatorische Verwirrtheit kann aber auch unabhängig von Eklampsie in der Schwangerschaft sich entwickeln.

Die Pathogenese der in Frage stehenden psychischen Erkrankungen ist noch wenig geklärt. Mongeri wollte die Geisteskrankheiten der Schwangeren auf Intoxikationsvorgänge, verursacht durch Störungen der Leberfunktion, zurückführen und deshalb in die Gruppe der von ihm nach Klippel als „Folie hépatique" bezeichneten Fälle einreihen.

Auch von Anton (l. c. S. 18) wurde Leberveränderungen große ätiologische Bedeutung für die nervösen und psychischen Erkrankungen der Schwangerschaft beigelegt. „In der Gravidität", bemerkt er, „ist wahrscheinlich eine mehrfache Abänderung des ganzen Stoffwechsels gegeben, einesteils durch die veränderte innere Drüsensekretion sowohl vom Ovarium als auch von der Schilddrüse. Außerdem aber wirken die Bestandteile und Produkte der Plazenta selbst reizend auf den mütterlichen Organismus, vielleicht unmittelbar, sicher auch durch eine vielfach variierende Erkrankung der Leber, welche Erkrankung für das gesamte Nervenleben des Individuums von einschneidender Bedeutung ist."

Daß es sich in einem Teile der in Betracht kommenden Fälle um Autointoxikationsvorgänge handeln mag, ist nicht in Abrede zu stellen. In einem anderen Teile handelt es sich um schwere psychische Traumen, so namentlich bei außerehelich Geschwängerten, die auf dem Boden ererbter oder erworbener neuropsychopathischer Disposition ihre Wirkung entfalten. Letzterer wird auch in den Fällen von Autointoxikation eine entschiedene Bedeutung zugeschrieben werden müssen [1]).

Anhang.

Über den Einfluß der Schwangerschaft auf Neurosen und Psychosen.

Es ist nicht selten, daß nervöse Frauen während der Schwangerschaft eine Besserung ihres Befindens erfahren und von Beschwerden verschont bleiben, von welchen sie in der extragraviden Zeit heimgesucht wurden. Diese Erfahrung hat dazu geführt, daß manche Ärzte in der Schwangerschaft eine Art Heilmittel für gewisse neurotische Affektionen erblicken. Es ist nicht immer klarzustellen, wodurch der günstige Einfluß der Schwangerschaft zustande kommt. Die unbehinderte Befriedigung der sexuellen Bedürfnisse, die Ablenkung der Gedanken in eine neue Richtung, mitunter auch die Freude über den bevorstehenden Familienzuwachs, vielleicht auch die Änderung in den Stoffwechselverhältnissen mögen hier eine Rolle spielen. Ungleich häufiger äußert jedoch die Gravidität keine ausgesprochene oder eine ungünstige Einwirkung auf bestehende Neurosen. Schwerere nervöse Erschöpfungszustände, namentlich solche, die mit schlechter Allgemeinernährung einhergehen, werden durch die Schwangerschaft gewöhnlich verschlimmert, und rasch aufeinanderfolgende Schwangerschaften können Frauen mit derartigen Affektionen in einen beklagenswerten Zustand versetzen.

Die Erfahrungen über den Einfluß der Gravidität auf die Hysterie sind anscheinend sehr widersprechend; man wird dies jedoch begreiflich finden, wenn man berücksichtigt, wie verschiedenartig die Einwirkung der Gravidität auf die Psyche der Frauen an sich sich gestaltet und wie sehr die durch die Lebensverhältnisse und die Umgebung bedingte psychische Atmosphäre variiert, in welcher die Schwangere lebt und wirkt. In dem einen Falle bildet die Gravidität für die Frau eine Quelle angenehmer gemütlicher Erregungen und wird dieselbe von der Umgebung, insbesondere dem Gatten, in liebevollster, schonendster Weise behandelt. Im anderen Falle bildet die Schwangerschaft den Gegenstand schwerer Sorgen oder geradezu ein Unglück und ist die Gravide roher Behandlung seitens des Mannes oder des Geliebten ausgesetzt. Es ist wohl verständlich, daß in ersterem Falle die Gravidität zum Schwinden gewisser hysterischer Zufälle führen mag, während sie in letzterem Falle vorhandene Beschwerden steigert und das Auftreten neuer hysterischer Erscheinungen bedingt. Indes können auch bei zweifellos günstigen äußeren Verhältnissen und in Fällen, in welchen die Schwangerschaft an sich keine peinlichen gemütlichen Erregungen verursacht, zufällig einwirkende Umstände zur Steigerung vorhandener hysterischer Beschwerden oder zum Auftreten neuer hysterischer Symptome führen, die sich kürzere oder längere Zeit erhalten und von größerer oder geringerer Tragweite sein mögen. Insbesondere begünstigt die Gravidität das Auftreten einzelner hysterischer Zufälle; als solche haben wir bereits das unstillbare Erbrechen und gewisse Formen der Chorea kennen gelernt. Dazu gesellen sich Lähmungen, die mitunter durch plötzliches

---

[1]) Über die Prognose der Schwangerschaftspsychosen siehe an späterer Stelle (Prognose der Generationspsychosen).

Auftreten und rasches Verschwinden schon ihren hysterischen Charakter kundgeben.

Daß es bei Personen mit hysterischer Konstitution während der Schwangerschaft zur erstmaligen Entwicklung ausgesprochener hysterischer Symptome kommen kann, ist nach dem Angeführten wohl verständlich. Man darf jedoch in diesen Fällen die Gravidität an sich, wenn auch der mit derselben einhergehenden nervösen Erregbarkeit eine gewisse Bedeutung nicht abzusprechen ist, nicht als agent provocateur der Hysterie betrachten. Gewöhnlich sind hier psychische Traumen im Spiele, die bei derselben Konstitution auch außerhalb der Schwangerschaft nicht ohne pathogene Wirkung bleiben würden.

Was den Einfluß der Gravidität auf die Epilepsie anbelangt, so ist derselbe ebenfalls sehr verschieden und dabei einer Erklärung kaum zugänglich. Während in einem Teile der Fälle Abnahme der Attacken an Zahl und Intensität, selbst ein völliges Zessieren derselben beobachtet wird, zeigt sich in anderen Fällen eine mehr oder weniger erhebliche Verschlimmerung des Leidens. Je nach den persönlichen Erfahrungen der Autoren schwanken daher auch die Ansichten derselben über den Einfluß der Schwangerschaft. So berichtet Pinard [1]), daß unter 11 epileptischen Frauen bei vier die Anfälle während der Schwangerschaft ausblieben, bei fünf sich verringerten und bei zwei keine Änderung erfuhren. Féré [2]) beobachtete eine seit ihrem 15. Lebensjahre an Epilepsie leidende Frau, welche im Alter von 28 Jahren heiratete und von ihrer ersten Schwangerschaft anfangend bis zu ihrer dritten Entbindung fünf Jahre später von Anfällen verschont blieb. Guder [3]) andererseits, welcher die Erfahrungen der Binswangerschen Klinik zusammenstellte, fand, daß die Epilepsie in den meisten Fällen durch die Gravidität eine Verschlimmerung erfuhr. Es kommt auch vor, daß während der Schwangerschaft epileptische Anfälle zum ersten Male auftreten, die nach der Entbindung zessieren oder fortbestehen können [4]). Man darf in derartigen Fällen jedoch die Gravidität keineswegs als die einzige oder auch nur die Hauptursache der Erkrankung betrachten. Bei einer Bauerntochter, die vor Jahren sich in meiner Beobachtung befand, kam es während einer außerehelichen Schwangerschaft zum erstmaligen Auftreten epileptischer Anfälle, die nach der Entbindung nicht schwanden und namentlich zur Zeit der Menses gehäuft sich einstellten. Zu den Anfällen gesellten sich im Laufe der Zeit Erscheinungen, welche auf das Bestehen eines Hirntumors hinwiesen. In einem weiteren Falle meiner Beobachtung kam es ebenfalls bei einer Primipara während der Gravidität zum Ausbruch einer Epilepsie, die in der Folge mit schwankendem Verlaufe sich erhielt, ohne daß jedoch weitere zerebrale Symptome hinzutraten. Nach den vorliegenden Erfahrungen kann es auch während der Gravidität zum Rezidivieren einer anscheinend geheilten Epilepsie kommen.

Bezüglich des Einflusses der Gravidität auf bestehende Psychosen sind die Ansichten geteilt. Marcé, Ripping und Dittmar äußern sich dahin, daß eine im Verlauf einer Psychose eintretende Schwangerschaft deren Prognose äußerst ungünstig gestaltet. Gegen diese Auffassung wurde von Erlenmeyer unter

---

[1]) Art. Grossesse, Dict. encycl. des sciences medicales.

[2]) Féré: Les épilepsies et les épileptiques 1890. S. 285.

[3]) Guder, siehe Binswanger, Artikel Epilepsie in der Eulenburgschen Realenzyklopädie.

[4]) Anton beobachtete einen Fall, in welchem epileptische Krämpfe zum ersten Male während der Schwangerschaft sich einstellten und durch Unterbrechung derselben dauernd beseitigt wurden.

Hinweis auf günstige eigene Erfahrungen Einspruch erhoben, denen jedoch die sehr abweichenden Beobachtungen Perettis gegenüberstehen. Dieser Autor fand, daß in 15 Fällen psychischer Erkrankung, während deren Verlauf es zu einer neuen Schwangerschaft kam, nur bei zwei Genesung eintrat; in den übrigen Fällen äußerte die Gravidität einen verschlimmernden Einfluß auf die Psychose, und blieb diese ungeheilt. Mongeri äußerte sich dahin, daß die Schwangerschaft auf akzidentelle Geisteskrankheiten einen günstigen, bei erblich schwer Belasteten dagegen einen verschlimmernden Einfluß ausübt und den Übergang in chronische Formen fördert. Letztere Ansicht dürfte nicht ganz der Begründung entbehren. Es kann nicht als wahrscheinlich erachtet werden, daß an und für sich heilbare und noch nicht lange bestehende psychische Störungen durch den Hinzutritt einer Gravidität allein den Charakter der Unheilbarkeit annehmen.

V.

Die mit dem Geburtsakte zusammenhängenden nervösen und psychischen Störungen.

Wenn man die Art der Vorgänge berücksichtigt, welche während des Geburtsverlaufes im weiblichen Organismus sich abspielen, kann es nicht befremden, daß der Geburtsakt mitunter unmittelbar nervöse oder psychische Störungen herbeiführt. Die hochgradige Steigerung des Blutdrucks und die Schmerzen, welche die Wehentätigkeit verursacht, sowie die psychische Erregung, in welcher sich die Kreißende befindet, der Blutverlust und die bei zarteren Naturen sich hinzugesellende Erschöpfung sind Momente, welche das psychische Verhalten mehr oder weniger zu alterieren vermögen. Dazu kommen örtliche schädigende Einwirkungen auf die Beckennerven bei protrahiertem Geburtsverlauf infolge von Wehenschwäche, abnormer Kindeslage und Beckenverengerung, sowie bei operativen Eingriffen, speziell der Anwendung der Zange. Der Geburtsakt kann zu dem Auftreten von Gehirnblutungen führen, doch ist es zweifelhaft, ob die durch die Wehen bedingte Blutdrucksteigerung ohne gleichzeitiges Bestehen von Gefäßveränderungen genügt, dieses Ereignis herbeizuführen. Bei älteren Gebärenden treten derartige Hämorrhagien jedenfalls leichter ein, und exzessives Toben und Schreien mag hierbei, wie eine Beobachtung Quinckes zeigt, eine gewisse Rolle spielen. Die intra partum entstehenden Blutergüsse sind zumeist beträchtlich und deren Prognose daher auch vorwaltend ungünstig.

Konvulsionen sind während der Entbindung keine Seltenheit. Soweit es sich hierbei nicht um eklamptische oder epileptische Anfälle handelt, dürften die Krämpfe, wie auch Windscheid annahm, psychogenen Ursprungs, d. h. als hysterisch aufzufassen sein. Die durch den Druck des austretenden Kindskopfes oder die Zange auf die Beckennerven ausgeübte Kompression führt vielfach zu tiefergehenden Schädigungen und daher auch längerdauernden lokalen nervösen Symptomen. Daneben mangelt es aber auch nicht an Fällen, in welchen der Durchbruch des Kopfes lediglich zu transitorischen sensiblen oder motorischen Störungen führt: Parästhesien (Gefühlen von Taubsein, Kribbeln) oder neuralgiformen Beschwerden im Bereiche des Nervus ischiadicus und der Nervi coccygei (Coccygodynie), Zuckungen im Gebiete des Nervus obturatorius, insbesondere der Adduktoren, passagere Lähmungen im Ischiadikusgebiete.

Wichtiger sind die während der Geburt und im unmittelbaren Anschluß an diese auftretenden psychischen Störungen, zumal sie nicht selten forensische Bedeutung erlangen. Anton bemerkt hierüber folgendes: „So ist zunächst wohl bekannt, daß krankhaft gesteigerte Affekte sich häufig ereignen und weiterhin, daß der Bewußtseinszustand sehr häufig ein getrübter, traumartig veränderter ist. Schon Marcé schildert plastisch die krankhaft veränderte Affektlage der Gebärenden. Die Kranken sind verzweifelt und zornig erregt, verkennen die Intentionen des Arztes, zeigen Haß und Abneigung gegen den Gatten, besonders gegen das Kind. Die Entäußerungen zeigen sich mitunter in sinnlosen Handlungen. Sie suchen die Nachgeburt herauszureißen, sind gewalttätig gegen das Kind, schlagen um sich." Auch bei rüstigen Frauen ist nach Anton die Erinnerung an die Vorgänge der Geburt oft nur eine summarische, mitunter auf nebensächliche Erlebnisse beschränkt. Bei Hysterischen kann der ganze Geburtsakt in einem Zustande verlaufen, für welchen nachträglich völlige Amnesie besteht. Auch längerdauernde Bewußtseinsabsenzen kommen vor, und zwar bei Frauen, welche früher weder an Epilepsie noch an Hysterie litten. Besonders bemerkenswert ist die Neigung zu impulsiven Gewaltakten, die gegen das Kind gerichtet sind und auch bei Ehefrauen nicht mangeln (Hinauswerfen, Strangulieren des Kindes usw.). Seltener sind Selbstmordversuche. Auch länger dauernde, über Tage und Wochen sich erstreckende Psychosen können sich an die Geburt anschließen (Zustände von traumartiger Bewußtseinstrübung mit Halluzinationen und motorischer Erregung).

Auch nach dem Zurücktreten der ausgesprochen psychotischen Symptome erscheint, wie Anton bemerkt, „häufig die klare Überlegung noch länger beeinträchtigt und die ganze Auffassung der Lebenslage krankhaft verändert“ [1]).

---

[1]) E. Meyer (Die Puerperalpsychosen. Archiv f. Psychiatrie u. Nervenkrankh. 48. Bd. 2. Heft. 1911) weist darauf hin, daß sehr große Schmerzhaftigkeit der Wehen für das Auftreten psychischer Störungen während der Entbindung von Bedeutung zu sein scheint.

VI.

Die nervösen und psychischen Störungen im Wochenbett und in der Säugeperiode.

Die Unterscheidung der beiden im Titel genannten Generationsphasen ist rein konventionell, da für das Wochenbett gewöhnlich eine Frist von 6 Wochen angenommen wird, während welcher Zeit auch die Säugetätigkeit, wo eine solche überhaupt statthat, im Gange ist.

Nervöse und psychische Erkrankungen treten im Wochenbett häufiger auf als während der Gravidität und der Stillperiode. Dies erklärt sich aus den gewaltigen Veränderungen, welche der mütterliche Organismus durch den Geburtsakt erfährt, und die dadurch bedingte Krankheitsdisposition.

Die Ausstoßung des Kindes führt zu einem Umschwunge in den Zirkulations- und Stoffwechselvorgängen der Frau, zu welchem sich die Folgen der mit dem Gebärakte verknüpften nervösen und psychischen Erregungen und des oft sehr erheblichen Blutverlustes gesellen, um einen Erschöpfungszustand hervorzurufen. Die Thrombenbildungen im Bereiche der Genitalorgane können zum Eindringen von Embolie in die Blutbahn und damit deren Einschleppung in die Zentralorgane führen. Das Eindringen von Infektionskeimen verschiedener Art wird durch den Zustand des Sexualapparats wesentlich erleichtert. Dazu kommt in vielen Fällen ererbte oder erworbene neuropsychopathische Veranlagung, die begreiflicherweise einen günstigen Boden speziell für die Entwicklung psychischer Störungen (Puerperalpsychosen) bilden mag. Ziehen wir zunächst die Erkrankung des peripheren Nervensystems in Betracht, so handelt es sich vorwaltend um neuritische Prozesse, deren Ätiologie in den einzelnen Fällen jedoch sehr verschiedener Natur ist. v. Hoeßlin [1]), dem sich Anton anschließt, unterschied vier Formen neuritischer Lähmungen:

1. die traumatische Neuritis puerperalis, die traumatische Geburtslähmung;
2. die Neuritis puerperalis per contiguitatem (durch Fortleitung der Entzündung);
3. die Neuritis puerperalis postinfectiosa;
4. die toxische Neuritis gravidarum et puerperarum.

Die traumatische Geburtslähmung kommt nicht lediglich bei schweren Geburten mit oder ohne Kunsthilfe zustande. Unter 80 Fällen, welche v. Hoeßlin sammelte, war 66 mal Kunsthilfe, und zwar 61 mal die Zange nötig. In den übrigen 14 Fällen handelte es sich um normale oder präzipitierte Geburt und Gesichts-

[1]) v. Hoeßlin: Münch. med. Wochenschr. 1905. S. 637.

lagen. Häufig waren Beckendifformitäten vorhanden. Die Lähmung entsteht häufiger durch den Druck des zu lange in dem kleinen Becken verweilenden Kopfes auf die Nerven als durch die Einwirkung eines Zangenlöffels.

Die neuritischen Symptome, Schmerzen, setzen schon während oder unmittelbar nach der Geburt ein. Die Erkrankung betrifft weit vorwaltend Nerven einer Extremität und auch hier gewöhnlich nur einzelne Nervenstämme. Die anatomischen Verhältnisse machen es, wie v. Hoeßlin gezeigt hat, erklärlich, daß am häufigsten der Truncus lumbo-sacralis [1]) und der Nervus obturatorius affiziert werden. Es kann zu vollständiger atrophischer Lähmung im Gebiete des Nervus obturatorius und des Nervus ischiadicus kommen (das letztere ist das häufigere), während die Schädigung des Nervus cruralis zumeist nur zu neuralgischen Affektionen führt. In vereinzelten Fällen wurde im Anschlusse an operative Eingriffe auch Lähmung beider Beine beobachtet.

Die Prognose der traumatischen Neuritis hängt von der Intensität und Ausbreitung der Lähmungserscheinungen ab. In schweren Fällen bleibt mitunter im Peroneusgebiete dauernde Lähmung.

Die zweite oben angeführte Form puerperaler Neuritis entsteht dadurch, daß entzündliche Prozesse im Becken, vor allem parametritische Exsudate durch Druck oder durch direkte Fortleitung der Entzündung die Erkrankung benachbarter Nervenstämme herbeiführen; der Plexus ischiadicus wird am häufigsten ergriffen. Die Pathogenese dieser Neuritisform bedingt es, daß sie sich allmählich entwickelt und auch meist nicht zu schweren Lähmungen und Gefühlsstörungen führt.

Die dritte (postinfektiöse) Form puerperaler Neuritis tritt vorwaltend im Gefolge leichter puerperaler Infektionen auf und zeichnet sich durch das Vorherrschen einer bestimmten Lokalisation aus, die sie von den beiden vorhergenannten Neuritisformen unterscheidet. Moebius hat zuerst darauf hingewiesen, daß diese Neuritis die oberen Extremitäten und an diesen speziell die Endäste des Nervus medianus oder ulnaris oder beider Nerven bevorzugt, und er glaubte diesen Lokalisationstypus als für die Neuritis puerperalis charakteristisch hinstellen zu dürfen. Die Affektion kann jedoch, wie Anton erwähnt, auch andere Nerven (Nervus axillaris und musculocutaneus, ferner den facialis und insbesondere den Sehnerven) ergreifen. Im Wochenbett sind aber auch Fälle infektiöser Polyneuritis mit Beteiligung bulbärer Nerven beobachtet worden.

Die auf Autointoxikation zurückzuführende 4. Gruppe von Neuritisfällen unterscheidet sich in keiner Weise von den während der Schwangerschaft auftretenden, auf gleicher Ursache beruhenden Formen. Unter 92 hierher gehörenden Fällen, welche v. Hoeßlin zusammenstellte, begann das Leiden bei 36 vor, bei 65 nach der Geburt, die volle Entwicklung ersterer Fälle fand jedoch öfters erst nach der Geburt statt. Bezüglich der Symptomatologie dieser Neuritisfälle kann auf das bei Besprechung der Schwangerschaftsneuritiden Bemerkte verwiesen werden.

Wie während der Schwangerschaft und der Geburt können auch während des Wochenbettes Gehirnblutungen und Embolien von Gehirngefäßen entstehen, deren Symptome und Verlauf sich nicht von den in den ersterwähnten Generationsphasen auftretenden unterscheiden. Bezüglich der Embolien ist zu bemerken, daß sie, wie aus dem an früherer Stelle Bemerkten schon hervorgeht, ihre Quelle

---

[1]) Der Truncus lumbo-sacralis enthält zum großen Teile die Fasern des Nervus peroneus und einen Teil der Fasern des Nervus tibialis.

nicht lediglich in endokarditischen Prozessen, sondern auch in Thrombosen von Beckenvenen haben können [1]).

Besondere Berücksichtigung erheischen hier noch die durch Thrombosen von Gehirngefäßen verursachten puerperalen Lähmungen. Die in Frage stehenden Thrombosen werden nach Anton namentlich durch große Blutverluste während der Geburt oder allgemeine Schwäche verursacht. Zumeist betreffen sie die Venen der Gehirnoberfläche und der Hirnhäute, seltener die Sinus. Bei Arterienthrombose ist Embolie oder Lues nicht immer auszuschließen. Die Symptome des Prozesses, speziell die Lähmungen entwickeln sich gewöhnlich langsam, oft zum Teil nach Vorhergang transitorischer Vorboten (Parästhesien, Sprachstörungen usw.). Unter 24 Fällen fand v. Hoeßlin 23 mal als Hauptsymptome Hemiplegie, die bei rechtsseitigem Sitze sich sehr häufig mit Aphasie vergesellschaftete. Begreiflicherweise können je nach dem Sitze der Thrombose auch mannigfache andere Gehirnsymptome auftreten.

Die Puerperalpsychosen.

Die im Wochenbett auftretenden Psychosen — die Puerperalpsychosen im engeren Sinne [2]) — haben an den geistigen Erkrankungen der Frau keinen unbedeutenden Anteil. Die Angaben über das Prozentverhältnis dieser Fälle in dem Materiale der einzelnen Irrenanstalten schwanken jedoch zum Teil erheblich: Nach Schmidt 8,6%, nach Ripping 11,4%, nach Weebers 6,8%. In der Kieler Klinik betrug das Prozentverhältnis nur 2,08 [3]), während in der Charité zu Berlin unter 508 geisteskranken Frauen 86 Fälle von Puerperalpsychosen verzeichnet wurden [4]).

Unter den einzelnen Generationsphasen gibt das Wochenbett am häufigsten Anstoß zur Entwicklung von Geistesstörungen. Alt berechnete, daß von sämtlichen Generationspsychosen 9 Teile auf die Puerperalpsychosen, 4 Teile auf die Laktationspsychosen und 2 Teile auf die Schwangerschaftspsychosen entfallen [5]).

Die neueren Forschungen haben bezüglich der Ätiologie und insbesondere der klinischen Gestaltung der Puerperalpsychosen zu Ergebnissen geführt, welche zum Teil wesentliche Modifikationen der früheren Anschauungen bedingen mußten. E. Meyer hat die in Betracht kommenden ätiologischen Momente in treffender Weise zusammengefaßt [6]). „Im Puerperium", bemerkt er, „kommen neben dem Geburtsakt selbst mit seiner großen körperlichen und seelischen Erschütterung, der Wiederumgestaltung des gesamten Stoffwechsels, vor allem Infektion und Erschöpfung in Betracht, sei es, daß es sich um begrenzte Entzündungen oder um Allgemeininfektionen oder auch um schwere Blutungen oder dergleichen

---

[1]) Durch Verschleppung infektiöser (septischer) Stoffe in das Gehirn können in diesem auch enzephalitische Herde und Abszesse hervorgerufen werden.

[2]) Von den Psychiatern werden häufig sämtliche in den verschiedenen Generationsphasen — Schwangerschaft, Geburt, Wochenbett und Laktation — entstehenden Geisteskrankheiten als Puerperalpsychosen bezeichnet.

[3]) S. Runge: Die Generationspsychosen des Weibes. Archiv f. Psychiatrie u. Nervenkrankh. 48. Bd. 2. Heft. S. 556. 1911.

[4]) S. Windscheid: Neuropathologie u. Gynäkologie. S. 82.

[5]) S. Anton (l. c. S. 27).

Auch E. Meyer (l. c.) bemerkt, daß bei den Autoren insofern Übereinstimmung bezüglich der Puerperalpsychosen besteht, als sie alle am höchsten die Zahl der Puerperalpsychosen angeben, denen in erheblichem Abstande die Laktationspsychosen und endlich die Graviditätspsychosen folgen.

[6]) E. Meyer (l. c. S. 487).

handelt. Vielfach wirken Infektion und Erschöpfung zusammen, insbesondere wo die infektiösen Prozesse sich lange hinziehen, wobei dann auch der toxische Charakter derartiger Schädigung mehr zur Geltung kommt." Anton weist noch besonders auf die Neigung zu Thrombosenbildung und Embolien hin, die im Puerperium noch mehr als in der Gravidität hervortritt. Hierzu kommt endlich, daß im Puerperium sich häufig eine Mastitis einstellt, die wieder eine Infektionskrankheit für sich ausmacht, und daß in dem geschwächten Organismus nicht selten eine Tuberkulose Wurzel schlägt und schnell sich ausbreitet. Seelische Erregungen treten im Puerperium an Bedeutung zurück, damit Hand in Hand spielt auch die hereditäre Belastung eine geringere Rolle als in der Gravidität.

Was die Symptomatologie der Puerperalpsychosen betrifft, so besteht bei der großen Mehrzahl der Psychiater zur Zeit Übereinstimmung darüber, daß sie keine einheitliche und keine spezifische Krankheitsform bilden. Bezüglich der Frage, ob ihnen nicht trotzdem gewisse Züge eigen sind, gehen jedoch die Ansichten auseinander. So schließt sich Anton zwar der schon von Marcé vertretenen Ansicht an, nach welcher den einzelnen Formen der Puerperalpsychosen nichts Spezifisches zukommt; er glaubt jedoch, daß die gleichzeitigen Gehirn- und Nervenkrankheiten den Puerperalpsychosen ein besonderes Gepräge geben und daß auch, hiervon abgesehen, wie Scholtz und Hoppe annahmen, denselben gewisse Züge eigentümlich sind, „so das plötzliche Auftreten von Sinnestäuschungen, das rasche Ansteigen von tobsüchtiger Verwirrtheit, die erotomanische Färbung der Delirien, die tiefe psychische und körperliche Erschöpfung, welche sich beim Abfall der akuten Erscheinungen so häufig geltend macht". Der Auffassung Antons tritt jedoch E. Meyer mit Entschiedenheit entgegen. Er weist darauf hin, daß die angeführten Erscheinungen nach seinen Erfahrungen sich ebenso häufig bei Erkrankungen außerhalb der Generationsphasen finden und auf das gleichzeitige Bestehen von Gehirn- und Nervenkrankheiten wegen der Seltenheit dieser Komplikation in diagnostischer Hinsicht kein Gewicht gelegt werden könne.

Was die einzelnen unter den Puerperalpsychosen vertretenen Krankheitsformen betrifft, so war man früher der Ansicht, daß der Manie und Melancholie an Häufigkeit die erste Stelle zukommt [1]).

In neuerer Zeit ist die große Mehrzahl der Irrenärzte zu der Anschauung gelangt, daß die Dementia praecox unter den im Wochenbett auftretenden Geistesstörungen sich am häufigsten findet [2]). Über die Krankheitsform, welche der genannten Psychose an Frequenz sich zunächst anreiht, gehen jedoch die Erfahrungen und Ansichten der einzelnen Autoren erheblich auseinander. Während eine Anzahl von Irrenärzten den affektiven Psychosen (Manie, Melancholie, manisch depressives Irresein) an Häufigkeit die zweite Stelle unter den Puerperalpsychosen zuschreibt, kommt diese nach den Erfahrungen anderer Beobachter der als akute halluzinatorische Verwirrtheit (Amentia) bezeichneten Geistesstörung zu. Einen

---

[1]) So bemerkte Windscheid, Neuropathologie u. Gynäkologie S. 88: „Die beiden hauptsächlichsten Formen der Puerperalpsychosen sind die Manie und die Melancholie. Daneben finden sich noch beschrieben: Verrücktheit, Blödsinn, zirkuläres Irresein, halluzinatorische Paranoia, hysterische Geistesstörung."

[2]) Die statistischen Ermittelungen einer Reihe von Autoren liefern hierfür genügende Belege. Wie E. Meyer erwähnt, gehörten von Aschaffenburgs 76 eigentlichen Puerperalpsychosen 26, von Münzers 56 Fällen 28 der Dementia praecox an. E. Meyer fand unter 42 Fällen eigener Beobachtung 14 mal sichere und 2 mal zweifelhafte Dem. praec. Auch eine von Runge (l. c. S. 560) mitgeteilte statistische Tabelle läßt das Prädominieren der Dem. praec. unter den Puerperalpsychosen deutlich erkennen.

eigenartigen Standpunkt vertritt Anton bezüglich dieser Frage. Nach seinen Erfahrungen findet sich letztgenannte Erkrankung weitaus am häufigsten unter den Puerperalpsychosen. „Diese repräsentiert sozusagen die Hauptpsychose des Wochenbettes.“ Anton unterläßt jedoch nicht, hervorzuheben, daß bei einer beträchtlichen Anzahl der Fälle halluzinatorischer Verwirrtheit sich auch Symptome der Katatonie (Dem. praec.) finden. Es handelt sich hierbei um „das gleichzeitige Auftreten eigenartiger bizarrer Bewegungen und Haltungen, welche scheinbar automatisch vor sich gehen und mit dem jeweiligen Gedankenablaufe und Gefühlszustande wenig Zusammenhang erkennen lassen. Die Bewegungen zeigen eine auffällige Tendenz zu eintöniger Wiederholung (Stereotypie). Auch der Gedankengang ist dabei in der Regel sehr verlangsamt und auf gewisse oft wiederkehrende Assoziationsgruppen (Komplexe) beschränkt.“ Auch E. Meyer weist auf das Vorkommen katatonischer Symptome bei Amentiafällen hin, auf welche schon Raecke und Bonhoeffer die Aufmerksamkeit gelenkt haben. Meyer betont zugleich die Schwierigkeiten, welche der diagnostischen Unterscheidung zwischen Dem. praec. und Amentia in derartigen Fällen, namentlich im Anfangsstadium der Erkrankung, sich entgegenstellen mögen; er erwähnt auch, daß die Katatoniesymptome nichts für Dem. praec. Charakteristisches bilden, sondern auch bei verschiedenen anderen Geisteskrankheiten (Paralyse, Dem. senilis usw.) sich finden (l. c. S. 500).

Die akute halluzinatorische Verwirrtheit entwickelt sich im Wochenbett meist rasch. Nach Anton, dessen Schilderung hier in der Hauptsache folgt, mangelt es jedoch auch nicht an Fällen, in welchen längere Zeit Prodromalsymptome vorhergehen. Als solche treten insbesondere Stimmungsanomalien depressiver oder manischer Natur, auch Veränderungen der Körpergefühle (Gefühle der Schwere oder Leichtigkeit, Kopfschmerzen, Ohrensausen usw.) auf. Charakteristisch für die Erkrankung ist eine traumhafte Trübung des Bewußtseins mit Halluzinationen und Illusionen, Bildung von Wahnideen und Veränderungen des Gemütsverhaltens. Mit dem Auftreten der Sinnestäuschungen verknüpft sich meist eine Verdunkelung und Trübung der Wahrnehmung äußerer Eindrücke. Sie führen auch zu flüchtig wahnhafter Auffassung der Außenwelt, gelegentlich aber auch zu hochgradiger Erregung. Die halluzinatorischen Wahnideen sind meist bald wieder vergessen. Das Symptom der Verwirrtheit gibt sich im Handeln wie im Reden, auch in der Mimik, kund. In motorischer Hinsicht ist das Verhalten der Kranken sehr verschieden; es findet sich ebensowohl regungsloses stuporöses Daliegen auf der einen Seite als hochgradiger Bewegungsdrang, zum Teil verknüpft mit Ausbrüchen blinder Aggression. Letztere ist anfangs häufig gegen das Kind gerichtet. Unter den Sinnestäuschungen sind Geruchs- und Geschmackshalluzinationen häufig vertreten und können zu Vergiftungsideen und Nahrungsverweigerung führen. Die örtliche und zeitliche Orientierung ist in der Mehrzahl der Fälle erheblich gestört. Ferner treten öfters flüchtig oder andauernd die schon erwähnten katatonischen Symptome auf, deren Erscheinen auch nach Anton noch nicht zu der Diagnose einer Dementia praecox berechtigt. Die Affektlage ist durch Labilität charakterisiert. Manisch-heitere und depressiv-verzweifelte Stimmungen wechseln ohne eruierbaren Grund; häufig ist auch der Affekt der Ratlosigkeit vorhanden. Viele der Kranken sind der Masturbation ergeben, viele auch unreinlich. Die Besserung stellt sich vorherrschend allmählich ein, und zwar in der Weise, daß die Phasen geordneten Denkens immer häufiger und länger werden. Öfters führt ein soporöser Erschöpfungszustand zur Klarheit. Nicht selten wird aber auch ein intermittierender Verlauf beobachtet. Die Verwirrtheit macht für Stunden oder Tage einem mehr geordneten Denken und richtiger Auffassung der Außenwelt Platz. Wechsel der Symptome und des klinischen Bildes ist nach Anton überhaupt ein Charakteristikum der Krankheit. Die Prognose ist im allgemeinen günstig, doch ist zu berücksichtigen, daß bei den länger dauernden Fällen, wie sie in den Anstalten vorzugsweise zur Beobachtung gelangen, die Krankheitsdauer durchschnittlich 6—10 Monate beträgt.

Eine der halluzinatorischen Verwirrtheit nahestehende Krankheitsform, welche nach Anton ebenfalls im Wochenbett vorkommt, ist der akute Wahnsinn, ein Zustand, welcher durch das Auftreten akuter systematisierter Wahnideen und Halluzinationen charakterisiert ist und sich von der Amentia durch relativ geordneten Gedankengang und geringe Trübung des Bewußtseins unterscheidet. Diese akute Paranoia kann nach Anton in die chronische Form der Erkrankung übergehen, aber auch die Introduktion oder das Finale der halluzinatorischen Verwirrtheit bilden. Von den übrigen im Wochenbett auftretenden Geistesstörungen sei hier nur noch des Korsakowschen Symptomenkomplexes gedacht. Nach den Ermittelungen von v. Hoeßlin fanden sich unter 40 schweren Fällen von puerperaler Neuritis 16 mal der erwähnte Symptomenkomplex angedeutet oder auch voll entwickelt (insbesondere die Störung der Merkfähigkeit).

Die Laktationspsychosen.

Bezüglich dieser Psychosengruppe ist zunächst zu bemerken, daß derselben von den Psychiatern nicht lediglich die Geistesstörungen einverleibt werden, welche in der ersten Zeit nach dem Ablaufe der auf 6 Wochen bemessenen Wochenbettperiode auftreten, sondern auch jene Psychosen, welche geraume Zeit (bis zu einem Jahre) nach dem Puerperium sich entwickeln. Ob die erkrankten Frauen gestillt haben oder nicht, kommt hierbei nicht in Betracht. Man geht bei dieser Klassifikation lediglich von der Annahme aus, daß die Nachwirkungen der Geburt und des Wochenbettes auf das Nervensystem sich im Zeitraume eines Jahres geltend machen können. Als ursächliche Momente werden vorwaltend Anämie und Erschöpfung angeführt und insbesondere zu lange fortgesetztem Stillen große ätiologische Bedeutung beigelegt. Gelegentlich soll aber auch rasches Sistieren des Stillens und Retention der Milch in der Brust eine ätiologische Rolle spielen. Hereditäre Belastung ist nicht sehr häufig erweislich. Bezüglich der Häufigkeit der einzelnen unter den Laktationspsychosen vertretenen Formen gehen die Angaben der Irrenärzte zum Teil weit auseinander. Nach Antons Mitteilung fanden sich unter 33 Laktationspsychosen der Halleschen Klinik 11 Fälle von Amentia, je 6 von Manie, Melancholie und Dementia praecox, 2 Fälle von hysterischen Psychosen und 1 mal Paranoia. Bei anderen Autoren treten die Amentiafälle bedeutend zurück, während die Dem. praec. prädominiert. So gehörten z. B. unter 27 Fällen, über welche E. Meyer berichtet, 22 der Dem. praec., 3 den affektiven Psychosen und nur 2 der Amentia an. In manchen Fällen von Dem. praec. und Amentia bildet Eifersuchtswahn einen hervorstechenden Zug. Die Dauer der Laktationspsychosen ist nach Anton im allgemeinen eine längere als die der Wochenbettpsychosen, bei ersteren auch der Übergang in chronische und unheilbare Psychosen relativ häufiger.

Die Prognose der Generationspsychosen richtet sich im einzelnen Falle selbstverständlich nach der Art der vorliegenden Erkrankung. Da die Dem. praec., die sich so häufig unter den Generationspsychosen findet, eine weit ungünstigere Prognose besitzt als die Amentia, die Melancholie und die Manie, sowie die hysterischen Psychosen, die ebenfalls in den einzelnen Generationsphasen vielfach sich entwickeln, ist es begreiflich, daß allgemeine Bemerkungen über die Prognose der Generationspsychosen, wie sie sich in der psychiatrischen Literatur finden, wenig Bedeutung beanspruchen können. Hierfür spricht aber auch der Umstand, daß das Verhältnis der ungünstig zu den günstig verlaufenden Fällen in dem Krankenmateriale der einzelnen Autoren, resp. Anstalten erheblich schwankt. Nach einer Zusammenstellung von Runge (l. c. S. 644), welche das Beobachtungsmaterial von 7 Psychiatern umfaßt, variierte der Prozentsatz der Geheilten von 25,6 (Knauer) bis 57 (Hoppe), der Prozentsatz der ungünstig verlaufenen von 22,8 (Quensel) bis 51 (Münzer). Bezüglich der Frage, in welcher Weise die einzelnen Phasen des Fortpflanzungsgeschäftes die Prognose beeinflussen, lauten die Angaben, welche sich auf die Graviditätspsychosen beziehen, zum Teil widersprechend. Runge glaubt jedoch bei Berücksichtigung aller in Betracht kommenden Verhältnisse den Satz vertreten zu können, daß die Graviditätspsychosen im allgemeinen günstiger als die Psychosen der beiden übrigen Phasen verlaufen, was nach seiner Ansicht daran liegen mag, daß die hysterischen Geistesstörungen in der Gravidität so häufig sind.

VII.

Die nervösen Störungen im natürlichen und künstlichen Klimakterium der Frau.

Die sog. Wechseljahre des Mannes

(Klimacterium virile).

Im Durchschnitte zwischen dem 40. und 50. (zumeist zwischen dem 43. und 50.) Lebensjahre tritt in dem Geschlechtsleben des Weibes eine wichtige Veränderung, der sogenannte „Wechsel“, ein, die sich am auffälligsten durch das Aufhören der Menstruation — die Menopause — kundgibt [1]). Auf den früheren oder späteren Eintritt der Wechselzeit haben verschiedene Umstände, insbesondere Rasse, vorhergehende sexuelle Tätigkeit, Allgemeinkonstitution und äußere Lebensverhältnisse Einfluß. Plötzliches Sistieren der Menstruation ist selten; in der Regel gehen dem gänzlichen Ausbleiben der Blutung kürzere oder längere Zeit Unregelmäßigkeiten der Periode vorher, Abkürzung oder Verlängerung der Intervalle zwischen denselben oder der Dauer des Blutabganges, Verringerung oder Mehrung des Blutverlustes. Die Dauer der Unregelmäßigkeiten wechselt ebenfalls sehr erheblich; sie können sich nur über einige Monate erstrecken, im Durchschnitte währen dieselben jedoch 2—3 Jahre. Der weitaus größte Teil der Frauen (Kisch glaubt sogar $^9/_{10}$ derselben) wird während dieser als Klimakterium bezeichneten Lebensepoche mehr oder minder von nervösen Beschwerden heimgesucht [2]). Diese verschonen Frauen mit völlig gesunden Nerven ebensowenig als nervenschwache, wenn auch nicht zu leugnen ist, daß die nervöse Konstitution für die Art, Intensität und Dauer der Störungen von erheblicher Bedeutung ist, und jungfräuliche Personen bleiben ebensowenig frei als solche, welche zahlreiche Geburten hinter sich haben. In sehr vielen Fällen beschränken sich auch die in Frage stehenden, mit den regressiven Veränderungen in den Sexualorganen zusammenhängenden nervösen Störungen nicht auf die sogenannte Wechselzeit.

---

[1]) Die Menopause tritt nicht selten schon in den 30er Jahren, andererseits aber auch nach dem 50. Jahre ein. Kisch fand unter 500 klimakterischen Frauen das Aufhören der Menses

im Alter vom	35.—40.	Lebensjahre bei	48 Frauen
„ „ „	41.—45.	„ „	141 „
„ „ „	46.—50.	„ „	177 „
„ „ „	51.—55.	„ „	89 „

[2]) Schickele (Die nervösen Ausfallserscheinungen der normalen und frühzeitigen Menopause in ihren Beziehungen zur inneren Sekretion; Handb. d. Neurologie. IV. Bd. 1913) erwähnt jedoch, daß nach seinen Beobachtungen richtige klimakterische Ausfallserscheinungen nur in 50 % der Fälle vorkommen.

Sie machen sich nicht selten schon einige Zeit vor Beginn der Menstruations-Unregelmäßigkeiten bemerklich und überdauern das völlige Schwinden der Blutung oft noch jahrelang. Ich hatte eine Frau von 60 Jahren in Beobachtung, bei welcher im 54. Jahre bereits die Menopause einsetzte und bis zur Beobachtungszeit in mehrmonatlichen Zwischenräumen Anfälle von tagelangem, äußerst heftigem Herzklopfen mit allgemeiner Erschöpfung ohne jede äußere Veranlassung auftraten. Derartige Fälle waren vor der Menopause nicht vorhanden. Man darf daher, wie dies schon von Börner betont wurde, die Bezeichnung „Wechsel" (Klimax oder Klimakterium) nicht auf jene Lebensepoche der Frau beschränken, welche zwischen Beginn der menstruellen Unregelmäßigkeiten und dem völligen Ausbleiben der Menstruation liegt. Die in Betracht kommenden Veränderungen im weiblichen Organismus und speziell im Sexualapparat beginnen wenigstens häufig schon früher und endigen wahrscheinlich meist erst geraume Zeit nach dem Sistieren der Blutungen.

Die klimakterischen, i. e. unter dem Einflusse des Klimakteriums sich entwickelnden nervösen Störungen sind nicht so zahlreich, wie von manchen Autoren angenommen wird. Es handelt sich hierbei zum Teil um Erscheinungen, welche sich mehr oder minder ausgeprägt bei den meisten Frauen in der fraglichen Lebensepoche finden und so charakteristisch sind, daß sie auch von Laien ohne weiteres als Symptome des Wechsels diagnostiziert werden, zum Teil um Zufälle, welche wenigstens so häufig im Klimakterium vorkommen, daß man für dieselben einen Zusammenhang mit den um diese Zeit im weiblichen Organismus sich abspielenden Veränderungen annehmen darf.

Hierher gehören gewisse Veränderungen auf psychischem Gebiete: erhöhte gemütliche Reizbarkeit, Launenhaftigkeit, häufiger noch Neigung zu melancholischer oder hypochondrischer Verstimmung. Man hat diese Veränderungen in dem gemütlichen Verhalten durch den Umstand erklärt, daß die Frauen in den kritischen Lebensjahren sich trauriger Reflexionen über den Verlust ihrer körperlichen Reize, i. e. das Altern, kaum entschlagen können, häufig auch von Angst wegen der vermeintlichen Gefährlichkeit der Wechselzeit heimgesucht werden. Diese psychologische Erklärung der klimakterischen Verstimmung kann jedoch nur für eine Minderzahl von Fällen als berechtigt anerkannt werden. Gewiß fehlt es nicht an Frauen, welche sich nur höchst widerwillig in die für sie schmerzliche Erkenntnis finden, daß Jugend und Anziehungskraft für die Männerwelt unwiederbringlich dahin sind, auch nicht an solchen, welche sich wegen der Einwirkung des Wechsels auf ihr Befinden übertriebenen Sorgen hingeben; allein wir begegnen der Verstimmung auch bei Frauen, welche auf ihr Äußeres nie großes Gewicht gelegt und mit der Tatsache des Älterwerdens schon lange sich abgefunden haben, wie nicht minder bei solchen, welche das Schwinden der Menstruation mit ihren Belästigungen sehnsüchtigst herbeiwünschen.

Häufiger als die eben erwähnten psychischen Erscheinungen sind gewisse zirkulatorische und sekretorische Störungen. Vor allem sind hier die Wallungen und fliegenden Hitzen zu erwähnen, plötzliches und ohne besondere Ursache auftretendes, oft von einer gewissen Beängstigung begleitetes intensives Hitzegefühl, welches zum Teil lokalisiert, insbesondere im Gesicht, am Halse und der Brust sich geltend macht und häufig auch mit Hautrötung einhergeht, zum Teil über den ganzen Körper sich ausbreitet. Beim Aufenthalte in einem geschlossenen Raume besteht dabei oft das Gefühl, als ob es in demselben zu heiß, oder nicht genügend Luft vorhanden sei. Mit den fliegenden Hitzen verknüpfen sich öfters Schweißausbrüche, die aber auch häufig isoliert auftreten, zum Teil ohne jede äußere Veranlassung, zum Teil infolge gemütlicher Erregungen oder geringer körperlicher Anstrengungen. Häufig sind ferner Herzbeschwerden, zumeist in der Form von Herzklopfen, das anfallsweise in verschiedenen Intervallen, sehr oft ohne jede äußere Veranlassung bei voller gemütlicher und körperlicher Ruhe eintritt. Die Beschleunigung der Herzaktion ist hierbei nicht immer sehr erheblich; doch kommen auch tachykardische Anfälle mit einer Pulsfrequenz bis 180 und darüber vor. Die Anfälle können Minuten, Stunden und, wie der erwähnte Fall zeigt, selbst Tage andauern, dabei bestehen oft peinliche Sensationen in der Herzgegend, Empfindungen von Brustbeklemmung, Angstzustände und hochgradige allgemeine Schwäche. Eine weitere sehr häufige Klage der Frauen in den Wechseljahren bilden Schwindelanfälle von geringerer oder größerer Intensität und Dauer, die zum Teil in Zusammenhang mit den erwähnten Anwandlungen von Herzklopfen, häufiger jedoch unabhängig von solchen auftreten. Der Schwindel kann von solcher Stärke sein, daß es zum Taumeln, selbst zum Hinstürzen kommt. Man hat sich mit der Erklärung dieses klimakterischen Schwindels viel Kopfzerbrechen gemacht. Selbstverständlich mangelt bei den Frauen in der Wechselzeit keiner der Anlässe, die überhaupt und insbesondere bei nervösen Personen zu Schwindelanfällen führen (so gewisse Bewegungen des Kopfes und der Augen, gemütliche Erregungen, Störungen im Verdauungsapparate, Alkoholgenuß usw.), und man darf daher keineswegs bei allen Frauen im betreffenden Alter den Schwindel auf eine von den Veränderungen in den Sexualorganen ausgehende Beeinflussung der Gehirnzirkulation zurückführen. Allein für einen großen Teil der Fälle dürfte diese Auffassung jedenfalls der Berechtigung nicht entbehren. Windscheid glaubte, daß man in einer Reihe von Fällen den Schwindel im Klimakterium durch arteriosklerotische Gefäßveränderungen erklären müsse, weil solche in diesem Lebensalter nicht zu den Seltenheiten gehören. Letzteres ist allerdings richtig, doch dürften die arteriosklerotischen Veränderungen der Gehirngefäße in den hier in Betracht kommenden Jahren nur selten einen solchen Grad erreichen, daß sie Schwindelanfälle bedingen; der arteriosklerotische Schwindel tritt gewöhnlich erst im höheren Alter (in den 60er Jahren und später) auf [1]).

Im vorstehenden haben wir diejenigen nervösen Störungen zusammengefaßt, welche mit einiger Sicherheit mit den klimakterischen Veränderungen des Sexualapparates in Zusammenhang gebracht werden können. Diese Störungen stimmen im wesentlichen mit den nach operativer Entfernung der Ovarien (Kastration) beobachteten überein, nur sind letztere im allgemeinen von stürmischerem Charakter, entsprechend der jähen Unterbrechung der Ovarialfunktion. Der erwähnte Eingriff hat bekanntlich zumeist (nach Glaeveke bei ungefähr 90%, nach der Kuhnschen Statistik bei 95%) Erlöschen der Menstruation zur Folge. Man spricht daher auch von einem „künstlichen Klimax“ (Hegar) als Folgezustand der Kastration. Die nervösen Beschwerden (Ausfallerscheinungen, Glaeveke), welche durch die Entfernung der Ovarien und das hierdurch bedingte Aufhören der Menses hervorgerufen werden, treten zum Teil zur Zeit der nicht wiederkehrenden Menstrualblutung ein — Molimina menstrualia —, zum Teil in der intermenstruellen Zeit, wenn auch nicht ausschließlich in dieser — klimakterische Beschwerden. Glaeveke fand nur bei 50% der kastrierten Frauen, Pfister

---

[1]) Schickele (l. c.) erwähnt als klimakterische Erscheinungen u. a. ferner: Brechreiz, selten von Erbrechen gefolgt, Schwächeanfälle mit Schweißausbruch an Stelle der Hitzewallungen, Knochenschmerzen, zumeist im Bereiche des Sakrum und der Lendenwirbelsäule, sowie Blutdruckerhöhung, die sich noch Jahre nach Eintritt der Menopause zeigen kann.

sogar nur bei 30% Beschwerden zur Menstruationszeit, die vorherrschend in ziehenden, krampfhaften Schmerzen zu beiden Seiten des Uterus und Kreuzschmerzen bestanden, welch letztere nach oben in den Rücken oder in die Oberschenkel ausstrahlten.

In der menstruationsfreien Zwischenzeit konnte Glaeveke konstatieren: In erster Linie fliegende Hitzen oder Wallungen, gewöhnlich mit Angstgefühl und Beklemmung in der Herzgegend vergesellschaftet (bei 90% der Fälle), dann unmotivierte Schweißausbrüche, Schwindel häufiger oder seltener (nur in 18,6% der Fälle), Veränderungen der Gemütsstimmung in 67% der Fälle, und zwar melancholische Verstimmung in 50%; in mehreren Fällen zeigte sich auffällige Gereiztheit und Heftigkeit oder fortwährender Stimmungswechsel, ein Gemütsverhalten, das vor der Kastration nicht bestand und sich später wieder verlor. Herzpalpitationen waren nur in 9% der Fälle vorhanden, ebenso häufig wurde über Kopfschmerzen geklagt, die zum Teil sehr heftig waren [1]).

Pfister fand als Wirkungen der Kastration auf das Nervensystem: Wallungen bei 98%, die allerdings in etwa der Hälfte der Fälle schon vor der Operation bestanden hatten, dann Kopfschmerzen (bei ungefähr der Hälfte der Fälle), viel seltener nervöses Erbrechen, Neuralgien, Herzklopfen, Schlaflosigkeit und noch einige andere nervöse Beschwerden. Bei 90 von 116 Operierten bestanden Veränderungen der Gemütsstimmung, und zwar gemütliche Depression, Reizbarkeit, Launenhaftigkeit bei 50%; 34 bezeichneten ihren Gemütszustand als besser, heiterer als vor der Operation. Pfister betont jedoch, daß bei vielen schon vor der Operation gemütliche Verstimmung bestand und man das psychische Verhalten nach der Operation nicht ohne weiteres auf Rechnung der Kastration setzen darf. Eine mit der Kastration direkt in Zusammenhang stehende Verschlechterung der Gemütsverfassung ist nach den Zusammenstellungen Pfisters jedenfalls eine Ausnahme. Nach Pfister wird von kastrierten Frauen häufig (in mehr als der Hälfte der Fälle) über Abnahme des Gedächtnisses geklagt; das gleiche wird von anderen Beobachtern (Brodnitz, Péan usw.) erwähnt. In einem von mir beobachteten Falle von Kastration und Totalexstirpation des Uterus bestanden während einer Anzahl von Wochen fast beständig Hitzegefühle und schwere Angstzustände.

Will man die vom Klimakterium ausgehenden nervösen Störungen als Äußerungen einer besonderen Nervenaffektion, einer klimakterischen Neurose auffassen, so können als Symptome dieser Neurose nur die im obigen angeführten Erscheinungen betrachtet werden. Von einzelnen Autoren, so insbesondere von Börner und Windscheid, wurde jedoch das Klimakterium auch als Quelle einer Menge von rein neurasthenischen und hysterischen Beschwerden angesehen. Als solche wurden erwähnt: Hyperästhesie der Sinnesorgane, Schmerzen, Parästhesien und Anästhesien an den Extremitäten, Rücken- und Kreuzschmerzen, motorische Schwächezustände, die Erscheinungen der nervösen Dyspepsie und Enteropathie, Singultus, Zwangsvorstellungen und Phobien usw. Alles dies soll das Verschwinden der Menstruation verschulden. „So entsteht im Klimakterium auf dem Boden des durch das Verschwinden der Menstruation erregten Nervensystems eine Neurasthenie, eine Hysterie, welche sich aber in keiner Weise von den durch andere Momente bedingten Neurasthenien oder Hysterien unterscheidet" (Windscheid).

[1]) Kopfschmerzen (abgesehen von Migräne) figurieren auch nicht selten unter den Klagen der Frauen im natürlichen Klimakterium; ihr Zusammenhang mit den klimakterischen Veränderungen erscheint mir jedoch im allgemeinen sehr zweifelhaft.

Diese klimakterische Neurasthenie und Hysterie existiert jedoch nach meiner Erfahrung und der anderer kompetenter Beobachter nicht. Ihre Annahme beruht nicht auf exakten klinischen Beobachtungen, sondern lediglich auf irrtümlicher Deutung gelegentlicher Vorkommnisse bei Frauen in den kritischen Jahren. Ich habe in meiner Praxis nie einen Fall von Neurasthenie oder Hysterie gesehen, welcher auf die klimakterischen Vorgänge als einzige Ursache zurückzuführen gewesen wäre, und, soweit ich die Literatur kenne, wird auch von keinem der Autoren, die sich eingehender mit der Ätiologie dieser Neurosen beschäftigt haben, das Klimakterium zu den Ursachen dieser Erkrankungen gezählt. Auch erfahrene Gynäkologen erklärten mir, daß sie von einer durch das Klimakterium allein verursachten Neurasthenie oder Hysterie nichts wüßten. Ähnlich lauten die Erfahrungen Krönigs. Dieser Autor bemerkt [1]), daß keineswegs alle Frauen im Klimakterium erkranken und er von jeher einen bemerkenswerten Unterschied zwischen früher gesunden und nervös veranlagten Individuen sah; „letztere zeigen die schweren nervösen Symptome, während früher vollständig normale Individuen auch das Klimakterium ohne irgendwelche erhebliche Störungen im allgemeinen überstehen". Auch Wille erwähnt, daß die klimakterischen Beschwerden bei nervengesunden Frauen sehr unbedeutend sind. Natürlich können Frauen in den klimakterischen Jahren so gut wie jüngere und ältere von neurasthenischen und hysterischen Zuständen heimgesucht werden oder solche Zustände, wenn dieselben schon früher bei ihnen vorhanden waren, durch die klimakterischen Jahre fortschleppen. Die klimakterischen Veränderungen im Organismus mögen das Auftreten solcher Leiden sogar einigermaßen begünstigen oder zur Steigerung derselben beitragen; allein für sich, ohne Hinzutreten irgendwelcher weiterer ursächlicher Momente, die auch unabhängig vom Klimakterium ihre schädigende Wirksamkeit entfalten würden, führen sie weder zur Neurasthenie, noch zur Hysterie.

Das Verhalten der Libido im natürlichen und künstlichen Klimakterium verdient hier noch einige Bemerkungen. Im natürlichen Klimakterium darf man die Abnahme der Libido als das Normale betrachten; es entspricht dies den Jahren, in welchen die betreffenden Veränderungen im weiblichen Organismus vor sich gehen, und dem Umstande, daß auch beim Manne in den 40er Jahren (jedenfalls von der Mitte der 40er an) und mehr noch in den 50er Jahren gewöhnlich eine Verringerung des sexuellen Verlangens sich bemerklich macht. Daß auch nach der Menopause eine gewisse Geschlechtslust oft noch jahrelang sich erhält, wie Kisch angibt, erachte ich für ganz zutreffend. Es mangelt jedoch auch nicht an Fällen, in welchen während der Wechseljahre bei Frauen mit bis dahin normaler Libido sich eine ganz auffällige und jedenfalls krankhafte Steigerung der sexuellen Erregbarkeit einstellt, die zu bedeutenden Beschwerden führen kann. Börner konnte in diesen Fällen des öfteren abnorme Genitalbefunde (Fibrome, Knickungen usw.) nachweisen; auch der so lästige Pruritus genitalium ist mitunter im Spiele. Die älteren Angaben über den Einfluß der Kastration auf die Libido lauten nicht ganz übereinstimmend; einzelne Beobachter fanden nach diesem Eingriffe Abnahme oder Schwinden der sexuellen Neigungen, andere dagegen unverändertes Fortbestehen derselben. Nach den Mitteilungen Glaevekes, der über diesen Punkt eingehende Nachforschungen bei 27 kastrierten Frauen anstellte, ist nicht nur bei der größten Mehrzahl (fast 80%) der kastrierten Frauen das geschlechtliche Verlangen vermindert oder ganz erloschen, sondern auch (bei 70%) das

[1]) Krönig: Über die Bedeutung der funktionellen Nervenkrankheiten für die Diagnostik und Therapie in der Gynäkologie. 1902.

Wollustgefühl beim sexuellen Verkehr bedeutend abgeschwächt. Pfister, welcher von 99 Kastrierten zuverlässige Angaben über das Verhalten der Libido und des Wollustgefühls zu erhalten vermochte, fand: den Geschlechtstrieb unvermindert bei 19 (= 26%), vermindert bei 24 (= 30%), erloschen bei 35 (= 48%) und überhaupt nie vorhanden bei 21; das Wollustgefühl unverändert bei 18 (=22%), vermindert oder erloschen bei 60 (= 76,4%). Libido und Orgasmus verhielten sich zumeist konform, nur in einer kleinen Zahl von Fällen wurden dieselben in ungleicher Weise beeinflußt. Um das differente Verhalten der Libido nach der Kastration zu erklären, weist Pfister auf den Umstand hin, daß bei Frauen, die geschlechtlichen Verkehr kürzere oder längere Zeit geübt haben, die Erinnerungsbilder der sexuellen Akte (die Libido centralis) den Geschlechtstrieb unabhängig von peripheren Erregungen zu unterhalten imstande sind. Beimler fand auch, daß Hündinnen, welche kastriert wurden, nachdem sie geboren hatten, noch brünstig wurden, während dies bei Hündinnen, welche nicht geworfen hatten, nach der Kastration nicht der Fall war. Dann wird auch, wie Pfister mit Recht erwähnt, die geschlechtliche Neigung bei der Frau durch individuelle Anlage, Lebensweise und die Gesundheitsverhältnisse beeinflußt. Pfister schließt aus seiner Statistik, daß bei jugendlichen und unverheirateten Individuen der Geschlechtstrieb nach der Kastration konstant erlischt [1]), während bei Personen, welche bereits sexuellen Umgang hatten, sich die Libido nicht mit der gleichen Gesetzmäßigkeit ändert.

Jayle [2]) fand unter 33 kastrierten Frauen die Libido bei 18 unverändert, bei 3 vermindert, bei 8 erloschen und bei 3 gesteigert. Der Orgasmus war bei 17 unverändert, bei 3 vermindert, bei 4 aufgehoben, bei 5 gesteigert. In 6 Fällen war die Kohabitation schmerzhaft. In zwei anderen Gruppen von Fällen, in welchen neben den Ovarien der Uterus oder dieser allein exstirpiert worden war, zeigte sich in bezug auf Libido und Orgasmus ähnliches Verhalten.

Bloom [3]), ein amerikanischer Autor, konnte bei Frauen, die vor dem 33. Lebensjahre kastriert worden waren, nie völligen Verlust der Libido konstatieren. In den meisten Fällen erfuhr diese keine wesentliche Veränderung, einige Male sogar eine Steigerung. Bei fast allen Operierten war jedoch die vaginale Sekretion beim Koitus verringert. Bei den nach dem 33. Lebensjahre operierten Frauen, bei denen einige Male auch der Uterus mit entfernt worden war, trat gewöhnlich eine allmähliche Abnahme der Libido sowohl als des Orgasmus ein.

Lawson Tait und Bantock [4]) berichteten, daß in manchen von ihnen beobachteten Fällen nach Entfernung des ganzen inneren Geschlechtsapparates eine erhebliche Steigerung der Libido sich einstellte. Von Interesse sind hier auch die Fälle, in welchen bei Mangel oder Verkümmerung der inneren Geschlechtsorgane bei Frauen ein ausgesprochener Geschlechtstrieb sich geltend machte. So hat Barrus über einen Fall berichtet, in welchem, wie die Sektion ergab, kongenitaler Mangel des Uterus und der Ovarien bestand und der Geschlechtstrieb so entwickelt war, daß die Person in außerehelichen Verkehr sich einließ.

---

[1]) Bei vier Kastrierten unter 25 Jahren, welche ledig und Virgines waren, war nach Pfister der Geschlechtstrieb vollständig „erloschen“, bei zwei Verheirateten im gleichen Lebensalter vermindert. Die Bezeichnung „erloschen“ ist hier jedenfalls irrtümlich, sofern bei den betreffenden Virgines eine Libido nicht vorhanden war und daher auch nicht erlöschen konnte; die Operation konnte nur die spätere Entwicklung einer Libido verhindern.

[2]) Revue de gynécologie 1897. S. 403—457.

[3]) Medical Standart 1896. S. 121.

[4]) British medical Journal 1899. S. 975.

Die Betreffende litt an periodischer Manie und ergab sich im Anfalle der Masturbation in schamloser Weise. Auch in einem von Bridgeman berichteten Falle, in welchem ebenfalls Uterus und Ovarien fehlten, war der Geschlechtstrieb bedeutend und der Orgasmus bei sexuellem Verkehr lebhaft. Ähnliche Beobachtungen werden von anderer Seite mitgeteilt.

Wenn wir uns die Frage vorlegen, in welcher Weise sich die verschiedenen im Gefolge des natürlichen und künstlichen Klimakteriums auftretenden nervösen Störungen erklären lassen, so können wir heutzutage uns mit der Annahme einer reflektorischen Entstehung derselben, ausgehend von den Nerven des anatomischen Veränderungen unterliegenden Sexualapparates nicht mehr begnügen. Eine Reihe von Tatsachen läßt keinen Zweifel darüber mehr zu, daß die Ovarien zu den Organen mit innerer Sekretion zählen. Schon die Erfolge, welche durch Darreichung von Ovarialsubstanz bei klimakterischen Beschwerden in vielen Fällen zu erzielen sind, hatten dieser Auffassung eine bedeutende Stütze verliehen. Noch entschiedener wiesen jedoch die Ergebnisse der mit den Ovarien unternommenen Transplantationsversuche (Knauer, Ribbert, Halban u. a.) darauf hin, daß diesen Organen wichtige innersekretorische Funktionen zukommen. Ich habe schon früher die Anschauung vertreten und halte dieselbe auch jetzt noch für berechtigt, daß im Ovarium Körper gebildet werden, welche entweder aus der Umwandlung an sich toxischer Stoffwechselprodukte hervorgehen, oder die toxische Wirksamkeit solcher normal sich bildender Produkte der regressiven Metamorphose aufheben, so daß also mit dem Wegfalle der Ovarialfunktion eine Autointoxikation eintreten muß. Es ist bei dieser Auffassung verständlich, daß im natürlichen Klimakterium infolge der allmählichen Verminderung der Ovarialtätigkeit und der dadurch ermöglichten Anpassung des Organismus an die veränderten Stoffwechselverhältnisse nur leichtere nervöse Störungen resultieren, während der brüske Eingriff in die Körperökonomie, der mit der operativen Wegnahme der Ovarien geschieht, zu stürmischeren Erscheinungen Anlaß gibt [1]). Daß von den Sexualorganen ausgehende reflektorische Erregungen nur eine untergeordnete Rolle bei der Verursachung der klimakterischen Beschwerden spielen, hierfür spricht auch der Umstand, daß nach Entfernung des ganzen Uterus (Totalexstirpation) viel geringfügigere Folgezustände beobachtet werden als nach der Kastration. Nach Glaeveke, der auch mit dieser Frage sich eingehend beschäftigte, bestehen dieselben zumeist lediglich in Molimina menstrualia, i. e. Unterleibs- und Kreuzschmerzen, welche zur Zeit der nicht mehr eintretenden Periode sich einstellen, allmählich sich verringern und gewöhnlich nach Jahresfrist verschwunden sind. Wo auch in der menstruationsfreien Zeit Beschwerden von der Art der klimakterischen sich zeigen, lassen sich dieselben auf zufällige Komplikationen (Mitverletzung der Ovarien bei der Operation) zurückführen [2]). Der Geschlechtstrieb wird durch die Entfernung des Uterus allein nie zum Erlöschen gebracht, erfährt hierdurch gewöhnlich sogar keine wesentliche Ver-

[1]) Der Ausfall der innersekretorischen Leistungen der Ovarien nach der Kastration und Menopause wird wahrscheinlich häufig durch erhöhte Tätigkeit anderer Drüsen mit innerer Sekretion (Vergrößerung der Schilddrüse, Hypertrophie der Hypophyse, Verbreiterung der Nebennierenrinde) ausgeglichen.

[2]) Etwas hiervon abweichend sind die Ergebnisse von Pankow und Rauscher über die Folgen der alleinigen Exstirpation des Uterus. Nach diesen Autoren sind im allgemeinen zweierlei Beschwerden vorhanden: 1. Solche menstruellen Charakters, die schon vor der Operation nicht mangelten, und 2. Ausfallserscheinungen, die aber in ihrer Art und Intensität von den nach der Kastration auftretenden wesentlich differieren, was wohl mit der Fortdauer der Ovarialfunktion zusammenhängt (Schickele).

änderung. Gemütliche Depression, selbst bis zur ausgesprochenen Melancholie gehend, wird dagegen nicht selten im Gefolge der Operation beobachtet. Es ist jedoch zu berücksichtigen, daß es sich in den betreffenden Fällen um Krebsleiden handelt, bei welchen die Furcht vor einem Rezidiv etwas sehr Naheliegendes und Motiviertes ist, und dieser Furcht, sowie den gemütlichen Erregungen, welche der Operation vorhergehen, scheint der Hauptanteil an der Verursachung der in Frage stehenden psychischen Alterationen zuzufallen.

Das Klimacterium virile.

Nach Mendel[1]) kommt es bei Männern am Ende der 40er Jahre oder im Verlaufe ihres 6. Lebensdezenniums nicht selten zu nervösen und psychischen Störungen, die in Form und Art ihres Auftretens, sowie bezüglich Verlauf und Prognose den „Molimina climacterica“ [2]) der Frauen durchaus gleichen.

Das Leiden beginnt am häufigsten zwischen dem 50. und 54. Lebensjahre. Bei den meist früher ganz gesunden und nicht nervösen Individuen stellen sich zunächst zeitweilig Angstgefühle und innere Unruhe ein, wozu sich allgemeines Schwächegefühl und als konstant wiederkehrendes Hauptcharakteristikum eine ganz auffällige Rührseligkeit und Weinerlichkeit gesellt. Letztere Erscheinung ist um so auffälliger, als es sich in der Mehrzahl der Fälle um körperlich sehr kräftige, früher lebensfrohe Männer handelt. „In jedem einzelnen meiner Fälle“, bemerkt der Autor, „wurde über Blutwallungen nach dem Kopfe, fliegende Hitze, Angstgefühl mit plötzlichem Schweißausbruch, zeitweises Herzklopfen, Brustbeklemmung, allgemeines Mattigkeitsgefühl, Schlafmangel, beziehungsweise Schlaflosigkeit geklagt, alles Symptome, welche wir als charakteristisch für die Molimina climacterica der Frauen wiederfinden.“ Zu den angeführten gesellen sich häufig andere nervöse und psychische Symptome, wie sie auch bei klimakterischen Frauen vorkommen: Schwindelanwandlungen, Kopfschmerzen und Hitzegefühle im Kopfe, Kälte der Füße, Gedächtnisschwäche, Launenhaftigkeit, melancholische und hypochondrische Verstimmung, selbst Suizidgedanken. In sexueller Hinsicht ermittelte Mendel, daß bei Beginn des Leidens oder etwas vorher die Libido deutlich abnahm und von da an dauernd verringert blieb oder auch allmählich erlosch. In einzelnen Fällen stieg die Libido nach Ablauf der Krankheit wieder etwas an. Abnahme der Erektions- oder Ejakulationsfähigkeit fand sich nur in wenigen Fällen. Die Patienten, welche sämtlich verheiratet waren, hatten bis zu Beginn des Leidens in normaler Weise sexuell verkehrt. Die Dauer der Affektion schwankte in den von Mendel beobachteten Fällen zwischen 10 Monaten und 4 Jahren, und meist kam es zu völliger Heilung. Bei früher leicht neurasthenischen Patienten erhält sich die Erkrankung längere Zeit. Nach des Autors Ansicht ist das geschilderte Krankheitsbild eine Folge innersekretorischer Störungen, von regressiven Veränderungen und von Hypofunktion in den Keimdrüsen. Mendel stützt diese Annahme auf den Umstand, daß die in Frage stehenden Erscheinungen beim Manne völlig mit den im Klimakterium der Frau auftretenden nervösen und psychischen Störungen übereinstimmen und die Erkrankungszeit der klimakterischen Periode der Frau entspricht. Dem Einwande, daß das beschriebene Krankheitsbild sich doch nicht bei jedem Manne findet, während bei jedem im Alter eine Hypofunktion der Keimdrüsen eintritt, glaubt Mendel

---

[1]) Mendel: Die Wechseljahre des Mannes. Neurolog. Zentralbl. 1910. S. 1124.

[2]) Der Autor erwähnt, daß sein Vater bereits in seinem Kolleg jedes Semester einen Fall unter der Diagnose „Klimacterium virile“ vorzustellen pflegte.

durch den Hinweis begegnen zu können, daß auch beim weiblichen Geschlechte die klimakterischen Jahre nur in einem Bruchteile der Fälle von stärkeren nervösen Beschwerden begleitet sind. Die leichten Formen der Affektion mögen beim Manne nicht selten vorkommen, sich aber der ärztlichen Beobachtung entziehen.

B. Hollander[1]) bestätigt im wesentlichen die Angaben Mendels bezüglich der bei Männern auftretenden klimakterischen nervösen und psychischen Störungen. Unter den Symptomen betont er Abnahme der geistigen Leistungsfähigkeit und erhöhte Emotivität. Bei einem seiner Patienten kam es zu Selbstmordversuchen. Auch bezüglich der Pathogenese der Affektion stimmt Hollander den Ansichten Mendels bei.

Church[2]) nimmt (unabhängig von Mendel) ein dem Klimakterium der Frau entsprechendes Rückbildungsalter beim Manne an, in welchem neben neurasthenischen Beschwerden insbesondere psychische Instabilität und Neigung zu Angst- und Depressionszuständen auftreten. Church taxiert die Dauer des Zustandes auf $1^1/_2$—3 Jahre.

Es frägt sich den angeführten Mitteilungen gegenüber zunächst, ob wir das geschilderte Krankheitsbild als ein selbständiges Nervenleiden, etwa eine klimakterische Neurose des Mannes, zu betrachten haben oder ob sich dasselbe einer oder mehreren der bereits bekannten Krankheitsformen anschließen läßt. Von Psychoanalytikern wurde geltend gemacht, daß die Symptome der von Mendel beschriebenen Erkrankung der Angstneurose Freuds angehören[3]). In der Tat erwähnt Freud in seiner 1895 veröffentlichten Abhandlung über die Angstneurose[4]) deren Auftreten bei Männern im Senium: „Es gibt Männer,“ bemerkt er, „die wie die Frauen ein Klimakterium zeigen und zur Zeit ihrer abnehmenden Potenz und steigenden Libido Angstneurose produzieren.“ Vergleicht man Freuds Schilderung der Symptomatologie der von ihm unterschiedenen Angstneurose mit den Angaben Mendels über die bei den männlichen Klimakterikern konstant sich findenden Erscheinungen, so ist nicht zu bestreiten, daß letztere im wesentlichen mit den Symptomen der Freudschen Angstneurose übereinstimmen. Einen auffälligen Unterschied zeigen die Fälle der beiden Autoren nur in sexueller Hinsicht. Mendel betont die konstante Herabsetzung der Libido bei seinen Patienten, während Freud, wie wir schon sahen, von einer Zeit der abnehmenden Potenz und steigenden Libido spricht.

Berücksichtige ich meine eigenen Erfahrungen bei Männern in den 50er Jahren, bei welchen die von Mendel geschilderten Erscheinungen mehr oder minder ausgeprägt sich fanden, so handelte es sich zum größeren Teile um Fälle, die nach meiner Auffassung als Angstneurose, respektive eine Kombination von

[1]) B. Hollander: Die Wechseljahre des Mannes (Klimacterium virile). Neurol. Zentralbl. 1910. S. 1282.

[2]) Church: Nervous and mental disturbances of the male climacteric. Journ. of the Amer. med. assoc. 55, 301. 1910.

[3]) So Stekel: Nervöse Angstzustände. 1912. S. 24. Zu einer von Stekel abweichenden komplizierteren Auffassung des Mendelschen Krankheitsbildes gelangte Adler (Über den nervösen Charakter. Wiesbaden 1912. S. 75). „Die Neurose des männlichen Klimakteriums ist ebenfalls (wie die des weiblichen) nur mittelbar durch die Genitalatrophie beeinflußt, kann aber eine Verstärkung erfahren durch die verschärfende Abstraktion: Ich bin kein Mann mehr, ich bin ein Weib!“

Adler betont auch, daß er nie einen Fall sah, bei dem die Neurose erst im Klimakterium ausgebrochen war. Nach ihm findet man meist eine seit Jahren sich geltend machende Zunahme neurotischer Symptome.

[4]) Freud: Über die Berechtigung von der Neurasthenie einen bestimmten Symptomenkomplex als „Angstneurose“ abzutrennen. Neurol. Zentralbl. 1895. Nr. 2.

Angstneurose und Neurasthenie zu klassifizieren waren. Bei einzelnen Patienten mußte jedoch eine leichte Form der Melancholie angenommen werden, wie sie im Rückbildungsalter häufig vorkommt. Eine solche lag auch allem Anscheine nach in einzelnen von Mendel und Hollander beobachteten Fällen vor. Suizidgedanken und Suizidversuche, wie sie die genannten Autoren erwähnen, gehören weder dem Gebiete der Angstneurose noch dem der klimakterischen Erscheinungen an.

Ob man nun die von Mendel u. a. beschriebene Symptomengruppe als ein selbständiges Leiden oder als einer der bereits länger bekannten Krankheitsformen zugehörig betrachtet, immer ist zu berücksichtigen, daß das Klimakterium des Mannes, wenn man von einem solchen überhaupt sprechen will, ein relativ seltenes Vorkommnis bildet, während beim weiblichen Geschlechte gewisse nervöse Beschwerden, wenn auch in sehr verschiedener Dauer und Intensität, eine regelmäßige Begleiterscheinung der regressiven klimakterischen Veränderungen des Sexualapparates bilden. Daß ähnlich wie bei der Frau bei den klimakterischen Beschwerden des Mannes Störungen der innersekretorischen Funktion der Keimdrüsen im Spiele sein mögen, wie dies Mendel annimmt, läßt sich wohl nicht in Abrede stellen; ich halte es jedoch wenigstens für sehr wahrscheinlich, daß daneben noch andere ätiologische Momente, die in den einzelnen Fällen variieren eine Rolle spielen. Auch Mendel erwähnt, daß neben der Hypofunktion der Keimdrüsen andere Momente als mitwirkende Faktoren (Gelegenheitsursachen) in Betracht kommen: Gemütliche Erregungen, Alkohol- und Nikotinmißbrauch, Infektionen und Stoffwechselkrankheiten.

Steinach's Verjüngungstheorie.

Unter allen Arbeiten Steinachs hat keine so viel Aufsehen erregt, als die seine Verjüngungsidee betreffenden, und diese haben dann auch bereits eine umfängliche Literatur hervorgerufen, von welcher wir hier nur die wichtigsten Arbeiten berücksichtigen können. Steinach ging bei seinen Untersuchungen von der bereits erwähnten Annahme aus, daß die inkretorische Tätigkeit der Keimdrüsen lediglich den Leydigschen Zwischenzellen seiner Pubertätsdrüse zukommt und er glaubte, daß der Senilismus der Pubertätsdrüse sich dadurch aufheben läßt, daß man durch künstlich erzeugte Wucherung ihre inkretorische Tätigkeit von neuem anfacht. Als das geeignetste Mittel hierzu sollte die doppelte Unterbindung der zuführenden Samenkanäle zwischen Hoden und Nebenhoden unter sorgfältigster Schonung der Blutgefäße dienen.

Die Operation wurde zunächst an alten Ratten ausgeführt und der Erfolg entsprach seinen Erwartungen: Neuer Haarwuchs an haarlosen Stellen, Vergrößerung der Hoden und des ganzen Geschlechtsapparats, starke Gewichtszunahme, Wiedererwachen des Geschlechtstriebs, Verlängerung des Lebens; mikroskopisch mächtig gewucherte Pubertätsdrüse. Bei Weibchen ergab die Operation ähnliche Erfolge. Steinach ließ auch bei Menschen die Operation vornehmen, doch wollen wir zunächst zusehen, welche Erfahrungen von anderer Seite mit der Operation bei Tieren gemacht wurden. Wir können jedoch hier nur eine beschränkte Anzahl der in Betracht kommenden Publikationen berücksichtigen.

Romeis unternahm ebenfalls Untersuchungen an Ratten und gelangte hierbei zu Ergebnissen, welche von denen Steinachs erheblich abwichen. Insbesondere konnte er eine Wucherung der Pubertätsdrüse nach Unterbindung der Vasa deferentia nicht konstatieren. Auch die Steigerung des Geschlechtstriebs mangelte. Dagegen wurden übereinstimmend mit Steinach

Steigerung der Lebhaftigkeit der Freßlust und des Gewichtes erzielt, Erscheinungen, die jedoch nach Romeis' Ansicht auf den Abbau der Geschlechtszellen sich zurückführen lassen.

Tiedje hat an einer großen Anzahl von Meerschweinchen, zum Teil jugendlichen, zum Teil geschlechtsreifen Tieren, die Unterbindung des Vas deferens, sowie die Unterbindung zwischen Hoden und Nebenhoden vorgenommen. Er fand, daß der Grad der Ausprägung der Geschlechtscharaktere, sowie überhaupt das ganze männliche Verhalten, soweit es durch die Geschlechtsdrüsen bedingt ist, von dem spermatogenen Teile des Hodens sich ausschließlich abhängig erweist.

Benda bemerkt, daß bei den Verjüngungsversuchen Steinachs einwandfreie morphologische Beobachtungen vermißt werden. Die Wirkung seiner Operation besteht nicht im Zugrundegehen der terminativen Zellen und Persistenz der vegetativen Zellen, sondern lediglich in einer typischen Funktionspause, wie es bei anderen Tierarten zwischen den Brunstperioden zustande kommt.

Kyrle schreibt den Leydenschen Zwischenzellen ebenfalls nur trophische Funktion zu. Alle auf Verjüngung des Individuums abzielenden Eingriffe beeinflussen den Ablauf des Regenerationsprozesses derart, daß die vorhandenen Reservekräfte schneller als unter normalen Verhältnissen erschöpft werden.

Günstiger lauten die Erfahrungen über die Erfolge von Keimdrüsentransplantation. So hat Harms bei einem sehr senilen Meerschweinchenmännchen mit völliger Impotenz und atrophischem Hoden durch Implantation eines Hodenstückchens seines 6 Wochen alten Sohnes ausgesprochene Verjüngung mit Rückkehr der Potenz und Lebensverlängerung um $^1/_2$ Jahr erzielt. Der Autor berichtet auch von teilweise ähnlichen Erfolgen bei Hunden durch Vasektomie, künstlichen Kryptorchismus und verwandte Eingriffe.

Im Herbst 1918 machte Steinach Lichtenstern[1]) (Wien) Mitteilungen von seinen Versuchen und forderte ihn auf, dieselben beim Menschen zu wiederholen, um festzustellen, ob die bei niederen Tieren erzielten Erfolge auch beim Menschen zu erreichen sind. Bei der Wichtigkeit der Sache wurden die ersten Operationen an Kranken anläßlich anderer Eingriffe ausgeführt, und sie in vollkommener Unkenntnis des an ihnen vorgenommenen Versuches gelassen, um so jede suggestive Wirkung auszuschließen. In der Wahl des Materiales mußte strengste Auslese getroffen werden und durften nur solche Fälle zur Beurteilung herangezogen werden, deren somatischer Zustand einwandfreie Schlüsse erlaubte. Für die Operation beim Menschen haben sich zwei Methoden als geeignet erwiesen. Bei jugendlichen Fällen oder bei denjenigen, bei denen eine rasche Stauung beabsichtigt ist, wird gleich der Operationstechnik Steinachs am Versuchstier zwischen Nebenhoden und Hoden die Unterbindung ausgeführt. Es wird hierauf die Methode eingehend beschrieben, zu deren Mitteilung hier kein Anlaß besteht. Die zweite Methode, die eine langsame Stauung beabsichtigt, besteht in der Unterbindung des Samenstranges nach seinem Abgang aus dem Nebenhoden. Lichtensterns Material umfaßt 26 Fälle, und zwar 18 Fälle, bei denen die Bekämpfung der Alterserscheinungen bei älteren Individuen intendiert wurde, und 8 Fälle bei jugendlicheren Menschen, bei denen geringe Erotisierung wie auffallendes Nachlassen der geistigen Fähigkeiten die Indikation für den Eingriff boten. Die Beobachtungszeit schwankt zwischen 2 Jahren und 2 Monaten, doch sah sich Lichtenstern veranlaßt, hier nur diejenigen Fälle der Kritik zu unterbreiten, bei denen eine längere Beobachtungszeit erlaubt, die gemachten Wahrnehmungen einwandfrei zu verwerten.

Fall 1. Anton W., 43 Jahre alt, Kutscher, beobachtete seit einigen Jahren sehr rasche Ermüdung bei seiner Arbeit. Sexuelles Empfinden seit einigen Jahren stark zurückgegangen. Libido und Potenz sehr gering. In den letzten Wochen sehr elend, häufig Atembeschwerden, Appetitlosigkeit, Abnahme des Körpergewichtes. Deshalb Verweisung in ein Spital am 13. IV. 18.

---

[1]) Lichtenstern (Wien): Berl. klin. Wochenschr. Nr. 42. 1920.

Status praesens: Macht den Eindruck eines früh gealterten Mannes, Körpergewicht 49 kg, schwache Muskulatur. Hautdecke auffallend glanzlos, Kopfhaare blond, ergraut. Schüttere Behaarung des Stammes und der Extremitäten. Herzgrenzen normal, Töne dumpf, Puls etwas gespannt. Rechter Hoden weich, auf der linken Seite eine kleinapfelgroße Hydrocele, der Hoden selbst etwas weicher. Prostata von normaler Größe, sekretarm. Operation am 1. X. 18.

An beiden Hoden Unterbindung der Ausführungsgänge zwischen Nebenhodenkopf und Hoden. Zugleich Operation der Hydrocele. Heilungsverlauf völlig normal. 8 Wochen Spitalaufenthalt. Während dieser Zeit kein Anzeichen rascher Erholung. Trotz sehr schlechter Ernährung und schwerster Arbeit Erholung vom 3. Monate an, die in jeder Hinsicht Fortschritte machte. Auch Libido und Potenz sehr lebhaft. Der günstige Zustand hielt an. Nach 1 Jahre glänzende Verfassung des Patienten. Gewichtszunahme 16 kg, Muskulatur außerordentlich gut entwickelt. Patient schleppt Lasten bis zu 100 kg. Die Hoden von normaler Größe, normaler Konsistenz, nicht schmerzhaft. Potenz wie in jungen Jahren.

Fall 2. Hermann Th., pensionierter Beamter, 71 Jahre alt, aufgenommen am 10. II. 19. Seit 5 Jahren Alterserscheinungen. Seit 4 Jahren inkomplette Harnretention. Rezidivierende Blasenkatarrhe. Seit 5 Tagen starke Schwellung des rechten Hodens. Fieber bis 40°, Schüttelfröste.

Status praesens: Rechter Hoden doppelfaustgroß geschwollen. An verschiedenen Stellen Fluktuation. Geringe Verbreiterung des linken Herzens. Herztöne dumpf. Puls 120; sehr gespannt, arhythmisch. 10. II. 19 Exstirpation des Hodens und Nebenhodens. Links das Vas deferens am Übergang aus dem Nebenhoden freigelegt, doppelt ligiert und unterbunden. Patient wird nach 4 Wochen als geheilt aus der Anstalt entlassen. Auffallende Besserung des Allgemeinbefindens in den nächsten Monaten. Auftreten von Erektionen und Pollutionen, die vorher jahrelang sistiert hatten. Rasche Zunahme des Körpergewichtes. Aussehen sehr gut. Der unterbundene linke Hoden prall gespannt, auf Druck nicht schmerzhaft. Bedeutende Zunahme der körperlichen und geistigen Leistungsfähigkeit. Nachuntersuchung am 18. VIII. 20 ergibt Andauer des günstigen Befindens.

Fall 3. Wilhelm K., Buchhalter, 61 Jahre alt, aufgenommen am 12. XII. 19. Leichte Harnbeschwerden seit längerer Zeit. Hochgradige Abnahme der Arbeits- und körperlichen Leistungsfähigkeit. Geringe Vergrößerung der Prostata und in der Blase ein walnußgroßer Uratstein. Operation am 23. XII. 19. Entfernung des Steines durch Sectio alta, gleichzeitig Vasa deferentia nach dem Austritt aus dem Nebenhoden ligiert und durchtrennt. Sehr verlangsamter Heilungsverlauf. Erst 5 Monate nach der Operation auffallende Besserung in somatischer und geistiger Hinsicht. Im August des Jahres leichte Bewältigung einer anstrengenden Bergtour. Libido und Potenz außerordentlich gesteigert.

Fall 4. Bl., 58 Jahre alt, Reisender, aufgenommen am 12. XI. 19. Seit einem Jahre Blasenkatarrh. Verringerung der Arbeitsfähigkeit seit einigen Jahren, auch Anfälle von Herzschwäche (stenokardische Anfälle).

Status praesens: Röntgenologisch: Trübung beider Spitzen. Mäßige Hypertrophie des linken Ventrikels; unreiner erster Ton an der Spitze. Prostata mäßig hypertrophiert. Inkomplette Harnretention. Harn leicht getrübt. Regelmäßiger Katheterismus und Blasenspülungen. Alsbald bedeutende Besserung der Blasenbeschwerden. Wegen des ausgesprochenen Senium praecox Unterbindung beider

Samenstränge. 5. XII. 19. Nach 6 Wochen Entlassung aus der Spitalpflege. In der Folge Herzbeschwerden im Vordergrund. Nach Bericht des Kassenarztes häufig schwerste stenokardische Anfälle. Ödeme der Beine wochenlang. Dann plötzlich Besserung bei Aussetzen aller Medikamente, die rasch zunahm, so daß Patient seinem Geschäfte als Reisender wieder nachgehen konnte.

Fall 5. Josef S., 66 Jahre alt, Kaufmann, aufgenommen am 8. XI. 19. Seit 6 Jahren zunehmende Altersbeschwerden. Verlust von 7 kg Körpergewicht trotz bester Ernährung. Rasche Ermüdung bei längerer geistiger Arbeit. Seit 3 Jahren Harnbeschwerden. März 1919 erste komplette Harnverhaltung. Rezidivierende Cystitiden. Sexualtrieb seit einem Jahre vollkommen geschwunden.

Status praesens: Blutdruck 175. Puls arhythmisch. Die Herzdämpfung nach links verbreitert. Töne dumpf. Prostata kleinfaustgroß, weich. Residualharn 600 g. Am 12. XI. 19. Suprapubisch Enukleation der Prostata. Erholung tritt nicht ein. Am 21. I. 20 deshalb die Vasa deferentia auf beiden Seiten nach dem Austritt aus dem Nebenhoden ligiert und durchschnitten. 6 Wochen nach dieser Operation auffallende Besserung. Normale Harnentleerung. Wiederkehr der Libido und der Arbeitsfähigkeit. Dann Revision 12. VIII. 20. Vollkommenes Wohlbefinden.

Fall 6 und 7 betreffen jüngere Leute mit 32 und 29 Jahren, bei welchen wegen mangelhafter Erotisierung, rascher Ermüdung bei geistiger Arbeit, geringer Energie und Unterentwicklung einzelner Sexuszeichen auf deren Wunsch einseitige Unterbindung gemacht wurde. Binnen 6 Monaten keine Besserung. In einer Epikrise der erfolgreichen 5 Fälle sucht der Autor nachzuweisen, daß der eingetretene Erfolg nicht auf Beseitigung der in jedem Falle bestehenden krankhaften Zustände, sondern lediglich auf die Unterbindung der Vasa deferentia zurückzuführen sei.

Wenn man die überaus günstigen Resultate in Betracht zieht, welche Lichtenstern in den vorstehend angeführten 5 Fällen erzielte, sollte man erwarten, daß die Aufnahme derselben in den Fachkreisen eine durchaus freundliche, wenn nicht begeisterte war. Dies war jedoch keineswegs allseitig der Fall. Man wies auf die ähnlichen Erfolge hin, die in einzelnen Fällen von Prostatektomie erzielt wurden (Romeis und Freudenberg) und machte geltend, daß auf dem Gebiete der Verjüngungskuren dem Subjektivismus ein fast schrankenloser Spielraum gegeben sei. Diesen Anschauungen kann ich jedoch nicht beipflichten. Was zunächst die Prostatektomie betrifft, so zeigt der Fall 5, daß die Prostatektomie hier nicht den gewünschten Erfolg hatte und dieser erst nach Unterbindung der Samenstränge eintrat. Es kann also nicht davon die Rede sein, daß man der Prostatektomie den erzielten Erfolg zuschreibt. Das gleiche gilt für die Annahme von Suggestionswirkungen. Ich darf mir einige Erfahrungen in bezug auf solche zuschreiben, und ich kann mich keines Falles erinnern, in welchem Monate nach einer Operation Libido und Potenz bei alten Leuten in dem Maße wiedergekehrt wären, wie in den Lichtensternschen Fällen. Wir haben daher kein Recht zu bezweifeln, daß die Erfolge Lichtensterns in den vorstehenden Fällen durch physische, nicht psychische Vorgänge herbeigeführt wurden, wobei jedoch die Pubertätsdrüse nicht in Betracht kommen kann, da dieser keine inkretorischen, sondern lediglich trophische Leistungen zukommen (Stieve, Romeis, Plato, Kyrle u. a.).

Es erübrigt daher nur die Annahme, für die in Frage stehende Tätigkeit den generativen Anteil des Hodens heranzuziehen. Aber auch dann bleiben noch zahlreiche Rätsel, von welchen wir nur erwähnen wollen: die geringe Zahl von 7 Fällen von 26 Operierten, über welche Lichtenstern Auskunft erteilt, der zum Teil recht späte Eintritt der Besserung und die Ungewißheit über die Dauer dieser.

Immerhin ist — dies soll nicht geleugnet werden — die Arbeit Lichtensterns eine sehr verdienstliche, der erste Schritt auf einer Bahn, die noch zu weiteren bedeutungsvollen Ergebnissen führen mag [1]).

---

[1]) Von sonstigen günstigen Erfahrungen mit der Steinachschen Operation bei Menschen wollen wir hier nur erwähnen, daß Levy-Lenz und Schmidt in vier Fällen überraschend schnelle Verjüngung erzielten, doch ist über die Dauer des Erfolges nichts bekannt.

Andererseits können wir nicht unterlassen, auf eine Mitteilung Mendels zu verweisen, nach welcher bei einem 61jährigen Manne wegen Senium praecox nach Versagen aller anderen Mittel die Steinachsche Operation ausgeführt wurde. Im Anschluß an den Eingriff traten bei dem Patienten schwere psychische Störungen auf, welche seine Überführung in eine Anstalt nötig machten, in welcher er alsbald starb.

VIII.

Die sexuelle Abstinenz beim Manne.

Wenn wir den Einfluß der sexuellen Enthaltsamkeit auf das Nervensystem studieren wollen, müssen wir, um schwerwiegende Irrtümer zu vermeiden, auf die Verhältnisse sorgfältig Rücksicht nehmen, unter welchen die Abstinenz statthat. Wir haben nicht bloß Alter, Geschlecht, sexuelle und nervöse Konstitution, äußere Lebensverhältnisse und Lebensweise des Individuums, sondern auch etwa gleichzeitig auf das Nervensystem einwirkende Schädlichkeiten in Betracht zu ziehen. Im folgenden werden wir uns zunächst mit dem Einflusse der Abstinenz bei Männern beschäftigen.

Bevor wir der vorliegenden Frage näher treten, müssen wir feststellen, was wir unter sexueller Abstinenz verstehen. Die Ansichten hierüber gehen zum Teil weit auseinander, und die Zahl der aufgestellten Definitionen ist in neuerer Zeit erheblich angewachsen. Wir müssen auf eine Kritik derselben hier verzichten und uns auf die Erklärung beschränken, daß nach unserer Auffassung unter sexueller Abstinenz die Enthaltung von jeder willkürlichen, auf Befriedigung sexueller Bedürfnisse abzielenden Tätigkeit zu verstehen ist. Sie schließt also die Enthaltung von Masturbation ebensowohl wie von sexuellem Verkehr ein. Die Enthaltung kann zeitlich sowohl, als ihrem Grade nach verschieden sein, und wir müssen daher mehrere Arten sexueller Abstinenz unterscheiden:

a) eine absolute und dauernde oder wenigstens lange Zeit nach der Pubertät fortgesetzte;

b) eine relative, d. i. Enthaltung von einer den sexuellen Bedürfnissen einigermaßen entsprechenden sexuellen Betätigung;

c) eine temporäre, d. i. kürzere oder längere Zeit (Monate und Jahre) nach Vorhergang regelmäßigen Geschlechtsverkehrs geübte.

Der relativen Abstinenz können daher auch Fälle mit selten geübter Onanie, sog. Notonanie, zugerechnet werden; dagegen müssen die Fälle, in welchen bei dauerndem Verzicht auf sexuellen Verkehr Masturbation häufig mit oder ohne gesundheitliche Nachteile stattfindet, aus dem Gebiete der Abstinenz ausscheiden.

Wenn man von sexueller Abstinenz bei Männern spricht, darf man vor allem die Tatsache weder außer acht lassen, noch verschleiern, daß die Zahl derjenigen Männer nicht erheblich ist, welche bis in das reife Mannesalter jeden sexuellen Verkehr meiden und dabei auch Selbstüberwindung genug besitzen, um auf abnorme Befriedigung ihrer geschlechtlichen Bedürfnisse zu verzichten. Manche neuere Autoren sind in ihren Ansichten bezüglich des Vorkommens absoluter Abstinenz noch viel pessimistischer. Gyurkovechky erachtet dieselbe für eine solche Seltenheit, „daß darüber gar nicht wert ist, zu sprechen"; die sogenannten Keuschen hält er „mit sehr, sehr geringen Ausnahmen für Onanisten".

Eulenburg[1]) will, soweit akademisch gebildete Männer in Betracht kommen, diejenigen, welche während ihrer ganzen Studienzeit und darüber hinaus (bis zum 30. Jahre) in sexueller Abstinenz verharren, auf kaum 5% veranschlagen, und er glaubt, daß die Erfahrungen bei jungen Kaufleuten, Künstlern, Handwerkern und städtischen Arbeitern nicht für ein günstigeres Prozentverhältnis sprechen.

Rohleder[2]) erklärt eine Totalabstinenz bis in die Mitte der 20er oder in die 30er Jahre für einen unmöglichen Zustand, ja für einen physiologischen Nonsens, hält aber auch die nach seiner Ansicht allein mögliche temporäre Abstinenz für eine recht seltene Erscheinung.

Wenn ich nach meinen Erfahrungen den von den angeführten Autoren vertretenen Pessimismus nicht völlig teilen kann, muß ich zugleich zugeben, daß die Bedeutung, welche man der nicht allzu großen Seltenheit andauernder Enthaltsamkeit[3]) zuschreiben könnte, durch einen Umstand nicht unerheblich herabgedrückt wird. Schon Lallemand sprach sich dahin aus, daß diejenigen, welche in Handlungen und in Gedanken dem Ideale der Keuschheit am meisten sich nähern, deshalb keineswegs als Muster sittlicher Vollkommenheit zu erachten sind. „Eine solche vollkommene Tugend liegt nicht in der menschlichen Natur, oder, um genauer zu sprechen, es ist dies überhaupt keine Tugend; denn in allen diesen Fällen fand kein heftiger Kampf, kein dauerndes Ringen statt; wenn sich etwas dergleichen zeigte, so war die Versuchung so schwach, daß man sich eines Sieges gar nicht hätte rühmen können. Wenn es so leicht ist, sich so lange gut aufzuführen, so ist dies stets ein schlimmes Zeichen für die männliche Potenz."

Lallemand mag die Bedeutung fester Grundsätze und eines energischen Willens für die Beherrschung der sinnlichen Triebe zu gering taxiert haben. Indes erklären auch neuere Autoren (Gyurkovechky, Fürbringer u. a.), daß die Enthaltsamen recht häufig von Hause aus mit abnorm geringem sexuellen Vermögen ausgestattet sind und daß „hier gerne aus der Schwäche eine Tugend gemacht wird". Ich kann dieser Auffassung nach meinen Wahrnehmungen im wesentlichen beipflichten. Für den gesunden, geschlechtlich normal veranlagten, in der Vollkraft des Lebens stehenden Mann machen einerseits die Stärke des Naturtriebes, andererseits die fast überall sich bietende Gelegenheit zu sexuellem Verkehr den Kampf gegen das eigene Fleisch zu einer keineswegs leichten Aufgabe, deren konsequente Durchführung, abgesehen von hygienischer Regelung der Lebensweise, noch besondere geistige Hilfsmittel erheischt. Solche bilden in erster Linie religiöse Motive, in zweiter hygienische Rücksichten (Furcht vor Ansteckung), während rein ethische oder ästhetische Bedenken weit seltener den Ausschlag geben.

Man könnte, um den Einfluß der Abstinenz bei einer größeren Gruppe von Personen festzustellen, zunächst die Gesundheitsverhältnisse des katholischen Klerus in Betracht ziehen. Diese würden für eine nachteilige Einwirkung der Abstinenz auf das Nervensystem im großen und ganzen jedenfalls nicht sprechen. Mir ist von besonderer Häufigkeit nervöser Erkrankungen beim katholischen

[1]) Eulenburg: Die sexuelle Abstinenz und ihre Einwirkung auf die Gesundheit, Referat, erstattet in der 8. Jahresversammlung der D. G. B. G. 1911.

[2]) Rohleder: Diskussion über die Frage der sexuellen Abstinenz in der VIII. Jahresversammlung der D. G. B. G. 1911.

[3]) Ich habe dabei nur Fälle im Auge, in welchen die sexuelle Abstinenz bis in die dreißiger Jahre fortgesetzt wurde.

Klerus nichts bekannt geworden, und namentlich unsere Landgeistlichen erfreuen sich zumeist sehr rüstiger Nerven. Bei den katholischen Geistlichen, die im Laufe der Jahre wegen ihres Nervenzustandes meinen Rat einholten, war mit geringen Ausnahmen kein Anlaß zu der Annahme gegeben, daß die sexuelle Kontinenz als Ursache der vorhandenen nervösen Beschwerden eine Rolle spiele; es fanden sich zumeist genügende andere Veranlassungen. Die exzeptionelle Stellung, welche der katholische Klerus einnimmt, gestattet uns jedoch nicht, das, was bezüglich des Einflusses der sexuellen Abstinenz bei demselben beobachtet wird, ohne weiteres auf andere Kreise zu übertragen. Der katholische Geistliche wird zumeist schon in früher Jugend für seinen künftigen Beruf ausersehen und dementsprechend seine Erziehung und sein Verkehr in einer Weise geleitet, welche der Unterdrückung sexueller Regungen möglichst förderlich ist. Dieses Moment fehlt bei der großen Mehrzahl der in anderen Berufen tätigen und für solche sich vorbereitenden Männer. Das Weib bildet hier nicht physisch und psychisch das absolute Noli me tangere; Erziehung, Verkehr, Lektüre, Beschäftigung bilden keinen Damm gegen die natürliche Entwicklung des Sexualtriebes; ja, wir können nicht leugnen, daß manche Einrichtungen und Erzeugnisse unseres modernen Kulturlebens, deren Einwirkungen sich ein gebildeter junger Mann kaum entziehen kann — Bälle, Theater, Romanliteratur, Kunstwerke usw. — entschieden geeignet sind, schlummernde sinnliche Regungen wachzurufen. Trotz alledem muß ich konstatieren, daß bei gesunden, nicht neuropathisch veranlagten Männern mit normalem Geschlechtstriebe völlige Abstinenz (jedenfalls bis in die 30er Jahre) ohne Schädigung des Nervensystems möglich ist, und daß die Durchführung derselben auch keineswegs immer zu jenen schweren Seelenkämpfen führen muß, die sich in manchen Heiligenlegenden und Erzählungen jüngeren Datums berichtet finden.

Man könnte indes daran denken, daß es sich bei den Individuen, für welche die anhaltende sexuelle Abstinenz keine schwere Bürde bildet, um mangelhafte Entwicklung des Sexualtriebes infolge angeborener Veranlagung handelt. Diese Annahme trifft jedoch nach meinen Erfahrungen nur für einen Teil der betreffenden Männer zu.

Die Individuen mit mangelhaftem Sexualtriebe verhalten sich meist indifferent gegen das weibliche Geschlecht — die ausgesprochenen Weiberfeinde gehören wohl zum größten Teile hierher — und bekunden im Falle der Verheiratung den bei ihnen bestehenden Mangel dadurch, daß sie die eheliche Pflicht nur sehr selten leisten. Unter den Männern meiner Beobachtung, die vor ihrer Verheiratung abstinent lebten, befinden sich jedoch auch solche, die weder vor noch nach der Eheschließung ein für mangelhafte Entwicklung des Sexualtriebs sprechendes Verhalten zeigten und trotzdem die Abstinenz im großen und ganzen ohne erhebliche Beschwerden ertrugen. Es handelt sich dabei um Männer von sehr nüchterner, arbeitsamer Lebensweise, welche durch ihre Berufstätigkeit ganz und gar in Anspruch genommen wurden.

Ziehen wir das Lebensalter in Betracht, so ergibt sich aus meinen Beobachtungen, daß bei Männern unter dem 24. Jahre jedenfalls seltener nennenswerte Belästigungen infolge der Abstinenz erwachsen, als bei solchen im Alter von 25—35 Jahren, den Jahren voller Manneskraft und voller sexueller Leistungsfähigkeit. Auch bei diesen letzteren nehmen, wenn nicht gleichzeitig andere Schädlichkeiten auf das Nervensystem einwirken, die durch die Enthaltsamkeit allein bedingten Störungen nur selten einen Charakter an, der zu ärztlichem Eingreifen Anlaß gibt. Zumeist handelt es sich um vermehrte Pollutionen, lästige

Gefühle im Bereiche der Samenstränge, der Hoden und des Dammes (Samenkoller), Zustände allgemeiner Erregtheit, leichtere gemütliche Depression und insbesondere eine mehr oder minder ausgesprochene sexuelle Hyperästhesie. Der Anblick an sich unverfänglicher Dinge erweckt sinnliche Vorstellungen, und Gedanken sexuellen Inhalts drängen sich in unliebsamer Weise in den Verlauf der Assoziationstätigkeit. Die Neigung zum Abschweifen der Assoziation auf sexuelles Gebiet kann zeitweilig einen Grad erreichen, daß die geistige Arbeit mehr oder weniger erschwert wird. Von in den 30er Jahren stehenden Männern, die in vollständiger oder relativer Abstinenz lebten, vernahm ich mehrfach auch Klagen über zeitweilige kongestive Anwandlungen (Schwere und Völle im Kopfe, leichte Schwindelanfälle), welche Beschwerden sie selbst mit der Nichtbefriedigung ihrer sexuellen Bedürfnisse in Verbindung brachten.

Wichtiger als das Lebensalter sind die konstitutionellen Verhältnisse des Individuums. Wie bereits erwähnt wurde, besitzen wir eine von der Allgemeinkonstitution unabhängige sexuelle Konstitution, deren Elemente in den Einzelfällen weitgehende Unterschiede zeigen.

Bei Prüfung aller in Betracht kommenden Verhältnisse hat sich mir ergeben, daß sich in der Breite des Normalen eine Mehrzahl gegensätzlicher Konstitutionstypen unterscheiden läßt. Diese sind sämtlich in einer Reihe von Abstufungen vertreten, die zu einem die Gegensätze verbindenden Mittelzustande führen. Die angenommenen, der Norm noch angehörenden Konstitutionspaare sind folgende:

a) eine robuste und eine schwächliche Sexualkonstitution;
b) eine erethische und eine torpide;
c) eine libidinöse und eine frigide;
d) eine plethorische und eine anämische [1]).

Bezüglich der Charaktere dieser einzelnen Konstitutionen muß ich auf die angeführte Arbeit verweisen und hier auf die Bemerkung mich beschränken, daß, wie schon aus den Bezeichnungen hervorgeht, für das erste Konstitutionspaar die sexuelle Leistungs- und Widerstandsfähigkeit, für das zweite die sexuelle Erregbarkeit, für das dritte die sexuelle Bedürftigkeit, für das vierte der nutritive Zustand des Sexualapparates bestimmend ist. Es bedarf keiner langen Ausführung, daß diese verschiedenen Konstitutionstypen für die Folgen der sexuellen Abstinenz von großer Bedeutung sind. Die erethische, die libidinöse und die plethorische Konstitution begünstigen entschieden das Auftreten von Gesundheitsstörungen bei Abstinenten; sie schließen also gewissermaßen eine Disposition zu solchen in sich. Bei der torpiden, frigiden und anämischen Konstitution ist das Gegenteil der Fall, insbesondere gilt dies für die beiden ersteren.

Etwas schwieriger ist die Beurteilung des Einflusses der robusten und der schwächlichen Sexualkonstitution. Daß erstere das Ertragen der Abstinenz nicht leicht macht, mag ohne weiteres zugegeben werden; ob sie aber zum Entstehen von Abstinenzkrankheiten disponiert, muß vorerst dahingestellt bleiben. Bei schwächlicher Sexualkonstitution läßt sich über die Folgen der Abstinenz nur das eine mit Sicherheit annehmen, daß lange fortgesetzte absolute geschlechtliche Enthaltsamkeit ungünstig auf das sexuelle Vermögen wirkt.

---

[1]) Neben den Abstufungen der angeführten Konstitutionen existieren auch Kombinationen derselben, z. B. eine robust-libidinöse, erethisch-libidinöse, schwächlich-anämische, frigid-anämische Konstitution.

Bei dieser Konstitution ist die Übung der sexuellen Funktionen von einer gewissen Altersperiode wenigstens an nötig, wenn die sexuelle Leistungsfähigkeit nicht allzuweit herabsinken soll.

Von Wichtigkeit ist nun die Frage, wie es sich mit der derzeitigen Verbreitung dieser Konstitutionsformen verhält.

In dieser Beziehung muß zunächst bemerkt werden, daß die einzelnen Konstitutionsformen bei beiden Geschlechtern nicht gleichmäßig vertreten sind.

Bei Männern der gebildeten Klassen, auf die allein meine Erfahrungen sich beziehen, ist gegenwärtig die erethische Konstitution reichlich vertreten, auch die libidinöse und die schwächliche Konstitution finden sich ziemlich häufig, die frigide und torpide dagegen seltener. Das gleiche gilt für die ausgesprochen anämische und plethorische sowie die robuste Konstitutionsform.

Wir haben es also bei den Männern der erwähnten Klassen mit einem Überwiegen der ungünstigen, d. i. die Entstehung von Gesundheitsstörungen im Gefolge der Abstinenz begünstigenden Konstitutionsformen zu tun, was auch mit den Erfahrungen Freuds übereinstimmt, der sich dahin aussprach, „daß die Mehrzahl der unsere Gesellschaft zusammensetzenden Personen der Aufgabe der Abstinenz konstitutionell nicht gewachsen ist". Daß dieses Überwiegen der ungünstigen Konstitutionen lediglich auf angeborener Veranlagung der betreffenden Individuen beruht, läßt sich nicht behaupten. In einem erheblichen Teile der Fälle handelt es sich allem Anschein nach um Folgen sog. Jugendsünden.

Von ähnlicher Bedeutung wie die sexuelle ist die nervöse Konstitution für die gesundheitlichen Folgen der Abstinenz. Eine gute nervöse Konstitution erleichtert zweifellos das Ertragen der Abstinenz, während die neuropathische Disposition im allgemeinen wenigstens eher von gegenteiliger Wirkung ist. Damit soll jedoch nicht gesagt sein, daß bei neuropathisch Disponierten die Abstinenz zu ungünstigeren gesundheitlichen Folgen führen muß, als bei Individuen mit normalem Nervenzustande. Es erklärt sich dies daraus, daß die Beziehungen der neuropathischen Disposition zu den verschiedenen Sexualkonstitutionen bei beiden Geschlechtern sehr wechselnder Natur sind. Die fragliche Disposition kann sich ebensowohl mit Formen der Sexualkonstitution verknüpfen, welche die Entstehung von Abstinenzkrankheiten begünstigen, als mit solchen von gegenteiligem Einflusse. Letzterem Verhalten begegnen wir insbesondere bei Frauen, ersterem bei Männern. Bei diesen ist die neuropathische Disposition zumeist mit erethischer, schwächlicher oder libidinöser Konstitution vergesellschaftet, namentlich den beiden ersteren.

Neben den im vorstehenden angeführten Momenten, Lebensalter und Konstitution, sind für den Einfluß der sexuellen Abstinenz auf den Gesundheitszustand auch die Lebensverhältnisse des Individuums von erheblicher Bedeutung. Alle Umstände, welche geeignet sind, die Libido zu erhöhen und die Widerstandsfähigkeit des Nervensystems herabzusetzen, erschweren das Ertragen der Abstinenz und begünstigen das Auftreten ausgesprochen krankhafter Folgezustände derselben, unter welchen die Neurasthenie die Hauptrolle spielt. Als solche Momente müssen hier erwähnt werden: Üppige Ernährung bei mehr sitzender Lebensweise, wodurch der Blutzufluß zu den Genitalien und den unteren Rückenpartien vermehrt wird, reichlicher Alkoholgenuß, habituelle Obstipation, Mangel regelmäßiger Beschäftigung, Lektüre von Romanen mit sinnlich erregenden Schilderungen und anderen pornographischen Literaturerzeugnissen, Besuche von Tingel-Tangel-Vorstellungen mit den bekannten, auf Sinnlichkeit berechneten Darbietungen, anhaltender intimer Verkehr mit Angehörigen des anderen Geschlechts, wie ihn z. B. längere Verlobungszeit bedingt, endlich ganz besonders die direkte sinnliche Erregung ohne Befriedigung (frustrane Erregung) [1]).

Andererseits sind verschiedene Umstände geeignet, die durch die Abstinenz bedingten Belästigungen erheblich zu beschränken und selbst ganz zu beseitigen: Meidung sinnlich erregenden Umganges jeder Art, schlüpfriger Lektüre und derartiger Schaustellungen, frugale Ernährung, sehr mäßiger Genuß und noch besser gänzliche Enthaltung von geistigen Getränken, körperliche Abhärtung und reichliche Bewegung, ganz besonders aber die volle geistige Hingabe an die Anforderungen und Interessen eines Berufes. Zwei französische Autoren, Grimand de Caux und Martin St. Ange glaubten, speziell mathematische Studien als ein wirksames Mittel zur Unterdrückung übermäßigen sexuellen Dranges empfehlen zu dürfen. Den gleichen Dienst leisten jedoch im allgemeinen jede intensive und andauernde, das Interesse voll in Anspruch nehmende geistige Beschäftigung und noch mehr regelmäßige, anstrengende körperliche Übungen.

Es läßt sich eben nicht verkennen, daß das Gesetz der Akkommodation an gegebene Anforderungen für das Sexualsystem wie für andere Körperorgane gilt. Die Funktionsfähigkeit der Nervenzentren, Muskeln und Drüsen wird durch ein gewisses Maß von Inanspruchnahme günstig beeinflußt. So wird auch durch einen mäßigen geschlechtlichen Verkehr die Tätigkeit der samenbereitenden Organe angeregt, die sexuelle Leistungsfähigkeit unterhalten und gefördert, hiermit aber auch das Bedürfnis geschlechtlichen Verkehrs gesteigert; andererseits wirkt anhaltende Abstinenz im Laufe der Zeit jedenfalls auf die Spermaproduktion (trotz zeitweiligen Auftretens häufigerer Pollutionen), wahrscheinlich auch auf die Produktion der libidogenen Stoffe und hiermit auf das sexuelle Verlangen, die Libido, beschränkend, soferne nicht geschlechtlich erregende Momente gleichzeitig einen Einfluß in entgegengesetzter Richtung äußern. Deshalb kann es nicht befremden, daß bei jüngeren Männern, welche nach längerer Übung regelmäßigen Geschlechtsverkehres aus irgendwelchen Gründen zu gänzlicher Enthaltsamkeit für längere Zeit genötigt sind, in der ersten Zeit der Entbehrung etwas erheblichere Molesten sich einstellen als bei solchen, die im Zustande anhaltender Abstinenz leben. Indes nehmen diese Belästigungen bei völlig gesunden Männern und zweckmäßiger Einrichtung der Lebensweise gewöhnlich keinen ernsteren Charakter an; sie reduzieren sich vielmehr allmählich auf das Niveau der Vorkommnisse bei anhaltender Abstinenz; die Akkommodation an die neuen Verhältnisse kann sogar schließlich, wie eine Beobachtung von Gyurkovechky [2]) zeigt, zu einer Verringerung der Potenz führen.

Im vorstehenden habe ich im wesentlichen meine eigenen Erfahrungen berücksichtigt. Die populären Ansichten über die Vor- und Nachteile des Verzichtes auf geschlechtlichen Verkehr gehen auseinander.

Im Altertum schrieben sowohl Hellenen als Römer der sexuellen Abstinenz der Jünglinge einen entschieden günstigen Einfluß auf die körperliche Entwicklung und Leistungsfähigkeit zu. Sehr bemerkenswert ist in dieser Beziehung das Zwiegespräch, welches Aristophanes in seinem Lustspiele „Die Wolken" den Ge-

---

[1]) v. Krafft-Ebing fand unter 114 Fällen von Neurasthenia sexualis 13mal frustrane Erregung als Ursache.

[2]) Gyurkovechky erwähnt, daß die österreichischen Offiziere, welche den bosnischen Feldzug mitgemacht hatten und nach ihrer Rückkehr infolge der langen Entbehrung sexueller Genüsse sich zu besonderen geschlechtlichen Leistungen befähigt glaubten, in dieser Hinsicht eine große Enttäuschung erlebten; ihre Potenz erwies sich entschieden verringert und erholte sich erst allmählich.

rechten mit dem Ungerechten führen läßt. Der Gerechte schildert hier den in einfacher Lebensweise erzogenen, in sexueller Abstinenz lebenden Jüngling als Muster von Kraft und Gesundheit, den Unkeuschen dagegen als Schwächling mit bleichsüchtiger Farbe, schwindsüchtiger Brust und mit großem Membrum. Im alten Rom wurde die sexuelle Abstinenz als ein Erfordernis der athletischen Ausbildung betrachtet; „abstinuit vino venereque", berichtet Horaz vom Wagenkämpfer. Die alten Germanen legten nach den Schilderungen, die uns Tacitus geliefert hat, Gewicht darauf, daß die jungen Leute erst spät zum Liebesgenusse gelangten. Tacitus bringt die inexhausta pubertas seiner germanischen Zeitgenossen mit dieser sera juvenum Venus in Zusammenhang. Diejenigen, welche die geschlechtliche Abstinenz in hygienischer Beziehung schlechterdings für eine Schädlichkeit erachten — und deren Zahl ist gegenwärtig noch eine sehr große — berufen sich gerne auf die bekannten Worte Luthers, mit welchen dieser das Bekämpfen des Naturtriebes als Unnatur bezeichnet, oder die Äußerungen Buddhas über den Geschlechtstrieb. Allein auch die Anschauungen, denen man in den Kreisen der Ärzte und Hygieniker über den gesundheitlichen Einfluß der sexuellen Abstinenz huldigt, sind zum Teil noch sehr widersprechend; auf der einen Seite wird andauernde Enthaltsamkeit unter allen Umständen als gesundheitsschädlich, auf der anderen Seite unter allen Umständen als das für den unverheirateten Mann moralisch und hygienisch Zuträglichste bezeichnet. Die Fülle der Publikationen, welche in den letzten Jahren sich mit der sanitären Bedeutung der sexuellen Abstinenz beschäftigten, hat diese Meinungsverschiedenheiten nicht beseitigt oder abgeschwächt, sondern vielfach in voller Schärfe zutage treten lassen. Es ist dies eine Folge des Umstandes, daß Gegner wie Verfechter der Abstinenz sich nicht von einem gewissen Übereifer frei zu halten wußten, der sie an einer streng objektiven Würdigung der vorliegenden Tatsachen verhinderte.

Von älteren Ärzten, welche die unbedingte Schädlichkeit der Abstinenz vertreten, ist hier insbesondere Lallemand zu nennen. „Eine absolute Keuschheit", bemerkt dieser Autor, „ist früher oder später selbst jenen schädlich, die sie mit Leichtigkeit ertragen." Spermatorrhöe und Impotenz bilden nach Lallemand die gewöhnliche und notwendige Folge der Enthaltsamkeit; bei Personen mit sehr energischen Zeugungsorganen soll bei zu langer Andauer absoluter Enthaltsamkeit früher oder später der Organismus in eine allgemeine Aufregung geraten, „die sich auf das Gehirn fortsetzend bis zum erotischen Wahnsinne gehen kann". Von Autoren der Neuzeit stellt Gyurkovechky die Kontinenz hinsichtlich ihrer schädlichen Wirkungen auf eine Stufe mit den sexuellen Exzessen. Hammond spricht von Fällen, in welchen die Abstinenz, in abnormer Weise durch religiöse Gesetze oder durch Aberglauben veranlaßt, im Laufe der Zeit zu dauernder Impotenz führt. Nach v. Schrenk-Notzing kann erzwungene Abstinenz die Willensfreiheit gefährden und zu Satyriasis und Perversitäten des geschlechtlichen Handelns führen. Freud wies auf die sexuelle Abstinenz, insbesondere bei erheblicher Libido, als eine Ursache der neurotischen Angstzustände hin; dieser Auffassung ist Gattel auf Grund einer Anzahl von Beobachtungen in dem v. Krafft-Ebingschen Ambulatorium beigetreten.

In den letzten Dezennien haben sich die Mitteilungen über Gesundheitsstörungen als Folgen sexueller Abstinenz in einer Weise gehäuft, daß wir hier nur die beachtenswertesten berücksichtigen können.

Vor allem kommen hier die Erfahrungen Erbs in Betracht. Der Autor betont, daß die sexuelle Kontinenz je nach Entwicklung des Sexualtriebes sehr verschiedene Wirkungen äußert. Während die sogenannte Naturae frigidae dieselbe außerordentlich leicht und ohne alle üblen Folgen ertragen, können gesunde Männer mit regem Geschlechtstriebe nach seiner Erfahrung durch die Enthaltsamkeit geschädigt, jedenfalls sehr belästigt und in ihrer psychischen Leistungsfähigkeit, Arbeitslust und Stimmung entschieden beschränkt werden. „Zweifellos aber gilt dies in höherem Grade für neuropathisch belastete Individuen, deren Zahl ja außerordentlich groß ist; dieselben sind häufig von Hause aus mit einem besonders regen Geschlechtstrieb ausgestattet und leiden durch dessen unbefriedigte Anforderungen durch Pollutionen, Zwangsonanie, Störung der Nachtruhe und der Arbeitsfähigkeit, auch durch die Entwicklung der verschiedenen Formen „sexueller Neurasthenie" in hohem Maße."

Jastrowitz erwähnt, daß nach seinen Erfahrungen sowohl in der Jugend wie in der mannbaren Periode durch erzwungene Enthaltsamkeit leichtere und schwerere Verstimmungen entstehen, die bei Veranlagung Lebensüberdruß erzeugen können. Der Autor, welcher sich Erbs Ansichten völlig anschließt, weist auch auf die in früheren Zeiten berüchtigte Premierleutnants- und Assessorenmelancholie und Hypochondrie hin, die sich bei den Betreffenden erst mit der Gründung eines eigenen Hausstandes und regelmäßiger Befriedigung ihrer geschlechtlichen Bedürfnisse verloren.

Rohleder[1]), welcher, wie wir sahen, nur eine Abstinentia sexualis partialis oder temporalis für möglich und auch diese für selten hält, erklärt nach längeren Auseinandersetzungen, daß sie zwar Ursache verschiedener Störungen werden kann, daß diese aber nur vorübergehender Natur, wenn auch zuweilen länger anhaltend sind. Es handelt sich „hauptsächlich um allgemeine neurasthenische Beschwerden der verschiedensten Art, insbesondere sexualneurasthenische, die bis zu Tagespollutionen, Ejaculationes praecoces, selbst bis zu satyriatischen, bei Frauen bis zu Hysterie, Hysteroepilepsie und nymphomanischen Erscheinungen führen können". Organische Veränderungen im Bereiche des Sexualapparates (Orchitis usw.), über welche von einzelnen Autoren berichtet wurde, hat Rohleder als Folgeerscheinung der Abstinenz nie beobachtet.

Ein recht trübes, man könnte fast sagen gruseliges Bild von den gesundheitlichen Folgen der Abstinenz entwirft Stekel: „Da gibt es Schlaflose, die sich unruhig, schweißbedeckt auf ihrem Pfühl wälzen und aus schrecklichen Angstträumen mit Herzklopfen erwachen; da gibt es Willensschwache, Zerstreute, zu jeder Arbeit Unfähige; da gibt es welche, die den Weg zum Weibe verloren haben, und die in ewigem Schrecken vor den Schergen des Gesetzes leben; endlich die Unglücklichsten aller Unglücklichen, die infolge der Enthaltsamkeit zur Liebe unfähig geworden sind. Nicht zu vergessen die Autoerotisten, die auf Mann und Weib verzichten können, ja verzichten müssen, weil sie sich selber je nach Bedarf Mann und Weib sind. Und endlich die wenigen Glücklichen, denen es gelungen ist, den Geschlechtstrieb zu sublimieren und ihn in Interesse für Kunst, Sport, Politik und in Sammelwut umzuwerten. Endlich die weltfremden Träumer, denen aus der Askese die Wollust erwächst, denen „Versagen" soviel wie „Gewähren" bedeutet.

Sie sind fast alle aus Angst vor den Geschlechtskrankheiten zu geistigen Krüppeln geworden."

„Gesundheit", schließt der Autor, „als Folge der Abstinenz ist leider nur die Ausnahme. Die Regel ist die Neurose [2])."

---

[1]) Rohleder: Die Abstinentia sexualis. Zeitschr. f. Sexualwissenschaft. 1908. S. 654. (Wörtlich zitiert.)

[2]) Stekel: Keuschheit und Gesundheit. S. 21.

Eulenburg, welcher früher in der Frage der Abstinenzkrankheiten einen sehr skeptischen (fast negierenden) Standpunkt einnahm, hat in seinem in der VIII. Jahresversammlung der Deutschen Gesellschaft zur Bekämpfung der Geschlechtskrankheiten erstatteten Referate sich bemüht, auf Grund seiner reichen Erfahrung eine kritische Übersicht über die sanitären Folgen der sexuellen Abstinenz für beide Geschlechter zu geben. Der Autor ist dabei zu Folgerungen gelangt, welche von seinen früheren Anschauungen wesentlich abweichen. Er ist der Ansicht, daß von der Jugend bis zum 24. Jahre sexuelle Abstinenz im allgemeinen ohne nachteilige Folgen ertragen werden kann und daher auch als ihrem Interesse entsprechend gefordert werden darf [1]). Den Gegnern und Verfechtern der Abstinenz gegenüber hält er die Einhaltung einer mittleren Richtung für geboten. „Es ist von vornherein anzunehmen", bemerkt er, „und wird auch durch die ärztliche Erfahrung — bei beiden Geschlechtern — ausreichend bestätigt, daß längere oder gar lebenslängliche sexuelle Abstinenz für den einen verhältnismäßig leicht, für den anderen, wenn überhaupt, jedenfalls nur außerordentlich schwer, unter recht harten Kämpfen und Akten der Selbstüberwindung und vielfach nicht ohne eingreifende Schädigung der gesamten Persönlichkeit durchführbar ist."

Bezüglich der Folgezustände zu lange fortgesetzter Abstinenz erwähnt Eulenburg, daß Impotenz nicht völlig auszuschließen sei, es sich aber nur um temporäre oder relative Impotenz handeln kann, die jedoch recht hartnäckig sein mag. Speziell weist er darauf hin, daß Männer, die bis in die 30er Jahre und darüber aus religiösen oder moralischen Gründen der Abstinenz huldigten und durch asketisches Leben die sinnlichen Begierden abzutöten sich bemühten, im Falle der Verheiratung sich nicht selten als impotent erwiesen. Mit Hodenatrophie hat dieses Unvermögen nichts zu tun. Bei bisexuell Veranlagten mag andauernder Verzicht auf heterosexuellen Verkehr der homosexuellen Neigung das Übergewicht verleihen (häufiger bei Frauen als bei Männern). Auch die Weiterentwicklung präformierter abnormer, insbesondere fetischistischer Neigungen kann durch die Abstinenz (nach Eulenburgs Erfahrungen) gefördert werden. Zu den schwersten und wichtigsten Folgeerscheinungen derselben gehört die Ausbildung psychoneurotischer Zustände in den verschiedenen Formen der Neurasthenie, Hypochondrie, Hysterie, besonders der Angst- und Zwangsneurose, und derartige Folgezustände sind nach Eulenburgs eigenen Beobachtungen keineswegs selten.

Am eingehendsten haben sich in neuerer Zeit mit den der sexuellen Abstinenz zuzuschreibenden Gesundheitsschädigungen zwei Autoren beschäftigt: Nyström und Max Marcuse. Die Angaben dieser Autoren, wenn auch in einzelnen Punkten voneinander abweichend, stimmen in der Hauptsache überein und gehen in mehrfacher Hinsicht über das hinaus, was von der großen Mehrzahl der Ärzte, welche das Vorkommen von Abstinenzkrankheiten anerkennen, angenommen wird. Nach der Ansicht der beiden genannten Beobachter bilden Erkrankungen infolge sexueller Abstinenz ein sehr häufiges Vorkommnis, das von keiner Prädisposition irgendwelcher Art abhängt. Nicht nur Psychosen und Neurosen, Perversionen, Impotenz mit oder ohne Hodenatrophie, Spermatorrhöe und gehäufte Pollutionen, sondern auch organische Erkrankungen des Geschlechtsapparates [Orchitis,

---

[1]) Die von verschiedenen Seiten (auch in dem Merkblatte der D. G. B. G.) aufgestellte Behauptung von der Unschädlichkeit der sexuellen Abstinenz ist nach dem Autor auf gesunde, nicht pathologisch veranlagte oder bereits nervös erkrankte Individuen und das Lebensalter bis zur vollen Entwicklung einzuschränken.

Epididymitis, Prostatitis bei Männern [1])] und Obstipation sollen der Abstinenz zur Last fallen. Besonders kommt aber der Umstand in Betracht, daß die beiden Autoren die Onanie lediglich als eine Folge der Abstinenz auffassen und alle Gesundheitsschädigungen, welche durch sie herbeigeführt werden, der Abstinenz zuschreiben, wodurch begreiflicherweise das Schuldkonto dieser wesentlich vermehrt wird.

Diese Auffassung der Onanie ist, wie wir hier vorgreifend bemerken müssen, entschieden irrtümlich. Es mag genügen, wenn wir an dieser Stelle auf folgende Umstände hinweisen:

a) Die Masturbation wird häufig in einem Alter bereits begonnen, in welchem sexuelle Bedürfnisse noch nicht bestehen, von einer Abstinenz daher keine Rede sein kann.

b) In einem Teile der betreffenden Fälle wird sie in exzessiver Weise auch nach der Pubertät fortgesetzt und die Abstinenz, soweit solche besteht, ist dann vielfach die Folge, nicht die Ursache der Selbstbefriedigung, sofern durch diese Impotenz herbeigeführt und dadurch sexueller Verkehr unmöglich wird.

c) Bei erheblicher Libido wird häufig auch nach Einleitung des Geschlechtsverkehrs (selbst bei häufiger Übung desselben) die Masturbation fortgesetzt [2]).

d) Endlich kommt in Betracht, daß nicht nur vor den 20er Jahren, sondern auch nach diesen ein Aufgeben der Masturbation ohne Ersatz durch Geschlechtsverkehr möglich ist.

Marcuse und Nyström sind nicht diejenigen, welche der sexuellen Abstinenz die schlimmsten Folgen zuschrieben. Von anderer Seite (H. L. Eisenstadt) wurden mit der Abstinenz die Basedowsche Krankheit, Krebs und Tuberkulose in Verbindung gebracht, Annahmen, auf die näher einzugehen, sich nicht verlohnt [3]).

Der Eifer, mit welchem Stekel, Nyström und Marcuse für die gesundheitlichen Gefahren der sexuellen Abstinenz eintraten, hat auf die Anschauungen der ärztlichen Kreise, soweit es bisher ersichtlich ist, nicht mehr Einfluß ausgeübt als seinerzeit die Ausführungen Lallemands. Diese hielten eine Reihe hervorragender englischer Ärzte, E. Miller, Acton, Beale, Paget, Cowers, nicht ab, mit Entschiedenheit zu bestreiten, daß der sexuellen Enthaltsamkeit irgendwelche gesundheitsschädliche Folgen zukommen und sie als das für den Unverheirateten aus hygienischen wie moralischen Gründen allein Empfehlenswerte hinzustellen.

Die gleiche Auffassung vertrat der schwedische Arzt Seved Ribbing (Professor an der Universität Lund) in seiner Schrift über die sexuelle Hygiene, welche in Deutschland viel Verbreitung fand, und mit größter Entschiedenheit die medizinische Fakultät der Universität Christiania in einem 1888 erstatteten Gutachten [4]).

Zu einer ähnlichen, wenn auch nicht so prononcierten Auffassung bekannten sich von deutschen Autoren Hegar und Fürbringer (früher auch Eulenburg).

---

[1]) Über das Vorkommen der hier angeführten Affektionen als Folgen der Abstinenz wird auch von anderen Ärzten (Pearce Gould, Rutgers, Waelsch u. a.) berichtet. Marcuse hält das Auftreten schmerzhafter Schwellungen von Hoden- und Samensträngen bei Abstinenten für ein sehr häufiges Vorkommnis, ebenso deren Verschwinden nach dem Aufgeben der Abstinenz. Die Natur dieser Anschwellungen (entzündlich oder nicht) will er dahingestellt sein lassen.

[2]) Es kommt dies aber auch bei nicht sehr erheblicher Libido und selbst noch in der Ehe vor. Ich habe Ehemänner kennen gelernt, welche die Masturbation der Kohabitation mit der Gattin vorzogen, obwohl ihnen diese nicht unsympathisch war.

[3]) H. L. Eisenstadt: Verhandlungen der VIII. Jahresversammlung der D. G. B. G. 1911.

[4]) „Wir kennen", heißt es in dem Schriftstück, „keinen Fall von Krankheit oder Kränklichkeit, von dem man sagen könnte, er sei durch ein reines, sittliches Leben verursacht worden."

Besonders bemerkenswert und bezeichnend für die Auffassung eines nicht geringen Teiles der ärztlichen Kreise in Deutschland ist die in dem Merkblatte der D. G. B. G. enthaltene, später abgeänderte Erklärung: „Enthaltsamkeit im geschlechtlichen Verkehr [1]) ist nach dem übereinstimmenden Urteil der Ärzte im Gegensatz zu einem viel verbreiteten Vorurteil in der Regel nicht gesundheitsschädlich."

Diese Auffassung fand in den folgenden Jahren immer wieder Vertreter: Neuberger und J. Meyer 1903, Sternthal 1906, von der Steinen und Fürstenheim 1907, Neumann 1910 und dürfte auch gegenwärtig in ärztlichen Kreisen noch manche Anhänger besitzen.

Neben den im vorstehenden angeführten zwei Gruppen von Autoren, denjenigen, welche der sexuellen Abstinenz mehr oder weniger zahlreiche gesundheitsschädigende Wirkungen zuschreiben, und denjenigen, welche derartige Wirkungen in Abrede stellen, haben wir noch die Auffassung einer dritten Gruppe von Ärzten in Rechnung zu ziehen. Es sind dies jene, welche zwar das Vorkommen von Gesundheitsstörungen als Folge der Abstinenz nicht ganz und gar leugnen, aber bezüglich der Art und Häufigkeit solcher Störungen sich einer unseres Erachtens zu weit gehenden Skepsis hingeben (Touton [2]), Trömner und insbesondere Naecke).

Daneben kommt in Betracht, daß, wie aus dem im vorstehenden Mitgeteilten bereits ersichtlich ist, auch jene Autoren, welche die Bedeutung der sexuellen Abstinenz als Krankheitsursache durchaus nicht zu unterschätzen geneigt sind, in ihren Angaben über die einzeln von ihnen beobachteten oder überhaupt vorkommenden Abstinenzleiden erheblich voneinander abweichen. Übereinstimmung besteht nur, soweit nervöse und psychische Leiden in Betracht kommen, bezüglich der Neurasthenie, speziell der sexuellen Neurasthenie, und der neurotischen Angstzustände als Folgen der Abstinenz, ferner über das zeitweilige Auftreten gehäufter Pollutionen und gewisser lokaler Beschwerden im Bereiche der Sexualorgane. Dagegen sind die Ansichten über einen kausalen Zusammenhang der sexuellen Abstinenz mit Psychosen, Perversionen, Impotenz und Spermatorrhöe, sowie organische Erkrankungen im Bereiche des Sexualapparates, wie wir sehen werden, sehr geteilt. Wir können hier darauf verzichten, auf die Ansichten jener näher einzugehen, welche jede Gesundheitsschädigung durch sexuelle Abstinenz in Abrede stellen. Diese Behauptungen beruhen lediglich auf Mangel eigener Erfahrungen und Literaturunkenntnis, und die gute Absicht, die ihnen zugrunde liegen mag, kann ihnen keine wissenschaftliche Bedeutung verleihen. Dagegen können wir uns der Aufgabe nicht entziehen, im folgenden zuzusehen, für welche Art von Leiden die Möglichkeit eines ursächlichen Zusammenhanges mit sexueller Abstinenz nach unseren eigenen Erfahrungen und dem derzeitigen Stande der Literatur anzunehmen ist.

---

[1]) Enthaltsamkeit im geschlechtlichen Verkehr ist hier wahrscheinlich als gleichbedeutend mit Enthaltung vom geschlechtlichen Verkehr angenommen. Die ärztlichen Leiter der D. G. B. G. kamen wohl zu der Einsicht, daß die in dem Merkblatt vertretene Auffassung der Abstinenzfrage nicht aufrecht zu erhalten sei und setzten dieses Thema daher auf die Tagesordnung der Dresdener Versammlung im Jahre 1911.

[2]) So verlangt Touton (Verhandlungen der VIII. Jahresversammlung der D. G. B. G. in Dresden) u. a. für den Nachweis einer Abstinenzkrankheit bei Mangel von Impotenz die Diagnose ex juvantibus, d. h. den Nachweis der Heilung durch sexuellen Verkehr. Diese Forderung ist den Verhältnissen der Praxis gegenüber ganz und gar unhaltbar, da in vielen Fällen von Abstinenzleiden, namentlich beim weiblichen Geschlechte, sexueller Verkehr (temporär oder dauernd) so gut wie ausgeschlossen ist.

Zunächst soll hier über einige Fälle eigener Beobachtung in Kürze berichtet werden.

Beobachtung.

Der Fall betrifft einen Ordensfrater, einen jungen Mann von 26 Jahren, dessen Gebaren im Laufe der Zeit so auffallend geworden war, daß seine Ordensvorgesetzten sich veranlaßt sahen, mir denselben behufs ärztlicher Untersuchung zuführen zu lassen. Der Patient, in dessen Gesichtszügen sich ein gewisser Stupor ausprägte und der anfänglich sich sehr verschlossen und wortkarg zeigte, berichtete auf längeres eindringliches Befragen folgendes: Er ist von bäuerlicher Herkunft und schon sehr jung (mit 18 oder 19 Jahren) ganz aus freiem Antriebe, lediglich einer religiösen Neigung folgend, in das Kloster eingetreten, woselbst er vorzugsweise mit Gartenarbeit beschäftigt wurde. Er hat nie sexuellen Verkehr gepflogen, nie Masturbation geübt. In den ersten Jahren seines klösterlichen Lebens war sein körperliches Befinden und sein Gemütszustand ganz befriedigend. Seit längerer Zeit drängen sich jedoch in seine Gedankenwelt fortwährend und zwar stetig zunehmend sexuell-sinnliche Vorstellungen, die er als sündhaft erachtet und nach Kräften, aber vergebens, zurückzudrängen sich bemüht. Dieses unaufhörliche Ringen, die sich regenden sinnlichen Begehren zu unterdrücken, und die Seelenqualen, welche das stetig sich erneuernde Vordrängen der sündhaften Gedanken und die vermeintliche Schädigung seines Seelenheiles durch dieselben ihm bereiten, haben allmählich seinen Nervenzustand hochgradig alteriert und tiefe gemütliche Depression bei ihm herbeigeführt. Er erschrickt und zittert bei dem geringfügigsten Anlasse, ist zur Arbeit fast unbrauchbar und menschenscheu geworden und meidet sogar den Verkehr mit seinen Ordensbrüdern soweit als möglich. Der Schlaf ist mangelhaft, er kann nur auf einem sehr harten Lager sich der ihn quälenden sinnlichen Vorstellungen einigermaßen erwehren; der Anblick eines weiblichen Wesens versetzt ihn in die höchste Aufregung. Dabei bestehen keine übermäßigen Pollutionen. Dieser krankhafte Zustand entwickelte sich trotz notgedrungen sehr frugaler Lebensweise und reichlicher Beschäftigung im Freien. Ererbte Anlage zu Geisteskrankheiten ist bei dem Patienten nicht erweislich; doch ist derselbe wahrscheinlich von Hause aus nervenschwach. Da es sich um einen Laienbruder handelte, dem die Rückkehr in das weltliche Leben freistand, konnte ich bei dieser Sachlage mich nur dahin aussprechen, daß der Patient infolge seiner Konstitution sich zur Fortsetzung des klösterlichen Lebens nicht eigne; dem jungen Manne selbst erteilte ich den Rat, nach seinem Austritte aus dem Kloster eine Verheiratung anzustreben.

Beobachtung.

Herr L., 30 Jahre alt, ledig, im subalternen Staatsdienst. Die Mutter des Patienten war melancholisch, starb 74 Jahre alt; der Vater noch lebend und angeblich gesund; 3 Geschwister, von welchen eine Schwester melancholisch. Im Alter von 13 Jahren eine Kopfverletzung durch einen herabfallenden Stein mit folgender Bewußtlosigkeit; seitdem Schmerzen an der betreffenden Kopfstelle (rechtes Seitenwandbein). Vor 8 Jahren, während der Militärdienstzeit, luetische Infektion. Masturbation früher viel geübt, jedoch seit mehreren Jahren bereits gänzlich aufgegeben. Vor 2 Jahren Versetzung auf das Land. Seitdem trotz bedeutender Libido völlige sexuelle Abstinenz, teils wegen mangelnder Gelegenheit, teils wegen religiöser Skrupel. Die dienstlichen Verhältnisse nötigen den Patienten außerdem zu vielem Alleinsein. Unter dem Einflusse dieser Momente entwickelten sich bei ihm allmählich hochgradige nervöse Reizbarkeit und gemütliche Depression mit Angstzuständen, namentlich beim Alleinsein, Kopfschmerzen, Schlafstörung, sexuelle Zwangsvorstellungen, zu welchen sich nachts bei mangelndem Schlafe öfters erotische Halluzinationen gesellen. *Patient sieht eine nackte Frauengestalt vor sich oder neben sich im Bette*, wodurch seine Aufregung erheblich gesteigert wird. Unter anstaltlicher Behandlung erfolgte allmählich Besserung.

Beobachtung.

Herr I. M., Privatier, 43 Jahre alt, seit 19 Jahren verheiratet, Vater von 2 Kindern, ist erblich mütterlicherseits belastet (Mutter epileptisch). In den Kinderjahren Croup, Scharlach und andere Kinderkrankheiten, später keine schwere Erkrankung, auch keine Infektion, dagegen Masturbation bis zum 18. Jahre. Seit 4 Jahren leidet Patient an nervösen Beschwerden, deren Auftreten er auf geistige Überanstrengung und gemütliche Erregungen zurückführt: Kreuzschmerzen, Gefühl von Rieseln über den ganzen Körper, Ameisenkriechen an verschiedenen Stellen, große Empfindlichkeit für Geräusche usw. In neuerer Zeit macht sich oft ein *Gefühl bemerklich, als ob aus der Mündung der Harnröhre Käfer herauskröchen*, oder als wenn die Mündung der Harnröhre sich schließen und wieder öffnen würde. Dieses Gefühl tritt namentlich gern auf, wenn sich Patient in Gesellschaft befindet. Öfters stellt sich auch ein Gefühl ein, als ob das Glied immer kleiner und kleiner würde und sich ganz in den Bauch zurückziehen wollte, während tatsächlich an dem Gliede nichts Besonderes zu bemerken war. Patient gerät in Aufregung, wenn er nackte weibliche Figuren (Zeichnungen, Gips oder dgl.) sieht; dabei zuckt es durch den Penis, und es tritt mitunter eine geringe schleimige Absonderung auf. Auch förmliche Tagespollutionen sind schon aufgetreten, nächtliche Pollutionen stellen sich alle 3—4 Tage ein.

Patient hat seit 10 Jahren auf jeden geschlechtlichen Verkehr verzichtet und zwar aus Schonung für seine Frau, welche bei dem letzten Kinde eine schwere Entbindung hatte. Diese Abstinenz fällt ihm gegenwärtig angeblich nicht mehr schwer, während sie anfänglich für ihn eine sehr harte Aufgabe bildete.

Beobachtung.

34jähriger Volksschullehrer vom Lande, ledig (erblich belastet). Hat bisher nach seiner Versicherung weder sexuellen Verkehr, noch Masturbation aus religiösen Gründen geübt. Seit einer Anzahl von Jahren leidet er an zunehmender sexueller Erregtheit, die sich anfänglich nur in der Schule älteren Schülerinnen gegenüber zeigte, in neuerer Zeit jedoch auch außerhalb der Schule beim Verkehr mit jüngeren weiblichen Personen jeder Art in so lästiger Weise sich geltend macht, daß Patient diesen Verkehr möglichst meidet, weil er sich nicht mehr die nötige Selbstbeherrschung zutraut. Allmählich stellten sich unter der Einwirkung dieser sexuellen Hyperästhesie gemütliche Verstimmung, Angstzustände, Schlafmangel, andauernde Kopfeingenommenheit ein, und diese Beschwerden haben in letzter Zeit so zugenommen, daß Patient um Urlaub nachsuchen mußte. Pollutionen nicht abnorm häufig (etwa alle 14 Tage). Dem Patienten wurde zunächst ein Gebirgsaufenthalt und später Verheiratung empfohlen.

Beobachtung.

50jähriger Beamter, ledig, erblich belastet; zeigte schon in den Knabenjahren Hang zu sexuellen Phantasien und ergab sich vom 11. oder 12. bis zum 17. Lebensjahre der Masturbation. Er entsagte dem Laster, nachdem er an nervösen Magenbeschwerden erkrankt und von dem Arzte auf das Schädliche seiner Gepflogenheit aufmerksam gemacht worden war. In der Folge stellten sich öfters zerebrasthenische Beschwerden ein, welche ihn jedoch nicht hinderten, seine Studien zu vollenden und später als Beamter seinen Obliegenheiten zu genügen. Sexuellen Verkehr übte er nur selten aus Furcht vor Ansteckung und seit 6 Jahren lebt er in völliger Abstinenz. Seit fast 3 Jahren wird Patient durch sinnliche Vorstellungen belästigt, welche sich in seine Gedanken eindrängen; seine Phantasie malt sich sexuelle Vorgänge, z. B. frühere Beischlafsakte, aus, und er ist unfähig, sich von diesen Vorstellungen, deren Schädlichkeit er völlig einsieht, loszureißen; seit mehreren Monaten haben die sexuellen Zwangsgedanken so zugenommen, daß ihm das Arbeiten hochgradig erschwert ist und sein ganzes Befinden darunter gelitten hat. Der Kopf ist beständig eingenommen, und diese Eingenommenheit steigert sich bei geistigen Anstrengungen zu ausgesprochenen Kopfschmerzen, die von kongestiven Erscheinungen (Hitzegefühlen im Kopf, Schwindel usw.) begleitet sind. Pollutionen treten nur alle 4—6 Wochen auf und bewirken gewöhnlich für kurze Zeit ein Nachlassen des sexuellen Zwangsdenkens. Nach geistigen und körperlichen Anstrengungen öfters Verschleierung des Gesichtes, der Gemütszustand wechselnd, gewisse Zwangsbefürchtungen, insbesondere Nosophobien (Angst vor Schlaganfällen, vor dem Irrsinnigwerden, Herzleiden, auch Furcht vor Unglücksfällen) machen sich sehr häufig geltend. Der Schlaf ist nur dann leidlich, wenn Patient stundenlang vor dem Zubettgehen geistige Anstrengung und Unterhaltung meidet. Bromgebrauch und später Behandlung in einer Wasserheilanstalt brachte Besserung.

Was zunächst die Psychosen betrifft, so hat v. Krafft-Ebing[1]) darauf hingewiesen, daß bei den Belasteten mit krankhaft gesteigertem Sexualtrieb erzwungene Abstinenz ernste Gefahren bezüglich der Entstehung von Nerven- und Geisteskrankheiten herbeiführen und durchaus antihygienisch sein kann. Nach diesem Autor kann hier als Folge der Unterdrückung des mächtigen Triebes ein allgemeiner nervöser Erregungszustand entstehen, aus dem sich bei längerer Andauer schwere Neurosen, Satyriasis (bei Frauen Nymphomanie), unter Um-

---

[1]) „Über Neurosen und Psychosen durch Abstinenz". Jahrbücher f. Psychiatrie. 8. Bd. 1889. S. 1.

ständen selbst Psychosen entwickeln [1]). Das Material für derartige Beobachtungen ist indes, wie v. Krafft-Ebing zugibt, ein sehr beschränktes, da in dem Kampfe zwischen Sinnlichkeit und Vernunft die erstere in der Regel Siegerin bleibt und der Geschlechtstrieb alle Schranken der Sitte durchbricht oder wenigstens durch Masturbation befriedigt wird.

Auch Forel [2]), der im übrigen geneigt ist, dem Gutachten der Christianiaer medizinischen Fakultät beizupflichten, erklärt auf Grund seiner Erfahrungen, daß gewisse psychopathische und sexuell übererregbare Individuen durch erzwungene Abstinenz zeitweilig in einen nervösen und psychischen Reizzustand geraten können, der sie geistes- oder nervenkrank macht. Forel hat dies nicht nur bei Männern, sondern auch bei Frauen beobachtet. In neuerer Zeit ist jedoch die große Mehrzahl der Psychiater wenig geneigt, der sexuellen Abstinenz in der Ätiologie der Psychosen einen Platz einzuräumen. Kräpelin, Cramer und Hoche verneinten auf eine Anfrage Jacobsohns das Vorkommen reiner Abstinenzpsychosen. Am entschiedensten hat Naecke sich gegen die Annahme gewendet, daß der sexuellen Abstinenz eine ursächliche Bedeutung für die Entstehung von Psychosen zukomme. „Psychosen", bemerkt er kurz und bündig, „als Folgen von sexueller Abstinenz sind auszuschließen. Kaum als Mitursache dürfte sie hier vorkommen [3])." In der Tat geben die von mehreren neueren Autoren (so von Rutgers und Nyström) mitgeteilten Fälle von Psychosen, welche durch Abstinens herbeigeführt worden sein sollen, zu gewichtigen Einwänden Anlaß [4]), allein deshalb darf man doch nicht das Kind mit dem Bade ausschütten. Wenn auch die Erfahrungen in den Irrenanstalten nicht für einen ursächlichen Zusammenhang von Psychosen mit geschlechtlicher Enthaltsamkeit sprechen, so ist dies noch kein Beweis dafür, daß ein solcher Nexus überhaupt nicht vorkommt. Die in Betracht kommenden Fälle mögen von einer Art sein, daß sie der Behandlung in einer geschlossenen Anstalt nicht bedürfen. So verhielt es sich z. B. in unserer Beobachtung 1. Daß es sich bei dem betreffenden Patienten nicht lediglich um Neurasthenie, sondern Melancholie handelte, und die Abstinenz bei der Entstehung dieser eine ursächliche Rolle spielte, kann nicht ernsthaft bezweifelt werden. Erhebliche gemütliche Depression als Folge der durch lange dauernde Abstinenz verursachten Belästigungen habe ich mehrfach bei jüngeren Männern beobachtet, welche durch äußere Umstände (z. B. Übernahme einer Stellung auf dem Lande) genötigt waren, auf den früher geübten sexuellen Verkehr zu verzichten.

Es liegt aber auch keinerlei Berechtigung vor, die Beobachtungen anderer Autoren, welche der geschlechtlichen Enthaltsamkeit eine Bedeutung in der

---

[1]) An anderer Stelle (Psychopathia sexualis. 9. Aufl. S. 49) bemerkt der Autor: „Die Gewalt des Sexualtriebes kann bei ihnen (den Belasteten mit krankhaft gesteigertem Sexualtriebe) zeitweise geradezu die Bedeutung einer organischen Nötigung gewinnen und die Willensfreiheit ernstlich gefährden. Die Nichtbefriedigung des Dranges kann hier eine wahre Brunst oder eine mit Angstempfindungen einhergehende psychische Situation herbeiführen, in welcher das Individuum dem Triebe erliegt und seine Zurechnungsfähigkeit zweifelhaft wird.

Unterliegt das Individuum nicht seinem mächtigen Drang, so steht es in Gefahr, durch die erzwungene Abstinenz sein Nervensystem im Sinne einer Neurasthenie zu ruinieren oder eine bereits vorhandene bedenklich zu steigern."

[2]) Forel: Die sexuelle Frage.

[3]) Naecke: Zur Frage der sexuellen Abstinenz. Deutsche med. Wochenschr. Nr. 43. 1911.

[4]) Es sei hier nur auf einen von Nyström unter dem Titel: „Erotische Delirien, Geisteskrankheit" (Sexualleben und Gesundheit, S. 201) mitgeteilten Fall hingewiesen. Es handelt sich wahrscheinlich um einen Fall von Dementia praecox, an deren Verursachung die Abstinenz selbstverständlich keinen Anteil hatte. Sie konnte lediglich in symptomatischer Hinsicht einen Einfluß äußern.

Ätiologie der Psychosen zuerkennen, in Bausch und Bogen als der Beweiskraft ermangelnd zu erklären. Der oben angeführte Ausspruch Naeckes kann daher nicht als genügend begründet erachtet werden, nur das mag zugegeben werden, daß Psychosen infolge sexueller Abstinenz jedenfalls sehr seltene Vorkommnisse bilden, und daß es sich dabei, wenn nicht ausschließlich, so doch vorzugsweise um Melancholie handelt.

Die Skepsis, welche gegenwärtig noch in den Kreisen der Psychiater und Neurologen bezüglich der Abstinenzleiden herrscht, die Neigung zur Überschätzung der gesundheitlichen Gefahren der Abstinenz andererseits, welche in den letzten Jahren bei einzelnen Autoren zutage trat, legen uns die Verpflichtung auf, die Ätiologie der Fälle, in welchen die Abstinenz eine Rolle spielt, soweit als möglich nach allen Seiten klarzustellen und zu zeigen, in welcher Weise der Verzicht auf sexuellen Verkehr eine pathogene Bedeutung gewinnen kann.

Meine Erfahrungen lehren, daß Abstinenz, auch wenn sie über die Mitte der 20er Jahre hinaus fortgesetzt wird, keineswegs immer oder auch nur sehr häufig zu ausgesprochener Erkrankung führt.

Es ist zwar nicht in Abrede zu stellen, daß für gesunde jüngere Männer mit reger Libido die Abstinenz allgemach sich zu einer schweren Bürde gestalten kann. Doch handelt es sich dabei überwiegend um Störungen, welche durch hygienische Maßnahmen beseitigt oder wenigstens sehr reduziert werden können.

Das Auftreten ausgesprochener Abstinenzerkrankungen ist von gewissen Bedingungen abhängig: Dem Vorhandensein einer ungünstigen Sexualkonstitution, die auch bei im übrigen gesunden Individuen vorkommen und an sich eine gewisse Disposition zu dem fraglichen Leiden bilden mag, oder einer Kombination einer solchen Sexualkonstitution mit angeborener oder erworbener neuropsychopathischer Disposition. Der letztere Fall ist der weitaus häufigere, was auch den Erfahrungen Erbs und Eulenburgs entspricht[1]).

Man könnte zunächst daran denken, daß die Intensität und Ausdehnung der nervösen und psychischen Folgen der Abstinenz von der Stärke des Sexualtriebes abhängt. In der Tat werden ja auch die schwersten Störungen in jenen Fällen beobachtet, in welchen in Verbindung mit neuro-psychopathischer Veranlagung exzessive (krankhaft gesteigerte) Entwicklung des Sexualtriebes besteht. Die Intensität der vorhandenen Libido kann jedoch die Stärke und Art der in den einzelnen Fällen unter dem Einflusse der Abstinenz auftretenden Störungen nicht genügend erklären. Wir haben es hier, wenn wir von den Angstzuständen zunächst absehen, mit einer etwas komplizierten Ätiologie zu tun, bei der verschiedene nervenschädigende Momente eine Rolle spielen. Zunächst ist zu betonen, daß eine Autointoxikation durch Anhäufung libidogener Stoffe im Blute bei den nervenschädigenden Wirkungen der Abstinenz nicht jene Rolle spielt, die man a priori vermuten möchte. Die Erregungen, welche die libidogene Substanz in den Zentralorganen auslöst, können, wenn keine Ausgleichung durch sexuelle Akte stattfindet, unter günstigen Verhältnissen auf die Bahnen geistiger oder körperlicher Tätigkeit übergeleitet und dergestalt verarbeitet werden. In dieser Weise kann die Erregung der Libido sich sogar nützlich erweisen, indem sie die

1) Die Bedeutung der nervösen Konstitution wird auch von Naecke und Trömner hervorgehoben. Ersterer Autor bemerkt, daß bei dauernder Abstinenz der eventuelle Schaden besonders vom Alter und der nervösen Konstitution abhängt. Trömner geht noch etwas weiter, indem er erklärt: „Ja, ich möchte anscheinend pathologische Abstinenzerkrankungen geradezu als Hinweis auf neuropathische Konstitution ansehen.“ Verhandlungen der VIII. Jahresversammlung der D. G. B. G. in Dresden.

Energie und Tatkraft des Individuums anfacht und unterhält. Auf der anderen Seite liegt es nahe, daß ein Übermaß von libidinöser Erregung, welches einer vollständigen Verarbeitung in neutralen Bahnen nicht zugänglich ist, Schaden verursacht. In der großen Mehrzahl der Fälle wirkt jedoch die Libido bei anhaltender Abstinenz, wenn wir von den Angstzuständen absehen, nicht direkt schädigend, sondern indirekt. Es geschieht dies dadurch, daß sie zu erschöpfenden geistigen Anstrengungen, welche durch die auf Überwindung der Sinnlichkeit gerichteten Kämpfe veranlaßt sind, und damit zusammenhängenden depressiven Erregungen führt. Es handelt sich hier also um intellektuelle und emotionelle Erschöpfung des Gehirns, seltener um spinale Folgezustände [1]). Je widerstandsfähiger das Nervensystem an sich ist und je mehr die Aufmerksamkeit des Individuums durch berufliche (geistige oder körperliche) Tätigkeit in Anspruch genommen wird, um so leichter wird die Abstinenz im allgemeinen ertragen. Der Entstehungsmechanismus der unter dem Einflusse der Abstinenz sich entwickelnden nervösen und psychischen Störungen ist indes in manchen Fällen komplizierter, als im vorstehenden angedeutet wurde. Hierher gehören vor allem die Fälle, in welchen die Abstinenz bei erheblicher Libido nach schweren inneren Kämpfen immer wieder zu exzessiver Onanie führt, wobei sich zu der physisch-nervösen Schädigung die psychisch-moralische durch gewaltsame geistige Ablenkungsversuche, Vorwürfe, Scham usw. gesellt.

Eine besondere Berücksichtigung erheischt hier noch die Beziehung der sexuellen Abstinenz zu den neurotischen Angstzuständen (den Angstzuständen bei Neurasthenie, Hysterie, Angstneurose in dem von mir angenommenen Sinne). Schon Beard führt unter den Ursachen der krankhaften Furcht bei Neurasthenischen neben sexuellen Exzessen langdauernde, qualvolle Enthaltsamkeit mit sexueller Erregung beim männlichen Geschlechte an. Freud hat ebenfalls, wie wir sahen, auf die Abstinenz als eine Ursache neurotischer Angstzustände (seiner Angstneurose) hingewiesen, und seiner Auffassung haben sich im Laufe der Jahre außer Gattel und seinen Schülern zahlreiche Neurologen angeschlossen. Auch unter den mit Angstzuständen Behafteten meiner Beobachtung sind Abstinente in erheblicher Zahl vertreten. Selbstverständlich darf man aus dem Zusammentreffen von sexueller Abstinenz mit Angstzuständen nicht ohne weiteres auf einen ursächlichen Zusammenhang schließen. Eine skrupulöse Prüfung meiner Beobachtungen läßt jedoch keinen Zweifel, daß der Abstinenz eine ätiologische Rolle den Angstzuständen gegenüber, und zwar bei beiden Geschlechtern, tatsächlich zufällt. Unter den von mir behandelten Leidenden mit Angstzuständen befindet sich eine Anzahl, bei welchen, abgesehen von neuropathischer Konstitution, keine weitere Ursache der Angstzustände als sexuelle Abstinenz zu ermitteln war. Es seien zum Belege hier nur einige Fälle angeführt.

Beobachtung.

Herr R., 32 Jahre alt, ledig, Kaufmann, mit angeborener neuropathischer Veranlagung (von Jugend auf etwas schwächlich, nervös und ängstlich) wurde vor etwa 4 Jahren dahier auf einem größeren freien Platze plötzlich von Schwindel (Angst) befallen; in der Folge wiederholten sich diese Angstzustände sowohl hier als beim Aufenthalte in anderen größeren Städten, insbesondere beim Überschreiten von freien Plätzen, seltener beim Überschreiten von Straßen.

---

[1]) An diese Stelle hat Nyström die ebenso unmotivierte als törichte Bemerkung geknüpft: „Als ob es ein Trost für die Patienten oder ein Argument für die Verteidiger der Enthaltsamkeit wäre, daß sie nur indirekt schädlich ist.“ Es bedarf keines weiteren Beweises, daß es sich für mich lediglich um Feststellung von Tatsächlichem, nicht um einen Trost oder dergleichen handelte.

In der Folge traten auch Kopfschmerzen öfters ein, diese haben sich jedoch seit einiger Zeit wieder verloren. Seit längerer Zeit stellten sich Angstzustände auch auswärts beim Übernachten in Hotels, ferner beim Besuche von Theatern, Konzerten, beim Aufenthalt in Restaurants usw. ein. Häufig werden die Angstzustände durch ein Frostgefühl eingeleitet, welches sich über den ganzen Körper ausbreitet und mit Zittern in den Beinen verknüpft ist. Dieses Angstgefühl mit Zittern befällt den Patienten seit mehreren Monaten auch schon, wenn derselbe sich in gewisse Situationen begeben (z. B. in das Theater gehen, einen wichtigen Besuch machen oder eine Geschäftsreise antreten) will. Patient versichert, nie Masturbation getrieben, auch nie geschlechtlichen Verkehr geübt zu haben, und diese Angaben werden auch von nahestehender Seite bestätigt. Die Abstinenz verursacht keine Beschwerden. Von Pollutionen wurde Patient in früherer Zeit ziemlich häufig heimgesucht; seit mehreren Jahren bereits sind dieselben viel seltener geworden.

Beobachtung.

Herr X., 42 Jahre alt, ledig, Privatgelehrter, erblich belastet (die Mutter in einer Irrenanstalt gestorben), war nie erheblich krank und hat sich nie geistig überanstrengt. Seit einer Reihe von Jahren wird er von Angstzuständen heimgesucht, wenn er irgend etwas öffentlich, z. B. in einer Vereinsversammlung, zu tun hat, was früher nicht der Fall war. Die Angst bezieht sich nicht auf die Möglichkeit einer Blamage, sondern den Eintritt irgend eines körperlichen Unwohlseins. Im Theater, Konzert usw. kann er es nicht aushalten, wenn er nicht einen Platz in der Nähe der Türe findet. Auch auf der Straße machen sich mitunter Angstanwandlungen bemerklich, doch gelingt es gewöhnlich dem Patienten, dieselben durch seinen Willen zu überwinden. Patient hat vorzugsweise aus religiösen Motiven überhaupt nur wenig sexuellen Umgang gepflogen, seit einer Reihe von Jahren lebt er völlig abstinent; dabei mangelt es nicht an Libido. Pollutionen, früher häufig, sind seit Jahren bereits selten geworden.

Beobachtung.

Herr X., 24 Jahre alt, Medizinstudierender, erblich belastet (der Vater Sonderling, die Mutter nervös) hat Diphtherie und Typhus vor Jahren durchgemacht; Masturbation vom 9.—15. Lebensjahre häufig und auch noch später geübt. Vor 7 Jahren Gedächtnisschwäche, Zittern in den Händen bei Aufregungen, Schlafmangel. Der Zustand besserte sich, Patient konnte unbehindert seine Studien fortsetzen, er hat vor kurzem sein Tentamen physicum bestanden. Gegenwärtig glaubt er, daß seine geistige Arbeitskraft vermindert sei; er kann jedoch studieren, ohne dabei rasch zu ermüden, auch das Gedächtnis erweist sich gut. Was ihn besonders belästigt, ist Angst in Gesellschaft von Menschen; diese Angst bezieht sich darauf, daß er glaubt, einen ungünstigen Eindruck zu machen, sich zu blamieren usw.; es ist ihm daher sehr peinlich, beobachtet zu werden. Auch Nosophobien (speziell Angst vor Paralyse) suchen ihn zeitweilig heim. Sexuellen Verkehr hat Patient seit mehr als 2 Jahren aufgegeben, obwohl es nicht an Libido fehlt. Pollutionen waren noch vor 1 Jahre häufig, in letzterer Zeit etwa nur alle 2 Monate einmal.

Beobachtung.

Herr X., cand. med., 25 Jahre alt, ohne erweisliche erbliche Belastung. Als Kind nur Masern. Masturbation mit 12 oder 13 Jahren begonnen, ziemlich häufig, später seltener geübt, doch noch nicht ganz aufgegeben. Sexueller Verkehr negiert. Seit etwa einem Jahre leidet Patient an Angstzuständen, insbesondere Topophobien, Angst im Theater, in Restaurants, beim Besuche der Klinik usw. Seit $1^1/_2$ Jahren ist er verlobt, und der Verkehr mit der Braut führte häufig zu sexuellen Erregungen. Masturbation übt Patient nur in mehrwöchentlichen Zwischenräumen. Daneben mangelt es nicht ganz an Pollutionen, doch treten solche nur alle 2—3 Monate auf.

Der Patient des angeführten Falles hat durch die früh und in erheblichem Maße geübte Masturbation seine nervöse Konstitution geschädigt. Die Einschränkung der Masturbation bei andauernder sexueller Abstinenz führte jedoch noch nicht zu Angstzuständen. Solche traten erst nach seiner Verlobung auf und zwar, wie er selbst annahm, infolge der durch den Bräutigamsstand herbeigeführten Steigerung seiner Libido, der gegenüber die selten geübte Masturbation und die noch selteneren Pollutionen ohne wesentlichen Einfluß blieben.

Beobachtung.

Der hier folgende Fall ist deshalb von Interesse, weil aus demselben sich ergibt, daß unter Umständen Abstinenz von kurzer Dauer das Auftreten von Angstzuständen begünstigt. Der

Fall betrifft einen 46jährigen Lehrer vom Lande, welcher wenigstens seit 15 Jahren schon an neurasthenischen (zum Teil zerebrasthenischen, zum Teil myelasthenischen, doch vorherrschend myelasthenischen) Beschwerden litt, dabei jedoch nie von Angstzuständen oder Erscheinungen, die man als Äquivalente solcher hätte betrachten können, heimgesucht wurde. Der Patient gebrauchte vor einigen Jahren — nicht auf mein Anraten — längere Zeit eine Kur in Wörishofen, wobei er, da seine Frau zu Hause blieb, auf den gewohnten ehelichen Verkehr verzichten mußte. Die Güsse und andere ihm verordnete Prozeduren bekamen ihm vom Anfange an nicht gut, was ihn jedoch nicht abhielt, die Kur fortzusetzen, da er immer in der Erwartung lebte, daß doch noch ein günstiger Umschwung eintreten müsse. Das Endresultat war, daß die neurasthenischen Beschwerden, wegen welcher er Wörishofen aufgesucht hatte, schlimmer als früher waren; zu denselben hatten sich jedoch schon während des dortigen Aufenthaltes noch schwere Angstzustände gesellt, die auch zu Hause, zumal sich der Patient wegen seines verschlimmerten Zustandes anfänglich sehr große Beschränkung im ehelichen Verkehre auferlegte, sich nicht sofort, sondern erst nach einiger Zeit wieder verloren.

Beobachtung.

Frau X., Professorswitwe, 37 Jahre alt, erblich belastet (war schon als Kind nervös), seit 7 Jahren verwitwet, kinderlos, lebt mit ihrer Mutter in sehr ruhigen, angenehmen Verhältnissen. Patientin hat keine ernstere Erkrankung durchgemacht. Seit mehreren Jahren wird sie von Angstzuständen, vergesellschaftet mit einem Gefühle, als ob sie wanken, umfallen würde, beim Gehen auf der Straße heimgesucht; die Angst tritt meist schon beim Verlassen des Hauses ein; sie stellt sich aber auch beim Besuche des Theaters, der Kirche usw., mitunter auch in der Wohnung beim Alleinsein ein. Die Patientin leidet ferner häufig an Herzklopfen, womit sich gewöhnlich eine gewisse Erregung (Angst) verknüpft.

Objektiv: Abgesehen von mäßiger Struma nichts.

Beobachtung.

Frau D., Kaufmannswitwe, 42 Jahre, Mutter von 3 Kindern, erblich in geringem Maße belastet, jedoch von sehr ruhigem Temperamente, seit $1^1/_2$ Jahren verwitwet. Patientin war nie ernstlich krank. Seit etwa $^1/_2$ Jahre leidet sie an Angstzuständen mit Globus ascendens (früher Derartiges nie vorhanden). Die Angstzustände treten insbesondere in der Zeit vor und nach den Menses, die ganz regelmäßig sich verhalten, seltener in der Zwischenzeit auf. Patientin hat seit dem Ableben ihres Mannes nicht unerheblich an Gewicht zugenommen (etwa 10 Pfund).

Beobachtung.

Der Fall betrifft eine Mitte der 30er Jahre stehende unverheiratete Dame von geringer neuropathischer Belastung (Mutter nervös), welche im Laufe von 4 Jahren mehrfach wegen Angst- und Verstimmungszuständen in meine Behandlung kam. Der Fall war längere Zeit ätiologisch unklar, soferne außer gelegentlichem Abusus spirituosorum sich nichts Bestimmtes eruieren ließ und eine sexuelle Noxe nur zu vermuten, aber nicht nachzuweisen war. Erst im Verlaufe der letzten Krankheitsattacke erfuhr ich, daß die Patientin seit einer Anzahl von Jahren intime Beziehungen zu einem Herrn unterhielt, der mehrfach für Monate zu verreisen genötigt war. Der Beginn der Krankheitsperioden fiel immer in diese Zeiten sexueller Abstinenz, die der Patientin nach ihrem eigenen Geständnis durchaus nicht leicht fiel.

Der in Frage stehende ätiologische Einfluß der sexuellen Abstinenz äußert sich nicht nur in den Fällen, in welchen vor dem Verzichte auf geschlechtliche Genüsse kürzere oder längere Zeit sexueller Verkehr gepflogen oder Masturbation in mäßiger Weise geübt wurde, sondern auch bei völligem und andauerndem Verzichte auf geschlechtlichen Verkehr sowohl als auf Befriedigung durch Masturbation (wie in dem angeführten Falle 1). Auch eine erhebliche Beschränkung des sexuellen Verkehrs, welche den vorhandenen sexuellen Bedürfnissen keine Rechnung trägt, erweist sich als ein Umstand, der das Auftreten von Angstzuständen begünstigt. Ich habe mich hiervon in einer Reihe von Fällen überzeugt. Bei den an Angstanfällen leidenden Männern, insbesondere bei verheirateten, stellt sich häufig die Idee ein, daß ihnen sexueller Umgang schaden, oder Enthaltsamkeit in bezug auf ihr Leiden nützen könnte, was sie gewöhnlich zu mehr oder minder weitgehender Einschränkung des Verkehrs veranlaßt. Die erwartete vorteilhafte Wirkung dieser relativen Abstinenz bleibt jedoch in der Regel aus. Unter dem Einflusse derselben nimmt sogar die Intensität und Häufigkeit der Angstzustände oft zu. Bei Frauen ist die relative Abstinenz mitunter eine ganz unfreiwillige; die Folgen sind natürlich die gleichen. Bei mehreren Frauen meiner Beobachtung, welche ältere, sexuell wenig leistungsfähige und bedürftige Männer geheiratet hatten, stellten sich schon in den ersten Jahren der Ehe Angstzustände ein.

Was nun die besonderen Umstände anbelangt, unter welchen die Abstinenz zu Angstzuständen führt, so haben meine Nachforschungen folgendes ergeben: In allen Fällen meiner Beobachtung bestand eine gewisse ererbte oder erworbene neuropathische Veranlagung. Bei den Männern waren, von vereinzelten Ausnahmen abgesehen, nur wenig Pollutionen vorhanden, und in den in Frage stehenden Ausnahmefällen bestanden neben der Abstinenz Verhältnisse, welche das Auftreten der Angstzustände erklärten. So handelte es sich in einem Falle um einen Studierenden, welcher erblich schwer belastet war, schon in der Jugend an Angstzuständen gelitten hatte und durch die Vorbereitung für ein Examen zu bedeutenden geistigen Anstrengungen veranlaßt war. In einer großen Zahl von Fällen waren früher häufigere Pollutionen vorhanden und stellten sich die Angstzustände offenbar erst mit dem Seltenerwerden derselben ein. Meine Erfahrungen stimmen daher bezüglich des Verhaltens der Samenverluste bei den an Angstzuständen leidenden Abstinenten mit denen Freuds in der Hauptsache überein[1]). Was das Verhalten der Libido in den in Betracht kommenden Fällen anbelangt, so war dasselbe kein gleichmäßiges; in manchen Fällen wurde die Abstinenz als entschieden lästig empfunden und bestand wenigstens zeitwillig erhebliche Libido, in anderen war diese nur gering und wurde die Abstinenz ohne jede Beschwerde durchgeführt. Auf die Vorgänge, durch welche die sexuelle Abstinenz zu Angstzuständen den Anstoß gibt, werden wir an späterer Stelle näher eingehen[2]).

Wenn wir nunmehr zur Prüfung der übrigen auf die geschlechtliche Enthaltsamkeit zurückgeführten Leiden übergehen, so ist zunächst zu erwähnen, daß Fürbringer das Auftreten krankhafter Samenverluste infolge sexueller Abstinenz bezweifelte.

Nach Curschmann kommen derartige Fälle zwar vor, aber sehr selten und nur bei Zusammentreffen begünstigender Umstände, vor allem bei allgemeiner konstitutioneller oder akquirierter Nervosität und lebhaftem, durch äußere Eindrücke noch besonders genährtem Geschlechtstriebe. Mehrere neuere Autoren, Porosz, Nyström und Marcuse, bezeichnen dagegen Pollutiones nimiae und Spermatorrhöe als eine häufige Folge der Abstinenz und betonen zugleich den schädigenden Einfluß der vermehrten Pollutionen auf den allgemeinen Nervenzustand. Rohleder andererseits erklärt mit Entschiedenheit, daß Spermatorrhöe (wie auch Impotenz) nie durch geschlechtliche Enthaltsamkeit verursacht wird.

Ich selbst habe von manchen Abstinenten, die der Masturbation zu verdächtigen keinerlei Grund vorlag, wie schon an früherer Stelle angedeutet wurde, Klagen über zeitweiliges häufigeres Auftreten von Pollutionen vernommen. Nur sehr selten erreichten diese aber einen Grad, daß sie zu einer ernstlichen

---

[1]) Wie es scheint, wirkt regelmäßige, jedoch nicht zu häufige Wiederkehr von Pollutionen bei Abstinenten dem Auftreten von Angstzuständen entgegen; dies gilt jedoch nicht für übermäßig häufige (krankhafte) Pollutionen, wie wir später sehen werden.

[2]) In einem Falle meiner Beobachtung bestanden neben Angstzuständen (vor sittlichem Falle) gewisse Zwangstriebe speziell zu sexuellen Handlungen Kindern gegenüber.

Belästigung für den Abstinenten wurden und dessen Nervenzustand in ausgesprochen ungünstiger Weise beeinflußten, wie dies in der folgenden Beobachtung der Fall war.

Beobachtung.

Der Fall betrifft einen Ende der 20er Jahre stehenden, in geringem Grade neuropathisch belasteten Kollegen (die Mutter nervös, eine Schwester derselben längere Zeit melancholisch), welcher während seiner Universitätsstudien in Baccho, resp. Gambrino et Venere ziemlich viel geleistet hatte.

Nachdem Dr. X. das Approbationsexamen bestanden hatte, ließ er sich zunächst als Schiffsarzt engagieren und unternahm als solcher eine Anzahl von Reisen nach südlichen Gegenden. Das Schiffsleben behagte ihm jedoch wenig, weshalb er seine schiffsärztliche Stellung nach einem Jahre aufgab und sich in seiner Heimat an einem kleinen Orte auf dem Lande als praktischer Arzt niederließ. Hier mußte er mit Rücksicht auf seine Stellung auf geschlechtlichen Verkehr verzichten, seine Verhältnisse gestatteten auch noch keine Verheiratung. Unter dem Einflusse dieser erzwungenen Abstinenz, deren Durchführung durch eine erhebliche Libido erschwert wurde, stellten sich zunächst häufigere nächtliche Pollutionen ein, welche mehr und mehr myelasthenische und zerebrasthenische Erscheinungen (Müdigkeit in den Beinen, Rückenschmerzen, Kopfeingenommenheit und Verstimmung) nach sich zogen. Die mit der Praxis verknüpften körperlichen Anstrengungen (weite Wege in gebirgiger Gegend) und gemütliche Erregungen wirkten ebenfalls ungünstig auf den Nervenzustand. Die Pollutionen traten allmählich 3—4 mal in der Woche und schließlich täglich auf. Da hiermit auch die körperliche Leistungsfähigkeit des Patienten erheblich abnahm und seine Stimmung sich mehr und mehr verdüsterte, sah er sich veranlaßt, seinen Posten zu verlassen und in meine Behandlung zu treten. Als Patient in meine Beobachtung kam, war er in den letzten 5 Wochen keine Nacht pollutionsfrei gewesen. Abgesehen von diesem Umstande bezogen sich seine Klagen hauptsächlich auf andauernde Kopfeingenommenheit, Gedächtnisschwäche, geringe körperliche Leistungsfähigkeit, Rückenschmerzen und hypochondrisch-melancholische Verstimmung. Unter der eingeleiteten Behandlung (Kühlsonde, Halbbäder, Elektrizität usw.) setzten die Pollutionen vom 3. Tage an schon für 14 Tage (ohne geschlechtlichen Verkehr) aus. Das Gesamtbefinden besserte sich dementsprechend rasch und Patient konnte nach 2 Monaten seine Praxis wieder aufnehmen [1]).

Daß es im Gefolge andauernder sexueller Abstinenz auch zu Tagespollutionen kommen kann, zeigt unsere Beobachtung 3, welche auch noch in anderer Hinsicht von Interesse ist. Wir sahen, daß in diesem Falle offenbar unter dem Einflusse der Abstinenz neben sexueller Hyperästhesie, häufigen nächtlichen und Tagespollutionen verschiedene Zwangsempfindungen im Bereiche der Genitalien auftraten. Spermatorrhöe, d. h. größere oder geringere Beimengung von Samenbestandteilen im Urin, beobachtete ich mehrfach bei verheirateten Männern in mittleren Jahren, die infolge chronischer Leiden längere Zeit auf den ehelichen Verkehr verzichtet hatten. Es handelte sich dabei immer um unbemerkte Samenverluste. In diesen Fällen wurde die Wirkung der Abstinenz jedenfalls durch eine gewisse konstitutionelle Schwäche, welche die Ductus ejaculatorii nicht unbeeinflußt gelassen haben mochte, verstärkt.

In der nachstehenden Beobachtung begegnen wir der Spermatorrhöe neben sexuellen Reizerscheinungen als Folge der Abstinenz, wobei es jedoch nicht an prädisponierenden Momenten mangelt.

Beobachtung.

Herr X., Fabrikbesitzer, 29 Jahre, ledig, erblich nur wenig belastet (die Mutter nervös), hat außer Kinderkrankheiten keine ernste Erkrankung durchgemacht. Masturbation vom 15.—20. Lebensjahre, doch nur selten. Keine Exzesse in venere. Gonorrhöe vor 8 Jahren, in deren Folge Striktur, welche schon vor mehreren Jahren durch Dehnung beseitigt wurde. Vor 3 Jahren bei einem C. präzipitierte Ejakulation. Seit dieser Zeit Verzicht auf sexuellen Verkehr, da Patient eine Wiederholung der erwähnten Unannehmlichkeit befürchtete, auch keine Be-

[1]) Über die Dauer des erzielten Erfolges kann ich nichts mitteilen, da der Kollege nach seiner Verabschiedung nichts mehr von sich hören ließ.

friedigung durch Masturbation. Unter dem Einflusse der Abstinenz verschlechterte sich sein Nervenzustand; Patient wurde sehr reizbar und schreckhaft, seit längerer Zeit machen sich bei ihm auch unangenehme Sensationen, Gefühle von Ziehen und Spannung in der unteren Bauchgegend und in den Hoden bemerklich. Anfänglich kam es auch zu häufigerem Auftreten von Pollutionen, die sich jedoch allmählich auf ein normales Maß, etwa alle 14 Tage, reduzierten. Patient erwähnt ferner, daß er bei Erektionen Gefühle habe, als ob es zu einer Pollution kommen sollte und früher auch solche einige Male eintraten, und daß in den letzten Jahren sich mitunter Miktionsspermatorrhöe zeigte.

Für das Auftreten letzterer Störung bildete wohl die vorhergegangene gonorrhoische Urethritis ein prädisponierendes Moment.

Im folgenden Falle ist wahrscheinlich nur ein indirekter Zusammenhang der Spermatorrhöe mit der Abstinenz anzunehmen.

Beobachtung.

Es handelt sich um einen 50jährigen Herrn, welcher, nachdem er von seinem 18. Lebensjahre an mehrere Jahre hindurch regelmäßigen geschlechtlichen Verkehr geübt hatte, aus äußeren Gründen denselben während einer langen Reihe von Jahren aufgab und dabei die in der ersten Zeit nicht sehr häufig auftretenden Pollutionen als krankhafte Erscheinungen durch äußerst spärliche Ernährung und Übermaß von Muskelübungen bekämpfen zu müssen glaubte. Als unter diesem unvernünftigen Regime ein neurasthenischer Zustand sich entwickelte und die Pollutionen, statt zu weichen, sich noch vermehrten, bemühte er sich, wenn er nachts, vom Schlafe erwachend, das Nahen oder den Beginn einer Pollution bemerkte, dieselbe mit aller Willensanstrengung zu hemmen [1]). Die Pollutionen verringerten sich erst, als der Patient seine Lebensweise änderte und geschlechtlichen Umgang wieder in regelmäßiger Weise pflog; allein es machte sich dafür eine Spermatorrhöe bemerklich, die in geringem Maße auch noch nach Jahren bestand.

Bezüglich der Einwirkung der Abstinenz auf die geschlechtliche Potenz läßt sich wohl nicht bezweifeln, daß diese durch eine bis in die reiferen Jahre fortgesetzte vollkommene Enthaltsamkeit herabgesetzt werden kann; es ist dies eine einfache Folge des Nichtgebrauches der betreffenden Organe. Ob aber dem Einzelindividuum hierdurch ein erheblicher und dauernder Schaden erwachsen kann, hierüber sind die Ansichten, wie schon früher, noch gegenwärtig geteilt. Während Porosz, Nyström und Marcuse mit Entschiedenheit für das nicht seltene Vorkommen von Impotenz als Folge andauernder sexueller Enthaltsamkeit eintreten, bezweifelte Naecke das Vorkommen derartiger Wirkungen der Abstinenz, und Rohleder hält sie, wie wir sahen, für ganz ausgeschlossen.

Indes hat auch Freud auf die Möglichkeit einer Schädigung der Potenz durch andauernde voreheliche Abstinenz hingewiesen, und Eulenburg, wie wir schon erwähnten, als Folge solcher temporäre oder relative Impotenz beobachtet.

Die zur Zeit vorliegenden Erfahrungen lassen wohl darüber keinen Zweifel, daß durch eine bis in die reiferen Jahre fortgesetzte Kontinenz geschlechtliches Unvermögen herbeigeführt werden kann. Darüber, von welcher Art und Dauer dieses Unvermögen ist, wenn es sich nicht um Onanisten handelt, besteht jedoch noch keine genügende Klarheit [2]). Zumeist dürfte es sich um im wesentlichen psychische Impotenz handeln, d. h. ein durch psychische Hemmungen veranlaßtes Unvermögen, bei welchem die Leistungsfähigkeit der für den Sexualakt in Betracht

---

[1]) Es handelt sich hier um den von Naecke als Pollutio interrupta bezeichneten Vorgang, der von mir in obiger Beobachtung zuerst (schon in der zweiten 1899 erschienenen Auflage dieses Werkes) beschrieben wurde.

[2]) Die Mehrzahl der Fälle, die von einzelnen Autoren, so insbesondere von Nyström, als Beweise für die Verursachung von Impotenz durch sexuelle Abstinenz angeführt werden, ist völlig wertlos, da es sich in denselben um Individuen handelt, deren Potenz durch Masturbation geschädigt resp. aufgehoben war.

kommenden Nervenapparate nur wenig herabgesetzt sein mag. Es liegt ja nahe, daß bei einem Manne, der bis Ende der 20er Jahre und darüber hinaus andauernde Enthaltsamkeit übt und dadurch verhindert wird, sich über den Stand seiner Potenz Gewißheit zu verschaffen, angesichts einer Situation, welche ihm sexuellen Verkehr zur Pflicht macht, Zweifel und Befürchtungen bezüglich seiner Manneskraft auftauchen mögen. Wenn hierzu noch eine gewisse Unbeholfenheit und Unorientiertheit über die Lageverhältnisse der in Betracht kommenden weiblichen Sexualteile sich gesellt, dann ist es nur zu begreiflich, daß der Versuch der Kohabitation zu einem Fiasko führt. Allein derartige Fälle sind nach meiner Erfahrung keineswegs unheilbar. Bei beiderseitiger Geduld und entsprechender ärztlicher Behandlung können die Schwierigkeiten, die sich der Einleitung des Geschlechtsverkehrs anfänglich entgegenstellten, allmählich überwunden werden [1].

Daß infolge lange fortgesetzter Abstinenz allein absolute und dauernde Impotenz entsteht, hierfür liefert meine Erfahrung wenigstens kein Beispiel; doch halte ich eine derartige Folge bei von Hause aus schwächlicher Sexualkonstitution nicht für ganz unmöglich.

In der nicht geringen Zahl von Fällen von Abstinenz mit nervöser (nicht psychisch bedingter) Impotenz, die bisher in meine Beobachtung kamen, war jedoch die Schädigung der geschlechtlichen Funktionen lediglich auf andauernd und exzessiv geübte Masturbation zurückzuführen, nicht auf die Abstinenz; letztere ist die Folge, nicht die Ursache des geschlechtlichen Unvermögens.

Daß auch Abstinenz von relativ kurzer Dauer bei gleichzeitiger Einwirkung ungünstiger, i. e. die Libido steigernder Momente auf die Potenz einen schädigenden Einfluß ausüben kann, zeigt folgende Beobachtung.

Beobachtung.

Ein anfangs der 30er Jahre stehender Offizier, welcher sich immer einer sehr erheblichen Potenz erfreut und von derselben auch ausgiebigen Gebrauch gemacht hatte, verhielt sich infolge einer Liaison, die er mit einem anständigen Mädchen angeknüpft hatte, mehrere Monate abstinent bei gleichzeitiger erheblicher sexueller Erregung. Die Folge war eine so bedeutende Abnahme der Erektionen, daß der Betreffende gänzlichen Verlust seiner Potenz befürchtete und in eine schwere gemütliche Depression verfiel, welche natürlich die sexuelle Schwäche steigerte. Die Potenzstörung verlor sich hier unter geeigneter Behandlung allmählich wieder.

Auf der anderen Seite steht fest, daß selbst in den Jahren vorgeschrittene Männer vollständig sexuelle Karenz sehr lange Zeit ertragen können, ohne dadurch ihrer Potenz verlustig zu gehen. Fürbringer erwähnt, daß ihm Greise von 60—65 Jahren bekannt sind, die, nachdem sie ein Jahrzehnt lang abstinent gelebt, den Koitus in normaler Weise zu leisten vermochten. Ich selbst hatte Gelegenheit, einen Mitte der 50er Jahre stehenden verwitweten Herrn wegen eines hier nicht in Betracht kommenden Zustandes zu untersuchen. Derselbe teilte mir bei Erhebung der Anamnese mit, daß er nach etwa 8jähriger Ehe infolge von Erkrankung

---

[1]) Wie Zweifel und Befürchtungen in bezug auf die Potenz, können auch andere psychische Momente Libido und Erektion unterdrücken und dadurch Impotenz herbeiführen. So verhielt es sich beispielsweise in einem von M. Hirschfeld und E. Burchard (Sexualprobleme 1913, Aprilheft, S. 262) mitgeteilten Falle, in welchem auf Scheidung wegen Impotenz Antrag gestellt worden war. Die hemmenden Vorstellungen waren hier Befürchtungen, es könnten durch den Akt bei der Frau Blutungen und eine Konzeption herbeigeführt werden. Beides sollte vermieden werden. Auf den Patienten wirkte außerdem die starke Sinnlichkeit der Frau abstoßend und dadurch seine Impotenz steigernd. Inwieweit daneben eine durch die Abstinenz bewirkte Schädigung der Potenz vorlag, ist nicht ersichtlich, da Momente, wie die angeführten, auch bei zweifellos intakter Potenz im konkreten Falle zu einem Mißlingen von Kohabitationsversuchen führen können.

seiner Frau, an welcher er mit größter Zärtlichkeit hing, bis zu deren Ableben — 16 Jahre hindurch — weiterem ehelichen Verkehre zu entsagen genötigt war, dabei jedoch aus Rücksicht für seine Frau und moralischen Gründen, obwohl ihm die Abstinenz schwer fiel, auch auf jede anderweitige Entschädigung verzichtet hatte. Trotzdem fand er, als er, Witwer geworden, wieder sexuellen Umgang aufsuchte, seine Potenz wohl erhalten; die Wiederaufnahme des sexuellen Verkehrs erwies sich auch für sein Befinden von entschieden günstigem Einflusse.

Nyström will in Verbindung mit Impotenz Hodenatrophie als Folge der Abstinenz beobachtet haben, hat jedoch keinerlei Beweis dafür erbracht, daß der von ihm als Hodenatrophie bezeichnete Zustand nicht auf andere Ursachen zurückzuführen war. Es kommt hier in Betracht, daß, nach den Untersuchungen Kyrles, Entwicklungshemmungen (hypoplastische Zustände) der Hoden ein sehr häufiges Vorkommnis bilden, diese Organe aber außerdem infolge infektiöser Prozesse (Mumps) der Atrophie verfallen können. Derartige Anomalien mögen sich begreiflicherweise auch bei Sexualabstinenten finden.

Nach Nyström, Porosz u. a. sollen auch entzündliche Prozesse im Bereiche des Sexualapparates (Orchitis, Epididymitis, Prostatitis) durch Abstinenz herbeigeführt werden, eine Annahme, die jedoch vorerst der Begründung ermangelt. Tatsächlich ist bisher nur das Vorkommen von mehr oder weniger schmerzhaften Anschwellungen der Hoden und Samenstränge bei Abstinenz beobachtet worden, und Marcuse will es deshalb dahingestellt sein lassen, ob es sich hierbei um bloße Hyperämien, Entzündungen oder andere pathologische Prozesse handelte. Ich selbst beobachtete Hodenanschwellungen nur in vereinzelten Fällen von Abstinenz und stets nur als ganz vorübergehende Erscheinung, so daß es sich wohl nur um Hyperämie gehandelt haben konnte. Neuralgiforme Schmerzen in den Hoden und Samensträngen traten in einzelnen Fällen meiner Beobachtung schon bei Abstinenz von kurzer Dauer (eine Woche und etwas darüber) auf. Bei einem meiner Patienten bildeten sie eine regelmäßige Erscheinung.

Von manchen Autoren wird die Ansicht vertreten, daß die Abstinenz auch zur Entwicklung einer ausschließlichen und dauernden homosexuellen Triebrichtung, i. e. echten Uringtums führen kann. In besonders eingehender Weise hat sich Marcuse bemüht, diese Ansicht zu stützen: „Kurz", bemerkt er, „es ist sicher, daß auch den von Geburt „Normalsexuellen" die Abstinenz zur Homosexualität treiben und zwar nicht nur Surrogathandlungen bewirken, sondern im Laufe der Zeit diese auch zu „äquivalenten" Handlungen, d. h. den normalsexuellen Trieb in einen konträrsexuellen umwandeln kann."

Es ist nun allerdings nicht zu leugnen — und die in Frage stehende Ansicht stützt sich wesentlich auf diesen Umstand —, daß die erzwungene Entbehrung normalen heterosexuellen Verkehrs, wie er bei Gefängnisinsassen, Internatszöglingen usw. vorliegt, häufig zu sexueller Befriedigung durch perverse, homosexuelle Handlungen führt. Hierbei ist jedoch neben der Abstinenz das ausschließliche Zusammenleben mit Angehörigen des gleichen Geschlechts und unter Umständen auch eine psychische Infektion wirksam und aus der Art der sexuellen Befriedigung noch nicht auf eine völlige und anhaltende Veränderung der Triebrichtung zu schließen. Magnus Hirschfeld, der beste Kenner der Homosexualität in Deutschland, erklärt denn auch mit Nachdruck, daß sich eigentliche Homosexualität infolge von Enthaltsamkeit ebensowenig entwickeln kann, wie infolge von Übersättigung, da sie auf endogen-konstitutionellen Ursachen beruht [1]).

---

[1]) In den von M. Hirschfeld und Iwan Bloch der VIII. Jahresversammlung der D.G.B.G. vorgelegten Thesen wird bemerkt: „13. Die Ansicht Max Marcuses, daß Homosexualität

Und Naecke, gleichfalls ein hervorragender Kenner der Homosexualität, hat sich der Ansicht Hirschfelds völlig angeschlossen. Ich selbst habe keinen Fall gesehen, in welchem die Abstinenz allein bei einem von Haus aus mutmaßlich normal veranlagten Individuum zur Entwicklung homosexueller Triebe oder auch nur einer Pseudohomosexualität (homosexueller Betätigung) führte.

Wir haben uns im vorhergehenden hauptsächlich mit den Folgen länger dauernder Abstinenz beschäftigt. Unter gewissen Umständen kann jedoch auch ein durch äußere Verhältnisse veranlaßter Verzicht auf sexuellen Umgang schon nach kurzer Frist einen ungünstigen Einfluß auf das Befinden äußern. Verschiedenfach habe ich die Wahrnehmung gemacht, daß bei neurasthenischen Männern und zwar nicht lediglich bei mit sexueller Neurasthenie Behafteten zeitweilige Unterbrechung des gewohnten regelmäßigen sexuellen Verkehrs durch Reisen, längeres Unwohlsein der Frau usw., entschieden verschlimmernd auf die vorhandenen Beschwerden wirkte, Steigerung von Rückenschmerzen, Kopfeingenommenheit, Hodenschmerzen (in einzelnen Fällen auch schon nach acht Tagen) nach sich zog. Derartige Fälle sind jedoch nicht sehr häufig und die dabei in Frage stehenden Veränderungen des Befindens in der Regel von vorübergehender Natur.

Die relative Abstinenz kann wie die absolute ohne auffälligen Schaden für die Gesundheit ertragen werden, aber auch ähnliche Gesundheitsstörungen nach sich ziehen wie letztere. Diese Folge stellt sich im allgemeinen um so eher ein, je länger die relative Abstinenz währt und je seltener dabei innerhalb eines gewissen Zeitraumes sexuelle Befriedigung stattfindet.

Überblicken wir das im vorstehenden Dargelegte, so zeigt sich, daß die Gegensätze der Meinungen, welche in dem Streite über die gesundheitlichen Folgen der Abstinenz zutage traten, fast gleich unberechtigt sind. Weder die Verfechter der Abstinenz, nach deren Auffassung das Ertragen derselben ohne gesundheitlichen Nachteil lediglich guten Willen und Konsequenz erheischt, noch deren Gegner, die sich bemühen, die Abstinenz als eine Quelle sehr häufiger und schwerer Leiden, sohin als ein mit gesundheitlichen Gefahren verknüpftes Verhalten darzustellen, berücksichtigen die vorliegenden Erfahrungen in genügender Weise. Diese bestätigen auch hier den Satz: „Si duo faciunt idem, non est idem."

Die Verschiedenheiten der Individualitäten und der Lebensverhältnisse machen die Entbehrung des geschlechtlichen Verkehrs für den einzelnen zu einem Faktor von sehr verschiedener Bedeutung für die geistige und körperliche Gesundheit, weshalb sich über den sanitären Einfluß der Abstinenz kein allgemein gültiger Satz aufstellen läßt.

Die Meinungsverschiedenheiten, welche in der Literatur über die Abstinenzfrage zutage traten, erstrecken sich jedoch auch auf die Mittel, welche bei Eintritt von Gesundheitsstörungen im Gefolge der Abstinenz anzuwenden, resp. zu empfehlen sind. Die Darlegungen der Abstinenzgegener sind vielfach geeignet, den Glauben zu erwecken, daß lediglich von der Einleitung eines regelmäßigen Geschlechtsverkehrs bei Abstinenzleiden ein wirklicher Nutzen zu erwarten sei. Dies entspricht jedoch meinen Erfahrungen und denen anderer Neurologen keineswegs. Es ist allerdings nicht in Abrede zu stellen, daß in Fällen, in welchen die Abstinenz eine schwere Last für das Individuum bedeutet oder zu ausgesprochen

durch sexuelle Enthaltung entstehen könne, ist dahin richtig zu stellen, daß es sich dabei nur um pseudohomosexuelle, der Masturbation gleichwertige Akte, nicht um eigentliche Homosexualität handelt, die sich durch Enthaltung ebensowenig entwickeln kann wie durch Übersättigung."

krankhaften Erscheinungen führt, wenn tunlich, in erster Linie der Kausalindikation zu genügen ist. Wenn die Verhältnisse des Patienten eine Verheiratung gestatten, oder wenigstens in nicht zu ferner Zeit ermöglichen, darf man mit der nachdrücklichen Empfehlung derselben nicht zögern, auch wenn eine solche den Plänen und Wünschen des Patienten nicht entspricht. Es ist dabei keineswegs nötig, daß der Patient über Hals und Kopf eine Ehe eingeht, da wir in der Regel in der Lage sind, seinen Zustand zu erleichtern, bis ihm eine geeignete Wahl möglich ist. Unsere derzeitigen sozialen Verhältnisse ermöglichen jedoch dem weitaus größeren Teile der in Frage stehenden Männer nicht, wenigstens in absehbarer Zeit ihren sexuellen Bedürfnissen auf dem Wege der Verheiratung Rechnung zu tragen. Die Aufgabe, welche uns die Sachlage bei dieser Mehrzahl stellt, erweist sich schwierig und kompliziert, auch wenn man lediglich medizinische Gesichtspunkte als maßgebend erachtet. Die Empfehlung des außerehelichen Geschlechtsverkehrs, die hier nach der Ansicht mancher Autoren allein in Frage kommen kann, rechtfertigt sich vor dem ärztlichen Gewissen durch die Verbesserungen der Schutzmittel gegen Infektion nicht in dem Maße wie vielfach angenommen wird. Keines dieser Präventivmittel gewährt einen absoluten Schutz gegen Ansteckung, insbesondere gegen Syphilis, was bei der heutigen Verbreitung dieser Krankheit sehr ins Gewicht fällt [1]).

Indes, wenn wir auch von diesem Umstande absehen, dürfen wir uns keineswegs dem Glauben hingeben, daß wir uns mit dem Rate, die Fortsetzung der Abstinenz aufzugeben, immer Dank verdienen würden. Bei einem erheblichen Teile der in Abstinenz lebenden Männer wurzeln die moralischen, religiösen oder hygienischen Bedenken gegen den Verkehr mit Prostituierten oder überhaupt jeden außerehelichen Verkehr so tief und fest, daß wir durch die Empfehlung einer sogenannten Beischlafskur keinen Erfolg erzielen, sondern lediglich den Gedanken wachrufen würden, daß es mit unserer Kunst und Moral recht schlimm bestellt sei. Das gleiche gilt natürlich für die nicht seltenen Fälle, in welchen zwar moralische und ähnliche Bedenken keinen Grund für den Verzicht auf außerehelichen Geschlechtsverkehr bilden, dieser aber durch Rücksichten auf die persönliche Stellung des Patienten oder Mangel an Gelegenheit ausgeschlossen ist.

Wenn sich in diesen Fällen auch der Indicatio causalis nicht genügen läßt, so sind wir doch zumeist in der Lage, dem Patienten wesentliche Erleichterung, wenn nicht völlige Befreiung von seinen Beschwerden zu verschaffen. Man darf nur die vorliegende Aufgabe nicht zu leicht nehmen. Neben sorgfältiger die ganze Individualität des Patienten und seine äußeren Verhältnisse bis in die Details berücksichtigender Regulierung der Lebensweise können uns hier die physikalischen, medikamentösen und insbesondere auch die psychotherapeutischen Hilfsmittel, über die wir derzeit verfügen, große Dienste leisten. Hierbei kommt in Betracht, daß die Abstinenzleiden im allgemeinen keine Neigung zu ständiger Progression zeigen. In den weitaus meisten Fällen zeigen sich Schwankungen des Befindens; bessere und schlechtere Zeiten wechseln, was die Annahme rechtfertigt, daß im Organismus eine Tendenz und Fähigkeit besteht, die durch die Abstinenz gesetzten Störungen wenigstens bis zu einem gewissen Maße auszugleichen. Diese Tendenz ist für unsere Heilbemühungen begreiflicherweise von nicht zu unterschätzender Bedeutung.

---

[1]) Dabei kommt noch in Betracht, daß die Ansteckungsgefahr nicht lediglich von seiten der reglementierten und geheimen Prostitution, sondern auch vielfach von gewissen Kategorien weiblicher Personen droht, deren Liebe nicht direkt käuflich ist.

Die Fälle, in welchen sie gänzlich fehlen und daher die oben angeführten Maßnahmen, auch von sachkundiger Seite und mit Konsequenz angewandt, erfolglos bleiben, dürften jedenfalls selten sein. Wenn in derartigen Fällen der Zustand des Patienten dringend Abhilfe erheischt, besteht für den Arzt kein Grund, auf die Empfehlung des Geschlechtsverkehrs, sofern ihr die angeführten Hindernisse nicht entgegenstehen, zu verzichten [1]).

Wenn wir uns in bezug auf die Verordnung von außerehelichem Geschlechtsverkehr große Beschränkungen aufzuerlegen haben, möchte ich hiermit nicht andeuten, daß die Abstinenzleidenden über die Provenienz ihrer Beschwerden im Unklaren belassen und dadurch verhindert werden sollen, sich selbst die natürliche Abhilfe zu verschaffen. Die Aufgabe des Arztes in diesen Fällen ist nicht die eines Tugendwächters und die Aufklärung des Patienten über die Bedeutung der Abstinenz für seinen Zustand im allgemeinen schon deswegen erforderlich, weil ohne dieselbe der Patient zu der für ihn notwendigen Gestaltung seiner Lebensweise kaum zu bestimmen ist.

Es kommt jedoch auch vor — beim weiblichen Geschlechte allerdings weit häufiger als beim männlichen —, daß wir dem Patienten aus Humanität die Quelle seiner Beschwerden verschweigen müssen. Es sind dies die Fälle, in welchen eine Heirat auch in ferner Zeit ausgeschlossen ist und die Abstinenz durch moralische oder religiöse Grundsätze bedingt wird, deren Beiseitesetzung nicht erwartet werden kann (z. B. bei katholischen Geistlichen).

---

[1]) Hier kommen insbesondere die Fälle in Betracht, in welchen bei fortbestehender Abstinenz der Patient in Gefahr gerät, mit den Gesetzen in Konflikt zu kommen, ferner die Fälle, in welchen bei bedeutender Libido eine neuropathische Belastung oder Erkrankungsform besteht, die eine Verheiratung des Individuums nicht wünschenswert erscheinen läßt.

IX.

Sexuelle Abstinenz und Mangel sexueller Befriedigung beim Weibe.

Über die Folgen mangelnden geschlechtlichen Verkehrs bei weiblichen Personen wurden von den alten Ärzten und Philosophen bekanntlich die seltsamsten Fabeln zutage gefördert. Der Uterus sollte nach Plato ein Tier sein, das ein glühendes Verlangen nach Schwängerung hegt und, wenn diesem Verlangen längere Zeit nach Entwicklung der Pubertät nicht entsprochen wird, aus Verdruß hierüber den ganzen Körper durchwandert, hierbei die Luftwege verlegt und die Atmung hemmt, dergestalt die größten Gefahren für das Leben herbeiführend. Die Idee der Wanderung des Uterus infolge sexueller Nichtbefriedigung erhielt sich durch das Mittelalter bis in die letzten Jahrhunderte und wurde allmählich durch die Anschauung verdrängt, daß sich bei mangelndem sexuellen Verkehre im Uterus eine größere Ansammlung von (hypothetischem, weiblichem) Samen entwickle, der einem Zersetzungs- und Fäulnisprozesse unterliege und hierdurch eine Art Vergiftung des Körpers bedinge. In dieser Zurückhaltung des Samens (und des Menstrualblutes) erblickte man die Hauptursachen der hysterischen Zufälle. Mit der Erkenntnis, daß im weiblichen Körper keine Samenflüssigkeit produziert wird, mußte diese Theorie natürlich hinfällig werden. Die Anschauung, daß die Abstinenz beim weiblichen Geschlechte unter allen Umständen ein den Nerven ungünstiges Moment und speziell eine wichtige Quelle hysterischer Beschwerden bilde, erhielt sich jedoch in Laienkreisen bis zur Gegenwart und hat in neuerer Zeit, nachdem man die Existenz sexueller Bedürfnisse beim weiblichen Geschlechte auch in den höheren Gesellschaftskreisen anzuerkennen sich nicht mehr entblödet, auch von weiblicher Seite energische Vertreterinnen gefunden.

In den ärztlichen Kreisen wurde im verflossenen Jahrhundert dem sanitären Einfluß der sexuellen Abstinenz beim weiblichen Geschlechte im allgemeinen wenig Beachtung geschenkt und ihre Bedeutung als mögliche Ursache von Nervenleiden, von der Hysterie abgesehen, sehr gering taxiert. Allein auch bezüglich der Rolle, welche diesen Momenten in der Ätiologie der Hysterie beim zarten Geschlechte zufällt, schwankten die Ansichten erheblich. Erst in diesem Jahrhundert hat man angefangen, auch beim weiblichen Geschlechte dem Einflusse der sexuellen Enthaltsamkeit auf den Gesundheitszustand im allgemeinen und das Nervensystem im besonderen eingehendere Beachtung zu schenken. Die Ansichten, zu welchen die einzelnen Autoren hierbei gelangten, zeigen jedoch ebensowenig Übereinstimmung wie bezüglich der Abstinenz beim Manne.

Es ist bemerkenswert, daß die Schwankungen der ärztlichen Ansichten über die pathogene Bedeutung der geschlechtlichen Enthaltsamkeit beim Weibe, speziell in bezug auf die Hysterie, sich durch das ganze verflossene Jahrhundert hinzogen. W. v. Hoven (Versuch über die Nervenkrankheiten 1813) erwähnt die sexuelle Abstinenz unter den Ursachen der Nervenkrankheiten überhaupt nicht.

Canstadt (Handbuch der medizinischen Klinik, III. Band, 1843, S. 424) führt zwar die Abstinenz unter den Ursachen der Hysterie nicht an, bemerkt jedoch, daß die Verheiratung eines hysterischen Mädchens oft das unicum remedium zur Heilung bilde.

Henoch hinwiederum (Supplementband zu Canstadts spezielle Pathologie und Therapie 1854, S. 362) gesteht der sexuellen Abstinenz keine ätiologische Bedeutung bezüglich der Hysterie zu, und Romberg (Lehrbuch der Nervenkrankheiten, 1851, II. Band, S. 17) erwähnt nur, daß nichtbefriedigender, aufregender Beischlaf öfters dem Leiden zugrunde liegt.

Hasse (Handbuch der Nervenkrankheiten, 1869) hält unter den Ursachen der Hysterie sexuelle Verhältnisse für die wichtigsten und führt unter diesen auch die Abstinenz an, ohne sie besonders hervorzuheben. Jolly (v. Ziemssens Handbuch der Nervenkrankheiten, II. Hälfte, 1877, S. 564) bemerkt: „Es gibt aber unzweifelhaft Fälle von Hysterie, in welchen der Nichtbefriedigung des Geschlechtstriebs, der „geschlechtlichen Enthaltung" eine gewisse Bedeutung als ursächlichem Momente zukommt, besonders bei jungen Witwen, die sich früher im Vollgenuß geschlechtlicher Befriedigung befanden, ebenso aber auch bei Frauen, die infolge von Impotenz ihrer Männer die gehörige Befriedigung nicht finden."

Gilles de la Tourette dagegen, der in seinem großen dreibändigen Werke (Traité clinique et thérapeutique de l'Hystérie, Paris 1891) die Ansichten Charcots und seiner Schule wiedergibt, vertritt einen wesentlich anderen Standpunkt. In seiner Darstellung der Ätiologie der Hysterie figuriert die sexuelle Abstinenz nicht.

Zu einer ähnlichen Auffassung bekennt sich Binswanger (die Hysterie 1904, S. 64). Er hält es für eine durchaus unbewiesene Annahme, daß sexuelle Enthaltsamkeit Hysterie hervorrufe.

Da die sexuellen Funktionen beim Weibe weit ausgedehnter sind und in seinem Leben auch eine weit größere Rolle spielen als beim Manne, liegt an sich der Gedanke gewiß nahe, daß andauernde Abstinenz von weittragendem Einflusse auf die ganze Körperökonomie des Weibes sein mag. Diese Auffassung hat in den Beobachtungen über alte Jungfern anscheinend eine gewisse Stütze gefunden. Wenn wir jedoch die Folgen der Abstinenz beim weiblichen Geschlechte einer eingehenderen Prüfung unterziehen, stellt sich der Einfluß des Mangels sexueller Befriedigung im allgemeinen als nicht so bedeutend heraus, wie man a priori vermuten könnte. Um einigermaßen Klarheit über die vorliegende Frage zu erhalten, müssen wir die Begleitumstände und Folgen der Abstinenz beim Weibe nach der körperlichen wie seelischen Seite gleich berücksichtigen. Entbehrung des geschlechtlichen Verkehrs bedeutet für das Weib nicht lediglich Mangel jener Genüsse, die unter den sinnlichen am höchsten stehen, sondern auch Ausfall aller jener Funktionen, welche sich an die Empfängnis anschließen, und damit Kinderlosigkeit. Man bezeichnet gerne die Mutterschaft als den natürlichen Beruf des Weibes, und es ist daher zunächst zu eruieren, ob dem Verfehlen dieses Berufes nicht der Hauptanteil an den der Abstinenz zugeschriebenen körperlichen und seelischen Folgen, i. e. den Eigentümlichkeiten des Altjungferntums zufällt.

Wenn ich meine Erfahrungen in bezug auf diese Frage berücksichtige, kann ich nicht finden, daß die kinderlosen Frauen, welche in günstigen äußeren und ehelichen Verhältnissen leben, seelisch oder körperlich hinter ihren mit Kindern gesegneten Schwestern irgendwie zurückstehen. In körperlicher Hinsicht sind sie diesen gegenüber sogar eher im Vorteil. Der Kinderlosigkeit kann daher ein Anteil an der Entwicklung der charakteristischen Züge des Altjungferntums nicht zuerkannt werden, zumal der mütterliche Instinkt auch bei Mangel eigener Kinder in gewissem Maße Befriedigung finden kann.

Andauernde sexuelle Abstinenz ist beim weiblichen Geschlechte in der Regel mit Ehelosigkeit verbunden, einem Momente, das für die einzelnen weiblichen

Individuen von sehr verschiedener Bedeutung ist. Die Eheschließung bildet für sehr viele, insbesondere der berufslosen weiblichen Personen, das Lebensziel, da dieselbe materielle Versorgung und Befriedigung ideeller Bedürfnisse in sich schließt, das Ledigbleiben auf der anderen Seite nicht bloß Verzicht auf geschlechtlichen Genuß und die Freuden des Familienlebens, sondern auch Unsicherheit, wenn nicht Ärmlichkeit der Lebensstellung für sie bedeutet.

Es ist daher wohl begreiflich, daß die Nichterreichung dieses Zieles häufig genug ein Gefühl der Verbitterung oder wenigstens nachhaltige Verstimmung erzeugt, die einen ungünstigen Einfluß auf das Nervensystem und damit das körperliche und seelische Verhalten ausübt. Daneben spielt wohl auch noch häufig der Mangel der mit dem Familienleben zusammenhängenden geistigen Anregungen eine Rolle, da hierdurch eine Ablenkung der Aufmerksamkeit von dem eigenen Befinden und den eigenen Interessen erschwert und damit eine gewisse Einschränkung des geistigen Horizontes bedingt wird. Lasse ich die älteren unverheirateten weiblichen Personen, die ich im Laufe der Jahrzehnte kennen lernte, und bei denen kein Grund vorlag, das Bestehen andauernder Abstinenz zu bezweifeln, vor meinen Augen Revue passieren, so ergibt sich, daß diejenigen unter ihnen, welche von Hause aus oder durch eigene Tätigkeit in günstiger oder wenigstens sicherer materieller Lage sich befinden und namentlich diejenigen, welche einen sie befriedigenden Beruf ausüben (Künstlerinnen, Lehrerinnen, in kaufmännischen Geschäften Tätige usw.) von den körperlichen und geistigen Zügen des Altjungferntums zumeist nichts oder nur sehr wenig aufweisen. Diese sind daher meines Erachtens im wesentlichen weit weniger auf den Mangel rein sinnlicher Befriedigung, als auf die mit der Abstinenz verknüpften seelischen Entbehrungen und deren Folgen für das Gefühlsleben zurückzuführen [1]).

Ich möchte mit dem eben Bemerkten nicht andeuten, daß jene älteren weiblichen Individuen, welche den Altjungferntypus nicht aufweisen, die Ehelosigkeit mit ihren Folgen als etwas völlig Gleichgültiges ertragen. Zweifellos sind gar manche unter ihnen, welche aus dem einen oder anderen Grunde nie eine Verehelichung wünschten; aber es mangelt unter ihnen auch nicht an solchen, die einer Verheiratung nicht ganz abgeneigt waren und die Entbehrung des Mutterglücks und der Familienfreuden wenigstens zeitweilig als eine bedauerliche Lücke in ihrem Leben empfinden. Allein ihre Tätigkeit verhindert sie, trüben Gedanken bezüglich ihrer Ehelosigkeit nachzuhängen. Sie verkennen die Vorteile nicht, welche ihnen diese neben ihren Nachteilen bringt und so erklärt es sich, daß die durch den ledigen Stand ihnen auferlegten Entbehrungen ohne ausgesprochen ungünstige Wirkung auf ihr körperliches und geistiges Verhalten bleiben.

Wenn nun auch die sexuelle Abstinenz beim weiblichen Geschlechte im großen und ganzen nicht jenen ungünstigen Einfluß auf den Gesundheitszustand ausübt, der von vielen Seiten noch gegenwärtig angenommen wird, unterliegt es andererseits doch keinem Zweifel, daß auch bei weiblichen Personen das in Frage

[1]) Ich möchte hier darauf hinweisen, daß die Ansichten, zu welchen sich der Frankfurter Frauenarzt Prof. Flesch in seinem geistvollen Vortrage in der VII. Jahresversammlung der D. G. B. G. bezüglich der gesundheitlichen Folgen der sexuellen Abstinenz beim weiblichen Geschlechte bekennt, in der Hauptsache mit jenen übereinstimmen, welche ich seit Jahren vertrete. Ich begnüge mich, von den Ausführungen des Autors folgendes wiederzugeben: „Als Tatsache muß hier vorweg festgestellt werden, daß viele unverheiratete, ohne normalen und ohne vikariierenden Geschlechtsverkehr lebende Frauen körperlich gesund sind, daß mithin körperliche Krankheit keinesfalls eine notwendige Folge der Abstinenz ist. .... .. Die moderne Lektüre, das heutige Programm der Theater, die Art des geselligen Verkehrs unserer Zeit sind an den Leiden der alten Jungfer sicher mehr schuld als die Abstinenz."

stehende Moment keineswegs selten zu einer Quelle von Leiden wird. Ob und in welchem Grade diese Folge sich einstellt, hierfür sind nicht nur wie beim Manne die sexuelle und nervöse Konstitution, sowie die Lebensverhältnisse, sondern auch die ganze seelische Veranlagung des Individuums bestimmend. Daß die libidinöse Konstitution auch beim weiblichen Geschlechte das Ertragen der Abstinenz erschwert, ist selbstverständlich. Es unterliegt auch keinem Zweifel, daß durch ungeeignete Lebensweise, übelgewählte Lektüre, Bälle und Theater, unpassende Gesellschaft usw. bei an sich sinnlich veranlagten Personen die sexuellen Begehren, nachdem sie einmal auf die eine oder andere Weise geweckt sind, eine Steigerung erfahren können, welche bei andauernder erzwungener Abstinenz den Nervenzustand in ausgesprochener Weise schädigt. Von der Pubertät bis zum 30. Lebensjahre kommt es jedoch bei Abstinenz erheblich seltener zu Gesundheitsstörungen als nach dieser Periode, und zwar nicht lediglich deshalb, weil mit den Jahren die sexuell erotischen Bedürfnisse sich steigern, sondern auch weil die Aussicht auf Verehelichung und damit auf Versorgung mehr und mehr schwindet, was den Gemütszustand in sehr nachteiliger Weise beeinflussen mag.

Von den verschiedenen Formen sexueller Konstitution ist die frigide und die torpide, insbesondere erstere, beim Weibe weit häufiger vertreten als beim Manne, und damit hängt es wohl zusammen, wenn sexuelle Abstinenz im allgemeinen von weiblichen Personen leichter ertragen wird als von männlichen.

Auch die neuropathische Disposition ist beim Weibe häufiger mit der frigiden als der libidinösen Konstitution verknüpft. Wo letztere vorhanden ist, kommt es früher oder später zu lokalen Beschwerden (Gefühlen von Erregung, Hitze usw.), die zumeist zu masturbatorischen Akten den Anstoß geben. Hieraus kann sich ein verhängnisvoller Hang zur Selbstbefriedigung mit schweren nervösen Folgezuständen, und, wenn dem Triebe zur Selbstbefriedigung mehr oder weniger Widerstand geleistet wird, ein sehr beschwerlicher Zustand sexueller Hyperästhesie mit verschiedenen nervösen Begleiterscheinungen entwickeln.

Bei neuropathischer Disposition kommt es unter diesen Umständen, namentlich wenn äußere Verhältnisse die sexuelle Erregbarkeit steigern, öfters zur Entwicklung einer Angstneurose, traumartigen und Verstimmungszuständen. Leichteren und schwereren Fällen von Angstneurose begegnen wir aber auch häufig bei Witwen, die nach kürzerer oder längerer Ehe zu dauernder Abstinenz verurteilt sind. Die schwersten nervösen Störungen (Hysteroneurasthenie, Hysterie, Hysteromelancholie, schwere Angstneurose) finden wir jedoch bei Frauen, die infolge von Impotenz ihres Mannes andauernd auf sexuelle Befriedigung verzichten müssen und dabei mit sexuellen Erregungen seitens des Gatten nicht verschont werden.

Die Abstinenz führt nicht lediglich während der Periode sexueller Aktivität zu Schädigungen der Nervengesundheit. Auch noch während der Wechseljahre und längere Zeit nach diesen kommt es bei Mangel sexueller Befriedigung nicht ganz selten zu nervösen und psychischen Störungen (insbesondere Schlafmangel, Verstimmungszuständen, exzessiver gemütlicher Erregbarkeit und lokalen Beschwerden). Die gesundheitlichen Folgen relativer und temporärer Abstinenz weisen in den Einzelfällen ähnliche Unterschiede auf wie die der absoluten. Neben den Frauen, welche bei sehr seltenem sexuellen Verkehr oder Aussetzen desselben für Monate und Jahre frei von Beschwerden bleiben, begegnen wir anderen, bei welchen die gleichen sexuellen Entbehrungen schon nach kurzer Frist das Befinden in sehr ungünstiger Weise beeinflussen.

Von manchen Autoren wird der sexuellen Abstinenz ein ursächlicher Zusammenhang mit Chlorose, Anämie und verschiedenen gynäkologischen Affektionen zugeschrieben.

Nicht nur entzündliche Veränderungen (Endometritis, Oophoritis, Metritis), sondern selbst das Uteruskarzinom wurden in ursächlichen Zusammenhang mit der Abstinenz gebracht. Ich muß mich darauf beschränken, hier auf die Erfahrungen eines hervorragenden Gynäkologen, meines hiesigen Kollegen Theilhaber[1]), zu verweisen, nach welchen die große Mehrzahl der Mädchen und Frauen die sexuelle Abstinenz ohne Nachteil für ihre Geschlechtsorgane erträgt und anatomische Störungen von langer Dauer durch die Abstinenz überhaupt nicht hervorgerufen werden.

Endlich haben wir hier noch des Umstandes zu gedenken, daß beim Weibe vorübergehend sowohl als dauernd die sexuelle Befriedigung trotz sexuellen Verkehrs mangeln kann. In dieser Beziehung befindet sich das Weib in einer entschieden ungünstigeren Lage als der Mann. Bei diesem findet der sexuelle Akt, gleichgültig, ob derselbe in vollständig normaler oder abnormer Weise (präzipitierte Ejakulation, Congress. interr. usw.) verläuft, durch den Vorgang der Ejakulation einen Abschluß, der mit einer gewissen Entladung der sexuell-nervösen Spannung einhergeht. Beim Weibe findet bei dem in normaler Weise sich abwickelnden Congressus ein ähnlicher Vorgang statt; durch Reizung der sensiblen Nerven der Klitoris und Vagina werden reflektorische Vorgänge in den genitalen Zentren des Rückenmarks ausgelöst, welche eine transitorische Erektion der Portio vaginalis des Uterus und Ausstoßung einer aus dem Uterus und den Bartholinschen Drüsen stammenden Schleimmasse zur Folge haben. Mit letzterem, von einem spezifischen Wollustgefühle begleiteten Vorgange gelangt ebenso wie bei der Ejakulation des Mannes, die zur maximalen Höhe gesteigerte sexuell-nervöse Erregung rasch zum Absinken, und damit wird auch die Ausgleichung der durch den Akt herbeigeführten Hyperämie der Genitalorgane eingeleitet. Diese reflektorische Aktion (Orgasmus) mit ihren subjektiven Begleiterscheinungen kann aus verschiedenen Gründen ganz ausbleiben oder nur ungenügend oder zeitweilig eintreten und damit die sexuelle Befriedigung des Weibes mehr oder minder Not leiden oder gänzlich in Wegfall kommen. Mit den in gesundheitlicher Beziehung sehr wichtigen Folgen dieses Mißstandes werden wir uns an späterer Stelle (Congress. interr.) befassen. Hier sei nur bemerkt, daß, soweit für die mangelnde Befriedigung des Weibes überhaupt Krankheitszustände in Betracht kommen, die Ursache wohl vorherrschend auf der männlichen Seite und zwar in Potenzmängeln des Gatten (präzipitierte Ejakulation), seltener auf seiten der Frau zu suchen ist; bei letzterer kann infolge ungünstiger Lagebeziehungen der Klitoris zur Vagina, angeborener abnormer nervöser Veranlagung oder von sexuellen Mißbräuchen (Masturbation, Exzesse im natürlichen geschlechtlichen Verkehr), auch von Lokalerkrankungen die Fähigkeit zur Auslösung des Orgasmus vermindert sein oder auch ganz fehlen (Anaphrodisie Eulenburg, Dyspareunie Kisch, sexuelle Anästhesie). Mangelnde Zuneigung zum Partner des sexuellen Aktes scheint auch in manchen Fällen eine Rolle zu spielen. Angeborener gänzlicher Mangel der Fähigkeit zum Orgasmus ist in der Regel mit Mangel der Libido verknüpft und bildet jedenfalls ein selteneres Vorkommnis als die mangelhafte Entwicklung der orgastischen Fähigkeit, die ziemlich verbreitet scheint und sowohl mit geringer als mit erheblicher Libido einhergehen kann. Letzterer Zustand kommt bei Frauen vor, welche im übrigen nichts Pathologisches aufweisen. Die

[1]) Theilhaber: Verhandlungen der VIII. Jahresversammlung der D. G. B. G., S. 45.

Frauen mit angeborener vollständiger sexueller Anästhesie leiden in der Regel von der sexuellen Nichtbefriedigung in keiner Weise. Ihr Nervensystem ist Schädigungen durch sexuelle Erregungen unzugänglich; die gesundheitlichen Nachteile mangelnder sexueller Befriedigung, deren wir noch zu gedenken haben, betreffen nur Frauen, welche die Fähigkeit zur Auslösung des Orgasmus, wenn auch nur in sehr geringem Maße, besitzen oder dieselben wenigstens früher besaßen; allein auch die Frauen, welche von Hause aus mit geringer sexueller Empfindlichkeit ausgestattet sind, leiden unter diesem Zustande, wenn dabei keine rege Libido besteht, gewöhnlich durchaus nicht. Sie bescheiden sich mit ihrem kärglich bemessenen Teile an ehelichen Genüssen ohne Klagen, auch ohne nachteilige Folgen, wenn nicht etwa der Gatte sich über ihre geringe Teilnahme an dem Akte beschwert oder dieselbe als Konzeptionshindernis in Frage kommt.

X.

Sexuelle Exzesse und ähnliche Schädlichkeiten.

Es ist wohl eine uralte medizinische Erfahrung, daß übermäßige Hingabe an sexuelle Genüsse Gesundheitsstörungen nach sich zieht. Die ältesten medizinischen Schriftsteller teilen bereits bezügliche Beobachtungen mit, und manche derselben bemühten sich sogar, die Folgen allzueifrigen Venusdienstes in kräftigen Farben zu schildern. Auch der Volksinstinkt hat, soweit sich derselbe in der Volkssage ausspricht, die Gefahren treffend gekennzeichnet, welche ein Übermaß in sinnlicher Liebe für Leib und Seele nach sich zieht. Tannhäuser, der den Venusberg flieht und beim Papste für seine Sünden Ablaß sucht, ist ein gebrochener Mann, und sein physisch-psychisches Elend erfährt durch den Umstand keine Milderung, daß er, innerlich widerstrebend, durch die Künste eines dämonischen Weibes gefesselt wurde. Auch für die Neuzeit läßt sich nicht behaupten, daß dieselbe den pathogenetischen Einfluß sexueller Exzesse aus den Augen verloren oder gering geschätzt hat. Insbesondere in den Werken über Impotenz und Spermatorrhöe ist ihm die eingehendste Berücksichtigung zuteil geworden. Trotz alledem müssen wir zugestehen, daß unsere Kenntnisse über die Wirkungen, welche geschlechtliche Ausschweifungen auf das Nervensystem ausüben, noch in mehrfacher Hinsicht lückenhaft sind. Was aber noch auffallender ist, ist der Umstand, daß noch nicht entfernt irgend eine Übereinstimmung unter den Schriftstellern darüber besteht, was als „sexueller Exzeß“ aufzufassen ist. Von manchen wird als solcher sowohl Übermaß im natürlichen Geschlechtsgenusse als exzessive Onanie bezeichnet. Demgegenüber müssen wir hier zunächst bemerken, daß wir als „sexuellen Exzeß“ nur die natürliche, aber übermäßige Ausübung des Geschlechtsaktes betrachten. Mit dieser Definition ist jedoch das Wesentliche der Sache nicht genügend charakterisiert. Eine bestimmte, etwa in Zahlen ausdrückbare Grenzlinie, wo der mäßige Geschlechtsgenuß aufhört und die Ausschweifung beginnt, läßt sich nicht feststellen. Die sexuelle Leistungsfähigkeit unterliegt beim männlichen Geschlechte, wie wir sahen, außerordentlichen Schwankungen, die durch das Lebensalter, den momentanen Gesundheitszustand, individuelle Anlage und Rassenverschiedenheiten bedingt sind. Es hängt wohl mit letzterem Umstande zusammen, daß einzelne Beobachter ein gewisses Maß geschlechtlicher Leistungen bereits als krankhaft bezeichnen, das nach den Erfahrungen anderer noch in die Breite des Physiologischen fällt. So erwähnt Trousseau als eine Neurose der Zeugungsorgane bei Ataktikern eine merkwürdige Fähigkeit, den Beischlaf sehr oft und in sehr kurzer Zeit zu wiederholen; als Beispiele führt er zwei Tabetiker an, von welchen der eine vor seinem Eintritte in das Spital den Beischlaf in einer Nacht 8—9 mal, der andere binnen 24 Stunden 9—10 mal ausführen konnte. „Im physiologischen Zustande", bemerkt Trousseau, „finden wir keine solche herkulischen Leistungen, und es kann der Zeugungsakt weder so schnell, noch so leicht vollzogen werden." Was Trousseau unter physiologischen Verhältnissen für unmöglich hielt, bleibt jedoch noch erheblich hinter den mir bekannt gewordenen geschlechtlichen Leistungen einzelner junger Männer zurück, die sicher zur Zeit der fraglichen Potenzentfaltung sich voller Gesundheit erfreuten und auch Jahre hernach keine nervösen Krankheitserscheinungen darboten. Hier spielen offenbar Rassenunterschiede eine Rolle, wofür auch zahlreiche andere Erfahrungen sprechen.

Wenn wir nun auch mit Rücksicht auf die außerordentlichen Schwankungen der geschlechtlichen Potenz bei den Einzelindividuen in ziffernmäßiger Weise nicht feststellen können, was als Übermaß im Geschlechtsverkehre zu erachten ist, so haben wir doch gewisse Kriterien, aus welchen sich ergibt, ob die Grenze des Ratsamen überschritten ist. Als Exzeß ist nach meinem Dafürhalten jeder Einzelakt oder jede Häufung von Akten zu erachten, welche längerdauernde ungünstige Wirkungen irgendwelcher Art hinterläßt. Wo der sexuelle Verkehr einem tatsächlichen Bedürfnisse entspricht und in adäquatem Verhältnisse zu dem vorhandenen geschlechtlichen Vermögen und zu den übrigen Leistungen des Körpers steht, dürfen, abgesehen von der vorübergehenden Ermüdung nach dem Akte, unerwünschte Folgeerscheinungen nicht auftreten; das Gesamtbefinden darf hierdurch nicht in ungünstiger Weise verändert werden. Bei Beurteilung der Folgen sexueller Ausschweifungen müssen wir in erster Linie die Zeitdauer derselben, sodann aber auch Alter und Gesundheitszustand des Individuums in Betracht ziehen.

Exzesse in Venere, die sich über eine Anzahl von Tagen und selbst von Wochen erstrecken, werden von jüngeren, völlig gesunden Männern im allgemeinen ohne bleibenden Nachteil ertragen. Es läßt sich ja nicht verhehlen, daß wenigstens ein großer Teil der Neuvermählten sich derartiger Sünden schuldig macht und doch der Arzt selten Gelegenheit hat, sich mit den Folgen derselben zu beschäftigen. Allerdings ist immerhin noch ein Unterschied zwischen den sozusagen bescheidenen Exzessen vieler Neuvermählten und dem mitunter ganz sinnlosen, brutalen Venusdienste, dem manche junge Männer im Verkehre mit Halbweltdamen obliegen. Ich habe nach solchen unverantwortlichen Extravaganzen bei einzelnen vordem ganz gesunden jungen Männern hochgradige Erschöpfungszustände des ganzen Nervensystems beobachtet und möchte nicht behaupten, daß sich an derartiges Vorgehen nicht auch ernstere und bleibende Schädigungen des Nervensystems knüpfen können[1]). Bei neuropathisch veranlagten Personen und gleichzeitiger Einwirkung anderer Schädlichkeiten — von Trinkexzessen, Aufregungen, geistiger Überanstrengung — bilden selbst mäßige transitorische Exzesse nicht selten den Anstoß zur Entwicklung hartnäckiger und schwerer nervöser Schwächezustände, speziell spinaler Neurasthenien. Da von einer gewissen Altersgrenze — wie wir sahen, vom 36. Lebensjahre — an die Potenz in stetiger Weise abnimmt und zugleich die Fähigkeit des Nervensystems, irgendwie in seinem Bereiche verursachte Störungen auszugleichen, sich stetig verringert, so erweisen sich geschlechtliche Exzesse von kurzer Dauer bei Personen, welche das 40. Lebensjahr überschritten haben, relativ viel häufiger von nachteiliger Wirkung auf das

[1]) Wenigstens spricht eine Beobachtung Hammonds dafür. Ein Patient Hammonds übte in kaum 8 Stunden 11 mal den Koitus aus, wobei nur die ersten 3 Akte eine Emissio seminis zur Folge hatten. Kurz nach dem 11. Male hatte Patient einen epileptischen Anfall und wurde dauernd impotent, indem er niemals mehr eine Erektion zustande bringen konnte.

Nervensystem als bei jüngeren Männern. Indes handelt es sich wenigstens bei den noch in mittlerem Alter stehenden Personen zumeist nur um Störungen, die in das Gebiet der Neurasthenie gehören.

Viel ernster kann sich die Sachlage bei Leuten gestalten, welche in die senile Periode eingetreten und deren Gehirngefäße durch Atheromatose oder andere Veränderungen brüchig geworden sind. Hier kann der Koitus bekanntlich zu Gefäßruptur und Bluterguß ins Gehirn führen. Um Exzesse im medizinischen Sinne braucht es sich hierbei nicht immer zu handeln; es ist ohne weiteres verständlich, daß unter der energischen Verstärkung der Herzaktion (von den Stauungsvorgängen ganz abzusehen), welche der Geschlechtsakt bedingt, ein Blutschwall nach dem Gehirn dringt, der zerreißliche Gefäße zum Bersten bringen mag. Je größer die Anstrengung und Aufregung, die der Akt erheischt, um so leichter tritt natürlich dieses Resultat ein.

Allein auch ernstere Zufälle anderer Art können sich an sexuelle Exzesse im höheren Lebensalter, und zwar schon nach kurzer Zeit knüpfen. Einen Fall dieser Art habe ich vor Jahren beobachtet. Ein Mitte der 60er Jahre stehender Herr heiratete eine etwa um 30 Jahre jüngere Frau, mit welcher er in den ersten vier Wochen nach der Vermählung 7 oder 8 mal ehelichen Umgang hatte. Schon alsbald nach der Hochzeit stellten sich bei dem Herrn Verdauungsstörungen und Schwindelanfälle ein, hierzu gesellten sich Schwäche- und Ohnmachtsanwandlungen, die ihn nötigten, das Bett zu hüten, das er erst nach mehreren Wochen wieder verlassen konnte. Auch dann zeigte sich noch längere Zeit ein Schwächezustand der Beine, der früher nie vorhanden war.

Sehen wir von den eben erwähnten, mehr exzeptionellen Vorkommnissen ab, so erweisen sich im ganzen die Folgen andauernder, über Monate und Jahre sich erstreckender sexueller Überanstrengungen ungleich schwerer und nachhaltiger, als die der transitorischen Extravaganzen. Lebensalter und allgemeiner Gesundheitszustand spielen aber auch hier eine wichtige Rolle. Noch sehr jugendliche, körperlich nicht völlig entwickelte Individuen und solche, welche die Jahre der vollen Manneskraft schon hinter sich haben, werden im allgemeinen rascher und intensiver geschädigt als robuste, noch in der Blüte des Lebens stehende Männer. Die Erscheinungen, mit welchen wir es in diesen Fällen zu tun haben, gehen meist zunächst vom Rückenmarke aus: Gefühle von Schwäche in den Beinen, denen anfänglich keine erhebliche Abnahme der Leistungsfähigkeit entspricht, alsbald aber deutliche und auffallende Verringerung der Gehfähigkeit, Gefühle von Unsicherheit, Taubsein und Kälte in den Beinen, Schwäche und dumpfe Schmerzen im Rücken, die durch ihre Hartnäckigkeit sehr lästig werden und oft nach abwärts in die Oberschenkel oder nach vorne in die Samenstranggegend und die Hoden ausstrahlen. Hierzu gesellen sich früher oder später die Erscheinungen der geschlechtlichen Schwäche: Erhöhte Reizbarkeit gegenüber sexuell-sinnlichen Eindrücken, häufigere Pollutionen [1]), verfrühte Ejakulation, Abnahme und selbst Verlust der Erektionsfähigkeit (Impotenz).

Ob diese Erscheinungen, wie z. B. Rosenthal annahm, von einer Hyperämie, oder nach Hammond von einer Anämie des Rückenmarkes (speziell des Lendenmarkes) abhängen, will ich dahingestellt sein lassen. Sicher ist, daß die vielen

[1]) Von Gyurkovechky wird das Auftreten häufigerer Pollutionen und von Spermatorrhöe als Folge übermäßigen sexuellen Verkehrs allein bestritten, während Fürbringer auf Grund zahlreicher eindeutiger Beobachtungen für deren Vorkommen infolge sexueller Exzesse (ohne Onanie) eintritt. Ich muß nach meinen Beobachtungen, soweit wenigstens die Pollutiones nimiae in Frage sind, die Anschauung Gyurkovechkys ebenfalls als unstichhaltig bezeichnen.

und intensiven Erregungen des Rückenmarkes durch Exzesse in Venere eine Veränderung in diesem Organe und zwar zunächst in den unteren Abschnitten desselben herbeiführen, die — nach den Folgen zu schließen — sich als ein Zustand gesteigerter Reizbarkeit und funktioneller Schwäche (reizbare Schwäche) darstellt. Das Wesen der fraglichen Veränderung entzieht sich vorerst noch gänzlich unserer Erkenntnis. Es ist aber jedenfalls von Interesse, daß ich nach Überanstrengung der Arme durch Schreiben, Zeichnen, Violin- und Klavierspiel, sowie durch feine Handarbeiten genau dieselben Erscheinungen an den Armen beobachten konnte, wie sie an den Beinen nach Exzessen in Venere auftreten. Die sexuelle Überreizung wirkt also auf das Lenden- und Sakralmark wie übermäßige Inanspruchnahme anderer Rückenmarkspartien durch Überanstrengung gewisser Muskelgruppen.

Indes beschränken sich die Folgen des unmäßigen Venusdienstes nicht auf das spinale Gebiet. Sehr bald treten neben den Rückenmarkssymptomen, mitunter auch gleich anfangs, Störungen von seiten des Gehirns auf: Kopfeingenommenheit, seltener eigentlicher Kopfschmerz, Schwindel, Sehstörungen, Schlafmangel, Angstanwandlungen usw.; hierzu können sich nervöse Funktionsstörungen von seiten des Herzens, des Magens, des Darmes und der Blase und Steigerung der Haut- und Sehnenreflexe gesellen. Es entsteht dergestalt das Bild der allgemeinen Neurasthenie, dessen Züge in jedem Einzelfalle variieren, aber auch bei demselben Patienten im Laufe der Zeit erheblich wechseln. Bald sind die Beschwerden von seiten des Kopfes, bald die von seiten des Rückens und der Beine, bald die Erscheinungen der nervösen Herzschwäche, bald die der nervösen Dyspepsie im Vordergrunde. Zufällige, oft nicht näher eruierbare Umstände drängen den einen Symptomenkomplex zurück, während sie den anderen mehr hervortreten lassen.

Daß anhaltende Unmäßigkeit im sexuellen Genusse die vorstehend angeführten Störungen nach sich ziehen kann, hierüber besteht unter den kompetenten Beobachtern kaum ein Zweifel. Man darf es auch als feststehend erachten, daß der Schaden sich nicht in allen Fällen hierauf beschränkt. Allein, wenn wir uns bemühen, die Krankheitszustände genauer zu ermitteln, die sich, abgesehen von der Neurasthenie und ihren Anhängseln (Pollutionen, Spermatorrhöe, Impotenz), an die sexuellen Exzesse knüpfen, so stoßen wir auf eine Reihe von Schwierigkeiten. Geschlechtliche Ausschweifungen sollen nach zahlreichen Autoren bei der Entstehung von Geisteskrankheiten, Epilepsie und manchen organischen Rückenmarksleiden eine Rolle spielen. Daneben fehlt es aber nicht an Stimmen, welche die Exzesse in Venere in den betreffenden Fällen schon als Äußerung eines Krankheitszustandes des Nervensystems betrachten und in den Folgen derselben nur einen Circulus vitiosus gegeben sehen. Außerdem finden wir sehr häufig neben geschlechtlichen Extravaganzen andere Schädlichkeiten wirksam, vor allem Mißbrauch geistiger Getränke, Syphilis, Aufregungen und geistige Überanstrengung, körperliche Strapazen. Es ist bei einer solchen Konkurrenz von Ursachen jedenfalls sehr schwierig, oft sogar ganz unmöglich, auszuscheiden, was dem einen und was dem anderen ätiologischen Momente zur Last fällt.

Betrachten wir zunächst den Einfluß sexueller Exzesse auf die Entstehung von Psychosen, so müssen wir konstatieren, daß derselbe nach den genaueren Ermittlungen der neueren Zeit in der Ätiologie dieser Erkrankungen nicht die hervorragende Rolle spielt, die man früher demselben zuzuschreiben geneigt war, und jedenfalls hinter dem der Onanie bedeutend zurücksteht.

Nach v. Krafft-Ebing können sich schwere Zerebrasthenien, Senium praecox und schwere Melancholie mit hypochondrischer Färbung unter dem erschöpfenden

Einflusse übermäßiger Kohabitationen entwickeln. „In der Regel sind aber dabei noch andere Hilfsursachen wirksam.“ Diese Hilfsmomente sind sicher oft von überwiegendem Einflusse [1]).

Früher wurde von manchen Autoren geschlechtliche Unmäßigkeit als eine der wichtigsten Ursachen der Paralyse betrachtet. Diese Auffassung hat gegen wärtig kaum mehr Anhänger. Man kann sexuellen Exzessen in der Ätiologie der Paralyse nicht mehr als die Bedeutung eines prädisponierenden Momentes zugestehen. In den meisten Fällen, in welchen bei Paralytikern die in Frage stehenden Exzesse nachweisbar sind, fallen dieselben übrigens in die Anfangsperiode der Erkrankung und bilden sonach ein Symptom, nicht eine Ursache derselben. Auf der anderen Seite läßt sich aber nicht bezweifeln, daß der durch sexuelle Überreizung bedingte neurasthenische Gehirnzustand eine günstige Basis für die Wirksamkeit weiterer Schädlichkeiten, speziell des Alkohols (wahrscheinlich auch der Syphilis) bildet.

Von älteren Beobachtern wurden Exzesse in Venere als eine häufige und wichtige Ursache der Epilepsie bezeichnet. Man verglich auch vielfach oder identifizierte in gewissem Maße den Geschlechtsakt mit der Epilepsie (Coitus epilepsia parva oder brevis, Caelus Aurelianus, Sennert, Ettmüller u. a.); Boerhave ging noch weiter, indem er geradezu erklärte, coitum esse veram epilepsiam [2]). In neuerer Zeit ist man allgemein in der Taxierung der ätiologischen Rolle sexueller Exzesse in bezug auf die Epilepsie sehr zurückhaltend geworden. Nothnagel bemerkt, daß auch anhaltende und starke Exzesse in Venere, wenn je überhaupt, so nur als sehr seltene Ursache der epileptischen Veränderung betrachtet werden dürfen. Von manchen (so in neuerer Zeit von Strümpell und Christian) wird geschlechtlichen Ausschweifungen eine Bedeutung als Ursache der Epilepsie ganz abgesprochen. Halten wir uns an das tatsächlich Festgestellte, so finden wir, daß der erste Koitus bei hereditär veranlagten Personen öfters den ersten Anfall herbeiführte und daß es bei anderen bei jedem Beischlafe oder Versuche hierzu zu einem Anfalle kam, so daß der geschlechtliche Verkehr ganz aufgegeben werden mußte. Sicher ist auch, daß häufiger geschlechtlicher Umgang bei Epileptischen die Anfälle vermehrt. Delasiauve bemerkte, daß Kranke, die während ihres Aufenthaltes in Asylen nahezu frei von Anfällen sind, nach dem Verlassen der Anstalt und Wiederaufnahme selbst mäßigen sexuellen Verkehrs neuerdings von Anfällen heimgesucht werden, bei Exzessen natürlich um so stärker [3]). Ich selbst beobachtete einen Patienten mit hereditärer Belastung, bei welchem der erste epileptische Anfall kurze Zeit nach der Verheiratung auftrat. Bei zwei anderen Kranken, die während ihrer ersten Ehe nur an seltenen Anfällen von Petit mal gelitten hatten, stellten sich alsbald nach ihrer Wiederverheiratung mit einer erheblich jüngeren Frau häufigere und stärkere Krampfanfälle ein. In einem

[1]) Kraepelin, Psychiatrie. 8. Aufl. 1909. I. Bd. S. 110 legt sexuellen Exzessen in der Ätiologie der Psychosen offenbar nur sehr geringe Bedeutung bei. Nach seiner Ansicht läßt sich die Möglichkeit einer gelegentlichen Schädigung des Nervensystems durch geschlechtliche Ausschweifungen und Onanie nicht ganz in Abrede stellen. Dabei erachtet er die Masturbation für gefährlicher als den natürlichen Geschlechtsverkehr.

[2]) Auch einige neuere Autoren (Roubaud, Hammond, Kowalewsky und selbst Féré) wollen eine gewisse Ähnlichkeit zwischen dem Koitus und dem epileptischen Anfalle finden. Ich kann nur Christian (Epilepsie, Folie épileptique 1890, S. 91) beipflichten, wenn er erklärt: „Rien, absolument rien, à mons sens n'autorise à rapprocher ces deux ordres de faits“.

[3]) Auch Féré erwähnt, daß Kranke, welche im Hospital von Anfällen verschont bleiben, nach dem Austritte von solchen immer wieder heimgesucht werden. Nach seiner Ansicht ist es jedoch hierbei oft schwierig, den Anteil des Alkohols und des sexuellen Verkehrs zu sondern

4. Falle endlich kehrten Anfälle von Petit mal, die in den Kinderjahren infolge von Masturbation entstanden, dann aber viele Jahre weggeblieben waren, zurück, nachdem der Patient einige Zeit hindurch mit ungewohntem Eifer seinen ehelichen Pflichten nachgekommen war. Andererseits hatte ich aber Gelegenheit, eine Anzahl Epileptischer zu beobachten, bei welchen sexueller Verkehr sich in bezug auf Auslösung von Anfällen unwirksam erwies.

Nach alledem dürfen wir wohl sagen, daß Exzesse in Venere eine bestehende Epilepsie verschlimmern, das latent gewordene Leiden wieder wachrufen, unter Umständen auch die erste Explosion der Krankheit herbeiführen können; ein Beweis dafür, daß dieselben bei nicht veranlagten Personen Epilepsie erzeugen können, liegt jedoch nicht vor [1]).

Für keine Krankheitsgruppe wurde seit alter Zeit mit solcher Bestimmtheit ein ursächlicher Zusammenhang mit sexuellen Exzessen behauptet, als für die (organischen) Erkrankungen des Rückenmarkes. Die Grundlage dieser Anschauung bildet unleugbar die Schilderung, welche Hippokrates von der als Rückendarre (*Νωτιάς φθίσις*) bezeichneten Erkrankung gibt: „Die Rückenschwindsucht entspringt aus dem Rückenmarke. Sie ergreift vornehmlich Unverheiratete und Wollüstlinge. Sie sind ohne Fieber, essen gut, aber sie schwinden dahin. Wenn man sie fragt, so werden sie angeben, daß sie das Gefühl haben, als ob ihnen Ameisen vom Kopfe längs des Rückens herablaufen. Wenn sie urinieren oder zu Stuhl gehen, so verlieren sie viel wässerige Samenflüssigkeit; aber Fruchtbarkeit findet nicht mehr statt. Im Schlafe haben sie wollüstige Träume. Beim Gehen oder Laufen, besonders beim Berg- oder Treppensteigen, stellt sich Asthma und Schwäche ein, Schwere im Kopf und Sausen in den Ohren. Später werden sie vom hitzigen Fieber ergriffen und gehen schwindsüchtig zugrunde.“ Daß diese Schilderung dem Bilde der heutzutage als Tabes dorsalis bekannten Erkrankung nicht entspricht, unterliegt wohl keinem Zweifel. Allein die Anschauungen der Ärzte hinsichtlich der Ursachen der Tabes dorsalis wurden noch in den ersten Dezennien des letzten Jahrhunderts völlig durch die hippokratische Lehre von der Rückendarre beherrscht. Sexuelle Exzesse und Onanie galten als häufigste Veranlassung der Rückenmarksschwindsucht und anderer Rückenmarksleiden. Johannes Müller, der berühmte Physiologe, bezeichnete die Tabes als eine nur von Ausschweifungen herrührende Krankheit. Schon Niemeyer wandte sich mit Nachdruck gegen diese Behauptung und wies auf die ungerechtfertigten Verdächtigungen hin, denen hierdurch so manche bedauernswerte Rückenmarksleidende ausgesetzt würden. Schultze konnte sogar unter 46 Fällen von Tabes nur bei einem sexuelle Ausschweifungen als Ursache finden.

In den letzten Dezennien hat sich die große Mehrzahl der Beobachter hinsichtlich der Bedeutung geschlechtlicher Unmäßigkeit als einer Ursache organischer Rückenmarkskrankheiten und speziell der Tabes zu einer der früher herrschenden ganz entgegengesetzten Anschauung bekannt. Eine Reihe von Autoren (Beard, Curschmann, Seligmüller, Gowers, Hirt, Leyden, Goldscheider) gesteht den sexuellen Exzessen in der Ätiologie der Tabes entweder überhaupt keine Bedeutung, oder nur die eines prädisponierenden Momentes zu. Nach Raymond scheinen Exzesse in Venere ähnlich Erkältungen, Überanstrengungen und Traumen mitunter eine Gelegenheitsursache zur Entwicklung der Tabes bei durch hereditäre Belastung Disponierten zu bilden. Erb fand, daß unter 271 Tabesfällen seiner

---

[1]) Auch die oben erwähnte Beobachtung Hammonds kann nicht als Beweis in dieser Beziehung angesehen werden. Es handelte sich hier offenbar um einen vereinzelten Krampfanfall, nicht um eine andauernde epileptische Veränderung.

Beobachtung nur bei 15,8% sexuelle Exzesse zugestanden wurden. Er hält diese Exzesse für ein entschieden wirksames Moment in bezug auf die Verursachung von Tabes, doch fast ausschließlich bei luetisch Infizierten. Nur in drei Fällen seiner Beobachtung bildeten sexuelle Exzesse die einzig nachweisbare Schädlichkeit. Wenn dagegen ein amerikanischer Beobachter, Neftel, in seinen sämtlichen Tabesfällen allzu reichliche Betätigung des Geschlechtstriebes konstatieren konnte, so handelt es sich hier wohl um eine Zufälligkeit des Materials, die nicht weiter in Betracht kommen kann.

Meine eigenen Erfahrungen sprechen zwar nicht dafür, daß bei der Verursachung organischer Rückenmarkskrankheiten Exzesse in Venere eine hervorragende Rolle spielen, sie gestatten mir aber auch nicht, diese Exzesse in fraglicher Beziehung für ganz belanglos anzusehen. Wir müssen zunächst berücksichtigen, daß andauernde geschlechtliche Ausschweifungen nicht so häufig sind, als wohl viele glauben mögen; es hängt dies damit zusammen, daß die Natur selbst für eine Art von Hemmvorrichtung gesorgt hat, welche den zu sexueller Mißwirtschaft Geneigten in gewissem Maße gegen fortgesetzte Selbstschädigung schützt. Auf die Übersättigung mit sexuellen Genüssen folgt bei dem Gesunden naturgemäß die Erschöpfung und damit ein zeitweiliges erhebliches Sinken (wenn nicht Erlöschen) der Libido wie der Potenz, wodurch das Individuum von weiterer Kraftvergeudung vor seiner Wiederholung abgehalten wird, soferne nicht äußere Anreize die sexuelle Appetenz anfachen [1]). Bei dieser Sachlage erscheint es mir immerhin beachtenswert, daß unter den von mir beobachteten Tabetikern sich eine gewisse, allerdings beschränkte Anzahl von solchen befindet, welche andauernd sich geschlechtlichen Exzessen hingegeben hatten und zwar lange Zeit vor dem Auftreten der ersten Krankheitserscheinungen, so daß das Verhalten der Betreffenden in sexueller Beziehung nicht als Äußerung der Erkrankung betrachtet werden kann. Manche dieser Patienten hatten selbst den Eindruck, daß ihr lockeres Leben nicht ganz ohne Zusammenhang mit ihrer Erkrankung sei, und dieser Annahme konnte ich mich ebenfalls nicht entziehen. Was dieselbe noch erheblich stützt, ist der Umstand, daß die Mehrzahl der betreffenden Leidenden durch ihren Beruf genötigt war, viel auf den Beinen zu sein (Agenten), und es bei denselben auch an mancherlei geschäftlichen Aufregungen nicht fehlte. Es ist wohl nicht zu bezweifeln, daß unter dem Einflusse geschlechtlicher Exzesse das Rückenmark namentlich bei solchen Individuen leiden muß, die nicht in der Lage sind, in der Zwischenzeit dem erschöpften Organe die nötige Ruhe zu gönnen. Andererseits muß ich aber zugestehen, daß meine Beobachtungen keinen strikten Beweis dafür liefern, daß geschlechtliche Unmäßigkeit ohne Mitwirkung anderer Schädlichkeiten bei ursprünglich gesunden Personen Tabes hervorzurufen vermag. Das gleiche gilt für andere organische Rückenmarkskrankheiten, speziell die chronische Myelitis. Ich beobachtete unter einer immerhin ansehnlichen Zahl von Fällen letzterer Erkrankung nur einen einzigen (schwere Myelitis transversa), in welchem sexuelle Ausschweifung sicher vorhanden und ein anderes ätiologisches Moment nicht zu eruieren war, woraus jedoch noch nicht gefolgert werden darf, daß erstere die alleinige Ursache der Erkrankung war. Im allgemeinen scheinen mir daher sexuelle Exzesse eher der Entwicklung der Tabes als irgend einer anderen organischen Rückenmarkserkrankung Vorschub zu leisten [2]).

---

[1]) Die Fälle, in welchen auf ein Übermaß sexueller Leistung keine entsprechend nachhaltige Minderung der geschlechtlichen Appetenz erfolgt, sind meines Erachtens durchgehends pathologischer Natur.

[2]) Mehrere Beobachter (Oran, Oppenheimer, Diemer) wollten auch die progressive Muskelatrophie in ursächlichen Zusammenhang mit geschlechtlichen Exzessen bringen. Eine

In ähnlicher Weise wie übermäßige Häufigkeit geschlechtlichen Umganges können auch bei mäßigem sexuellen Verkehre gewisse denselben begleitende oder ihm folgende Umstände nachteilig werden. Die Schädlichkeit des Koitus in statione ist fast allgemein zugegeben.

Schon ältere Autoren (Sanctorius, Morgagni, Tissot) haben auf dieselbe aufmerksam gemacht. Tissot und Ollivier d'Angers berichten über Fälle, in welchen Lähmung der Beine im Gefolge gewohnheitsmäßiger Übung des geschlechtlichen Verkehrs im Stehen eintrat. Carré führte sexuelle Exzesse, insbesondere solche, die im Stehen begangen werden, als Ursache der Tabes (Ataxie locomotrice) an; nach der Meinung dieses Autors sollen hierdurch Kongestionen des Rückenmarkes (erstes Stadium der Tabes) herbeigeführt werden. Hammond erwähnt, daß er wiederholt ernste Folgen von der beständigen Übung der Kohabitation in der erwähnten Stellung sah. Ein ältlicher Herr seiner Beobachtung, der längere Zeit der in Frage stehenden Art des sexuellen Verkehrs gehuldigt hatte, wurde bei dieser Gelegenheit von einem heftigen Tremor in beiden Beinen ergriffen, der zwei Tage anhielt, nach welcher Zeit Lähmung der Beine und Impotenz sich bemerklich machten. Die Lähmung besserte sich bedeutend, während die Impotenz verblieb. Ein anderer Patient, der an den Coitus in statione nicht gewöhnt war, wurde nach demselben von einer Ohnmacht befallen, an welche sich partielle Lähmung beider Beine und Incontinentia urinae anschloß. Die Lähmung der Beine verlor sich in wenigen Wochen, der Sphincter vesicae war noch nach 5 Jahren geschwächt.

Wenn ich meine eigenen Erfahrungen berücksichtige, so verhalten sich manche jüngere Männer wenigstens auffällig resistent gegen die Schädlichkeit des in Frage stehenden Vorgehens, während andere schon nach kurzem dasselbe büßen müssen. Indes handelt es sich hierbei gewöhnlich nur um Erscheinungen spinaler Neurasthenie.

Sexueller Umgang nach dem Essen wird ebenfalls von den älteren Ärzten als schädlich bezeichnet. Féré erwähnt, daß bei manchen Personen der Beischlaf nach der Mahlzeit eine Erschöpfung der Magentätigkeit und Verdauungsstörungen herbeiführt.

Körperliche Anstrengungen unmittelbar nach dem Aktus erweisen sich ebenfalls häufig von entschieden ungünstiger Wirkung. Curschmann erwähnt eines jüngeren kräftigen Mannes, der jahrelang ohne Nachteil für seine Gesundheit 4 mal wöchentlich mit seiner Geliebten Umgang hatte; als diese jedoch eine entferntere Wohnung bezog und der Betreffende genötigt war, einen Weg von einer Stunde nach dem Akte zurückzulegen, wurde er alsbald von sehr angreifenden Nacht- und Tagespollutionen heimgesucht. Vereinzelte ähnliche Beobachtungen habe ich ebenfalls gemacht.

Bei einem Ende der 30er Jahre stehenden verheirateten Herrn meiner Beobachtung, welcher öfters den ehelichen Verkehr am Morgen, kurze Zeit vor dem Aufstehen, pflegte und nach dem Frühstücke in sein Geschäft einen weiten Weg zurückzulegen hatte, kam es binnen kurzer Zeit zu einer auffälligen Abnahme der Potenz.

Auch die Ausübung des Koitus nach erheblichen körperlichen Anstrengungen kann entschieden schädigend wirken. Bei einem jungen Manne meiner Beobach-

meiner Beobachtungen von spinaler progressiver Muskelatrophie ließe sich zugunsten dieser Auffassung verwerten. Doch kann es sich jedenfalls nur darum handeln, daß die durch die geschlechtlichen Vorgänge erschöpften Rückenmarkszentren der Einwirkung anderer Schädlichkeiten gegenüber der Widerstandsfähigkeit ermangeln.

tung, der unmittelbar nach einer anstrengenden Velozipedtour den Beischlaf ausgeübt hatte, entwickelten sich im Anschluß an diesen Akt die Erscheinungen einer schweren spinalen Neurasthenie, die sich noch nach Jahren nicht ganz verloren hatten.

Manche Männer besitzen die Fähigkeit, den Eintritt der Ejakulation beim Kopulationsakte willkürlich hinauszuschieben und dadurch den Akt nach Belieben zu verlängern. Namentlich bei der Übung des Congressus interruptus wird von dieser Kunstfertigkeit häufig Gebrauch gemacht und hierdurch die nachteilige Wirkung dieser Art des Kongressus gesteigert. Allein auch bei normaler Beendigung des Aktes muß die übermäßige Ausdehnung desselben als ein den Nerven schädliches Moment bezeichnet werden.

Unstreitig wird das Nervensystem des Weibes durch den Geschlechtsakt weniger nachhaltig ergriffen als das des Mannes. Man darf hier nur auf das naheliegende Verhalten der öffentlichen Frauenzimmer hinweisen. Es mag sein, daß das Nervensystem dieser etwas robuster veranlagt ist als das der durchschnittlichen weiblichen Personen, und daß speziell die Nerven der Sexualsphäre bei denselben eine Abstumpfung der Empfindung aufweisen. Allein dies zugestanden, verbleibt es immerhin bemerkenswert, daß bei diesen Geschöpfen Fälle nervöser Überreizung infolge von Ausübung ihres Gewerbes sehr selten vorkommen, und wo sich neurasthenische oder hysterische Zustände bei denselben finden, zumeist andere Ursachen im Spiele sind. Auch bei gesunden Frauen, die nicht der Venus vulgivaga huldigen, ist häufig wiederholter geschlechtlicher Verkehr, soferne derselbe in ganz normaler Weise statthat, im allgemeinen ohne jeden nachteiligen Einfluß. Das Verhalten des Mannes und der Frau kontrastiert in diesem Punkte in manchen Fällen in sehr auffälliger Weise. Ich habe mehrfach Gelegenheit gehabt, junge Ehepaare zu sehen, wobei der Gatte infolge des Eifers, mit welchem er der Erfüllung seiner ehelichen Pflichten oblag, in seinem Allgemeinbefinden und Nervenzustande in beklagenswerter Weise heruntergekommen war, während die Gattin zugenommen hatte und fortdauernd der besten Gesundheit sich erfreute.

Indes bleibt auch bei Frauen Übermaß im sexuellen Verkehr nicht immer ohne nachteilige Folgen für das Nervensystem. Mitunter kommt es dadurch ähnlich wie beim Manne zu einer Erschöpfung der genitalen Rückenmarkszentren, infolge welcher beim Geschlechtsakte der Orgasmus sich schwerer und in geringerem Maße einstellt oder auch ganz ausbleibt. Diese mangelhafte Befriedigung oder Nichtbefriedigung kann, wie aus meinen Beobachtungen sich ergibt, zur Entwicklung von Angstzuständen führen oder dieselbe begünstigen. Hammond berichtet, daß er in zwei Fällen Lähmung beider Beine bei Frauen beobachtete, die in einer Nacht sich übermäßig oft dem sexuellen Genusse hingegeben hatten, und außerdem sehr häufig Spinalirritation und andere nervöse Störungen als Folgeerscheinungen der gleichen Ursache sah. Auch nach meinen Erfahrungen können neurasthenische, speziell spinal-neurasthenische Beschwerden im Gefolge freiwilliger oder unfreiwilliger Exzesse bei Frauen sich einstellen. Bei der von Hammond erwähnten Lähmung der Beine dürfte es sich lediglich um Symptome eines hochgradigen spinalen Erschöpfungszustandes oder hysterische Erscheinungen gehandelt haben. Für das Vorkommen organischer Erkrankungen des Nervensystems im Gefolge sexueller Exzesse beim Weibe liegen keinerlei stichhaltige Beweise vor.

Beobachtung.

Unfreiwillige sexuelle Exzesse bei einer Frau; als Folge derselben Pollutionen und Verlust des orgastischen Gefühls bei der Kohabitation. Frau B. aus Wien, 32 Jahre alt, ohne erbliche Belastung, verheiratete sich mit 15 Jahren und ist seit 2 Jahren geschieden. Ihr Gatte, Fleischer von Profession, ein sehr großer und robuster Mann (Gewicht 105 kg) 7 Jahre älter als sie, nötigte sie in den ersten 3 Jahren 8—10 mal täglich zum Beischlaf, dabei zeigte er schon von Anfang an eine Neigung zu Perversitäten (z. B. Fellatio). In den späteren Jahren mußte sich die Patientin noch 2—3 mal täglich, mitunter auch öfters, zum Beischlaf verstehen. Ihre Nerven kamen dabei mehr und mehr herunter; es stellten sich Appetitmangel, sowie nervöse Magen- und Herzbeschwerden ein, die den Mann jedoch zu keiner Rücksicht bestimmten. Patientin sah sich deshalb veranlaßt, sich von ihm zu trennen. Seitdem leidet sie an Pollutionen, die 2—4 mal im Monat auftreten. Das orgastische Gefühl war bei ihr schon immer beim Koitus, und zwar auch bei langer Dauer des Verkehrs gering (gegenwärtig fehlt es gänzlich). Patientin hat ein Verhältnis mit einem völlig potenten Manne. Bei den Pollutionen ist dagegen das orgastische Gefühl sehr lebhaft; von Schleimabgang bemerkt sie dabei jedoch wenig. In den Träumen, welche zu den Pollutionen führen, figurieren z. T. die Perversitäten ihres Mannes, die sie so sehr verabscheute. An den Tagen nach den Pollutionen fühlt sich Frau B. gewöhnlich auffällig matt, sie glaubt, daß auch ihr Magenzustand durch diese ungünstig beeinflußt wird.

XI.

Onanie.

Unter den verschiedenen Übeln, deren Quelle der Geschlechtstrieb bildet, ist unstreitig das verbreitetste und verderblichste: die Onanie; wir verstehen unter letzterer jede künstlich, nicht vermittels geschlechtlichen Verkehrs geschehende Herbeiführung der normalerweise an die Kohabitation sich knüpfenden nervösen Erregungen und Empfindungen. Die in Rede stehende Art sexueller Befriedigung ist nicht, wie von verschiedenen Seiten behauptet wird, lediglich ein Ausfluß der modernen Kultur oder eine Teilerscheinung der sogenannten modernen Sittenverderbnis. Das Übel beschränkt sich gegenwärtig auch keineswegs auf die zivilisierten Nationen; es hat bei halbwilden Völkerschaften, selbst bei auf der niedersten Stufe menschlicher Kultur stehenden Wilden Eingang gefunden. Auch bei Tieren wird dasselbe beobachtet. Affen sind bekanntlich der Masturbation in sehr hohem Maße ergeben, und es ist kein seltenes Vorkommnis, daß solche in unfreiem Zustande ihren onanistischen Neigungen in solchem Maße fröhnen, daß sie an den Folgen zugrunde gehen. Auch bei Pferden, insbesondere Rassepferden, und Hunden begegnet man nicht selten onanistischen Akten.

Im klassischen Altertume scheint die Selbstbefriedigung allerdings weniger in Übung gewesen zu sein; dieser Umstand ist jedoch keineswegs auf einem höheren moral standard jener Zeit, sondern wesentlich darauf zurückzuführen, daß Päderastie und reichlichere Gelegenheit zur natürlichen Befriedigung der sexuellen Bedürfnisse die Veranlassungen zur Masturbation minderten. Die Frage, ob letztere in der Gegenwart bei den Kulturvölkern eine größere Ausbreitung erlangt hat als in früheren Jahrhunderten, ist nicht mit voller Bestimmtheit zu beantworten. Sicher ist, daß das Übel derzeit eine ungeheure Verbreitung in allen Schichten der Bevölkerung, namentlich in den Städten, erreicht hat. Wenn wir neben dieser Tatsache die unverkennbare Zunahme der Nervenkrankheiten, speziell der Neurasthenie, in den letzten Dezennien, die Steigerung der Konkurrenz auf allen Erwerbsgebieten und die dadurch bedingte Erschwerung und Verzögerung der Verehelichung für zahllose Individuen berücksichtigen, so dürfen wir jedenfalls eher auf eine Zunahme denn eine Verringerung des Mißbrauches schließen.

Wie übel es jedoch auch mit der Verbreitung der Masturbation gegenwärtig stehen mag, so schlimm ist es nach meinen Erfahrungen keineswegs, wie es die Übertreibungen mancher Autoren erscheinen lassen. O. Berger z. B. bemerkte vor Jahren (1876), „die Masturbation ist eine so verbreitete Manipulation, daß von 100 jungen Männern und Mädchen 99 sich zeitweilig damit abgeben und der Hundertste, wie ich zu sagen pflege, der reine Mensch, die Wahrheit verheimlicht". In Bergers Fußstapfen sind später Mc. Clanahan und Rohleder getreten. Ersterer Autor ist der Ansicht, daß fast alle männlichen Individuen einmal der Masturbation ergeben waren. Nach Rohleder onanieren mindestens 95% aller Menschen zur Zeit der Pubertätsentwicklung und in den nächstfolgenden Jahren. „Fast jedes Kind wird während der Schulzeit von dem Laster angesteckt."

Stekel geht in seinen Behauptungen über die Verbreitung der Onanie noch einen Schritt weiter, indem er erklärt: „Ich bin der Ansicht, daß alle Menschen ohne Ausnahme onanieren und daß die Onanie ein physiologischer Vorgang ist, der dem infantilen Individuum in einem gewissen Alter unentbehrlich ist“ [1]).

Es bedarf keiner langen Beweisführung, um zu zeigen, daß alle diese Behauptungen der Begründung ermangeln und sich lediglich als ganz und gar haltlose Verallgemeinerungen des Eindrucks charakterisieren, der an einem beschränkten Erfahrungsmaterial gewonnen wurde. Jeder an wissenschaftliches Denken Gewöhnte muß zu der Einsicht gelangen, daß die Erfahrungen des einzelnen Beobachters bezüglich des Vorkommens der Onanie bei beiden Geschlechtern — sie mögen noch so ausgedehnt sein — doch nur immer eine relativ beschränkte Zahl von Individuen einer gewissen Bevölkerung betreffen können und deshalb keine allgemeinen Schlüsse über die Verbreitung der Onanie zulassen. Wären Rohleder oder Stekel in der Lage gewesen, bei mehreren Tausend Individuen beider Geschlechter aller Stände, Gesunden wie Kranken, ausnahmslos oder 95% Masturbation festzustellen, so würde dieses Ergebnis für die ländliche Bevölkerung irgend einer deutschen oder österreichischen Provinz noch keine Geltung beanspruchen können, von anderen Ländern ganz zu schweigen. Allein weder Rohleder noch Stekel waren in der Lage, bei einem solchen Materiale nach Onanie zu forschen, geschweige Onanie in der fraglichen Ausdehnung zu konstatieren. Das Material, auf das beide ihre Schlüsse basieren konnten, bestand jedenfalls vorwaltend aus Kranken, unter denen noch dazu nicht alle Bevölkerungsschichten gleichmäßig vertreten waren, und es erscheint daher unnötig, bei ihren Behauptungen länger zu verweilen.

Sehen wir nun zu, was sich bei unbefangener Beurteilung der Sachlage ergibt. Seit Dezennien habe ich bei der Erhebung der Anamnese bei meinen Nervenpatienten der Onanie besondere Beachtung geschenkt und verneinenden Angaben sowie der Erklärung gegenüber, daß die Masturbation aufgegeben sei, allzeit die erforderliche Skepsis geübt. Trotz dieser mußte ich bei einer Anzahl von Patienten den Angaben, daß sie der Masturbation nicht ergeben waren, Glauben schenken, da es sich zumeist um Personen handelte, denen es ferne lag, auf die Negation der Onanie irgend ein Gewicht zu legen. Diese Erfahrungen, wie die Mitteilungen, welche ich gelegentlich von Gesunden erhielt, lassen für mich keinen Zweifel, daß man nicht berechtigt ist, die Onanie als ein Vorkommnis zu betrachten, von dem kein männliches Individuum frei bleibt [2]). Noch weit zurückhaltender müssen wir bezüglich der Annahme der Onanie beim weiblichen Geschlechte sein. Ich will hier kein Gewicht darauf legen, daß ich bei weiblichen Nervenkranken erheblich seltener als bei männlichen Onanie ermitteln konnte. Man befindet sich Patientinnen gegenüber, wenn es sich um die Eruierung von Onanie handelt, meist in einer etwas schwierigeren Lage als bei Männern. Bei diesen darf man im allgemeinen darauf rechnen, daß sie ohne weiteres verstehen, was Onanie bedeutet; bei weiblichen Personen ist das häufig nicht der Fall; selbst verheiratete Frauen, die Kinder besitzen, zeigen in dieser Hinsicht nicht selten vollkommene Unkenntnis. Auch verhindert das größere Schamgefühl weibliche Personen zweifellos öfters Masturbation zuzugestehen als dies bei Männern der Fall ist. Ich habe jedoch meine Nachforschungen nach Onanie keineswegs auf Patientinnen beschränkt. Im Laufe der Jahre bot sich mir Gelegenheit, eine Reihe von Damen reiferen Alters, deren Vertrauen ich genoß und die genügende Aufklärung über sexuelle Dinge besaßen, über das Vorkommen von Onanie im Kreise ihrer Bekannten zu befragen. Die Auskünfte, die ich erhielt, gingen dahin, daß bei der heranwachsenden weiblichen Jugend die Masturbation zweifellos weit seltener ist als bei der männlichen und daß auch in den Pensionaten die Verleitung zur Selbstbefriedigung erheblich seltener vorkommt als in den Internaten für männliche Zöglinge. Auch das, was ich betreffs erwachsener unverheirateter weiblicher Personen der gebildeten Stände erfuhr, spricht dafür, daß bei diesen die Masturbation keineswegs die Häufigkeit erreicht wie beim männlichen Geschlechte [3]).

---

[1]) Stekel: „Über larvierte Onanie“. Sexual-Probleme. Februar 1913.

[2]) Es entgeht mir nicht, daß man für die Fälle, in welchen Masturbation in Abrede gestellt wird, auf das Vorkommen unbewußter Onanie und die Möglichkeit der Verdrängung der betreffenden Erinnerungen hinweisen mag. Indes würde diese Erklärung den Mitteilungen der Gesunden gegenüber keine Anwendung finden können und auch für die Kranken keine Beweiskraft besitzen. Man muß eben von vornherein schon von dem regelmäßigen Vorkommen der Onanie überzeugt sein, wenn man dieselbe dadurch erweisen zu können glaubt, daß man in den Fällen, in welchen Onanie nicht zugestanden wird, auf die unbewußte Onanie und die Verdrängung rekuriert.

[3]) Erfahrene Gynäkologen, mit denen ich über die Angelegenheit sprach, bekannten sich zu der gleichen Ansicht bezüglich der Masturbation beim weiblichen Geschlechte.

Die ärztliche Beurteilung der Onanie und ihrer Folgen hat im Laufe der Jahre manche Wandlungen erfahren und zeigt noch heutzutage erhebliche Abweichungen. Bekannt ist das düstere Gemälde, das Tissot von den Folgen geheimer Sünden entwarf, und die ebenfalls noch sehr mit Übertreibungen behaftete Darstellung Lallemands in dessen Werke über die unwillkürlichen Samenverluste (3. Teil). Diese Arbeiten bildeten die Hauptfundgrube für jene zahlreichen populären Schriften (der persönliche Schutz, die Selbstbewahrung, der Jugendspiegel usw.), deren unheilvollen Einfluß auf die Gemütsstimmung der ohnedies zum Pessimismus sehr neigenden Gewohnheitsonanisten wir jetzt noch häufig genug zu konstatieren in der Lage sind. Indes dürfen wir nicht übersehen, daß die ältere wissenschaftliche Medizin in dieser Hinsicht nicht viel weniger auf dem Kerbholze hat. In den Werken über spezielle Pathologie, Nerven- und Geisteskrankheiten aus der ersten Hälfte des letzten Jahrhunderts finden wir noch fast überall die Folgen der Onanie in höchst kritikloser und übertriebener Weise geschildert.

Erst die genauere Kenntnis der Symptomatologie der organischen Rückenmarkskrankheiten und der verschiedenen nervösen Schwächezustände, welche uns die letzten Dezennien brachten, führte zu einer sachgemäßen Beurteilung der Folgen der Masturbation. Es unterliegt für uns heutzutage keinem Zweifel, daß das Schreckbild der Tabes, das unsere Vorgänger den eingefleischten Onanisten vorhielten, nicht auf tatsächlicher Beobachtung, sondern auf einer Verwechslung schwerer spinaler Erschöpfungszustände mit Tabes beruhte. Von den neueren Autoren (Christian, Leyden, Erb, Rosenthal, Beard, Hammond, Curschmann, Fürbringer, v. Krafft-Ebing u. a.) wird allgemein die Entstehung spinaler Neurasthenie als Folge von Onanie zugegeben. Für eine Verursachung von Tabes durch exzessive Masturbation sind dagegen von keiner Seite stichhaltige Beweise beigebracht worden [1]). Auch die Rolle, welche man der Selbstbefriedigung bei der Entstehung von Psychosen früher zuschrieb, ist durch die neueren Ermittelungen gewaltig eingeschränkt worden. Man ist auch in dieser Hinsicht früher offenbar häufig dem Irrtum unterlegen, daß man als Ursache der Erkrankung ansah, was bereits Symptom derselben war.

Der Akt der Selbstbefriedigung wird von männlichen sowohl als weiblichen Individuen auf sehr verschiedene Weise geübt, und man kann nach der Art der dabei hauptsächlich einwirkenden Reize zwei Formen der Masturbation unterscheiden: a) eine peripher-mechanische, b) eine psychische (geistige, Gedankenonanie).

a) Die peripher-mechanische Onanie.

Der sexuelle Orgasmus wird hier ausschließlich oder hauptsächlich durch mechanische, zumeist auf die Haut, resp. Schleimhäute der Genitalien einwirkende Reize ausgelöst. Die gewöhnlichste Art dieser Onanieform und der Onanie überhaupt und zwar bei beiden Geschlechtern ist die manuelle, auf deren Details

[1]) Auch eine von Hammond mitgeteilte, an sich sehr bemerkenswerte Beobachtung ist durchaus nicht einwandfrei. Ein junger Mann gab sich während einer Orgie in einem Bordell etwa neunmal in einer Stunde dem Onan fälschlicherweise zugeschriebenen Laster hin, wobei nur die ersten 3 Male Ejakulation eintrat. Am nächsten Morgen hatte er bereits Incontinentia urinae, und allmählich entwickelte sich eine Tabes. Meines Erachtens ist ein so ungewöhnlicher und sinnloser Exzeß nur bei einem krankhaften Zustande erklärlich, und so halte ich es für das Wahrscheinlichere, daß bei dem Betreffenden bereits beginnende Tabes vorlag, als er sich die erwähnte Unbill zufügte.

wir nicht weiter einzugehen brauchen. Auch bei der mutuellen Form der Onanie, wie sie vorzugsweise von Konträrsexualen geübt wird, handelt es sich gewöhnlich um die manuelle Art der Prozedur.

Bei Knaben und jüngeren Leuten führen mitunter sexuelle Empfindungen, die beim Klettern oder Rutschen auf Balken, Geländern usw. durch Druck auf Penis und Hoden zufällig ausgelöst werden, zu onanistischen Gepflogenheiten, bei denen die erwähnten Prozeduren in der einen oder anderen Weise wiederholt werden. In manchen Fällen beschränkt sich die onanistische Prozedur auf Andrücken der Genitalien gegen einen harten oder auch weichen Gegenstand (eine Stuhlkante, Polster u. dgl.). Ein Patient berichtete mir, daß er mit der Onanie im Alter von 13 Jahren in der Turnstunde beim Mastklettern bekannt wurde und später im Alter von 16—19 Jahren der Onanie vermittels Umklammerung einer eisernen Stange, d. h. durch Druck des Körpergewichts auf Hoden und Penis mit Leidenschaft fröhnte (ca. 200 mal im Verlauf von 3 Jahren) und nach dem onanistischen Akte oft noch schwere Kraftübungen vornahm. Der masturbatorische Akt erfolgte, wie der Patient weiter berichtete, ohne jede begleitende erotische Phantasie und führte zur Auslösung des Orgasmus ohne vorhergehende Erektion. In der Mehrzahl der Fälle meiner Beobachtung wurde jedoch die Vornahme von Kletter- und Rutschübungen zu onanistischen Zwecken alsbald wieder aufgegeben.

Auch gelegentliche Erfahrungen beim Reiten auf kleineren Tieren (Schafen, Hunden) können, wie ein von mir beobachteter Fall zeigt, dazu führen, daß das Reiten zu onanistischen Zwecken benützt wird. Das gleiche gilt vom Velozipedfahren, das jedoch bei Männern ungleich seltener als bei weiblichen Individuen die Auslösung des Orgasmus ermöglicht und daher auch viel seltener der Selbstbefriedigung dient. Bei sehr jungen Kindern (insbesondere Säuglingen) wird die Masturbation durch Kompression des Penis durch die Oberschenkel ausgeübt, eine Prozedur, die in seltenen Fällen auch noch von älteren Kindern, selbst noch von Erwachsenen mit Erfolg angewendet wird. In Fällen, in welchen die Schleimhäute des Afters oder der Harnröhre erogene Eigenschaften besitzen, kann auch durch Reizung dieser Teile der Masturbation gefröhnt werden. Endlich ist zu erwähnen, daß bei besonderer Veranlagung (d. h. der Fähigkeit, durch schmerzhafte Einwirkung sexuell erregt zu werden) nach meinen Erfahrungen auch flagellatorische Prozeduren (Autoflagellation) der Selbstbefriedigung dienen können.

Von Frauen werden zum Zwecke masturbatorischer Reizung auch die verschiedensten und sonderbarsten Gegenstände von weicher und harter Beschaffenheit in die Vagina eingeführt, wodurch dann auch öfters entzündliche Prozesse im Genitaltrakt hervorgerufen werden. Manche weibliche Personen erreichen den Orgasmus, indem sie durch reibende, drückende Bewegungen der Oberschenkel gegeneinander auf die Klitoris einwirken. Ungleich seltener werden Fremdkörper zum Behufe onanistischer Reizung von Frauen in die Harnröhre eingeführt. Daß letzteres Vorgehen wegen der Möglichkeit, daß die eingeführten Fremdkörper in die Harnblase gelangen, besonders gefährlich ist, liegt nahe.

Bei Erwachsenen, zum Teil auch schon bei älteren Kindern wird der auf mechanischem Wege ausgeführte masturbatorische Akt zumeist von sexuellen Vorstellungen (Phantasien) begleitet, welche an der Auslösung des Orgasmus einen größeren oder geringeren Anteil haben. Unter diesen Phantasien sind selbstverständlich auch die verschiedenen Perversionen, ihrer Gestaltung entsprechend, vertreten. Der Homosexuelle hat in seiner Phantasie mit einem gleichgeschlechtlichen Individuum zu tun, der mit sadistischen Neigungen Behaftete stellt sich Mißhandlungen vor, die er verübt, usw.

b) Psychische Onanie[1]).

Bei dieser Form der Masturbation wird der Orgasmus lediglich durch zentrale Reize — Vorstellungen — ohne Mitwirkung irgendwelcher Manipulationen an den Genitalien ausgelöst. Die in dieser Richtung wirksamen Vorstellungen sind zumeist Phantasievorstellungen lasziven Inhalts oder Erinnerungen an sexuelle Erlebnisse, bei welchen der Masturbant absichtlich verweilt und auf welche er seine ganze Aufmerksamkeit konzentriert; nur dadurch erlangen diese Vorstellungen die Intensität, daß sie, ähnlich den erotischen Traumvorstellungen, Orgasmus herbeiführen. In manchen Fällen wird der Anblick weiblicher Personen zur Anknüpfung der entsprechenden sexuellen Phantasien (einer ideellen Kohabitation) benützt[2]). Im Vergleich zur peripher-mechanischen (insbesondere der manuellen) Form der Masturbation ist die rein psychische eine Rarität und zwar aus dem einfachen Grunde, weil dieselbe seitens der Praktizierenden Eigentümlichkeiten auf nervösem und psychischem Gebiete erheischt, die sich nicht allzu häufig finden. Die psychische Onanie erfordert auf geistigem Gebiete eine große Lebhaftigkeit der Phantasie und die Fähigkeit, die Aufmerksamkeit ganz und gar auf das Phantasiegebiet zu konzentrieren, dadurch allein können die auslösenden sinnlichen Vorstellungen die nötige Lebhaftigkeit erlangen; die Wirksamkeit derselben setzt jedoch noch einen Zustand sexueller Schwäche, eine abnorme Erregbarkeit der Ejakulationszentren im Rückenmarke voraus; ohne diese würden Vorstellungen des Wachbewußtseins nie genügen, den Orgasmus auszulösen. Die Gedankenonanie kann als erster und einziger Modus der Selbstbefriedigung geübt werden; ich habe einige Fälle dieser Art beobachtet. In der Mehrzahl der Fälle geht jedoch, wie es scheint, derselben manuelle Masturbation vorher und wird erst durch diese die Basis zur Ausführung rein psychisch-onanistischer Akte geschaffen (die oben erwähnte sexuelle Schwäche).

Neben den beiden im vorstehenden erwähnten Hauptgruppen gibt es noch einige Varianten der Masturbation, die wir nicht unerwähnt lassen können. Manche männliche Individuen beschränken sich darauf, den masturbatorischen Akt in der Weise auszuführen, daß es hierbei nicht zur Ejakulation kommt (Masturbatio interrupta nach Rohleders Bezeichnung). Andere verstehen es, den Akt ganz außerordentlich in die Länge zu ziehen (Masturbatio prolongata nach Stekel). Letzterer Autor hat auch eine larvierte oder unbewußte Form der Onanie unterschieden. Bei den Fällen, die er unter diesen Bezeichnungen anführt, handelt es sich jedoch um sehr verschiedenartige Vorkommnisse. Es sind zum Teil masturbatorische Akte, die sich als solche nicht ohne weiteres erkennen lassen (z. B. Auslösung des Orgasmus durch Einwirkung auf den Anus, durch intensive Muskelanspannung beim Turnen, durch Tätigkeit an der Nähmaschine usw.), zum Teil aber auch Vorgänge, die mit Onanie überhaupt nichts zu tun haben. Hierher gehören die Pollutionen, die Spermatorrhöe, gewisse Hautausschläge, deren Auffassung als larvierte Onanie der Autor auf Gründe stützt, die keiner ernsthaften Widerlegung bedürfen. Auch die Identifizierung der larvierten mit der unbewußten Onanie, wie sie seitens des Autors geschieht, kann nicht als ganz berechtigt betrachtet werden. Wenn Stekel z. B. als unbewußte Onanie in hysterischen Anfällen vorkommende masturbatorische Akte anführt, so ist dagegen zu bemerken, daß diese nicht ohne begleitende oder veranlassende Phantasien verlaufen, also

[1]) Die Ausdrücke „psychische Onanie", „Gedankenonanie" werden in verschiedenem Sinne gebraucht. Man versteht darunter nicht lediglich die Herbeiführung des sexuellen Orgasmus durch Vorstellungen, sondern auch die Neigung des Vorstellens, fortwährend auf sexuelle Dinge abzuschweifen, sich laszive Bilder auszumalen und bei solchen mit Behagen zu verweilen.

[2]) Stekel erwähnt, daß einzelne Individuen auch durch künstlich produzierte Vorstellungen ängstlichen Inhalts (insbesondere die Vorstellung des irgend ein Ziel nicht Erreichenkönnens) den Orgasmus herbeizuführen vermögen.

nicht als „unbewußt" im eigentlichen Sinne bezeichnet werden können. Andererseits gibt es eine unbewußte Onanie, welche aber nichts Larviertes an sich hat, da sie auf manuelle Weise geschieht. Wir werden derartige Fälle an späterer Stelle kennen lernen.

Wenn man die Schädlichkeit der verschiedenen Arten der Masturbation für die Psyche und das Nervensystem taxieren will, muß man die geistige zweifellos als die an sich schlimmste erklären. Ihre größere Schädlichkeit wird nicht in erster Linie dadurch bedingt, daß bei derselben wegen der notwendigen Erhitzung der Phantasie wahrscheinlich ein größerer Verbrauch von Nervenkräften statthat, als bei anderen Arten der Masturbation, sondern durch andere Umstände. Es ist begreiflich, daß das häufige Sichausmalen sexueller Vorgänge oder sinnlich erregender Bilder und die absichtliche Steigerung solcher Bilder zur größten Lebhaftigkeit dem sexuell-sinnlichen Elemente im Vorstellen eine ganz außergewöhnliche Reproduktionstendenz verleiht, infolge welcher beim Denken fortwährend ein Abschweifen auf das sexuelle Gebiet sich bemerklich macht und jede ernstere geistige Arbeit hochgradig erschwert wird. Wir werden auf diesen Punkt an späterer Stelle zurückkommen. Es ist ferner ohne weiteres begreiflich, daß bei einem Menschen, welcher es dahin gebracht hat, daß er durch reine Phantasievorstellungen willkürliche Ejakulationen herbeizuführen vermag, solche auch unwillkürlich durch zufällig einwirkende sinnliche Reize ausgelöst werden, also auch Tagespollutionen auftreten und bei Koitusversuchen es zu präzipitierter Ejakulation kommt. Diese Erscheinungen figurieren auch als Folgezustände der gewöhnlichen (manuellen) Art der Onanie, doch finden wir sie hier nicht als gewissermaßen notwendige Folge, wie bei der psychischen Onanie, sondern lediglich abhängig von exzessiver onanistischer Tätigkeit.

Die Onanie wird unstreitig in der großen Mehrzahl der Fälle von Gesunden geübt und kann bei diesen, soferne es sich um eine abnorme Art sexueller Befriedigung handelt, je nach dem Maße der Übung nur als Verirrung oder Laster angesehen werden [1]). In einer nicht geringen Anzahl von Fällen steht die masturbatorische Tätigkeit jedoch in ursächlichem Zusammenhange mit einem vorhandenen Krankheitszustande. Zunächst kommen hier örtliche Veränderungen an den Genitalen in Betracht, die an sich unbedeutend sein mögen (Ekzem, Prurigo, Phimosis mit konsekutiver Smegmaanhäufung, Vulvitis bei jungen Mädchen, Oxyuren), aber, indem sie öftere Berührungen der Genitalien veranlassen, namentlich bei Kindern oft zur Masturbation führen. Bei Erwachsenen und namentlich beim weiblichen Geschlechte bildet auch der Pruritus genitalium eine häufige Veranlassung zur Masturbation. Wir begegnen dieser Affektion bei jungen sowohl als bei älteren weiblichen Personen, doch vorwaltend nach dem 40. Lebensjahre, und die großen mit dem Leiden an sich zumeist verknüpften Beschwerden erfahren durch die onanistischen Akte, zu welchen der fortwährende Juckreiz den Anstoß gibt, gewöhnlich eine erhebliche Zunahme. Unter den Ursachen des Pruritus figuriert aber namentlich bei Mädchen nicht selten die Masturbation, und es ist begreiflich, daß in diesen Fällen der Hang zur Selbstbefriedigung und die sexuelle Erregtheit durch den Juckreiz bedeutend gesteigert wird.

Sehr häufig müssen abnorme Zustände des Nervensystems als Ursache oder wenigstens prädisponierende Momente in Anspruch genommen werden. Vor allem ist hier die angeborene reizbare Schwäche des Nervensystems — die neuropathische Disposition — zu nennen, die für sich bestehen, aber auch mit allgemeiner konstitutioneller Schwäche einhergehen kann. Soweit meine Erfahrung

[1]) Von der sogenannten Notonanie, welche lediglich das übermäßige Anwachsen sexuellen Dranges verhüten soll, ist hierbei abgesehen.

reicht, ist in der Mehrzahl der Fälle, in welchen Onanie bereits in den Kinderjahren, lange vor der Pubertätsentwicklung getrieben wird, die neuropathische Veranlagung vorhanden. Das gleiche gilt für die Fälle, in welchen jüngere oder ältere Knaben bereits in exzessiver Weise der Masturbation sich ergeben. Doch handelt es sich in letzteren Fällen um eine Vergesellschaftung der neuropathischen Disposition mit einer abnormen (exzessiv-libidinösen) Sexualkonstitution. Den nächsten Anstoß zur Entwicklung des Übels mögen auch hier äußere Einflüsse, schlechtes Beispiel von Mitschülern, zufällige Erregung sexueller Empfindungen usw. liefern. Die Folgen, welche derartige Einwirkungen in masturbatorischer Hinsicht nach sich ziehen, hängen ganz und gar von der nervös-sexuellen Konstitution des jugendlichen Individuums ab. Diese kann direkt — ein allerdings sehr seltenes Vorkommnis — einen Hang zur Onanie hervorrufen, indem sie die Auslösung zentraler Reize bedingt, die zu onanistischen Manipulationen den Anstoß geben. Im allgemeinen macht sich jedoch der Einfluß der Konstitution erst geltend, nachdem durch irgend ein äußeres Moment (Lokalaffektionen, Verführung usw.) onanistische Akte herbeigeführt wurden. Wir ersehen dies aus dem Umstande, daß ein und dasselbe Moment, z. B. Verführung, in einem Falle nur zu vorübergehender oder seltener onanistischer Betätigung, im anderen Falle zu dauernder und exzessiver Masturbation führt. Es ist hier eine Beobachtung von Interesse, deren Kenntnis ich einem befreundeten Herrn verdanke. Derselbe, früher Direktor einer Korrektionsanstalt für jugendliche Verbrecher, teilte mir mit, daß unter diesen zumeist noch im Knabenalter stehenden Kriminellen die Masturbation in einer wahrhaft erschreckenden Weise verbreitet sei und von einzelnen bis zum Abgange blutiger Entleerungen betrieben werde. Unter den jugendlichen Verbrechern befinden sich aber erfahrungsgemäß viele erblich belastete, degenerierte Individuen. Schon Trousseau erwähnt, daß unter den mit Spermatorrhöe und Impotenz Behafteten häufig solche sich finden, die von geistes- oder nervenkranken Eltern stammen, sohin hereditär neuropathisch belastet sind, als Kinder an nächtlichem Bettpissen und später an übermäßigen Pollutionen litten oder der Onanie exzessiv huldigten. Letztere ist in diesen Fällen nach Trousseau ebenso von einem abnormen Zustand der Innervation abhängig, wie das nächtliche Bettpissen und die Pollutionen. Christian hält die habituelle (chronische) Masturbation überhaupt für Symptome einer bereits bestehenden nervösen Störung. Einer ähnlichen Auffassung begegnen wir auch bei anderen Irrenärzten, so bei Kräpelin, der sich dahin äußerte, daß in der überwiegenden Mehrzahl der Fälle die hartnäckige, unausrottbare Neigung zur Masturbation ohne Zweifel ein Zeichen, nicht die Ursache der Geistesstörung ist, und man es einfach mit krankhaft gesteigerter geschlechtlicher Erregung zu tun hat, bei Forel, nach dessen Ansicht in weitaus den meisten Fällen, wo sich die Onanie mit nervösen Symptomen kombiniert, sie nicht Ursache, sondern Mitsymptom ist. Auch Oppenheim ist der Ansicht, daß der Hang zur Masturbation vielfach Symptom einer neuropathischen Diathese ist, und er hält es für nicht zweifelhaft, daß dieser Hang auch direkt vererbt werden kann.

Es läßt sich nun allerdings nicht leugnen, daß die exzessive Masturbation sich besonders häufig bei neuro- und psychopathisch Belasteten (den Déséquilibrés und Dégénérés der Franzosen) findet, doch beschränken sich die onanistischen Ausschreitungen nach meinen Erfahrungen nicht auf solche Individuen. Auch ursprünglich gesunde und von gesunden Eltern stammende junge Leute können allgemach tiefer und tiefer in den Sumpf der Masturbation sich hineinarbeiten, und auf der anderen Seite muß betont werden, daß die neuropathische Belastung nur dann zu exzessiver Onanie führt, wenn sie mit einer abnormen (exzessiv-libidinösen) Sexualkonstitution vergesellschaftet ist oder gewisse psychische Anomalien als Teilerscheinung derselben bestehen. Bei einem ansehnlichen Teile der erblich belasteten Onanisten hängen die sexuellen Gewohnheiten mit einer ererbten Willensschwäche zusammen, auf Grund welcher dieselben, nachdem einmal durch irgendwelche Einwirkungen der Anstoß zur Masturbation gegeben wurde, nicht mehr imstande sind, sich von dem Mißbrauche loszureißen. In sehr seltenen Fällen endlich macht sich bei Belasteten periodisch ein Zwangstrieb zur Onanie geltend, der so mächtig zur Befriedigung drängen kann, daß das Individuum selbst alle Rücksicht auf seine momentane Umgebung und die etwaigen Folgen seines Vorgehens beiseite läßt. In Anbetracht der Seltenheit der Fälle will ich zwei Beobachtungen dieser Art hier folgen lassen, von welchen die eine um so mehr Interesse beansprucht, als sie einen im Greisenalter stehenden Mann betrifft.

Beobachtung.

Herr X., 33 Jahre alt, den gebildeten Ständen angehörig, seit 11 Jahren verheiratet, Vater eines gesunden Kindes, ist erblich von beiden Seiten belastet. Sein Vater war nervenleidend und von sehr hitzigem Temperamente, mehrere Geschwister seiner Mutter starben in Irrenanstalten, auch seine Großmutter mütterlicherseits war vor ihrem Tode geisteskrank. Patient hat mit 10 Jahren einen Typhus durchgemacht, mit 16 Jahren erlitt er durch einen Sprung von Stockwerkshöhe, wobei er bewußtlos liegen blieb, eine Gehirnerschütterung, und vor 8 Jahren wurde er mit Lues infiziert. Patient ist seit vielen Jahren der Onanie ergeben und setzte diese Gewohnheit auch nach seiner Verheiratung fort, obwohl er an der Befriedigung seiner sexuellen Bedürfnisse durch den ehelichen Verkehr in keiner Weise gehindert ist. Es machte sich bei ihm auch bei regelmäßiger Ausübung des Kongressus bis in die jüngste Zeit der Drang zur Masturbation zeitweilig in überaus mächtiger Weise geltend. Mitunter überfällt ihn der onanistische Impuls sogar mit solcher Gewalt, daß er demselben sofort, ohne Rücksicht auf die augenblickliche Umgebung und die etwaigen Folgen, nachgeben muß; diese Anwandlungen sind von Kopfschmerzen, Zusammenschnüren im Halse, Herzklopfen und lebhaften Angstgefühlen begleitet. Patient ist durch seinen Zwangstrieb auch bereits in gerichtliche Fatalitäten geraten. Außerdem leidet er infolge seiner onanistischen Exzesse an einer Reihe neurasthenischer Beschwerden, Kopfschmerzen, Schwindel, Kreuzschmerzen, Ziehen in den Beinen usw. In diesem Falle äußerte hypnotische Behandlung einen sehr günstigen Einfluß, doch blieb der Patient nicht lange genug in Beobachtung, daß ein dauernder Erfolg konstatiert werden konnte.

Beobachtung.

Herr ....., Privatier, 69 Jahre alt, ist erblich von mütterlicher Seite belastet. Seine Mutter litt an periodischer Melancholie und Anthropophobie; Patient hat außer einer Lungenentzündung vor vielen Jahren keine schwere Erkrankung durchgemacht. Mit 30 Jahren übte er zum ersten Male Masturbation und befriedigte dann etwa 20 Jahre auf diesem Wege seine geschlechtlichen Bedürfnisse, ohne dabei besondere Exzesse zu begehen. Mit 50 Jahren hatte er zum ersten Male geschlechtlichen Verkehr, mit 51 Jahren verheiratete er sich. Er vertrug sich jedoch mit seiner Frau nicht und ließ sich deshalb nach einigen Jahren von derselben scheiden. In der Folge ergab er sich wieder der Masturbation und konnte von dieser sich auch nicht losmachen, als er in die 60er Jahre kam und mit Rücksicht auf sein Alter und die möglichen gesundheitlichen Nachteile ernsthaft gegen seine onanistische Neigung anzukämpfen versuchte. Bromkali längere Zeit gebraucht und eine Wasserkur hatten keinen Erfolg. Noch gegenwärtig im 69. Lebensjahre macht sich periodisch, etwa alle 11—12 Tage, der Drang zur Masturbation mit solcher Vehemenz geltend, daß Patient trotz aller Bemühungen demselben in der Regel unterliegt [1]).

Wir begegnen ferner dem Hange zu exzessiver Onanie bei Zuständen ausgesprochener Geistesstörung, insbesondere bei Maniakalischen, an Dementia

[1]) Über einen Fall von Zwangstrieb zur Onanie bei einer 29jährigen Frau, bei der auch andere Zwangsimpulse bestanden, berichtet Kaan (Der neurasthenische Angstaffekt bei Zwangsvorstellungen, S. 70).

praecox Leidenden, ferner bei Idioten, Schwachsinnigen und Epileptischen. Bei letzteren werden masturbatorische Akte als Teilerscheinung von Anfällen (psychischen Äquivalenten) beobachtet [1]). Bei den auf tiefster Stufe stehenden Idioten bildet die Masturbation einen rein automatischen Akt, eine Art Tic, wie Sollier bemerkt, der mit dem Geschlechtstrieb nichts zu tun hat. Das gleiche gilt für die Onanie der Säuglinge. Dann ist auch nicht in Abrede zu stellen, daß bei geistig normalen Erwachsenen und älteren Kindern infolge zufälliger Umstände (Juckreiz an den Genitalien insbesondere) Masturbation unbewußt im Schlafe ausgeübt werden kann. Hierbei erfolgt bei männlichen Individuen wenigstens gewöhnlich in den letzten Momenten des Aktes das Erwachen. Fürbringer erwähnt eines würdigen verheirateten Verwaltungsbeamten, der im deutsch-französischen Kriege der Onanie im Schlafe verfiel und außerstande war, der Gewohnheit zu entsagen. Ein junger Mann meiner Beobachtung (Student) von durchaus glaubwürdigem Charakter berichtete mir, er mache zu seinem großen Leidwesen seit längerer Zeit die Wahrnehmung, daß er im Schlafe Onanie treiben müsse, ohne hiervon ein deutliches Bewußtsein zu haben, und daß er lediglich durch die an der Wäsche verbleibenden Spuren von dem betreffenden Vorkommnisse Kenntnis erhalte. Ein weiterer hierher gehöriger Fall meiner Beobachtung betrifft eine sehr achtbare und völlig glaubwürdige, unverheiratete Dame in den 30er Jahren. Dieselbe war sehr peinlich berührt von dem Umstande, daß sie zur Zeit der Menses öfters ihre Finger des Morgens mit Blut verunreinigt fand. Der Ernst, mit welchem sie gegen die Wiederholung derartiger Vorkommnisse vorging — sie schaffte sich eine sackartige Umhüllung für den Unterleib und die Beine an, welche jede Berührung der Genitalien ausschloß —, zeugt zur Genüge dafür, daß hier lediglich unbewußte Manipulationen vorlagen.

Endlich haben wir hier noch des Umstandes zu gedenken, daß bei Frauen eine nicht seltene Ursache der Masturbation Mangel der sexuellen Befriedigung beim ehelichen Verkehr bildet. Dieser kann, wie wir schon an früherer Stelle sahen, durch sehr verschiedene Umstände bedingt sein, solche, die auf seiten des Mannes liegen (Congressus interruptus, präzipitierte Ejakulation), wie solche, welche die Frau selbst betreffen. Ist der Akt beim Manne bereits beendet, während die Frau noch in der Phase zunehmender sexueller Erregung sich befindet, so ist dies für ihr Befinden in der nächsten Zeit meist nicht ganz gleichgültig. Die sexuelle Erregung, welche keine Entladung findet, kann durch ihre Andauer den Schlaf stören, zu Kopf- und Rückenschmerzen, allgemeinem Unbehagen usw. führen. Es ist daher begreiflich, daß die Frauen nicht selten durch manuelle oder sonstige Friktionen den Abschluß herbeizuführen suchen, den ihnen der Koitus nicht gewährt; mitunter hilft auch der Ehegatte manuell nach.

Betrachten wir die Folgen der Onanie für das Nervensystem des näheren, so zeigt sich, daß dieselben von verschiedenen Umständen beeinflußt werden. Zunächst kommt auch hier das Lebensalter in Betracht. Es ist an sich naheliegend, daß das verschiedene Verhalten des Nervensystems in den verschiedenen Lebensepochen für den Effekt der onanistischen Reizungen mitbestimmend ist. So sehen wir, daß bei Kindern infolge der größeren Erregbarkeit des unentwickelten Nervensystems die Masturbation Erscheinungen herbeiführt, die sie bei Erwachsenen nicht verursacht. Aber auch bei Kindern gestalten sich die Wirkungen

[1]) Auf diese Zustände psychischer Erregung, in welchen ein ganz außerordentlich gesteigerter Sexualtrieb das hervorstechendste Symptom bildet und zumeist zu exzessiver Masturbation führt — Satyriasis beim Manne und Nymphomanie beim Weibe — werden wir an späterer Stelle (Anomalien des Geschlechtstriebes) zu sprechen kommen.

der Masturbation einigermaßen verschieden, je nachdem dieselbe früher oder später geübt wird. Eine Anzahl neuerer Autoren (Steiner, Jacobi, Hirschsprung, Fleischmann, Curschmann u. a.) bezeugt, daß schon in den ersten Lebensjahren bei Knaben sowohl als Mädchen keineswegs selten Vorgänge beobachtet werden, die unverkennbar in das Gebiet der Masturbation gehören. Jacobi betont, daß alle Umstände, welche direkt oder indirekt eine Reizung der Nerven des Urogenitalapparates bedingen, geeignet sind, bei jungen Kindern Masturbation zu veranlassen. Als solche Umstände sind besonders oft juckende Ausschläge an den Geschlechtsteilen und in deren Umgebung und Verengerung der Vorhaut (bei Mädchen Oxyuren) wirksam, Momente, auf welche wir bereits hingewiesen haben. Hirschsprung erwähnt als weitere häufige Ursachen: Saugen an den Fingern, Lippen und Zehen (Ludeln, Wonnesaugen), Reibung verschiedener Körperteile aneinander, worauf bereits von Steiner und Lindner die Aufmerksamkeit gelenkt worden war, und Stuhlverstopfung [1]). Als prädisponierendes Moment liegt, wie auch Hirschsprung erwähnt, in vielen Fällen zweifellos angeborene erhöhte Reizbarkeit des Nervensystems vor.

Mit den Folgen der Masturbation in der Kindheit beschäftigte sich bereits Lallemand, der auch hierbei seiner Neigung zur Übertreibung keine Zügel anlegte. „So jung die Kinder auch sein mögen", bemerkt dieser Autor, „so magern sie stets infolge der Masturbation ab, werden blaß, wunderlich, mürrisch, zornig, ihr Schlaf ist kurz, unruhig, unterbrochen; sie verfallen in den kompletesten Marasmus und können selbst unterliegen, wenn man sie nicht ihrer schädlichen Leidenschaft entzieht. Fälle solcher Art sind allgemein bekannt, und ich brauche sie deshalb nicht anzuführen.

Analoge Symptome manifestieren sich bei Erwachsenen, sie haben ungefähr denselben Verlauf und können zu dem nämlichen Ende führen. Allein bei den Kindern beobachtet man zugleich mehr oder weniger bedeutende Nervenzufälle, was nicht leicht bei solchen der Fall ist, die nach der Pubertätszeit Masturbation treiben, jedenfalls nicht in so hohem Grade. Nervenzufälle obiger Art sind spasmodische Kontraktionen, örtliche oder allgemeine Konvulsionen, Eklampsie, Epilepsie, und eine Art mit Kontraktur der Glieder begleiteter Paralyse. Solche spasmodische Erscheinungen habe ich bei allen Kindern gesehen, die ich zu beobachten Gelegenheit hatte, und die Schriftsteller sind voll ähnlicher Fälle." —

Den spasmodischen Charakter der Symptome infolge Mißbrauches der Geschlechtsteile in der Kindheit betont Lallemand auch an anderer Stelle. Zur Beseitigung der Masturbation bei Kindern empfiehlt Lallemand ein Mittel, das heutzutage nicht viele Verehrer [2]) finden dürfte, das Einlegen eines elastischen Katheters, um eine Entzündung in der Harnröhre hervorzurufen, wodurch die Berührung der Geschlechtsteile sehr schmerzhaft gemacht werden soll. Jacobi, welcher die Wirkungen der Onanie im jugendlichen Alter etwas nüchterner beurteilt als Lallemand, sah im Gefolge derselben bei Kindern Migräne und heftige Trigeminusneuralgien, Erscheinungen von Spinalirritation, Gelenkneurosen, hyste-

[1]) Der Einfluß der als „Ludeln" bezeichneten Vorgänge hängt jedoch, wie wir an früherer Stelle darlegten, von der sexuellen Konstitution des Kindes ab.

[2]) Soviel ich ersehen kann, empfiehlt von neueren Autoren nur Ultzmann (Eulenburgs Realenzyklopädie, Art. Onanie) ein ähnliches Mittel gegen Onanie bei Kindern, nämlich die Einführung von Metallsonden in die Harnröhre. Fürbringer bemerkt bezüglich dieses Verfahrens, daß dasselbe kaum je von Nutzen ist.

rischen Husten und in vereinzelten Fällen auch Lähmungen auftreten [1]). Kassowitz (Lehrbuch der Kinderkrankheiten) berichtet dagegen, daß er von den gewöhnlich in den schwärzesten Farben gemalten Folgen der Masturbation bei jüngeren und älteren Kindern kaum etwas habe wahrnehmen können, und Friedjung [2]) erwähnt, daß die der Onanie ergebenen Kinder seiner Beobachtung sich nicht von Durchschnittskindern unterschieden, und er glaubt, daraus folgern zu dürfen, daß die Masturbation im Kindesalter im allgemeinen zunächst keine auffälligen Folgen zeitigt. Ich selbst beobachtete mehrfach bei der Masturbation ergebenen Kindern im Alter von 7—10 Jahren Zustände von hochgradiger allgemeiner Nervosität, Schlafstörung, Angstanfälle und Zurückbleiben der geistigen Entwicklung; in einem Falle kam es zu Anfällen von Petit mal, die mit dem Aussetzen der üblen Gewohnheit schwanden. Ich muß indes hier betonen, daß nach den Mitteilungen, die mir zahlreiche Patienten über in ihren Knabenjahren geübte Onanie machten, diese Verirrung, wenn in bescheidenen Grenzen verbleibend, wenigstens bei älteren, von Hause aus gesunden Knaben meist nicht zu auffälligen Störungen von seiten des Nervensystems führt. Wo sich solche in der späteren Kindheit bei mäßiger Masturbation bereits einstellen, liegt zumeist neuropathische Disposition oder allgemeine konstitutionelle Schwäche vor. Dabei sind auch die durch das geheime Treiben verursachten peinlichen Gemütsbewegungen gewöhnlich von Einfluß. Im allgemeinen nähert sich die Masturbation der Jahre unmittelbar vor der Pubertätsentwicklung in ihren Folgen dem bei Jünglingen unter den gleichen Verhältnissen Beobachteten. Nur dürfen wir nicht außer acht lassen, daß die vor der Mannbarkeit begonnene Selbstbefriedigung auch bei Mangel unmittelbarer ungünstiger Folgen noch leichter und entschiedener als die in späteren Jahren geübte eine Schwäche des Nervensystems begründet, die sich noch lange Zeit nach Aufgabe der üblen Gewohnheit dokumentieren kann, wenn die Anforderungen des Berufes höher gespannt werden oder der Kampf ums Dasein mit seinen Sorgen und Aufregungen den Nerven zusetzt.

Nächst dem Lebensalter ist die Frequenz der masturbatorischen Akte hinsichtlich der Folgen von größtem Belang. Es verhält sich hier ähnlich wie beim normalen sexuellen Verkehr. Der an sich unschädliche Einzelakt kann durch seine Häufung selbst bei ursprünglich völlig gesunden Personen erhebliche Störungen hervorrufen. Da die Onanie weder an die Mitwirkung, noch an die Zustimmung einer zweiten Person gebunden ist, ja, wie vielfache Erfahrungen zeigen, ihre Betätigung nicht einmal eine gewisse Potenz erheischt, soferne dieselbe noch bei mangelnder Erektion möglich ist, so kann es auf dem Gebiete der Masturbation natürlich viel leichter zu einem Übermaße kommen als auf dem des natürlichen sexuellen Genusses. Zweifellos finden auch in der Jetztzeit wenigstens unendlich häufigere und wüstere Exzesse auf dem Wege der Selbstbefriedigung als im normalen Geschlechtsverkehre statt. Nach den Mitteilungen, die ich von verschiedenen Patienten erhielt, bildet mehrmalige Masturbation, täglich eine Anzahl von Jahren hindurch geübt, kein allzu seltenes Vorkommnis; manche Beobachter waren in der Lage, noch viel erheblichere Leistungen auf dem Gebiete der Jugendsünden zu verzeichnen. Bei einzelnen meiner Patienten konnte ich Derartiges ebenfalls

---

[1]) Tobler, Münch. med. Wochenschr. Nr. 12, 1905, S. 576, berichtet über den Fall eines 6jährigen Mädchens, welches seit dem 2. Lebensjahre an „Anfällen" litt, bei denen es sich um eine forcierte, durch reibende und zuckende Bewegung des rechten Beines gegen das linke ausgeübte Masturbation handelte. Bei dem Mädchen hatte sich im Laufe der Jahre am rechten Beine eine beträchtliche Muskelhypertrophie und eine Kontraktur der Fußbeuger entwickelt.

[2]) Die Onanie, 14 Beiträge usw. S. 48.

konstatieren (so in einem Falle langjähriger Masturbation mitunter bis zu 10 Einzelakten an einem Tage). Daß solche rücksichtslose Kraft- und Stoffvergeudung den Organismus ungeschädigt läßt, ist jedenfalls sehr selten; aber es liegen vereinzelte unbestreitbare derartige Beobachtungen vor. Curschmann erwähnt eines jungen geistvollen Schriftstellers, der bei seit dem 11. Lebensjahre in exzessiver Weise geübter Onanie körperlich und geistig frisch verblieben war und eine sehr erfolgreiche literarische Tätigkeit entfaltete. Fürbringer berichtet ähnliches von einem Dozenten, der sogar in der Ehe nicht von masturbatorischen Rückfällen freigeblieben war und trotz alledem seine robuste Konstitution und geistige Arbeitskraft sich gewahrt hatte. Stekel erwähnt, er habe wiederholt Männer kennen gelernt, die bis ins hohe Alter exzessiv onanierten und vollkommen gesund und sehr potent blieben. Ein Mann seiner Beobachtung, der 25 Jahre hindurch 3—6 mal täglich onanierte, hatte nur minimale Beschwerden. Im ganzen ist es jedoch ein Glück — wir dürfen dies getrost sagen —, daß die höheren Grade onanistischer Verirrung doch nicht allzu häufig über längere Jahre sich erstrecken. Zumeist bilden irgendwie erlangte Aufklärungen über das Schädliche und Unmoralische des geheimen Treibens, wachsende sittlich-religiöse Skrupel oder bereits in der einen oder anderen Sphäre sich fühlbar machende ungünstige Folgen, mitunter auch Gelegenheit zu normalem sexuellen Verkehre den Anlaß zur Beschränkung oder Aufgabe der üblen Gewohnheit. Und so ist der Arzt denn doch nicht so häufig veranlaßt, sich mit den Folgen der Onanie für das Nervensystem therapeutisch zu beschäftigen, als man bei der außerordentlichen Verbreitung dieses Übels annehmen könnte.

Schon aus dem eben Bemerkten geht hervor, daß neben dem Lebensalter und der Häufigkeit des Aktes für die Wirkung der Onanie auf das Nervensystem noch weitere Faktoren bestimmend sein müssen. Wenn ich die Reihe mir bekannter Personen, die sich durch Jugendsünden schädigten, Revue passieren lasse, so findet sich unter denselben eine nicht unerhebliche Zahl solcher, die erst im Jünglingsalter (zum Teil noch später) der schlimmen Gewohnheit anheimfielen und derselben weder sehr lange Zeit, noch in exzessiver Weise ergeben waren. Es können also unter Umständen auch mäßige onanistische Verirrungen nach relativ kurzer Zeit schon zu Gesundheitsstörungen führen. Dieser auffallende Umstand erklärt sich zum Teil aus der physischen, zum Teil aus der geistigen Konstitution der betreffenden Individuen. Die sexuelle Leistungsfähigkeit ist bei Männern, wie schon erwähnt wurde, sehr verschieden, und so kann der Grad von Masturbation, der dem sexuellen Vermögen des einen sozusagen entspricht, dieses Vermögen bei einem anderen bereits erheblich übersteigen (Vermögen = Fähigkeit der Leistung ohne Nachteil). Hierzu kommt der Umstand, daß bei manchen dieser sexuell schwach Veranlagten noch angeborene neuropathische Disposition besteht, infolge welcher nervenerschöpfende Einflüsse jeder Art bei denselben eine intensivere und nachhaltigere Wirkung ausüben als bei anderen Individuen. Häufiger ist jedoch in den hier in Frage stehenden Fällen die geistige Konstitution des der Selbstbefriedigung Huldigenden für die Folgen derselben in Anspruch zu nehmen. Der Gedanke, daß das Verübte eine schwere Sünde bildet und das Seelenheil gefährdet, verfolgt den religiös Gesinnten unablässig, verursacht ihm die größten Seelenqualen und ist trotzdem oft genug nicht imstande, den Hang zur Masturbation zu unterdrücken [1]). Jedem neuen Akte folgen neue

[1]) Treffend charakterisiert Tolstoi in seiner Kreuzersonate mit wenigen Worten diesen Seelenzustand: „Ich quälte mich und Sie haben sich gewiß auch gequält und so quälen sich 99 von 100 unter unseren Knaben, ich entsetzte mich, ich litt, ich betete — und fiel immer wieder zurück.“

Vorwürfe, neue Gewissensbisse; diese selbstauferlegte, andauernde geistige Tortur versetzt allmählich das Nervensystem in einen Zustand reizbarer Schwäche, auf Grund dessen die Masturbation einen schädigenden Einfluß ausübt, der ihr an sich nicht zukommen würde. Ähnlich verhält es sich in den Fällen, in welchen lediglich das Bewußtsein der moralischen Verwerflichkeit der Selbstbefriedigung oder die Kenntnis ihrer gesundheitsschädigenden Folgen das Gemüt bedrückt. Auch hier sehen wir, daß das moralische oder vernünftige Ego das Tun des Onanisten verurteilt, selbst perhorresziert, trotzdem jedoch nicht die Kraft hat, das sinnliche Ego zu überwältigen. Die Kämpfe, welche die zwei Seelen in der Brust gegeneinander führen, haben auch hier unstreitig den größten Anteil an der Zerrüttung der Nerven, die sich als Folge der Selbstbefriedigung einstellt. Endlich ereignet es sich nicht ganz selten, daß junge Männer, welche nur mäßig der Masturbation huldigten und eine merkliche Schädigung ihrer Gesundheit hierdurch nicht herbeiführten, durch Mitteilungen, welche sie zufällig von Bekannten erhalten, oder durch die Lektüre von Schriften der oben erwähnten unheilvollen Art (persönlicher Schutz usw.) in Angst und Sorgen über die möglichen Folgen ihrer geheimen Sünden versetzt werden und unter dem Einflusse dieser gemütlichen Erregungen erst sich bei denselben neurasthenische Zustände, gewöhnlich mit exquisit hypochondrischer Verstimmung, entwickeln.

In den Vorträgen über Onanie in der Wiener psychoanalytischen Vereinigung wurde von mehreren Autoren hervorgehoben, daß das Schuldgefühl der Onanisten nicht lediglich von bewußten Vorstellungen (Vorwürfen über das geheime Treiben), sondern überwiegend von unbewußten mit einem Schuldgefühl verknüpften Phantasien (Inzestphantasien, perversen und kriminellen Regungen, insbesondere ersteren) ausgeht. „Die Onanie", bemerkt Stekel, einer der Hauptvertreter letzterer Auffassung, „hat eine Reihe von Vorwürfen übernommen, die bewußtseinsfremd sind, weil sie viel peinlicher sind, als die Vorwürfe wegen der Onanie. Die Onanie ist ein Nährboden für alle Vorwürfe. Sie ist das Schuldreservoir für alle Schuld. Sie ist gewissermaßen das Symbol der Schuld." Und der Autor geht in seinem Eifer für die ätiologische Bedeutung des Schuldgefühls so weit, daß er sich zu der Behauptung verleiten läßt: „Wo Schuld sich an die Onanie hängt, da treten alle jene Erscheinungen auf, die wir als Folgen der Onanie beschrieben bekommen. Wo die Schuld fehlt, bleiben diese Symptome der Neurose aus." Da die fragliche Ansicht von der Verstärkung des onanistischen Schuldgefühls aus un- (resp. unter-) bewußten Quellen sich auf psychoanalytische Erfahrungen stützt, läßt sich wohl nicht bezweifeln, daß sie für einen Teil der in Betracht kommenden Fälle zutrifft. Es besteht jedoch kein Grund zu der Annahme, daß das Schuldgefühl oder die Angst der Onanisten sich in jedem Falle zum Teil aus unbewußten Quellen herleitet. Bei dem religiös Gesinnten z. B. genügt das Bewußtsein der Sündhaftigkeit der Selbstbefriedigung völlig, um seine Gewissensqual zu erklären.

Wenn wir nunmehr zur näheren Betrachtung der Folgen der Onanie für das Nervensystem übergehen, so müssen wir zuvörderst mit anderen Beobachtern (Christian, Erb, Fürbringer, Forel u. a.) konstatieren, daß die Selbstbefriedigung in beschränktem Maße, d. h. in größeren Zwischenräumen geübt, bei gesunden jüngeren Männern in der größten Zahl der Fälle keine nachteiligen Folgen für die Gesundheit hat, und wo sich solche zeigen, gewöhnlich komplizierende Umstände, auf die wir bereits eingingen, vorliegen. Auch jene Grade der Verirrung, die über das sexuelle Bedürfnis des Durchschnittsgesunden sicher hinausgehen, wobei es zu täglicher Samenvergeudung durch Jahre hindurch kommt, bedingen häufig, wie ich hervorheben muß, zunächst keine auffälligen Störungen von seiten des Nervensystems. Wird hier der sexuelle Mißbrauch noch relativ zeitig eingestellt, so können unter günstigen Verhältnissen, i. e. wenn auf das Nervensystem des Betreffenden keine weiteren Schädlichkeiten einwirken, günstige Ernährungs- und Arbeitsverhältnisse obwalten und ein mäßiger normaler Geschlechtsverkehr eingeleitet wird, sogar für die Dauer üble Folgen ausbleiben. Hiermit will ich jedoch keineswegs behaupten, daß in diesen Fällen die Onanie das Nervensystem ganz unbeeinflußt ließ. Meine Wahrnehmungen sprechen vielmehr dafür, daß dies nicht der Fall ist, daß auch hier das Nervensystem eine Verminderung seiner Widerstands- und Leistungsfähigkeit erfährt, die sich aber wegen der vorhandenen günstigen Außenverhältnisse nicht auffällig fühlbar macht und bei Fortdauer dieser Umstände allmählich wieder ausgleicht. In der Mehrzahl der Fälle nehmen die Dinge jedoch keine so befriedigende Gestaltung, weil die hierzu nötigen günstigen äußeren Umstände mangeln, und so sehen wir, daß bei einer weiteren zahlreichen Gruppe von Individuen die Masturbation zwar nicht unmittelbar zu lästigen nervösen Symptomen führt, aber den Boden für die Wirksamkeit weiterer Schädlichkeiten in entschiedener Weise vorbereitet. Bei einem großen, sehr großen Prozentsatze der Neurastheniker, mit welchen wir alltäglich zu tun haben, figuriert Onanie, kürzere oder längere Zeit in jedenfalls über das geschlechtliche Bedürfnis hinausgehender Weise geübt, unter den ursächlichen Momenten, die wir eruieren. Dabei zeigt sich oft deutlich, daß erst der Hinzutritt weiterer Noxen, geistiger Überanstrengung, Sorgen, körperlicher Strapazen usw., zu der exzessiven Onanie, also eine Kombination nervenzerrüttender Momente den Ausbruch des bestehenden Leidens herbeiführte, oder daß die Neurasthenie erst geraume Zeit nach dem Sistieren der masturbatorischen Tätigkeit infolge der Einwirkung neuer Schädlichkeiten, für welche erstere das Terrain ebnete, sich entwickelte.

In einer dritten Gruppe von Fällen führt endlich die Onanie direkt und als einzige Ursache zu Schädigungen des Nervensystems mehr oder minder weitgehender Natur.

Wenn man die nervösen Vorgänge beim Geschlechtsakte in Betracht zieht, so zeigt sich, daß hierbei von den Zentralorganen das Rückenmark in erster Linie beteiligt ist. Im Lenden- und Sakralmarke spielen sich die Vorgänge ab, welche die Ejakulation unmittelbar herbeiführen. Man sollte daher a priori glauben, daß, wo es überhaupt zu einer Schädigung des Nervensystems durch Masturbation kommt, immer das Rückenmark zuerst und am intensivsten betroffen ist. v. Krafft-Ebing unterschied auch zwei Phasen der sexuellen Neurasthenie, von welchen die erste als genitale Neurose mit Beteiligung der Lendenmarkszentren, die zweite als allgemeine Neurasthenie sich darstellt. Eine derartige Reihenfolge der durch Onanie bedingten nervösen Störungen kommt unleugbar öfters vor, allein, daß dieselbe die Regel bildet, kann ich nach meinen Erfahrungen nicht zugeben [1]).

Die ersten Erscheinungen von seiten des Rückenmarkes bei Masturbanten sind gewöhnlich Gefühle von Müdigkeit, Abgeschlagenheit, Schwere, Kälte oder Taubsein in den Beinen, die sich anfänglich nur an einzelne onanistische Akte knüpfen, später aber andauernd werden; hiermit ist zunächst noch keine auffällige Verringerung in der Leistungsfähigkeit der Beine verknüpft, doch kommt es zu solcher im Laufe der Zeit, so daß nach kurzen Spaziergängen schon hochgradige Ermüdung eintritt. Hierzu gesellen sich Schmerzen oder lästige Gefühle von Druck oder Spannung im Rücken, die häufig Tabesbefürchtungen wachrufen. Nach dem Aufgeben der Masturbation, ebenso auch bei erheblicher Beschränkung derselben, stellen sich häufigere Pollutionen ein, anfänglich nur nächtliche, später auch Tagespollutionen, womit sich dann auch Spermatorrhöe verbinden kann.

---

[1]) Dies wurde bereits in der ersten Auflage dieser Schrift konstatiert. Inzwischen hat sich auch Fürbringer dahin ausgesprochen, daß er das von v. Krafft-Ebing angenommene Schema für die Entwicklung der sexuellen Neurasthenie nicht als die Regel, sondern nur als einen häufig zu beobachtenden Entwicklungsgang betrachten kann.

Zu gleicher Zeit mit den häufigeren Pollutionen kommt es bei den Versuchen zu natürlichem sexuellen Verkehr zu mangelhafter Erektion[1]) und verfrühter Ejakulation. Diese Reihenfolge der Symptome findet sich jedoch durchaus nicht bei allen oder nur der Majorität der exzessiven Onanisten. In der Mehrzahl der Fälle bleibt es, soweit die Störungen in der Sexualsphäre in Betracht kommen, bei der präzipitierten Ejakulation und den vermehrten Pollutionen, aber an diese schließt sich eine Reihe weiterer Symptome in anderen Innervationsgebieten an. Es ist hier zunächst die für viele so unheilvolle Wechselwirkung zu berücksichtigen, die sich zwischen den durch die fortwährenden onanistischen Reizungen in einem Zustande gesteigerter Erregbarkeit erhaltenen lumbalen und sakralen Zentren des Geschlechtsaktes und dem Gehirne, resp. der Psyche ausbildet. Die krankhafte Reizbarkeit der spinalen Zentren bewirkt, daß eine Menge psychischer Akte, Vorstellungen, Wahrnehmungen äußerer Eindrücke, die den normalen Menschen sexuell gleichgültig lassen, beim Masturbanten zu geschlechtlichen Erregungen (mit und ohne Erektion) durch Einwirkung auf die spinalen Zentren führen, wodurch die abnorme Erregbarkeit dieser erhöht wird. Andererseits wirkt der krankhafte Zustand dieser Zentren auf das Gehirn und hiermit auf die geistige Sphäre zurück. Die Gefühle ständiger sexueller Erregtheit (Appetenz), die sich an den fraglichen Zustand der Lenden- und Sakralmarkzentren knüpfen, beeinflussen, wenn sie auch nicht immer deutlich zum Bewußtsein gelangen, wie andere Organgefühle die Gedankenrichtung, indem sie dieselbe selbst bei entfernten Berührungspunkten auf das Sexuellsinnliche hinüberlenken und zugleich von ernsteren, sittlichen Vorstellungsreihen abziehen. So entsteht das, was man auch als Gedankenonanie (Gedankenunzucht) bezeichnet hat, jene Tendenz des Vorstellens, fortwährend auf sexuelle Dinge abzuschweifen und an diesen haften zu bleiben, eine Tendenz, unter welcher Wille und Fähigkeit zu ernsterer geistiger Tätigkeit mehr und mehr abnehmen und schließlich ganz schwinden.

Die fragliche psychische Anomalie findet sich ebenfalls nur bei einem Teile der Onanisten. Da, wo dieselbe besteht, erschwert sie natürlich in außerordentlich hohem Maße das Aufgeben der schlimmen Gewohnheit. Mitunter kommt es aber erst nach letzterem zu dem Überwuchern des Lasziven in der Phantasie; dieser Umstand trägt dann zu dem Auftreten der Pollutiones nimiae und der Spermatorrhöe sehr wesentlich bei.

In vielen Fällen stellen sich Erscheinungen von seiten des Gehirns als erste Störung im Nervensystem ein, und in anderen treten sie schon auf, nachdem die Rückenmarkssymptome sich nur kurze Zeit und in geringfügiger Weise geltend machten. Zum Teil sind hier jedenfalls individuelle Verschiedenheiten in der Widerstandsfähigkeit des Rückenmarks und Gehirns und in der psychischen Konstitution der Masturbanten im Spiele. Personen, welche sich ernste Skrupel über ihr geheimes Treiben machen, sind im allgemeinen mehr disponiert, zerebrasthenisch zu werden, als andere, die sich über ihr Tun keinen weiteren Gedanken hingeben. Das psychische Verhalten der ersteren macht deren Gehirn zu einem locus minoris resistentiae für die Wirkungen der Onanie. Den gleichen Einfluß äußern andere Umstände. Es ist gewiß kein Zufall, daß bei einer großen Anzahl von jungen Leuten meiner Beobachtung, vor allem bei Studierenden, aber auch bei jungen Lehrern, Amtsgehilfen, Kommis, sich lediglich oder vorwaltend

[1]) Dies gilt natürlich nur für Fälle, in welchen die Erektionsfähigkeit noch in gewissem Maße erhalten ist. Diese Fähigkeit kann jedoch während der Übung exzessiver Masturbation auch völlig verloren gehen. (Paralytische Impotenz.)

Erscheinungen zerebraler Neurasthenie (Kopfeingenommenheit, Kopfschmerz, verringerte geistige Arbeitskraft, Schwindel, Sehstörungen, Gemütsverstimmung, Angstzustände usw.) als Folgen andauernder onanistischer Gepflogenheiten einstellten. Die ausschließliche oder vorwaltende Beteiligung des Gehirns in diesen Fällen erklärt sich aus dem Umstande, daß die Betreffenden ausnahmslos schon während ihrer Schul- (resp. Gymnasial- oder Seminar-) jahre der Masturbation sich ergaben. Es ist naheliegend, daß das Zusammentreffen geistiger Anstrengungen und onanistischer Reizungen während der Entwicklungsperiode des Gehirns speziell dieses Organ in seiner Widerstands- und Leistungsfähigkeit schädigt [1]). Diese Schädigung kann so weit gehen, daß jede ernstere geistige Tätigkeit zur Unmöglichkeit wird. Meist tritt jedoch die Schwächung des Gehirns erst deutlich zutage, wenn erhöhte Arbeitsanforderungen herantreten oder Sorgen, Aufregungen, anhaltender Ärger, größere oder kleinere Verdrießlichkeiten einwirken. Einige Zeit mag auch dann noch ein energischer Wille die verlangten Leistungen erzwingen; aber das Arbeiten wird immer mühsamer, das Resultat immer weniger befriedigend, während die mit dem Arbeiten verknüpften Beschwerden stetig anwachsen. In dieser Weise kommt es schließlich notwendig zu höheren Graden von Hirnerschöpfung und damit zu völliger Arbeitsunfähigkeit.

In einer erheblichen Zahl von Fällen treten, wie schon erwähnt wurde, nach der Aufgabe oder bedeutender Beschränkung der Masturbation häufigere Pollutionen auf und stellen sich erst während der Periode dieser Samenabgänge Kopfbeschwerden ein. Gewöhnlich kommt es im Anschlusse an die Pollutionen zu einer auffälligen Verschlimmerung der Kopfsymptome (stärkerer Kopfeingenommenheit und Gemütsverstimmung insbesondere), so daß es erklärlich wird, daß die Leidenden nunmehr in diesen die Quelle aller sie heimsuchenden Übel erblicken. Es scheint, daß hier die spinalen Vorgänge, welche die Pollutionen herbeiführen, ähnlich onanistischen Akten zu einer weithin irradiierenden und daher auch das Gehirn in Mitleidenschaft ziehenden Nervenerschütterung führen.

Neben den Erscheinungen, die man auf Neurasthenie des Gehirns und Rückenmarks zu beziehen zweifellos berechtigt ist, begegnen wir unter den Folgezuständen der Onanie noch einer Reihe nervöser Funktionsstörungen innerer Organe, die zum Teil aber ebenfalls auf Erschöpfung von Gehirn- und Rückenmarkszentren zurückzuführen sind. Hier sind zu erwähnen: Die mannigfachen Erscheinungen der Herzneurasthenie (unregelmäßiger, aussetzender Puls, Anfälle von Tachykardie, Schmerzen und Beklemmungsgefühle in der Herzgegend usw.) [2]), das

[1]) Daß der erschöpfende Einfluß der Onanie vorzugsweise im Bereiche solcher Zentralteile sich geltend macht, die sich anhaltend in Tätigkeit befinden, zeigt auch das Vorkommen von Schreibekrampf bei der Masturbation ergebenen Schreibern. Berger (Eulenburgs Enzyklopädie Band II, Artikel Beschäftigungsneurosen) bebachtete zwei jugendliche Individuen, welche von ihrem bis zur vollständigen Schreibunfähigkeit fortgeschrittenen Leiden dauernd geheilt wurden, nachdem die Masturbation möglichst beseitigt war. Auch bei einem der Onanie ergebenen jungen Kaufmann meiner Beobachtung trat als erste Störung Erschwerung des Schreibens durch Schmerzen und rasches Ermüden des Armes auf.

[2]) Diese Erscheinungen können als Folge der Masturbation auch ganz isoliert auftreten. Ein 30jähriger Herr, den ich wegen Herzneurasthenie in Behandlung hatte, hatte von seinem 12.—18. Lebensjahre Masturbation geübt. Im 16. Lebensjahre stellten sich bei demselben ohne Vorhergang irgendwelcher anderer Krankheitssymptome erhebliche nervöse Herzbeschwerden (Anfälle von hochgradigem Herzklopfen mit Beklemmung, Ohnmachtsanwandelungen usw.) ein. Seitdem litt dieser Herr öfters für kürzere oder längere Zeit an Erscheinungen der Herzneurasthenie, während spinale Symptome (Lendenmarksneurose) bei demselben sich nie zeigten. Hier muß wohl eine individuelle Prädisposition des Herznervensystems (resp. der bulbären Herzinnervationszentren) vorliegen.

nervöse Asthma, die nervöse Dyspepsie mit ihren zahlreichen, mehr minder beschwerlichen Varietäten, die nervöse Enteropathie, die reizbare Blase und die reizbare Prostata, Symptomenkomplexe, die häufig ernstere organische Leiden vortäuschen und auf deren genauere Detaillierung wir hier verzichten müssen. Auch die Sinnesorgane werden bei Masturbation in das Bereich der Neurasthenie gezogen. Die bezüglichen Erscheinungen sind: Gefühle von Druck und Schwere oder Schmerzen in den Lidern und Augäpfeln, spontan und bei geringfügiger Augenanstrengung auftretend, Lidkrämpfe, gesteigerte Lichtempfindlichkeit, subjektive Lichterscheinungen (Photopsien H. Cohn), Herabsetzung der zentralen Sehschärfe — nervöse oder neurasthenische Asthenopie —, ferner Ohrensausen, Hyperästhesie des Gehörorgans, auch Herabsetzung der Hörschärfe. Endlich ist zu erwähnen, daß sowohl die einfache als die sogenannte Augenmigräne zu den durch Masturbation herbeizuführenden nervösen Störungen zählen. Für die Entstehung organischer Rückenmarkskrankheiten lediglich infolge von Onanie gewährt andererseits meine Erfahrung keinen Beleg; in dieser Hinsicht völlig beweiskräftige Beobachtungen sind auch in der Literatur nicht enthalten.

Wir haben oben bereits erwähnt, daß die Rolle der Onanie als Ursache von Psychosen früher entschieden überschätzt wurde. Indes ist die Zahl der Fälle geistiger Erkrankung, bei welchen Masturbation als ursächlicher Faktor wirksam ist, auch nach den genaueren Erhebungen der Neuzeit immerhin eine beachtenswerte. Ellinger fand Masturbation unter 383 Geisteskranken in 83 Fällen (= 21,5%), Hagenbach unter 800 Kranken 69mal, Peretti unter 300 männlichen Irren in 59 Fällen (= $19^2/_3$%) als mitwirkende Ursache der Geistesstörung. Nach Burr (Pontiac im nordamerikanischen Staate Michigan) ist bei 10% aller im Eastern Michigan Asylum behandelten Geisteskranken Masturbation als Causa morbi zu betrachten. Geringer sind die Zahlen, welche in Schweden und England ermittelt wurden. Nach einer Notiz, die sich bei Ribbing angeführt findet, betrug die Zahl der in den Hospitälern Schwedens aufgenommenen Geistesgestörten, deren Leiden durch Masturbation herbeigeführt worden sein sollte, in den Jahren 1883—1887 3,7% der Gesamtzahl der aufgenommenen Irrsinnigen. In England betrug die Prozentzahl der Fälle von Geistesstörung infolge von Onanie 1885: 1,2, 1886: 1,1, 1887: 1,4% der Gesamtzahl.

Das Irrsein der Onanisten stellt gewöhnlich eine Weiterentwicklung primär neurasthenischer Zustände dar. Nach v. Krafft-Ebing ist für die Umgestaltung der Neurasthenie zur Psychose bei Masturbanten außer verschiedenen Hilfsursachen fast immer eine originär neuropathische Konstitution (Belastung) erforderlich und wird bei Unbelasteten durch onanistische Exzesse kaum je das Gebiet der asthenischen Neuropsychose (Neurasthenie) überschritten. Die Vorgänge, welche zur Entwicklung der Psychose führen, sind in den einzelnen Fällen verschieden, zum Teil somatischer, zum Teil psychischer Natur, und ihre spezielle Beschaffenheit ist für die Art des sich entwickelnden Leidens von erheblichem Belang.

v. Krafft-Ebing schildert die Pathogenese der onanistischen Psychosen, i. e. derjenigen Psychosen, die sich auf der Grundlage einer durch Masturbation erworbenen Neurasthenie entwickeln, in folgender Weise:

„a) Sie ist eine psychische, durch Vermittlung psychischer Hilfsursachen. Diese sind spontane Affekte der Reue, Scham, Angst vor den Folgen des Lasters in Verbindung mit dem peinlichen Bewußtsein, demselben aus eigener Kraft nicht entsagen zu können. Oder diese Gemütsbewegungen sind durch die Lektüre gewisser populärer spekulativer, die Folgen der Selbstschändung in übertriebener Weise darstellender Bücher hervorgerufen. Überdies kann bei Ehestandskandidaten usw. die wirkliche oder relative organische oder die psychische Impotenz ex masturbatione die bezügliche psychische Ursache darstellen.

In diesen Fällen entstehen Melancholien mit stark (hypochondrisch) nosophobischer Ausprägung im Sinne von Tabes-, Phthisis- oder Vesaniafurcht, je nach vorwaltenden Symptomen der begleitenden Neurasthenie.

b) Die Vermittlung ist eine somatische durch Hinzutreten schwächender Ursachen (ungenügende Nahrung, Schlaflosigkeit, körperliche Erkrankung, geistige oder körperliche Überanstrengung usw.). Die Gestaltung des Krankheitsbildes scheint hier wesentlich bedingt durch konstitutionelle belastende Momente.

Sind diese geringgradig, so entstehen als reine Erschöpfungspsychoneurosen Stupidität oder Wahnsinnszustände.

Auf degenerativer Grundlage (vielleicht auch ohne solche bei exzessiver Onanie in sehr jugendlichem Alter) entwickeln sich Zustände primärer progressiver Demenz. Einleitend und episodisch können hier halluzinatorisch-delirante Zustände, Raptus, Primordialdelirien, katatonische Erscheinungen, manieartige Erregungszustände mit ganz impulsiven Akten bestehen. Früh zeigen sich schon in diesem Entartungszustande sittlicher Schwachsinn, Verlust der ethischen und ästhetischen Gefühle (Unreinlichkeit, Trieb zum Ekelhaften), absolute Gemütlosigkeit und Abulie, mit dem Ausgang in tiefste Verblödung.

Als weitere entschieden degenerative Krankheitsbilder sind gewisse Zustände von Paranoia und von Irrsinn in Zwangsvorstellungen zu erwähnen."

Die Formen, in welchen das Irrsein der Masturbanten sich darstellt, sind sehr mannigfaltig, was zum Teil mit der Verschiedenheit der Genese des Leidens, zum Teil mit den konstitutionellen Verhältnissen der Erkrankten zusammenhängen dürfte. Daß Zustände von Melancholie, namentlich mit hypochondrischer Färbung, Manie und Paranoia auf onanistischer Basis vorkommen, ist zum mindesten sehr wahrscheinlich. Manche Beobachter beschrieben auch besondere Formen von geistiger Störung als Folge der Masturbation, so Peretti und Skae ein „onanistisches Irrsein", Spitzka einen „masturbatorischen Wahnsinn". Von anderer Seite wird dagegen das Vorkommen einer onanistischen Psychose sui generis bestritten [1]).

Häufig bei Onanisten zu beobachtende psychopathische Erscheinungen sind Zwangsvorstellungen und andere Zwangsphänomene, die bald nur als untergeordnete Teilerscheinungen des neurasthenischen Zustandes sich geltend machen, bald im Krankheitsbilde stärker hervortreten und durch ihre Hartnäckigkeit zu einer ernsten Belästigung für den Kranken werden, mitunter aber auch durch ihre Menge oder Andauer alle übrigen Krankheitssymptome in den Schatten stellen und das ganze geistige Leben und Handeln des Kranken beherrschen (Zwangsvorstellungskrankheit, Irrsein in Zwangsvorstellungen). Über einen interessanten Fall letzterer Art, den ich vor Jahren beobachtete, will ich hier wenigstens in Kürze berichten.

Beobachtung.

Franz G., Funktionär an einem Gerichte, 18 Jahre alt (durch Kollege Dr. Sch. an mich verwiesen) gibt an, daß er seit etwa 6 Wochen mit folgenden Störungen behaftet ist. Er kann seinem Dienste als Schreiber nicht mehr nachkommen, da er nur wenige Zeilen ohne Unterbrechung zu schreiben vermag. Versucht er das Schreiben länger fortzusetzen, so muß er mit der Feder immer dieselben Stellen des Papiers wieder berühren; ein unwiderstehlicher Zwang nötigt ihn hierzu; dabei befällt ihn eine heftige Beklemmung auf der Brust, Hitze und Druck im Kopfe, und er wird so erschöpft, daß er erst nach einer halben Stunde imstande ist, die Arbeit

[1]) Man hat früher jene Form geistiger Störung, die gegenwärtig als Dementia praecox bekannt ist und vorzugsweise im jugendlichen Alter auftritt, vielfach als eine den Masturbanten eigentümliche Psychose betrachtet. Ein ursächlicher Zusammenhang der Dementia praecox mit Masturbation wird jedoch in neuerer Zeit von verschiedenen Psychiatern und insbesondere auch von Kraepelin bestritten. „So manche Gründe", bemerkt dieser Autor, „sprechen dafür, daß dem Geschlechtsleben bei dieser Krankheit eine gewisse Rolle zukommt, aber sie wird keinesfalls durch Onanie verursacht. Es gibt zahlreiche begeisterte Onanisten, die nicht hebephrenisch werden und umgekehrt fehlt die Onanie bei Hebephrenischen, namentlich bei weiblichen, nicht selten gänzlich, trotz starker geschlechtlicher Erregung." (Psychiatrie. VIII. Aufl. I. Bd. S. 111.)

wieder aufzunehmen. Berührt er mit einem Beine zufälligerweise einen Gegenstand, so muß er nach demselben wiederholt mit dem Beine stoßen. Bei Tische ist er nicht imstande, sich von seinem Teller, beim Morgenkaffee von seiner Tasse zu trennen. Ähnliche Zwangshandlungen und Zwangsvorstellungen existieren in Menge bei dem Patienten; die verschiedensten Anlässe geben den Anstoß zu deren Auftreten. So erwähnt die Mutter des G., daß derselbe nie nachts vor 2 Uhr zu Bette geht, daß er stundenlang nachts in der Wohnung sich herumtreibt, fortwährend damit beschäftigt, Türen und Türschlösser zu untersuchen, und durch kein Zureden bestimmt werden kann, von diesem Gebaren abzustehen. G. sieht das Krankhafte seines Zustandes völlig ein und wünscht sehnlichst von demselben befreit zu werden. Seine Gemütsstimmung ist sowohl wegen des Leidens an sich, als wegen drohenden Verlustes seiner Stellung eine sehr deprimierte; er äußert gelegentlich sogar Selbstmordgedanken, die jedoch kaum ernst zu nehmen sind. Die Geschwister des Patienten sind gesund (Eltern?); er selbst litt in seiner Jugend an Krampfanfällen, ist also jedenfalls von neuropathischer Konstitution und gesteht zu, erheblich Onanie getrieben zu haben.

Da eine Behandlung des Patienten in häuslichen Verhältnissen keinen Erfolg versprach und demselben in Anbetracht seiner Mittellosigkeit der Eintritt in eine Nervenheilanstalt unmöglich war, wurde er mit seiner vollen Zustimmung für die Aufnahme in die Kreisirrenanstalt begutachtet.

Vorstehender Fall ist dadurch ausgezeichnet, daß die massenhaft vorhandenen, an sich ganz verschiedenen Zwangshandlungen wesentlich auf einer Grundstörung beruhten, der Unfähigkeit, eine einmal begonnene Handlung zur gehörigen Zeit zu unterbrechen. Diese Störung führte auch zu einer Behinderung beim Schreiben, ähnlich dem Schreibkrampfe und damit zur Dienstesunfähigkeit des Kranken.

Ein Umstand, der bisher noch wenig Beachtung gefunden hat, ist, daß Masturbation bei jugendlichen Individuen auch zu Zufällen führen kann, welche in das Gebiet der Epilepsie gehören (Petit mal). Ich habe mehrere Fälle beobachtet, in welchen masturbatorische Gepflogenheiten zweifellos den Anstoß zum Auftreten epileptischer Anwandlungen gaben. Zwei hierher gehörige Fälle wurden von mir schon vor Jahren a. O. mitgeteilt.

Beobachtung [1]).

J. M., Volksschullehrer in B., 38 Jahre alt, verheiratet; aufgenommen 27. März 1888. Der Vater des Patienten verunglückte durch einen Schuß, seine Mutter ist noch lebend und magenleidend. Von den 4 Geschwistern desselben starben 2 an Phthisis. Von Nervenleiden ist in dessen Familie nichts bekannt. In seiner Kindheit machte Patient Masern und Scharlach mit Nephritis durch. Im Alter von 10 oder 11 Jahren litt er zirka $^1/_2$ Jahr häufig an Anfällen, die mit Rötung des Gesichts einhergingen und im übrigen sich ähnlich den jetzt vorhandenen verhielten. Diese Anfälle, welche Patient selbst mit der in jener Zeit geübten Onanie in Zusammenhang bringt, verloren sich in der Folge vollständig, nachdem er von seinen onanistischen Gewohnheiten abgekommen war, und kehrten erst vor zirka 3 Jahren wieder. Patient verheiratete sich in ziemlich frühem Lebensalter; Lues und Potatorium stellt er entschieden in Abrede, auch erlitt er nie eine Kopfverletzung.

Die in Frage stehenden Anfälle haben seit ihrem Wiederauftreten nie für längere Zeit pausiert. Unter dem Gebrauche von Bromkali wurden dieselben jedesmal seltener. Doch stellten sie sich nach dem Aussetzen dieses Mittels alsbald wieder in der früheren Häufigkeit ein. Mitunter traten sie bis zu 15 mal an einem Tage auf. Seit einem Jahre kommt es gewöhnlich nur zu einem Anfalle innerhalb 24 Stunden. Das Bewußtsein geht bei den Attacken nie ganz verloren, und als Aura tritt meist ein Gefühl von Beklommenheit ein, an welches sich eine Empfindung des Aufsteigens von der Magengegend nach dem Schlund zu anschließt. Im übrigen zeigen jedoch die Anfälle große Verschiedenheiten je nach der Situation, in welcher der Patient von denselben überrascht wird. Im Sitzen Drehungen des Körpers nach rechts; im Gehen Gefühle der Erlahmung der linksseitigen Extremitäten, mitunter nur Zuckungen einer Hand usw. Patient gesteht, daß er vor dem Wiederauftreten des Leidens in sexueller Beziehung einige Zeit hindurch sich Exzessen hingab. In den letzten Monaten hatte er außerdem viel von einseitigem Kopfschmerz zu leiden (zumeist linke Kopfseite). Die Untersuchung des über mittelgroßen, mäßig genährten Patienten ergibt außer hochgradiger Calvities nichts Bemerkenswertes.

[1]) Schon früher kurz erwähnt.

Beobachtung.

Herr F. (aufgenommen Juni 1894), 20 Jahre alt, Kaufmann, ist der Sohn eines gesunden und sehr rüstigen Vaters und einer etwas nervenschwachen Mutter; in der Familie beider Eltern sind weder Nerven-, noch Geisteskrankheiten bisher vorgekommen. Der Patient, welcher von Kinderkrankheiten nur Masern durchmachte, ist im fernen Wild-West der Vereinigten Staaten, und zwar unter Verhältnissen aufgewachsen, welche alles eher als Nervosität begünstigen konnten. Trotzdem leidet der junge Mann seit seinem 13. oder 14. Lebensjahre an Erscheinungen, die in das Gebiet des Petit mal gehören: Anfälle von Bewußtlosigkeit von kurzer Dauer (einige Minuten höchstens) mit leichten Zuckungen im Gesichte, zum Teil auch nur leichte Absenzen mit Gesichtsblässe und Starrwerden des Blickes, die nur eine Anzahl von Sekunden währen, oder Anfälle, in welchen das Bewußtsein nicht ganz verloren geht, aber das Sprechen behindert ist. Die Anwandlungen stellten sich in den ersten Jahren nach ihrem Auftreten häufig, mitunter auch mehrere Male an einem Tage ein und sind in den letzten Jahren viel seltener geworden; sie kehren aber noch immer wenigstens in Pausen von mehreren Monaten wieder. Die geistige Entwicklung des Patienten hat durch dieselben in keiner Weise gelitten. Der Patient gesteht, daß er, von Kameraden verleitet, im Alter von 11 Jahren der Masturbation sich ergab und dieselbe in den ersten Jahren häufig betrieb; seitdem er älter und verständiger geworden, habe er die Exzesse zwar aufgegeben, doch sich von seinem Hang noch nicht ganz frei zu machen gewußt. Kein sexueller Verkehr bisher. Objektiv = 0.

Das eingehendste Examen des Patienten und dessen Vaters ergibt für die im vorstehenden erwähnten Anfälle kein anderes veranlassendes Moment als die Masturbation.

Beobachtung.

Herr X., 24 Jahre alt, Chemiker (aufgenommen 4. Januar 1892), ist nicht ganz ohne erbliche Belastung: Der Vater von sehr erregbarem Naturell, leicht aufbrausend, die Mutter und zwei Schwestern nervenschwach.

Patient war, abgesehen von leichten Kinderkrankheiten, bis zu seinem 16. oder 17. Lebensjahre immer gesund. Vom 14. Jahre an trieb er Onanie und zwar sehr erheblich, und seit dem 16. oder 17. Lebensjahre bestehen bei ihm die im folgenden näher zu beschreibenden Krampferscheinungen, deren Auftreten er selbst mit der geübten Onanie in Zusammenhang bringt. Patient absolvierte das Gymnasium, brachte auch seine Universitätsstudien zu einem günstigen Abschlusse. In die Universitätszeit fallen manche sexuelle Exzesse, zu welchen der Patient durch seinen ungemein lebhaften Sexualtrieb verleitet wurde. Exzesse in Alcoholicis werden negiert, auch spezifische Infektion.

Bezüglich der Umstände, unter welchen die fraglichen Krampferscheinungen auftreten, gibt Patient folgendes an: Die Anfälle stellen sich zumeist auf der Straße ein, wenn ein Bekannter ihm unversehens begegnet oder ihn unversehens anspricht, oder wenn sonst etwas ganz Unerwartetes plötzlich an ihn herantritt. Außerdem werden dieselben regelmäßig durch das Aufstehen nach längerem Sitzen unter Leuten hervorgerufen. Eingeleitet werden die Anfälle gewöhnlich durch ein eigenartiges Gefühl (eine Art Angstgefühl) in der Herzgegend, welches sich mit Herzklopfen vergesellschaftet; dann erfolgen krampfhafte Bewegungen der Finger des linken Armes — diese nehmen ein Art Krallenstellung ein —, der Vorderarm wird gegen den Oberarm gebeugt, die linke Gesichtshälfte etwas verzogen, auch die Zunge weicht nach links ab und die Sprache ist etwas behindert. Gewöhnlich dauern diese Anfälle nur einige Sekunden. Wenn der Patient sich jedoch beboachtet glaubt, oder wenn er überhaupt erregter ist, so währen die Anfälle länger, bis zu einer halben Minute und darüber. Der Krampf breitet sich dann auch auf die rechte Seite (rechten Arm und rechte Gesichtshälfte) und den Rumpf aus; der Rumpf führt drehende Bewegungen aus. Das Gehen ist jedoch hierbei nie gestört; die Beine sind unbeteiligt. Das Bewußtsein bleibt ebenfalls unberührt. Nach dem Anfalle ist Patient nicht imstande, mit der befallenen Hand etwas zu leisten; er kann keinen Druck damit ausüben; diese Schwäche hält jedoch nur 10—20 Sekunden an. Patient kann durch verschiedene Akte die Entwicklung des Anfalles hemmen, so, wenn er in Bewegung sich befindet, dadurch, daß er sich auf eine Lippe beißt, die Nägel einzelner Finger fest gegen die Hohlhand oder den Daumen preßt, auch durch energische stampfende Trittbewegungen der Beine. Doch gelingt es ihm nicht immer, namentlich wenn er erregter ist, den Anfall auf diese Weise zu verhindern. Den Eintritt eines Anfalles nach dem Aufstehen von einem Sitze kann er dadurch vermeiden, daß er einige Augenblicke vor dem Weggehen ruhig stehen bleibt. Objektiver Befund völlig negativ.

Die weitere Beobachtung des Patienten ergab, daß bei schlechtem Befinden bei demselben Anfälle von der geschilderten Art auch anscheinend spontan auftraten, die Anfälle auf der Straße beim Begegnen von Bekannten und beim Aufstehen nach längerem Sitzen dagegen unzweifelhaft durch gewisse unter diesen Verhältnissen konstant wiederkehrende Zwangsvorstellungen mit begleitenden Angstzuständen („man werde an ihm etwas Auffälliges wahrnehmen") ausgelöst wurden. Die Entwicklung dieses Zusammenhanges erklärt sich aus dem Umstande, daß die Anfälle anfänglich spontan und selten auftraten und es dem Patienten längere Zeit gelang, dieselben vollständig (selbst seiner Familie gegenüber) zu verheimlichen. Dieser Umstand erzeugte im Laufe der Jahre bei ihm die Befürchtung, daß bei ihm doch einmal in Gegenwart oder in der Sehweite eines Bekannten ein Anfall vorkommen und das ängstlich gewahrte Geheimnis dadurch verraten werden könnte. Diese Befürchtung nahm allmählich den Charakter einer Zwangsvorstellung an, die sich sowohl auf der Straße beim Anblick von Bekannten, als nach längerem Sitzen beim Aufstehen, wenn sein Verhalten seitens Dritter beobachtet werden konnte, einstellte und durch den begleitenden Angstzustand das befürchtete Ereignis — den Anfall — herbeiführte.

Der Zustand des Patienten erfuhr im Verlaufe einiger Jahre eine bedeutende Besserung, die Krampfaffektion reduzierte sich auf ein Minimum, und dieser günstige Status hat sich, soweit ich unterrichtet bin, erhalten.

Im vorliegenden Falle traten, wie wir sahen, im Gefolge exzessiver Masturbation Krampfanfälle auf, welche wir mit Rücksicht auf ihre Lokalisation, sowie ihre Begleit- und Folgeerscheinungen als kortikale (Jacksonsche) Epilepsie und zugleich dem Gebiete des Petit mal angehörig zu betrachten haben. Die Anfälle wurden jedoch später überwiegend zum Anhängsel einer Art Phobie und dadurch ihres epileptischen Charakters entkleidet.

Die nervösen Folgezustände der Onanie wurden früher vorwaltend auf den erschöpfenden Einfluß der übermäßigen Samenverluste bezogen. Man sah in dem Sperma ein für den Körper ganz besonders wertvolles Fluidum. Noch Trousseau bemühte sich, diese Anschauung zu verteidigen, indem er auf den Umstand hinwies, daß beim Weibe trotz der mindestens ebenso großen, wenn nicht größeren Erregung des Nervensystems beim Geschlechtsakte häufige Wiederholung desselben in kurzen Zwischenräumen keinen Erschöpfungszustand hinterläßt. In neuerer Zeit gewann die Anschauung mehr und mehr Verbreitung, daß der Spermaverlust für die Wirkungen der sexuellen Ausschweifungen und der Masturbation belanglos ist, weil das selbst durch häufige Samenentleerungen dem Körper entzogene Eiweißquantum für die Allgemeinernährung nicht ernsthaft in Betracht kommen kann, und daß sonach die Benachteiligung des Nervensystems durch die genannten sexuellen Mißbräuche sich nur aus dem Einflusse der Einzelakte erklären läßt. Hierbei wird zumeist angenommen (Erb, Fürbringer, Curschmann, Hammond u. a.), daß, sowie der Schlußeffekt, die Ejakulation, so auch die Einwirkung auf das Nervensystem bei der Masturbation und der Kohabitation völlig oder im wesentlichen gleich sei. Der Schaden, den die Onanie anrichtet, würde demnach, soweit er nicht durch emotionelle Vorgänge bedingt ist, nur aus der Häufung der Einzelakte und deren relativ frühem Beginn bei noch nicht völlig entwickeltem Nervensystem erwachsen. Obwohl ich letzterer Anschauung mich im wesentlichen [1]) anschließen muß, kann ich doch die Prämisse bezüglich der Identität der Rückwirkung auf das Nervensystem beim natürlichen Ge-

[1]) In den Erörterungen über Onanie in der Wiener psychoanalytischen Vereinigung wurde auch die Ansicht vertreten, daß die nervösen Folgen der Onanie toxischen Ursprungs und auf eine Störung der inneren Sekretion zurückzuführen seien. Es ist aber von keiner Seite dargetan worden, in welcher Weise diese Autointoxikation zustande kommen soll. Ich selbst sprach mich vor Jahren dahin aus (IV. Aufl. S. 144): „Ich möchte nicht behaupten, daß die Samenverluste bei exzessiver Masturbation für die Körperökonomie ganz gleichgültig sind; allein wir sind vorläufig außerstande, zu beurteilen, welche Bedeutung denselben zukommen mag." Diese Ansicht erscheint mir auch gegenwärtig noch berechtigt. Man kann zwar daran denken, daß mit den häufigen Samenverlusten auch Produkte der inneren Sekretion verloren gehen, welche für den Stoffwechsel von Bedeutung sind, so daß es zur Bildung von Toxinen kommt, die unter normalen

schlechtsverkehre und bei der Masturbation nicht ganz zugeben [1]). Erb bemerkt bezüglich dieses Punktes: „Der Effekt auf das Nervensystem muß doch für den Mann im wesentlichen derselbe sein, ob die Friktion der Glans in der weiblichen Vagina oder irgendwie sonst ausgeübt wird; die nervöse Erschütterung bei der Ejakulation bleibt dieselbe; eher dürfte wohl anzunehmen sein, daß beim Gebrauche eines Weibes die nervöse Aufregung noch größer sei." Die Annahme wäre ganz zutreffend, wenn die Friktion der Glans das einzige bei der Kohabitation die Ejakulation herbeiführende Moment wäre. Dies ist aber nach meinem Dafürhalten gewöhnlich nicht der Fall. Es spielen auch psychische Einflüsse [2]) mit, die Eindrücke, welche der Anblick der weiblichen Person, die Berührung derselben, Zärtlichkeiten usw. hervorrufen, und die daran sich knüpfenden Vorstellungen. Diese psychischen Einflüsse mangeln bei der Onanie, sie müssen ersetzt werden durch schlüpfrige Phantasievorstellungen, also eine Phantasietätigkeit, die um so intensiver sich gestalten muß, je häufiger der onanistische Akt geübt wird, je mehr die Erregbarkeit des Ejakulationszentrums gesunken ist. Ich kann daher nicht umhin, anzunehmen, daß auch der Einzeleffekt des onanistischen Aktes sich in gewissen Beziehungen von dem des normalen Geschlechtsverkehrs unterscheidet, und zwar nicht in vorteilhafter Weise. Aber dieser Unterschied ist immerhin nicht erheblich genug, um bei selten geübter Masturbation und guter Konstitution ernsthaft in Betracht zu kommen [3]); bei onanistischen

---

Verhältnissen fehlen, oder daß die innersekretorischen Vorgänge unter dem Einflusse masturbatorischer Exzesse eine Änderung erfahren, welche ebenfalls zur Bildung von Toxinen führen mag. Allein dies sind nichts als Vermutungen, die vorerst noch jeder Stütze ermangeln, und deren Heranziehung zur Erklärung der Folgezustände masturbatorischer Exzesse nicht nötig ist.

[1]) Auch von Schrenck-Notzing und Rohleder, ebenso mehrere Mitglieder der Wiener psychoanalytischen Vereinigung haben sich gegen die Annahme einer Identität der Wirkungen des onanistischen Einzelaktes und der Kohabitation auf das Nervensystem ausgesprochen.

[2]) Psychische Momente können auch, wie die Fälle präzipitierter Ejakulation zeigen, unter Umständen allein die Ejakulation herbeiführen.

[3]) Wenn schon der Vergleich des onanistischen Einzelaktes mit dem normalen Geschlechtsverkehr im allgemeinen zuungunsten des ersteren ausfällt, so muß natürlich der Vergleich der Onanie mit dem normalen Geschlechtsverkehr mit einer geliebten weiblichen Person sich für erstere noch ungünstiger gestalten. Der seelischen Befriedigung, die im letzteren Falle mit der somatischen sich verbindet und sicher auch für das körperliche Befinden nicht gleichgültig ist — man berücksichtige nur, wie ältere Mädchen nach glücklicher Verheiratung sich verjüngen —, steht bei der Masturbation jedenfalls das unerfreuliche Bewußtsein gegenüber, einen unnatürlichen Akt begangen zu haben. Auf der anderen Seite kann ich jedoch der mäßig geübten Onanie nicht jene nachteiligen Einwirkungen auf den Charakter des Individuums zuschreiben, den dieselbe nach v. Schrenck-Notzing besitzen soll. Nach diesem Beobachter schädigt auch die mäßig geübte Selbstbefriedigung den Charakter des Individuums dadurch, „daß sie die physiologischen Beziehungen zum anderen Geschlecht und damit eine der wichtigsten Quellen zur Betätigung der Kräfte im individuellen und sozialen Dasein an der Wurzel untergräbt (Ehelosigkeit usw.) und durch gewohnheitsmäßige Züchtung der unphysiologischen Erregung einen triebartigen Charakter verleihen kann". Ich habe bisher nie finden können, daß selten oder mäßig geübte Masturbation den Mann für die Reize des weiblichen Geschlechts weniger empfänglich oder dem natürlichen Geschlechtsverkehr abhold macht. Niemand wird auch behaupten können, daß durch die Ausbreitung der Masturbation die Zahl der Eheschließungen in merklicher Weise verringert wird; eher ließe sich etwas Derartiges noch von dem Verkehr mit Prostituierten behaupten. Die Gefahr, welche der Masturbation unter allen Umständen anhaftet, ist darin begründet, daß sie, da sie ein weibliches Objekt nicht erheischt, jederzeit geübt werden kann und deshalb bei derselben die Verleitung zu Exzessen viel größer ist als beim natürlichen Geschlechtsverkehr. Auch der Ärmste kann der Selbstbefriedigung im Übermaß fröhnen. Anhaltende Beschränkung in der Selbstbefriedigung erfordert mehr Willenskraft und mehr Selbstüberwindung als Beschränkung im normalen sexuellen Genuß; da die nötige Willenskraft vielen fehlt, ebenso auch die Aufklärung über die Folgen masturbatorischer Exzesse, so entwickelt

Exzessen ist derselbe dagegen für den Gesamteffekt wohl nicht belanglos. Jedenfalls aber resultiert die direkte nervenzerrüttende Wirkung der exzessiven Masturbation in der Hauptsache aus den Erregungen des Nervensystems bei den Einzelakten. Bevor die erschöpfende Einwirkung des einen Aktes sich durch Ruhe und Ernährung ausgeglichen hat, kommt die nächste Erschütterung, deren Einfluß um so nachhaltiger und ausgebreiteter ist, als das noch geschwächte Nervensystem der Ausbreitung der neuen Erregung nur geringeren Widerstand entgegensetzen kann. So entwickelt sich allmählich ein neurasthenischer Zustand, der je nach besonderen Verhältnissen mehr in dem einen oder anderen Abschnitte des Nervensystems hervortritt oder gleichzeitig in verschiedenen Innervationsgebieten sich geltend macht. Hierbei kommt noch ein Umstand in Betracht. Im Gefolge masturbatorischer Exzesse wird öfters eine Hyperämie der Schleimhaut der Pars prostatica der Harnröhre mit Hyperästhesie beobachtet. Ob dieses Verhalten eine direkte Folge der mit den onanistischen Einzelakten einhergehenden Kongestionierung der Pars prostatica ist oder lediglich ein neurasthenisches, vom Rückenmark ausgehendes Lokalsymptom darstellt, steht dahin. Man darf aber jedenfalls annehmen, daß der in Rede stehende Zustand für die durch die onanistischen Exzesse schon direkt geschädigten Rückenmarksabschnitte eine Quelle weiterer Irritation bildet, durch welche deren Ansprechbarkeit für zentrale und periphere Reize erhöht und damit das Auftreten von Erektionen und Pollutionen begünstigt wird. Durch letztere Vorgänge wird hinwiederum nicht nur die reizbare Schwäche des Lenden- und Sakralmarkes, sondern auch die Erschöpfung weiterer durch Miterregung beteiligter Zentralteile gesteigert. Eine gewichtige Rolle spielen aber auch, wie wir sahen, in zahlreichen Fällen die psychischen Begleitmomente. Die schmerzlichen Gemütsvorgänge, die sich oft mit grausamer Regelmäßigkeit an die stetig sich erneuernden Sünden des eingefleischten Onanisten knüpfen, wirken direkt nervenerschöpfend, benachteiligen aber auch indirekt das Nervensystem durch Beeinträchtigung des Schlafes, des Appetits und der Verdauung. Das fahle Aussehen vieler Onanisten möchte ich besonders auf letzteren Umstand beziehen.

Beim weiblichen Geschlechte ist die Onanie, wie schon an früherer Stelle dargelegt wurde, zweifellos weniger verbreitet als beim männlichen, im ganzen jedoch häufiger als vielfach von Laien und selbst von manchen Ärzten angenommen wird. Unleugbar spielt auch bei weiblichen Personen angeborene neuropathische Disposition in Verbindung mit libidinöser Sexualkonstitution häufig eine ursächliche Rolle, sofern sich diese in verfrühten sexuellen Regungen oder in einer übermäßigen sexuellen Begehrlichkeit kundgibt, welche mangels natürlicher Befriedigung zur Masturbation führt. Die fragliche Konstitution bildet zugleich eine sehr günstige Basis für die Entwicklung nervöser Folgezustände. Wo dieselbe fehlt, scheint die Masturbation nur selten und bei ganz exzessivem Vorgehen zu ausgesprochenen nervösen Störungen zu führen [1]).

Was die Art der nervösen Erscheinungen betrifft, die im Gefolge der Masturbation bei Frauen beobachtet werden, so handelt es sich vorwaltend um neurasthenische Symptome, die in ihrer Lokalisation und Ausbreitung einer gewissen

---

sich nur allzu oft aus der vereinzelten gelegentlichen Selbstbefriedigung jener so schwer abstreifbare Hang, welcher Leib und Seele zerrüttet.

[1]) Die Bedeutung der Konstitution für die Wirkungen der Onanie beim weiblichen Geschlechte hebt auch Beard hervor. Er erwähnt, daß bei den kräftigen und vollblütigen irischen Arbeitermädchen die Masturbation, auch wenn sie derselben viele Jahre hindurch ergeben sind, keinen wesentlichen Nachteil für ihre Gesundheit hervorruft.

Übereinstimmung mit den beim Manne unter den gleichen Verhältnissen auftretenden nicht ermangeln. In einem Teile der Fälle entwickelt sich die sexuelle Form der Myelasthenie, charakterisiert hauptsächlich durch Kreuz- und Rückenschmerzen, Hyper- und Parästhesien im Bereiche der Sexualorgane (Ovarie, Pruritus vulvae et vaginae usw.), vermehrten Harndrang und Blasentenesmus, Coccygodynie, Schwäche und Parästhesien (Müdigkeit, Kältegefühle usw.) in den Beinen, dann das Auftreten von Pollutionen. Wir haben an früherer Stelle erwähnt, daß bei der Frau beim sexuellen Akte mit dem Orgasmus ein Schleimerguß aus den Genitalien erfolgt. Derartige Ergüsse — Pollutionen — können ähnlich den Samenergüssen beim Manne bei weiblichen Personen, bei welchen sich infolge von Masturbation und ähnlichen sexuellen Schädlichkeiten eine reizbare Schwäche des Lenden- und Sakralmarkes (speziell des Ejakulationszentrums in diesen) entwickelt hat, unabhängig von sexuellem Verkehr durch psychische Reize, erotische Traumbilder, bei weiter fortgeschrittener Reizbarkeit der betreffenden Zentren auch durch sinnliche Vorstellungen im wachen Zustande (insbesondere durch willkürliches Verweilen bei solchen, psychische Onanie) und schließlich selbst durch mechanische Einwirkungen, Körpererschütterung usw., herbeigeführt werden. In letzteren Fällen sind die Pollutionen gewöhnlich nicht von Wollustgefühlen, sondern von unangenehmen, selbst peinlichen Sensationen begleitet, und es fehlen auch nicht die ungünstigen Rückwirkungen auf den Allgemeinzustand oder einzelne besonders lästige neurasthenische Symptome, die wir bei Männern beobachten. Die masturbatorische Überreizung der genitalen Rückenmarkszentren kann auch zu einer Erschöpfung derselben führen, infolge welcher die Auslösung des Orgasmus beim sexuellen Verkehr sehr erschwert oder ganz unmöglich wird, ein Umstand, der für das eheliche Leben und vielleicht auch die Konzeptionsfähigkeit nicht ganz belanglos ist. Die durch Onanie hervorgerufene Hyperästhesie der Vulva und des Scheideneinganges kann ferner bei Verheirateten unter dem Einflusse von Koitusversuchen zur Entwicklung eines Vaginismus und damit zu einer Erschwerung und selbst Verhinderung des ehelichen Verkehrs führen.

Zu den angeführten Symptomen treten in vielen Fällen im Laufe der Zeit wie bei männlichen Onanisten Erscheinungen zerebraler und viszeraler Neurasthenie (Kopfschmerzen, Schlafmangel, nervös-dyspeptische Beschwerden, Herzklopfen usw.), so daß mehr minder sich das Leiden zur allgemeinen Neurasthenie gestaltet. Doch ist es durchaus nicht notwendig, daß die Erscheinungen der Rückenmarksneurasthenie eine gewisse Ausbildung erreichten, bevor Symptome einer Schädigung anderer Nervengebiete sich geltend machen. Das gleiche Verhalten haben wir bei Männern gefunden. Es können neurasthenische Fernsymptome verschiedener Art, insbesondere zerebrasthenische Beschwerden, Kopfschmerzen, Abnahme der geistigen Arbeitskraft, Verstimmung und Angstzustände auftreten, während spinale (oder sexuelle) Störungen nur in sehr geringem Maße vorhanden sind oder auch ganz fehlen — nachstehende Beobachtung bildet ein Beispiel in dieser Richtung —, außerdem können sich zu den neurasthenischen Beschwerden mannigfache hysterische Erscheinungen gesellen.

Beobachtung.

Frl. ....., Beamtenstochter, 20 Jahre alt, ist erblich belastet; beide Eltern sind nervös, ihr Großvater von mütterlicher Seite starb in einer Irrenanstalt, eine Schwester derselben ist mit Agoraphobie und anderen Topophobien behaftet. Patientin ist von Jugend auf nervös und reizbar und leidet seit 5 Jahren an Kopfschmerzen. Sie befand sich als Pensionärin in einem

Institute, als der Kopfschmerz begann und wurde deshalb, zumal außerdem Erscheinungen von Chlorose sich zeigten, von ihren Eltern nach Hause genommen. Hier verlor sich der Kopfschmerz zwar nicht, doch trat derselbe in den ersten Jahren nicht sehr häufig und anhaltend auf; allmählich stellte er sich jedoch häufiger ein, zugleich nahm er an Intensität, Dauer und Ausbreitung zu, so daß schließlich auch das Gesicht, die Zähne und die rechte Halsseite befallen wurden. Hierzu gesellten sich in den letzten Jahren weitere Störungen, ungenügender Schlaf, Angstzustände und motivlose Wutanfälle, auch Anfälle von Verwirrtheit mit zwangsmäßigem Ausstoßen von Schimpfwörtern (Koprolalie). Den Angehörigen wurde der Verkehr mit der Patientin immer schwerer, da der geringste Widerspruch bei ihr die heftigsten Ausbrüche, die mitunter bis zu Gewalttätigkeiten gingen, herbeiführte. Die Patientin hat in den beiden letzten Jahren mehrmonatliche Kuren in Wasserheilanstalten gebraucht; die zuletzt besuchte Anstalt verließ sie in verschlechtertem Zustande.

St. pr.: Patientin ist eine schlank gebaute, übermittelgroße Persönlichkeit von guter Gesichtsfarbe und guter Allgemeinernährung, die jedoch verschiedene Degenerationszeichen aufweist (Asymmetrie des Gesichtes und schwächere Innervation der linken Gesichtshälfte usw.). In ihrem Benehmen macht sie den Eindruck eines bescheidenen, völlig wohlerzogenen Mädchens. Bezüglich ihres augenblicklichen Befindens gibt sie folgendes an: Kopfschmerz ist nicht beständig vorhanden, doch wenn derselbe fehlt, macht sich dafür gewöhnlich um so mehr ein Zustand innerer Erregung — Angst — geltend, der auch sonst zumeist vorhanden ist. Beim Aufenthalt in menschenerfüllten Räumen steigert sich diese Angst gewöhnlich vorübergehend in sehr bedeutendem Maße. Der Schlaf ist sehr mangelhaft, auch wenn Beschwerden, die denselben verhindern könnten, fehlten. Öfters macht sich eine gewisse Unruhe in den Armen und Beinen bemerklich. Der Appetit ist wechselnd, Stuhlgang in Ordnung, die körperliche Leistungsfähigkeit nicht herabgesetzt; im Bereiche der Sexualorgane außer nicht sehr erheblichem Pruritus vulvae keine Beschwerden. Patientin gesteht zu, eine Anzahl von Jahren Masturbation getrieben zu haben, sie will jedoch von der üblen Gepflogenheit wieder abgekommen sein. Die Beobachtung der Kranken in der folgenden Zeit ergab jedoch, daß diese Angabe nicht ganz richtig war, die Patientin vielmehr sich von ihrem unglücklichen Hange noch nicht völlig befreit hatte.

Unter hypnotischer Behandlung, die in erster Linie auf Beseitigung des onanistischen Hanges gerichtet war, stellte sich nach mehrfachen Schwankungen sehr bedeutende Besserung ein, die auch, soweit ich unterrichtet bin, lange Zeit anhielt.

Im vorliegenden Falle unterliegt es keinem Zweifel, daß die Patientin bereits während ihres Aufenthaltes im Institute der Masturbation anheimfiel und als erste dadurch verursachte Beschwerde Kopfschmerzen auftraten (vielleicht infolge der Vorwürfe, welche sich die Patientin über ihr Tun machte); auch in der Folge beherrschten zerebrale Symptome vollständig das Gebiet. Der nicht sehr erhebliche Pruritus war dem Anscheine nach durch eine leichte Vulvitis bedingt.

Über die Art und Weise, in welcher die masturbatorischen Vorgänge beim Weibe nervöse Störungen herbeiführen, gehen die Ansichten auseinander. Manche Autoren (so Jolly und Strümpell, in neuester Zeit auch Stekel) sind geneigt, die schädlichen Wirkungen hauptsächlich den begleitenden psychischen Momenten (Vorwürfen oder Gewissensbissen über die lasterhafte Gewohnheit usw.) zuzuschreiben. Hegar bezieht die üblen Folgen der Onanie beim Weibe auf die direkte lokale Reizung, welche selbst zu anatomischen Veränderungen, besonders Katarrhen und Hypertrophien, führen kann, und außerdem die hochgradige allgemeine nervöse und psychische Erregung. v. Krafft-Ebing leitete die Lendenmarksneurose der Masturbantinnen lediglich von der sexuell-nervösen Überreizung her; psychischen Momenten gestand er lediglich die Bedeutung zu, daß sie die Weiterentwicklung der Neurose zur allgemeinen Neurasthenie fördern sollten. Nach meinen Wahrnehmungen spielt bei der Masturbation der Frauen das psychische Moment der rein somatischen Schädigung gegenüber eine sehr wechselnde und jedenfalls häufig nur eine untergeordnete Rolle. Auch sehr jugendliche Onanistinnen, die kaum ein Bewußtsein von der Bedenklichkeit ihrer Gewohnheit haben, bleiben von üblen Folgen, wie ich mehrfach sah, nicht verschont.

XII.

Der sexuelle Präventivverkehr.

Malthusianismus, Neomalthusianismus[1]).

Unter den Mißständen, welche dem Sexualleben unserer Zeit anhaften, bildet der Präventivverkehr, d. h. der sexuelle Verkehr, bei welchem Befruchtung vermieden werden soll, keine untergeordnete Rolle. Ich zähle ihn zu den Mißständen, weil jede Art der Kohabitation, bei welcher der natürliche Verlauf des Aktes in irgend einer Weise absichtlich geändert oder gestört wird, gegenüber dem völlig normalen Geschlechtsverkehre mit gewissen Nachteilen verknüpft ist und schon das Bewußtsein, daß die Befriedigung der geschlechtlichen Bedürfnisse nicht ohne Vorkehrungen gegen deren mögliche natürliche Folgen stattfinden kann, ein ungünstiges psychisches Element in das Geschlechts- resp. Eheleben der Betreffenden einführt. Wenn der Präventivverkehr trotz seiner Eigenschaft als Mißstand auch bei uns in neuerer Zeit eine außerordentliche Verbreitung gefunden hat und offenbar in immer weitere Kreise sich Eingang verschafft, so liegt dies daran, daß die mißlichen Seiten, die ihm anhaften, durch Vorteile von größter Tragweite aufgewogen werden.

Diese liegen auf wirtschaftlichem und hygienischem Gebiete und sind so in die Augen springend, daß man eine ernste Bekämpfung des Präventivverkehrs seitens einsichtsvoller und unbefangen urteilender Kreise nicht hätte erwarten sollen. Allein vor dem Kriege war man seitens unserer Regierung und einzelner wenig kritischer und von konfessionellen Bedenken beherrschter Ärzte der Anschauung, daß der schon anfangs dieses Jahrhunderts eingetretene Geburtenrückgang um jeden Preis hintangehalten werden müsse, weil die Aufrechterhaltung der Machtstellung Deutschlands eine ständige Zunahme seiner Bevölkerung erheische; man suchte deshalb der weiteren Verbreitung des Präventivverkehrs möglichst Hindernisse zu bereiten. Eine Sorge für die Machtstellung Deutschlands ist leider heutzutage nicht mehr nötig. Unsere Macht ist dahingesunken und an ihrer Stelle ist eine wirtschaftliche Not verblieben, die man früher nicht für möglich gehalten hätte, eine Not, die sich insbesondere den Kindern fühlbar macht. Die materielle Lage der Arbeiterklasse hat sich zwar nicht unerheblich gebessert, während die der unteren Schichten des Mittelstandes sich ungünstiger gestaltete. Allein die in Frage stehende Besserung ist noch weit davon entfernt, dem Arbeiter einen auskömmlichen Unterhalt einer größeren Familie zu ermög-

[1]) Sexueller Präventivverkehr = Coitus v. Congressus reservatus. Congressus interruptus ist jene Form des Congressus reservatus, wobei das Glied vor dem Eintritte der Ejakulation aus der Vagina entfernt wird.

lichen. Es ist zwar vieles geschehen, um diesem Mißstande in gewissem Maße abzuhelfen. Der Staat hat seine Unbekümmertheit um das Gedeihen der Geborenen, sowie das Wohl und Wehe der Schwangeren und Wöchnerinnen aufgegeben und unter den privaten karitativen und gemeinnützigen Vorkehrungen unserer Zeit steht die Jugendfürsorge im weitesten Sinne im Vordergrunde. Manches Gute ist hierdurch erzielt worden. Die Veranstaltungen für zweckmäßigere Ernährung der Säuglinge haben eine Verringerung der Sterblichkeit der Kinder im ersten Lebensjahre herbeigeführt; Kinderhorte, Erholungsstätten, Ferienkolonien, Schulspeisungen usw. leisten Anerkennenswertes. Allein diese Bestrebungen und Einrichtungen sind nicht entfernt imstande, einen Ausgleich für die Unzulänglichkeit der Mittel für den Unterhalt einer größeren Kinderzahl, die wir bei dem wirtschaftlich schwachen Teile unserer Bevölkerung überall treffen, zu schaffen. Nur die Beschränkung der Kinderzahl kann hier eine wirksame Abhilfe bringen und den von öffentlicher und privater Seite gebotenen Unterstützungen zu nachhaltigem Erfolge verhelfen. Auch die Auslese, welche Krankheit und Tod in den kinderreichen Familien der Unbemittelten herbeiführen, ist kein Moment, welches die zielbewußte Beschränkung der Kinderzahl ersetzen und daher deren Durchführung entbehrlich machen könnte. Die Sterblichkeit der Kinder in den ersten Lebensjahren bedingt nicht lediglich ein Überleben der kräftigeren Elemente. Zweifellos werden dabei auch solche namentlich infolge ungünstiger Ernährungsverhältnisse hinweggerafft, während schwächlichere am Leben bleiben. Auch die Kinder, deren Lebensdauer kurz und deren Unterhalt ganz unzulänglich ist, verursachen den Eltern Kosten und zehren an den Kräften der Mutter. Es ist daher keineswegs für die Gesundheit der Mutter und der Nachkommenschaft gleichgültig, ob in einer Familie von 8 Kindern noch 4 am Leben bleiben oder 4 überhaupt nur das Licht der Welt erblickten.

Während bei der ärmeren Bevölkerung in erster Linie, aber keineswegs ausschließlich ökonomische Motive für die Beschränkung der Kinderzahl bestimmend sind, drängen in der Klasse der Begüterten hygienische Rücksichten zur Erstrebung des gleichen Zieles. Damit soll keineswegs angedeutet werden, daß im Mittelstande und unter den oberen Zehntausend die Beschränkung der Kinderzahl lediglich von hygienischen Motiven ausgeht. Es sind zweifellos vielfach andere und weniger ethische, zum Teil auch ökonomische Beweggründe im Spiele, allein dieser Tatbestand ist nur für den Grad der Nachkommenschaftsbeschränkung von Bedeutung und ändert nichts an dem Umstande, daß hygienische Interessen auch bei den Begütertsten ein allzu großes Anwachsen der Familie verbieten. Wir werden an späterer Stelle sehen, „daß malthusianische Vorkehrungen in jeder Ehe, in welcher die Frau ihre Konzeptionsfähigkeit behält und der Mann es nicht für sein unantastbares Recht hält, ohne jede Rücksicht auf Wohl und Wehe der Frau und der bereits vorhandenen Kinder seine sinnlichen Bedürfnisse zu befriedigen, früher oder später zur Notwendigkeit werden, bei zahlreicher Nachkommenschaft nicht minder als bei dem sogenannten Zweikinder- oder Einkindsystem". Die Erfahrung, daß bei allzu großem Anwachsen der Familie und insbesondere bei zu rasch aufeinanderfolgenden Geburten nicht nur die Gesundheit der Frau, sondern auch die Qualität der Nachkommenschaft Schaden erleidet, gilt eben für die Reichsten wie für die Ärmsten, für letztere allerdings noch in höherem Maße als für erstere.

Wenn wir nun erwägen, in welchem Umfange heutzutage bereits der Präventivverkehr geübt wird und wie oft der Arzt veranlaßt ist, denselben aus dem einen oder anderen Grunde zu empfehlen, dann kann wohl nicht bezweifelt werden, daß wir mehr als genügenden Grund haben, uns mit den gesundheitlichen Folgen dieser Art sexueller Befriedigung zu beschäftigen und unsere Erfahrungen in dieser Beziehung immer wieder zu prüfen. Man könnte es uns ja mit Recht verargen, wenn wir zum Zwecke der Konzeptionsverhinderung Maßnahmen anraten würden, deren Einfluß auf die Gesundheit wir nicht genügend kennen und sich in der einen oder anderen Richtung als schädlich erweisen mag.

Im vorstehenden ist bereits angedeutet, daß zum Zwecke der Beschränkung der Kinderzahl lediglich der Präventivverkehr ärztlich empfohlen werden kann. Dies stützt sich auf die Erfahrung, daß die Durchführung sexueller Abstinenz in der Ehe sehr schwierig und auch nicht ohne gesundheitliche Nachteile ist. Sie erheischt ein ungewöhnliches Maß von Willensstärke oder religiöser Gläubigkeit, welches aber nach meiner Erfahrung ungünstige Wirkungen auf die Gesundheit keineswegs ausschließt. Dem Gros der verheirateten Menschen und insbesondere der Männer gegenüber wäre es ganz zwecklos, andauernden Verzicht auf sexuellen Verkehr zur Verhütung weiterer Nachkommenschaft zu empfehlen.

Die Bedeutung des Präventivverkehrs in gesundheitlicher Hinsicht ist für beide Geschlechter nicht die gleiche. Der Mann kann durch denselben direkt nie einen gesundheitlichen Vorteil gewinnen, während er die Möglichkeit einer Benachteiligung seines Befindens mit der Frau teilt. Für die Frau andererseits kann der Präventivverkehr einen wichtigen, ja notwendigen Faktor für die Erhaltung eines gewissen Gesundheitszustandes, selbst für die Vermeidung schwerster Gefahren für Gesundheit und Leben bilden. Diese Vorteile mögen unter Umständen auch gewisse, mit dem Präventivverkehr verknüpfte gesundheitliche Nachteile überkompensieren.

Wenn wir den Einfluß antikonzeptioneller Vorkehrungen beim Geschlechtsverkehr auf die Gesundheit der einzelnen eruieren wollen, dürfen wir uns selbstverständlich nicht auf eine Berücksichtigung jener Fälle beschränken, in welchen unser Rat wegen irgendwelcher möglicherweise oder auch sicher sexuell bedingter Störungen in Anspruch genommen wurde oder in welchen wir überhaupt von der Übung des Präventivverkehrs direkte Kenntnis erlangen. Wir müssen unseren Blick viel weiter schweifen lassen und jene viel größere Zahl von Fällen berücksichtigen, in welchen wir Grund zu der Annahme haben, daß der eheliche Verkehr zeitweilig oder andauernd nicht ohne präventionelle Vorkehrung geübt wird. Wir müssen ferner in den Fällen, in welchen während der Übung des Präventivverkehrs Gesundheitsstörungen auftreten, eingehende Nachforschungen darüber anstellen, ob und inwieweit noch andere ursächliche Momente im Spiele sind, wie es sich mit der Häufigkeit des Verkehrs im Verhältnis zum Lebensalter und allgemeinen Gesundheitszustande, sowie mit der Art der angewandten Prävention verhält. Bei Berücksichtigung dieser Umstände bin ich, wie schon vor Jahren, auch in neuerer Zeit zu der Überzeugung gelangt, daß der Präventivverkehr im großen und ganzen und zwar allem Anscheine nach bei beiden Geschlechtern nur relativ selten zu ausgesprochenen Gesundheitsschädigungen, speziell nervösen Leiden führt, und daß diese nachteiligen Wirkungen nicht den Präventivverkehr im allgemeinen, sondern fast ausschließlich einer bestimmten Art der Prävention, dem Congressus interruptus, zukommen. Ziehen wir zunächst die verschiedenen derzeit zum Zwecke der Konzeptionsverhütung gebrauchten Maßnahmen in Betracht, so haben wir zwei Fälle zu unterscheiden: a) die Übernahme der Prävention durch den Mann, b) die Übernahme durch die Frau. Für den Mann reduzieren sich die anwendbaren Präventionsmethoden auf zwei: den Gebrauch von Kondoms und das sogenannte „Zurückziehen" (Congressus interruptus).

Der Gebrauch der verschiedenen Arten von Kondoms hat trotz der ihm anhaftenden Mißstände in neuerer Zeit kaum erheblich abgenommen. Die Behauptung, die bezüglich dieses Präventivmittels vielfach aufgestellt und in den Reklamen für chemische antikonzeptionelle Mittel immer wiederholt wird, daß es ein Spinngewebe gegen Ansteckung und Befruchtung, ein Panzer gegen die Lust sei, halte ich für eine entschiedene Übertreibung. Tatsache ist, daß das Vertrauen, welches man in das Mittel in bezug auf Konzeptionsverhütung setzt, nicht selten zu Enttäuschungen führt und daß durch dessen Benützung eine Abstumpfung der Empfindung am Gliede herbeigeführt werden mag, welche die Annehmlichkeit des Aktes herabsetzt, mitunter auch (bei geschwächter Potenz) zu größeren Anstrengungen bei demselben nötigt. Für viele Männer bildet jedoch der Gebrauch von Kondoms offenbar keinen Umstand, der ihnen den sexuellen Genuß wesentlich beeinträchtigt oder erschwert, während für manche andere diese Vorkehrung etwas höchst Widerwärtiges ist, so daß sie jede andere Art der Prävention vorziehen. Ausgesprochene gesundheitliche Nachteile, die sich auf den Gebrauch von Kondoms zurückführen ließen, konnte ich nie ermitteln, sind auch meines Erachtens von anderer Seite nicht festgestellt worden. Anders liegen die Dinge in bezug auf den Congressus interruptus. Es gibt zweifellos Männer, welche denselben lange Zeit, 10, 12, 15 Jahre und länger ohne ausgesprochenen gesundheitlichen Nachteil, auch ohne Schmälerung ihrer Potenz üben können. Ich habe öfters von diesem Umstande zufällig erfahren. Andererseits mangelt es aber auch nicht an Individuen, bei welchen der Congressus interruptus schon nach relativ kurzer Zeit (ein Jahr und früher) zu krankhaften Erscheinungen auf nervösem Gebiete führt. Diese Unterschiede sind in erster Linie, aber nicht ausschließlich auf Verschiedenheiten der sexuellen Konstitution zurückzuführen: robuste Sexualkonstitution bei den Individuen der ersten Gruppe, schwächliche bei denen der zweiten Gruppe [1]).

Der Frau steht eine größere Anzahl von Präventionsmitteln zur Verfügung, und die chemisch-pharmazeutische Industrie ist fortgesetzt bemüht, dieselben zu vermehren. Von dem Gebrauch chemischer Stoffe, die durch Abtötung der Spermatozoen wirken sollen und in der Form von Ovules oder Tabletten in die Scheide eingeführt oder als Pulver eingeblasen werden, sind mir ungünstige Folgen nicht bekannt geworden, weshalb ich die Möglichkeit solcher jedoch keineswegs als ausgeschlossen erachte. Das gleiche gilt, soweit mechanische Mittel in Betracht kommen, von den sogenannten Sicherheitsschwämmen. Dagegen unterliegt es nach dem mir Bekanntgewordenen keinem Zweifel, daß der längere Gebrauch von Okklussivpessarien zu örtlichen Reizzuständen in der Vagina und Fluor (Scheidenkatarrh mit Ausfluß) führen mag. Daß der Gebrauch von Kondoms von seiten des Mannes der Frau gesundheitliche Nachteile bringt, dafür liegen keinerlei Erfahrungen vor. Sehen wir von den erwähnten örtlichen, durch Pessarien und vielleicht auch andere Mittel bedingten Affektionen ab, die sich durch geeignete Maßnahmen verhüten lassen, so ist die Gesundheitsschädigung, die bei Frauen auf den Präventivverkehr zurückzuführen ist, speziell soweit das Nervensystem in Betracht kommt, auch bei diesen lediglich dem Congressus interruptus zuzuschreiben. Der Einfluß, welchen dieser bei Frauen in gesundheitlicher Hinsicht äußert, hängt jedoch nicht lediglich von der sexuellen oder nervösen Konstitution der Betreffenden, sondern in erster Linie von der Potenz des Mannes ab. Ist

---

[1]) S. Löwenfeld, Über die sexuelle Konstitution und andere Sexualprobleme. S. 82 u. f. Verlag von J. F. Bergmann 1912.

dieser imstande, den Akt genügend lange fortzusetzen, um bei der Frau den Orgasmus auszulösen, so erleidet letztere durch den Vorgang des Zurückziehens keinen erweislichen Schaden [1]). Reicht die Potenz des Mannes nicht aus, die Befriedigung der Frau vor dem Rückzuge herbeizuführen, so kann für sie der Congressus interruptus früher oder später zu einer Quelle nervöser Störungen werden. Notwendig ist dies jedoch keineswegs. Die Beschaffenheit der sexuellen Konstitution spielt hier wie beim Manne eine erhebliche Rolle; auch ist die Zeitdauer des Aktes, resp. die Phase, in welcher der Akt unterbrochen wird, von Einfluß. Am schlimmsten liegt die Sache für die Frau, wenn die Unterbrechung bei bereits hochgesteigerter, dem Orgasmus sich nähernder Erregung stattfindet, und in diesen Fällen mag es auch bei häufiger Wiederkehr des ohne Befriedigung verlaufenden Aktes, da die durch diesen bedingte Kongestion des Uterus sich länger als bei Eintritt des Orgasmus erhält, zur Entwicklung lokaler Beschwerden kommen. Man begreift ohne weiteres, daß die Frau, bei welcher der Congressus interruptus in der erwähnten Weise verläuft, übler daran ist als der Mann. Bei diesem findet der sexuell nervöse Vorgang, wenn er auch in seinem Ablaufe gestört wurde, doch durch die Ejakulation einen Abschluß, während bei der Frau ein solcher fehlt und damit der aufgespeicherten nervösen Erregung die normale Entladung versagt bleibt. Dies hat die Folge, daß der Akt gewöhnlich unmittelbar das Befinden der Frau in ungünstiger Weise beeinflußt. Weniger mißlich gestaltet sich die Sache für die Frau, wenn die Unterbrechung infolge mangelhafter Potenz des Mannes oder geringer Erregbarkeit der Frau in einer früheren Phase des Aktes statt hat und insbesondere bei sexueller Anästhesie der Frau; in letzterem Falle kann bei dieser eine Schädigung der Nerven durch den Congressus interruptus überhaupt kaum stattfinden.

Wenn ich nun unter Berücksichtigung der oben angeführten Momente (gleichzeitige Einwirkung anderer Noxen, sexuelle und nervöse Konstitution, Häufigkeit des Aktes usw.) an die Frage herantrete, welche nervöse Schädigungen sich mit Sicherheit auf den Congressus interruptus bei beiden Geschlechtern zurückführen lassen, so ist zunächst zu bemerken, daß die Antwort auf diese Frage nicht immer leicht und sicher zu geben ist. Die ätiologischen Verhältnisse sind mitunter recht kompliziert und gestatten nicht ohne weiteres eine Entscheidung darüber, was dem einen oder anderen Faktor zuzuschreiben ist [2]).

Von Noxen, denen wir neben dem Congressus interruptus begegnen, sind

[1]) Dieser schon von Freud aufgestellte Satz wird, wie ich nicht unerwähnt lassen kann, anscheinend durch manche Erfahrungen widerlegt. Unter meinen Fällen befinden sich manche, welche Frauen betreffen, die berichteten, daß sie beim Congressus interruptus der Befriedigung nicht ermangelten, während die von ihnen geklagten Erscheinungen (insbesondere Angstzustände) deutlich auf eine sexuelle Noxe hinwiesen, als welche nur der Congressus interruptus eruiert werden konnte. Diese Diskrepanz dürfte sich dadurch erklären, daß nicht wenige und namentlich gebildete Frauen entschieden abgeneigt sind, sich als sexuell unbefriedigt hinzustellen und darauf ihr Leiden zurückführen zu lassen. Einzelne Frauen gestanden zwar den Mangel an Befriedigung beim Congressus interruptus zu, behaupteten aber, daß dieser Umstand ihnen ganz gleichgültig sei, da sie überhaupt auf den sexuellen Verkehr kein Gewicht legten. Auch bei diesen Frauen wiesen die vorhandenen Symptome darauf hin, daß der Congressus interruptus nicht ohne ungünstige Folgen für ihre Nerven blieb.

[2]) Es gilt dies schon für die sexuellen Momente, die in den einzelnen Fällen sehr variieren. Bei manchen Individuen wird der Congressus interruptus zeitweilig durch andere Arten der Prävention oder normalen sexuellen Verkehr (z. B. nach Eintritt einer Schwangerschaft) ersetzt; bei anderen findet neben dem Congressus interruptus auch Masturbation statt. Wir begegnen ferner sexuellen Exzessen, die in der Form des Congressus interruptus geübt werden, ebenso aber auch Fällen mit sehr seltener Übung des Congressus interruptus, so daß neben diesem Faktor auch der Einfluß der Abstinenz in Betracht kommt.

neben der erblichen Belastung, die in einem großen Teile der Fälle sich findet, insbesondere Infektionskrankheiten, körperliche und geistige Überanstrengungen und gemütliche Erregungen zu erwähnen. In der Mehrzahl der Fälle hat der Congressus interruptus bereits längere oder kürzere Zeit seinen schädigenden Einfluß ausgeübt, bevor eine weitere Noxe zur Einwirkung gelangte, die dann das Maß sozusagen voll machte. In manchen Fällen führt dagegen das Hinzutreten der einen oder anderen Schädlichkeit (so namentlich bei Infektionskrankheiten oder schweren gemütlichen Erregungen) sofort zu ausgesprochenen nervösen Störungen, die den Patienten (mitunter auch den Arzt) zu dem Glauben veranlassen, daß sein Leiden lediglich von dem in Frage stehenden Momente sich herleite. Trotz dieser ätiologischen Schwierigkeiten finden wir jedoch bei der vergleichenden Prüfung einer größeren Anzahl von Fällen gewisse Krankheitserscheinungen in solcher Häufigkeit, Entwicklung und Dauer, daß wir über deren Zusammenhang mit der geübten Prävention keinen Zweifel hegen können. In der weit überwiegenden Mehrzahl der Fälle begegnen wir Erscheinungen, die dem Gebiete der neurotischen Angstzustände angehören, Erscheinungen, die aber ihre Zugehörigkeit in dieses Gebiet nicht immer ohne weiteres erkennen lassen und daher auch vielfach irrtümlich gedeutet werden. Es handelt sich zum Teil um inhaltlose Angstzustände, vorübergehend und in Anfallsform auftretend, aber auch solche von langer Dauer, häufiger um die als Phobien bekannten Angstaffektionen, insbesondere lokomotorische und Situations-Phobien (Agoraphobie, Monophobie, Anthropophobie usw.), die in verschiedener Ausbildung, von der leichtesten bis zur schwersten Form, sich finden, zum Teil aber auch und sogar sehr häufig um larvierte und inkomplete Angstanfälle (Angstäquivalente). Um das Verständnis letzterer Erscheinungen und ihrer Bedeutung als Angstsymptome zu erleichtern, mag hier wieder ein von mir schon früher benütztes Schema des vollständigen Angstanfalls dienen.

A.	B.	C.
Angstaffekt. (Angstgefühl mit Veränderung des Vorstellungsablaufes.)	Körperliche Folge- resp. Begleiterscheinungen. (Respiratorische, zirkulatorische, sekretorische, motorische usw. Störungen.)	Verstärkung des Angstaffekts.

Bei den larvierten Angstzuständen handelt es sich um eine Verkennung von A, die dadurch zustande kommt, daß der Angsteffekt entweder nicht deutlich genug ausgebildet oder als verwandter emotioneller Zustand (Verstimmung, Mißmut usw.) aufgefaßt, mitunter auch von einer ihn begleitenden körperlichen Störung nicht unterschieden und daher nur als solche gedeutet wird. So kommt es, daß nicht wenige Patienten lediglich über Anfälle von Schwindel, Asthma, Herzklopfen, Zittern usw. berichten, während es sich in Wirklichkeit um Angstanfälle handelt, in welchen diese körperlichen Symptome eine hervortretende Rolle spielen und daher die Aufmerksamkeit der Patienten in besonderem Maße auf sich lenken. Häufiger als die larvierten sind die inkompleten Angstanfälle (Angstäquivalente), deren Symptome sich auf B, i. e. die körperlichen Begleit- oder Folgeerscheinungen des Angstanfalles beschränken. Entsprechend der Verschiedenartigkeit und Mannigfaltigkeit dieser Erscheinungen wechseln auch die Symptome der inkompleten Angstanfälle. Es handelt sich um Störungen der Herztätigkeit, der Respiration (Pseudoasthma, psychisches Asthma, Asthma sexuale), Anfälle von Schwindel und sogenannten Kongestionen, Diarrhöen, Zittern, Schweißausbruch, Schlundkrämpfe, Übelkeit, Heißhunger, Schlafmangel usw.

Unter den Angstäquivalenten sind die Herzsymptome bei beiden Geschlechtern (insbesondere aber bei Frauen) an Häufigkeit und Mannigfaltigkeit hervorragend, und nach meinen Erfahrungen können alle anfallsweise auftretenden nervösen Funktionsstörungen des Herzens (Symptome der nervösen Herzschwäche) auch als Äquivalente des Angstanfalls vorkommen. Durch Nichtberücksichtigung dieses Sachverhaltes ist man dahin gekommen, gewisse Formen nervöser Herzstörungen als selbständiges Leiden aufzufassen. Hierher gehört die von Hertz (Wien) als Phrenokardie beschriebene Herzneurose, wie schon von Stekel hervorgehoben wurde.

Ob man die so überaus wechselnden und mannigfaltigen Angstphänomene mit Freud und seinen Schülern lediglich als Symptome einer Neurose, der Angstneurose, betrachten oder bei Kombination derselben mit ausgeprägten Symptomen der Neurasthenie dem Gebiete letzterer Krankheit zuweisen und nicht lediglich eine Komplikation der Neurasthenie mit Angstneurose annehmen will, ist eine Frage der Nosologie, auf die hier näher einzugehen, zu weit führen würde, die aber auch hier von keiner weiteren Bedeutung ist. Einen auffälligen Gegensatz zu der Häufigkeit der Angstphänomene bildet die relative Seltenheit nervöser Störungen in der Sexualsphäre, die ich schon früher erwähnte und auch jetzt wieder betonen muß. Es handelt sich bei Männern insbesondere um Potenzmängel, verursacht durch präzipitierte Ejakulation und Abnahme der Erektionsfähigkeit. Damit finden sich mitunter vergesellschaftet: Erscheinungen der reizbaren Blase und der reizbaren Prostata (vermehrter Harndrang, Gefühle von Schwere und Druck in der Dammgegend, Hyperästhesie der Harnröhre, speziell des prostatischen Teiles derselben). Diese Erscheinungen können auch isoliert auftreten und sind zumeist nicht von längerer Dauer. Mit den erwähnten Symptomen in der Urogenitalsphäre verknüpfen sich mitunter andere myelasthenische Erscheinungen (Rückenschmerzen, Müdigkeit und Parästhesien in den Beinen). Häufiger treten diese Erscheinungen jedoch isoliert oder in Verbindung mit zerebrasthenischen Symptomen auf. Bei letzterer Kombination ist es bemerkenswert, daß die zerebrasthenischen Störungen vorwaltend den myelasthenischen vorhergehen. Unter ersteren findet sich, von den Angstsymptomen abgesehen, auffällig erhöhte gemütliche Erregbarkeit am häufigsten; Zwangsvorstellungen sind erheblich seltener und zwar handelt es sich vorwaltend um hypochondrische Zwangsbefürchtungen. Auch Verstimmungszustände von kürzerer und längerer Dauer finden sich zuweilen. Häufig begegnen wir auch Klagen über Kopfbeschwerden (Kopfschmerz, Kopfeingenommenheit, sonderbare Gefühle im Kopfe, gehäufte Migräneanfälle). Damit ist vielfach Abnahme der geistigen Arbeitsfähigkeit und des Gedächtnisses vergesellschaftet.

Die Einzelfälle bieten ein überaus wechselndes Bild, da nicht bloß die Kombination der verschiedenen neurotischen Symptome variiert, sondern auch die Intensität und Dauer der einzelnen Störungen sehr wechselt. Bei manchen Patienten sind es Phobien, die ihre hauptsächliche oder einzige Belästigung bilden und sie zum Arzte führen. Sie werden auf der Straße, beim Aufenthalt in menschenerfüllten Räumen usw. von Angstzuständen heimgesucht. Bei anderen spielen nervöse Herzsymptome oder asthmatische Beschwerden die gleiche Rolle, bei wieder anderen Kopfbeschwerden oder ein überaus hartnäckiger Schlafmangel. Letzterem begegnete ich insbesondere bei Frauen, bei welchen viele Jahre hindurch der Congressus interruptus ohne jede Befriedigung stattgefunden hatte. Bei Männern spielen mitunter einzelne myelasthenische Symptome, Parästhesien in den Beinen, andauernde Rücken- oder Kreuzschmerzen, die Symptome der reizbaren Prostata, den Gegenstand ihrer Hauptklage. Es ist jedoch ein wichtiger und in einzelnen Fällen zutage tretender Unterschied zu erwähnen: Bei manchen

Individuen äußert der Congressus interruptus, wenn auch nicht schon von Anfang an, so doch schon sehr bald jedesmal unmittelbar in der einen oder anderen Richtung eine ungünstige Wirkung auf das Befinden, was den Betreffenden zwar über die Schädlichkeit des Aktes nicht ganz in Zweifel läßt, aber dessen Fortsetzung zumeist nicht verhindert, sondern nur eine Einschränkung des sexuellen Verkehrs veranlaßt. In anderen Fällen bleibt der Einzelakt ohne nachteiligen Einfluß auf das Befinden oder es zeigt sich ein solcher nur ganz vorübergehend, und ausgeprägte nervöse Störungen stellen sich oft erst nach langer Zeit und im Anschlusse an eine andere Schädlichkeit ein, insbesondere Influenza, Unfall. Daß in diesen Fällen die ursächliche Rolle des Congressus interruptus gewöhnlich unerkannt bleibt, wurde bereits erwähnt.

Ich habe im vorstehenden die nervösen Folgezustände des in Frage stehenden Präventivverkehrs für beide Geschlechter gemeinsam besprochen. Es hat dies seinen Grund darin, daß die betreffenden Krankheitszustände bei beiden Geschlechtern keinen wesentlichen Unterschied aufweisen. Man kann nur folgendes sagen: Die Angstphänomene treten bei Frauen noch häufiger auf als bei Männern. Eine skrupulöse Prüfung der einzelnen Fälle spricht sogar dafür, daß Angstphänomene irgendwelcher Art bei Frauen, welche unter dem Einfluß des Congressus interruptus nervös erkranken, sich regelmäßig finden. Erscheinungen, die den Potenzstörungen des Mannes entsprechen, mangeln bei Frauen. Dagegen finden sich auch bei ihnen die Symptome der reizbaren Blase, zuweilen auch lästige Empfindungen im Bereiche der Genitalien. Rücken- und Kreuzschmerzen sind bei ihnen häufiger als bei Männern. Auch ungünstige Einwirkung des Einzelaktes auf das Befinden wird, wie aus dem an früherer Stelle Bemerkten schon hervorgeht, bei Frauen öfters angetroffen als bei Männern. Daß wir bei ersteren in manchen Fällen auch hysterische Symptome (Lach- und Weinkrisen, Anfälle mit Krämpfen usw.) finden, ist nicht in Abrede zu stellen, aber es scheint nicht häufig der Fall zu sein. Man darf diese Vorkommnisse nicht ohne weiteres auf die geübte Prävention allein zurückführen, da die betreffenden Frauen zum Teil jedenfalls schon vor Beginn des Congressus interruptus nicht frei von Anzeichen von Hysterie waren. Meines Erachtens spielen bei dem Auftreten hysterischer Erscheinungen in den in Frage stehenden Fällen psychische (emotionelle) Momente die Hauptrolle, die allerdings mit dem Mangel sexueller Befriedigung im Zusammenhang stehen. Wie aus dem im vorstehenden Dargelegten sich ergibt, gehören die nervösen Leiden, welche infolge des Congressus interruptus auftreten und auf diesen sich sicher zurückführen lassen, ausschließlich dem Gebiete der Neurosen, in der Hauptsache der Neurasthenie und Angstneurose, weit seltener der Hysterie an. Ich kann jedoch nicht unerwähnt lassen, daß ich auch Fälle beobachtete, in welchen nach längerer Übung des Congressus interruptus Psychosen (Melancholie, Paranoia) und organische Rückenmarkskrankheiten sich entwickelten.

Was letztere Erkrankungen und die Paranoia betrifft, so konnte ich mich jedoch in keiner Weise davon überzeugen, daß es sich hierbei um mehr als ein zufälliges post hoc handelte; und was die Fälle mit Melancholie betrifft, so ist wohl nicht in Abrede zu stellen, daß die geübte Prävention auf die Entwicklung des Leidens nicht ohne Einfluß gewesen sein mag. Dieselbe kann jedoch nur als ein ursächlicher Faktor unter mehreren in gleicher Richtung wirkenden, nicht als die ausschließliche Ursache der Erkrankung angesprochen werden. Der Verlauf der durch den Congressus interruptus bedingten Nervenleiden zeigt bemerkenswerte Unterschiede, die nicht lediglich durch die zeitliche Dauer der geübten Vorsicht und die Schwere der aufgetretenen Symptome bedingt sind. An sich sollte man annehmen, daß das Aufgeben des Congressus interruptus und der Übergang zum völlig normalen Geschlechtsverkehr oder zu einer unschädlichen Art der Prävention stets genügen müßte, um alsbald eine entschiedene Besserung des Zustandes, wenn nicht Heilung, herbeizuführen. Dies ist aber nach meinen Beobachtungen keineswegs immer der Fall. Die erwartete Besserung stellt sich nicht selten nur sehr zögernd, und bezüglich einzelner Symptome auch im Verlaufe von Jahren nicht ein. Mitunter erklärt sich dies aus dem Umstande, daß an Stelle des Congressus interruptus eine andere sexuelle Noxe, relative Abstinenz, tritt. Die Patienten erwarten von möglichster Einschränkung des sexuellen Verkehrs gesundheitliche Vorteile, erreichen aber mit dieser Maßnahme das Gegenteil von dem, was sie erwarten. Bei langer Übung des Congressus interruptus macht sich jedoch auch der Umstand geltend, daß neurasthenische Zustände und Angstneurosen, welche durch lange dauernde Einwirkung gewisser Noxen herbeigeführt wurden, eine Unabhängigkeit von den ursächlichen Momenten erlangen und daher auch nach Beseitigung dieser fortbestehen können. Diese Erfahrung machen wir namentlich, wie ich schon vor Jahren in einem Aufsatze (Zur Lehre von den neurotischen Angstzuständen 1897) gezeigt habe, bei den Phobien. Diese können noch viele Jahre nach dem Aufgeben des Congressus interruptus ungebessert fortbestehen.

Ein näheres Eingehen auf die Literatur über den Congressus interruptus muß ich mir hier aus räumlichen Gründen versagen. Nach den Übertreibungen, welche die ersten Publikationen über die sanitären und moralischen Folgen dieser Art von Vorsicht enthielten, ist man allmählich, namentlich in neurologischen Kreisen, zu einer ruhigeren und sachlicheren Beurteilung des Gegenstandes gelangt, und in neuerer Zeit ist, seitdem von Freud die Aufmerksamkeit auf den Congressus interruptus als eine Ursache neurotischer Angstzustände gelenkt wurde, die Häufigkeit dieser Erscheinungen unter den nervösen Folgen des Congressus interruptus durch eine Reihe von Beobachtungen festgestellt worden. An Übertreibungen bezüglich des pathogenen Einflusses des Congressus interruptus fehlt es jedoch auch in neuerer Zeit nicht; diese betreffen aber vorwaltend die dem Congressus interruptus zugeschriebenen schädigenden Einwirkungen auf den Sexualapparat. In diese Rubrik scheint mir das von manchen Seiten behauptete Vorkommen einer chronischen Prostatitis als Folge des Congressus interruptus zu gehören. Ich will hier weniger Gewicht darauf legen, daß ich von einem solchen Vorkommnis nichts konstatieren konnte, als auf den Umstand, daß Frisch in seiner trefflichen Monographie über „Die Krankheiten der Prostata“ (II. Aufl. 1910) den Congressus interruptus unter den Ursachen der chronischen Prostatitis nicht erwähnt. Mit den verschiedenen Erkrankungen des weiblichen Sexualapparates, welche einzelne Gynäkologen auf den Congressus interruptus zurückführen wollen, dürfte es sich ähnlich verhalten. Man ist sogar so weit gegangen, das Uteruskarzinom mit dem Congressus interruptus in ursächlichen Zusammenhang zu bringen [1]). Nach einer Mitteilung, welche mir der hiesige hervorragende Gynäkologe, Hofrat Theilhaber, auf eine Anfrage machte, entstehen bei Frauen, welche durch den Congressus interruptus keine Befriedigung finden, häufig Kreuzschmerzen, die 1—2 Tage anhalten, und andere nervöse Beschwerden, zuweilen auch Ausfluß infolge von Hypersekretion der Uterusschleimhaut und nervöse Blasenbeschwerden. „Anatomische Veränderungen, wenn auch behauptet, sind nicht erwiesen. Es läßt sich nur sagen, daß die Entwicklung von Myomen durch

[1]) Dies ist noch in neuerer Zeit von Kisch geschehen. Zeitschr. f. Sexualwissenschaft. 3. Bd. 3. Heft. 1917.

längere Übung des Congressus interruptus begünstigt werden mag [1])." Gegen Ende des verflossenen Jahrhunderts schien es mir, daß wir es mit einem Anwachsen von Neurasthenie und Angstneurose infolge zunehmender Verbreitung des Congressus interruptus zu tun haben. Dieser Eindruck hat sich bereits seit einer Anzahl von Jahren verloren. Die Zahl der von mir beobachteten Fälle von Neurasthenie und Angstneurose, in welchen Congressus interruptus als ätiologisches Moment eine Rolle spielte, hat sich entschieden verringert und ich glaube diesen Umstand darauf zurückführen zu dürfen, daß die Kenntnis der Schädlichkeit dieser Art sexuellen Verkehrs im großen Publikum und namentlich in den Kreisen der Gebildeten, sich allmählich erheblich verbreitet hat. Zur Zeit dürfen wir nicht verkennen, daß die Mängel, welche den chemischen und mechanischen antikonzeptionellen Mitteln anhaften, noch ein Hindernis für die Beseitigung des Congressus interruptus bilden. In der Verbesserung der antikonzeptionellen Mittel hat die Indutrie und — ich gestatte mir dies beizufügen — auch ärztliches Denken noch eine Aufgabe von größter Tragweite vor sich. Es handelt sich nicht bloß um möglichste Beseitigung des Congressus interruptus, sondern auch um Bekämpfung eines weit schlimmeren Übels. Die Fruchtabtreibung hat in neuerer Zeit in den Großstädten wie in den Fabrikorten derartige Dimensionen angenommen, daß es ärztlicherseits nicht mehr am Platze ist, diesem Unwesen gegenüber sich untätig zu verhalten. Aufklärung der breiten Massen über die Möglichkeiten gefahrloser Konzeptionsverhinderungen und Verbesserung der antikonzeptionellen Mittel derart, daß sie größere Sicherheit für die Erreichung des angestrebten Zweckes bieten, sind die einzigen Maßnahmen, von welchen man entschiedenen Erfolg bezüglich der Verhütung der Fruchtabtreibung erwarten kann [2]). Wenn sich bei uns die Bezeichnungen Malthusianismus und Neomalthusianismus als gleichbedeutend mit Präventivverkehr eingebürgert haben, so hat dies bezüglich des Malthusianismus nur insoferne Berechtigung, als das von Malthus vorgeschlagene System auf Beschränkung der Kinderzahl abzielt; aber als Mittel zu diesem Ziele den Präventivverkehr zu empfehlen war Malthus weit entfernt. Er hatte nur Hinausschiebung der Verheiratung bis zu einem die natürliche Fruchtbarkeit beschränkenden Alter und moralische Enthaltsamkeit im ehelichen Leben im Auge. Daß diese sehr wohlgemeinten Malthusschen Ratschläge bei den breiten Massen des Volkes in England oder anderweitig Eingang fanden und dadurch zu einer großen praktischen Bedeutung gelangten, ist nicht ersichtlich. Dieser Umstand war es wohl, der eine Anzahl menschenfreundlicher und auf die Verringerung des Elendes, speziell der großen Kindersterblichkeit in den unteren Volksklassen bedachter Personen, Ärzte und Nichtärzte, veranlaßte, dem Volke ein Verfahren im ehelichen Leben zu empfehlen, dessen Ausführung nicht die große moralische Anstrengung erheischt, wie die Malthusschen Ratschläge und von welchen man daher eine größere Verbreitung erwarten konnte: den Präventivverkehr (Neomalthusianismus).

[1]) Kollege Theilhaber hält auf eine neuerliche Anfrage obige mir für die V. Auflage dieses Werkes gemachte Mitteilung in vollem Umfange aufrecht, und erklärt auf Grund seiner Untersuchungen über die Ätiologie des Uteruskarzinoms die Ansicht Kischs von der ursächlichen Beziehung des Congressus interruptus zu dem erwähnten Leiden für völlig unhaltbar, er fährt fort: „Die von mir vor 12 Jahren aufgestellte These, daß das Myom auf hyperämischen, der Krebs auf anämischem Boden wächst, ist heute von einer großen Anzahl von Ärzten akzeptiert worden. Der Congressus interruptus hat venöse Hyperämie im Gefolge, er begünstigt also das Myom und nicht den Krebs.

[2]) Um ein Beispiel für das Überhandnehmen der Kindsabtreibung zu geben, sei hier nur erwähnt, daß in München (keine Fabrikstadt) in jüngster Zeit wegen des in Frage stehenden Deliktes gleichzeitig 125 Personen in Untersuchung sich befanden.

XIII.

Über den Einfluß sexuellen Verkehrs auf bestehende Nerven- und Geisteskrankheiten und die Disposition zu solchen.

Die Frage nach der Einwirkung, welche der sexuelle Verkehr auf bestehende Nervenkrankheiten und die Disposition zu solchen ausübt, ist von eminenter praktischer Bedeutung. Denn sehr häufig sieht sich der Arzt in der verantwortungsvollen Lage, seine Meinung darüber abgeben zu müssen, ob bei einer mit einem Nervenleiden oder ererbter neuro- und psychopathischer Belastung behafteten Persönlichkeit eine Eheschließung rätlich ist. Ziehen wir zunächst die verbreitetsten nervösen Krankheitsformen, Neurasthenie, Hysterie und Angstneurose in Betracht, so haben wir im vorstehenden bereits gesehen, daß bei neuropathischer Disposition die sexuelle Abstinenz (resp. der Mangel sexueller Befriedigung) unter Umständen eine Ursache, beziehungsweise Mitursache dieser Leiden werden kann. Diese Tatsache läßt schon folgern, daß bei den erwähnten Leiden in gewissen Fällen sich geregelter sexueller Verkehr nützlich erweisen muß. Früher, als man die Hysterie noch lediglich als eine virginum et viduarum affectio betrachtete, d. h. von geschlechtlicher Nichtbefriedigung ableitete, wurde die Ehe als wichtigstes Heilmittel für diese Erkrankung angesehen, eine Anschauung, die bezüglich der virgines et viduae noch heute manche Anhänger hat und mitunter auch auf gewisse Formen der Neurasthenie übertragen wird. Tatsächlich lehrt jedoch die Erfahrung, daß bei Hysterischen und Neurasthenischen der Einfluß sexuellen Umganges sich sehr verschieden gestaltet. Unleugbar äußert derselbe in mäßiger Weise geübt bei zahlreichen mit nervösen Schwächezuständen Behafteten einen günstigen Einfluß auf das Befinden. Diese Wirkung beschränkt sich nicht auf die an sexueller Neurasthenie Leidenden und nicht auf die besonders sinnlich angelegten Naturen. Andererseits bilden aber die sexuellen Leistungen in und außer der Ehe nicht selten die Ursache von Verschlimmerungen bestehender nervöser Erschöpfung. Von der selbstverständlich schädigenden Wirkung der Exzesse in venere will ich hier ganz absehen. Ich habe jedoch bei einzelnen verheirateten Neurasthenikern sogar nach selten geübter Kohabitation über mehrere Tage sich erstreckende intensive nervöse Prostration beobachtet [1]).

Féré erwähnt, daß bei einzelnen Neurasthenischen der sexuelle Verkehr eine allgemeine Abstumpfung der Sinne, insbesondere des Gehörs und Gesichts, nach sich zieht; selbst eine wirkliche Amaurose von kurzer Dauer wird beobachtet.

---

[1]) Die ungünstige Beeinflussung des Befindens kann aber auch viel länger dauern. So berichtete mir ein in den 30er Jahren stehender, seit etwa Jahresfrist verheirateter Neurastheniker, der mich vor einiger Zeit konsultierte, daß jeder Kongressus bei ihm eine nervöse Prostration hinterläßt, von der er sich erst im Verlaufe einer Anzahl von Wochen erholt.

Der gleiche Autor berichtet über einen Fall von transitorischer Lähmung post coitum bei einem Neurastheniker. Der Patient, ein 48jähriger Mann, zeigte von Jugend auf geringe Leistungsfähigkeit der Beine; doch äußerte der eheliche Verkehr auf deren Zustand längere Zeit keinen Einfluß. Als der Patient jedoch infolge von Sorgen in Neurasthenie verfiel, stellte sich nach dem Kongressus, der nur in Zwischenräumen von 3—4 Wochen ausgeübt wurde, Taubheitsgefühl und eine solche Schwäche in den Beinen ein, daß das Stehen unmöglich war; die Störungen gingen jedoch jedesmal rasch vorüber und schwanden gänzlich, nachdem der Patient von seinen neurasthenischen Beschwerden befreit war.

Bei sexueller Neurasthenie ist der Einfluß geschlechtlichen Verkehrs im allgemeinen von der Art und Intensität der vorhandenen Störungen abhängig. Wir müssen uns hier auf folgende Bemerkungen beschränken: Der Grad der sexuellen Bedürftigkeit gibt keinen zuverlässigen Index für die Folgen des Kongressus. Bei zeitweilig gesteigerter sexueller Erregtheit, welche das Ertragen länger dauernder Abstinenz erschwert, mag die Kohabitation das Befinden für eine Anzahl von Tagen entschieden ungünstig beeinflussen, während in anderen Fällen bei mäßiger Libido derartige Folgen nicht eintreten. Bei zu häufigen Pollutionen abstinenter Individuen kann die Einleitung des geschlechtlichen Verkehrs günstig wirken; letzterer ist aber keineswegs ein zuverlässiges Heilmittel bei Pollutionen, wie es von manchen Seiten dargestellt wird. Namentlich bei jüngeren Neurasthenikern kommt es öfters vor, daß nach der Kohabitation noch in derselben oder in der folgenden Nacht eine Pollution eintritt. Spermatorrhöe wird durch geschlechtlichen Verkehr kaum gebessert, durch Exzesse auf diesem Gebiete, wie wir sahen, verschlimmert. Bei geringen Mängeln der Erektionsfähigkeit erweist sich mäßiger sexueller Umgang von günstigstem Einflusse. Die geschlechtliche Tätigkeit hat hier die Bedeutung einer Gymnastik für den Sexualapparat, wirkt aber auch dadurch günstig auf die Potenz, daß sie das Selbstvertrauen des Individuums erhöht und die meist vorhandenen Zweifel über das sexuelle Vermögen beseitigt.

Bei bedeutender Herabsetzung der Erektionsfähigkeit ist dagegen Verzicht auf sexuellen Verkehr für längere Zeit erforderlich, um eine Hebung der Potenz zu erzielen. Für die Fälle mit präzipitierter Ejakulation lassen sich keine allgemeinen Angaben machen, da der Grad und die Dauer der Störung, sowie deren Verursachung neben anderen Umständen von Einfluß sind.

Bei nervösen und neurasthenischen Frauen werden im ganzen seltener als bei Männern ungünstige Folgen seitens des Nervensystems vom sexuellen Verkehr beobachtet, soferne dieselben hierbei Befriedigung finden. Die nervöse Erschöpfung kann jedoch, wie schon erwähnt wurde, dazu führen, daß beim geschlechtlichen Verkehr der Orgasmus ganz ausbleibt oder schwer auslösbar wird. Auf diesen Umstand dürfte es hauptsächlich zurückzuführen sein, daß bei nervös sehr heruntergekommenen Frauen die Erfüllung der ehelichen Pflichten mitunter ihr Befinden in ausgesprochen ungünstiger Weise beeinflußt. Für die große Mehrzahl Neurasthenischer (Männer und Frauen) erweist sich jedoch, wie man namentlich bei Verheirateten wahrnimmt, mäßiger normaler Geschlechtsverkehr von keiner nachteiligen Wirkung; man sieht sogar öfters, wie schon erwähnt wurde, unter dem Einflusse ungewohnter Abstinenz eine Steigerung vorhandener Beschwerden eintreten.

Was nun die Hysterie betrifft, so lehrt wohl schon die Unzahl hysterischer Frauen, daß es mit der Heilkraft des ehelichen Lebens bei dieser Krankheit nicht glänzend bestellt sein kann. Es läßt sich allerdings nicht leugnen, daß bei manchen

Hysterischen die Verheiratung eine vorteilhafte Veränderung des Gesamtbefindens nach sich zieht; man darf jedoch die Tragweite solcher Beobachtungen nicht überschätzen. In der Regel handelt es sich um eine Einschränkung oder Beseitigung zeitweilig vorhandener Krankheitserscheinungen, nicht aber um eine Tilgung der hysterischen Disposition. Diese verbleibt auch nach Beseitigung aller temporär vorhandenen nervösen Symptome, um früher oder später bei Einwirkung von nervenschädigenden Momenten, insbesondere psychischen Traumen, sich wieder zu dokumentieren.

Auf der anderen Seite können aber bei Hysterischen durch den sexuellen Akt auch mancherlei Zufälle hervorgerufen werden: Anästhesien (Amblyopie und selbst Amaurose, Herabsetzung des Hörvermögens, kutane Anästhesien), Lähmungszustände der Glieder in hemiplegischer und paraplegischer Form, Krampf- und Schlafanfälle (Féré). Allerdings dürften derartige Erscheinungen in der Regel nur in Fällen auftreten, in welchen dieselben schon früher durch andere Ursachen herbeigeführt wurden, wie dies Féré speziell mit Bezug auf die Lähmungen bemerkt. Ich selbst beobachtete z. B. eine Hysterische, bei welcher, nachdem sie einige Zeit an Anfällen gelitten hatte und größere sexuelle Erregtheit eingetreten war, auch der eheliche Verkehr gewöhnlich mit einem Anfalle abschloß [1]).

Für den Arzt kann, wenn er in der Frage der Eheschließung bei neurasthenischen und hysterischen Mädchen einen Rat erteilen soll, der voraussichtliche Einfluß des sexuellen Verkehrs nicht allein bestimmend sein; er muß, wie ich bereits anderenorts [2]) bemerkt habe, alle vorliegenden Verhältnisse in Erwägung ziehen. „Der geregelte geschlechtliche Verkehr, wie ihn die Ehe ermöglicht, äußert allerdings in zahlreichen Fällen auf vorhandene nervöse Schwächezustände einen günstigen Einfluß. Allein es wäre sicher zu weitgehend, wollten wir die gute Wirkung des ehelichen Lebens bei derartigen Zuständen lediglich auf den geschlechtlichen Verkehr beziehen. Dieser ist nur ein Faktor neben anderen, die nicht minder von Belang sind. Als solche kommen in Betracht: die Annehmlichkeiten einer geordneten Häuslichkeit, die Ablenkung der Aufmerksamkeit von dem eigenen Zustande zum Teil durch die häuslichen Pflichten und Sorgen, zum Teil durch den geselligen Verkehr der Gatten untereinander, die Befriedigung, die besonders bei den Frauen aus dem Bewußtsein entspringt, eine Stütze für das Leben gefunden zu haben, endlich die Freuden, welche Kinder bereiten. Indes handelt es sich hier um Faktoren, die nicht in jeder Ehe gegeben sind; wo dieselben nach aller Voraussicht fehlen werden, wo die Ehe eine Quelle sich mehrender Sorgen infolge ungenügender materieller Basis oder von Verdrießlichkeiten und Aufregungen wegen nicht genügender Übereinstimmung des Charakters der Beteiligten bildet, da ist entschieden abzuraten, da der geregelte geschlechtliche Verkehr diese Nachteile nicht auszugleichen vermag. Allein auch bei zweifellos günstigen Außenverhältnissen und genügender Übereinstimmung der Charaktere der beiden in Betracht kommenden Personen müssen wir uns wenigstens temporär gegen eine Verheiratung aussprechen, i. e. eine Verschiebung derselben herbeiführen, wenn

---

[1]) An die Schlafanfälle kann sich auch Amnesie anschließen. Féré führt den Fall einer Hysterischen an, die nur selten zum Orgasmus gelangte, weil die Erregung bei ihr fast immer Gesichtshalluzinationen, gewöhnlich schreckenerregender Art, hervorrief; sie verfiel dann in einen komatösen Schlaf, aus welchem sie erst nach mehreren Stunden mit einer temporären retroaktiven Amnesie erwachte, welche mehrere Stunden vor dem Akte umfaßte.

[2]) Löwenfeld: Die moderne Behandlung der Nervenschwäche (Neurasthenie usw. 3. Aufl. S. 40; 4. Aufl. S. 42).

schwere hysterische oder neurasthenische Zustände vorliegen. Es sind mir zwar Fälle bekannt, in welchen auf letztere die Verehelichung keine ungünstige Wirkung äußerte; allein trotzdem muß ich mich zu der eben ausgesprochenen Ansicht bekennen. Haben sich schwere hysterische oder neurasthenische Leiden auf dem Boden ausgesprochener hereditärer Belastung entwickelt, so ist sowohl wegen der unter solchen Verhältnissen zu erwartenden Nachkommenschaft, als wegen der Unsicherheit betreffs der weiteren Gesaltung des nervösen Leidens eine Eheschließung ganz und gar zu widerraten"[1]).

Namentlich müssen wir uns da gegen eine Verheiratung aussprechen, wo psychische Anomalien neben den neurasthenischen oder hysterischen Beschwerden sich anhaltend stärker vordrängen, bei jenen borderliners, die unter sehr günstigen Verhältnissen allerdings sich eine gewisse Stellung im Leben zu erhalten wissen, bei widrigen Schicksalen dagegen sich alsbald für eine geschlossene Anstalt qualifizieren.

Zu einer direkten Empfehlung der Verehelichung hat andererseits der Arzt selten ausreichende Veranlassung. Ich selbst habe mich bisher zur Erteilung eines bezüglichen Rates weniger durch die sexuelle Bedürftigkeit der Betreffenden als deren psychische Beschaffenheit und Lebensstellung bestimmen lassen. Für jene hypochondrischen Neurastheniker, deren Gemütszustand offenbar hauptsächlich durch geistige Isolierung bedingt und unterhalten wird, erweist sich die Ehe mit einer verständigen, nicht allzu sinnlich angelegten Person gewöhnlich entschieden vorteilhaft. Wenigstens hat dies meine bisherige Erfahrung ergeben. Es ist daher keine Entwürdigung des Institutes der Ehe, wenn dieselbe gelegentlich als Heilmittel in Vorschlag gebracht wird, soferne bei der ärztlichen Verordnung das Hauptgewicht nicht auf die Gelegenheiten zu sexueller Befriedigung, sondern auf die geistige Gemeinschaft mit einer Person gelegt wird, welche durch Eigenschaften des Gemütes und Verstandes befähigt ist, auf die geistige Verfassung des Patienten einen günstigen Einfluß auszuüben.

Über den Einfluß des sexuellen Verkehrs bei Epilepsie haben wir uns bereits an früherer Stelle geäußert. Hier sei nur noch erwähnt, daß ich bei verheirateten Epileptikern von mäßigem sexuellen Verkehr im allgemeinen keinen ungünstigen Einfluß auf ihr Leiden konstatieren konnte und bei zwei nicht verheirateten Epileptikern mit reger Libido länger dauernde Abstinenz die Häufigkeit der Anfälle zu steigern schien. Féré berichtet von einem Epileptiker, bei welchem an die Anfälle sich transitorische Lähmungen anschlossen, solche auch nach dem sexuellen Akte auftraten. Féré erwähnt auch, daß bei manchen Epileptischen gewisse sensorielle Störungen (Erythropsie, Farbensehen, subjektive Geruchsempfindungen) sowohl während des epileptischen Anfalles als beim sexuellen Akte auftreten.

Daß bei Personen, welche an Anfällen von Angina pectoris leiden, auch der sexuelle Verkehr zum Auftreten solcher Anfälle führt, ist ohne weiteres verständlich. Bei mit Migräne behafteten Frauen stellt sich der Kopfschmerz namentlich dann post congressum ein, wenn derselbe nicht mit völliger Befriedigung verknüpft war.

---

[1]) Redlich (Über das Heiraten nervöser und psychopathischer Individuen. Med. Klinik 1908, Nr. 7) glaubt, daß schwere Fälle von Hysterie, solche mit Anfällen, Lähmungserscheinungen, psychischen Störungen und ähnlichem die Verheiratung nicht gestatten, es sei denn, daß durch eine Behandlung die Erscheinungen wieder für längere Zeit zum Schwinden gebracht worden sind. Tatsächlich kommt es in derartigen Fällen häufig zu einer Verheiratung; allein die Erfahrung zeigt, daß der Ehestand ein stärkeres Wiederhervortreten des Leidens bei der Mehrzahl der Betreffenden meist nicht zu verhüten vermag, weshalb gegen den ärztlichen Konsens zur Heirat in diesen Fällen gewichtige Bedenken bestehen.

Bei Neuvermählten kann die Einleitung des ehelichen Verkehrs zu schweren psychischen Störungen führen. Ich habe selbst bei 2 jungen Frauen, von welchen die eine allerdings erblich sehr belastet war, die andere dagegen keine sicher nachweisbare Belastung aufwies, kurze Zeit nach der Verheiratung schwere Melancholie mit Nahrungsverweigerung beobachtet. Da es sich in beiden Fällen um Neigungspartien handelte und die ersten Zeichen der Erkrankung schon wenige Tage nach der Hochzeit auftraten, können als Ursache der psychischen Störung hier lediglich sexuelle Vorgänge angenommen werden. Die zarte nervöse Konstitution der beiden Frauen einerseits, andererseits ein wahrscheinlich zu stürmisches Vorgehen seitens der Gatten gestaltete die Einleitung des sexuellen Verkehrs für die Betreffenden zu einem schockartigen Eingriffe, welchem deren Nervensystem nicht gewachsen war. In beiden Fällen trat übrigens Genesung ein, seltsamerweise bei der hereditär belasteten Frau schon nach 4 Monaten ungefähr, bei der anderen Patientin erst nach mehr als Jahresfrist [1]).

Außerdem habe ich 2 Fälle leichterer Melancholie bei Neuvermählten beobachtet, bei welchen ebenfalls zweifellos Neigungspartien vorlagen. Die eine der beiden Patientinnen, eine in den 30er Jahren stehende, erblich wenig belastete Dame, hatte in den letzten Monaten vor ihrer Verheiratung viel Aufregungen und Anstrengungen durchzumachen und erkrankte während der Hochzeitsreise. Die andere Patientin, eine Ende der 20er Jahre stehende, erblich väterlicherseits erheblich belastete Dame, hatte ebenfalls in den letzten Monaten vor ihrer Verheiratung viel Aufregungen und zeigte schon vor der Hochzeit eine gewisse Verstimmung. In beiden Fällen trat Genesung im Verlaufe von weniger als 3 Monaten ein. Die Einleitung des sexuellen Verkehrs erwies sich auch hier, obwohl dieselbe in schonender Weise geschah, von ungünstiger Wirkung auf den psychischen Zustand.

Melancholie als Folge nicht exzessiven geschlechtlichen Verkehrs ist auch bei Männern beobachtet worden. Schüle sah bei zwei verheirateten Männern, von denen der eine längere Zeit nervös verstimmt war und an Darmkatarrh mit Anämie litt, eine vollständige und schwere Melancholie unmittelbar im Gefolge eines einmaligen Beischlafes auftreten.

Nicht selten tritt an den Arzt die Frage heran, ob bei einer Person, die bereits geisteskrank war oder mit einer ererbten Anlage zu Geistesstörung behaftet ist, sich die Eheschließung empfiehlt. In dieser Beziehung sind die Ansichten der Irrenärzte zum Teil von einer Art, die mir allzu optimistisch erscheint. Die Tatsache, daß unter den erblich Belasteten die Ledigen häufiger erkranken als die Verheirateten — eine Tatsache, die sich aus den Untersuchungen Hagens, wenn auch nicht für alle Altersklassen, ergibt —, hat dazu geführt, daß man die Heirat geradezu als Präservativ gegen den Ausbruch des erblichen Irrseins ansah. v. Krafft-Ebing z. B. bemerkte bezüglich dieses Punktes bei Erörterung der Prophylaxe der Geistesstörungen: „Bei männlichen Individuen mindert frühe Heirat die Gefahr der Erkrankung, bei weiblichen ist die Verehelichung erst nach erreichter körperlicher Reife wünschenswert.“ Der von v. Krafft-Ebing angenommene prophylaktische Wert früher Heirat bei belasteten Männern findet jedoch in den sehr sorgfältigen statistischen Erhebungen Hagens keine Stütze. Nach Hagen erkranken vom 26.—30. Jahre mehr Verheiratete als das Verhältnis der allgemeinen Statistik ergibt. Das Plus der größeren Erkrankungsfähigkeit

[1]) Letztere Kranke verfiel später wiederholt in geistige Störung und starb schließlich in einer Irrenanstalt, während erstere bisher geistesgesund blieb.

für die ledigen belasteten Männer beginnt erst mit dem 30. Jahre. Bei den Frauen überwiegen vom 16.—30. Jahre die Verheirateten, vom 30. Jahre an ebenfalls die Ledigen. Das Überwiegen der ledigen erblich disponierten Kranken ist bei den Männern stärker als bei den Frauen.

Berücksichtigen wir ferner den Umstand, daß trotz des anscheinend günstigen Einflusses der Ehe doch noch sehr viele erblich belastete Verheiratete erkranken [1]), so werden wir der Ehe nur eine sehr beschränkte prophylaktische Bedeutung zuerkennen dürfen und deshalb unsere Zustimmung zur Verheiratung bei nicht zu schwer Belasteten nur bei befriedigendem körperlichen und geistigen Zustande und günstigen Lebensverhältnissen geben.

Wo sehr schwere, namentlich doppelseitige erbliche Belastung vorliegt und sich in Erscheinungen psychopathischer Degeneration äußert oder auf Grund der Belastung sich bereits einmal eine Psychose entwickelt hat, wird von einer Verheiratung entschieden abzuraten sein.

Eine Mitteilung des verstorbenen Direktors der Irrenanstalt Klingenmünster, Dick (Wanderversammlung der südwestdeutschen Irrenärzte zu Heppenheim, Mai 1875) bildete lange Zeit eine gewichtige Stütze für die Lehre von der Schutzkraft der Ehe. Dick berichtete, daß von 22 früher geistig gestörten, aber geheilten Mädchen nach ihrer Verheiratung nur eine rückfällig wurde, während von 80 ebenfalls genesenen aber ledig gebliebenen Mädchen 22 rezidivierten. Gegen die Lehre von der Schutzkraft der Ehe hat sich indes schon Erlenmeyer (1882, Zentralblatt für Nervenheilkunde, 5. Jahrg., Nr. 14, S. 321) mit Nachdruck gewendet, indem er auf die Gefährlichkeit ihrer praktischen Verwertung schon mit Rücksicht auf die Nachkommen hinwies.

Zu einer ähnlichen Auffassung bekannte sich der englische Irrenarzt Savage (1883) bei Besprechung der Frage, wie es mit der Eheschließung bei nervenkranken und vormals geisteskranken Personen zu halten sei. „Es gibt", bemerkte der Autor, „in der Tat hysterische Personen, für die die Ehe das beste und wirksamste Heilmittel ist, das man verordnen kann. Ich sage dieses nicht, weil ich glaube, daß die Befriedigung des sexuellen Bedürfnisses für die Hysterie günstig sei, sondern weil ich zu der Überzeugung gekommen bin (diese habe ich mir durch eine eingehende Führung von Krankenjournalen erworben), daß hysterische Personen einen besonderen und eigenen Affekt nötig haben. Wir finden in der Tat durch eine genaue Führung von Krankenjournalen, daß junge Männer, die sich oft sexuelle Vergnügungen gestatten, trotzdem hysterisch werden, weil sie das Bedürfnis verspüren, ein Wesen lieben zu müssen, welches eine Ergänzung der eigenen Person darstellt. Ich habe verschiedene sehr hysterische junge Mädchen gekannt und behandelt, die jetzt verheiratet sind und gar kein Zeichen von Neuropathie mehr aufweisen. Unter ihnen gibt es einige, die durchaus nicht mehr das Bedürfnis haben, den sexuellen Instinkt zu befriedigen, ja sogar ihre ehelichen Pflichten ungern erfüllen, obgleich sie ihren Mann sehr lieben und außerordentlich glücklich mit ihm leben. Ich wiederhole daher, daß nach meiner Ansicht die Ehe ein souveränes Mittel darstellt für solche neuropathische Wesen, die eines Haltes, einer Stütze bedürfen in einer Persönlichkeit, die mit ihnen den Kampf ums Dasein aufnimmt. Daher darf der Arzt nicht schwanken, solchen Personen das Eingehen der Ehe anzuempfehlen, wenn der andere Teil gesund ist, eine gute Konstitution aufweist und von jeder nervösen Prädisposition frei ist. Er darf dagegen auf der anderen Seite niemals die Ehe Frauen anraten, die schwere Formen von Geisteserkrankung überstanden haben, und zwar nicht allein der Gefahren wegen, denen er die Kinder aussetzt, denn davon gibt es zahlreiche Ausnahmen, sondern weil die Ehe fast stets solche Personen einem Rückfall, ja sogar einer bedeutenden Verschlimmerung ihrer Geisteserkrankung aussetzt."

Mendel (Krankheiten und Ehe, herausgegeben von Senator, S. 642) ist der Ansicht, daß Personen, welche infolge erblicher Belastung von Geistesstörungen befallen wurden, die Ehe zu widerraten ist, insbesondere dann, wenn die Psychose ohne äußere Veranlassung auftrat. Eine Ausnahme gesteht er nur bezüglich der Menstrualpsychosen zu; Mädchen, welche von solchen heimgesucht wurden, bringt nach Mendel die Ehe nicht nur keine Gefahr, sondern oft Besserung oder Heilung ihrer abnormen psychischen Reizbarkeit. Dies dürfte jedoch nur für die Fälle zutreffen, in welchen die Erkrankung den von Mendel angenommenen hysterischen Charakter zeigte. Auch Redlich (l. c.) macht gegen die Mendelsche Ansicht Bedenken geltend,

[1]) Nach Hagens Ermittlungen betrug die Zahl der erblich belasteten Verheirateten von der Gesamtzahl der verheirateten Erkrankten bei den Männern 32%, bei den Frauen 40%.

indem er auf einen Fall eigener Beobachtung hinweist, in welchem sich noch mehrere Jahre nach der Verheiratung häufig menstruelle kurz dauernde Störungen einstellten.

Nicht ohne Bedeutung für die Entstehung nervöser und psychischer Erkrankungen bei Frauen ist das Lebensalter zur Zeit der Eheschließung. Verheiratung vor dem Eintritt vollständiger körperlicher Reife, i. e. vor dem 21. Lebensjahre, setzt, wie schon v. Krafft-Ebing hervorgehoben hat, die Frauen der Gefahr aus, Schwangerschaft und Puerperium mit einem nicht genügend gekräfteten Körper durchmachen zu müssen und auch durch die mit dem ehelichen Leben häufig verknüpften ungünstigen Einflüsse in ihrem Nervensystem geschädigt zu werden.

Beyer[1]) hält es für erforderlich, auf das Bestehen nervöser Symptome in Fällen, in welchen eine Eheschließung in Frage steht, mehr zu achten, als bisher üblich war. Man kann ihm hierin wohl nur beistimmen, doch geht er etwas zu weit, wenn er glaubt, daß anscheinend wenig verdächtige Fälle oft von der Heirat ausgeschlossen werden sollten, weil es in denselben später zur Entwicklung chronischer Neurasthenie, Hysterie oder Hypochondrie kommen kann, wodurch das eheliche Leben weit gründlicher und nachhaltiger gestört wird, als durch eine akute, völlig heilbare Psychose. Die bloße Möglichkeit, daß es in der Ehe zur Entwicklung eines der genannten krankhaften Zustände kommt, kann einen so schwerwiegenden Eingriff in die Lebensgestaltung einer weiblichen Person, wie es das Verbot der Verheiratung darstellt, nicht genügend rechtfertigen.

[1]) Beyer: Über die Bedeutung früher Heirat für die Entstehung nervöser Erkrankungen der Frauen. Zentralbl. f. Nervenheilkunde. 15. Januar 1905. S. 73.

XIV.

Erkrankungen der Sexualorgane bei Männern als Ursache von Nervenleiden.

Neben den im vorstehenden besprochenen sexuellen Mißbräuchen können auch primäre Erkrankungen und gewisse Abnormitäten der Sexualorgane bei Männern die Veranlassung zum Auftreten nervöser (neurasthenischer) Störungen bilden. Die Rolle, welche den in Frage stehenden Genitalaffektionen in der Ätiologie der Neurasthenie zufällt, weicht jedoch erheblich von der der sexuellen Mißbräuche ab. Die schädigende Wirksamkeit letzterer tritt zwar besonders rasch und intensiv bei neuropathisch Veranlagten hervor, doch ist dieselbe keineswegs an das Vorhandensein einer Prädisposition gebunden; dagegen führen primäre Genitalaffektionen allem Anscheine nach lediglich bei Belasteten und Individuen mit erworbener neuropathischer Disposition zu neurasthenischen Störungen. Hierfür spricht schon der Umstand, daß die betreffenden Genitalaffektionen bei der großen Mehrzahl der damit Behafteten nervöse Beschwerden nicht nach sich ziehen [1]). Ferner kommt in Betracht, daß unter den Ursachen der (sexuellen) Neurasthenie den sexuellen Mißbräuchen gegenüber die primären Genitalleiden ganz gewaltig zurückstehen und überhaupt nur von untergeordneter Bedeutung sind; so fand z. B. v. Krafft-Ebing unter 114 Fällen von Neurasthenia sexualis bei Männern 106 mal sexuelle Mißbräuche, dagegen nur 8 mal Lokalaffektionen (Urethritis posterior). Am häufigsten vergesellschaften sich die chronischen, durch gonorrhoische Infektion bedingten Entzündungen der Pars prostatica der Harnröhre (die Urethritis posterior) mit ihren Folgeerscheinungen seitens der Ductus ejaculatorii (Erschlaffung und Erweiterung derselben) mit neurasthenischen Zuständen. Man hat diese als Tripperneurasthenie bezeichnet und als ihre nächste Ursache die andauernde Reizung der Nerven in der Pars prostatica urethr. durch die chronisch entzündlichen Veränderungen derselben angenommen. Nach meinen Wahrnehmungen kommen bei der sogenannten Tripperneurasthenie jedoch noch andere Momente sehr in Betracht. Zumeist sind die mit dieser Neurasthenie Behafteten hypochondrisch veranlagte Individuen, denen der Gedanke, an einer Genitalaffektion zu leiden, andauernde Verstimmung und oft ganz übertriebene

[1]) Die Bedeutung der Prädisposition in den Fällen, in welchen sexuelle Neurasthenie im Gefolge von Sexualaffektionen auftritt, wurde schon von Beard betont. Er bemerkt u. a.: „Individuen von hochgradiger Nervosität, insbesondere Amerikaner, werden zumeist infolge des erregenden Einflusses irgend eines der erwähnten pathologischen Zustände von sexueller Neurasthenie befallen. Die Phimose oder die Striktur könnte allein jene nervösen Störungen nicht herbeiführen, wenn nicht gegebenenfalls eine durch die Ungunst des Klimas, Arbeitsüberbürdung, Sorgen, übermäßigen Genuß von Nikotin und Alkohol, infolge traumatischer Einwirkungen und allerlei Exzessen herbeigeführte nervöse Konstitution zugleich vorhanden wäre."

Sorgen wegen etwaiger Folgen verursacht. Infolge dieser Gedankenrichtung beschäftigen sie sich beständig mit dem Zustande ihrer Harnröhre, überwachen die Absonderung derselben mit ängstlicher Spannung und unterziehen sich endlosen Kurversuchen mit Adstringentien und Ätzungen, um den oft nur minimalen Ausfluß zu beseitigen. So dürfen wir uns denn nicht wundern, daß die sogenannte Tripperneurasthenie, wie ich mich schon andernorts ausgepsochens habe, öfters mehr ein ankuriertes Leiden, mehr bedingt durch chronische Mißhandlung der Harnröhre durch Lokalbehandlung (und die hiermit einhergehenden Gemütserregungen), denn unmittelbare Folge der chronischen Urethritis ist.

Neben den Fällen, in welchen irgendwelche ursächliche Beziehungen zwischen der Urethritis posterior und dem neurasthenischen Zustande bestehen, begegnen wir aber auch solchen, in welchen die Harnröhrenaffektion offenbar nur die zufällige Komplikation einer durch andere Momente herbeigeführten Neurasthenie bildet.

Neben der chronischen Urethritis posterior gonorrhoischer Provenienz soll jedoch — nach den Behauptungen mancher Beobachter — eine einfache „katarrhalische" Urethritis posterior chronica vorkommen, welche sehr viel neurasthenisches Unheil zur Folge hat. Seit Lallemand wurde von einer Reihe von Autoren (in neuerer Zeit insbesondere von Ultzmann, Gyurkovechky, Grünfeld und Peyer) die Ansicht vertreten, daß durch exzessive Masturbation Entzündungszustände im Bereiche der Harnröhre, und zwar speziell in der Umgebung der Mündungsstellen der Ductus ejaculatorii (des Caput gallinaginis), herbeigeführt werden. Die gleichen Veränderungen der Pars prostatica der Harnröhre sollen aber auch Exzesse im natürlichen Geschlechtsgenusse und der Congressus interruptus nach sich ziehen. Diese Annahmen hat man seit Einführung der Endoskopie der Harnröhre auch durch den Hinweis auf gewisse endoskopische Befunde (Hyperämie der Pars prostatica usw.) zu stützen gesucht. Die Anhänger dieser Entzündungstheorie glauben, daß die Entzündung der nervenreichen Pars prostatica ureth. auf dem Wege des Reflexes die nervösen Störungen verursacht, die wir als Folgen sexueller Mißbräuche kennen, und die direkte Einwirkung der betreffenden sexuellen Vorgänge auf das Nervensystem nur eine prädisponierende Reizung oder Überreizung desselben bedingt. Für die behauptete Entstehung entzündlicher Vorgänge im prostatischen Teile der Harnröhre infolge sexueller Mißbräuche mangelt jedoch jeder stringente Nachweis. Die gelegentliche endoskopische Entdeckung von Hyperämie in diesem Teile kann in dieser Beziehung nicht ernsthaft in Betracht kommen, und für die bei Einführung von Instrumenten sich kundgebende Hyperästhesie gilt das gleiche, zumal diese Erscheinung auch bei Neurasthenikern sich findet, bei welchen sexuelle Mißbräuche nicht statthatten. Fürbringer erklärt auf Grund einer großen Reihe eigener, auf diesen Punkt gerichteter Beobachtungen mit aller Entschiedenheit, daß er Entzündung der Harnröhre niemals gefunden hat [1]), wofern nicht Tripperprozesse als Komplikation

[1]) Peyer glaubt, daß die Verschiedenheit der Ansichten über das Vorkommen oder Nichtvorkommen einer entzündlichen Reizung der Pars prost. aus Verschiedenheiten des Beobachtungsmateriales sich erklären läßt, und erwähnt, daß er bei Masturbanten, welche nie den Koitus geübt hatten, öfters Urethralfäden, bestehend aus Leukozyten und kleinen runden Epithelien, fand. Diese Angabe kann den negativen und jedenfalls an einem größeren Beobachtungsmateriale erhobenen Befunden Fürbringers gegenüber nicht in Betracht kommen. „Wenn hier und da", bemerkt dieser Autor, „im endoskopischen Bilde katarrhalische Schwellungen der hinteren Harnröhre, insbesondere des Colliculus seminalis, beobachtet oder Urethralfäden im Harn als Ausdruck von Entzündung gefunden werden, so mag es sich um Reste von Gonorrhöe, um Kathetenreizung, fortgeleitete Katarrhe u. dgl., also um ursächliche, beziehungsweise begleitende Prozesse nicht aber um Folgezustände gehandelt haben."

bestanden. Die Ansicht, daß die im Gefolge sexueller Mißbräuche sich einstellenden neurasthenischen Erscheinungen lediglich auf dem Wege des Reflexes von dem prostatischen Teile der Harnröhre aus zustande kommen, ist ebenfalls ganz und gar unhaltbar. Die Versuche, der Pars prostatica aus anatomischen Gründen eine ähnliche neuropathogenetische Bedeutung wie dem Uterus zuzuweisen, sind heutzutage um so weniger berechtigt, als wir gegenwärtig wissen, daß die große Mehrzahl der früher vom Uterus hergeleiteten nervösen Störungen anderen Ursprungs ist, und andererseits sind die Tatsachen, welche für eine direkte nervenzerrüttende Wirkung der sexuellen Mißbräuche sprechen, so zahlreich und gewichtig, daß sich ernsthafte Einwände dagegen nicht erheben lassen.

Außer der chronischen Urethritis werden noch verschiedene andere Anomalien im Bereiche der männlichen Sexualorgane als Ursache neurasthenischer Störungen angeführt: Strikturen der Harnröhre, chronische Prostatitis (und funktionelle Prostatareizung), chronische Hodenentzündung, Hypertrophie und Verlängerung des Präputiums, Smegmaanhäufung und daher rührende Balanitis bei etwas enger Vorhaut oder ausgesprochener Phimose. Die Bedeutung dieser Momente als Quelle neurasthenischer Erscheinungen wird von manchen bezweifelt. Wenn ich meine eigenen Erfahrungen berücksichtige, so gab nur in einem Falle meiner Beobachtung — bei einem Belasteten — eine chronische Orchitis den Anstoß zur Entwicklung eines neurasthenischen Zustandes. Strikturen äußern nach meinen Wahrnehmungen in manchen Fällen einen verschlimmernden Einfluß auf eine bestehende Neurasthenie; nicht selten bilden sie jedoch nur eine Komplikation derselben, deren Beseitigung auch ohne jede Einwirkung auf das Leiden bleibt. Auch von dem nervenschädigenden und insbesondere das Gemüt belastenden Einflusse der chronischen Prostatitis mit Prostatorrhöe konnte ich mich öfters überzeugen, zumal die prostatorrhoischen Abgänge in manchen Fällen ähnliche Erscheinungen zur Folge haben, wie die krankhaften Pollutionen (Müdigkeit, Abgeschlagenheit usw.) [1]).

Neben der chronischen Prostatitis wird in neuerer Zeit noch einem anderen pathologischen Zustande der Prostata, der Atonie dieser Drüse, von einzelnen Autoren, so insbesondere von M. Marcuse, erhebliche Bedeutung als ursächliches Moment sexualneurasthenischer Erscheinungen beigelegt [2]). Der fragliche Zustand ist nach seiner pathologisch-anatomischen Seite noch nicht erforscht und charakterisiert sich klinisch dadurch, daß man bei der Untersuchung die Prostata „entweder als einen schlaffen, wie leeren und in sich zusammengefallenen Beutel oder eine ganz flache, sehr weiche und lockere Vorwölbung, die unscharf in das Nachbargewebe übergeht" (Marcuse), fühlt.

Nach dem eben genannten Autor ist die Prostataatonie die Grundlage der Enuresis nocturna bei jugendlichen männlichen Individuen [3]); bei Erwachsenen

---

[1]) v. Notthafft (Münch. med. Wochenschr. 1905, Nr. 4) erwähnt, daß Prostatorrhöe und Prostataneurasthenie ganz im Gegensatze zu der vorherrschenden Ansicht nur seltene Begleiterscheinungen der chronischen Prostatitis bilden. Die Prostatorrhöe kann bei ganz leichten wie bei ganz schweren subjektiven Symptomen gefunden werden. Die Intensität der subjektiven Symptome steht in keinem Verhältnisse zu den objektiven Untersuchungsergebnissen. Nach dem Autor sind die Schmerzen bei chronischer Prostatitis vielfach an Orten lokalisiert, die einen Zusammenhang mit dem Leiden nicht erwarten lassen (Ischias, Kniegelenkschmerzen usw.). Aus der Beseitigung der betreffenden Beschwerden durch Behandlung der Prostata glaubt der Autor diesen Zusammenhang folgern zu dürfen.

[2]) M. Marcuse: Über Atonie der Prostata. Med. Klinik 1912. Nr. 45.

[3]) Dem Autor entgeht es nicht, daß die Enuresis nocturna auch bei Mädchen vorkommt; er sieht jedoch darin keinen Grund, von seiner oben angeführten Ansicht abzugehen.

führt sie am häufigsten zu pathologischen Sexualausflüssen, insbesondere libidinöser Urethrorrhöe, Spermatorrhöe und Pollutionen, mitunter aber auch zur Impotenz und Ejaculatio praecox. Einzelne Beobachtungen scheinen aber darauf hinzuweisen, daß sie gelegentlich auch eine Neurasthenie ohne urosexuelle Symptome bedingen kann. M. Marcuse stützt diese Annahme auf die Resultate der Prostatabehandlung in den betreffenden Fällen und weist zur Erklärung derselben auf die innersekretorische Bedeutung der Prostata hin.

Smegmaanhäufungen und Balanitis bei etwas enger Vorhaut führten in mehreren Fällen meiner Beobachtung zu übermäßigen Pollutionen, welche sich mit der Beseitigung des Reizzustandes der hochempfindlichen Glans sofort verloren. Bezüglich der kongenitalen Phimose ist hier noch zu erwähnen, daß dieselbe nicht nur zu neurasthenischen Beschwerden führen, sondern auch als Ursache einer Reflexepilepsie figurieren kann. Es sind in der Literatur Fälle mitgeteilt, in welchen die Heilung einer Epilepsie durch die Zirkumzision gelang. Die Phimose kann jedoch, wie Féré bemerkt, auch auf indirektem Wege Epilepsie nach sich ziehen, indem sie Masturbation veranlaßt, welche zuweilen epileptische Zufälle zur Folge hat [1]).

Anhang.

Über Pollutionen und pollutionsartige Vorgänge bei beiden Geschlechtern.

Unter den Erscheinungen der sexuellen Neurasthenie beanspruchen die krankhaften Pollutionen, welche wir im vorstehenden bereits zu berühren Gelegenheit hatten, die ärztliche Aufmerksamkeit in besonderem Maße, weil dieselben nicht lediglich wie viele andere Symptome die Äußerung eines gegebenen pathologischen Zustandes, sondern auch eine Quelle weiterer und zum Teil erheblicher neurasthenischer Beschwerden bilden. Dieser Umstand veranlaßt uns, denselben und einigen verwandten Vorgängen in der Sexualsphäre hier noch eine kurze gesonderte Betrachtung zu widmen, durch welche auch die Unterscheidung zwischen Physiologischem und Pathologischem im Bereiche der Pollutionen erleichtert werden soll.

Bezüglich der Frage, ob der als Pollution bezeichnete Vorgang beim männlichen Geschlechte unter irgendwelchen Verhältnissen als normal oder physiologisch zu betrachten ist, sind die Ansichten geteilt. Die Gründe, welche gegen das physiologische Vorkommen von Pollutionen geltend gemacht werden, lassen sich jedoch nicht als stichhaltig betrachten. Es ist nicht gerechtfertigt, wenn man wie Eulenburg den Pollutionsvorgang mit Husten oder Erbrechen vergleicht; Husten und Erbrechen treten gewöhnlich nur bei gewissen Krankheitszuständen oder Reizeinwirkungen ein, und zahlreiche Männer bleiben von diesen Einwirkungen verschont.

[1]) R. M. Simon berichtete über 3 Fälle von Reflexneurosen, die anscheinend durch ein adhärentes Präputium verursacht waren und durch die operative Beseitigung der Anomalie zur Heilung gelangten. Die reflektorischen Störungen waren in den einzelnen Fällen sehr verschiedener Natur: Plötzlich einsetzende Schmerzen in der Hüftgegend und Hochziehen des betreffenden Beines, schwere Intestinalkoliken, nächtliches Aufschrecken mit Klagen über Leibschmerzen.

Auch die Beweisführungen von Porosz und Marcuse[1]), welche den Pollutionsvorgang in seinem Wesen identisch mit dem nächtlichen Bettnässen jugendlicher Individuen erachten und daraus folgern zu dürfen glauben, daß die Pollutionen den Charakter einer Anomalie besitzen, ist keineswegs stichhaltig. Aus der angenommenen Identität der beiden Vorgänge, die jedoch wahrscheinlich nicht für alle Fälle zutrifft, ergibt sich noch nicht die Berechtigung, beide als Anomalien zu betrachten, da ein und derselbe Vorgang je nach seiner Verursachung normal oder krankhaft sein kann. Es genügt, wenn ich hier an das Schwitzen erinnere. Das nächtliche Bettnässen (Enuresis nocturna) findet sich meines Erachtens bei weniger als 10% der Kinder von einer gewissen Altersstufe an und ist zudem sehr häufig mit anderen nervösen Störungen vergesellschaftet, was zur Genüge seine Auffassung als Anomalie rechtfertigt. Dagegen stellen sich Pollutionen bei gesunden, erwachsenen männlichen Individuen, welche keinen oder keinen genügenden geschlechtlichen Verkehr haben, so regelmäßig, wenn auch in sehr verschiedener Häufigkeit, ein, daß wir aus dem gänzlichen Fehlen derselben unter den in Rede stehenden Verhältnissen auf einen krankhaften Zustand schließen müssen. Auf der anderen Seite besteht unter den kompetenten Beobachtern kaum eine Meinungsverschiedenheit darüber, daß unter gewissen Umständen die Pollutionen einen krankhaften Vorgang bilden. Als Kriterien der normalen Pollution können folgende Momente gelten: Auftreten derselben bei Individuen im geschlechtsreifen Alter, nicht zu häufig, nur im Schlafe, mit Erektionen und gewissen mehr minder ausgesprochenen Wollustgefühlen, reichliche Samenentleerung und Mangel jeder ungünstigen Rückwirkung auf das Befinden. Die Abweichungen vom Typus, wodurch die Pollution einen krankhaften Charakter gewinnt, können alle die angeführten Momente betreffen.

Neben der Unterscheidung normaler und krankhafter Pollutionen ist auch die Sonderung dieser von anderen unwillkürlichen Samenabgängen (der Spermatorrhöe) erforderlich. In letzterer Hinsicht zeigen die Ansichten der Autoren zum Teil erhebliche Abweichungen. Fürbringer (Die Störungen der Geschlechtsfunktionen des Mannes, 1899, S. 20) hält es für gerechtfertigt, den Namen „Spermatorrhöe" auf jene von der Pollution unabhängigen Samenverluste zu beschränken, wie sie meist während der Defäkation und Harnentleerung erfolgen, und zwar ohne Erektion und Orgasmus, ohne schlüpfrige Vorstellung. Fürbringer hält es auch nicht für richtig, wie die meisten Autoren, selbst Curschmann, es getan, „krankhafte Samenverluste" überhaupt mit Spermatorrhöe im weiteren Sinne, und die höheren Grade der Tagespollutionen mit Spermatorrhöe im engeren Sinne zu bezeichnen.

Die Fürbringersche Auffassung der Spermatorrhöe, die ich allein als berechtigt erachten kann, hat sich jedoch bisher allgemeine Anerkennung nicht zu verschaffen vermocht. So hat Naecke („Einiges über Pollutionen", Neurol. Zentralblatt 1909, Nr. 20) vorgeschlagen, „Pollutionen im allgemeinen die unwillkürlichen Samenabgänge bei Erektion zu nennen, Spermatorrhöe aber solche bei schlaffem Gliede, wobei erstere physiologisch oder pathologisch sein können, letztere aber immer als krankhaft zu bezeichnen ist". Die Unterscheidung zwischen Pollution und Spermatorrhöe von dem Vorhandensein oder Mangel der Erektion abhängig zu machen, halte ich für unzulässig. Bei Impotenten, deren Unvermögen auf Mangel der Erektionsfähigkeit beruht, erfolgen die Pollutionen in der Regel

[1]) Siehe Marcuse: Die Gefahren der sexuellen Abstinenz, S. 7 und „Über Atonie der Prostata", Sep.-Abdruck S. 5 u. f.

bei schlaffem Gliede, ohne daß der Vorgang im übrigen eine Änderung aufweist. Die Art der Auslösung des Aktes (durch einen Traum) und seines Ablaufes entfernen sich so sehr von dem Hergange bei der Mixtions- und Defäkationsspermatorrhöe, daß es ganz und gar unangebracht erscheint, die Pollutionen bei schlaffem Gliede dem Gebiete der Spermatorrhöe zuzuweisen. Dabei kommt noch in Betracht, daß in manchen Fällen, namentlich bei gehäuften Pollutionen, neben solchen mit Erektion mitunter auch solche bei schlaffem Gliede vorkommen, ohne daß im übrigen Unterschiede sich geltend machen.

Das Erscheinen von Pollutionen bei im Alter von 13—15 Jahren stehenden oder noch jüngeren Knaben, gewöhnlich eine Folge von Masturbation, ist eo ipso wegen des verfrühten Auftretens als pathologisch zu betrachten.

Bezüglich der Häufigkeit läßt sich dagegen eine genaue Grenze, von welcher anfangend die Pollutionen als krankhaft anzusehen wären, nicht festsetzen. Meines Erachtens darf man wöchentlich einmal auftretende Pollutionen bei in anhaltender Abstinenz lebenden jungen Leuten, selbst das vorübergehende Auftreten von Pollutionen an mehreren aufeinander folgenden Tagen im Gefolge sexueller Erregungen noch nicht in das Gebiet des Pathologischen verweisen. In dieses gehören dagegen sicher die Fälle, in welchen Pollutionen längere Zeit hindurch wöchentlich mehrere Male oder selbst täglich oder trotz regelmäßigem, dem vorhandenen Bedürfnis entsprechendem geschlechtlichen Umgange öfters sich einstellen. Das Vorkommen von Pollutionen während des wachen Zustandes — Tagespollutionen —, auf welche Einwirkung hin dieselbe auch erfolgen mag (mechanische oder psychische), verrät ebenfalls immer einen krankhaften Zustand; das gleiche gilt für den im ganzen seltenen Mangel der Erektion (die Ejakulation bei schlaffem Gliede).

Havelock Ellis (Molls Handbuch der Sexualwissenschaften 1912, S. 84) hat darauf aufmerksam gemacht, daß in der Aufeinanderfolge der Pollutionen wenigstens öfters eine gewisse Periodizität sich kundgibt. „Ein wöchentlicher Zyklus", bemerkt der Autor, „von unwillkürlicher sexueller Tätigkeit mit einem Maximum an Sonntag, oder ihm nahe, ist oft sehr ausgeprägt. Es ist dies wahrscheinlich eine Folge sozialer Ursachen. Dasselbe kann man jedoch nicht von dem jährlichen Zyklus unwillkürlicher sexueller Tätigkeit behaupten, den ich zuerst 1898 gezeigt habe und den ich seitdem durch weiteres Beweismaterial habe bestätigen können. Dieses zeigt deutlich, daß es zwei Perioden vermehrter spontaner sexueller Tätigkeit im Jahre gibt, die eine im Beginn des Frühjahrs, die andere im Herbst. Oft findet man, daß das Herbstmaximum das höhere ist." Daß diese Schwankungen in dem Auftreten der Pollutionen kein regelmäßiges Vorkommnis bilden, zeigt eine von Friedjung-Wien (Münch. med. Wochenschr. 1908, Nr. 51) mitgeteilte Beobachtung. Der genannte Autor veranlaßte einen gesunden jungen Mann während eines Zeitraumes von mehr als 20 Monaten über seine Pollutionen genaue Aufzeichnung zu machen. Hierbei stellte sich heraus, daß im Durchschnitt auf einen Monat $4^3/_4$ Pollutionen entfielen, von irgend einer Regelmäßigkeit in dem Auftreten der Ergüsse nichts zu konstatieren war und auch Jahreszeit oder Monat keinen Einfluß erkennen ließen.

Mangel des Wollustgefühles ist insbesondere bei gehäuften Pollutionen durchaus nichts Ungewöhnliches, und man darf denselben als ein Symptom spinaler Erschöpfung deuten. Ein ungleich selteneres Vorkommnis ist dagegen das Auftreten von Schmerzen im Gliede und in den Hoden während des Ejakulationsvorganges, bei Mangel irgendwelcher örtlicher Veränderungen, welche dieselben erklären könnten. In einem Falle meiner Beobachtung traten diese Beschwerden nach längerer Abstinenz bei relativ seltenen und im übrigen normal verlaufenden Pollutionen in erheblicher Intensität auf; der betreffende Patient, ein in den 40er Jahren stehender Herr, hatte früher zeitweilig an Symptomen der reizbaren Blase und anderen Erscheinungen sexueller Neurasthenie gelitten. In einem anderen Falle, welcher einen in den 30er Jahren stehenden Neurastheniker betraf, nahmen die Pollutionen nur bei gehäufterem Auftreten den schmerzhaften Charakter an.

Der Pollutionsvorgang kann aber auch, ohne hinsichtlich des auslösenden Traumbildes [1]), der Erektion, des begleitenden Gefühles und der Rückwirkung auf das Befinden eine Veränderung aufzuweisen, dadurch von dem typischen Ablaufe sich entfernen, daß die Samenentleerung auf Abgang eines oder einiger Tropfen Sperma sich beschränkt oder auch gänzlich ausbleibt. Über diese Form des Pollutionsaktes ist bisher meines Wissens noch von keiner Seite berichtet worden. Den tropfenweisen Samenabgang beobachtete ich insbesondere in Fällen, in welchen früher tägliche Pollutionen bestanden, und zwar in der ersten Zeit der Besserung des Zustandes, wobei es nebenbei noch zu Pollutionen mit reichlicher Spermaentleerung kam. In einem Falle meiner Beobachtung, über welchen ich schon vor Jahren anderenorts berichtete [2]), mangelte bei den Pollutionsvorgängen häufig der Samenabgang gänzlich. Der Fall betraf einen in den 50er Jahren stehenden Herrn, welcher mit einer erheblich jüngeren Frau verheiratet war, Bei dem Patienten bestanden wenigstens seit 15 Jahren häufige nächtliche Samenergüsse, deren Andauer der regelmäßig gepflogene eheliche Verkehr in keinerlei Weise zu beeinflussen vermochte. Meist wurden die Pollutionen durch ein sinnliches Traumbild (eine nackte Frauengestalt usw.), das jedoch nur ganz flüchtig, mitunter nur einen Moment auftrat, provoziert. In den letzten Jahren kam es öfters nach diesem Antecedens nicht zu einer Ejakulation, sondern nur zu einer nervösen Erschütterung, welche dieselbe Abspannung für den folgenden Tag zurückließ wie die Pollutionen mit Ejakulation. In zwei anderen Fällen kam es bei Neurasthenischen, die nicht an übermäßigen Pollutionen, aber einer gewissen Potenzschwäche litten, zeitweilig während des Schlafes zu Vorgängen, welche subjektiv völlig einer Pollution entsprachen, während jede Samenentleerung mangelte. In diesen Fällen zeigte sich keine ungünstige Rückwirkung auf das Befinden am folgenden Tage.

Es muß hier noch des Umstandes gedacht werden, daß der Ablauf des Pollutionsvorgangs durch einen Willensakt unterbrochen werden kann, derart, daß die Ejakulation völlig oder bis auf einen Spermaabgang von einigen Tropfen ausbleibt. Diese Unterbrechung kann nicht bloß bei nächtlichen, sondern auch bei Tagespollutionen, welche z. B. durch einen sinnlich erregenden Eindruck hervorgerufen wurden, stattfinden. Naecke hat die in Frage stehenden Vorgänge als „Pollutio interrupta" bezeichnet und in mehreren Publikationen eingehend besprochen [3]). Der Autor glaubt, auch als erster über diese Vorkommnisse Mitteilung gemacht zu haben. Wenn ich auch auf Priorität in einer so geringfügigen Angelegenheit keinerlei Gewicht lege, kann ich doch nicht umhin, darauf hinzuweisen, daß ich bereits in der anfangs 1899 veröffentlichten II. Auflage dieses Werkes Seite 49 über einen Fall berichtete, in welchem der Vorgang der Pollutio interrupta deutlich beschrieben ist. Ich habe der Sache damals keine weitere Bedeutung beigelegt, da ich glaubte, daß es sich um ein längst bekanntes und keineswegs seltenes Faktum handle, nachdem mir verschiedene Patienten über ihre Bemühungen, Pollutionen mit oder ohne Hilfe von Apparaten zu unterdrücken, berichtet hatten. Bei den Pollutionsverhinderungsapparaten, welche ich zu Gesicht bekam, beruht ja auch die Wirkung — soweit von einer solchen die Rede sein kann — auf der Möglichkeit der willkürlichen Hemmung einer sich einleitenden Pollution. Die betreffenden Vorrichtungen verursachen dem Schläfer, der sie appliziert hat, beim Eintritt einer Erektion unangenehme oder schmerzhafte Empfindungen, wodurch er geweckt wird und in die Lage kommt, den weiteren Ablauf des Pollutionsvorgangs zu verhindern (was jedoch nicht immer gelingt). Meine Annahme, daß es sich bei der willkürlichen Pollutionshemmung um ein schon lange bekanntes und häufiges Vorkommnis handle, hat inzwischen durch die Mitteilungen mehrerer Autoren (Havelock Ellis, Marcuse u. a.) Bestätigung erfahren.

---

[1]) Bezüglich der Pollutionen auslösenden Träume s. an späterer Stelle.

[2]) Löwenfeld: Pathologie und Therapie der Neurasthenie und Hysterie. S. 115.

[3]) Naecke: „Über die Pollutio interrupta". Münch. med. Wochenschr. 1909, Nr. 34. „Einiges über Pollutionen". Neur. Zentralbl. 1909, Nr. 20. Ebenda auch 1910, Nr. 22.

Die im obigen angeführten Tatsachen bezüglich minimaler oder fehlender Samenentleerung beim Pollutionsvorgang sind in zweifacher Hinsicht beachtenswert. Sie weisen zunächst darauf hin, daß die in vielen Fällen so ausgesprochene ungünstige Rückwirkung der krankhaften nächtlichen Pollutionen auf das Befinden nicht lediglich oder in erster Linie auf den Samenverlust, sondern den nervösen, im Rückenmark sich abspielenden Vorgang zurückzuführen ist. Man hat früher vielfach (Lallemand und seine Schüler insbesondere) die nervösen Folgen der gehäuften Pollutionen durch den erschöpfenden Einfluß der Spermaverluste erklärt, durch welche dem Körper bestimmte wertvolle Stoffe entzogen werden sollten. Diese Auffassung wurde in neuerer Zeit von der großen Mehrzahl der Beobachter verworfen, von Donner jedoch wieder mit Nachdruck vertreten. Nach diesem Autor käme bei den unfreiwilligen Samenverlusten, „bei denen die Nervenerschütterung meist unbedeutend, oft gleich Null ist," in erster Linie der Verlust des Samens in Betracht, der, wie schon die älteren Autoren annahmen, ein besonders hochdifferenziertes, wertvolles Fluidum darstellt. Aus dieser Eigenschaft des Samens glaubt Donner es erklären zu können, „daß nach dem Abgange einiger Tropfen Samen, z. B. bei der Defäkationsspermatorrhöe, wo jegliche Erregung des Nervensystems fehlt, oft augenblicklich große Müdigkeit, Unbehagen, Schmerzen im Kreuz, Kopfdruck usw. sich einstellen".

Die Tatsache, daß genau die gleichen nervösen Folgen eintreten, ob der Pollutionsvorgang mit Abgang reichlicherer Spermamenge oder eines Tropfens oder selbst ohne jede Spermaentleerung abschließt, spricht deutlich genug dafür, daß für die Folgezustände in erster Linie die nervöse Erschütterung im Rückenmarke heranzuziehen ist [1]). In gleichem Sinne lassen sich verschiedene andere Beobachtungen deuten, auf welche wir noch zu sprechen kommen werden. In zweiter Linie ersehen wir aus dem Angeführten, daß das Zustandekommen jener Nervenerschütterung im Rückenmarke, von welcher die ungünstigen Rückwirkungen auf das Befinden bei Pollutionen hauptsächlich abhängen, nicht lediglich an die Erregungsvorgänge gebunden ist, welche den Ejakulationsakt herbeiführen. Dies ergibt sich auch aus noch zu erwähnenden Beobachtungen.

Am wichtigsten und für die krankhafte Natur der Pollutionen am häufigsten entscheidend ist die Art der Beeinflussung des Allgemeinbefindens oder einzelner Krankheitserscheinungen durch dieselben. Die im Bereich des Normalen sich abspielende Pollution wirkt auf das Gesamtbefinden nie ungünstig, ja des öfteren (bei in sexueller Abstinenz lebenden Individuen mit zeitweilig etwas mehr hervortretender Libido) sogar entschieden das Wohlbefinden fördernd. Bei an sexueller Neurasthenie Leidenden mit starker sexueller Erregtheit und sexuellen Zwangsvorstellungen habe ich von nicht zu häufigen Pollutionen einen ausgesprochen günstigen Einfluß auf diese Erscheinungen gesehen. Als krankhaft müssen wir daher Pollutionen betrachten, an welche sich eine sonst nicht vorhandene allgemeine Abspannung, Mattigkeit oder speziell Müdigkeit mit Abgeschlagenheit der Beine oder irgendwelche andere nervöse Beschwerden oder Steigerungen solcher anschließen. Diese Folgeerscheinungen finden sich nicht lediglich bei sehr gehäuften Pollutionen; wir begegnen denselben mitunter in Fällen, in welchen nur in Zwischenräumen von 8—14 Tagen Samenergüsse eintreten, und wir ver-

[1]) Daß der Samenverlust bei den gehäuften Pollutionen für den Körper ganz gleichgültig ist, möchte ich durchaus nicht behaupten; allein dessen Wirkungen abzuschätzen, sind wir vorerst außerstande, und jedenfalls spielt erst die Summierung der Verluste eine Rolle, nicht der einzelne Abgang, wie Donner glaubt. (Vergleiche meine Bemerkungen in dem Abschnitt über Onanie.)

missen sie mitunter wenigstens lange Zeit bei Individuen, welche wöchentlich mehrere Male von Pollutionen heimgesucht werden. Dieselben sind also keineswegs an eine gewisse Häufigkeit der nächtlichen Ergüsse gebunden. Auf der anderen Seite begegnen wir diesen Erscheinungen aber auch nicht selten bei spermatorrhoischen Abgängen, und zwar sowohl bei Miktions- als bei Defäkationsspermatorrhöe. Auf diesen Umstand wurde schon von Peyer und Donner, wie wir oben sahen, aufmerksam gemacht; ich kann die Angaben dieser Beobachter nach meinen Erfahrungen nur bestätigen. Aber auch bei rein prostatorrhoischen Ergüssen und selbst bei der einfachen Urinentleerung ohne spermatorrhoischen oder sonstigen Abgang können die gleichen Folgeerscheinungen sich einstellen.

Mendelsohn erwähnt, daß nach dem Abgange einer großen Menge von Prostatasekret die Kranken oft das Gefühl großer Mattigkeit und Abspannung haben; ich habe in den letzten Jahren zwei Fälle beobachtet, in welchen diese Erscheinungen nach prostatorrhoischen Ergüssen in sehr ausgesprochener Weise neben anderen Beschwerden (unangenehmen Empfindungen in der Dammgegend, den Hoden, Kreuzschmerzen usw.) sich geltend machten. Bei einem an sexueller Neurasthenie leidenden Herrn meiner Beobachtung, der schon früher mitunter nach dem Urinieren, namentlich im Gefolge spermatorrhoischer Abgänge, von einer sehr lästigen Müdigkeit insbesondere im Rücken heimgesucht worden war, trat längere Zeit hindurch nach jeder Urinentleerung, obwohl die Spermatorrhöe beseitigt war, diese Müdigkeit auf [1]).

Aus dem Angeführten ergibt sich, daß neben den typischen Pollutionen mit Erektion und durch Ejakulation erfolgender reichlicher Spermaentleerung bei Männern noch eine Reihe von Vorgängen in der Sexualsphäre beobachtet werden, welche, obwohl bei denselben das Ejakulationszentrum nicht in Tätigkeit tritt, bezüglich der nervösen Folgeerscheinungen den krankhaften Pollutionen gleichwertig sind und deshalb unter der Bezeichnung „pollutionsartige Vorgänge" sich zusammenfassen lassen.

Wie lassen sich nun die erwähnten Nachwirkungen dieser Vorgänge und der Pollutionen erklären?

Über die näheren Umstände, welche bei der Spermatorrhöe den Übertritt von Samen in die Harnröhre bedingen, sind wir noch nicht genügend aufgeklärt und deshalb auch die Ansichten über diese Frage noch geteilt. Allem Anscheine nach ist der mechanische Hergang bei der Spermatorrhöe nicht immer der gleiche. Bei den hier in Rede stehenden spermatorrhoischen Abgängen handelt es sich wahrscheinlich um Mitbewegungen der Samenblase, welche durch die Tätigkeit des Darmes und der Bauchpresse oder der Blase angeregt werden, i. e. ein Übergreifen der Erregungen von den Zentren des Defäkationsaktes oder der Blasenbewegungen im Rückenmarke auf das (zu supponierende) Zentrum für die Muskulatur der Samenblasen. Dieses Übergreifen kann nur infolge einer Verringerung der Widerstandsverhältnisse, einer erhöhten Irritabilität im Bereiche des Lendenmarkes eintreten, und die klinische Beobachtung spricht dafür, daß, je größer die reizbare Schwäche in diesem Markabschnitte ist, um so leichter das Übergreifen stattfindet und daher auch spermatorrhoische Abgänge erfolgen. Wir sehen, daß die Neigung zu diesen Entleerungen vorübergehend nach sexuellen Erregungen oder erheblichen körperlichen Anstrengungen, also erschöpfend auf das Rückenmark einwirkenden Momenten, zunimmt. Bei den mitunter nicht unerheblichen Prostataergüssen findet dagegen wahrscheinlich eine von den

---

[1]) Über den Fall wird an späterer Stelle ausführlicher berichtet.

Prostatanerven ausgehende reflektorische Erregung des Lumbosakralmarkes statt. Die in Frage stehenden Erregungen müssen in diesem Markabschnitte zu einer weiter um sich greifenden nervösen Erschütterung führen, wenn die erwähnten ungünstigen Nachwirkungen sich einstellen. Die jedenfalls geringe Intensität der Erregungen kann diese Folge nicht erklären, sondern nur ein krankhafter, mit erhöhter Irritabilität verknüpfter Zustand des Lumbosakralmarkes. Mit einem solchen Zustande haben wir es aber auch bei den gehäuften krankhaften Pollutionen gewöhnlich zu tun, wenn dieselben einmal längere Zeit bestehen; auch in den Fällen, in welchen die Pollutionen ursprünglich nur durch von der Peripherie ausgehende Reize (wie z. B. bei enger Vorhaut und Balanitis) ausgelöst werden, entwickelt sich allmählich eine gewisse reizbare Schwäche des Lumbosakralmarkes, und dieser Zustand bedingt einen Circulus vitiosus: er begünstigt, resp. veranlaßt einerseits das Auftreten von Pollutionen, indem er eine erhöhte Ansprechbarkeit des Erektions- und Ejakulationszentrums für periphere und zentrale Reize nach sich zieht, andererseits führt er dazu, daß an das in Tätigkeittreten speziell des Ejakulationszentrums eine über dieses mehr minder weit hinausgehende, zum Teil auch nach dem Gehirn irradiierende Nervenerschütterung sich knüpft. Die häufigere Erregung des Ejakulationszentrums steigert die reizbare Schwäche und damit die Ansprechbarkeit desselben, und die sich immer wiederholende, weiterhin sich ausbreitende Nervenerschütterung, die sich an die Tätigkeit des Ejakulationszentrums anschließt, fördert die allmähliche Ausbreitung des neurasthenischen Zustandes über weitere Abschnitte der Zentralorgane und die Verstärkung desselben. So bilden die gehäuften krankhaften Pollutionen einen Vorgang, welcher nicht nur gewissermaßen sich selbst unterhält und damit speziell die Genitalsphäre schädigt, sondern das Nervensystem in immer weiterem Umfange in den Bereich der Störung ziehen kann. Inwieweit dies der Fall ist, hängt im Einzelfalle natürlich von der Resistenzfähigkeit des Nervensystems im allgemeinen und einzelner Abschnitte desselben im besonderen ab. Zu der direkten schädigenden Wirkung der Pollutionen kommt noch vielfach die indirekte durch übertriebene Befürchtungen, welche sich an die Fortdauer der Samenverluste knüpfen, und die hierdurch verursachte gemütliche Verstimmung des Patienten.

Wir wissen heutzutage, daß die Schreckbilder, mit welchen Tissot und Lallemand die an krankhaften Samenverlusten Leidenden ängstigten — Impotenz, Tabes, Blödsinn —, speziell was die beiden letzteren Erkrankungen anbelangt, keineswegs der Erfahrung entsprechen und nur arge Übertreibungen darstellen. Allein auf der anderen Seite können wir auch die Gleichgültigkeit und den Optimismus nicht gerechtfertigt erachten, die so viele Ärzte noch den übermäßigen Pollutionen gegenüber bekunden. Wenn manche glauben, daß, da doch so viele Männer wöchentlich zwei-, dreimal und noch öfters sexuellen Umgang ohne Nachteil pflegen, Pollutionen von ähnlicher Häufigkeit keinen wesentlichen Schaden bringen können, so übersehen sie, daß die in Frage stehenden sexuellen Leistungen nur bei Gesunden ohne Nachteil bleiben, die gehäuften Pollutionen dagegen an sich schon Folgen eines krankhaften Zustandes sind, welcher durch die Fortdauer der Samenverluste genährt und gesteigert wird. Auch die Annahme, der wir nicht selten begegnen, ist ganz unhaltbar, daß es sich bei den Pollutionisten im wesentlichen nur um hypochondrischen Jammer handle und die Pollutionen gewöhnlich ein vorübergehendes Übel bilden, das kein ernstes Eingreifen erheischt. Die Klagen der Pollutionisten über zunehmende Nervenzerrüttung beruhen, wenn bei denselben zum Teil auch Übertreibungen mit unterlaufen, doch keineswegs lediglich auf Einbildung und übermäßiger Ängstlichkeit, und die Erwartungen, die man bezüglich alsbaldigen spontanen Schwindens der gehäuften Samenverluste hegt, erfüllen sich zumeist nicht. Ich habe Fälle gesehen, in welchen Pollut. nim. 20 Jahre und noch länger anhielten. Wir sind allerdings in der Lage, auch nach sehr langem Bestehen derselben noch wirksam dagegen vorzugehen, allein wir dürfen durchaus nicht annehmen, daß die Schädigung, welche das Nervensystem durch die lange Jahre hindurch immer wiederkehrende vom Rückenmarke ausgehende nervöse Erschütterung erfahren hat, mit der Beseitigung der Pollutionen sich ohne weiteres oder auch nur allmählich wieder ausgleichen wird. Die neurasthenischen Veränderungen des Nervensystems, welche sich unter diesen Verhältnissen entwickelt haben, sind in der Regel einer völligen Reparation nicht mehr zugänglich.

Daß es auch bei Frauen an Vorgängen nicht fehlt, die den Pollutionen beim Manne entsprechen, haben wir an früherer Stelle bereits gesehen. Nach v. Krafft-Ebing sollten die Pollutionen beim Weibe nur ein Symptom einer funktionellen Erkrankung des Rückenmarks bilden, eine Auffassung, der ich nicht beipflichten kann. Inwieweit in der Breite des Physiologischen Pollutionen bei Frauen vorkommen, läßt sich zur Zeit allerdings nicht feststellen. Daß bei gesunden (europäischen) Frauen Pollutionen häufig sind, möchte ich nicht behaupten, allein vereinzelte Mitteilungen, die mir gelegentlich gemacht wurden, sprechen dafür, daß sie bei solchen unter gewissen Umständen wenigstens (bei längerer Entbehrung des gewohnten ehelichen Umgangs z. B.) vorkommen [1]. Bei den Indierinnen scheinen dieselben häufiger zu sein; wenigstens weist eine Stelle in Oupnek'hat [2]) darauf hin, daß dieselben schon Jahrtausende vor Christi Geburt den altindischen Verfassern der Veden bekannt waren und von denselben als eine ganz gewöhnliche Erscheinung betrachtet wurden. Die betreffende Stelle lautet: „Und wenn die Gattin zu der Zeit, wo die gleichen Nächte zur Erzeugung eines Sohnes und die ungleichen zur Erzeugung einer Tochter bestimmt sind, träumt, es mache sich der Gatte mit ihr zu schaffen, und ihr Same ergießt sich, so wird diese, wenn die Frucht bleibt, ein Stück seelenloses Fleisch (Mondkalb) gebären, und wenn sie nicht gebiert, wird ihr Leib anschwellen!“ Zum Verständnis dieser Stelle sei beigefügt, daß in dem Abschnitte, der dieselbe enthält (Oupnek'hat Porschi), Vorschriften zur Erzeugung gesunder Nachkommenschaft und speziell auch zur willkürlichen Erzeugung von Söhnen und Töchtern gegeben werden, Vorschriften, die merkwürdigerweise den in neuerer Zeit so viel besprochenen Schenkschen Ideen nicht ganz ferne stehen.

In der Mehrzahl der Fälle dürfte nach den zur Zeit vorliegenden Erfahrungen das Vorkommen von Pollutionen bei weiblichen Individuen auf eine durch Masturbation und ähnliche sexuelle Schädlichkeiten verursachte reizbare Schwäche des Lumbosakralmarks zurückzuführen sein. Bei sehr beträchtlicher Entwicklung dieses Zustandes kann es, wie schon erwähnt wurde, auch zum Auftreten von Tagespollutionen infolge der Einwirkung psychischer und mechanischer Reize kommen, welche Vorgänge gewöhnlich von unangenehmen, selbst peinlichen Sensationen begleitet sind. Ein von Bernhardt mitgeteilter Fall zeigt, daß

[1]) Freud: Drei Abhandlungen zur Sexualtheorie, S. 43 erwähnt das Vorkommen pollutionsartiger Vorgänge bei Mädchen vor den Pubertätsjahren und fügt bei, daß dieses Vorkommnis oft (nicht regelmäßig) eine Periode früherer aktiver Onanie zur Voraussetzung zu haben scheine.

[2]) Das Oupnek'hat, die aus den Veden zusammengesetzte Lehre von dem Brahm. Aus der sanskrit-persischen Übersetzung des Fürsten Mohammed Daraschekoh in das Lateinische übertragen von Duperron, deutsch von F. Michel. Dresden 1882. S. 365.

Tagespollutionen jedoch auch unabhängig von Einwirkung sexueller Noxen auftreten können. Bei einer 25jährigen Handnäherin, welche nur einige Male vor dem 20. Lebensjahre sexuellen Umgang gehabt hatte, der Masturbation nicht ergeben und sexuell wenig bedürftig war, kam es im Gefolge schwerer gemütlicher Erregungen zur Entwicklung hysterischer Beschwerden und von Tagespollutionen. Letztere stellten sich bei jedem Ärger, namentlich wenn derselbe mit einer gewissen Ängstigung verknüpft war, ein und waren von keinerlei Lustgefühl begleitet. Die Patientin fühlte sich hierbei vielmehr „kreuzelend". Wenn es ihr manchmal gelang, durch Willensanstrengung die sexuelle Erregung im Entstehen niederzukämpfen, stellten sich andere Beschwerden: Ohrensausen, Schwäche im Arm, ein Gefühl der Leere in der Oberbauchgegend um so stärker ein, und sie war für den Rest des Tages völlig arbeitsunfähig. Die gleichen Erscheinungen traten bei der Patientin auch nach Träumen ärgerlichen Inhalts auf.

Unter den Vorgängen, welche den nächsten Anstoß zum Auftreten von Pollutionen geben, spielen zweifellos Träume die Hauptrolle, und man darf wohl annehmen, daß sie bei den normalen Pollutionen in der Regel das auslösende Moment bilden. Die in Frage stehenden Träume beanspruchen ein besonderes Interesse, welches uns veranlaßt, ihnen hier eine kurze Berücksichtigung zuteil werden zu lassen. Die Vorgänge in den Pollutionsträumen gehören weit vorwaltend, aber keineswegs ausschließlich, dem sexuellen Gebiete im weiteren Sinne an. Es handelt sich im allgemeinen um Vorbereitung oder Ausführung eines sexuellen Aktes oder um Geschehnisse irgendwelcher Art, welche bei dem Träumer sinnliche Erregung herbeiführen (libidinöse Träume). Ein besonders beachtenswerter Zug dieser Träume liegt darin, daß in denselben die Eigentümlichkeiten der vita sexualis des Individuums und insbesondere alle Variationen der sexuellen Neigungen, die in der Breite des Normalen, wie im Bereiche des Abnormen vorkommen, sich genau widerspiegeln. Naecke hat deshalb mit Recht den Traum als das feinste Reagens für die Art des sexuellen Empfindens des Individuums bezeichnet [1]).

Wie der sexuell Normale in der Regel nur Träume hat, deren Inhalt seinem heterosexuellen Fühlen entspricht, so träumt der Urning von homosexuellen Akten, der Fetischist von Vorgängen, in welchen die für ihn attraktiven Körperteile oder Kleidungsstücke eine sinnlich erregende Rolle spielen, usw. [2]). Es können aber auch im Traume sich sexuelle Neigungen offenbaren, die im Wachen nie zutage treten, oder wenigstens schon längere Zeit überwunden schienen (insbesondere homosexuelle und sadistische Züge). Bemerkenswert ist ferner, daß der Inhalt der Träume alle möglichen Abstufungen in der Darstellung sexueller Vorgänge, von der vollen Realität bis zur bloßen Andeutung und zur rein symbolischen Form [3]) aufweist und diese Variationen nicht bloß bei verschiedenen Personen, sondern bei einem und demselben Individuum sich finden. Meine Ermittlungen in einzelnen Fällen scheinen darauf hinzuweisen, daß diese Variationen mit der jeweiligen Intensität der Libido zusammenhängen, derart, daß bei sehr erheblicher Libido die vollen Darstellungen, bei geringer die Andeutungen und symbolischen Bilder vorkommen. Ferner ist bemerkenswert, daß, während

[1]) Naecke, Monatsschrift für Kriminalpsychologie usw. November 1895.

[2]) Über einen hierher gehörigen Fall wird an späterer Stelle berichtet.

[3]) Ich zähle nicht zu jenen, welche in den Träumen immer Sexualsymbolik finden wollen, muß aber doch bemerken, daß ich bei einzelnen meiner Patienten unter den analysierten Träumen auch solche fand, welche eine unbezweifelbare symbolische Darstellung eines sexuellen Aktes enthielten.

im allgemeinen bei einem und demselben Individuum der Inhalt der sexuellen Träume sehr variiert, in vereinzelten Fällen ein und dasselbe erregende Traumbild immer wiederkehrt. In den Träumen mancher Individuen figurieren immer oder wenigstens zeitweilig lediglich Reminiszenzen masturbatorischer Vorgänge oder zufälliger Erfahrungen. So berichtete mir ein Herr, der als Knabe bei einem Reitversuche zufälligerweise etwas von geschlechtlicher Erregung empfand und später, diese Erfahrung verwertend, das Reiten zu onanistischen Zwecken ausnützte, daß in den Träumen, die bei ihm Pollutionen herbeiführen, er immer mit Reiten sich beschäftigt, weibliche Personen dagegen nie eine Rolle spielen. Bei einem anderen Patienten meiner Beobachtung, der im Alter von 13—16 Jahren eine homosexuelle Neigung für einen Mitschüler hatte und bei dem es beim Herumbalgen mit diesem zum ersten Male zu einer Ejakulation gekommen war, handelte es sich in den Träumen, die zu nächtlichen Pollutionen führten, längere Zeit lediglich um Raufszenen [1]).

Unter den Träumen nicht sexuellen Inhalts, welche Pollutionen nach sich ziehen, sind die Angstträume weit vorwaltend. Seltener führen Traumvorgänge mit anderen peinlichen Affekten (Ärger) zur Auslösung von Pollutionen, und noch seltener nicht sexuelle Traumerlebnisse, welche von Lustgefühlen begleitet sind. So erwähnt Naecke des Falles eines älteren Herrn, bei welchem Flugträume Pollutionen auslösten. Stekel berichtet von einem Neurotiker, der in seinen Pollutionsträumen auf einen Berg bis zu einer Ruine stieg und sich dann herunterrollen ließ, was ihm viel Vergnügen bereitete.

Bei männlichen Individuen beginnen die sexuellen Träume in den Pubertätsjahren (bei verfrüht auftretender Libido auch früher), werden in den vorgerückten Jahren seltener und treten in den Greisenjahren nur ganz vereinzelt noch auf. Bei Frauen, die weder sexuellen Verkehr gepflogen, noch Masturbation geübt haben, mangeln solche in der Regel. Bei gesunden Individuen beider Geschlechter ist sexuelle Abstinenz ein wesentliches Erfordernis für das Auftreten der fraglichen Träume. Die Häufigkeit derselben bei geschlechtlicher Enthaltsamkeit schwankt jedoch bedeutend, und zwar nicht bloß bei verschiedenen Individuen, sondern auch bei dem Einzelindividuum zu verschiedenen Zeiten. Alle Momente, welche die Libido zeitweilig oder andauernd steigern, bedingen auch häufigeres Auftreten sexueller Träume.

Beim Manne stellt man sich den Nexus zwischen Abstinenz und sexuellen Träumen gewöhnlich in der Art vor, daß die bei ersterer stattfindende Spermaanhäufung in den Samenblasen durch Druck oder auf anderem Wege (Rohleder spricht von Hyperämisierung, einer physiologischen Entzündung) eine Reizung der Samenblasennerven herbeiführt, deren Erregung zentral fortgeleitet laszive Traumbilder auslöst. Diese setzen dann die spinalen Mechanismen für die Erektion und Ejakulation in Tätigkeit. Neben der Reizung der Samenblasennerven kommt jedoch für die Auslösung der sexuellen Träume noch der Grad der Erregbarkeit der kortikalen Zentren für die sexuellen Funktionen in Betracht. Dieser hängt von dem im Blute kreisenden Quantum der von mir als „libidogene" bezeichneten Stoffe ab, die jedenfalls ganz vorwaltend von den Keimdrüsen produziert werden und bei sexueller Abstinenz in größerer Menge im Blute vorhanden sind. Der Hergang bei der Entstehung der libidinösen Träume bei in sexueller Abstinenz lebenden gesunden Männern dürfte demnach folgender sein: Durch die Anhäufung

[1]) Siehe Löwenfeld: Über die sexuelle Konstitution und andere Sexualprobleme 1911. S. 130.

libidogener Stoffe im Blute erfährt die Erregbarkeit der kortikalen Sexualzentren eine mehr und mehr anwachsende Steigerung, während zu gleicher Zeit die Nerven der Samenblasenwandungen durch die Spermaanhäufung einer zunehmenden mechanischen Irritation unterliegen. Hat die Erregbarkeitssteigerung in den kortikalen Sexualzentren und die mechanische Irritation der Samenblasennerven eine gewisse Grenze erreicht, dann werden durch letztere im Schlafe sexuelle Traumbilder ausgelöst. Daß die Erregung der Samenblasennerven für die Herbeiführung sexueller Traumbilder bei Männern nicht allein in Betracht kommt, hierfür sprechen, abgesehen von den gleich zu erwähnenden Erfahrungen, die Fälle, in welchen bei gesunden Individuen unter dem Einflusse sinnlich erregender Momente Pollutionen mehrere Tage nacheinander, mitunter selbst in einer Nacht sich wiederholen. Sexuelle Träume treten jedoch auch bei Individuen auf, welche nicht in Abstinenz leben, sondern regelmäßigen Geschlechtsverkehr üben und noch häufiger bei Personen, welche andauernd an übermäßigen (krankhaften) Pollutionen leiden, bei denen also von einer Spermaanhäufung keine Rede sein kann. Verschiedene Beobachtungen sprechen dafür, daß von dem Sexualapparate, aber nicht von den Samenblasen ausgehende Erregungen auch in diesen Fällen an der Auslösung der Traumbilder beteiligt sind. Bei den an krankhaften Pollutionen Leidenden treten diese Ergüsse insbesondere gegen Morgen, also bei stärkerer Füllung der Blase und beim Einnehmen der Rückenlage ein. Daß die hier in Frage stehenden, unter normalen Verhältnissen unwirksamen Erregungen zur Auslösung sexueller Traumbilder führen, hängt davon ab, daß bei den betreffenden Individuen die genitalen Rückenmarkszentren in einem Zustande reizbarer Schwäche sich befinden und deshalb die von den Sexualorganen ihnen zufließenden Erregungen verstärkt kortikalwärts leiten.

Auf ähnliche Vorgänge sind die sexuellen Träume der Masturbantinnen mit genitalem Erethismus zurückzuführen, nur daß bei diesen infolge lokaler Irritationen schon von der Peripherie beträchtlichere Erregungen den eben erwähnten Zentren zugeleitet werden.

Viel weniger klar ist der Vorgang, der zum Auftreten sexueller Träume bei gesunden, in sexueller Abstinenz lebenden Frauen führt. Ein Analogon für die Spermaanhäufung beim Manne fehlt hier, und wenn wir auch annehmen, daß beim Manne unter dem Einflusse der Abstinenz Veränderungen in gewissen Teilen des Sexualapparates (z. B. hyperämische Zustände) sich einstellen, so können wir denselben allein doch nicht die Auslösung der sexuellen Traumbilder zuschreiben. Jedenfalls spielt auch beim Weibe die durch Anhäufung libidogener Stoffe im Blute bedingte Erregbarkeitssteigerung der kortikalen Sexualzentren eine Rolle, und es ist mir am wahrscheinlichsten, daß ähnlich wie beim Manne nur das Zusammentreffen dieses Moments mit von der Peripherie kommenden Erregungen zur Auslösung sexueller Träume führt.

XV.

Erkrankungen der Sexualorgane bei Frauen als Ursache von Nervenleiden.

Die Erkrankungen der Sexualorgane spielen beim Manne, wie wir gesehen haben, im allgemeinen als Ursache von nervösen Krankheiten eine sehr bescheidene Rolle; ungleich größer ist die Bedeutung, welche Krankheitszustände der weiblichen Sexualorgane für die Ätiologie der bei Frauen vorkommenden Nervenleiden beanspruchen. Wir zählen keineswegs zu den Anhängern der Goetheschen Theorie:

„Es ist ihr ewig Weh und Ach
So tausendfach
Aus einem Punkte zu kurieren."

Allein, wenn wir auch alles in Abzug bringen, was von den Behauptungen über nervöse Folgezustände der speziellen Frauenkrankheiten einer strengeren Kritik nicht standhält und was noch strittig ist, bleiben letztere noch immer als ein sehr beachtenswerter Faktor unter den Ursachen der nervösen Affektionen des zarten Geschlechts bestehen.

Die Beziehungen zwischen weiblichen Sexual- und Nervenleiden haben in der Literatur der letzten Dezennien den Gegenstand sehr zahlreicher Abhandlungen gebildet, die nicht ohne Nutzen geblieben sind und vieles zur Klärung der Sachlage und zur Anbahnung einer Verständigung zwischen den zunächst interessierten ärztlichen Kreisen beigetragen haben. Während früher in der Auffassung der Beziehungen zwischen den in Rede stehenden Krankheitsgruppen die Gynäkologen einerseits und die Internisten und Neurologen andererseits weit auseinandergingen, ist heutzutage, wenn auch noch keine völlige Übereinstimmung, so doch wenigstens eine sehr erhebliche Annäherung in den in Betracht kommenden Ansichten der beiden medizinischen Lager zu verzeichnen.

Die Gynäkologen haben sich im Laufe der Jahre mehr und mehr daran gewöhnt, den Erfahrungen der Neuropathologen hinsichtlich der Ätiologie der Neurosen und Psychoneurosen bei beiden Geschlechtern Rechnung zu tragen und aus der Koexistenz von Genital- und Nervenleiden noch nicht ohne weiteres die Berechtigung zur Annahme eines ursächlichen Zusammenhanges zwischen beiden abzuleiten. Diese Wandlung in den Anschauungen der Gynäkologen hat sich auch auf praktischem Gebiete bereits fruchtbar erwiesen, sofern hierdurch der Übereifer in der Lokalbehandlung der weiblichen Sexualleiden wesentlich eingeschränkt und die Wertschätzung der neurotherapeutischen Methoden auch seitens der Gynäkologen bedeutend gefördert wurde.

Die nervösen Störungen, bei welchen ein Zusammenhang mit Erkrankungen des weiblichen Sexualapparates überhaupt in Frage kommt, müssen nach den dabei beteiligten nervösen Gebieten in lokale Affektionen und allgemeine Neurosen geschieden werden. Es ist ohne weiteres verständlich, daß Erkrankungen der weiblichen Beckenorgane, indem sie durch Druck oder Zerrung zu mechanischer Beeinträchtigung der in den erkrankten Organen oder in deren Nachbarschaft verlaufenden Nerven oder zu diese schädigenden Zirkulationsstörungen führen, nervöse Beschwerden verursachen. Es muß auch ohne weiteres zugegeben werden, daß bei den mannigfachen Verbindungen der Nerven der Genitalorgane untereinander und mit denen benachbarter Teile die durch Erkrankung eines Abschnittes des Sexualapparates verursachten nervösen Reizungen sich über die nächste Umgebung hinaus fortpflanzen können.

Als Affektionen, welche lokale nervöse Störungen hervorzurufen geeignet sind, kommen in Betracht: Tumoren des Uterus, chronische entzündliche Prozesse desselben und der Ovarien, Exsudate, Schrumpfungsprozesse, Narben und Geschwüre [1]) (mit Freilegung der Nervenendigungen), dann auch gewisse Lageveränderungen des Uterus und der Ovarien, Senkung und Prolaps des Uterus, descensus ovariorum. Von den Beschwerden, welche bei diesen Leiden auftreten, stehen Schmerzen und Parästhesien im Vordergrunde. Die Schmerzen können in der Tiefe des Beckens lokalisiert sein und sich mit Empfindungen der Schwere, des Druckes oder Drängens verknüpfen; sehr häufig haben sie ihren Sitz in der Kreuz- und Gesäßgegend, auch an den Oberschenkeln und hier sowohl im Gebiete des N. cruralis als des N. ischiadicus, seltener in den Verbreiterungsbezirken dieser Nerven am Unterschenkel und Fuße, auch die untere Bauch- und Steißbeingegend (Coccygodynie) wird des öfteren heimgesucht. Zu diesen Schmerzen gesellen sich häufig Schwächezustände der Beine und Gefühle abnormer Müdigkeit in denselben und im Rücken, in manchen Fällen auch Beschwerden bei der Harn- und Stuhlentleerung (Tenesmus vesicae et recti, Schmerzen im After bei der Entleerung usw.). Diese Erscheinungen sind jedoch, soweit man dies gegenwärtig beurteilen kann, nur zum Teil direkt von Irritationszuständen der Beckennerven abhängig, sie finden sich auch bei Frauen mit gesunden Sexualorganen (Hegar) [2]) und entsprechen überwiegend den Symptomen, die bei der sogenannten Lendenmarksneurasthenie des Mannes auftreten. Diese Umstände legen die Annahme nahe, daß sie zum Teil auch durch Fortpflanzung von Reizungsvorgängen im Bereiche der Beckennerven nach dem Lumbosakralmark und dadurch bedingte reizbare Schwäche dieses Markabschnittes zustande kommen. Hegar bezeichnet die betreffenden Symptome auch schlechtweg als „Lendenmarkssymptome", wodurch jedoch zur Klärung der Sachlage nichts getan ist.

Die oben angeführten Genitalaffektionen führen nicht sämtlich gleichmäßig zu den in Frage stehenden Beschwerden, sondern je nach ihrer Art und Lokalität vorwaltend zu der einen oder anderen Gruppe derselben. Die Intensität und Ausbreitung der auftretenden nervösen Störungen steht dagegen in keiner konstanten Beziehung zu der Art und Lokalität der Erkrankung. Erhebliche Sexual-

[1]) Die Bedeutung der Erosionen an der Portio, welche man früher als eine Quelle vieler nervöser Störungen betrachtete, wird in neuerer Zeit von den Gynäkologen sehr gering taxiert. So bemerkt Krönig, daß dieselben nach allgemeiner Ansicht der Gynäkologen wohl geringe lokale Störungen, Ausfluß, eventuell auch Blutungen hervorrufen können, daß sie aber wohl niemals nervöse Symptome in entfernter liegenden Gebieten reflektorisch oder durch Irradiation bedingen.

[2]) Hegar erwähnt, daß bei 15% der Frauen mit Lendenmarkssymptomen sich keine pathologische Veränderung der Sexualorgane nachweisen ließ.

affektionen bestehen nicht selten ohne alle Lendenmarkssymptome (Hegar)[1]), dies weist schon darauf hin, daß für das Zustandekommen der angeführten Lokalsymptome ein Faktor von großer Bedeutung ist, der auf seiten des Nervensystems liegt. Die hier in Betracht kommenden Sexualleiden können natürlich ebenso wie nervengesunde auch neuropathisch disponierte und bereits neurasthenische Frauen heimsuchen, und es ist begreiflich, da wir die gleichen Erscheinungen bei anderen Erkrankungen finden, daß das sexuelle Leiden um so intensivere und verbreitetere Nervenstörungen hervorruft, je geringer die Widerstandsfähigkeit des Nervensystems ist. Mit der mechanischen Irritation der Beckennerven verbinden sich bei den weiblichen Sexualleiden häufig Blut- und Säfteverluste, welche zu Beeinträchtung der Allgemeinernährung und damit auch zur Schwächung der nervösen Konstitution oder zur Steigerung einer bereits bestehenden neuropathischen Disposition führen. In ähnlichem Sinne wirken bei vielen weiblichen Personen psychische Vorgänge, welche durch das Sexualleiden angeregt werden: die gemütliche Alteration, welche der Gedanke, sexualkrank zu sein, hervorruft, die Sorgen wegen der möglichen Folgen des Leidens für das eheliche Glück (Sterilität) oder wegen dessen Weitergestaltung (Karzinomfurcht), die peinlichen Erregungen, welche die notwendig werdende gynäkologische, oft lange Zeit sich hinziehende Behandlung veranlaßt, der Verdruß über die Behinderung in der gewohnten häuslichen oder geschäftlichen Tätigkeit usw. Schon in den Fällen, in denen das Sexualleiden allein den Anstoß zur Entwicklung der nervösen Störungen gibt, haben wir es daher häufig mit komplizierten Verhältnissen zu tun; bei der größten Mehrzahl der Fälle, in welchen wir nervöse Leiden mit Genitalaffektionen verknüpft finden, führen jedoch, wie Engelhard an dem Materiale der Hegarschen Klinik nachgewiesen hat, die Sexualleiden nur im Vereine mit einer Mehrzahl anderer Schädlichkeiten die nervösen Störungen herbei [2]); hierdurch wird natürlich die Beurteilung des Einflusses, welchen das Sexualleiden direkt auf das Nervensystem äußert, noch mehr erschwert. Dieser Umstand macht es aber auch einigermaßen begreiflich, daß wir so häufig bei sexualkranken Frauen nicht lediglich Lendenmarksymptome oder solche überhaupt nicht, sondern Zustände allgemeiner Neurasthenie oder neurasthenische Funktionsstörungen einzelner innerer Organe finden, neben welchen andere mehr untergeordnete neurasthenische Erscheinungen bestehen oder auch wenigstens zeitweilig mangeln. Die Entwicklung und Gestaltung speziell letzterer Fälle weist darauf hin, daß, wenn es von der Sexualerkrankung aus zu einer Beeinflussung höher gelegener Abschnitte des zentralen Nervensystems kommt, diese nicht lediglich auf dem Wege kontinuierlicher Ausbreitung einer reflektorisch von den Sexualorganen

---

[1]) Das Mißverhältnis zwischen dem pathologischen Befunde in den Sexualorganen und den bestehenden nervösen Störungen hat schon Spencer Wells hervorgehoben. Krönig erwähnt, daß man merkwürdigerweise von jeher nicht die schwersten Genitalerkrankungen, wie z. B. Uteruskarzinome, sondern nur die geringfügigen Erkrankungen, wie Erosion am Muttermunde, Lageveränderung des Uterus, Schrumpfungen im Parametrium, kleinzystische Degeneration der Ovarien usw. in ursächliche Beziehungen zu lokalen und allgemeinen Neurosen gebracht hat, und er betont, daß es etwas Gezwungenes an sich hat, daß gerade so anatomisch geringe Veränderungen an den Genitalien so schwere nervöse Erscheinungen hervorrufen sollen. Auch Theilhaber hebt den Umstand hervor, daß in neuerer Zeit sehr selten ernstere gynäkologische Erkrankungen, zumeist leichtere Affektionen (Retroflexio, Erosio) als Ursache von Reflexneurosen angesehen wurden.

[2]) Es sei hier auch darauf hingewiesen, daß nach Waldhard sich bei kaum 10% psychoneurotischer Patientinnen pathologisch-anatomische Veränderungen im Genitale finden und es sich dabei in der weitüberwiegenden Mehrzahl der Fälle um harmlose Erkrankungen handelt. (Monatsschrift für Geburtshilfe und Gynäkologie. Bd. XXXVI. Ergänzungsheft.)

aus erzeugten neurasthenischen Veränderung durch das Gesamtrückenmark hindurch nach oben geschehen muß. Bei den sexualkranken Frauen machen sich einerseits ebenfalls die verschiedenen Widerstandsverhältnisse der einzelnen Gebiete der Zentralorgane geltend, deren Bedeutung für die Lokalisation neurasthenischer Störungen wir schon früher kennen gelernt haben, andererseits der Umstand, daß zwischen einzelnen Organen, resp. Organsystemen und dem Sexualapparate offenbar intimere Beziehungen bestehen, daher die Funktionen dieser Organe durch Zustände des Sexualapparates leichter auf reflektorischem Wege gestört werden als die anderer Organe.

Unter den Organen, deren Funktionen solcher reflektorischer Beeinflussung von den weiblichen Sexualorganen aus unterliegen, steht der Verdauungsapparat obenan. Allbekannt sind die Magenbeschwerden (Übelkeit, Brechreiz und Erbrechen), welche bei so vielen Frauen in den ersten Schwangerschaftsmonaten auftreten. Durch Kretschy und Fleischer wurde nachgewiesen, daß der physiologische Vorgang der Menstruation eine Verlangsamung der Magenverdauung bedingt, und mit dem Aufhören der Blutung der Verdauungsprozeß wieder normal wird. Gastrointestinale Störungen finden sich ferner bei sehr vielen Frauen mit Sexualleiden, und dieselben haben schon lange die Aufmerksamkeit der Gynäkologen auf sich gezogen; eingehendere Untersuchungen über die Art dieser Störungen und ihre Beziehung zu den Sexualaffektionen sind jedoch erst in neuerer Zeit angestellt worden. Selbstverständlich sind die Magen- und Darmbeschwerden mit Sexualaffektionen behafteter Frauen nicht immer durch letztere verursacht. In zahlreichen Fällen bildet die Genitalerkrankung lediglich eine zufällige Komplikation nervöser oder organischer Magenleiden; mitunter — so bei Enteroptose — sind die gastrointestinalen Störungen und die Lageveränderung des Uterus Koeffekte derselben Ursache (hochgradiger Erschlaffung aller Bandapparate im Bauchraume, der Douglasschen Bänder usw.); in manchen Fällen ist auch die gynäkologische Affektion durch eine primäre Anomalie des Verdauungsapparates bedingt. Theilhaber macht hier insbesondere auf die Atonie des Darmes und die dadurch bedingte Anhäufung von Gasen und Kotmassen aufmerksam, welche zu venösen Stauungen im Uterus und dadurch zu Metrorrhagien, Dysmenorrhöe und Fluor albus führt. In einer weiteren Reihe von Fällen endlich gibt die Sexualerkrankung auf reflektorischem Wege den Anstoß zur Entwicklung gastrointestinaler Beschwerden. Was nun die Art dieser betrifft, so glaubte Kisch eine besondere „uterine Dyspepsie" unterscheiden zu dürfen, welche durch Veränderung der Magensekrete, Hemmung der Darmbewegung und Erbrechen charakterisiert sein sollte. Durch Frank, Panecki und die Münchener Beobachter Theilhaber und Crämer wurde jedoch nachgewiesen, daß die von den Sexualorganen ausgehenden nervösen Magenaffektionen keine gleichförmige Symptomatologie aufweisen und eine besondere „uterine Dyspepsie" nicht existiert[1]). Die genannten Beobachter fanden bei Frauen mit Genitalanomalien und gastrischen Beschwerden in der großen Mehrzahl der Fälle die Sekretion und Verdauungskraft des Magens normal (Theilhaber-Crämer unter

[1]) Auch Kehrer: (Die physiologischen und pathologischen Beziehungen der weiblichen Sexualorgane zum Tractus intestinalis, 1905, S. 163) berichtet: „Meine eigenen Untersuchungen führen zu dem Resultat, daß bei den verschiedenen Formen gastrischer Störungen bei gleichzeitigen gynäkologischen Erkrankungen, die man mit mehr oder weniger Recht als ätiologische Momente der Magenerscheinungen auffassen durfte, die sekretorischen Funktionen des Magens so verschieden sind, daß von einem einheitlichen Krankheitsbild keine Rede sein kann." Der Autor fand in 42% der von ihm untersuchten Fälle die sekretorische Funktion des Magens trotz vorhandener Beschwerden dyspeptischer oder kardialgischer Art vollkommen normal.

45 Fällen nur einmal Anaziditas und einmal Hyperazidität), ferner Erbrechen relativ selten. Die gastrischen Störungen genitalen Ursprungs zeigen ganz die gleichen Variationen wie die Erscheinungen der nervösen Dyspepsie anderer Herkunft. Neben der einfachen nervösen Dyspepsie im Leubeschen Sinne (ohne Alteration des Chemismus und der motorischen Tätigkeit des Magens) werden Herabsetzung der Motilität (Atonie) und Störungen des Chemismus des Magens, auch Darmatonie angetroffen [1]). Auch periodische Gastralgien kommen mitunter vor (Theilhaber-Crämer). In bezug auf die reflektorische Auslösung gastrointestinaler Beschwerden verhalten sich die einzelnen Teile des weiblichen Sexualapparates allem Anscheine nach nicht gleichwertig. Am häufigsten bilden Erkrankungen des Uterus eine Quelle dieser Störungen. Ungleich seltener sind Affektionen der Ovarien im Spiele, Veränderungen der Vagina und Vulva bleiben in der fraglichen Richtung ganz ohne Einfluß. Besonders auffällig äußert sich mitunter die Einwirkung gewisser Lageveränderungen (Senkungen) des Uterus. Ich habe wiederholt Damen behandelt, bei welchen neben anderen neurasthenischen Beschwerden völliger Appetitmangel, Nausea und Brechreiz bestand. Diese Erscheinungen trotzten längere Zeit jeder Behandlung, sie schwanden dagegen sofort nach Einführung eines Pessars und kehrten wieder, wenn dieses aus der Lage kam.

An die gastrointestinalen Beschwerden reihen sich an Häufigkeit die Herzstörungen sexualkranker Frauen an. Es handelt sich hier um die verschiedenen Erscheinungen nervöser Herzschwäche, wie sie auch unabhängig von Sexualaffektionen bei Neurasthenischen angetroffen werden: Zumeist anfallsweise auftretende Beschleunigung der Herztätigkeit mit Gefühl des Herzklopfens, echte Tachykardie mit einer Pulsfrequenz bis 180 und selbst 200, begleitet zumeist von Brustbeklemmung und Angstzuständen, zum Teil auch von schmerzhaften Sensationen in der Herzgegend, die nach einem oder beiden Armen ausstrahlen können (Pseudo-angina pectoris), seltener Verlangsamung oder Unregelmäßigkeiten der Herztätigkeit (letztere mitunter den tachykardischen Anfall einleitend), oder ausgesprochene Herzschwäche, dabei auch öfters vasomotorische Störungen an der Peripherie (Erkalten der Hände und Füße usw.). Kisch fand unter 126 weiblichen Personen im Alter von 17—48 Jahren mit Funktionsstörungen oder pathologischen Veränderungen des Genitalapparates bei 88 (= 32,7%) Herzbeschwerden, und zwar nervöse Tachykardien in 21 und Pseudoangina pectoris in 8 Fällen. Unter den verschiedenen Sexualerkrankungen scheinen nach den vorliegenden Erfahrungen die Metritis chronica und die Tumoren des Uterus (insbesondere Myome) am häufigsten den Anstoß zum Auftreten nervöser Herzbeschwerden zu geben. Von den Menstruationsanomalien sind in dieser Richtung Amenorrhöe, Menorrhagie und Dysmenorrhöe häufig wirksam (Kisch). Die Beziehungen, welche zwischen den Herzbeschwerden und den Sexualerkrankungen oder Störungen bei Frauen bestehen, sind jedoch in den einzelnen Fällen sehr verschieden. Wir haben es hier mit ähnlichen Verhältnissen wie bei den gastrointestinalen Störungen zu tun. Die Erscheinungen der nervösen Herzschwäche können natürlich bei Frauen mit sexuellen Anomalien durch dieselben nervenschädigenden Momente hervorgerufen werden, wie bei Frauen mit normalen Genitalzuständen (gemüt-

[1]) Crämer fand in allen Fällen einfacher nervöser Dyspepsie atonische Zustände des Kolons mit Koprostase, die er als das Primäre und Ursache der gastrischen Störungen (sowie auch anderer gleichzeitig vorhandener nervöser Symptome) betrachtet. Theilhaber vertrat früher die Ansicht, daß die Atonie des Kolons auf reflektorischem Wege von den Sexualorganen aus entsteht.

liche Erregungen, toxische Einwirkungen usw.). Die Herzstörungen können daher jeder ursächlichen Beziehung zur Genitalaffektion ermangeln. In nicht seltenen Fällen bildet diese nicht das einzige ursächliche Moment, welches zum Auftreten von Herzbeschwerden Anlaß gibt. So habe ich mehrfach Fälle beobachtet, in welchen zur Zeit der Menses tachykardische Anfälle sich einstellten, solche aber auch in der intramenstruellen Zeit durch verschiedene Anlässe (Aufregungen, Kaffeegenuß usw.) herbeigeführt wurden. Die gynäkologische Affektion kann auch auf indirektem Wege Herzbeschwerden nach sich ziehen, resp. zum Auftreten solcher beitragen, indem sie durch reichlichen Blutverlust zur Verschlechterung der Allgemeinernährung und dadurch zur Schwächung der nervösen Konstitution führt, oder indem sie peinliche gemütliche Erregungen veranlaßt wegen Behinderung des ehelichen Verkehrs oder Verursachung von Sterilität, Furcht vor einem operativen Eingriff usw. Daneben begegnen wir Fällen, in welchen allem Anscheine nach lediglich auf reflektorischem Wege die Herzstörungen zustande kommen [1]).

Folgendes ist ein Fall dieser Art:

In meiner Beobachtung befindet sich seit vielen Jahren eine jetzt Ende der 50er Jahre stehende unverheiratete Dame. Dieselbe verfiel Ende der 30er Jahre ihres Lebens infolge jahrelanger geistiger Überanstrengung und vieler gemütlicher Erregungen in schwere Neurasthenie mit besonders hervortretenden Herzsymptomen. Die Patientin wurde häufig von schweren tachykardischen Anfällen heimgesucht, die durch verschiedene Momente (Kaffeegenuß, geistige Anstrengung, Schrecken usw.) hervorgerufen wurden und keinen Zusammenhang mit den Menses zeigten. Mit der Besserung des neurasthenischen Allgemeinzustandes wurden diese Anfälle seltener und seltener, und während einer Anzahl von Jahren verloren sie sich ganz. Mit dem Eintritt des Klimakteriums (Ende der 40er Jahre) stellten sich tachykardische Anfälle leichterer Art wieder ein, aber fast ausschließlich zur Zeit der Menses, die in der Regel, wie schon früher, mit dysmenorrhoischen Beschwerden verknüpft waren. Oft kam es vor, daß die tachykardischen Anfälle die ganz unregelmäßig auftretenden Menses durch ihr Erscheinen ankündigten. Spätestens innerhalb 12—24 Stunden nach dem Anfalle stellten sich die Menses in der Regel ein, wenn dieselben zur Zeit des Anfalles noch nicht bestanden. Einer derartigen durch Jahre hindurch fortgesetzten Beobachtung gegenüber dürfte es wohl recht schwer sein, von einer bloß zufälligen Koinzidenz zu sprechen.

Wenn ich nach dem Dargelegten an dem Vorkommen genitaler Reflexneurosen bei Frauen Krönig gegenüber festhalten muß, so bin ich andererseits weit davon entfernt, diesem Autor entgegenzutreten, wenn er einen reflektorischen oder konsensuellen Zusammenhang von Nervenleiden speziell mit gewissen Sexualerkrankungen (Endometritis, Erosion, Stenose des Cervix usw.) als unerwiesen bezeichnet.

Das hier Bemerkte gilt auch der Auffassung Theilhabers gegenüber, welcher Autor sich in neuerer Zeit sehr skeptisch in betreff des Vorkommens genitaler Reflexneurosen geäußert hat. Theilhaber glaubt nicht, „daß durch gynäkologische Anomalien, die sonst keine oder nur ganz geringfügige Symptome machen und die keine Verschlechterung der Blutbeschaffenheit verursachen, Nervengebiete affiziert werden können, welche von den Genitalien weit entfernt liegen".

Über die Beziehungen der Sexualerkrankungen der Frauen zur Hysterie bestanden früher weitgehende Meinungsverschiedenheiten zwischen Gynäkologen und Neurologen. Während erstere zumeist noch kein Bedenken trugen, die Genitalleiden bei Frauen als wichtigste Ursache der Hysterie zu betrachten, waren manche Neurologen geneigt, diese Auffassung als eine Art Köhlerglauben zu erklären.

---

[1]) Kisch erwähnt, daß er auch Fälle sah, in denen nicht das gynäkologische Leiden selbst die Herzbeschwerden verursachte, sondern diese letzteren eine Folge der gegen die Sexualerkrankung angewendeten ärztlichen Behandlung waren, wobei er außer intrauterinen Eingriffen, wie Sondierung, Ätzung, besonders die gynäkologische Massage anschuldigt.

So bemerkte Möbius: „Die törichte Meinung, daß der Uterus etwas mit der Hysterie zu tun habe, wie der Name ausdrückt, wird jetzt hoffentlich von niemand mehr gehegt." Windscheid dagegen hielt es noch in seiner 1897 veröffentlichten verdienstvollen Arbeit „Neuropathologie und Gynäkologie" für gerechtfertigt, die Hysterie zu den reflektorisch von den weiblichen Sexualorganen ausgelösten Neurosen zu zählen, und bis zur Gegenwart mangelt es nicht an Neurologen und Psychiatern, die, wie Binswanger und Oppenheim, den Sexualerkrankungen der Frauen in der Ätiologie der Hysterie eine gewisse Rolle zuschreiben. Auf der anderen Seite ist man im Lager der Frauenärzte allgemein von der früheren Überschätzung gynäkologischer Affektionen als Ursache hysterischer Zustände entschieden abgekommen, wenn es auch nicht an einzelnen Autoren gefehlt hat, welche wenigstens in gewissen Erkrankungen des weiblichen Sexualapparates, so W. A. Freund[1]) in der Parametritis chronica atrophicans, eine überaus wichtige Ursache der Hysterie gefunden zu haben glaubten.

Die Vorstellungen, welche wir uns von der Art der Beziehungen zwischen hysterischen Erscheinungen und Sexualleiden bei Frauen bilden, hängen von der Auffassung ab, die wir bezüglich des Wesens und der Ätiologie der Hysterie hegen.

Wir müssen deshalb diese überaus schwierigen Probleme hier wenigstens flüchtig berühren.

So zahlreich und ernsthaft auch die Versuche sind, die in den letzten Dezennien von gynäkologischer und neurologischer Seite unternommen wurden, dem Wesen der Hysterie näher zu kommen, so haben sie doch nur zu einer Menge mehr oder weniger voneinander abweichender Auffassungen geführt.

Schon die Variationen der nosologischen Stellung, welche man der Hysterie geben will — Neurose, Psychoneurose, Psychose —, weisen darauf zur Genüge hin. Bei alledem ist jedoch nicht zu verkennen, daß wenigstens hinsichtlich einzelner Punkte in der Ätiologie der Hysterie bei der Mehrzahl der Autoren — von Freud und seiner Schule sei hier zunächst abgesehen — eine gewisse Übereinstimmung sich allmählich entwickelt hat. Hysterische Erscheinungen können nicht bei jedem beliebigen Individuum durch Einwirkung gewisser Noxen hervorgerufen werden. Das Auftreten derartiger Erscheinungen ist an das Vorhandensein einer gewissen Disposition oder Konstitution gebunden, welche in geringerem oder stärkerem Maße ausgebildet sein kann. Wenn wir zu einem Verständnis der hysterischen Phänomene gelangen wollen, müssen wir daher zwischen zwei Dingen unterscheiden: dem dauernd vorhandenen abnormen Grundzustande und den hysterischen Symptomen, welche auf dieser Basis sich entwickeln. Letztere variieren bekanntlich nicht nur bei verschiedenen Kranken, sondern in den einzelnen Fällen zu verschiedenen Zeiten ganz außerordentlich. Sehen wir zunächst zu, wodurch sich die hysterische Konstitution charakterisiert, so stoßen wir auf eine Fülle divergenter Ansichten. Früher glaubte ein Teil der Autoren, daß das Wesen der hysterischen Konstitution in der sog. reizbaren Schwäche des Nervensystems gegeben sei, während in neuerer Zeit die Mehrzahl der Neurologen und Psychiater der Ansicht zuneigt, daß das Charakteristikum der hysterischen Konstitution ein abnormes psychisches Verhalten bilde. Daneben mangelt es jedoch nicht an Beobachtern, welche bei der Hysterie neben einer abnorm-psychischen eine somatisch-nervöse Anlage (gesteigerte nervöse Erregbarkeit) annehmen.

Eine ähnliche Auffassung wurde auch von mir auf Grund verschiedener Erwägungen vertreten.

---

[1]) Wilh. Alex. Freund: Über Neurasthenia hysterica und die Hysterie der Frau. Berlin 1904.

Bekanntlich bildet die hereditäre Belastung einen wichtigen Faktor in der Ätiologie der Hysterie. Charcot erklärte als die Grundursache derselben, la cause primordiale, die neuropathische Heredität. Diese Ansicht hat auch in Deutschland Anhänger, allein die Vererbung ist bei der Hysterie, wenn auch sehr häufig, doch keineswegs — wenigstens nach meinen Beobachtungen — in der Mehrzahl der Fälle eine gleichartige. Auch Nervosität und Neurasthenie der Aszendenten bilden vielfach eine Quelle der Prädisposition. Ob jedoch die Vererbung eine gleichartige oder ungleichartige ist, übertragen wird immer eine gewisse „reizbare Schwäche" des Nervensystems, und in den Fällen, in welchen keine erbliche Anlage besteht, können wir gewöhnlich eine durch Erkrankung oder andere Umstände akquirierte derartige Schwäche als Disposition auffinden. Das Vorhandensein einer solchen dürfen wir daher bei den hysterisch Veranlagten immer annehmen. Allein neben dieser ist noch etwas erforderlich, wenn es zur Entwicklung eines hysterischen Zustandes kommen soll. Wir sehen, daß von einer Anzahl nervenschwacher Personen, unter der Einwirkung derselben Schädlichkeit — eines Schreckens z. B. — die einen an einem neurasthenischen, andere an einem hysteroneurasthenischen Zustande und wieder andere nur an hysterischen Zufällen erkranken. Die Ungleichheit der Folgen derselben Einwirkung kann nicht in einer Ungleichheit der somatisch-nervösen Konstitution, sondern nur in Verschiedenheiten der psychischen Konstitution der Einzelindividuen begründet sein. Wir wissen ja auch, daß das Weib als solches schon zur Hysterie mehr disponiert ist als der Mann. Man hat zwar in neuerer Zeit in Frankreich diesen alten Erfahrungssatz bestritten. In Paris wurde von mehreren Beobachtern die schwere Hysterie unter den Angehörigen der unteren Bevölkerungsschichten bei Männern häufiger gefunden als bei Frauen. In Deutschland, speziell Süddeutschland, ist nach den vorliegenden statistischen Daten und meinen eigenen Beobachtungen an der größeren Disposition des weiblichen Geschlechtes (in allen Bevölkerungskreisen) nicht zu zweifeln. Diese überwiegende Disposition kann nicht in dem Besitze einer Gebärmutter oder überhaupt der sexuellen Organisation, sondern nur in der Eigenart der weiblichen Psyche begründet sein.

Die hysterische Konstitution führt an sich nicht notwendig zur Entwicklung hysterischer Symptome. Wo dieselbe sehr wenig ausgeprägt ist, bedarf es zur Hervorrufung hysterischer Erscheinungen mächtiger Einwirkungen (gewaltiger gemütlicher Erschütterungen usw.). Bleibt das Individuum von solchen verschont, so kann es trotz seiner Veranlagung ein vorgerücktes Alter erreichen, ohne hysterisch zu werden. Bei sehr bedeutender Ausbildung der hysterischen Konstitution treten andererseits meist schon frühzeitig und auf geringfügige Anstöße hin oder auch ohne ersichtliche Ursache — anscheinend spontan — hysterische Zufälle auf [1]). Letzteres Verhalten findet sich glücklicherweise selten. Zumeist sind die ersten Manifestationen der Hysterie an die Einwirkung bestimmter äußerer Veranlassungen gebunden. Der gegenwärtige Stand unserer Kenntnisse läßt auch keinen Zweifel darüber zu, daß jedes Symptom, resp. jeder Symptomenkomplex der Hysterie sein bestimmtes veranlassendes Moment hat und die Beschaffenheit dieser Momente wenigstens vielfach in weitgehendem Maße die spezielle Gestaltung der Symptome beeinflußt.

Wie bezüglich der Anomalien, welche das Wesen der hysterischen Konstitution

---

[1]) Auch Freud bemerkt betreffs des von ihm als hysterische Konstitution angenommenen Zustandes: „Eine ausgesprochene Konstitution wird etwa der Unterstützung durch die Lebenseindrücke entbehren können, eine ausgiebige Erschütterung im Leben etwa die Neurose auch bei durchschnittlicher Konstitution zustande bringen" (3 Abhandlungen zur Sexualtheorie).

ausmachen, so sind auch bezüglich der Art der Momente, welche den Anstoß zum Auftreten hysterischer Erscheinungen geben, die Ansichten geteilt. Für diejenigen Autoren, welche das Wesen der hysterischen Konstitution in einem abnormen seelischen Verhalten erblicken, sind auch die Veranlassungen der einzelnen hysterischen Phänomene ausschließlich psychischer Natur (emotionelle Vorgänge, Suggestionen usw.). Die übrigen Autoren nehmen an, daß nicht bloß psychische, sondern auch rein somatische Vorgänge als Ursachen (Gelegenheitsursachen agents provocateurs) hysterischer Zufälle wirksam werden können.

Was erstere Annahme betrifft, so habe ich schon vor Jahren dargelegt, daß von keinem Autor eine Abhängigkeit von psychischen Vorgängen für alle hysterischen Erscheinungen nachgewiesen oder auch nur wahrscheinlich gemacht wurde und für eine Reihe hysterischer Symptome eine psychische Ursache sich ausschließen läßt. Es würde mich hier zu weit führen, auf die Details meiner Beweisführung einzugehen. Es sei nur erwähnt, daß einerseits Lokalaffektionen auf rein somatisch-nervösem Wege, andererseits krankhafte Allgemeinzustände toxischer und infektiöser Natur — bei Vorhandensein der erforderlichen Konstitution — hysterische Zufälle hervorzurufen imstande sind [1]). Unter den Lokalaffektionen, die hier in Betracht kommen, wurde, wie wir schon erwähnten, den Sexualerkrankungen der Frauen von seiten der Gynäkologen wie auch mancher Neurologen eine sehr weitgehende ätiologische Bedeutung zugeschrieben. Die Beziehungen der Sexualleiden bei Frauen zur Hysterie sind jedoch verschiedenartig und die Beurteilung derselben stößt in den einzelnen Fällen häufig auf große Schwierigkeiten. Die in Frage stehenden Erkrankungen können zweifellos die Disposition zur Hysterie durch nervöse Irritationszustände (Schmerzen), welche sie hervorrufen, steigern, ebenso durch Blutverluste und gemütliche Erregungen, zu welchen sie Anlaß geben. Letzteres Moment kann auch direkt den Anstoß zum Auftreten hysterischer Zufälle geben. Eine Patientin meiner Beobachtung regte sich, wie bereits an früherer Stelle erwähnt wurde, über die Erfolglosigkeit des bei ihr wegen chronischer Endometritis vorgenommenen Curettements in solcher Weise auf, daß sie von schweren hysterischen Anfällen heimgesucht wurde, die lange sich wiederholten. Eine andere Patientin meiner Beobachtung wurde während einer gynäkologischen Exploration zum ersten Male von schweren Glottiskrämpfen befallen, welche dann während einer Anzahl von Wochen häufig und zum Teil ohne nachweisbare Veranlassung wiederkehrten. Die Mehrzahl der Beobachter (speziell der Gynäkologen), welche überhaupt eine ursächliche Beziehung zwischen Erkrankungen der weiblichen Sexualorgane und der Hysterie annehmen, huldigt der Anschauung, daß insbesondere auf reflektorischem Wege von den Sexualorganen aus hysterische Erscheinungen ausgelöst werden. Die Gegenwart irgendwelcher pathologischer Zustände im Sexualapparat bei Hysterischen ist jedoch selbstverständlich noch kein Beweis für die sexual-reflektorische Entstehung der vorhandenen hysterischen Beschwerden, und zweifellos wird dieser Modus der Verursachung hysterischer Symptome noch viel häufiger angenommen, als die Umstände es rechtfertigen. Zumeist läßt man sich von dem therapeutischen Erfolge einer Lokalbehandlung zur Annahme eines Kausalzusammenhanges verleiten. Weil mit der Besserung oder Beseitigung der gynäkologischen Affektion auch gewisse hysterische Symptome schwanden, wird die Abhängigkeit letzterer von ersterer als erwiesen erachtet. Dieser Schluß ist jedoch für die große Mehrzahl der Fälle ganz und gar unzuverlässig. Es läßt sich nicht bezweifeln, daß eine gynäkologische Lokal-

[1]) S. Löwenfeld: Hysterie und Suggestion. Münch. med. Wochenschr. Nr. 7 u. 8. 1894.

behandlung so gut als irgend ein anderer therapeutischer Eingriff suggestiv wirken kann und wohl auch sehr häufig suggestiv wirkt. Der Patientin wird durch den Arzt die Vorstellung beigebracht, oder sie bildet sich die Vorstellung selbst, daß die lokale Therapie auch auf ihre nervösen Beschwerden einen günstigen Einfluß ausüben wird, und diese Vorstellung kann bei einigermaßen suggestiblen Personen eine Heilwirkung erzielen. Ganz besonders gilt dies für die Lageveränderungen, Flexionen und Versionen des Uterus. Wenn man die gynäkologische Literatur durchsieht, kann man sich eines gewissen Staunens nicht erwehren, wenn man vernimmt, welch verschiedenartige Symptome schon durch Lageveränderungen der Gebärmutter verursacht und durch mechanische Korrektur dieser Abweichungen beseitigt worden sein sollen. Und doch erklärt mein hiesiger gynäkologischer Kollege Theilhaber auf Grund sorgfältiger Beobachtungen, daß Flexionen und Versionen in der Regel keine Störungen hervorrufen. Die Beschwerden, welche durch dieselben verursacht werden sollen, sind nach Theilhaber meist bedingt durch chronische entzündliche Affektionen des Uterus, Darmatonie, primäre Neurasthenie usw., und das Pessar ist nach diesem Beobachter manchmal ein recht geeignetes Mittel zur Erzielung eines suggestiven Effektes [1]). Selbst in jenen Fällen, in welchen die hysterischen Erscheinungen nicht allein mit der Beseitigung der lokalen Veränderungen oder Störungen im Bereiche der Sexualorgane schwinden, sondern auch mit der Wiederkehr dieser sich wieder einstellen (ein Verhalten, das insbesondere bei den Flexionen und Versionen des Uterus beobachtet wird), ist die Annahme eines Kausalnexus keineswegs ohne weiteres berechtigt. Hier können ebenfalls, wie Theilhaber schon andeutete, suggestive Einflüsse im Spiele sein. Auch das Auftreten hysterischer Zufälle zur Zeit der Menses darf, wie wir schon gesehen haben, nicht unter allen Umständen als Beweis für einen Ausgang der betreffenden Zufälle vom Sexualapparate angesehen werden. Selbst die Auslösbarkeit gewisser hysterischer Erscheinungen durch Druck auf die eine oder andere Stelle im Bereiche des Sexualapparates (Kompression der Ovarien usw.) bildet keinen Beweis für eine sexual-reflektorische Entstehung der betreffenden Störungen. Wir müssen daher wohl zugestehen, daß bei dem jetzigen Stande der Wissenschaft ganz zuverlässige Kriterien für die reflektorische Abhängigkeit irgendwelcher hysterischer Symptome von Leiden der Sexualorgane bei Frauen nicht bekannt sind. An dieser Tatsache ändern die massenhaften Berichte über günstige Wirkungen gynäkologischer und speziell operativer Behandlung bei hysterischen Zuständen nicht das geringste. Wir wollen jedoch auch hier das Kind nicht mit dem Bade ausschütten, sondern zugeben, daß einerseits der Verlauf des Leidens, die Aufeinanderfolge der Affektion im Bereiche des Sexualapparates und der nervösen Störungen, andererseits die Erfolge gynäkologischen Eingreifens wenigstens für eine Anzahl von Fällen Indizien liefern, welche eine reflektorische Auslösung gewisser hysterischer Beschwerden plausibel machen. Allein dieser Entstehungsmodus findet sich sicher ungleich seltener, als viele Gynäkologen früher anzunehmen geneigt waren. Des weiteren kommt in Betracht, daß keine Art weiblicher Sexualerkrankung mit Notwendigkeit hysterische Erscheinungen nach sich zieht, und das Auftreten solcher auch nicht an eine gewisse Schwere der Sexualerkrankung gebunden ist. Die schlimmsten Genitalleiden, wie Uteruskarzinome, können

[1]) Den oben erwähnten Ansichten Theilhabers hat sich im Laufe der Jahre eine Reihe von Gynäkologen, so Jenkin, Landau, Freudenberg, Krönig, Feuchtwanger, Winter, Schröder, Wormser, Wille u. a. im wesentlichen angeschlossen.

bestehen, ohne zu irgendwelchen hysterischen oder überhaupt nervösen Beschwerden zu führen [1]).

Wir haben im vorstehenden bezüglich der Ätiologie der Hysterie und des Mechanismus der einzelnen hysterischen Erscheinungen lediglich das berücksichtigt, was allgemeiner Erfahrung zugänglich ist. Wir dürfen jedoch nicht unterlassen, darauf hinzuweisen, daß unsere Anschauungen in betreff der erwähnten Punkte einem Umbildungsprozesse entgegengehen, an welchem die im nächsten Abschnitte behandelten Freudschen Theorien in erster Linie beteiligt sein werden. Inwieweit die oben vertretenen Ansichten mit den Anschauungen Freuds in betreff der Hysterie sich verknüpfen lassen, kann hier nicht eingehend dargelegt werden. Wir müssen uns auf einige Andeutungen beschränken. Eine Verknüpfung der beiden Auffassungen erscheint wohl möglich, da Freud, wie wir später sehen werden, gegenwärtig ebenfalls eine konstitutionelle Grundlage der Hysterie annimmt; doch erblickt er diese nicht in der neuropathischen Disposition, sondern in einer gewissen sexuellen Konstitution des Individuums. Diese wird aber nach Freuds Auffassung nicht durch ein rein somatisches, sondern durch ein gewisses psycho-sexuales Verhalten, genauer gesagt, die psychische Reaktion auf infantile sexuelle Erlebnisse gebildet. Die infantilen sexuellen Erlebnisse der Hysterischen, welche für die Entwicklung der Erkrankung bestimmend sind, müssen nicht von denen Gesunder sich unterscheiden. Verschieden ist lediglich die psychische Reaktion auf dieselben, die von der psychischen Konstitution des Individuums abhängt. Man könnte sich daher sehr wohl vorstellen, daß die überwiegende Disposition des weiblichen Geschlechtes für die Hysterie darauf beruht, daß bei demselben infolge seiner besonderen seelischen Artung die für die Entwicklung der Hysterie bestimmende Reaktion auf infantile Sexualerlebnisse (Verdrängung) leichter und häufiger zustande kommt als beim männlichen Geschlechte. Die Bedeutung der Gelegenheitsursachen (veranlassenden Momente) der einzelnen hysterischen Symptome wird von Freud ebenfalls nicht einfach negiert, er glaubt nur, daß mit denselben immer eine gewisse, lediglich durch die Psychoanalyse eruierbare sexuelle Komponente verbunden ist, welche zur Auslösung des Symptomes führt.

Anomalien und pathologische Veränderungen der weiblichen Sexualorgane werden nicht selten erst anläßlich der Einleitung des sexuellen Verkehrs zu einer Quelle nervöser Störungen. Bei Mißbildung der äußeren Geschlechtsteile, Scheidenatresie, rudimentärer Entwicklung der Vagina, ebenso bei zu straffem Hymen können infolge fortgesetzter fruchtloser Kohabitationsversuche nicht bloß Neurosen, sondern auch bedeutende pathologische Veränderungen der Sexualorgane entstehen (letztere teils durch lokale Irritation, teils indirekt durch Vermittlung des Nervensystems bedingt, Hegar). Ferner können in der Vulva, am Introitus vaginae (resp. am Hymen) oder in der Scheide örtliche Veränderungen (Entzündungen oder Einrisse der Schleimhaut infolge ungeschickter Koitusversuche usw.) vorliegen, welche wegen der hierdurch bedingten Hyperästhesie bei Kohabitationsversuchen zu lebhaften Schmerzen und reflektorischem Krampfe des Constrictor cunni und der Muskulatur des Beckenbodens — Vaginismus — führen. Hierdurch kann der geschlechtliche Verkehr ganz unmöglich gemacht oder hochgradig erschwert werden. Werden unter diesen Verhältnissen die Kohabitationsversuche, resp. der sexuelle Verkehr längere Zeit fortgesetzt, so kommt es zumeist zur Entwicklung hystero-neurasthenischer Beschwerden [2]).

---

[1]) Wenn wir im obigen von der Möglichkeit einer sexualreflektorischen Auslösung hysterischer Symptome sprachen, so müssen wir zugleich zugeben, daß die Zugehörigkeit der in Frage stehenden Erscheinungen (z. B. Hyperästhesien, Schmerzen, Parästhesien, vasomotorische Störungen usw.) zum symptomatischen Gebiete der Hysterie nicht ganz sicher gestellt ist. Die Abgrenzung der Hysterie von anderen Neurosen, speziell der Neurasthenie ist ja bekanntlich nicht strenge durchführbar und es mögen daher die auf sexualreflektorischem Wege herbeigeführten Beschwerden, welche einzelne Autoren als hysterischer Natur betrachten, von anderen dem Gebiete der Neurasthenie zugewiesen werden.

[2]) Es muß hier jedoch darauf hingewiesen werden, daß Vaginismus auch bei völlig normalem Zustande des weiblichen Genitale lediglich als Folge gewisser psychischer Einflüsse, wie insbesondere von Walthard (Die psychogene Ätiologie und Psychotherapie des Vaginismus. Münch. med. Wochenschr. 1909, Nr. 39) gezeigt wurde, zustande kommen kann. Widerwille gegen sexuellen Verkehr überhaupt auf Grund falscher Scham und ähnlicher Vorstellungen,

Bis in die 90er Jahre des verflossenen Jahrhunderts wurden Sexualerkrankungen bei Frauen als eine wichtige und häufige Ursache geistiger Störungen von Gynäkologen und Irrenärzten betrachtet. Von dieser Auffassung ist man seitens der Psychiater in den letzten Dezennien entschieden zurückgekommen. Man gesteht gynäkologischen Affektionen, wenn überhaupt irgendwelche, jedenfalls nur eine sehr untergeordnete Bedeutung in der Ätiologie der Psychosen zu.

Über die Frage der kausalen Beziehungen zwischen Frauenleiden und Geisteskrankheiten wurde von Raimann eine sehr beachtenswerte Mitteilung veröffentlicht [1]). In 12 Fällen von funktionellen Psychosen, bei welchen man eine Beziehung zu Vorgängen im Sexualapparate annehmen zu dürfen glaubte und deshalb die Kastration vorgenommen hatte, war der Erfolg zumeist negativ. Der Autor betont, daß man nach den vorliegenden Erfahrungen nur selten die Hoffnung hegen darf, eine Geisteskrankheit durch eine eingreifende Operation zur Heilung zu bringen, daß andererseits derartige Eingriffe eine Psychose verschlimmern, unter Umständen auch zum Auftreten einer solchen bei einer vorher gesunden Person führen können [2]). Die Gynäkologen wurden denn auch in der Folge in der Taxierung des Wertes operativer Eingriffe bei mit Sexualleiden behafteten geisteskranken Frauen sehr zurückhaltend. Erst in neuerer Zeit wurde diese Reserve von einzelnen Gynäkologen aufgegeben und eine Reihe von Mitteilungen veröffentlicht, welche darauf hinzuweisen scheinen, daß an der Verursachung von Geistesstörungen bei Frauen Sexualerkrankungen ein wichtigerer Anteil zukommt, als man auf psychiatrischer Seite zuzugeben geneigt ist. So steht Schochaert [3]) nicht an, als Ursache von Psychosen, wie Melancholie, Manie, unbedeutende Veränderungen im Sexualapparat, wie Retroversio, Endometritis, Einrisse der Cervix, anzunehmen, wobei er sich den Hergang derart vorstellt, daß ein von dem erkrankten Sexualorgan ausgehender Reiz durch den Nervus sympathicus dem Mittelhirn zugeleitet wird.

Nach Collins [4]) können besonders Fälle, in welchen menstruelle Steigerung der psychischen Symptome sich zeigt, durch gynäkologische Behandlung günstig beeinflußt werden.

Furcht vor Schmerzen beim Koitus, vor einer möglichen Schwängerung, Abneigung gegen den Partner, selbst der bloße Gedanke einer Berührung durch Instrumente (bei gynäkologischen Untersuchungen) können den Krampf hervorrufen. Ich habe selbst Fälle beobachtet, in welchen noch nach einer Mehrzahl von Geburten sich bei Mangel jeder örtlichen Veränderung der Vaginismus erhielt.

[1]) Raimann: „Beiträge zur Geburtshilfe und Gynäkologie." Chrobak-Festschrift. Wien 1903.

[2]) Eine vermittelnde Stellung in der vorwürfigen Frage nimmt Kraepelin ein. Der Autor bemerkt (Psychiatrie, VIII. Aufl. 1909, S. 109): „In der Tat können wir heute auf Grund unserer klinischen Erfahrung mit Sicherheit sagen, daß Erkrankungen der weiblichen Geschlechtsorgane im allgemeinen nur dann zum Irrsein führen, wenn bereits eine krankhafte Veranlagung den Boden genügend vorbereitet hat. Aus diesem Grunde tragen die so entstehenden Geistesstörungen auch durchaus kein einheitliches Gepräge; dieses letztere ist vielmehr ganz abhängig von der Eigenart der Erkrankenden. Meist wird es sich daher um eine der vielen Formen des Entartungsirreseins handeln. Immerhin soll nicht geleugnet werden, daß häufige und starke Blutverluste, wie sie z. B. bei Myomen vorkommen, schmerzhafte chronische Entzündungen der Beckenorgane, ferner dauernde Behinderung des Geschlechtsverkehrs, Kinderlosigkeit für die Vorbereitung von psychischen Störungen von Bedeutung werden können."

[3]) Schochaert: Psychosen im Zusammenhang mit gynäkologischen Einflüssen. Referat in der Zeitschrift f. d. gesamte Neurologie. 1912. S. 1004.

[4]) Collins: Notes on gynakological conditions, coincident with mental disturbances. Ref. Zeitschr. f. d. gesamte Neurologie. III. Bd. S. 543. 1911.

Besondere Beachtung verdienen indes die von Bossi[1])-Genua veröffentlichten Mitteilungen über die Erfolge gynäkologischer Eingriffe bei geisteskranken Frauen. Nach diesem Autor ist ein großer Prozentsatz der Fälle von Irrsinn bei weiblichen Personen auf Erkrankungen des Uterus und der Adnexa zurückzuführen, eine Anschauung, welche er auf zahlreiche Krankengeschichten stützt.

Über 7 in seiner Klinik behandelte Fälle hat Ortenau[2]) einen Bericht erstattet, der viel Interessantes enthält. Die in Frage stehenden Fälle anscheinend geheilter Psychosen, unter welchen auch die Dementia praecox vertreten ist, haben nach Ortenau das gemeinsame Merkmal, „daß es sich um Amenorrhöe oder Dysmenorrhöe handelt, die in Beziehung zur Stenose des inneren Muttermundes oder des Mutterhalses standen und zu starker infektiöser Endometritis sowie Vergrößerung des ganzen Organs geführt hatten".

Bossi schließt aus der Gesamtheit seiner Erfahrungen: „Es gibt nervöse und psychische Erkrankungen beim weiblichen Geschlechte, die durch Genitalanomalien und Affektionen bedingt sind und durch Herstellung der normalen Sekretionsverhältnisse in Heilung übergeführt werden können."

Die Ansichten Bossis blieben von psychiatrischer wie gynäkologischer Seite nicht unbekämpft. Matthes[3]) machte verschiedene Bedenken gegen die von Bossi vertretene Annahme in betreff eines ursächlichen Zusammenhanges von Psychosen und Frauenleiden geltend und suchte darzutun, daß die operativen Erfolge des Autors auf suggestive Einflüsse zurückzuführen seien.

Auch Walthard[4]) hält die Ansichten Bossis von der ätiologischen Bedeutung der Genitalerkrankungen für die Genese psychischer Störungen bei Frauen für nicht genügend begründet und glaubt, daß für die Erklärung der von dem Autor mitgeteilten operativen Heilerfolge die Suggestibilität der Patientinnen herangezogen werden müsse. Bossi[5]) ermangelte nicht, diesen Einwänden gegenüber seinen Standpunkt mit Entschiedenheit zu verteidigen, indem er darauf hinwies, daß lediglich bestimmte gynäkologische Affektionen, nämlich chronisch-infektiöse Prozesse, Ursache von Psychosen werden und dies auch nur bei Vorhandensein einer neuropathischen Veranlagung der Fall sei. Wie wir sehen, kann die Ansicht Bossis von den kausalen Beziehungen zwischen Psychosen und gewissen Frauenleiden zur Zeit nicht als völlig widerlegt erachtet werden. Die hier vorliegende Frage bedarf weiterer vorurteilsfreier Prüfung von psychiatrischer wie gynäkologischer Seite.

---

[1]) L. M. Bossi (Genua): Die gynäkologische Prophylaxe des Wahnsinns. Berlin 1912.

[2]) Ortenau: 7 Fälle von psychischer Erkrankung nach gynäkologischer Behandlung geheilt. Münch. med. Wochenschr. 1912. S. 2388.

[3]) Matthes: Psychiatrie in der Gynäkologie. Münch. med. Wochenschr. 1912. S. 2735.

[4]) Walthard: Psychoneurose und Gynäkologie. Monatsschr. f. Geburtshilfe u. Gynäkol. 36. Bd. Ergänzungsheft.

[5]) Bossi: Psychiatrie und Gynäkologie. Münch. med. Wochenschr. 1913. S. 134.

XVI.

Die Freudsche Theorie von der Sexualität in der Ätiologie der Neurosen.

Wir haben im vorstehenden gesehen, daß die Vorgänge und Zustände im sexuellen Gebiete bei beiden Geschlechtern eine wichtige Quelle neurotischer Leiden bilden. Der geniale Neurologe Freud in Wien vertritt jedoch seit einer Reihe von Jahren Anschauungen bezüglich der Ätiologie der Neurosen, nach welchen sexuellen Momenten eine Bedeutung für die Entwicklung dieser Leiden zukommt, welche weit über das hinausgeht, was im vorstehenden dargelegt wurde. „Durch eingehende Untersuchungen", bemerkte er in einer seiner Publikationen über den Gegenstand (Die Sexualität in der Ätiologie der Neurosen, Wiener klin. Rundschau Nr. 2, 4, 5 und 7, 1898), „bin ich in den letzten Jahren zur Erkenntnis gelangt, daß Momente aus dem Sexualleben die nächsten und praktisch bedeutsamsten Ursachen eines jeden Falles von neurotischer Erkrankung darstellen". Mehrere Jahre hatte es den Anschein, als sollte Freud mit seinen Ansichten Prediger in der Wüste bleiben. Von einem Teile der Autoren, die sich mit den Neurosen literarisch beschäftigten, wurde denselben überhaupt keine Beachtung gezollt, andere wiesen dieselben direkt, und zwar ohne eingehende Prüfung zurück. Diese Sachlage hat sich im letzten Dezennium nicht unerheblich geändert. Nicht bloß in Wien und Zürich und anderen deutschen Städten, sondern auch an zahlreichen Orten außerhalb des deutschen Sprachgebietes hat Freud entschiedene Anhänger gefunden. Seitens der Schriftsteller auf psychiatrischem und neurologischem Gebiete hat man ziemlich allseitig die Notwendigkeit empfunden, sich mit den Freudschen Theorien auseinander zu setzen, und wenn hierbei auch die Mehrzahl zu einem von Freud abweichenden Standpunkt gelangte, so ist doch nicht zu verkennen, daß die Zahl jener Autoren im Zunehmen ist, welche wenigstens einen mehr oder minder erheblichen Teil der Freudschen Ansichten (einen gewissen Kern) für berechtigt erachten. Ich selbst habe in anderweitig veröffentlichten Arbeiten bisher nur Veranlassung gehabt, mich mit den Anschauungen des Autors über die Ätiologie der Angst- und der Zwangsneurose zu beschäftigen. Hier erheischt jedoch sowohl das Thema unserer Arbeit als die Beachtung, welche Freuds Untersuchungen seitens eines jeden ernsthaften Forschers beanspruchen, daß wir seine Theorie im Zusammenhange wenigstens einer kurzen Betrachtung unterziehen.

Wir müssen zunächst die allgemeinen Gesichtspunkte berücksichtigen, von welchen der Autor bei Beurteilung der ätiologischen Verhältnisse der einzelnen Neurosen ausgeht. Freud sondert die bei den Neurosen in Betracht kommenden ätiologischen Momente nach ihrer ursächlichen Bedeutung und unterscheidet: a) Bedingung, b) spezifische Ursache, c) Hilfsursachen (konkurrierende oder akzessorische Momente, zum Teil auslösende Ursachen). Als Bedingungen sind nach Freud solche Momente zu bezeichnen, bei deren Abwesenheit der Effekt nie zustande käme, die aber für sich allein auch unfähig sind, den Effekt zu erzeugen. Als spezifische Ursache gilt diejenige, die in keinem Falle von Verwirklichung des Effektes vermißt wird und die in entsprechender Quantität und Intensität auch hinreicht, den Effekt zu erzielen, wenn nur noch die Bedingungen erfüllt sind. Als konkurrierende (Hilfs-) Ursachen faßt Freud dagegen solche Momente auf, welche weder jedesmal vorhanden sein müssen, noch imstande sind, in beliebigem Ausmaß ihrer Wirkung für sich allein den Effekt zu erzeugen, welche aber neben den Bedingungen und der spezifischen Ursache zur Erfüllung der ätiologischen Gleichung mitwirken. Der Kern der Freudschen Theorie läßt sich dahin formulieren, daß die spezifische Ursache der vier Neurosen — Hysterie, Zwangsneurose, Neurasthenie und Angstneurose — auf sexuellem Gebiete liegt. Die Schädlichkeiten, welche man bisher als direkte Ursachen der Neurosen ansah, gemütliche Erregungen, geistige Überanstrengung, akute Krankheiten, Intoxikationen usw., sind für Freud nur konkurrierende (oder akzessorische) ätiologische Momente, die auch fehlen können, die Erblichkeit ist nur eine Bedingung, eine mächtige und oft unentbehrliche, doch nichts weiter, ohne Hinzutritt der spezifischen Ursachen bleibt sie unwirksam.

Um Freuds Anschauungen über die Ätiologie der Neurasthenie richtig zu würdigen, müssen wir zunächst berücksichtigen, daß der Autor von dem Symptomenkomplex dieses Leidens, wie er gemeinhin aufgefaßt wird, eine Gruppe von Symptomen, die Angsterscheinungen und deren Äquivalente, abgetrennt und zu einer selbständigen Neurose, einer Angstneurose mit spezifischer Ätiologie, vereinigt hat. Was nun die Ätiologie der Neurasthenieneurose nach der Freudschen Abgrenzung anbelangt, so gestaltet sich dieselbe nach dem Autor sehr einfach. Die Neurasthenie läßt sich jedesmal auf einen Zustand des Nervensystems zurückführen, wie er durch exzessive Masturbation erworben wird oder durch gehäufte Pollutionen spontan entsteht.

Diese sexuellen Noxen, welche zur Angstneurose führen, sind nach Freud wesentlich verschieden von den die Neurasthenie bedingenden Momenten, und diese angenommene Verschiedenheit hat allem Anscheine nach den Autor in erster Linie zur Abtrennung seiner Angstneurose von der Neurasthenie bestimmt. Es handelt sich wie bei der Neurasthenie um Schädlichkeiten, die dem aktuellen Sexualleben angehören, hauptsächlich Congressus interruptus, Abstinenz bei erheblicher Libido und frustrane Erregung. Das spezifische Moment, das allen bei der Angstneurose in Betracht kommenden sexuellen Einflüssen gemeinsam ist, sollte nach Freuds früherer Auffassung in dem Umstande liegen, daß die Entladung der aufgespeicherten somatischen (beim Manne von den Nervenendigungen der Samenblasenwandungen ausgehenden) Sexualerregung ohne entsprechende psychische Entlastung, i. e. Befriedigung vor sich geht. „Die Erscheinungen der Angstneurose kommen zustande, indem die von der Psyche abgelenkte somatische Sexualerregung sich subkortikal, in ganz und gar nicht adäquaten Reaktionen ausgibt.“

Die Ansichten über die Ätiologie der Neurosen, insbesondere der Psychoneurosen (Hysterie und Zwangsneurose), welche Freud in seinen Publikationen in den Jahren 1895—1898 bekannt gab, haben in den folgenden Jahren mannigfache Änderungen erfahren. Soweit dieselben die Zwangsneurosen betreffen, wurde ich durch die Güte meines verehrten Freundes in den Stand gesetzt, bereits in meinem 1904 veröffentlichten Werke die „Psychischen Zwangserscheinungen" das Wichtigste mitzuteilen.

Um den Leser auch mit den Anschauungen, zu welchen Freud bezüglich der übrigen Neurosen gelangt war, bekannt machen zu können, wandte ich mich an den Autor um Auskunft, und dieser hatte die große Liebenswürdigkeit, mir nachstehendes Exposé, welches die Beziehungen der Sexualität zu den Neurosen im Zusammenhange und in großen Umrissen behandelt, zur Publikation für die 4. Auflage dieses Werkes zu überlassen. Er hat auch bereitwilligst auf mein Ersuchen anläßlich der 5. Auflage dieses Exposé einer Revision unterzogen, wobei er nur zu einer sehr geringfügigen Änderung Anlaß fand. Das gleiche geschah bezüglich der 6. Auflage.

Meine Ansichten über die Rolle der Sexualität in der Ätiologie der Neurosen.

„Ich bin der Meinung, daß man meine Theorie über die ätiologische Bedeutung des sexuellen Momentes für die Neurosen am besten würdigt, wenn man ihrer Entwicklung nachgeht. Ich habe nämlich keineswegs das Bestreben, abzuleugnen, daß sie eine Entwicklung durchgemacht und sich während derselben verändert hat. Die Fachgenossen könnten in diesem Zugeständnis die Gewähr finden, daß diese Theorie nichts anderes ist, als der Niederschlag fortgesetzter und vertiefter Erfahrungen. Was im Gegensatze hierzu der Spekulation entsprungen ist, das kann allerdings leicht mit einem Schlage vollständig und dann unveränderlich auftreten.

Die Theorie bezog sich ursprünglich bloß auf die als „Neurasthenie" zusammengefaßten Krankheitsbilder, unter denen mir zwei, gelegentlich auch rein auftretende, Typen auffielen, die ich als „eigentliche Neurasthenie" und als „Angstneurose" beschrieben habe. Es war ja immer bekannt, daß sexuelle Momente in der Verursachung dieser Formen eine Rolle spielen können, aber man fand dieselben weder regelmäßig wirksam, noch dachte man daran, ihnen einen Vorrang vor anderen ätiologischen Einflüssen einzuräumen. Ich wurde zunächst von der Häufigkeit grober Störungen in der Vita sexualis der Nervösen überrascht; je mehr ich darauf ausging, solche Störungen zu suchen, wobei ich mir vorhielt, daß die Menschen alle in sexuellen Dingen die Wahrheit verhehlen, und je geschickter ich wurde, das Examen trotz einer anfänglichen Verneinung fortzusetzen, desto regelmäßiger ließen sich solche krankmachende Momente aus dem Sexualleben auffinden, bis mir zu deren Allgemeinheit wenig zu fehlen schien. Man mußte aber von vornherein auf ein ähnlich häufiges Vorkommen sexueller Unregelmäßigkeiten unter dem Drucke der sozialen Verhältnisse in unserer Gesellschaft gefaßt sein, und konnte im Zweifel bleiben, welches Maß von Abweichung von der normalen Sexualfunktion als Krankheitsursache betrachtet werden dürfe. Ich konnte daher auf den regelmäßigen Nachweis sexueller Noxen nur weniger Wert legen als auf eine zweite Erfahrung, die mir eindeutiger erschien. Es ergab sich, daß die Form der Erkrankung, ob Neurasthenie oder Angstneurose, eine konstante Beziehung zur Art der sexuellen Schädlichkeit zeige. In den typischen Fällen der Neurasthenie war regelmäßig Masturbation oder gehäufte Pollutionen, bei der Angstneurose waren Faktoren wie der Coitus interruptus, die „frustrane Erregung" u. a. nachweisbar, an denen das Moment der ungenügenden Abfuhr der erzeugten Libido das Gemeinsame schien. Erst seit dieser leicht zu machenden und beliebig oft zu bestätigenden Erfahrung hatte ich den Mut, für die sexuellen Einflüsse eine bevorzugte Stellung in der Ätiologie der Neurosen zu beanspruchen. Es kam hinzu, daß bei den so häufigen Mischformen von Neurasthenie und Angstneurose auch die Vermengung der für die beiden Formen angenommenen Ätiologien aufzuzeigen war, und daß eine solche Zweiteilung in der Erscheinungsform der Neurose zu dem polaren Charakter der Sexualität (männlich und weiblich) gut zu stimmen schien.

Zur gleichen Zeit, während ich der Sexualität diese Bedeutung für die Entstehung der einfachen Neurosen zuwies [1]), huldigte ich noch in betreff der Psychoneurosen (Hysterie und Zwangsvorstellungen) einer rein psychologischen Theorie, in welcher das sexuelle Moment nicht anders als andere emotionelle Quellen in Betracht kam. Ich hatte im Verein mit J. Breuer und im Anschluß an Beobachtungen, die er gut ein Dezennium vorher an einer hysterischen Kranken gemacht hatte, den Mechanismus der Entstehung hysterischer Symptome mittels des Erweckens von Erinnerungen im hypnotischen Zustande studiert, und wir waren zu Aufschlüssen gelangt, welche gestatteten, die Brücke von der traumatischen Hysterie Charcots zur gemeinen, nicht traumatischen, zu schlagen [2]). Wir waren zur Auffassung gelangt, daß die hysterischen Symptome Dauerwirkungen von psychischen Traumen sind, deren zugehörige Affektgröße durch besondere Bedingungen von bewußter Bearbeitung abgedrängt worden ist und sich darum einen abnormen Weg in die Körperinnervation gebahnt hat. Die Termini „eingeklemmter Affekt", „Konversion" und „Abreagieren" fassen das Kennzeichnende dieser Anschauung zusammen.

Bei den nahen Beziehungen der Psychoneurosen zu den einfachen Neurosen, die ja soweit gehen, daß dem Ungeübten die diagnostische Unterscheidung nicht immer leicht fällt, konnte es aber nicht ausbleiben, daß die für das eine Gebiet gewonnene Erkenntnis auch für das andere Platz griff. Überdies führte, von solcher Beeinflussung abgesehen, auch die Vertiefung in den psychischen Mechanismus der hysterischen Symptome zu dem gleichen Ergebnis. Wenn man nämlich bei dem von Breuer und mir eingesetzten „kathartischen" Verfahren den psychischen Traumen, von denen sich die hysterischen Symptome ableiteten, immer weiter nachspürte, gelangte man endlich zu Erlebnissen, welche der Kindheit des Kranken angehörten und sein Sexualleben betrafen, und zwar auch in solchen Fällen, in denen eine banale Emotion nicht sexueller Natur den Ausbruch der Krankheit veranlaßt hatte. Ohne diese sexuellen Traumen der Kinderzeit in Betracht zu ziehen, konnte man weder die Symptome aufklären, deren Determinierung verständlich finden, noch deren Wiederkehr verhüten. Somit schien die unvergleichliche Bedeutung sexueller Erlebnisse für die Ätiologie der Psychoneurosen für unzweifelhaft festgestellt, und diese Tatsache ist auch bis heute einer der Grundpfeiler der Theorie geblieben.

Wenn man diese Theorie so darstellt, die Ursache der lebenslangen hysterischen Neurose liege in den meist an sich geringfügigen sexuellen Erlebnissen der frühen Kinderzeit, so mag sie allerdings befremdend genug klingen. Nimmt man aber auf die historische Entwicklung der Lehre Rücksicht, verlegt den Hauptinhalt

---

[1]) Über die Berechtigung, von der Neurasthenie einen bestimmten Symptomenkomplex als „Angstneurose" abzutrennen. Neurol. Zentralbl. 1895.

[2]) Studien über Hysterie 1905.

derselben in den Satz, die Hysterie sei der Ausdruck eines besonderen Verhaltens der Sexualfunktion des Individuums, und dies Verhalten werde bereits durch die ersten in der Kindheit einwirkenden Einflüsse und Erlebnisse maßgebend bestimmt, so sind wir zwar um ein Paradoxon ärmer, aber um ein Motiv bereichert worden, den bisher arg vernachlässigten, höchst bedeutsamen Nachwirkungen der Kindheitseindrücke überhaupt unsere Aufmerksamkeit zu schenken.

Indem ich mir vorbehalte, die Frage, ob man in den sexuellen Kindererlebnissen die Ätiologie der Hysterie (und Zwangsneurose) sehen dürfe, weiter unten gründlicher zu behandeln, kehre ich zu der Gestaltung der Theorie zurück, welche diese in einigen kleinen, vorläufigen Publikationen der Jahre 1895 und 1896 angenommen hat [1]). Die Hervorhebung der angenommenen ätiologischen Momente gestattete damals, die gemeinen Neurosen als Erkrankungen mit aktueller Ätiologie den Psychoneurosen gegenüber zu stellen, deren Ätiologie vor allem in den sexuellen Erlebnissen der Vorzeit zu suchen war. Die Lehre gipfelte in dem Satze: Bei normaler Vita sexualis ist eine Neurose unmöglich.

Wenn ich auch diese Sätze noch heute nicht für unrichtig halte, so ist es doch nicht zu verwundern, daß ich in 10 Jahren fortgesetzter Bemühung um die Erkenntnis dieser Verhältnisse über meinen damaligen Standpunkt ein gutes Stück weit hinausgekommen bin und mich heute in der Lage glaube, die Unvollständigkeit, die Verschiebungen und die Mißverständnisse, an denen die Lehre damals litt, durch eingehendere Erfahrung zu korrigieren. Ein Zufall des damals noch spärlichen Materials hatte mir eine unverhältnismäßig große Anzahl von Fällen zugeführt, in deren Kindergeschichte die sexuelle Verführung durch Erwachsene oder andere ältere Kinder die Hauptrolle spielte. Ich überschätzte die Häufigkeit dieser (sonst nicht anzuzweifelnden) Vorkommnisse, überdies da ich zu jener Zeit nicht imstande war, die Erinnerungstäuschungen der Hysterischen über ihre Kindheit von den Spuren der wirklichen Vorgänge sicher zu unterscheiden, während ich seitdem gelernt habe, so manche Verführungsphantasie als Abwehrversuch gegen die Erinnerung der eigenen sexuellen Betätigung (Kindermasturbation) aufzulösen. Mit dieser Aufklärung entfiel die Betonung des „traumatischen“ Elementes an den sexuellen Kindererlebnissen, und es blieb die Einsicht übrig, daß die infantile Sexualbetätigung (ob spontan oder provoziert) dem späteren Sexualleben nach der Reife die Richtung vorschreibt. Dieselbe Aufklärung, die ja den bedeutsamsten meiner anfänglichen Irrtümer korrigierte, mußte auch die Auffassung vom Mechanismus der hysterischen Symptome verändern. Dieselben erschienen nun nicht mehr als direkte Abkömmlinge der verdrängten Erinnerungen an sexuelle Kindheitserlebnisse; sondern zwischen die Symptome und die infantilen Eindrücke schoben sich nun die (meist in den Pubertätsjahren produzierten) Phantasien (Erinnerungsdichtungen) der Kranken ein, die auf der einen Seite sich aus und über den Kindheitserinnerungen aufbauten, auf der anderen sich unmittelbar in die Symptome umsetzten. Erst mit der Einführung des Elementes der hysterischen Phantasien wurde das Gefüge der Neurose und deren Beziehung zum Leben der Kranken durchsichtig; auch ergab sich eine wirklich überraschende Analogie zwischen diesen unbewußten Phantasien der Hysteriker und den als Wahn bewußt gewordenen Dichtungen bei der Paranoia.

Nach dieser Korrektur waren die „infantilen Sexualtraumen“ in gewissem Sinne durch den „Infantilismus der Sexualität“ ersetzt. Eine zweite Abänderung

[1]) Weitere Bemerkungen über die Abwehr-Neuropsychosen. Neurol. Zentralbl. 1896. — Zur Ätiologie der Hysterie. Wiener klinische Rundschau 1896.

der ursprünglichen Theorie lag nicht ferne. Mit der angenommenen Häufigkeit der Verführung in der Kindheit entfiel auch die übergroße Betonung der akzidentellen Beeinflussung der Sexualität, welcher ich bei der Verursachung des Krankseins die Hauptrolle zuschieben wollte, ohne darum konstitutionelle und hereditäre Momente zu leugnen. Ich hatte sogar gehofft, das Problem der Neurosenwahl, die Entscheidung darüber, welcher Form von Psychoneurose der Kranke verfallen solle, durch die Einzelheiten der sexuellen Kindererlebnisse zu lösen, und damals — wenn auch mit Zurückhaltung — gemeint, daß passives Verhalten bei diesen Szenen die spezifische Disposition zur Hysterie, aktives dagegen die für die Zwangsneurose ergebe. Auf diese Auffassung mußte ich später völlig Verzicht leisten, wenngleich manches Tatsächliche den geahnten Zusammenhang zwischen Passivität und Hysterie, Aktivität und Zwangsneurose in irgend einer Weise aufrecht zu halten gebietet. Mit dem Rücktritt der akzidentellen Einflüsse des Erlebens mußten die Momente der Konstitution und Heredität wieder die Oberhand behaupten, aber mit dem Unterschiede gegen die sonst herrschende Anschauung, daß bei mir die „sexuelle Konstitution" an die Stelle der allgemeinen neuropathischen Disposition trat. In meinen jüngst erschienenen „drei Abhandlungen zur Sexualtheorie" (1905) habe ich den Versuch gemacht, die Mannigfaltigkeiten dieser sexuellen Konstitution, sowie die Zusammengesetztheit des Sexualtriebes überhaupt und dessen Herkunft aus verschiedenen Beitragsquellen im Organismus zu schildern.

Immer noch im Zusammenhange mit der veränderten Auffassung der „sexuellen Kindertraumen" entwickelte sich nun die Theorie nach einer Richtung weiter, die schon in den Veröffentlichungen der Jahre 1894—1896 angezeigt worden war. Ich hatte bereits damals, und noch ehe die Sexualität in die ihr gebührende Stellung in der Ätiologie eingesetzt war, als Bedingung für die pathogene Wirksamkeit eines Erlebnisses angegeben, daß dieses dem Ich unerträglich erscheinen und ein Bestreben zur Abwehr hervorrufen müsse [1]). Auf diese Abwehr hatte ich die psychische Spaltung — oder wie man damals sagte: die Bewußtseinsspaltung — der Hysterie zurückgeführt. Gelang die Abwehr, so war das unerträgliche Erlebnis mit seinen Affektfolgen aus dem Bewußtsein und der Erinnerung des Ichs vertrieben; unter gewissen Verhältnissen entfaltete aber das Vertriebene als ein nun Unbewußtes seine Wirksamkeit und kehrte mittels der Symptome und der an ihnen haftenden Affekte ins Bewußtsein zurück, so daß die Erkrankung einem Mißglücken der Abwehr entsprach. Diese Auffassung hatte das Verdienst, auf das Spiel der psychischen Kräfte einzugehen und somit die seelischen Vorgänge der Hysterie den normalen anzunähern, anstatt die Charakteristik der Neurose in eine rätselhafte und weiter nicht analysierbare Störung zu verlegen.

Als nun weitere Erkundigungen bei normal gebliebenen Personen das unerwartete Ergebnis lieferten, daß deren sexuelle Kindergeschichte sich nicht wesentlich von dem Kinderleben der Neurotiker zu unterscheiden brauche, daß speziell die Rolle der Verführung bei ersteren die gleiche sei, traten die akzidentellen Einflüsse noch mehr gegen den der „Verdrängung" (wie ich anstatt „Abwehr" zu sagen begann), zurück. Es kam also nicht darauf an, was ein Individuum in seiner Kindheit an sexuellen Erregungen erfahren hatte, sondern vor allem auf seine Reaktion gegen diese Erlebnisse, ob er diese Eindrücke mit der „Verdrängung" beantwortet habe oder nicht. Bei spontaner infantiler Sexualbetätigung ließ sich

[1]) Die Abwehr-Neuropsychosen. Versuch einer psychologischen Theorie der akquirierten Hysterie, vieler Phobien und Zwangsvorstellungen und gewisser halluzinatorischer Psychosen. Neurol. Zentralbl. 1894.

zeigen, daß dieselbe häufig im Laufe der Entwicklung durch einen Akt der Verdrängung abgebrochen wurde. Das geschlechtsreife neurotische Individuum brachte so ein Stück „Sexualverdrängung" regelmäßig aus seiner Kindheit mit, das bei den Anforderungen des realen Lebens zur Äußerung kam, und die Psychoanalysen Hysterischer zeigten, daß ihre Erkrankung ein Erfolg des Konflikts zwischen der Libido und der Sexualverdrängung sei, und daß ihre Symptome den Wert von Kompromissen zwischen beiden seelischen Strömungen haben.

Ohne eine ausführliche Erörterung meiner Vorstellungen von der Verdrängung könnte ich diesen Teil der Theorie nicht weiter aufklären. Es genüge, hier auf meine „Drei Abhandlungen zur Sexualtheorie" (1905) hinzuweisen, in denen ich auf die somatischen Vorgänge, in denen das Wesen der Sexualität zu suchen ist, ein allerdings erst spärliches Licht zu werfen versucht habe. Ich habe dort ausgeführt, daß die konstitutionelle sexuelle Anlage des Kindes eine ungleich buntere ist, als man erwarten konnte, daß sie „polymorph pervers" genannt zu werden verdient, und daß aus dieser Anlage durch Verdrängung gewisser Komponenten das sogenannte normale Verhalten der Sexualfunktion hervorgeht. Ich konnte durch den Hinweis auf die infantilen Charaktere der Sexualität eine einfache Verknüpfung zwischen Gesundheit, Perversion und Neurose herstellen. Die Norm ergab sich aus der Verdrängung gewisser Partialtriebe und Komponenten der infantilen Anlagen und der Unterordnung der übrigen unter das Primat der Genitalzonen im Dienste der Fortpflanzungsfunktion; die Perversionen entsprachen Störungen dieser Zusammenfassung durch die übermächtige zwangsartige Entwicklung einzelner dieser Partialtriebe, und die Neurose führte sich auf eine zu weitgehende, für das Individuum undurchführbare, Verdrängung der libidinösen Strebungen zurück. Da fast alle perversen Triebe der infantilen Anlage als symptombildende Kräfte bei der Neurose nachweisbar sind, sich aber bei ihr im Zustande der Verdrängung befinden, konnte ich die Neurose als das „Negativ" der Perversion bezeichnen.

Ich halte es der Hervorhebung wert, daß meine Anschauungen über die Ätiologie der Psychoneurosen bei allen Wandlungen doch zwei Gesichtspunkte nie verleugnet oder verlassen haben, die Schätzung der Sexualität und des Infantilismus. Sonst sind an die Stelle akzidenteller Einflüsse konstitutionelle Momente, für die rein psychologisch gemeinte „Abwehr" ist die organische „Sexualverdrängung" eingetreten. Sollte nun jemand fragen, wo ein zwingender Beweis für die behauptete ätiologische Bedeutung sexueller Faktoren bei den Psychoneurosen zu finden sei, da man doch diese Erkrankungen auf die banalsten Gemütsbewegungen und selbst auf somatische Anlässe hin ausbrechen sieht, auf eine spezifische Ätiologie in Gestalt besonderer Kindererlebnisse verzichten muß, so nenne ich die psychoanalytische Erforschung der Neurotiker als die Quelle, aus welcher die bestrittene Überzeugung zufließt. Man erfährt, wenn man sich dieser unersetzlichen Untersuchungsmethode bedient, daß die Symptome die Sexualbetätigung der Kranken darstellen, die ganze oder eine partielle, aus den Quellen normaler oder perverser Partialtriebe der Sexualität. Nicht nur, daß ein guter Teil der hysterischen Symptomatologie direkt aus den Äußerungen der sexuellen Erregtheit herstammt, nicht nur, daß eine Reihe von erogenen Zonen in der Neurose in Verstärkung infantiler Eigenschaften sich zur Bedeutung von Genitalien erhebt; die kompliziertesten Symptome selbst enthüllen sich als die konvertierten Darstellungen von Phantasien, welche eine sexuelle Situation zum Inhalte haben. Wer die Sprache der Hysterie zu deuten versteht, kann vernehmen, daß die Neurose wesentlich von der verdrängten Sexualität der Kranken handelt. Man wolle nur die Sexualfunktion in ihrem richtigen, durch die infantile Anlage umschriebenen Umfange verstehen. Wo eine banale Emotion zur Verursachung der Erkrankung gerechnet werden muß, weist die Analyse regelmäßig nach, daß die nicht fehlende sexuelle Komponente des traumatischen Erlebnisses die pathogene Wirkung ausgeübt hat.

Wir sind unversehens von der Frage nach der Verursachung der Psychoneurosen zum Problem ihres Wesens vorgedrungen. Will man dem Rechnung tragen, was man durch die Psychoanalyse erfahren hat, so kann man nur sagen, das Wesen dieser Erkrankungen liege in Störungen der Sexualvorgänge, jener Vorgänge im Organismus, welche die Bildung und Verwendung der geschlechtlichen Libido bestimmen. Es ist kaum zu vermeiden, daß man sich diese Vorgänge in letzter Linie als chemische vorstelle, so daß man in den sogenannten aktuellen Neurosen die somatischen, in den Psychoneurosen außerdem noch die psychischen Wirkungen der Störungen im Sexualstoffwechsel erkennen dürfte. Die Ähnlichkeit der Neurosen mit den Intoxikations- und Abstinenzerscheinungen nach gewissen Alkaloiden, mit dem M. Basedowi und M. Addisoni drängt sich ohne weiteres klinisch auf, und sowie man diese beiden letzteren Erkrankungen nicht mehr als „Nervenkrankheiten" beschreiben darf, so werden wohl auch bald die echten „Neurosen" ihrer Namengebung zum Trotze aus dieser Klasse entfernt werden müssen.

Zur Ätiologie der Neurosen gehört dann alles, was schädigend auf die der Sexualfunktion dienenden Vorgänge einwirekn kann. In erster Linie also die Noxen, welche die Sexualfunktion selbst betreffen, insofern diese von der mit Kultur und Erziehung veränderlichen Sexualkonstitution als Schädlichkeiten angenommen werden. In zweiter Linie stehen alle andersartigen Noxen und Traumen, welche sekundär durch Allgemeinschädigung des Organismus die Sexualvorgänge in demselben zu schädigen vermögen. Man vergesse aber nicht, daß das ätiologische Problem bei den Neurosen mindenstens ebenso kompliziert ist wie sonst bei der Krankheitsverursachung. Eine einzige pathogene Einwirkung ist fast niemals hinreichend; zu allermeist wird eine Mehrheit von ätiologischen Momenten erfordert, die einander unterstützen, die man also nicht in Gegensatz zueinander bringen darf. Dafür ist auch der Zustand des neurotischen Krankseins von dem der Gesundheit nicht scharf geschieden. Die Erkrankung ist das Ergebnis einer Summation und das Maß der ätiologischen Bedingungen kann von irgend einer Seite her vollgemacht werden. Die Ätiologie der Neurosen ausschließlich in der Heredität oder in der Konstitution zu suchen, wäre keine geringere Einseitigkeit, als wenn man einzig die akzidentellen Beeinflussungen der Sexualität im Leben zur Ätiologie erheben wollte, wenn sich doch die Aufklärung ergibt, daß das Wesen dieser Erkrankungen nur in einer Störung der Sexualvorgänge im Organismus gelegen ist."

Wien, Juni 1905.

Juni 1918 Revision.

Bis auf die Bemerkung, daß in obiger Darstellung eine Würdigung der Momente vermißt wird, welche die Sexualverdrängung hervorrufen, habe ich nichts abzuändern oder anzufügen gefunden. Freud 1922.

Wenn ich nun meinen Standpunkt zu den im vorstehenden mitgeteilten Theorien Freuds darlegen soll, so muß ich zunächst betreffs der Hysterie folgendes bemerken: Ich hege keinen Zweifel, daß für die von Freud und einzelnen anderen

Autoren mitgeteilten Fälle seine Annahme bezüglich der Ätiologie der Erkrankung und des Mechanismus der einzelnen Symptome Berechtigung besitzt. Ich kann jedoch nicht verkennen, daß die Freudsche Theorie einen Punkt enthält, der die Allgemeingültigkeit derselben vorerst mindestens zweifelhaft erscheinen läßt. Der Autor hat diesen Punkt selbst in der dritten seiner „Abhandlungen zur Sexualtheorie“ hervorgehoben: „Wegen der gegensätzlichen Beziehung zwischen Kultur und freier Sexualentwicklung“, bemerkt er hier, „deren Folgen weit in die Gestaltung unseres Lebens verfolgt werden könnten, ist es auf niedriger Kultur- oder Gesellschaftsstufe so wenig, auf höherer so sehr fürs spätere Leben bedeutsam, wie das sexuelle Leben des Kindes verlaufen ist.“ Die Entwicklung der Hysterie ist nach Freud von der Reaktion auf infantile Sexualerlebnisse abhängig, die durch gewisse (durch Erziehung und auf anderem Wege beigebrachte) ethische Vorstellungen betreffs der sexuellen Vorgänge bedingt ist.

Daß derartige Vorstellungen auch bei den Kindern halbzivilisierter oder ganz unkultivierter Völker, bei welchen das Vorkommen der Hysterie konstatiert wurde [1]), eine Rolle spielen, läßt sich jedoch nicht ohne weiteres annehmen. Zwar ist es Freud durch eingehende Beschäftigung mit den als Totemismus bezeichneten Erscheinungen gelungen, zu zeigen, daß auch bei Naturvölkern weitgehende Beschränkungen des Sexualverkehrs nicht mangeln, und daß gewisse Übereinstimmungen im Seelenleben der Wilden und der Neurotiker bestehen. Allein hierdurch wird die Annahme noch nicht genügend gestützt, daß z. B. Hottentottenkinder schon von den, den sexuellen Verkehr betreffenden Totemgeboten ihres Stammes Kenntnis haben und auf Grund derselben zu einer Verdrängung gewisser sexueller Vorstellungen sich veranlaßt sehen.

Eine weitere Schwierigkeit bildet das Auftreten hysterischer Erscheinungen bei Kindern in den ersten Lebensjahren (2. und 3. Lebensjahr Oppenheim, Bezy und Chaumier) und die gelegentliche epidemische Ausbreitung der Hysterie. Wir brauchen hier nicht an die mittelalterlichen Epidemien von hysterischer Dämonopathie und Chorea major zu erinnern. Auch die Neuzeit hat manche hysterische Epidemien, insbesondere Schulepidemien, aufzuweisen. Bei der epidemischen Verbreitung der Hysterie spielt aber der Einfluß der Suggestion eine Hauptrolle, deren Wirksamkeit wir auch in äußerst zahlreichen Fällen isoliert auftretender Hysterie konstatieren können.

Es darf nicht außer Betracht bleiben, daß das symptomatologische Gebiet der Hysterie eine enorme Ausdehnung besitzt und neben jenen Erscheinungen, denen wir alltäglich oder wenigstens häufig begegnen, andere in sich schließt, die sich bei 100 Kranken noch nicht einmal finden. Bisher ist von keiner Seite der Versuch unternommen worden, zu zeigen, daß sich, wie die häufigeren hysterischen Phänomene, auch die selteneren und seltensten mit der Freudschen Auffassung in Einklang bringen lassen. Der gegenwärtige Stand unserer Kenntnisse gestattet daher nicht, den Gedanken einfach abzuweisen, daß die Fälle, welche wir nach ihrer klinischen Gestaltung der Hysterie zuweisen, hinsichtlich ihrer Ätiologie und des Mechanismus ihrer Symptome sich nicht völlig gleichartig verhalten und daher neben jenen Fällen, welchen die Freudsche Theorie gerecht

---

[1]) Das Vorkommen von Hysterie wurde bei den Frauen nordischer Völker (Lappen, Samojeden, Kamtschadalen) ebensowohl wie bei Abessinierinnen, Madagesinnen und Hottentottinnen konstatiert. In Madagaskar herrschte sogar in den Jahren 1863—1864 eine Epidemie von hysterischen Zufällen (eine Art Chorea major) insbesondere unter den Mädchen und Frauen im Alter von 15—20 Jahren.

wird, nicht auch solche in größerer oder geringerer Zahl existieren mögen, welche eine andere Erklärung erheischen [1]).

Bezüglich der Modifikation, welche die Ansichten Freuds betreffs der Zwangsneurose erfahren haben, muß ich ergänzend beifügen, daß der Autor (ähnlich wie bei der Hysterie) die Symptome der Zwangsneurose nicht direkt von realen sexuellen Erlebnissen, sondern von an solche sich knüpfenden Phantasien abhängig erachtet, welch letztere demnach wichtige Mittelglieder zwischen den betreffenden Erinnerungen und den Krankheitserscheinungen bilden. „In der Regel sind es Pubertätserlebnisse, die als Noxe wirken und die bei der Verdrängung ins Infantile zurückphantasiert werden, unter Anlehnung an die in der Krankheit erlebten akzidentellen oder aus der Konstitution fließenden Sexualeindrücke (briefliche Mitteilungen des Autors)." An den Grundelementen der Theorie: Verdrängung einer peinlichen, dem Sexualleben angehörenden Vorstellung und Transposition des mit dieser verknüpften Affektes wird durch diese Modifikation nichts geändert [2]).

Mit der Ätiologie und dem Mechanismus der Zwangsvorstellungen habe ich mich ebenfalls eingehend beschäftigt und in meinem Werke (Die psychischen Zwangserscheinungen, 1904) meine Auffassung auf Grund meiner damaligen Erfahrung ausführlich dargelegt. Ich äußerte mich l. c. dahin, daß ich, wenn ich auch in meinem eigenen Beobachtungsmateriale einen strikten Beweis für die Abstammung bestimmter Zwangsvorstellungen von verdrängten Erinnerungen des Sexuallebens nicht finden kann, doch eine derartige Provenienz von Zwangsvorstellungen in einer Anzahl von Fällen für wahrscheinlich halte. Bei fortgesetzter Prüfung meiner Erfahrungen bin ich mehr und mehr zu der Anschauung gelangt, daß für die selbständige Zwangsneurose (Zwangsvorstellungskrankheit) die Freudsche Annahme in der Hauptsache zutreffen dürfte. Die Fälle selbständiger Zwangsneurose bilden jedoch unter den Erkrankungen mit Zwangsvorstellungen nur einen relativ bescheidenen Prozentsatz. Die Entwicklung der weit häufigeren im Rahmen der Neurasthenie, Hysterie, Angstneurose, Melancholie usw. auftretenden Zwangsvorstellungen, wird durch andere als die bei der Zwangsneurose wirksamen Momente bedingt.

In betreff der Neurasthenie kann ich lediglich bei der schon in den früheren Auflagen dieser Schrift vertretenen Ansicht verharren. Die Zahl der von mir im Laufe der Jahre beobachteten Fälle von Neurasthenie ohne jegliche Komplikation mit Angstsymptomen ist recht erheblich, und meine Erfahrung lehrt, daß die Neurasthenie im engeren, d. h. Freudschen Sinne, bei beiden Geschlechtern keineswegs lediglich durch exzessive Masturbation oder gehäufte Pollutionen entsteht.

Unter meinen Beobachtungen finden sich nicht wenige Fälle, welche jeden Zweifel in dieser Beziehung ausschließen lassen. Dieselben betreffen zum Teil ältere, verheiratete Männer mit zahlreicher Familie, zum Teil auch Männer in kinderloser Ehe, mit durchaus normalem geschlechtlichen Verkehr, bei welchen ich die Entwicklung der Neurasthenie im Gefolge nicht sexueller Schädlichkeiten

[1]) Ich möchte hier nicht unerwähnt lassen, daß auch Hoche zu der Auffassung gelangt ist, daß der Symptomenkomplex, den wir heutzutage als Hysterie bezeichnen, wahrscheinlich keine einheitliche Krankheit bildet.

[2]) Der Autor hat das Wesentliche seiner Theorie in folgende zwei Sätze zusammengefaßt: a) Der psychische Zwang rührt immer von Verdrängung her. b) Die verdrängten Regungen und Vorstellungen, aus denen das Zwangsprodukt hervorgeht, stammen ganz allgemein aus dem Sexualleben.

(geistiger und körperlicher Überanstrengung, emotioneller Noxen, erschöpfender Krankheiten usw.) genau verfolgen konnte. Ähnlich verhielt es sich in zahlreichen verheiratete Frauen betreffenden Fällen.

Die Freudsche Annahme läßt sich nur dadurch erklären, daß Freud ein seltsamer Zufall ein Krankenmaterial zuführte, bei welchem lediglich die in Frage stehenden ätiologischen Momente vorlagen.

Was schließlich die Ätiologie der Angstneurose betrifft, so habe ich alsbald nach dem Erscheinen der ersten Mitteilung Freuds über die Angstneurose gegen die Annahme einer einheitlichen und rein sexuellen Ätiologie der gemeinhin als neurasthenisch betrachteten Angstzustände in einem kleinen Aufsatze eine Reihe von Bedenken geltend gemacht, welche den Autor zu einer Entgegnung in der Wiener klinischen Rundschau 1895 veranlaßten. In dieser bemühte sich Freud, nicht nur meine Einwände gegen seine Theorie zu entkräften, sondern auch seine Ansichten über die Ätiologie seiner Angstneurose (und der Neurosen überhaupt) schärfer zu präzisieren, als dies früher geschehen war. Sein Schema für die Ätiologie der Angstneurose formulierte er hier folgendermaßen: Bedingung: Heredität, spezifische Ursache: Ein sexuelles Moment im Sinne einer Ablenkung der Sexualspannung vom Psychischen, Hilfsursachen: Alle banalen Schädigungen, Gemütsbewegungen, Schreck, wie physische Erschöpfung durch Krankheit oder Überleistung. Indes konnte ich auch dieses Schema mit meinen Erfahrungen nicht in Einklang bringen. Diese Diskrepanz bildete für mich eine Aufforderung, nunmehr die Ätiologie der neurotischen Angstzustände eingehender und an einem größeren Materiale zu studieren, bei welchem neben den übrigen in Betracht kommenden Momenten die Verhältnisse der Vita sexualis in sorgfältigster Weise berücksichtigt wurden. Von den Ergebnissen dieser Untersuchungen, über welche schon anderen Orts berichtet wurde, soll im folgenden Abschnitte hauptsächlich das auf die sexuelle Ätiologie der Angstzustände sich Beziehende mitgeteilt werden.

XVII.

Eigene Untersuchungen über die sexuelle Ätiologie der neurotischen Angstzustände.

Angstzustände, die dem Gebiete der psychischen Zwangserscheinungen angehören und wegen ihrer Entwicklung auf neurotischer Basis als neurotische (zum Unterschiede von den bei Psychosen auftretenden, den psychotischen) sich bezeichnen lassen, finden sich zwar ganz vorwaltend, aber doch nicht lediglich bei Neurasthenie; wir begegnen denselben auch bei Hysterie, Epilepsie und Migräne; daneben findet sich noch eine Reihe von Fällen, in welchen Angstphänomene isoliert bestehen oder nur mit Erscheinungen vergesellschaftet sind, welche in das Gebiet der Nervosität oder der hereditären psychopathischen Minderwertigkeiten gehören, dagegen andere ausgesprochene Symptome der Neurasthenie oder einer anderen Neurose mangeln. Diese Fälle, in welchen Angsterscheinungen das Wesentliche bilden, habe ich zu einer Angstneurose sui generis zusammengefaßt [1]). Das für meine ätiologischen Untersuchungen verwertete Krankenmaterial setzt sich lediglich aus Fällen von Neurasthenie, Hysterie, resp. Hysteroneurasthenie und Angstneurose nach meiner Unterscheidung zusammen, im ganzen 210 Fälle.

Was zunächst das Geschlecht der Patienten betrifft, so fand sich in meinem Krankenmateriale ein auffälliges Überwiegen der Männer; das Verhältnis der beiden Geschlechter ist fast 2:1. Zum Teil ist dies wohl auf Zufälligkeiten des Materials zurückzuführen, i. e. den Umstand, daß sich Männer mit Angstzuständen aus verschiedenen Gründen häufiger an den Nervenarzt wenden als Frauen, zum Teil mag aber auch dieses Mißverhältnis darin begründet sein, daß bei Männern sich gewisse ursächliche Momente der Angstzustände (speziell sexuelle Noxen) häufiger geltend machen als bei den Angehörigen des weiblichen Geschlechtes. Die Beteiligung der einzelnen Altersklassen zeigt bemerkenswerte Verschiedenheiten. Das Hauptkontingent kommt auf die Zeit vom 20.—50. Lebensjahre, und die Altersklasse vom 30.—40. Jahre ist bei beiden Geschlechtern am stärksten vertreten. Bei Frauen zeigt sich schon vom 40. Lebensjahre an ein sehr erheblicher Rückgang in der Zahl der Fälle, bei Männern erst vom 50. Jahre an; das höhere Lebensalter ist nur in sehr geringem Maße beteiligt.

[1]) Die von mir unterschiedene Angstneurose deckt sich keineswegs mit der von Freud angenommenen. Die Freudsche Angstneurose schließt die Angstzustände der Neurasthenischen in sich ein; wo sich bei Neurasthenischen Angstzustände finden, handelt es sich nach Freud um eine Komplikation der Neurasthenie mit seiner Angstneurose. Meiner Angstneurose gehören dagegen die Angstzustände der Neurasthenischen nicht an; ich betrachte diese nicht als Komplikationen, sondern als Symptome des neurasthenischen Grundzustandes.

Hereditäre Belastung bestand sicher in 80% der Fälle, und nur in 10% ließ sich solche ausschließen, soweit dies überhaupt möglich ist. Dabei ist bemerkenswert, daß ich bei Männern keinen Fall fand, in welchem mit Sicherheit außer der Heredität kein ätiologisches Moment im Spiele war, und bei Frauen nur einen Fall, in welchem die Heredität vielleicht sich als ausschließliche Ursache der Angstzustände betrachten läßt, sofern dieselbe eine Besonderheit der Vita sexualis im Freudschen Sinne bedingte, welche geeignet ist, zu Angstzuständen zu führen. Es handelt sich um eine junge Frau, welche ebenso wie ihre Schwester sexuell anästhetisch ist. Was die Beziehung der erblichen Belastung zur Intensität und Hartnäckigkeit der Angsterscheinungen anbelangt, so ist zwar nicht in Abrede zu stellen, daß die schlimmen phobischen Zustände sich vorwaltend bei Hereditariern finden, doch kommen auch bei Nichtbelasteten intensive und hartnäckige Phobien und die schwersten inhaltlosen Angstzustände vor. Ferner ergab sich, daß die Schwere der erblichen Belastung in keinem bestimmten Verhältnisse zur Schwere der Angstsymptome steht. Es dürfte sich dies aus einem Umstande erklären, auf welchen meine Beobachtungen hinweisen. Es scheint, daß in manchen Fällen mit erblicher Belastung neben einer geringen, zum Teil sogar sehr geringen allgemeinen neuropathischen Anlage (vielleicht auch ohne solche) eine spezielle Disposition zu Angstzuständen vererbt wird [1]).

Eine sexuelle Ätiologie fand sich nur in annähernd 75% der Fälle, d. h. in diesem Prozentsatze der Fälle ließen sich irgendwelche als Schädlichkeiten anzusprechende Verhältnisse im Bereiche der Vita sexualis eruieren, welche bereits vor dem Eintreten der Angstzustände ihren Einfluß geltend machten. Ich muß hier betonen, daß für die Feststellung dieses Prozentverhältnisses selbstverständlich nur ein Material von Einzelbeobachtungen verwertet wurde, bei welchem die Anamnese bezüglich der Vita sexualis mit der erforderlichen Gründlichkeit erhoben wurde. In ihrer Art waren die sexuellen Schädlichkeiten, die sich in den einzelnen Fällen ermitteln ließen, sehr verschieden. Bei Männern fand sich: absolute und relative Abstinenz, frustrane Erregung, Congressus interruptus, Masturbation mit folgender Abstinenz und ohne solche, Exzesse im normalen geschlechtlichen Verkehre, übermäßige Pollutionen; bei Frauen: Congressus interruptus und mangelnde sexuelle Befriedigung aus anderen Ursachen (sexuelle Anästhesie usw.), Abstinenz (absolute und relative), Masturbation. Die Bedeutung der sexuellen Schädlichkeiten schwankt jedoch in den einzelnen Fällen sehr; auf der einen Seite haben wir eine allerdings nur sehr geringe Zahl von Fällen, in welchen keine Ursache außer der sexuellen Noxa nachweisbar ist, auf der anderen Fälle, in welchen neben dem sexuellen Momente offenbar noch andere ätiologische Faktoren eine sehr wichtige (vielleicht die überwiegende) Rolle spielen.

Zwischen diesen Grenzfällen liegt die größte Mehrzahl der Fälle mit sexueller Ätiologie. Bezüglich dieser Gruppe ergaben meine Nachforschungen, daß die Zahl der Fälle, in welchen neben den sexuellen Schädlichkeiten nur erbliche Belastung sich findet, nahezu ebenso groß ist (etwa $^2/_5$) als die derjenigen, in welchen noch außerdem Hilfsursachen sich nachweisen lassen, während die Zahl der Fälle, in

[1]) Hierfür spricht der Umstand, daß wir nicht selten bei einer Mehrzahl von Gliedern einer Familie, deren allgemeiner Nervenzustand keineswegs besonders ungünstig ist (nach meinen Beobachtungen bei 2, 3, 4 Geschwistern oder Mutter und Kindern), Angstzuständen begegnen, an deren Entstehung psychische Infektion offenbar keinen Anteil hat. Es handelt sich hier um Fälle, in welchen die Angstzustände bei verschiedenen Gliedern einer Familie zu ganz verschiedenen Zeiten auftraten und zum Teil bei den Erstbefallenen schon lange wieder geschwunden waren, als sie bei anderen Familiengliedern sich entwickelten.

welchen erbliche Belastung mangelt und neben den sexuellen Schädlichkeiten nur andere ätiologische Momente wirksam sind, oder solche auch mangeln, erheblich geringer ist (etwa $^1/_5$). Der Mangel hereditärer Belastung wird bei Männern zum größten Teil durch einen äquivalenten Umstand ausgeglichen, die in früher Jugend, i. e. schon vor der Pubertät geübte, oder wenn auch später erst begonnene, so doch exzessiv betriebene Masturbation.

Dem Umstande gegenüber, daß wir lediglich in annähernd 75 % der Fälle eine sexuelle Ätiologie fanden, muß erwähnt werden, daß Freud schon in seinem Aufsatze „Über die Angstneurose" auf die Tatsache hingewiesen hat, daß die Angstneurose, und zwar bei beiden Geschlechtern, auch durch Überarbeit, erschöpfende Anstrengungen, z. B. Nachtwachen, Krankenpflege und schwere Krankheiten, herbeigeführt werden kann. Diesen Fällen fehlt zwar nach Freuds Ansicht eine sexuelle Ätiologie, aber nicht ein sexueller Mechanismus der Angstproduktion. Die organisch-sexuellen Vorgänge können nämlich, wie durch Schädlichkeiten aus dem Sexualleben selbst, auch durch tiefergreifende, das Nervensystem allgemein beeinflussende Noxen Störungen erfahren, ähnlich wie dies z. B. auch bei den Funktionen des Verdauungsapparates der Fall ist. Der Prozentsatz der Fälle, in welchen bei der Angstproduktion sexuelle Faktoren eine Rolle spielen, muß demnach als 75 % übersteigend angenommen werden.

Bei einer Prüfung der im vorstehenden mitgeteilten Untersuchungsergebnisse läßt sich nicht verkennen, daß dieselben der früheren Freudschen Theorie (Aufspeicherung somatischer Sexualerregung, Ablenkung vom Psychischen und subkortikale Entladung derselben) keine Stütze gewähren. Auf der einen Seite haben wir Fälle mit sexueller Ätiologie, in welchen eine Aufspeicherung somatischer Sexualerregung auszuschließen ist (Exzesse im normalen geschlechtlichen Verkehre, Masturbation ohne Abstinenz, gehäufte Pollutionen), auf der anderen Seite Fälle, in welchen zwar eine Aufspeicherung von Sexualerregung sich annehmen läßt, die Ablenkung vom Psychischen jedoch fehlt. Als Zeichen letzterer betrachtet Freud Abnahme oder Schwinden der Libido. Unter den Fällen meiner Beobachtung mit sexueller Abstinenz finden sich jedoch solche mit sehr erheblicher Libido ebensowohl vertreten als solche mit gesunkener Libido. In einzelnen Fällen bestanden sogar zeitweilig Zustände hochgradiger sexueller Erregung [1]). Hierzu kommt der Umstand, daß die erwähnte Theorie Freuds, wie der Autor selbst zugesteht, für die Erklärung des Auftretens und Ausbleibens der Angstanfälle bei den Phobien sich unzulänglich erweist. Der Agoraphobe z. B. kann sich, wie immer es mit seiner Vita sexualis bestellt sein mag, von Angstanfällen frei halten, wenn er die ihm gefährlichen Plätze meidet oder sich beim Ausgehen begleiten läßt.

---

[1]) Bezüglich der Fälle von Angstneurose mit Steigerung der Libido bemerkt der Autor in seinem Referate über mein Werk: „Die psychischen Zwangserscheinungen" (Journal für Psych. u. Neurol. Bd. III, 1904), daß in denselben nichts anderes als ein Oszillieren zwischen libidinöser und in Angst (teilweise) verwandelter Erregung vorliegt. Ich hatte vor kurzem Gelegenheit, über die Beziehungen der Angst zur Libido in einem Falle von Angstneurose bei einer in sexueller Abstinenz lebenden jüngeren weiblichen Person, welche zeitweilig von sehr lästiger sexueller Erregtheit heimgesucht wurde, Genaueres zu ermitteln, wobei sich folgendes ergab: In schweren Angstanfällen ist von libidinöser Erregung nie etwas bemerklich; mäßige Angstzustände können sich dagegen sehr wohl mit sexueller Erregtheit verknüpfen. Letztere kann sogar hierbei einen sehr erheblichen Grad erreichen. Wir sehen aus dem Angeführten, daß eine Ablenkung der Libido vom Psychischen für die Auslösung der Angst durch dieselbe nicht notwendig ist. Daß das von Freud erwähnte Oszillieren vorkommen mag, möchte ich trotzdem nicht bestreiten.

Freud hat jedoch seine Ansicht in betreff der Provenienz der neurotischen Angst im Laufe der Jahre in einer Weise modifiziert, gegen welche sich ungleich weniger Bedenken erheben als gegen die frühere Formulierung seiner Auffassung. Seine derzeitige Anschauung geht dahin, „daß die neurotische Angst somatischer Herkunft ist, aus dem Sexualleben stammt und einer verwandelten Libido entspricht". Zur richtigen Würdigung dieser Ansicht muß ergänzend beigefügt werden, daß Freud die Angstzustände, welche durch Schrecken und andere emotionelle Momente verursacht sind, dem Gebiete der Hysterie zuweist. Ich muß hier auf eine Erörterung der Frage verzichten, inwieweit diese Annahme berechtigt ist, und mich auf die Bemerkung beschränken, daß, da die Hysterie eine Neurose (resp. Psychoneurose) ist, auch die hysterischen Angstzustände sich von den neurotischen nicht abtrennen lassen.

Wenn ich die Summe meiner derzeitigen Erfahrungen bezüglich der Ätiologie und des Mechanismus der neurotischen Angstzustände überblicke, so komme ich zu einer Auffassung, die sich der Freudschen wesentlich nähert. Auch für mich unterliegt es keinem Zweifel mehr, daß die neurotischen Angstzustände, soweit dieselben nicht emotionellen Ursprungs sind, aus somatischen, dem Gebiete des Sexuallebens angehörigen Störungen entspringen.

Die an sich naheliegende Annahme, daß es sich hierbei um einen einheitlichen, in allen Fällen stets gleichartigen Mechanismus der Angstproduktion handelt, stößt jedoch bei näherer Betrachtung der Sachlage auf ernste Schwierigkeiten. Die einzelnen in Frage stehenden sexuellen Noxen sind in ihrer Art so verschiedenartig, daß a priori wenig Aussicht zu bestehen scheint, in denselben ein einheitliches Moment aufzufinden. Dies zeigt sich schon, wenn wir die unter den sexuellen Schädlichkeiten weit prädominierenden, die sexuelle Abstinenz und den Congressus interruptus in Betracht ziehen. Bei der Abstinenz beim Manne haben wir neben der Spermaansammlung in den Samenblasen eine Anhäufung libidogener Stoffe im Blute anzunehmen. Beim Congressus interruptus kann, wenn derselbe nicht allzu selten ausgeübt wird, d. h. mit Abstinenz sich verknüpft, das erste der beiden erwähnten Momente jedenfalls nicht in Betracht kommen. Die Möglichkeit einer Anhäufung libidogener Stoffe im Blute läßt sich zwar nicht ausschließen, doch kann dieselbe jedenfalls nicht den Grad erreichen wie bei andauernder Abstinenz. Die hier vorliegende Schwierigkeit schwindet jedoch, wenn wir die Erfahrung berücksichtigen, daß anscheinend ganz verschiedenartige Vorgänge die Erregbarkeitsverhältnisse des Nervensystems in ähnlicher Weise verändern und andererseits gleiche Mengen eines toxischen Stoffes (z. B. Alkohol, Koffein) bei verschiedenen Individuen je nach dem Zustande ihres Nervensystems sehr differente Wirkungen produzieren können. Neuere Tierversuche haben, wie wir sahen, die Existenz eines umschriebenen kortikalen Zentrums für den Geschlechtssinn sehr wahrscheinlich gemacht. Die für die Angstzustände in Betracht kommenden sexuellen Noxen haben das Gemeinschaftliche, daß sie sämtlich geeignet sind, abnorme Erregbarkeit oder Erregungszustände dieses Zentrums herbeizuführen. Berücksichtigt man ferner die Erfahrungen mit den erwähnten toxischen Stoffen, so muß man zu der Annahme gelangen, daß je nach dem Grade der Erregbarkeitsveränderungen des kortikalen Sexualzentrums verschiedene Mengen libidogener Stoffe ähnliche Wirkungen auf dasselbe äußern mögen, und daher das, was in einem Falle durch eine Anhäufung dieser Stoffe im Blute herbeigeführt wird, im anderen Falle durch geringere Mengen derselben zustande kommen kann. Es mangelt also, wie wir sehen, bei allen hier in Betracht kommenden sexuellen Noxen nicht an einheitlichen Momenten: Änderungen des funktionellen Verhaltens des kortikalen Sexualzentrums und Einwirkung libidogener Stoffe auf dasselbe. Wenn wir jedoch einen Einblick in die Vorgänge gewinnen wollen, durch welche die in Frage stehenden sexuellen Momente Angstzustände herbeiführen oder bei der Herbeiführung derselben mitwirken, müssen wir etwas näher auf die Art und Weise eingehen, in welcher dieselben die Elemente des kortikalen Sexualzentrums affizieren und wie die von hier ausgehende Beeinflussung der bei den Angstzuständen beteiligten kortikalen und subkortikalen Apparate zustande kommt.

Beschäftigen wir uns zunächst mit dem ersten Teile der uns vorliegenden Doppelfrage, so sehen wir, daß Exzesse im normalen geschlechtlichen Verkehre und in masturbatorischen Leistungen durch allzu häufige Erregung der sexuellen Rindenzentren einen Zustand reizbarer Schwäche in diesen nach sich ziehen können. Abnorme Erregbarkeit dieser Zentren kann aber auch durch sexuelle Abstinenz herbeigeführt werden, wenn diese mit unverändert bleibender oder allmählich sich steigernder Libido einhergeht, ganz besonders bei frustraner Erregung oder Einwirkung von anderen die Libido erhöhenden Momenten (Besuch von Variétés, Lektüre pornographischer Romane usw.). Den Fall der Abstinenz mit verringerter Libido müssen wir vorerst außer Betracht lassen. Bei dem Congressus interruptus haben wir es mit komplizierteren und wechselnden Verhältnissen zu tun. Führt derselbe, wie es bei Frauen oft der Fall ist, zu keiner Befriedigung, so liegen die Dinge ähnlich wie bei der Abstinenz, soweit die Einwirkung auf die kortikalen Zentren in Betracht kommt. Durch den sexuellen Akt wird die molekulare Spannung in diesen Zentren nicht herabgesetzt, in manchen Fällen sogar gesteigert, soferne sich an den Koitus örtliche Veränderungen (Hyperämien) im Bereiche der Sexualorgane knüpfen, welche die von der Peripherie den Zentren zufließenden Reize vermehren [1]).

Die dem Geschlechtssinne dienenden Rindenterritorien stehen offenbar in enger Beziehung zu den kortikalen und subkortikalen Apparaten, welche bei dem Angstvorgange beteiligt sind. Wir dürfen dies schon aus dem Umstande folgern, daß die Erregung beim sexuellen Akte, ähnlich wie bei den Affekten, in Veränderungen der Tätigkeit des zirkulatorischen und respiratorischen Apparates sich äußert (entlädt), also bei diesem Akte ein Abströmen kortikaler Erregung nach den bulbären Zentren hin stattfindet. Für die in Frage stehende Beziehung spricht des weiteren das Auftreten von Angstanfällen im Anschlusse an gewisse sexuelle Vorgänge (Menses z. B. bei Frauen, Pollutionen bei Männern) und ein allerdings selteneres, von mir zuerst konstatiertes Gegenstück dieser Beobachtungen: die Hervorrufung sexueller Erregung durch Angstzustände [2]). Die sexuellen

[1]) Ähnlich liegen die Verhältnisse bei hochgradiger Herabsetzung der orgastischen Fähigkeit bei Frauen. Der sexuelle Verkehr führt hier zu keiner Entladung der kortikalen sexuellen Zentren.

[2]) Auf das Auftreten sexueller Erregung bei Angstanfällen wurde von mir zuerst in dem Aufsatze „Zur Lehre von den neurotischen Angstzuständen", Münch. med. Wochenschr. Nr. 24 u. 25, 1897 hingewiesen. Über hierhergehörige Vorkommnisse haben in der Folge auch andere Beobachter (Janet, Bernhardt und Freud) berichtet. Bemerkenswert ist auch der schon früher erwähnte Umstand, daß durch Angstträume — ähnlich wie durch laszive Träume — Pollutionen hervorgerufen werden können. So traten bei einem an Poll. nim. leidenden Studierenden meiner Beobachtung Pollutionen mitunter im Gefolge von Angst- oder Verlegenheitsträumen ohne Erektion auf. Bei dem gleichen Patienten kam es während seiner letzten Gymnasialjahre einige Male zu Pollutionen, wenn er in der Klasse mit einer Arbeit, z. B. einer Mathematikaufgabe, nicht fertig werden konnte.

Noxen, welche eine reizbare Schwäche oder Erschöpfung der sexuellen Rindenzentren herbeiführen, können infolge des erwähnten Konnexes die beim Angstzustande beteiligten kortikalen und subkortikalen (bulbären) Apparate in Mitleidenschaft ziehen; inwieweit dies der Fall ist, ob sich ein ausgesprochener pathologischer Erregbarkeitszustand dieser Apparate entwickelt oder nicht, hängt von deren Widerstandsfähigkeit ab. Bei jenen Noxen dagegen, welche infolge Mangels einer physiologischen Entladung eine abnorme Spannung im Bereiche der sexuellen Rindenzentren bedingen, findet entweder andauernd oder periodisch ein Abströmen eines gewissen Erregungsquantums nach den beim Angstzustande beteiligten kortikalen und subkortikalen Apparaten statt; dieselben können hierdurch andauernd in den Zustand gesteigerter Erregbarkeit oder periodisch, wenn die Spannung in den sexuellen Zentren eine außergewöhnliche Höhe erreicht (z. B. während der Menses), in Tätigkeit versetzt werden (Angstanfälle)[1]).

Es ergibt sich aber nunmehr eine weitere Frage: Wirken die angeführten Noxen nur via Cortex schädigend auf die bulbären beim Angstvorgange beteiligten Zentren oder beeinflussen sie diese auch direkt? Letzteres läßt sich für einen Teil der Fälle jedenfalls nicht in Abrede stellen. Wenn sexuelle Exzesse eine allgemeine nervöse Erschöpfung nach sich ziehen, bleiben auch die bulbären Zentren für die Regulation der Herzbewegungen und Vasomotion gewöhnlich nicht verschont; wir begegnen aber auch Fällen, in welchen diese Zentren infolge primärer Veranlagung oder Schädigung durch gewisse Noxen (gemütliche Erregungen, Gifte wie Koffein, Nikotin) zu einem Locus minoris resistentiae geworden sind und daher durch sexuelle (insbesondere masturbatorische) Exzesse affiziert werden, ohne daß es zu allgemeiner nervöser Erschöpfung kommt. Was die von Freud angenommene subkortikale Verausgabung der Sexualerregung bei Abstinenz mit gesunkener Libido betrifft, so läßt sich die Möglichkeit eines derartigen Vorganges nicht in Abrede stellen; in der Mehrzahl der Fälle von Abstinenz mit verminderter Libido beruht letztere jedoch jedenfalls nicht lediglich auf Ablenkung der in normaler Weise produzierten Sexualerregung vom Psychischen, sondern auf verminderter Produktion von Sexualerregung. Man sieht in diesen Fällen, daß auch die Pollutionen seltener werden und die Potenz abnimmt. Es ist aber auch möglich, daß die in geringerem Maße produzierte Sexualerregung genügt, um die bulbären Affektzentren in einen Zustand abnormer Erregbarkeit zu versetzen.

Wie es sich mit der Produktion und Wirkung der libidogenen Stoffe bei allen den im vorstehenden erwähnten sexuellen Noxen verhält, hierüber läßt sich vorerst noch nicht viel sagen. Bei der Abstinenz dürfen wir, wie schon erwähnt wurde, eine Anhäufung dieser Stoffe im Blute annehmen, welche (beim Manne) die durch die Spermaansammlung bedingte Erregbarkeitssteigerung im Bereiche des kortikalen Sexualzentrums erhöht. Wir dürfen jedoch nicht glauben, daß in den übrigen Fällen die Quantität der im Blute kreisenden libidogenen Stoffe entsprechend der Zahl der sexuellen Akte abnimmt. Wir müssen vielmehr mit der Möglichkeit rechnen, daß die Produktion der libidogenen Stoffe durch gewisse sexuelle Vorgänge wie auch durch psychische Prozesse (laszive Vorstellungen usw.)

---

[1]) Es muß dies jedoch nicht in allen Fällen eintreten; vielmehr wird es (wie bei den Noxen, welche reizbare Schwäche usw. in den sexuellen Rindenzentren herbeiführen) zum Teil von der Intensität der abströmenden Erregung, zum Teil von der Widerstandsfähigkeit der in Betracht kommenden kortikalen und subkortikalen Apparate abhängen, ob in denselben ein pathologischer Erregbarkeitszustand sich entwickelt. Bei völlig normalem Verhalten dieser Apparate bleiben gewisse Mengen zufließender Erregung wirkungslos.

beeinflußt wird, so daß die im Blute kreisende Menge der fraglichen Stoffe nicht der jeweiligen Spermaansammlung in den Samenblasen entspricht. Ferner ist der schon früher erwähnte Umstand zu berücksichtigen, daß bei erhöhter Erregbarkeit der kortikalen Sexualzentren auch geringe Mengen libidogener Stoffe, die unter normalen Verhältnissen wirkungslos bleiben, in denselben Erregungszustände auslösen mögen.

Wir haben im vorstehenden lediglich eine Beeinflussung der kortikalen Sexualzentren durch die libidogenen Stoffe angenommen. Es muß jedoch auch die Möglichkeit zugegeben werden, daß diese Stoffe auf die bei den Angstvorgängen beteiligten kortikalen und subkortikalen Apparate nicht lediglich von den Sexualzentren aus, sondern direkt eine gewisse Wirkung ausüben.

Wenn wir das im vorstehenden Angeführte überblicken, so läßt sich nicht in Abrede stellen, daß wir mit der Erkenntnis der großen Bedeutung, welche sexuellen Momenten in der Ätiologie und dem Mechanismus der neurotischen Angstzustände zukommt, einen sehr wichtigen Fortschritt gemacht haben, dessen Hauptanteil den Forschungen Freuds zu danken ist. Dabei dürfen wir jedoch nicht übersehen, daß die Beziehungen der Sexualität zu den Angstzuständen noch immer ein recht dunkles Gebiet bilden, dessen Aufhellung in nächster Zeit kaum zu erwarten ist. Es wird dies nicht auffällig erscheinen, wenn man berücksichtigt, daß die Vorgänge des sexuellen Lebens nach ihrer physiologisch-chemischen Seite noch eine völlige terra incognita darstellen und man bis in die jüngste Zeit die Rätsel, die hier der Lösung harren, zumeist nicht einmal geahnt hat. Ich möchte schließlich nicht unterlassen, darauf hinzuweisen, daß, wenn auch Vorgänge im Gebiete des Sexuallebens die wichtigste unter den essentiellen Ursachen der neurotischen Angstzustände bilden, an der Angstproduktion in den einzelnen Anfällen zumeist noch andere Faktoren beteiligt sind und auch nach Beseitigung der ursächlichen sexuellen Noxen die Angstproduktion durch andere Momente unterhalten werden kann.

XVIII.

Die Anomalien des Sexualtriebes.

Die Anomalien im Bereiche des sexuellen Trieblebens wurden erst in den letzten Dezennien von psychiatrischer und neurologischer Seite zum Gegenstande besonderer Studien gemacht. Das Hauptverdienst auf diesem Gebiete hat sich zweifellos v. Krafft-Ebing erworben, welcher in seiner Psychopathia sexualis nicht nur die erste zusammenfassende Darstellung und Sichtung des hierhergehörigen klinischen Materials gab, sondern auch durch Mitteilung zahlreicher eigener Beobachtungen und sorgfältige Analyse der Kasuistik unsere Kenntnis der psychopathologischen Erscheinungen im Bereiche des Sexuallebens in grundlegender Weise förderte.

Es erscheint uns am zweckmäßigsten, die Anomalien des Sexualtriebes, die wir hier in Betracht zu ziehen haben, mit Lacassagne und Eulenburg in quantitative und qualitative zu sondern. Bei den quantitativen Anomalien betrifft die Abweichung lediglich die Intensität des an sich normalen Sexualtriebs, bei den qualitativen — den sogenannten Perversionen — die Art der psychischen Reize, durch welche sexuelle Erregung ausgelöst wird. Wir müssen hier sogleich darauf aufmerksam machen, daß die sexuellen Perversionen nicht immer zu perversen sexuellen Akten führen müssen und Perversitäten der sexuellen Befriedigung nicht immer von Anomalien des Geschlechtstriebes ausgehen. So kann, um ein Beispiel zu geben, ein Ehemann mit seiner Frau den Koitus per anum ausführen, bei völlig normalem Geschlechtstriebe, lediglich aus dem Grunde, weil er eine Schwängerung vermeiden will. Wir werden uns hier mit den von Anomalien des Geschlechtstriebes unabhängigen perversen sexuellen Handlungen nicht weiter beschäftigen.

I. Quantitative Anomalien des Geschlechtstriebes.

A. Mangel und krankhafte Herabsetzung des Geschlechtstriebes.

Sexuelle Anästhesie, Anaphrodisie (Eulenburg).

Gänzlicher Mangel des Geschlechtstriebes bei normaler Entwicklung der Geschlechtsorgane wird als angeborener psychischer Defekt bei Männern nur selten beobachtet. Hierhergehörige Fälle wurden von v. Krafft-Ebing, Hammond, Forel und mir mitgeteilt[1]). Nach den bisherigen Erfahrungen kommt dieser Defekt nur in Verbindung mit anderen psychischen und nervösen Anomalien vor und darf daher als eine Entartungserscheinung gedeutet werden.

[1]) Auch Fürbringer hat Fälle kongenitaler sexueller Anästhesie bei Männern beobachtet und erachtet deren Vorkommen nicht für ganz so selten wie von anderer Seite angenommen wird.

Ungleich häufiger findet sich, wie wir schon an früherer Stelle sahen, gänzliches Fehlen der Libido (nach Einleitung des geschlechtlichen Verkehrs) als angeborener Mangel bei Frauen. Da dieser Defekt bei Frauen sich nicht immer mit anderen ausgesprochenen psycho- und neuropathischen Erscheinungen vergesellschaftet, so mag für einen Teil der betreffenden Fälle die Annahme Eulenburgs zutreffen, daß es sich bei denselben um eine Art sexualer Entwicklungshemmung (psychosexualen Infantilismus) handelt.

Angeborener Mangel des Geschlechtstriebes kann aber auch durch periphere Ursachen, Verkümmerung oder Mangel der Sexualorgane (bei Idioten, manchen Hermaphroditen) bedingt sein.

Viel häufiger als dem gänzlichen Mangel begegnen wir bei beiden Geschlechtern sehr geringer Entwicklung des Sexualtriebes; ganz besonders gilt dies für das weibliche Geschlecht. Berücksichtigt man die außerordentlichen Schwankungen in der Intensität des Sexualtriebes bei zweifellos gesunden Individuen, so begreift es sich, daß sich bei geringer Ausbildung der Libido eine Grenze zwischen Physiologischem und Pathologischem schwer ziehen läßt. Die große Häufigkeit der Frigidität bei Frauen gestattet auch kaum die Annahme, daß es sich hierbei immer um eine pathologische Erscheinung handelt, zumal auch ein sehr erheblicher Teil der frigiden Frauen zweifellos in psychischer und nervöser Hinsicht keine Störungen aufweist.

Ähnlich scheint es sich bei Männern zu verhalten. Mangel und hochgradige Herabsetzung der Libido kann ferner durch Entfernung der Geschlechtsdrüsen (Kastration) [1]), sexuelle Exzesse und einer Reihe von Krankheitszuständen, Entartung der Geschlechtsdrüsen, erschöpfende Krankheiten, Intoxikationen (Alkoholismus, Morphinismus), Diabetes, organische Rückenmarks- und Gehirnkrankheiten, Neurosen (Neurasthenie und Hysterie) und Psychosen bedingt werden. Zu direkten gesundheitlichen Nachteilen führt weder der gänzliche Mangel, noch die Herabsetzung der Libido. Doch sind beide Zustände durchaus nicht gleichgültig. Der Mangel sexueller Bedürfnisse kann für den Mann ein Hindernis für die Eheschließung und damit die Erlangung von Familienfreuden bilden [2]). Erhebliche Herabsetzung der Libido bei früher sexuell normal veranlagten, im Alter noch nicht vorgeschrittenen Männern führt nicht selten zu melancholischen Verstimmungszuständen, die gewöhnlich von Befürchtungen eines Verlustes der Potenz ausgehen. Bei weiblichen Personen bildet die sexuelle Anästhesie, da dieselbe gewöhnlich erst in der Ehe sich manifestiert, kein Hindernis für die Verheiratung; dagegen bedingt sie manche Störungen im ehelichen Leben. Da der Mangel der Libido sich gewöhnlich mit Ausfall der orgastischen Fähigkeit verknüpft, kann derselbe ein Konzeptionshindernis bilden. Manche der frigiden Frauen bemühen sich ihrem Gatten zu Liebe, ihre Interesselosigkeit für den sexuellen Verkehr möglichst zu verschleiern, während andere — und deren Zahl ist nicht gering — aus ihrer Abneigung gegen den Koitus keinerlei Hehl machen. Zu welchen ehelichen Verhältnissen dies unter günstigeren Umständen führen mag, hierfür sei nur ein Beispiel gegeben. Der Gatte einer jungen, sehr hübschen

[1]) Daß die Kastration derartige Folgen nicht immer hat, haben wir an früherer Stelle gesehen. Anomalien in bezug auf die Samenbereitung (Aspermatismus und Azoospermie) bleiben überhaupt ohne Einfluß auf die Libido.

[2]) Westphal beobachtete einen jungen Mann, der wegen melancholischer Geistesstörung und wiederholter Selbstmordversuche in die Irrenabteilung der Charité aufgenommen wurde und bei welchem von jeher vollständiger Mangel des Geschlechtstriebes bestand. „Die Selbstmordversuche waren zum Teil durch die quälende Vorstellung dieses Zustandes bedingt."

Frau von blühendem Äußern erzählte mir gelegentlich, daß er mit Rücksicht auf die hochgradige Aversion seiner Frau gegen den ehelichen Verkehr seine sexuellen Bedürfnisse öfters durch Masturbation befriedige, und dabei handelte es sich um einen Mann von bescheidenen Bedürfnissen. Unter minder günstigen Umständen bildet die Frigidität der Frau häufig eine Quelle ehelicher Dissidien, die für beide Teile die peinlichsten Folgen nach sich ziehen können.

B. Krankhafte Steigerung des Geschlechtstriebes.

Sexuelle Übererregbarkeit. Sexuelle Hyperästhesie, sexuelle Hyperlagnie (Eulenburg), Libido nimia.

Die Intensität des Geschlechtstriebes kann zweifellos eine Steigerung erfahren, welche wir als krankhaft betrachten müssen. Die Umstände, unter welchen die exzessive Libido auftritt, wie die Arten ihrer Äußerung lassen hierüber keinen Zweifel. Eine Grenze zwischen noch Normalem und Pathologischem ist jedoch hier wie bei dem entgegengesetzten Verhalten des Geschlechtstriebes schwer zu ziehen, da einerseits die Stärke der Libido durch verschiedene Faktoren (Lebensalter, Rasse, Ernährungsweise usw.) beeinflußt wird, andererseits bei Individuen in gleichen Lebensverhältnissen, wie schon früher erwähnt wurde, sehr erhebliche, konstitutionell bedingte Schwankungen in den geschlechtlichen Bedürfnissen vorkommen. Die bisherigen Versuche, die pathologische Steigerung der Libido genauer zu definieren, haben denn auch zu keiner einwandfreien Annahme geführt. Wenn z. B. Emminghaus das unmittelbare Wiedererwachen der Libido nach der Befriedigung mit Inbeschlagnahme der ganzen Aufmerksamkeit und ebenso das Erwachen der Libido bei an und für sich sexuell nicht erregendem Anblick von Personen und Sachen als entschieden pathologisch betrachtete, so kann diese Auffassung nicht für alle Fälle als gerechtfertigt erachtet werden. Die Libido kann vorübergehend auch bei gesunden Individuen durch verschiedene Umstände (Abstinenz, Lektüre, Umgang mit weiblichen Personen usw.) eine sehr bedeutende Steigerung erfahren, die sich jedoch nicht als krankhaft bezeichnen läßt.

Während die sexuelle Frigidität bei Frauen weit häufiger als bei Männern sich findet, ist das umgekehrte Verhältnis bezüglich der sexuellen Übererregbarkeit der Fall. Die krankhaft gesteigerte Libido ist als psychisches Phänomen immer zerebral bedingt. Wir müssen nach unseren derzeitigen Erfahrungen annehmen, daß hierbei ein abnormer Erregbarkeitszustand derjenigen Rindenelemente vorliegt, an welche der Geschlechtssinn gebunden ist. Dieser Erregungszustand muß jedoch nicht immer durch krankhafte Gehirnvorgänge hervorgerufen werden; er kann auch durch von der Peripherie oder den spinalen Genitalzentren ausgehende Erregungen bedingt sein. Die verschiedenen Ursachen sind, wie wir sehen werden, nicht ohne Bedeutung für die Symptomatologie, und wir werden im folgenden eine spinale und eine zerebrale Form der krankhaften Libido zu unterscheiden haben. Diese zeigt aber in den Einzelfällen auch sehr erhebliche Unterschiede in bezug auf die Intensität und Dauer der Symptome, so daß wir auch eine leichtere und eine schwerere Form annehmen müssen. Auf letztere beschränken wir die Bezeichnungen Satyriasis und Nymphomanie. Die krankhaft erhöhte Libido kann ferner als andauernder Zustand mit zeitweiligen Remissionen und erheblichen Exazerbationen, aber auch intermittierend und periodisch, selbst in Form ausgesprochener transitorischer Anfälle auftreten. Bei den chronischen Formen handelt es sich fast ausschließlich um die leichteren Grade der Störung;

die schwereren Formen andererseits treten vorzugsweise intermittierend, die schwersten in der Regel nur anfallsweise auf.

Bei den leichteren Formen der zerebral bedingten krankhaften Steigerung der Libido drängen sich Vorstellungen sexuell-sinnlichen Inhalts abnorm häufig und auch bei fernerliegenden Assoziationen in das Bewußtsein und bilden dadurch oft eine Belästigung für den Patienten. Die von den sexuellen Vorstellungen ausgehenden Impulse versetzen das spinale Genitalzentrum in Erregung und beeinflussen durch dessen Vermittlung auch den Zustand der Sexualorgane. Die hierdurch ausgelösten Erregungen (Empfindungen) wirken ihrerseits wiederum auf das Gehirn und fördern die Produktion und Dauer sexueller Vorstellungen. Das Individuum ist hierbei immer imstande, durch energische Willensanstrengungen die sexuellen Vorstellungen zu verdrängen und den Einfluß derselben auf sein Handeln auf das mit seiner sozialen Stellung Verträgliche zu beschränken. Wir sehen oft genug Individuen, die durch ihre sexuelle Hyperästhesie sich weder zu kriminellen, noch auch nur zu ausgesprochen unmoralischen oder perversen Handlungen verleiten lassen.

Bei der schweren Form beherrschen sexuelle Vorstellungen wenigstens zeitweilig vollständig das Bewußtsein. Weder das Aufgebot des Willens, noch die durch die augenblicklichen Verhältnisse geweckten Vorstellungen (Rücksichten irgendwelcher Art) vermögen diese Gedanken zu verdrängen und ihren Einfluß auf das Handeln ganz zu verhindern. Bei den höchsten Graden sexueller Erregung kann es zu einem rauschartigen Zustande mit Trübung des Bewußtseins und folgender Amnesie kommen. Das Individuum sucht seinen wutartigen Drang ohne Rücksicht auf Zeit und Ort an der nächstbesten weiblichen Person zu befriedigen. Jung oder alt, blutsverwandt oder nicht, macht keinen Unterschied. Bei Mangel eines weiblichen Objektes kann Befriedigung durch perverse Sexualakte (Päderastie und Bestialität) oder exzessive Masturbation gesucht werden. Exzessive sexuelle Erregung äußert sich wohl nur selten, man darf sagen ausnahmsweise, bei nicht an ausgesprochener Geistesstörung leidenden oder sonst gehirnkranken Individuen in Anfällen der geschilderten Art. In der großen Mehrzahl der Fälle bildet die blind nach Befriedigung drängende sexuelle Erregung lediglich Teilerscheinung einer transitorischen psychischen Störung (psychisch-epileptisches Äquivalent) oder andauernder Geisteskrankheiten. Auf das Vorkommen psychisch-epileptischer Äquivalente in der Form von Satyriasisanfällen hat insbesondere Lombroso die Aufmerksamkeit gelenkt. Derartige paroxysmale Zustände zeigen sich ferner auf der Höhe maniakalischer Erkrankungen, in der manischen Periode des zirkulären Irrseins und namentlich auch in den Erregungsphasen der progressiven Paralyse. Ein verheirateter Paralytiker meiner Beobachtung machte kurze Zeit, nachdem er durch eine Schmierkur gebessert schien, einen äußerst brutalen Notzuchtsversuch an einem 15jährigen Mädchen. Ein anderer zeigte sich zeitweilig so erregt, daß er ohne Rücksicht auf die Umgebung seine Frau zum Beischlaf aufforderte. Ein paralytischer Lehrer, den ich zu begutachten hatte, verging sich, nachdem er seiner Frau schon durch seine übermäßige sexuelle Begehrlichkeit lästig geworden war, mit Schulmädchen. Man hat ferner satyriastische Anfälle bei früher geistig normalen Individuen nach Kopftraumen, bei zerebralen Herderkrankungen, namentlich Tumoren des Cerebellum und Pons, und bei Idioten beobachtet.

Die chronische, kontinuierliche und gewöhnlich leichtere Form der sexuellen Hyperästhesie findet sich am häufigsten bei erblich Belasteten. „Derlei Individuen", bemerkt v. Krafft-Ebing, „tragen einen großen Teil ihres Lebens schwer unter der Last dieser konstitutionellen Anomalie ihres Trieblebens." Häufig ist aber auch die in Frage stehende Form erworben. Wir begegnen derselben namentlich bei Neurasthenikern, deren Nervenzustand durch Exzesse im natürlichen Geschlechtsverkehr oder durch Masturbation verursacht, resp. mitbedingt wurde, ferner im Gefolge relativer oder absoluter Abstinenz bei neurasthenischen und neuropathisch veranlagten Männern. Letzterer Faktor bedingt nach meinen Beobachtungen eine eigenartige Form sexueller Hyperästhesie, die meines Wissens von anderer Seite noch nicht genügend gewürdigt wurde. Die Patienten meiner Beobachtung waren vorherrschend verheiratete Männer in den 40er und anfangs der 50er Jahre, die zum Teil aus Rücksichten für die eigene Gesundheit den ehelichen Verkehr bedeutend eingeschränkt hatten oder wegen Erkrankung der Frau auf denselben gänzlich (oder fast gänzlich) verzichten mußten. Zwei der betreffenden Patienten standen in den 30er Jahren und übten aus hygienischen und moralischen Gründen Abstinenz. Dieselben hatten eine lange Behandlung wegen Urethritis posterior hinter sich. Bei sämtlichen Patienten bestand von Haus aus eine gewisse neuropathische Veranlagung. Bei Tage waren die in Frage stehenden Männer von sexuellem Drange im allgemeinen nicht sehr belästigt, dagegen waren ihre Beschwerden bei Nacht um so erheblicher. Alsbald, oder einige Stunden nach dem Einschlafen (nicht erst gegen Morgen) stellten sich bei denselben Erektionen ein, die häufig so intensiv und andauernd wurden, daß sie zu Schmerzen im Gliede und den benachbarten Teilen führten, den Schlaf hochgradig störten und am Morgen ein Gefühl der Abspannung und Schwäche hinterließen. In diesen Fällen handelte es sich offenbar um eine abnorme Erregbarkeit des genitalen Erektionszentrums, die nicht psychisch vom kortikalen Zentrum des Geschlechtssinnes, sondern peripher durch von den Sexualorganen ausgehende Erregungen bedingt wurde. Die Übererregbarkeit des Erektionszentrums, die sich beim Ausfall der kortikalen hemmenden Impulse in Schlafe sofort geltend machte, wirkte erst sekundär erregbarkeitssteigernd und dadurch Libido wachrufend auf das Rindengebiet. Dieser nächtliche beschwerliche Priapismus kann nach meinen Beobachtungen selbst Jahre hindurch sich geltend machen.

Im folgenden will ich Bruchstücke aus der Leidensgeschichte eines dieser Patienten mitteilen, die um so mehr Interesse beanspruchen dürfte, als es sich um einen Ende der 50er Jahre stehenden Mann handelt.

Beobachtung.

Der Patient, ein den gebildeten Ständen angehörender, verheirateter Herr nahm vor etwa 26 Jahren meinen Rat wegen einer lange bestehenden schweren Neurasthenie in Anspruch. Schon damals wurde der Patient, welcher durch eheliche Mißverhältnisse mehrere Jahre zu vollständiger Abstinenz genötigt war, durch sehr hartnäckige nächtliche Erektionen heimgesucht. Im Verlaufe von Jahren, unter dem Einflusse verschiedener Kuren und wohl auch wieder geregelten geschlechtlichen Verkehrs trat bei Herrn X. eine so weitgehende Besserung ein, daß er sich fast als gesund betrachten konnte. Dieser günstige Zustand hielt an, bis es Herrn X. infolge andauernder Erkrankung seiner Frau nur mehr selten und noch dazu meist unter ungünstigen Umständen möglich wurde, seine noch immer mächtigen sexuellen Bedürfnisse zu befriedigen. Diese relative Abstinenz führte mit ihren Folgezuständen (Störungen des Schlafes usw.) allmählich wieder zu einer Verschlechterung des Nervenzustandes, welche im Laufe der Zeit durch gemütliche Erregungen wegen des Zustandes der Frau noch gesteigert wurde. Zu den nervösen Beschwerden gesellte sich hochgradige Verstimmung. Der Zustand besserte sich im Verlaufe eines Jahres erheblich; doch verblieb eine außerordentliche gemütliche Reizbarkeit, die bei Aufregungen gelegentlich zu tobsuchtsähnlichen Ausbrüchen führte. Letztere waren von äußerst heftigen Hinterkopfschmerzen begleitet und hinterließen eine gewisse Gemütsverstimmung. Bezüglich dieser Anfälle bemerkt Patient: „Auch bei diesen zum Glück nur auf stärkere Aufregungen erfolgenden und wieder vorübergehenden Explosionen spielten, soweit ich mich entsinne, nachts zuvor vorausgegangene, sehr mühsam niedergekämpfte Erektionen häufig ihre Rolle, so daß man es wohl eine Art Hysterie nennen konnte.“ Dem Patienten gelang es, durch verschiedene Maßnahmen auch diese abnorme Reizbarkeit mehr und mehr einzudämmen und seine Nerven derart zu kräftigen, daß er Uneingeweihten als gesund erschien. Über seinen Zustand berichtet Patient weiter:

„Ich brauche niemals Schlafmittel, kann zu jeder Zeit leicht einschlafen, erwache aber immer bei den Erektionen, die meist schon nach 3—4stündigem Schlafe eintreten, und deshalb kommt es fast niemals zu Pollutionen. Durch Kneten und Massieren der Bein- und Armmukseln usw. gelingt es mir zwar, das Blut momentan zu vertreiben; aber sobald ich wieder 1—2 Stunden geschlafen, beginnt die Szene wieder von neuem und oft noch heftiger und brünstiger als zuvor. Ich muß dann oft den nach Schlaf dürstenden Körper nach einer kalten Ganzwaschung gänzlich aus dem Bett heben und aufstehen, wobei ich dann natürlich das höchst unbehagliche Gefühl des Nichtausgeschlafenhabens, öfters auch Anwandlungen einer melancholischen Verstimmung stundenlang mit mir führe! Zum vollen Kraftgefühl komme ich, wenn ich nach Tisch mich nochmals 1—2 Stunden niederlege und dadurch den nächtlichen Schlafmangel ausgleiche. Dann stehe ich meist so gekräftigt und frisch an Geist und Körper auf, daß ich im Schnellschritt große Wege zurücklegen, auch geistig mich tätig zeigen kann. Leider aber ist alles Laufen (bis zur vollkommenen Ermüdung) und alle Gymnastik nicht genügend, mich vor den nächtlichen Beschwerden zu bewahren. Ja, je wohler und leistungsfähiger ich mich am Nachmittage fühle, um so sicherer ist mir eine recht schlechte darauffolgende Nacht. Oft wecken mich die Erektionen dann schon nach den ersten zwei Stunden Schlafs, und ganz erschöpft stehe ich am andern Morgen auf. Ja, es ist etwas ganz Gewöhnliches, daß ich nach solchen Tagen des kräftigsten Wohlbefindens infolge der maßlos auftretenden Erektionen, welche sich zuletzt durch teilweises Abgehen des Sperma beim Urinieren Luft zu machen suchen, in einen hochgradigen Zustand von Erschöpfung verfalle. Abgeschlagenheit in den Gliedern, Rückenschmerzen, Ziehen in den Waden und Gelenken, dazu geistige Trägheit und Arbeitsunlust bei konstanter Schläfrigkeit, Brennen in der Harnröhre beim Abgange des Urins und häufiger Harndrang, manchmal sogar Schwindelgefühl im Bett markieren dann deutlich den wohl durch teilweisen Spermaverlust entstehenden Schwächezustand. Sehr mühsam und langsam, meist nur in Wochen und nach Fußwanderungen (im Gebirge) gelingt es mir dann wieder einmal, dieses Zustandes Herr zu werden, um nach einigen vielleicht recht guten Tagen, in denen ich mich wieder sehr plethorisch fühle, infolge der übermäßigen Erektionen in den alten Zustand zu verfallen. So kann ich nie wirklich zu Kräften und zu einer geistigen Arbeitsfähigkeit gelangen, obgleich mich alle Welt als ganz besonders kräftig und gesund anspricht“........ Patient bemerkt weiter, daß er sehr frugal lebt und Bier und Wein nur ausnahmsweise genießt. Er fährt dann fort: „Stünde ich noch in den 30er oder 40er Jahren, so wäre der Zustand ja leicht erklärlich. In meinem Alter aber muß es doch wohl pathologisch sein, zumal ich gleichzeitig, namentlich früh zur Zeit der Erektionen, an Taubheit der Fingerspitzen leide. Eine fast regelmäßige Begleiterscheinung bei den Erektionen ist auch der fast konstante Abgang von Blähungen (Darmgasen, geruchlos), bei deren Eintritt dann die Erektionen meist allmählich nachlassen. Daß gleichzeitig der Rücken, auch der Bauch (Blasengegend), kurz der ganze Unterleib und ganz besonders das Perineum (Pars prostatica) von Blutfülle förmlich brennt, habe ich wohl schon bemerkt. Dieses unablässige Drängen (ausgehend von der Pars prost.) macht mich am Tage natürlich sehr reizbar, und es ist begreiflich, daß anderweitige starke Aufregungen (Ärger, Angst usw.) große Explosionen (bis zum Schreien) hervorzubringen vermögen. Augenblicklich habe ich meine Widerstandskraft durch Gebirgsaufenthalt gehoben. Aber es kann wieder kommen [1].“

Auch in dem folgenden Falle, der einen nahezu 50 Jahre alten, in anstrengender Praxis tätigen Kollegen betrifft, handelt es sich vorwaltend um die oben geschilderte spinale Form sexueller Hyperästhesie.

Beobachtung.

Der Patient, nach seiner Mitteilung, obwohl von gesunden Eltern stammend, etwas neuropathisch veranlagt, dabei jedoch von sehr kräftiger Konstitution und von sanguinischem Temperament, lebt seit mehr als 20 Jahren in durchaus glücklicher Ehe und war vor derselben

[1]) Ich sah den Patienten noch einmal nach einer Anzahl von Jahren. Sein Zustand hatte sich inzwischen so gebessert, daß er bei einer Reise durch Italien den Vesuv und den Ätna besteigen konnte.

Exzessen weder in Baccho noch in Venere ergeben. Er war nie erheblich krank und in seinem Berufe früher sehr leistungsfähig. Aus seinem Berichte gestatte ich mir, nachstehendes Bruchstück wiederzugeben: „Seit 5 Jahren indessen leide ich an Neurasthenie, die lange Zeit alle möglichen Erscheinungen machte, Parästhesie in den Beinen, motorische Schwäche, Herzpalpitationen, Schwindelanfälle, Schlaflosigkeit und namentlich zerebrale Erschöpfungszustände. Letztere haben viele Monate das Krankheitsbild beherrscht. Das Gewöhnliche der täglichen Praxis konnte ich wohl bewältigen, aber abends war ich so fertig, daß ich keine Zeile mehr lesen, kaum mehr denken konnte. Vernünftige Lebensweise, 7 Monate Alkoholabstinenz, Gebirgstouren alljährlich, Vermeiden fast jeder Geselligkeit usw. hatten mich all dieses überwinden lassen, als vor nunmehr $2^1/_2$ Jahren, teilweise noch hineinragend in die geschilderten gruppenweise aufgetretenen mannigfachen Erschöpfungserscheinungen, nächtliche Priapismen sich einstellten, die seitdem das ganze Krankheitsbild beherrschen und mir traurige Freunde Nacht für Nacht geblieben sind. Seit November 1901 habe ich im ganzen 3—4 mal ungestörten Schlaf gehabt, oft sogar während der Siesta unter Erektionen leiden müssen. Ich habe niemals sinnliche Träume, niemals Pollutionen oder Spermatorrhöe gehabt; die Anfälle selber haben mit sexuellen Vorstellungen oder Lustgefühlen nichts zu tun, nicht eine der zahllosen Erektionen ist von irgend einer derartigen Erscheinung begleitet gewesen. Sowie ich im ersten Schlafe liege oder in Zeiten der Besserung erst in den frühesten Morgenstunden, tritt mit dem Ausfall der kortikalen Hemmungszentren eine gewöhnlich leichtere Erektion ein; ich schlafe wieder ein, sehr bald folgt eine stärkere, andauerndere und eine noch stärkere, oft bis 6 mal in einer Nacht. Fast stets folgt auf die Erektion eine gewisse vasomotorische Schwäche im Abdomen, es bebt in dem unteren Menschen bei lebhafterem gespannten Pulse. Schmerzhaft sind die Priapismen nicht, nur zuweilen ist eine gewisse Spannung im Penis unangenehm. Gewöhnlich nehme ich die Knie-Ellenbogenlage ein, bei der wahrscheinlich durch den negativen Druck in den Gefäßen des Unterleibs, der hierdurch entsteht, eine raschere Entleerung der Corpora cavernosa herbeigeführt wird. Diese reizbare Schwäche des lumbalen Erektionszentrums wird durch alle möglichen nervösen Reize befördert, die am Tage oder abends noch einsetzen; es ist wie ein Akkumulator, der sich immer wieder neu mit Energie speist und sie nachts in Form von Erektionen abgibt. Mein Allgemeinbefinden ist dabei im allgemeinen gut, ich bin mit 3—4 Stunden Schlaf zufrieden, namentlich wenn ich nachmittags ein Stündchen nachholen kann. Aber das ganze Verhalten dieses abnormen Zustandes an sich und sein Verhältnis zu mir selbst ist ein gänzlich regelloses und kapriziöses. Was einmal mir miserabel bekommt, macht das nächste Mal wenig Eindruck. Mein Befinden und meine nervöse Energie stehen oft gerade in umgekehrtem Verhältnis zu den nächtlichen Störungen. Was mein sexuelles Verhalten betrifft, so besteht (ob Ursache, ob Wirkung, vermag ich nicht zu entscheiden), ein stark erotischer Zustand; das Sexuellsinnliche steht unangenehm im Vordergrunde und mischt sich mir unendlich peinlich in mein Vorstellungs- und Gedankenleben; es sind Vorgänge, die sich wohl meist ohne mein Zutun unter der Schwelle des Bewußtseins vollziehen. Mein ästhetisches Empfinden in Kunst und Literatur hat sich geändert, nicht daß ich absichtlich Sinnlicherregendes mir ansähe oder lese, das tue ich niemals, aber sexuelle Vorstellungen knüpfen sich an alles, was das Weib betrifft, auch wenn eigentlich für jeden anderen Menschen absolut nichts Sexuelles dabei sein würde, seien es Erzeugnisse der bildenden Kunst oder Lektüre. In der ganzen sexuellen Sphäre besteht ein hyperästhetischer Zustand, eine starke Reaktion auf alles Sinnliche, der keine Hemmung, keine Willensenergie gegenübersteht. Jede aktive oder passive Zärtlichkeit im ehelichen Zusammenleben verursacht Erektionen oder wenigstens den Beginn dazu und als Folge der venösen Stase schmerzhafte Empfindungen in den Testikeln und im Penis. Impotent bin ich bis dato eigentlich nicht gewesen, wiewohl mancherlei Störungen psychischer und funktioneller Art zeitweise vorgekommen sind, aber eben nur vorübergehend. Seit zirka 6 Wochen scheint es aber damit zu Ende zu gehen; es besteht bei Kohabitationsversuchen Mangel an Erektionsfähigkeit bei fortwährender Gefahr der präzipitierten Ejakulation, mangelnde Voluptas und, wenn auch sonst alle Bedingungen erfüllt sind, Ausbleiben der Ejakulation; der ganze Vorgang ist wie mit einem Messer plötzlich abgeschnitten. — Die Ursachen der Erkrankung sind, glaube ich, nur zu klar. Tabes ist ausgeschlossen, an den Genitalien hat der Urologe endoskopisch nichts gefunden, d. h. vor einem Jahre außer einer unbedeutenden mir selbst verborgen gebliebenen Striktur. Der Versuch, sie zu beseitigen, mußte aufgegeben werden, weil die Dilatationen die Priapismen entsetzlich steigerten."

Bei Besprechung der Ätiologie seines Falles äußert sich Dr. X. dahin, daß wohl die Hauptschuld an seinem Leiden der Mangel weiser Mäßigung im ehelichen Verkehr trage, der auch nach dem Auftreten neurasthenischer Erscheinungen in gewohnter Weise fortgesetzt worden sei. Im übrigen war seine Lebensweise eine durchaus hygienische, Alkoholgenuß nur sehr mäßig, Rauchen nikotinfreier Zigarren usw.

Über die Resultate der bisher geübten Behandlung berichtet Dr. X. folgendes:

„An meiner Gesundheit arbeite ich nun schon seit 5 Jahren und bin ja auch alle neurasthenischen Beschwerden losgeworden bis auf die sexuellen Zustände, aber diese isolierte Erkrankung des spinalen Genitalzentrums trotzt jeder Behandlung. Ich habe gebraucht alle möglichen Badeformen, Kühlschlange im Rücken, Kühlkatheter, viele Medikamente, Bromverbindungen pfundweise, war 1902 und 1903 in Sanatorien, machte die verschiedensten Prozeduren durch, Galvanisieren des Rückenmarks, faradische Bäder, Wachsuggestion, Galvanisieren des Centrums lumbale auch während leichter Hypnose. Die Kollegen haben sich redlich bemüht, mir zu helfen in ihren Anstalten, alles umsonst. In beiden Sanatorien wurde ich schließlich fast schlaflos, bis ich durch Brom das gestörte nervöse Gleichgewicht wieder herstellte und meine gemütliche Stimmung wieder gewann. Der Eindruck, den ich bisher von allen örtlichen Methoden der Behandlung erhalten habe, ist der gewesen, daß alle stärkeren thermischen Reize, alles schockartig Einwirkende nur schadet, den Reizzustand erhöht und daß die Gedanken viel zu sehr dadurch und durch die Besprechungen mit den Kollegen auf den Locus morbi hingelenkt werden."

In Betreff des weiteren Verlaufs des Falles sei hier nur erwähnt, daß Dr. X. durch Übergang zur vegetarischen Lebensweise zeitweilig Erleichterung fand. Der Gebrauch eines Seebades wirkte auf das Allgemeinbefinden sehr vorteilhaft, auf die sexuellen Störungen ungünstig. Nach dem letzten, ungefähr ein Jahr nach dem ersten mir zugegangenen Berichte war das Allgemeinbefinden befriedigend, während die Erscheinungen der sexuellen Hyperästhesie nach der psychischen wie der somatischen Seite (Priapismen), wenn auch unter mannigfachen Schwankungen, andauerten. Bezüglich der Priapismen betont der Patient, daß dieselben keineswegs ausschließlich durch sexuelle Reize hervorgerufen oder verstärkt werden, sondern in dieser Richtung alle möglichen Insulte, die das nervöse oder psychische Gleichgewicht stören, sich wirksam erweisen.

Bei Personen, welche durch Masturbation oder Exzesse in Venere sich schädigten, habe ich eine Belästigung durch übermäßige nächtliche Erektionen nie konstatieren können. Die sexuelle Hyperästhesie dieser Individuen führt meist zu gehäuften Pollutionen, wodurch übermäßige nächtliche Erektionen verhindert werden. Nur in seltenen Fällen kommt es auch bei den Exzedenten in Venere zu Erscheinungen von Priapismus, welche aber dann nicht lediglich während der Nacht auftreten und nicht durch den Ausfall kortikaler Hemmungen, sondern durch die Lebhaftigkeit und Andauer sexuell-sinnlicher Vorstellungen, die ihre Gedankenwelt ganz und gar beherrschen, bedingt sind.

Zustände krankhaft erhöhter sexueller Erregbarkeit können, abgesehen vom Priapismus, noch zu anderen lokalen Beschwerden führen, wie folgende Beobachtung zeigt.

Beobachtung.

Dr. X., 36 Jahre alt, ohne erweisliche erbliche Belastung, kam als Knabe durch einen Zufall dazu, Masturbation zu üben, der er jedoch auch später sich noch ergab. Im Alter von 22 Jahren wurde er infolge von übermäßigem Studium von Schlafmangel heimgesucht. Gleichzeitig geriet er durch ein platonisches Liebesverhältnis, das er damals unterhielt, in einen Zustand hochgradiger sexueller Erregung, der zeitweilig zu Zuckungen der Hodenmuskeln führte. Diese Beschwerden verloren sich allmählich, kehrten jedoch in den 30er Jahren in zunehmender Intensität wieder, wohl infolge des Umstandes, daß Patient aus religiösen Motiven trotz seiner hochgradigen Libido seit Jahren in vollständiger sexueller Abstinenz lebt. Die Andauer der sexuellen Erregung erschwert dem Patienten die geistige Arbeit außerordentlich. Auch die Belästigung durch Muskelzuckungen ist sehr erheblich; diese betreffen nicht nur den M. cremaster, sondern sie erstrecken sich zum Teil offenbar auch auf das Gebiet der Perinealmuskeln.

Außer in den erwähnten Fällen begegnen wir der sexuellen Hyperästhesie noch insbesondere in den Anfangsstadien der progressiven Paralyse und in der manischen Phase des zirkulären Irrseins. Von den Paralytikern ist bekannt, daß dieselben häufig in der ersten Krankheitsperiode sich durch einen von ihren früheren Gewohnheiten abstechenden liederlichen Lebenswandel (Verkehr mit Dirnen usw.) auffällig machen. Wo eine gewisse sexuelle Hyperästhesie schon früher bestand, erfährt dieselbe durch die Paralyse gewöhnlich eine bedeutende Steigerung. Das gleiche gilt nach meinen Beobachtungen von der arteriosklerotischen Demenz.

Es ist noch zu erwähnen, daß auch durch rein periphere Ursachen von länger dauernder Einwirkung (Pruritus und Ekzem der Genitalien mit starkem Juckreiz) und toxische Einflüsse (Canthariden) Zustände abnormer sexueller Erregbarkeit hervorgerufen werden können.

Neben den im vorstehenden besprochenen Formen von sexueller Hyperästhesie ist mir im Laufe der Jahre ein Zustand bekannt geworden, bei welchem die Libido nimia zwar in deutlich ausgeprägter Weise vorhanden ist, der Trieb jedoch auf ein bestimmtes Sexualobjekt sich beschränkt und nur durch dieses befriedigt werden kann. Ich bezeichne diese Form der Libido nimia, die meines Wissens noch nicht von anderer Seite beschrieben wurde, als elektive. Das Sexualobjekt kann bei derselben ein normales heterosexuelles ebensowohl wie ein homosexuelles sein. Nachstehende Beobachtung mag zur Illustration des Bemerkten dienen.

Beobachtung.

Dr. X., 60 Jahre alt, seit 26 Jahren verheiratet und Vater mehrerer erwachsener Kinder, ohne erweisliche erbliche Belastung leidet seit mehreren Dezennien (wahrscheinlich seit seiner Jugend) an sexueller Hyperästhesie. Diese hielt sich immer in gewissen Grenzen; erst in den letzten Jahren hat sie allmählich derart zugenommen, daß sie für ihn zu einer ständigen schweren Belästigung wurde, die seine berufliche Leistungsfähigkeit schmälerte und seinen Schlaf beeinträchtigte. Sexuelles Verlangen wird bei ihm nicht durch beliebige weibliche Personen, ob jünger oder älter erregt; auch angenehmes Äußere genügt nicht; Prostituierte wecken bei ihm lediglich einen entschiedenen dégoût. Nur ein gewisser Typus weiblicher Personen ist imstande, auf ihn sexuelle Attraktionskraft auszuüben. Die Betreffenden müssen ihm durch ihre körperlichen wie seelischen Eigenschaften sympathisch sein. Verliebtheit spielt dabei keine Rolle. Die Objekte seiner Neigung haben im Laufe der Jahre vielfach gewechselt und, da er nicht immer solche zur Verfügung hatte, litt er und leidet er noch gegenwärtig vielfach unter den Qualen der Abstinenz Das Verlangen, das er den in Frage stehenden Personen gegenüber empfindet, betrifft nicht ausschließlich den Koitus, sondern auch den Umgang und macht sich öfters mit so zwingender Gewalt geltend, daß das Aufgebot seiner ganzen Willenskraft und aller erdenklichen Vernunftgründe (die Rücksichten auf seine soziale Stellung, seine Familie usw.) nichts dagegen auszurichten vermögen. War das Objekt seines Verlangens von seinem Wohnorte entfernt, so hat er deshalb häufig den Telegraphen in Anspruch genommen, um möglichst rasch eine Zusammenkunft herbeizuführen. Er ist dann trotz seiner Jahre imstande, den Koitus 3 mal an einem Tage auszuüben. Die Erektionsfähigkeit hat zwar in letzter Zeit etwas nachgelassen, ist aber noch immer genügend. Nach dem Koitus fühlt er sich ruhiger, frisch und leistungsfähiger; doch hält diese günstige Wirkung nicht lange an, dann macht sich wieder sexuelles Bedürfnis lebhaft geltend.

Der Schlaf ist sehr mangelhaft, häufig unterbrochen und von kurzer Dauer, was Patient selbst mit seinem sexuellen Zustand in Verbindung bringt. Bei Tag treten oft Schwächegefühle auf.

Patient leidet seit längerer Zeit, wie auch von spezialärztlicher Seite konstatiert wurde, an Prostatahypertrophie; der Harndrang ist vermehrt und der Strahl bei der Entleerung abgeschwächt.

Der im vorstehenden mitgeteilte Fall von sexueller Hyperästhesie weist die Eigentümlichkeit auf, daß die übermäßige Libido sich nicht jeder weiblichen Person gegenüber, die überhaupt auf Männer attraktiv einzuwirken geeignet ist, kundgibt. Sie macht sich lediglich für einen bestimmten Typus weiblicher Wesen geltend, diesen gegenüber aber zeitweilig in so stürmischer Weise, daß der Patient alle Rücksichten beiseite setzt, um sich von seinem sexuellen Drange zu befreien. Hat er die gewünschte Gelegenheit erlangt, so gestattet er sich Leistungen im geschlechtlichen Verkehr, die bei seinem Alter als Exzesse zu betrachten sind.

Wenn der Patient sich für die Befriedigung seiner sexuellen Bedürfnisse auf gewisse weibliche Personen beschränkt, so spielen hierbei moralische oder hygienische Bedenken keine Rolle. Auch Verliebtheit kann zur Erklärung dieser Beschränkung nicht herangezogen werden. Nach meiner Erfahrung verhindert Verliebtheit einen Mann mit sehr reger Libido wenigstens sehr häufig nicht, seine sexuellen Bedürfnisse mit einer ihm gleichgültigen weiblichen Person, mitunter sogar einer Prostituierten zu befriedigen. Das Verhalten des Patienten erklärt sich lediglich daraus, daß nur gewisse ihm sympathische Personen für ihn auch genügende sexuelle Attraktionskraft besitzen, eine Eigentümlichkeit seiner Vita sexualis, die dem Fetischismus nahesteht [1]).

Der gleichen Form sexueller Hyperästhesie begegnen wir bei Homosexuellen. Unter diesen existiert eine zahlreiche Klasse, für welche lediglich Individuen in sehr jugendlichem Alter vom 13.—16. oder 17. Lebensjahre sexuelle Attraktion besitzen (Pädophilie). Manche dieser Homosexuellen wissen sich soweit zu beherrschen, daß sie sich nie zu sexuellen Handlungen mit den Objekten ihrer Neigung verleiten lassen. Es mangelt aber auch nicht an Fällen, in welchen der Drang zu sexuellem Verkehr mit einem bestimmten Individuum im fraglichen Alter so mächtig sich geltend macht, daß er selbst durch exzessive Masturbation nicht herabgesetzt werden kann und den Betreffenden dahin bringt, alle kriminalrechtlichen und sozialen Folgen außer acht lassend, Befriedigung sich zu verschaffen. So verhielt es sich in zwei Fällen meiner Beobachtung. In dem einen derselben war der lift-boy eines Hotels der Gegenstand des Dranges eines in den 30er Jahren stehenden Homosexuellen, der denn auch in der Folge seitens des jungen Burschen und eines Freundes desselben Erpressungen zu erdulden hatte.

Bei weiblichen Personen entwickelt sich die Nymphomanie unter den gleichen pathologischen Verhältnissen wie bei Männern die Satyriasis. Auch die leichteren Formen der sexuellen Hyperästhesie treten unter denselben Bedingungen wie bei Männern auf.

Was die Hysterie anbelangt, so hat man früher den mit diesen Leiden Behafteten vielfach besonders lebhafte erotische Neigungen zugeschrieben. Diese Ansicht hat sich jedoch als irrtümlich erwiesen. Die Hysterie als solche führt im allgemeinen keineswegs zu stärkerem Hervortreten sinnlicher Neigungen; die sexuell Anästhetischen mit Mangel der orgastischen Fähigkeit sind unter den Hysterischen sogar häufig vertreten. Nur vorübergehend und im Zusammenhang mit Zuständen allgemeiner Erregung, sowie bei einzelnen Formen hysterischer Anfälle zeigt sich mitunter gesteigerte sexuelle Appetenz. Bei zwei hysterischen Frauen meiner Beobachtung, die im allgemeinen durchaus kein ausgeprägtes sinnliches Temperament aufwiesen, machten sich nach der Mitteilung ihrer Gatten zu gewissen Zeiten neben großer allgemeiner Erregtheit auffällig vermehrte sexuelle Bedürfnisse bemerklich, deren Befriedigung bei der einen derselben noch überdies mit einem leichten hysterischen Anfall gewöhnlich abschloß. Brügelmann und Stadelmann beobachteten bei zwei Patientinnen in hypnotischen Zuständen, die durch hysterische Somnambulie kompliziert waren, hochgradige sexuelle Erregung. Die Patientin Brügelmanns, ein Mädchen aus guter Familie und im Wachzustande völlig wohlgesittet, machte dem behandelnden Arzte in Gegenwart Dritter Liebeserklärungen und forderte denselben in unzweideutiger Weise zu Annäherungen auf, gerierte sich aber in gleich sexuell erregter Weise auch einer den Arzt gelegentlich vertretenden weiblichen Person gegenüber. Man darf jedoch hieraus keineswegs folgern, daß die hysterische Somnambulie an sich unter Umständen sexuelle Begehren wachruft. In beiden Fällen bestand offenbar

[1]) Daß die Steigerung der sexuellen Hyperästhesie des Patienten in den letzten Jahren mit der bei ihm vorliegenden Prostatahypertrophie in ursächlichem Zusammenhange steht, darf als mindestens sehr wahrscheinlich betrachtet werden.

auch im Wachzustande ausgesprochene sexuelle Erregtheit, die sich in der Somnambulie nur unverhüllt kundgab [1]).

Aus dem Vorstehenden dürfte erhellen, daß die krankhafte Steigerung des Geschlechtstriebes einen Zustand bildet, welcher die ärztliche Beachtung in hohem Maße verdient. Dieselbe kann einerseits zu Exzessen im natürlichen Geschlechtsverkehr und zu masturbatorischen Gepflogenheiten führen, durch welche das Nervensystem mehr oder weniger geschädigt wird, andererseits die andauernde sexuelle Abstinenz zu einem Zustande machen, welcher ebenfalls das Nervensystem in ausgesprochen ungünstiger Weise beeinflußt. Wir verweisen in letzterem Punkte auf das an früherer Stelle (Abschnitt VIII und IX) Bemerkte.

Nicht minder wichtig ist aber, daß die sexuelle Hyperästhesie auch zu perverser sexueller Befriedigung führen und den Anstoß zu kriminellen Handlungen geben kann, also auch für das Individuum noch Gefahren anderer Art in sich birgt.

II. Qualitative Anomalien.

A. Homosexualität.

Konträre Sexualempfindung.

1. Konträre Sexualempfindung beim Manne. Uranismus, Urningtum.

Unter den qualitativen Anomalien des Geschlechtstriebes bildet die als konträre Sexualempfindung (nach Westphal), Homosexualität, Inversion des Geschlechtstriebes, bei Männern auch als Uranismus oder Urningtum bezeichnete Perversion die häufigste und praktisch wichtigste Erscheinung. Das Wesentliche dieser Anomalie besteht darin, daß bei den damit Behafteten sexuelle Neigungen für Personen des gleichen Geschlechtes bestehen, das sexuelle Triebleben also eine dem normalen Verhalten entgegengesetzte (konträre) Richtung zeigt. Die Kenntnis der Homosexualität reicht weit in das Altertum zurück; dieselbe war ja bekanntlich schon bei den alten Kulturvölkern des Abendlandes, insbesondere bei den Griechen, sehr verbreitet. Trotzdem ist von einer wissenschaftlichen Beschäftigung mit dieser Perversion bis in die zweite Hälfte des verflossenen Jahrhunderts kaum die Rede. Der Grund dieses auffälligen Umstandes ist darin zu suchen, daß man früher die Homosexualität beim Manne einfach mit der Päderastie identifizierte, die von alters her nicht als Äußerung eines krankhaften Zustandes, sondern als widernatürliches und deshalb von den Gesetzen der meisten Staaten mit schweren Strafen belegtes Laster galt. Als solches konnte die Homosexualität nur den Juristen und den Gerichtsarzt interessieren, und letzterer beschäftigte sich mit der Sache auch nur so weit, als der Nachweis päderastischer Akte in Frage kam. Den ersten Versuchen, tiefer in das Wesen der Homosexualität einzudringen und deren psychopathologischen Ursprung darzulegen, begegnen wir bei zwei Gerichtsärzten, Caspar in Berlin und Tardieu in Paris.

Caspar wies schon 1852 der älteren Auffassung gegenüber, welche die homosexuellen Beziehungen lediglich als eine Form geschlechtlicher Ausschweifung bei moralisch verkommenen Individuen betrachtete, darauf hin, daß jedenfalls bei einem Teile der in Betracht kommenden Individuen eine angeborene Anomalie des sexuellen Trieblebens bestehe und infolge dieser die geschlechtlichen Bedürfnisse der Betreffenden nur auf homosexuellem Wege (aber nicht ausschließlich durch Päderastie) sich befriedigen ließen.

---

[1]) S. Löwenfeld: Der Hypnotismus. Handbuch der Lehre von der Hypnose und der Suggestion. Wiesbaden 1901. S. 209.

Ähnlich wie Caspar gelangte Tardieu 1858 auf Grund eines sehr reichen Beobachtungsmaterials zu der Anschauung, daß es sich bei einem Teile der Päderasten um eine angeborene Abnormität der sexuellen Neigungen handle. Er konnte auch mehrfach bei Urningen weiblichen Habitus und Vorliebe für weibliche Beschäftigung konstatieren.

Die Mitteilungen der beiden genannten Autoren vermochten jedoch in den wissenschaftlichen Kreisen kein nachhaltiges Interesse für die Homosexualität zu erwecken. Von entschiedenem Einflusse in dieser Richtung war erst die Arbeit, welche Westphal im Archiv für Psychiatrie 1869 über „konträre Sexualempfindung" veröffentlichte. Dieser Autor folgerte aus seinen Beobachtungen, daß die von ihm so benannte Anomalie der Vita sexualis nicht nur beim Manne, sondern bei beiden Geschlechtern „angeboren als Symptom eines pathologischen Zustandes auftreten kann". Diesen Zustand als einen psychopathischen zu bezeichnen, trug der Autor Bedenken, weil bei demselben andere Erscheinungen seitens des Zentralnervensystems die psychischen überwiegen und letztere sogar fehlen können; er hielt deshalb den Ausdruck „neuropathisch", weil umfassender, für entsprechender. Westphal betonte zugleich, daß es ihm nicht in den Sinn komme, alle Individuen, welche sich widernatürlicher Unzucht hingeben, für pathologisch zu erklären.

Durch die Westphalsche Arbeit wurde die Homosexualität dem Gebiete der Psychopathologie einverleibt und damit die Aufmerksamkeit der Psychiater und Neurologen auf dieselbe in nachhaltiger Weise gelenkt. In den nächsten Dezennien wuchsen die Publikationen über konträre Sexualempfindung allmählich bedeutend an. In besonders eingehender Weise haben sich mit derselben von deutschen Autoren v. Krafft-Ebing, v. Schrenck-Notzing, Moll, Eulenburg, Magnus Hirschfeld, Iwan Bloch, Naecke, Merzbach und Freud beschäftigt. Von diesen Autoren hat v. Krafft-Ebing, abgesehen von Detailarbeiten, auch in seiner Psychopathia sexualis der Anomalie eine sehr ausführliche Darstellung gewidmet. Durch die Forschungen der genannten und zahlreicher ausländischer Autoren (es seien hier nur von französischen Ärzten Laccasagne, Magnan, Chevalier, Binet, Féré, Laupds und Laurent, von russischen Tarnowsky, von holländischen v. Römer, von italienischen Lombroso und Ritti erwähnt), ist unsere Kenntnis der Homosexualität bei beiden Geschlechtern nach ihrer klinischen wie ätiologischen Seite sehr bedeutend gefördert worden. Auch zahlreiche nicht medizinische Schriftsteller haben sich mit der Homosexualität nach der einen oder anderen Richtung hin beschäftigt und Aufklärung über dieselbe zu verbreiten gesucht. Insbesondere hat der unter dem Schriftstellernamen Numa Numantius bekannte Assessor Ulrichs in Verfechtung der Sache der Homosexuellen eine überaus rege Tätigkeit entfaltet.

Hat die Homosexualität bis in die 70er Jahre des vorigen Jahrhundert in der Literatur eine gewisse Vernachlässigung erfahren, so ist seit einer Anzahl von Jahren ein Umschlag nach der entgegengesetzten Richtung eingetreten. Die literarischen Arbeiten von medizinischer und nicht medizinischer Seite, die sich in der einen oder anderen Beziehung mit der Homosexualität befassen, sind allgemach zu einer Zahl angeschwollen, die in keinem Verhältnis zu der Bedeutung des Gegenstandes steht.

Die Anomalie des sexuellen Fühlens, welche die Homosexualität darstellt, ist in den einzelnen Fällen sehr verschieden entwickelt. Man hat deshalb mehrere Grade oder Abstufungen der Anomalie bisher unterschieden, die sich jedoch nicht strenge voneinander abgrenzen lassen, da die Erfahrung lehrt, daß von den leichtesten Andeutungen bis zur fortgeschrittensten Anomalie fließende Übergänge sich finden. Wenn ich meiner eigenen Erfahrung folge, so lassen sich nachstehende drei Stufen unterscheiden:

1. Ein Zustand psychosexualen Zwittertums (Hermaphrodisie). Bei den betreffenden Individuen bestehen neben normalen Gefühlen für das weibliche Geschlecht homosexuelle Neigungen. Das Verhältnis der hetero- und homosexuellen Neigungen zueinander ist ein sehr wechselndes. Auf der untersten Stufe stehen die Fälle, in welchen neben einer im allgemeinen völlig normalen heterosexuellen Triebrichtung homosexuelle Neigungen sozusagen in Latenz bestehen, die sich nur im Traume und in psychischen Ausnahmezuständen (Rausch, epileptischen Anfall usw.) oder ganz vorübergehend bei besonderen Anlässen geltend machen. An diese reihen sich die Fälle, in welchen sich beide Arten sexueller Neigung neben- oder nacheinander in wechselnder Stärke zeigen, und an diese schließt sich eine dritte Gruppe, in welcher die homosexuellen Neigungen im allgemeinen entschieden überwiegen. Der letzteren Kategorie scheint die große Mehrzahl der Bisexuellen anzugehören.

Beobachtung.

Herr X., 34 Jahre alt, den gebildeten Ständen angehörig, ohne erweisliche erbliche Belastung, verfiel mit 12 oder 13 Jahren auf Masturbation und übte dieselbe bis zu seinem 18. oder 19. Lebensjahre in erheblichem Maße. Der erste masturbatorische Akt wurde dadurch angeregt, daß er sich vorstellte, er bekomme Schläge auf das Gesäß. Dabei legte er sich auf einen Stuhl, so daß ein Druck auf den Hoden ausgeübt wurde, welcher eine sexuelle Erregung herbeiführte. Später wurde die Masturbation mit der Vorstellung verknüpft, daß er Knaben auf das Gesäß schlage, jedoch ohne ihnen Schmerzen zuzufügen. Wie die angeführte Ideenverbindung bei der ersten Masturbation entstand, hierüber weiß Patient nichts Näheres zu sagen. Herr X. entbehrte nie, seitdem er erwachsen ist, des normalen sexuellen Gefühls gegenüber dem weiblichen Geschlechte; Neigung zu päderastischem oder sonstigem homosexuellen Verkehr trat bei ihm nie zutage. Er unterhielt vor Jahren längere Zeit ein platonisches Verhältnis mit einem achtbaren Mädchen, das er jedoch wegen Mangel an Subsistenzmitteln nicht heiraten konnte. Sexuellen Verkehr mit Frauen hat er bisher aus moralischen und hygienischen Gründen nicht gepflogen. Er hat sich deshalb auch von der Masturbation noch nicht ganz frei zu machen vermocht, die er jedoch nur selten übt. Dabei sind die oben erwähnten Ideen in letzter Zeit zurückgetreten. Dagegen ist es ihm neuerdings passiert, daß er im Gespräche mit Knaben, mit welchen er beruflich zu verkehren hatte, plötzlich Erektionen bekam, was ihm höchst peinlich war. Patient wünscht lebhaft, sich zu verheiraten, nachdem er schon seit einiger Zeit sich eine gesicherte Stellung errungen hat; doch ist er wegen seiner Potenz besorgt, da nächtliche Erektionen sich bei ihm nicht häufig zeigen und Pollutionen ein sehr seltenes Vorkommnis bilden. Objektiv ist bei dem gesund aussehenden Manne nichts zu konstatieren.

Der Fall ist in mehrfacher Hinsicht von Interesse. Wir finden hier in den Vorstellungen, mit welchen sich die Masturbation verknüpfte, Rudimente einer homosexuellen und zugleich sadistischen Neigung. Diese hat sich jedoch im Verlaufe vieler Jahre nicht weiter ausgebildet und die Entwicklung normaler heterosexueller Gefühle nicht zu verhindern vermocht. Sehr bemerkenswert ist das gelegentliche Auftreten sexueller Erregung beim Verkehre mit Knaben nach dem Zurücktreten der homosexuell sadistischen Ideen bei der Masturbation. Es ist sehr wahrscheinlich, daß eine unterbewußte Reproduktion der fraglichen Assoziationen beim Verkehr mit Knaben die sexuelle Erregung auslöste.

Beobachtung.

Der Fall betrifft einen ledigen Privatier E., der im Alter von 53 Jahren wegen Melancholie in meine Behandlung kam und bis zu seinem 11 Jahre später erfolgten Tode in meiner Beobachtung blieb. Ich beschränke mich darauf, aus der Lebens- und Leidensgeschichte des Patienten das uns hier Interessierende mitzuteilen. Herr E. war in geringem Maße erblich neuropathisch belastet (sein Vater ein schrullenhafter, jähzorniger Mann, seine Mutter eine nervenschwache Frau, die schon in jungen Jahren an Phthisis starb). Die erste sexuelle Erregung wurde bei ihm im Alter von 12 oder 13 Jahren durch eine körperliche Züchtigung seitens seiner Stiefmutter — Schläge auf den Hintern -- geweckt. Die Folge dieses Umstandes war, daß der Anblick des betreffenden Teiles bei jungen Leuten ihn ebenfalls sexuell erregte und er sich der Onanie ergab. Er frönte diesem Mißbrauche in erheblichem Maße bis zu Anfang der 20er Jahre. Sein Nervensystem wurde hierdurch, zumal er in der fraglichen Zeit noch anderen Schädlichkeiten (Arbeiten in der Nähe eines Ofens bei 22—28° R) ausgesetzt war, mehr und mehr zerrüttet. Schon im 23. Lebensjahre bestand bei dem Patienten ein ausgeprägter neurasthenischer Zustand. Die homosexuellen Regungen erhielten sich bei dem Patienten bis in die 50er Jahre seines Lebens. In späterer Zeit wurde er insbesondere durch den Anblick kräftig gebauter Männer in knapp anliegender Kleidung, welche die Posteriora plastisch hervortreten ließ (z. B. von Kunstreitern) sexuell erregt. Zu päderastischen oder sonstigen homosexuellen Verirrungen ließ sich der Patient jedoch nie verleiten. Seine Angaben in dieser Beziehung sind durchaus glaubwürdig, da er ein Mann von streng religiöser Gesinnung und durchaus ehrenhaftem Charakter war. Neben den homosexuellen Inklinationen, deren Abnormität Herr E. selbst wohl erkannte, bestand bei demselben, wenigstens in den jüngeren Jahren, auch Neigung für das andere Geschlecht. Er unterhielt Ende der 20er Jahre seines Lebens einige Zeit ein Verhältnis mit einem achtbaren Mädchen, in der Absicht, dasselbe zu heiraten. Die Realisierung dieses Vorhabens wurde lediglich dadurch verhindert, daß ihm sein Vater die Mittel zur Erwerbung eines eigenen Geschäftes verweigerte. Die Trennung von seiner Geliebten, die hierdurch notwendig wurde, fiel ihm sehr schwer. Auf sexuellen Verkehr mit Frauen hat Patient verzichtet, nachdem es bei dem ersten Versuche (wohl infolge übermäßiger Erregung) zu einem Fiasko gekommen war.

Im obigen Falle handelt es sich um einen Patienten mit geringer Libido, wodurch demselben die Abstinenz von homosexuellen Handlungen jedenfalls erleichtert wurde. Ein Seitenstück zu unserer Beobachtung bildet der von Fürbringer mitgeteilte Fall eines Schauspielers mit sehr mächtiger Libido, welcher in dem Betasten der Genitalien eines Mannes die höchste Befriedigung seines impulsiven Dranges fand, dabei aber trotz reiferen Alters und onanistischer Exzesse halberwachsenen Mädchen gegenüber noch leidlich potent war.

Beobachtung.

Herr X., 23 Jahre alt, Student, ist erblich belastet (die Mutter hysterisch, zwei Schwestern sehr nervös) und wurde im Alter von 12 oder 13 Jahren von einem Mitschüler zur Onanie verleitet. Im 15. Jahre bereits machten sich bei ihm ausgesprochene konträrsexuale Neigungen geltend. Der bald stärker, bald schwächer sich regende homosexuelle Drang wurde bis vor etwa einem halben Jahre durch mutuelle und solitäre Masturbation befriedigt. Über die Vorgänge, wodurch es bei ihm zur Entwicklung der homosexuellen Aberration kam, geben die Mitteilungen des Patienten keinen genügenden Aufschluß. Der homosexuelle Trieb vermochte, obwohl sich derselbe im Laufe der Jahre stärker entwickelte, bei Herrn X. doch das Interesse für das weibliche Geschlecht nicht ganz zu verdrängen. Ein gewisser Mädchentypus (schlanke, graziöse Figur) erregte bei dem Patienten immer entschiedenes Wohlgefallen. Zu sexuellem Verkehr mit weiblichen Personen sah er sich jedoch außerstande. Infolge geistiger Überanstrengung traten bei dem Patienten wiederholt zerebrasthenische Beschwerden auf, die jedoch bei entsprechender Ausspannung sich alsbald wieder verloren. Herr X., ein sehr begabter und gebildeter junger Mann, sah das Krankhafte und sozial Bedenkliche seines sexuellen Verhaltens völlig ein und hatte sich deshalb schon vor einem halben Jahre einer hypnotischen Behandlung unterzogen, die nicht ohne Erfolg war. Die homosexuellen Neigungen waren, als Patient in meine Beobachtung kam, zwar noch nicht völlig überwunden, doch war derselbe bereits imstande, mit einem Mädchen, mit welchem er ein Verhältnis angeknüpft hatte, sexuell zu verkehren, wobei er völlige Befriedigung fand. Ich verlor Herrn X. alsbald aus den Augen, da derselbe Familienverhältnisse halber abreisen mußte und sah denselben erst nach mehreren Jahren wieder. Die Besserung hatte inzwischen noch Fortschritte gemacht, und die homosexuellen Regungen machten sich bei dem Patienten nur mehr ganz vorübergehend, wenn es ihm an Gelegenheit zu sexuellem Verkehr mit ihm zusagenden Mädchen gebrach, geltend, so z. B. auf Reisen.

Eine Änderung in der Richtung des Sexualtriebs kann aber auch noch im Alter, allerdings nur unter besonderen Umständen, eintreten, wie die folgende Beobachtung lehrt.

Beobachtung.

Herr X., ohne erweisliche erbliche Belastung, unverheiratet, dem Lehrerstande angehörig, wurde infolge ungünstiger konstitutioneller Verhältnisse und andauernder, durch religiöse Gründe bedingter Abstinenz in den 20er Jahren von einer gewissen sexuellen Hyperästhesie heimgesucht. Auf Grund dieser entwickelte sich bei ihm in den 30er Jahren eine ausgesprochene Gynäkophobie, die ihm bei seiner beruflichen Tätigkeit viele Beschwerden verursachte, und im Laufe der Jahrzehnte derart zunahm, daß ihm selbst der Verkehr mit alten Frauen schwer fiel. Unter dem Einflusse dieser Phobie und den hierdurch bedingten, schweren, gemütlichen Erregungen, sowie anderer ungünstiger Umstände kam es bei dem Patienten allmählich zu einer schweren Neurasthenie. Hierdurch sah sich dieser in den 60er Jahren veranlaßt, seine Berufstätigkeit aufzugeben und sich ein Unterkommen in einer Anstalt zu verschaffen, in welcher nur männliche Personen Aufnahme finden und die Bedienung auch nur durch männliches Personal geschieht, sohin der Auslösung weiterer gynäkophobischer Anfälle möglichst vorgebeugt war. Die Wirkung des neuen Aufenthaltes entsprach auch etwa 2 Jahre den Erwartungen des Patienten und führte zu einer Besserung seines Befindens. Allein dann machte der Patient, bei dem sich früher nie eine Andeutung homosexueller Neigungen gezeigt hatte, zu seinem Leidwesen die Wahrnehmung, daß einzelne jüngere Leute vom Dienstpersonal auf ihn sexuell erregend wirkten, so daß er den Verkehr mit ihnen aufs äußerste beschränken mußte. Allmählich kam es auch dahin, daß er selbst älteren Anstaltsgenossen gegenüber sich nicht mehr ganz frei fühlte und auch den Umgang mit diesen zu reduzieren veranlaßt war. Hierbei handelte es sich um keinen vorübergehenden Zustand. Die homosexuelle Erregbarkeit nahm zwar allmählich wieder ab, erhielt sich aber in gewissem Maße noch Jahre hindurch bis zum Ableben des Patienten.

Der Fall ist wegen des Alters des Patienten (2. Hälfte der 60er Jahre), in welcher sich die homosexuelle Erregbarkeit entwickelte, besonders bemerkenswert, sowie in Anbetracht der Tatsache, daß hier der Einfluß äußerer Umstände und somit der Modus des Erwerbs der Anomalie klar zutage liegt.

Bei an Zwangsvorstellungen leidenden bisexuellen Individuen, bei welchen die heterosexuelle Triebrichtung weit überwiegt und die sexuelle Betätigung ausschließlich in normaler Weise geschieht, kann sich die homosexuelle Komponente (abgesehen von Träumen) lediglich in Zwangsimpulsen äußern, die zum Teil unterdrückt, zum Teil aber auch ausgeführt werden, so z. B. in dem Triebe, Pissoirs oder andere Örtlichkeiten aufzusuchen, an welchen sich Gelegenheit findet, die Genitalien von Männern zu sehen.

2. Ein Zustand exklusiver Homosexualität. Sexuelle Regungen werden ausschließlich durch Personen männlichen Geschlechts wachgerufen. Die Gefühle diesen gegenüber beschränken sich nicht auf das sexuell sinnliche Element; auch alle Nuancen erotischer Neigungen, von der einfachen Sympathie bis zur glühendsten Liebesleidenschaft und abgöttischer Verehrung für Personen des gleichen Geschlechtes kommen nicht selten vor.

Beobachtung.

Herr X., 23 Jahre alt, Kommis, stammt nach seiner Erzählung von geistig völlig normalen Eltern. Sein Vater starb im Alter von 52 Jahren an Lungenentzündung, seine Mutter mit 40 Jahren angeblich an Gehirnentzündung. In seiner ganzen Familie sollen Geistes- und Nervenkrankheiten nicht vorgekommen sein; doch sind diese Angaben, da er über die Gesundheitsverhältnisse eines Teiles der Familienmitglieder nicht näher unterrichtet ist, nicht ganz zuverlässig. Herr X. hat außer Kinderkrankheiten keine erhebliche Krankheit durchgemacht. Nach dem Tode seiner Eltern kam er, 13 Jahre alt, in ein von katholischen Geistlichen geleitetes Erziehungsinstitut, wo er bis zu seinem 18. Lebensjahre verblieb. Dort verkehrten die Knaben sehr viel onanistisch untereinander, und er wurde ebenfalls zu dem Laster verleitet. Nach dem Verlassen des Pensionates trat Patient als Lehrling in ein Geschäft, in welchem er zwei Jahre lang verblieb, worauf er seiner zweijährigen Militärpflicht Genüge leistete. Zur Zeit hat er in einem hiesigen Geschäfte eine Stelle als Kommis. Was den Patienten veranlaßt, meinen Rat in Anspruch zu nehmen, ist sein sexuelles Verhalten. Er ist, wie er selbst angibt, konträrsexual, und diese Anomalie macht sich bei ihm bereits seit einer Reihe von Jahren deutlich geltend. Ob dieselbe erst in dem Pensionate infolge mutueller Onanie entstand, oder ob schon früher Andeutungen konträrsexualer Neigungen bei ihm vorhanden waren, geht aus den Angaben des Patienten nicht mit Sicherheit hervor. Er selbst ist der Ansicht, daß die im Pensionate allgemein geübte Onanie an der Entwicklung seiner perversen Neigungen die Hauptschuld trägt. Für weibliche Personen hat er keinerlei Interesse, dagegen ausgesprochenes Verlangen nach Verkehr mit männlichen Individuen und zwar speziell mit jungen Leuten von 16—20 Jahren. Seine Begierde ist jedoch lediglich auf mutuelle Onanie gerichtet; Päderastie wird mit Entschiedenheit in Abrede gestellt. Patient sieht die Perversion seines Sexualtriebes völlig ein und wünscht, von derselben befreit zu werden. Bisher gelang es ihm nur einmal, mit einer weiblichen Person den Koitus auszuüben. Es war dies nach einer Karnevalsunterhaltung (Alkoholwirkung?) und die Betreffende befand sich in Knabenkleidung. Patient wurde einige Zeit, und, wie es schien, nicht ohne Erfolg, hypnotisch behandelt.

Beobachtung.

Herr X. aus W. (England), 27 Jahre alt, wurde mir von einem auswärtigen Kollegen zur Untersuchung überwiesen, weil bei dem Patienten Verdacht auf Tabes bestand. Herr X. ist erblich schwer belastet; sein Vater starb in einer Irrenanstalt, seine noch lebende Mutter ist sehr nervös. Eine Schwester desselben war zeitweilig melancholisch. Patient hat als Kind Masern und Scharlach und im Alter von 16 Jahren eine Pneumonie durchgemacht. Mit 9 oder 10 Jahren begann er, verleitet von einem älteren Spielkameraden, zu masturbieren. Mit 14 oder 15 Jahren machten sich bereits neben erheblicher Libido deutlich homosexuelle Neigungen geltend, auf deren Entwicklung der Umstand von Einfluß gewesen sein mag, daß der Patient auf dem Lande aufwuchs und wenig Umgang mit weiblichen Personen hatte. Den homosexuellen Drang, der mit den Jahren immer mächtiger wurde, befriedigte Patient anfänglich nur durch mutuelle Masturbation, seit einer Reihe von Jahren aber zum Teil (wahrscheinlich sogar ganz vorwaltend) durch Päderastie, was durch den Umstand erleichtert wird, daß Patient sich sehr viel auf Reisen befindet und dabei vorzugsweise sich in Großstädten aufhält, wo ihm bei seinen Geldmitteln die männliche Prostitution jederzeit zur Verfügung steht. Daneben übt aber Patient, um seiner Libido nimia Genüge zu leisten, auch reichlich Masturbation. Vor vier Jahren wurde Patient und zwar jedenfalls auf päderastischem Wege infiziert. Dieser Umstand hat seinen perversen Inklinationen nicht den geringsten Eintrag getan. Personen weiblichen Geschlechtes haben Herrn X. nie irgend ein Interesse eingeflößt; mit solchen sexuell zu verkehren, ist ihm ganz unmöglich. Der Gedanke an etwas Derartiges flößt ihm schon Abscheu ein. In dem homosexuellen Verkehre andererseits erblickte er weder etwas Unmoralisches, noch etwas Krankhaftes. Er weist daher auch den Gedanken einer Behandlung in dieser Richtung entschieden von sich. Auch die aus dem Verkehre mit männlichen Prostituierten erwachsenden sozialen und strafrechtlichen Gefahren lassen Herrn X. völlig gleichgültig. Alle Vorstellungen, die man ihm in dieser Beziehung macht, sind nutzlos. Bei dem Patienten, welcher, wie es scheint, in intellektueller Hinsicht gut begabt ist, besteht offenbar ein moralischer Defekt. Nervöse Beschwerden sind bei Herrn X., und zwar wohl infolge sexueller Überanstrengungen, vorübergehend schon zu Beginn der 20er Jahre aufgetreten (Kopfdruck, Rückenschmerzen, Schwäche in den Beinen usw.). In den letzten zwei Jahren haben sich solche Beschwerden dauernder eingestellt und namentlich seit einem Vierteljahre bedeutend gesteigert. Es bestehen u. a. Rückenschmerzen und ein Gefühl von Schwäche im Rücken, sehr hartnäckige Parästhesien an den Beinen (Kälte, Taubheitsgefühle usw.), rasches Ermüden und eine gewisse Unsicherheit in den Beinen beim Gehen, ferner öfters intensive Kopfschmerzen und leichte Schwindelanfälle; auf psychischem Gebiete zeitweilig Verstimmungszustände und hochgradige Reizbarkeit (letztere Erscheinungen schon in früheren Jahren nicht ganz selten).

Patient ist ein großer, schlank, aber kräftig gebauter Mann, der in seiner äußeren Erscheinung den männlichen englischen Typus gut repräsentiert: Gesichtszüge von energischem, männlichen Charakter, Bartwuchs spärlich. Seitens des Nervensystems außer Steigerung des Kniephänomens und der Bauchreflexe nichts nachweisbar.

In den vorgeschrittenen Stadien zeigt der Urning, namentlich wenn derselbe die passive Rolle spielt, weibliche Neigungen und eine mehr minder ausgesprochene Imitation des weiblichen Wesens. Auch der Charakter kann eine Veränderung ins Weibische erfahren (Putzsucht, Gefallsucht, Lügenhaftigkeit usw.).

3. Die Veränderung des psychischen Wesens kann noch weiter gehen, so daß

die ganze Richtung des Denkens, Fühlens und Wollens den weiblichen Typus annimmt. Man spricht in diesen Fällen von Effeminatio [1]).

Mit den der 2. und 3. Stufe angehörigen psychosexualen Anomalien kann sich eine mehr oder minder ausgesprochene Annäherung der Körperform an den weiblichen Typus (Androgynie) verknüpfen.

Die Körperkonturen sind abgerundeter als beim normalen Manne, die Haut zarter, der Bartwuchs dürftig. Hirschfeld legt besonderes Gewicht auf das Verhältnis des Schultergürtels zum Beckengürtel. Während beim normalen Manne der Schultergürtel etwas breiter ist als der Beckengürtel, begegnet man beim urnischen Manne oft dem umgekehrten Verhalten, wie es für das Weib normal ist [2]). Daß es sich bei der Androgynie um eine Anpassung des Körpers an den psychischen Habitus handelt, erscheint mit Rücksicht auf die Beteiligung der Skeletteile ausgeschlossen. Die vorliegenden Beobachtungen weisen entschieden darauf hin, daß die Abweichung der Körperform vom männlichen Typus ebenso durch erbliche Veranlagung bedingt ist wie die psychische Anomalie, und beide koordinierte Erscheinungen bilden. Nachstehende Beobachtung aus meiner Praxis betrifft einen Urning mit sehr ausgeprägtem androgynem Typus.

Beobachtung.

M. B., Bauernsohn aus H. (Oberbayren), 33 Jahre alt, ist wahrscheinlich erblich neuropathisch belastet. Sein Vater starb mit 72 Jahren an einem Lungenleiden, seine Mutter in den 40er Jahren (Ursache unbekannt). Von 10 Geschwistern ist nur eine Stiefschwester am Leben, 9 starben in den ersten Lebensjahren angeblich an Krämpfen. Patient war schon als Knabe kränklich und nervenschwach. Während der Schulzeit litt Patient zweimal an akutem Gelenkrheumatismus. Konträrsexuale Neigungen zeigten sich bei ihm schon von Jugend auf, doch machen sich dieselben erst seit 8 Jahren stärker geltend. Er hatte vorher Männern gegenüber kein ausgesprochen sexuelles Verlangen empfunden; erst vor 8 Jahren kam es bei ihm beim Verkehre mit einem Manne, an den er sich wegen eines ihm sympathischen Äußeren näher anschloß, zu Erektionen. Er erfuhr damals Näheres über das sexuelle Verhalten einer verstorbenen hochgestellten Persönlichkeit, hierdurch wurde er auf das Pathologische seines eigenen Zustandes aufmerksam gemacht und veranlaßt, sich über denselben durch Lektüre Aufklärung zu verschaffen. Er las unter anderem Molls Schrift über konträre Sexualempfindung. Patient hat sich bis jetzt auf Umarmung und mutuelle Masturbation beschränkt. Die solitär geübte Masturbation verschaffte ihm keine rechte Befriedigung. Wenn er Bier trinkt und sich dabei unter Männern befindet, ist die sexuelle Erregung sehr groß. Während des Sommers macht sich die Belästigung durch homosexuellen Drang immer am meisten bemerklich. In bezug auf das weibliche Geschlecht bemerkt Patient, daß ihm ein gewisser Typus von Frauenzimmern zwar besser gefällt als ein anderer, daß er jedoch mit keiner weiblichen Person geschlechtlichen Verkehr üben könnte. Patient hat vollkommene Krankheitseinsicht bezüglich seiner sexuellen Perversion;

---

[1]) v. Krafft-Ebing nahm noch eine 4. Entwicklungsstufe der Anomalie an, welche dadurch zustande kommt, daß auf Grund schwerer erblicher Belastung die Wahnidee geschlechtlicher Verwandlung sich bildet (Metamorphosis sexualis paranoica). Da es sich hier um eine Form der Paranoia handelt, können wir die in Frage stehenden Fälle nicht mehr als hierher gehörig betrachten, wo wir lediglich die Anomalien des Geschlechtstriebes behandeln.

[2]) In neuerer Zeit hat Arthur Weil durch exakte Messungen den Nachweis der kongenitalen Verschiedenheit im Körperbau des Homo- und des Heterosexuellen zu liefern versucht. Er berücksicht hierbei nur zwei Verhältnisse, das des Ober- zum Unterkörper, gemessen vom Scheitel bis zum Ende der Wirbelsäule und von diesem bis zum Boden, sowie das Verhältnis der Schulter zur Hüftbreite. Er fand, daß 95% aller untersuchten männlichen Homosexuellen in dem Verhältnis der Ober- zur Unterlänge von dem heterosexuellen Durchschnitt abwichen und zwar betrug das Durchschnittsverhältnis 100:108. Ferner ergab sich, daß die homosexuellen Proportionen Schulter: Hüftbreite nach der weiblichen Seite hin verschoben sind, da das Durchschnittsverhältnis bei Frauen 100:97 ist gegenüber dem heterosexuellen männlichen Durchschnitt von etwa 100:81. (A. Weil: Jahrbuch für sexuelle Zwischenstufen 1921. Heft 3 u. 4. S. 113.)

er verkennt auch die Gefahren nicht, welche dieselbe für ihn in gesundheitlicher und sonstiger Beziehung in sich schließt.

Die Untersuchung ergibt: Großes, schlankes und auffallend grazil gebautes Individuum mit ausgesprochen weiblichen Gesichtszügen. Bart rasiert; Hals lang und schmächtig; leichte Skoliose. Die Brust ziemlich behaart, dabei jedoch sehr bedeutende Entwicklung der beiden Mammae, so daß die vordere Thoraxpartie entschieden weiblichen Habitus zeigt. Das Fettpolster an den Armen und dem Rumpfe dürftig, die Muskulatur an den Armen straff, aber nicht sehr voluminös, Hände und Füße klein. Penis gut entwickelt, keine Phimosis, Hoden etwas klein. Kremaster- und Bauchreflex sehr lebhaft. Im übrigen seitens des Nervensystems nichts Bemerkenswertes, ebenso auch betreffs der Organe der Brust- und Bauchhöhle.

Von manchen neueren Autoren wird, wie wir noch sehen werden, neben der echten Homosexualität eine scheinbare, i. e. Pseudo-Homosexualität unterschieden. Die Individuen, bei welchen sich letztere zeigt, besitzen von Hause aus einen normalen heterosexuellen Trieb, befriedigen aber ihre sexuellen Bedürfnisse wegen Mangel an Gelegenheit zum Verkehr mit weiblichen Personen durch homosexuelle Betätigungen. In Internaten, Gefängnissen, Kasernen und auf Schiffen begegnet man begreiflicherweise am häufigsten dieser Scheinhomosexualität. Die Betreffenden wenden sich gewöhnlich dem normalen Geschlechtsverkehr wieder zu, wenn ihnen solcher möglich wird; nur in ganz vereinzelten Fällen bleibt die Neigung zu homosexueller Befriedigung dauernd. Daß Übersättigung am normalen geschlechtlichen Verkehr zur Pseudo-Homosexualität führt, dürfte gegenwärtig eine große Seltenheit bilden. Früher mag Derartiges häufiger vorgekommen sein [1]).

Man hat mit Rücksicht auf die Verschiedenheiten der somatischen Charaktere der Homosexuellen einen femininen und einen virilen Typus unterschieden, doch mangelt auch bei den Vertretern des letzteren Typus ein gewisser weiblicher Einschlag zumeist nicht. Zugleich muß jedoch betont werden, daß die vollste Männlichkeit der Körperform sich mit dem ausgeprägtesten Urningtum verbinden kann. Über die relative Häufigkeit der Vertreter der beiden Typen sind die Meinungen verschieden. Meißner neigt der Ansicht zu, daß der feminine Typus erheblich überwiegt, während Bloch glaubt, daß virile und feminine Urninge sich ungefähr gleich häufig finden.

Was die Auffassung der Homosexuellen bezüglich der bei ihnen bestehenden Perversionen betrifft, so kann volle Erkenntnis der Abnormität ihrer Triebrichtung bei allen Entwicklungsstufen vorhanden sein. Diese Erkenntnis fehlt bei den leichteren Formen niemals, aber auch dem Effeminierten kann der Widerspruch zwischen der Richtung seines Sexualtriebes und seiner männlichen Körperbeschaffenheit als etwas Abnormes oder Krankhaftes zum Bewußtsein kommen. Bei den typischen Urningen besteht jedoch die Auffassung sehr häufig, daß ihr geschlechtliches Fühlen, wenn auch von dem anderer männlicher Individuen abweichend, doch in seiner Art dem gewöhnlichen (heterosexuellen) gleichberechtigt und deshalb weder unmoralisch noch krankhaft sei. Die Urninge dieser Kategorie wollen nach meiner Erfahrung konsequenterweise auch von einer Behandlung ihrer Anomalie nichts wissen; sie sind mit ihrer perversen Neigung ebenso zufrieden wie der Heterosexuelle mit seiner normalen Libido.

Die Stärke des Geschlechtstriebes zeigt bei Homosexuellen ähnliche Schwankungen wie bei Heterosexuellen. Man begegnet ebensowohl Individuen, bei welchen derselbe sehr schwach entwickelt, wie solchen, bei welchen er von abnormer Stärke ist. Häufig, doch keineswegs immer, ist sexuelle Frühreife zu konstatieren.

---

[1]) Es sei hier beispielsweise auf die Mitteilungen in den Briefen der Liselotte über die Verhältnisse am Hofe Ludwig XIV. hingewiesen.

Was die Arten sexueller Befriedigung bei homosexuellen Männern anbelangt, so ist vor allem zu betonen, daß die Päderastie (Koitus per anum), welche man früher als das Gewöhnliche annahm, nach den derzeitigen Erfahrungen relativ selten, nach Hirschfeld in 8%, nach Merzbach nur in 6% der Fälle geübt, und von den moralisch höherstehenden Urningen geradezu verabscheut wird. Bei der großen Mehrzahl der aktiven und passiven Päderasten spielt das Urningtum keine Rolle. Bei ersteren handelt es sich zumeist um Befriedigung einer abnorm starken Libido bei Mangel eines weiblichen Objektes, weit seltener jedenfalls um eine durch sexuelle Ausschweifungen bedingte Abstumpfung für den normalen Geschlechtsverkehr. Die passiven Päderasten andererseits gehören zumeist der Klasse der männlichen Prostituierten an, der es lediglich um Gelderwerb zu tun ist. Diese Individuen zählen zu dem gefährlichsten Gesindel, welches unsere Großstädte beherbergen. Nach den Ermittelungen der kompetentesten Beobachter, mit welchen meine Erfahrungen übereinstimmen, findet bei den Homosexuellen am häufigsten mutuelle Onanie statt, neben der auch der C. inter femora und in os (Fellation) sowie der sogenannte Zungenkuß figurieren. Ethisch hochstehende Homosexuelle mit geringer Libido beschränken sich auf Küsse und Umarmungen. Da sich die Homosexualität auch mit anderen Perversionen (Sadismus, Masochismus, Fetischismus) nicht selten verknüpft, fehlt es bei Urningen auch nicht an diesen Kombinationen entsprechenden perversen Sexualakten.

Über die Häufigkeit der Homosexualität wurden von Hirschfeld und v. Römer Untersuchungen angestellt. Nach einer Berechnung Hirschfelds, welche sich auf die Ergebnisse einer bei den Studierenden der Charlottenburger Hochschule und 5700 Metallarbeitern angestellten Enquête, sowie auf die Resultate einer von Dr. v. Römer bei Amsterdamer Studierenden vorgenommenen Umfrage und verschiedene Stichproben stützt, sollen auf 100 000 Einwohner 5400 sexuell abweichend Veranlagte und unter diesen 1500 rein Homosexuelle, also $1^1/_2$% sich finden [1]). Das Material, auf welches Hirschfeld seine Berechnungen stützte, ist jedoch, wie schon Bunke und Moll gezeigt haben, keineswegs einwandfrei. Es liegt auch nahe, daß die Berechnungen, welche für Berlin und Umgebung eine gewisse Geltung besitzen mögen, sich nicht ohne weiteres auf die Bevölkerung des ganzen Deutschen Reiches und namentlich nicht auf die Landbevölkerung ausdehnen lassen. Ich möchte nach meinen Erfahrungen den Prozentsatz der Homosexuellen speziell in München und Oberbayern für erheblich geringer taxieren, als nach den Berechnungen Hirschfelds anzunehmen wäre. Aus letzteren können wir bei genauerer Prüfung aller in Betracht kommenden Verhältnisse nur so viel entnehmen, daß die Homosexualität erheblich verbreiteter ist, als man früher gemeinhin annahm, und die mit ihr Behafteten in Deutschland jedenfalls nach Hunderttausenden zählen.

Die homosexuelle Veranlagung offenbart sich oft schon im Kindesalter. Knaben zeigen auffallende Vorliebe für weibliche Beschäftigung und Spiele, Mädchen bekunden in ihren Neigungen und ihrem Benehmen Knabennatur. In der Pubertätszeit bleibt bei Knaben der Stimmwechsel mitunter ganz aus, häufig tritt derselbe auch verspätet ein und erstreckt sich über längere Zeit, während bei homosexuellen Mädchen um die Pubertätszeit öfters eine tiefere Stimmlage eintritt. Nach Hirschfeld soll bei urnischen Knaben während der Pubertät öfters schmerzhaftes Anschwellen der Brüste beobachtet werden.

---

[1]) In späteren Publikationen taxiert Hirschfeld die Zahl der Homosexuellen in unserer Bevölkerung auf 2%.

Es mangelt aber auch nicht an Fällen, in welchen die Homosexualität sich scheinbar erst in späterem Lebensalter geltend macht. Von v. Krafft-Ebing wurde nachgewiesen, daß in einem Teile dieser Fälle Anzeichen konträrer Sexualempfindung schon während der Pubertätszeit und selbst vor dieser bestehen. In einem weiteren Teile der hierhergehörigen Fälle handelt es sich nach dem Autor um bisexuell Veranlagte, bei welchen die ursprünglich vorherrschende heteroexuelle Neigung durch äußere Umstände (Furcht vor Ansteckung usw.) in den Hintergrund gedrängt wurde. Zu ähnlichen Anschauungen gelangte Naecke. Nach diesem Autor bildet die tardive Homosexualität eine bisexuelle Form des Uranismus, bei welcher die homosexuelle Komponente nach einer Periode der Latenz oder schwacher Ausbildung prädominierend wird. Die meisten der tardiv auftretenden Fälle gehören jedoch nach Naecke der Pseudo-Homosexualität an.

Die Frage nach der Entstehung der Homosexualität beschäftigte schon im griechischen Altertum denkende Köpfe, wie aus den Ausführungen des Aristophanes in Platons Gastmahl zur Genüge erhellt und es ist sehr merkwürdig, daß der Mythos, den Aristophanes zur Erklärung des Urningtums heranzieht, Anklänge an eine Theorie (Bisexualitätstheorie) enthält, die in neuerer Zeit in den Schriften über Homosexualität eine erhebliche Rolle spielt.

Man hat, seitdem die wissenschaftliche Erforschung der Homosexualität von einer größeren Anzahl von Ärzten in Angriff genommen wurde, der Ätiologie dieses Zustandes besondere Aufmerksamkeit gewidmet, doch bildet in der Lehre von der Homosexualität gerade die Ätiologie zur Zeit noch den strittigsten Teil. Daß die Auffassungen auf diesem Gebiete noch auseinandergehen, erklärt sich zum Teil jedenfalls aus dem Umstande, daß die einzelnen Forscher ihre Ansichten auf die Beobachtungen stützen, die sie an dem von ihnen untersuchten Homosexuellen machen konnten.

Der Irren- und Nervenarzt, an den sich Homosexuelle lediglich als Kranke wenden, muß in manchen Beziehungen über diese zu einem anderen Urteil gelangen, als Ärzte, die, wie z. B. einzelne Berliner Kollegen, Gelegenheit haben, eine Menge Konträrsexualer in den verschiedensten Lebensstellungen kennen zu lernen, ohne daß hierbei ärztliche Hilfe in Anspruch genommen wird. Immerhin ist nicht zu verkennen, daß in neuerer Zeit das eingehendere Studium des körperlichen und seelischen Verhaltens einer großen Anzahl von Homosexuellen eine Annäherung der Auffassung der Mehrzahl der Forscher, die sich mit der Homosexualität beschäftigen, herbeigeführt hat.

Das Problem der Genese der Homosexualität umfaßt eine Anzahl von Fragen, die eng miteinander zusammenhängen und deren Beantwortung weit über die wissenschaftliche Erklärung der Inversion hinausgeht. Es handelt sich darum: Ist die Homosexualität eine an- resp. eingeborene oder eine lediglich erworbene Anomalie, oder bestehen beide Möglichkeiten nebeneinander, oder endlich ist zur Entstehung der Homosexualität zwar eine angeborene Anlage erforderlich, deren Entwicklung jedoch von der Einwirkung besonderer okkasioneller Momente abhängt?

Soweit die genetische Seite des Problems, zu der die physio-pathologische kommt: Ist die Homosexualität als Krankheitserscheinung oder als Äußerung der Entartung zu betrachten, oder bildet sie lediglich eine seltene Variation im Bereiche des Normalen, also eine dem heterosexuellen Triebe gleichwertige Erscheinung? Sind die Träger der Homosexualität gewöhnlich noch mit anderen Krankheits- oder Entartungssymptomen auf psychisch-nervösem oder körperlichem Gebiete behaftet oder finden sich auch unter ihnen Individuen in größerer oder geringerer Zahl, die, abgesehen von ihrer Inversion, weder auf körperlichem noch auf seelischem Gebiete von der Norm abweichen?

Wir sehen, das Problem der Genese der Homosexualität enthält Punkte, die von der größten Wichtigkeit für die Beurteilung der Homosexuellen als Glieder der Gesellschaft und der ihnen im Rechtsstaate zukommenden Stellung sind.

Wie wir erwähnten, gelangten schon Caspar, Tardieu und Westphal zu der Anschauung, daß die Homosexualität eine auf angeborener Anlage beruhende Anomalie sein kann. Mit besonderem Nachdruck hat v. Krafft-Ebing lange Zeit diese Ansicht vertreten. Die Homosexualität sollte nur in einer Minderzahl der Fälle eine meist auf Grund neuropathischer Disposition erworbene Anomalie des Geschlechtstriebes, überwiegend dagegen Äußerung einer angeborenen abnormen psychosexuellen Veranlagung, sohin ein funktionelles Degenerationszeichen sein. Für die angeborene Natur des Urningtums führte der Autor eine Reihe von Momenten an: Präkozität und abnorme Stärke des Geschlechtstriebes, auffällig frühzeitiges Hervortreten konträrsexualer Regungen, namentlich zwischen dem 5. und 15. Lebensjahre und vor Übung der Masturbation, Vorhandensein anderweitiger funktioneller und anatomischer Degenerationszeichen.

Die hier erwähnte frühere Auffassung v. Krafft-Ebing fand in Möbius und Forel sehr entschiedene Verfechter. Möbius ging in seinen Ansichten noch etwas über v. Krafft-Ebing hinaus, indem er bemerkte: „Alle Abweichungen des Geschlechtstriebes sind Formen der Entartung; es gibt keinen Unterschied zwischen angeborener und erworbener Anlage.“ Die Gründe, welche man für das Vorkommen erworbener Homosexualität anführt, sind nach Möbius nicht stichhaltig. Die okkasionellen Momente, welche die Abweichung des Geschlechtstriebes bedingen sollen, äußern nur dann eine Wirkung, wenn der Mensch eine bestimmte Anlage hierfür mitbringt. Möbius betrachtete auch die bei den alten Griechen so verbreitete Knabenliebe als eine Äußerung der Entartung und glaubte, daß die Athener nach Perikles in bezug auf Degenerationserscheinungen den heutigen Parisern viel ähnlicher waren, als man gewöhnlich denkt. Er hielt auch das Vorkommen von Entartung bei den sogenannten Naturvölkern für keineswegs ausgeschlossen. Zur Stütze seiner Auffassung erwähnte Möbius, daß bei den Abweichungen des Sexualtriebes stets erbliche Belastung besteht und auch außerhalb des Gebietes des Geschlechtlichen stets körperliche und geistige Zeichen der Entartung nachzuweisen sind.

Nach Forel ist und bleibt das Urningtum wenigstens in der weitaus überwiegenden Zahl der Fälle das Produkt abnormer sexueller psychopathischer Anlagen. Nahezu alle Urninge sind, abgesehen von ihrer sexuellen Abnormität, mehr oder minder ausgeprägte Psychopathen, deren Geschlechtstrieb in der Regel gesteigert ist.

Ähnlich ist die Auffassung anderer Irrenärzte. Für die erworbene Natur der Homosexuellen traten insbesondere v. Schrenck-Notzing und Iwan Bloch ein. v. Schrenck-Notzing bemerkt, daß zweifellos bei der großen Mehrzahl Konträrsexualer eine angeborene (hereditäre) neuropsychopathische Belastung besteht, aber nie allein imstande ist, die perverse Richtung des Sexualtriebes zu bestimmen. Die abnorme Determination des sexualen Empfindens auf bestimmte Objekte ist nach v. Schrenck-Notzing nie angeboren, sondern durch zufällige okkasionelle Momente (Schädlichkeiten) bedingt. Der Autor betonte zugleich, daß als solche Schädlichkeiten nicht lediglich mutuelle Onanie und solitäre Masturbation mit homosexuellen Vorstellungen in Betracht kommen, sondern auch das Zusammenfallen geschlechtlicher Erregungen mit gewissen Sinneseindrücken wirksam werden kann.

Iwan Bloch bekannte sich zu der Ansicht, daß die verschiedenen Abweichungen des Sexualtriebes nicht krankhafte Äußerung einer angeborenen oder ererbten Anlage, sondern erworbene Anomalien seien. Speziell in bezug auf die Homosexualität betonte er, daß dieselbe nicht immer ein Zeichen von Krankheit oder Entartung, sondern meist, wenn nicht immer, im Leben erworben sei. Als wichtigste, die homosexuelle Triebrichtung bestimmende Momente führte er an: Übersättigung, Onanie, Furcht vor Geschlechtskrankheiten, abnorme Beschaffenheit der Analgegend, Flagellation, künstliche Verweiblichung des Mannes, psychische Infektion durch das Uriningtum selbst, bei Weibern auch Ekel vor der Geschlechtsgier des Mannes, falsche Emanzipationsbestrebungen. Von manchen Seiten wurden auch die Erfolge der Suggestivbehandlung bei Homosexualität gegen die angeborene Natur dieser Anomalie geltend gemacht.

In einer späteren Arbeit (Jahrbücher für sexuelle Zwischenstufen 1901, Bd. 3, S. 5) hat v. Krafft-Ebing seine Entartungstheorie der Homosexualität in einer Weise eingeschränkt, die einem Aufgeben gleichkommt. „Der Erkenntnis gegenüber, daß die konträre Sexualität eine eingeborene Anomalie, eine Störung in der Evolution des Geschlechtslebens qua monosexualer und der Artung der Geschlechtsdrüsen kongruenter seelisch-körperlicher Entwicklung darstellt, läßt sich der Begriff der „Krankheit" nicht festhalten. Viel eher kann man hier von einer Mißbildung sprechen und die Anomalie mit körperlichen Mißbildungen, z. B. anatomischen Abweichungen vom Bildungstypus, in Parallele stellen. Damit ist aber der Annahme einer gleichzeitigen Psychopathie nichts präjudiziert, denn Personen, welche derartige anatomische und auch funktionelle Abweichungen vom Typus (Stigmata degenerationis) darbieten, können zeitlebens physisch gesund bleiben, ja selbst überwertig sein.

Daß die konträre Sexualempfindung an und für sich nicht als psychische Entartung oder gar Krankheit betrachtet werden kann, geht u. a. daraus hervor, daß sie sogar mit geistiger Superiorität vereinbar ist. Beweis dafür Männer bei allen Nationen, deren konträre Sexualität festgestellt ist und die gleichwohl als Schriftsteller, Dichter, Künstler, Feldherren, Staatsmänner, der Stolz ihres Volkes sind.

Ein weiterer Beweis dafür, daß die konträre Sexualempfindung nicht Krankheit, aber auch nicht lasterhafte Hingabe an das Unsittliche sein kann, liegt darin, daß sie alle die edlen Regungen des Herzens, welche die heterosexuale Liebe hervorzubringen vermag, ebenfalls entwickeln kann in Gestalt von Edelmut, Aufopferung, Menschenliebe, Kunstsinn, eigene schöpferische Tätigkeit usw., aber auch die Leidenschaften und Fehler der Liebe (Eifersucht, Selbstmord, Mord, unglückliche Liebe mit ihrem deletären Einfluß auf Seele und Körper usw.)."

Von den Autoren, welche die Homosexualität als erworbene Anomalie der sexuellen Triebrichtung betrachteten, hat Iwan Bloch in späteren Publikationen seine Ansicht wesentlich modifiziert. Er ist dahin gelangt, eine echte und eine Pseudo-Homosexualität zu unterscheiden. Erstere ist nach seiner Ansicht „angeboren, originär, dauernder Wesensausfluß der Persönlichkeit, die Pseudo-Homosexualität dagegen eine entweder äußerlich suggerierte, vorübergehende, nicht mit dem Wesen der Persönlichkeit verknüpfte gleichgeschlechtliche Empfindung oder gar nur eine scheinbare durch Hermaphroditismus oder andere körperliche und psychische Abnormitäten vorgetäuschte Homosexualität".

Für die Entstehung der Homosexualität können nach Bloch die Geschlechtsteile und Keimdrüsen nicht bestimmend sein, da bei völlig normalem männlichen Geschlechtsapparate Homosexualität auftritt. „Auch das Gehirn an sich kann bei der echten Homosexualität nicht das Bestimmende sein, da trotz stärkster absichtlicher und unabsichtlicher heterosexueller Einflüsse auf Denken und Phantasie doch die Homosexualität nicht auszurotten ist und sich weiter entwickelt."

Mit Rücksicht auf das Auftreten homosexueller Neigungen vor der Pubertät neigt er zu der Annahme, daß die Anomalie der Triebrichtung durch eine Veränderung eines zwar mit der Sexualität, aber nicht direkt mit den Keimdrüsen zusammenhängenden physiologischen Vorganges herbeigeführt wird. Bloch glaubt, daß es sich hierbei um irgendwelche, vielleicht schon embryonale Störungen des Sexualchemismus handelt, und daß diese Annahme eine Erklärung dafür liefern würde, daß die Homosexualität so oft als vereinzelte Erscheinung in völlig gesunden Familien auftritt.

Auch Magnus Hirschfeld tritt für die angeborene Veranlagung der Homosexualität ein, aber auf Grund eines eigenartigen Ideenganges. Die Homosexualität gehört nach dem Autor zu den Übergangserscheinungen, die auf dem Gebiete der Geschlechtsunterschiede sich finden und mit der ursprünglichen bisexuellen Anlage des Menschen zusammenhängen. Wenn auch die Beschaffenheit der Geschlechtsorgane über die Zugehörigkeit des einzelnen Individuums zu dem einen oder anderen Geschlechte gewöhnlich keinen Zweifel läßt, findet sich doch in jedem Manne und jedem Weibe eine Mischung von Charakteren beider Geschlechter, in welcher je nach der stärkeren oder geringeren Ausprägung des Geschlechtstypus das spezifisch Männliche oder spezifisch Weibliche mehr oder weniger überwiegt. Auch im Bereiche der sexuellen Neigungen finden sich, wie wir bereits gesehen haben, zahlreiche Übergänge von den rein heterosexuellen bis zur rein homosexuellen Triebrichtung, so daß die letztere nur das Endglied einer Reihe von Zwischenstufen bildet. In neuerer Zeit hat Hirschfeld seine Anschauung, daß die Homosexualität auf einer spezifischen angeborenen Konstitution beruht, hauptsächlich durch Steinachs Arbeiten zu stützen versucht; er legt hierbei großes Gewicht auf die Unterschiede in der histologischen Struktur der Hoden, welche die Homosexuellen gegenüber den Normalen aufweisen sollen. Wie es sich mit diesen Unterschieden verhält, werden wir an späterer Stelle ersehen. (S. Hirschfeld, Sexualpathologie. II. Bd. S. 216). Die auch von Michaelis adoptierte Bisexualitäts- oder Zwischenstufentheorie, für welche der unglückliche Weininger die Priorität in Anspruch nahm, ist, wie Bloch mit Recht hervorhebt, keineswegs neueren Datums; sie wurde schon von einem Schriftsteller des 18. Jahrhunderts, Heinse, in seinem Werke Ardinghello vertreten.

Moll läßt die meisten der Momente, welche man zugunsten der eingeborenen Natur der Homosexualität angeführt hat, nicht gelten. Für weit wichtiger hält er den Umstand, daß die normale Richtung des Geschlechtstriebes als eine eingeborene Eigenschaft betrachtet werden muß. Sie zählt nach seiner Ansicht zu den sekundären Geschlechtscharakteren wie viele körperliche und seelische Eigenschaften des Menschen. Das gleiche ist für die homosexuelle Triebrichtung anzunehmen. Sie läßt sich als einen eingeborenen konträrentwickelten Geschlechtscharakter betrachten, eine Annahme, die jedoch nicht für alle Fälle nötig ist, da auch okkasionelle Momente bei der Entwicklung der Homosexualität eine Rolle spielen können. Durch ungünstige Verhältnisse kann eine angeborene

Disposition zur Homosexualität zur Entwicklung gebracht, durch günstige gehemmt werden [1]).

Naecke hält das Vorkommen einer erworbenen Homosexualität nicht für erwiesen. Er unterscheidet nur echte Homosexuelle, deren Triebrichtung auf angeborener Anlage beruht, und Pseudo-Homosexuelle, die bei normalem heterosexuellen Fühlen faute de mieux homosexuelle Akte begehen. Die einzig wahrscheinliche Erklärung der Homosexualität findet der Autor in der Hypothese einer bisexuellen Veranlagung der Geschlechtsempfindung. Während beim Normalen von den beiden Komponenten des Geschlechtstriebes, der homo- und der heterosexuellen, die letztere sehr bald die Überhand gewinnt, ist es bei dem Homosexuellen die erstere, was nach dem Verfasser eine Art Entwicklungshemmung darstellt.

Havelock Ellis verwirft die Bisexualitätstheorie, nach welcher jeder Mensch aus einer schwankenden Mischung von männlichen und weiblichen Elementen bestehen soll. Er hält es für sicher gerechtfertigt, wenn man die Homosexualität als eine Anomalie betrachtet, die auf angeborenen Bedingungen beruht. „Eine eingeborene Homosexualität", bemerkt der Autor weiter, „steht also auf derselben Stufe wie eine biologische Variation, die vielleicht durch unvollständige sexuelle Differenzierung veranlaßt ist, nicht aber einen erkennbaren Zusammenhang mit irgend einem Krankheitszustand des Individuums hat."

Wieder einen anderen Standpunkt nimmt Steinach ein.

Steinach bemerkt hierüber: „Auch die dauernde oder im individuellen Leben auftretende Homosexualität läßt sich auf das Vorhandensein einer zwittrigen Pubertätsdrüse zurückführen, also, wie es Hirschfeld richtig vermutet hat, wenn er von der angeborenen Disposition zur Homosexualität spricht. Innerhalb einer solchen zwittrigen Pubertätsdrüse — nehmen wir den Fall eines männlichen Individuums mit scheinbar normalen Testikeln an — hemmen die an Masse überwiegenden männlichen Pubertätsdrüsenzellen die Wirksamkeit der weiblichen Pubertätsdrüsenzellen und es entwickelt sich zunächst der durchaus männliche Geschlechtscharakter mit all seinen körperlichen Merkmalen. Wenn nun früher oder später aus irgend einer Ursache die männlichen Zellen ihre innersekretorische Funktion einstellen, so werden die vorhandenen weiblichen Zellen durch das Nachlassen der Hemmung „aktiviert". Ebenso wie dadurch der eine oder andere somatische weibliche Geschlechtscharakter hervorgerufen werden kann und etwa eine Mamma entsteht, kann sich der Einfluß auch auf das zentrale Nervensystem allein erstrecken, und nun tritt die urnische Neigung in die Erscheinung."

Die Steinachsche Erklärung der Homosexualität kann aus zwei Gründen nicht als zutreffend erachtet werden. 1. Das Sexualobjekt bei Menschen ist, wie ich a. O. gezeigt habe [2]), in seiner Entwicklung und Art nicht dem der Ratten und Meerschweinchen analog und daher das für diese geltende nicht auf den Menschen zu übertragen. 2. Und insbesondere die Pubertätszellen bei Menschen

---

[1]) In einer späteren Arbeit (Behandlung der Homosexualität) vertritt Moll die Ansicht, daß die Homosexualität angeboren sein kann, aber dies nicht immer der Fall ist; in den Fällen, in welchen sie erworben ist, ist auch ein eingeborener Faktor vorhanden, eine Labilität des Nervensystems. Selbst wenn man nur eingeborene Homosexualität annimmt, bleiben doch noch zahlreiche Fälle übrig, bei denen sie erst durch spätere psychische Einwirkungen zur Entwicklung gebracht wird, so daß man auch hier einen Erwerb annehmen kann.

[2]) S. Löwenfeld: Sexualchemismus und Sexualobjekt. Zeitschr. f. Sexualwissensch. IV. Bd. 5. Heft.

ermangeln, wie wir bereits gesehen haben, der inkretorischen Fähigkeiten und es kann sich daher die urnische Neigung in der von Steinach angeführten Weise nicht entwickeln. Der Autor will auch mikroskopisch histologische Unterschiede im Bau der Hoden von Urningen den Strukturverhältnissen Normaler gegenüber gefunden haben, eine Angabe, welche jedoch von anderer Seite (Stieve) bestritten wird.

Von den bisher angeführten Autoren, welche für die angeborene Natur des Urningtums eintraten, wurden, wie wir sahen, zur Erklärung letzterer verschiedene Hypothesen herangezogen, die uns jedoch keinen Einblick in die Vorgänge verschaffen, welche zur Entwicklung der Homosexualität führen mögen. Das Verdienst, in dieser Richtung einen Fortschritt in unseren Kenntnissen angebahnt zu haben, gebührt Freud, der sich in seinen drei Abhandlungen zur Sexualtheorie auch mit den Perversionen beschäftigt. Freud betont vor allem, daß das Sexualobjekt, d. h. das Objekt (die Person), von dem aus die Libido angeregt und durch welches die Befriedigung derselben angestrebt wird, mit dem Sexualtrieb nicht so innig verknüpft ist, wie man sich gewöhnlich vorgestellt hat.

„Die Erfahrung bei den Invertierten lehrt, daß hier nur eine Verlötung vorliegt, die man unter normalen Verhältnissen leicht übersieht. Der Geschlechtstrieb ist wahrscheinlich zunächst unabhängig von seinem Objekte und verdankt wohl auch nicht den Reizen desselben seine Entstehung."

An der Verursachung der Perversionen hat nach Freud in erster Linie die Verschiedenheit der angeborenen sexuellen Konstitution Anteil, die er durch Überwiegen der einen oder anderen der mannigfachen Quellen der Sexualerregung als bedingt erachtet, doch ist durch die verschiedenen Komponenten der sexuellen Konstitution die Gestaltung des Sexuallebens noch nicht einseitig bestimmt.

Unter den Momenten, welche speziell für die Entwicklung der Homosexualität von Bedeutung sind, spielt die sexuelle Frühreife keine unerhebliche Rolle; diese wird dadurch zu einer Quelle von Störungen, daß sie Sexualäußerungen veranlaßt, die sowohl wegen des Mangels ausreichender Hemmungen als wegen des unentwickelten Genitalsystems nur den Charakter von Perversionen annehmen können. Verstärkt wird der Einfluß der sexuellen Frühreife durch die bei Neurotikern und Perversen nachweisbare erhöhte psychische Haftbarkeit infantiler Sexualerlebnisse. „Die letzteren", schließt der Autor, „(Verführung durch andere Kinder oder Erwachsene in erster Linie), bringen das Material bei, welches mit Hilfe der ersteren (der erhöhten Haftbarkeit) zur dauernden Störung fixiert werden kann. Ein guter Teil der später beobachteten Abweichungen vom normalen Sexualleben ist so bei Neurotikern wie bei Perversen durch die Eindrücke der angeblich sexualfreien Kindheitsperiode von Anfang an festgelegt. In die Verursachung teilen sich das Entgegenkommen der Konstitution, die Frühreife, die Eigenschaft der erhöhten Haftbarkeit und die zufällige Anregung des Sexualtriebes durch fremden Einfluß."

Wie wir sehen, legt auch Freud okkasionellen Schädlichkeiten eine gewichtige ätiologische Bedeutung bei. Ihre Wirksamkeit ist jedoch von dem Vorhandensein anderer Momente abhängig, einer gewissen sexuellen Konstitution, sexueller Frühreife und der gesteigerten Fixierbarkeit der Erinnerungen infantiler Sexualerlebnisse.

Wenn wir nach dem Dargelegten auf die 1. Gruppe von Fragen zurückkommen, die wir eingangs anführten, müssen wir vor allem Klarheit darüber zu erlangen suchen, in welcher Beziehung das Sexualobjekt zum Sexualtrieb steht, wie es sich mit der Beschaffenheit des ersteren verhält und was von demselben auf angeborener (zentraler) Veranlagung beruhen kann. Hier kommt vor allem in Betracht, daß der Geschlechtstrieb (die Libido) des Mannes, des Weibes und des Urnings an sich in seinem Wesen nicht verschieden ist. Verschieden ist lediglich bei beiden Geschlechtern und bei Konträrsexualen von der Norm abweichend das Sexualobjekt, das sich bei näherer Betrachtung als ein Komplex von Vorstellungen erweist [1]). Dieser Komplex ist nicht nur bei beiden Geschlechtern verschieden, sondern variiert auch bei den einzelnen Individuen in gewissem Maße. Wir wissen, daß der Geschmack in sexuellen Dingen verschieden ist, daneben sind jedoch unter normalen Verhältnissen wenigstens gewisse Eigenschaften des Sexualobjektes sehr konstant. Alte und sehr jugendliche Individuen bilden gewöhnlich keinen Gegenstand sexueller Attraktion, ebenso auffallend mißgestaltete und schwerkranke Individuen. Jugend und körperliche Wohlgestalt erhöhen andererseits die sexuelle Attraktionskraft. Der sexuelle Geschmack erfährt im Laufe der Jahre häufig Veränderungen. Was die Libido des jungen Menschen anregt, bleibt oft ohne Wirkung auf den reifen Mann. Das Sexualobjekt des Negers, der noch keine Weiße gesehen hat, ist von anderer Beschaffenheit als das des Europäers; das des Blinden setzt sich aus anderen Elementen zusammen als das des normal Sehenden.

Im Bereiche der Perversionen begegnen wir noch auffälligeren Variationen des Sexualobjektes. Das des Urnings wird, wie wir sahen, oft nur durch einen bestimmten männlichen Typus gebildet. Beim Fetischisten erlangt ein Teil des weiblichen Körpers die Bedeutung des Sexualobjekts usw.

Alle diese Tatsachen weisen darauf hin, daß die Gestaltung des Sexualobjektes in jedem Einzelfalle durch Vorstellungselemente zustande kommt, welche ihren Ursprung in der individuellen Erfahrung haben.

Das Sexualobjekt und damit die Richtung des Sexualtriebes kann demnach nicht durch eine angeborene Anlage bestimmt sein, so sehr dies auch bei dem außerordentlichen Überwiegen der heterosexuellen über die homosexuelle Triebrichtung und dem öfters schon sehr frühzeitigen Hervortreten der letzteren den Anschein hat. Diese theoretischen Erwägungen werden durch die Erfahrung reichlich bestätigt. Der Sexualtrieb des Kindes ist noch völlig objektlos, was sich speziell bei den masturbatorischen Vorgängen, an welchen es schon in den ersten Lebensjahren nicht mangelt, zeigt. In der Entwicklung des Geschlechtstriebes findet sich ferner öfters vor der und um die Pubertätszeit, wie schon erwähnt wurde, ein Stadium der Indifferenziertheit, in welchem das Sexualobjekt schwankt, homo- und heterosexuelle Neigungen nacheinander oder auch nebeneinander auftreten.

Man könnte nach dem Angeführten zu der Annahme gelangen, daß, nachdem das Sexualobjekt auf einem psychischen Erwerb beruht, die Homosexualität nicht durch eine angeborene Anlage bedingt sein kann, sondern eine rein erworbene Anomalie darstellt, welche durch Einwirkung verschiedener okkasioneller Momente während der Jugend des Individuums zustande kommt. Die Erfahrung bestätigt jedoch diese Annahme keineswegs. Unter allen okkasionellen Schädlichkeiten, die nach den bisherigen Ermittelungen für die Ablenkung des Geschlechtstriebes in die homosexuelle Bahn in Betracht kommen können, findet sich keine einzige, die mit Regelmäßigkeit die Inversion nach sich zieht. Den gleichen Schädlichkeiten

[1]) Wir haben hier den Einzelfall im Auge; in diesem erweist sich das Sexualobjekt immer als Komplex von Wahrnehmungen oder von Phantasievorstellungen. Bei allgemeiner Betrachtung ist das Sexualobjekt als Schema oder Begriff einer Person des anderen Geschlechtes aufzufassen, die bestimmte Charaktere besitzen muß.

sind zahlreiche Individuen im Laufe ihres Lebens ausgesetzt gewesen, deren Geschlechtstrieb den heterosexuellen Charakter bewahrte. Auch bei hereditär neuropathisch veranlagten Personen können die fraglichen Schädlichkeiten ohne Einfluß auf die Richtung des Sexualtriebes bleiben. So habe ich mit manchen Nervenleidenden zu tun gehabt, bei welchen trotz hereditär-neuropathischer Konstitution die Erziehung in Pensionaten und in der Jugend mutuell geübte Onanie keine Spur von homosexueller Perversion zur Folge hatte, während hinwiederum in einzelnen anderen Fällen Individuen mit homosexuellen Neigungen an deren Verursachung in der Jugend geübter mutueller Onanie einen wesentlichen Anteil zuschrieben.

Es ist demnach die Annahme, daß der Homosexualität (wenigstens der echten, dauernden) eine angeborene Anlage zugrunde liegt, nicht abzuweisen. Nur dürfen wir nicht glauben, daß mit dieser Anlage allein schon die abnorme Triebrichtung organisch fixiert ist. Zur Entstehung und Fixierung dieser ist vielmehr noch die Einwirkung gewisser Momente während des extrauterinen Lebens des Individuums erforderlich.

Es erhebt sich zunächst nun die Frage, ob die in Betracht kommende Veranlagung oder Konstitution von einer Art ist, daß sie unter den Lebensverhältnissen, denen alle Individuen unterliegen, zur Entwicklung der Homosexualität führt, mit anderen Worten, daß sie an sich diese Anomalie zur notwendigen Folge hat, oder ob die Entwicklung letzterer an die Einwirkung bestimmter Schädlichkeiten gebunden ist. Die bisherigen Erfahrungen gestatten keine ganz präzise Beantwortung dieser Frage; doch will es mir scheinen, daß ohne die Einwirkung bestimmter okkasioneller Momente die Entwicklung der Homosexualität kaum zustande kommt. Bei der anzunehmenden Veranlagung handelt es sich zweifellos um Eigentümlichkeiten der Organisation der nervösen Zentralteile, speziell des Gehirns. Über die Art dieser Eigentümlichkeiten wurden verschiedene Ansichten geäußert. Von manchen Seiten wurde hier die Bisexualitätstheorie und die Vermischung männlicher und weiblicher Charaktere in einem Individuum herangezogen. Die Erfahrung lehrt, wie wir sahen, daß viele Urninge in ihrem psychischen Verhalten, ihren Neigungen und ihrem Charakter sich sehr dem Weibe nähern, und man hat diese Erfahrung in der Behauptung einer Anima mulieris virili corpore inclusa oder weibliches Gehirn im männlichen Körper (Ulrichs) zusammengefaßt. Man könnte sich daher vorstellen, daß die weibliche, resp. weibische psychische Veranlagung unter der Einwirkung gewisser begünstigender okkasioneller Momente (verweiblichende Erziehung, Mangel an Gelegenheit zu natürlichem Geschlechtsverkehr bei früh auftretender Libido, Verführung zur Onanie, speziell zur mutuellen, Furcht vor Ansteckung, Verkehr mit Urningen) zur Entwicklung der Homosexualität führt. Unter den Urningen sind jedoch auch solche vertreten, die in ihrem geistigen Habitus die Züge der Männlichkeit in vollem Maße aufweisen, für welche daher die vorstehende Annahme keine Verwendung finden kann [1]).

Wir wissen auch, daß andererseits Männer von exquisit weibischem psychischen Habitus, wie Weiber von ausgesprochen männlichem Charakter ein völlig normales

[1]) Es ist auch nicht außer Betracht zu lassen, daß viele Urninge sich ihrem Sexualobjekte gegenüber als Mann fühlen und als Sexualobjekt Individuen von weiblichem Habitus bevorzugen. Freud hat darauf hingewiesen, daß bei den Griechen, bei welchen die männlichsten Männer unter den Invertierten sich fanden, offenbar nicht der männliche Charakter des Knaben, sondern dessen körperliche und seelische Annäherung an das Weib die homosexuellen Neigungen anfachte (Freud, 3 Abhandl. zur Sexualtheorie S. 9).

sexuelles Verhalten zeigen können. Man kann daher in der Gehirnorganisation, die dem weiblichen, resp. männlichen Typus sich nähert, nur ein die Entwicklung der Homosexualität begünstigendes Moment erblicken, das keineswegs in allen Fällen vorhanden ist. Allgemeiner verwertbar für die Erklärung der Homosexualität sind die Momente, auf welche Freud hingewiesen hat: eine gewisse sexuelle Konstitution, sexuelle Frühreife und gesteigerte Fixierbarkeit der Erinnerungen infantiler Sexualerlebnisse. Alle diese Momente müssen ihre Grundlage in Eigentümlichkeiten der nervösen Organisation des Individuums haben.

Bezüglich der sexuellen Konstitution möchte ich auf einen Punkt hinweisen, der mir von Belang zu sein scheint: die Auslösung sexueller Erregungen durch Schmerz. Bei manchen Individuen werden die ersten sexuellen Erregungen durch Züchtigungen, insbesondere Schläge auf das Gesäß, mitunter aber auch durch den Anblick solcher Vorgänge angeregt, und Äußerungen, die ich von einzelnen Männern vernahm, weisen darauf hin, daß durch derartige Vorkommnisse der Keim zu einer homosexuellen Triebrichtung gelegt werden kann. Die sexuelle Frühreife findet sich nach meinen Erfahrungen bei Homosexuellen nicht konstant. Daß dieselbe die Entwicklung der Homosexualität begünstigen kann, unterliegt keinem Zweifel. Die erhöhte Haftbarkeit von Sexualerlebnissen, die bei Homosexuellen in Frage kommt, beschränkt sich nicht auf die eigentliche Kindheitsperiode, sie erstreckt sich auch über die Pubertätszeit, vielleicht auch noch darüber hinaus. Zu derselben muß indes noch ein Moment treten, wenn sie zur Entwicklung ausgeprägten Urningtums führen soll. Erfahrungen, die ich an bisexuellen Individuen machte, weisen darauf hin, daß die erhöhte Haftbarkeit von Sexualerlebnissen im kindlichen oder jugendlichen Alter zwar zur Entwicklung homosexueller Neigungen führen kann, aber das spätere Auftreten heterosexueller Gefühle deshalb noch nicht ausschließt.

Die Erinnerungen von Sexualerlebnissen, durch welche homosexuelle Neigungen herbeigeführt werden, müssen daher in den Fällen ausgeprägten Urningtums neben der erhöhten Haftbarkeit noch die Eigenschaft besitzen, daß sie zur Bildung eines Sexualobjekts führen, welches dauernd und ausschließlich die Richtung des Sexualtriebes bestimmt, d. h. die Bildung eines anderen Sexualobjekts nicht zuläßt.

Wir sehen, daß sich der Mechanismus der Entstehung der Homosexualität in letzter Instanz auf eine ziemlich einfache Formel zurückführen läßt: die Fixierung der Erinnerung gewisser infantiler oder juveniler Sexualerlebnisse und die dauernde Exklusivität des durch diese Erinnerungen bestimmten Sexualobjektes. Als Momente, welche die Wirksamkeit dieser Faktoren unterstützen, kommen noch in Betracht: sexuelle Frühreife, eine dem weiblichen Typus sich nähernde Gehirnorganisation, gewisse Eigentümlichkeiten der Sexualkonstitution (Auslösung sexualer Erregungen durch schmerzverursachende Prozeduren).

Die Beantwortung der 2. Gruppe der oben angeführten Fragen — die physiopathologische Seite des Problems — stößt zur Zeit auf weniger Schwierigkeiten.

Wir haben bisher die Homosexualität, in gewissem Maße, dem Gange unserer Erörterungen vorgreifend, als Anomalie, d. h. Abweichung von der Norm und damit als nicht der heterosexuellen Triebrichtung völlig gleichwertig bezeichnet. Dies will jedoch keineswegs besagen, daß die Homosexualität als Krankheitserscheinung oder Äußerung der Entartung aufzufassen ist. Wir kennen zahlreiche Anomalien sowohl auf körperlichem wie auf geistigem Gebiete, die den Träger nicht als krank erscheinen lassen; Kurzsichtigkeit, Farbenblindheit, der Besitz einer sechsten Zehe, sogenannte Muttermäler sind derartige Anomalien, die mit dem Besitze völliger Gesundheit vereinbar sind. Für die Auffassung einer Erscheinung als Äußerung einer Entartung kann andererseits nicht diese allein maßgebend sein, und zwar auch dann nicht, wenn es sich um vererbbare Anomalien handelt, wie Möbius annahm. Es kommt auf die Vergesellschaftung, in der die Anomalie auftritt, die Anwesenheit oder den Mangel anderer Anomalien und die Schwere derselben an, sonst müßten wir den Kurzsichtigen ohne Rücksicht auf seinen sonstigen körperlichen und seelischen Zustand zu den Entarteten zählen [1]).

Von den Irren- und Nervenärzten wurde früher die echte und dauernde Homosexualität zumeist als Stigma degenerationis, Äußerung einer ererbten psychoneuropathischen Veranlagung, betrachtet, und es ist wohl nicht zu bezweifeln, daß diese Auffassung für die große Mehrzahl der von den betreffenden Autoren beobachteten Homosexuellen zutraf. Diese Ansicht hat sich der erweiterten Erfahrung über Gesundheits- und Abstammungsverhältnisse der Homosexuellen gegenüber als unzutreffend erwiesen. Schon v. Krafft-Ebing hat, wie wir sahen, seine frühere Ansicht in diesem Punkte geändert und betont, daß die konträre Sexualempfindung an und für sich nicht als psychische Entartung oder gar als Krankheit betrachtet werden kann.

Iwan Bloch erklärt, daß der größere Bruchteil der originären Homosexuellen durchaus gesund, hereditär nicht belastet, körperlich und psychisch normal ist.

Magnus Hirschfeld, der unter den Autoren der Gegenwart die größte Erfahrung auf dem Gebiete der Homosexualität besitzt, berichtet, daß von den von ihm beobachteten Homosexuellen 75% von gesunden Eltern, glücklichen, oft sehr kinderreichen Ehen stammen. „Nervöse oder geistige Anomalien, Alkoholismus, Blutsverwandtschaft, Lues sind in der Aszendenz keineswegs häufiger, wie unter den Vorfahren normal sexueller Personen." Von den 20—25% Homosexueller mit erblicher Belastung fand Hirschfeld bei nur 16% ausgesprochene Entartungszeichen. Hirschfeld hebt zugleich hervor, daß eine, wenn auch nicht krankhafte, Familienanlage zur Homosexualität bestehen muß; er folgert dies aus dem verhältnismäßig häufigen Vorkommen homosexueller Geschwister. Iwan Bloch geht so weit, aus seinen Beobachtungen zu folgern, daß das Verhältnis von Gesunden und Kranken bei den Homosexuellen ursprünglich das gleiche ist, wie bei den Heterosexuellen und sich nur im Laufe des Lebens infolge der sozialen und individuellen Isolierung der Homosexuellen, die wie ein psychisches Trauma wirkt, zugunsten der Kranken etwas verschiebt. Naecke betonte, daß die Urninge nicht oder kaum entarteter sind als andere Menschen und die Homosexualität nicht als Krankheit, sondern nur als anormaler Zustand zu betrachten ist. Auch Havelock Ellis vertritt die Anschauung, daß Homosexuelle vollständig gesund seien und, abgesehen von ihrer sexuellen Abweichung, normal sein können. Der Autor pflichtet auch Hirschfeld darin bei, daß sich erbliche Belastung bei nicht mehr als 25% der Homosexuellen findet.

Zu diesen Erfahrungen kommen andere. Die Homosexuellen sind in intellektueller und moralischer Hinsicht den Heterosexuellen im Durchschnitt völlig gleichwertig. Es finden sich unter ihnen Personen, welche ebensowohl durch Gaben des Verstandes wie des Gemütes ausgezeichnet sind. Manche Schriftsteller neuerer Zeit, z. B. Merzbach, gehen so weit, die Homosexuellen als psychisch feiner organisierte Menschen und somit als einen über den heterosexuell stehenden

[1]) Ich schließe mich in bezug auf die Entartung völlig der Ansicht Freuds an, der erklärt, daß man von Degeneration nicht sprechen sollte, „1. wo nicht mehrere Abweichungen von der Norm zusammentreffen, 2. wo nicht Leistungs- und Existenzfähigkeit im allgemeinen schwer geschädigt erscheinen."

Typus zu erklären. Es sind dies Übertreibungen. Beachtenswert ist jedoch eine Beobachtung Hirschfelds, die von Bloch bestätigt wird, daß die Homosexuellen aus niederen Ständen, Arbeiter, Hausdiener usw., ihr Milieu geistig überragen, und die von Havelock Ellis mitgeteilte Erfahrung, daß sich künstlerische Fähigkeiten bei gebildeten Homosexuellen häufiger finden als bei Heterosexuellen.

Zu alledem kommt der Umstand, daß die Eigentümlichkeiten der nervösen Organisation, die, wie wir sahen, zur Homosexualität führen, nicht von einer Art sind, daß sie die psychische oder körperliche Leistungsfähigkeit ungünstig beeinflussen, und dergestalt eine Minderwertigkeit des Individuums, abgesehen von seinem sexuellen Verhalten, bedingen.

Wir können nach dem Angeführten nur zu dem Schlusse kommen, daß die Homosexualität eine Anomalie darstellt, die zwar mit Krankheit und Entartung auf körperlichem und seelischem Gebiete vergesellschaftet vorkommt, in der Mehrzahl der Fälle jedoch eine isoliert bestehende psychische Abweichung von der Norm bildet, die nicht als krankhafter oder degenerativer Natur betrachtet werden kann und den Wert des Individuums als Glied der bürgerlichen Gesellschaft nicht herabzusetzen geeignet ist.

Die durch die Homosexualität bedingte Gestaltung des Geschlechtslebens ist nicht selten von nachteiligem Einflusse auf das Nervensystem. v. Krafft-Ebing glaubte, daß bei den geborenen Urningen fast immer temporär oder dauernd Neurasthenie sich finde, welche durch Masturbation oder erzwungene Abstinenz geweckt und unterhalten wird. Eulenburg betonte dem genannten Autor gegenüber, daß die konträre Sexualempfindung keineswegs Neurasthenie zur unbedingten Voraussetzung und ebensowenig zur notwendigen Folge zu haben braucht. Die neueren Forschungen über die Gesundheitsverhältnisse der Homosexuellen haben Eulenburg recht gegeben und gezeigt — was schon aus dem an früherer Stelle Bemerkten hervorgeht —, daß die Homosexuellen in bezug auf ihre Nervengesundheit nicht entfernt so übel daran sind, wie v. Krafft-Ebing seinerzeit annahm. Bei alledem muß jedoch zugegeben werden, daß die Homosexualität in nicht wenigen Fällen sich als eine Quelle von Schädlichkeiten für das Nervensystem erweist, deren Wirksamkeit zumeist durch eine in der angeborenen nervösen Konstitution begründete geringe Resistenzfähigkeit begünstigt wird. Bei den moralisch auf niederem Niveau stehenden Individuen mit starker Libido kann es zu Exzessen im homosexuellen Verkehr kommen, deren schädigender Einfluß auf das Nervensystem nicht hinter dem des exzessiven normalen Geschlechtsgenusses zurückbleibt. Die Folgen beschränken sich auch hier nicht immer auf das sexuell-nervöse Gebiet; nach meinen Beobachtungen kann es auch zur Entwicklung allgemeiner Neurasthenie kommen. Konträrsexuale dagegen, welche auf Grund sittlicher oder religiöser Bedenken oder auch aus Furcht vor den Konsequenzen auf homosexuellen Verkehr jeder Art verzichten, werden häufig, da ihnen der Verkehr mit Frauenzimmern, soferne derselbe überhaupt möglich ist, keinerlei Befriedigung gewährt, mitunter auch ihr Nervensystem außerordentlich angreift, zu masturbatorischer Befriedigung ihrer Libido veranlaßt und können dadurch allmählich dahin gelangen, ihr Nervensystem auf onanistischem Wege mehr und mehr zu zerrütten. Ebenso wichtig als die genannten Schädlichkeiten ist aber der Gemütszustand, welchen das Bewußtsein von der abnormen Gestaltung ihres Sexualtriebes und die Erwägung der Folgen dieses Zustandes bei vielen Konträrsexualen herbeiführt [1]). In den Autobio-

[1]) Nicht nur das Erlebnis der eigenen Veranlagung senkt so den Keim zu nervösen Abwegigkeiten in den Charakter des Homosexuellen, sondern, in weit höherem Grade, das immer

graphien der Urninge, die von verschiedenen Autoren veröffentlicht sind, füllen die Klagen über den inneren Zwiespalt, unter dem sie zu leiden haben, den Kontrast zwischen ihrem körperlichen Wesen und den Anforderungen des Lebens und ihren sinnlichen und erotischen Neigungen, sowie die Schwierigkeiten und Gefahren, welche ihnen letztere bereiten, einen breiten Raum.

2. Die konträre Sexualempfindung beim Weibe (Viraginität, Maskulinität, Gynandrie).

Das Vorkommen homosexueller Neigungen bei weiblichen Individuen war schon im Altertume wohl bekannt, und es ist auch nicht zu bezweifeln, daß derartige Neigungen insbesondere in der Verfallzeit Roms unter den sozial höherstehenden Klassen der weiblichen Bevölkerung sehr verbreitet waren. Von ärztlicher Seite wurde der Inversion des Geschlechtstriebes beim Weibe bis in die Neuzeit noch weniger Aufmerksamkeit geschenkt, als der gleichen Anomalie beim männlichen Geschlechte, was zum Teil sich aus dem Umstande erklärt, daß die Gesetzgebung zur gerichtlich medizinischen Beurteilung der in Betracht kommenden Fälle keine Veranlassung gab. Wie es gegenwärtig mit der Verbreitung der sogenannten lesbischen Liebe steht, ist schwer zu beurteilen, weil homosexuelle Beziehungen unter Frauen sich viel leichter der Beachtung entziehen als unter Männern, solche auch seltener zur Kenntnis der Ärzte gelangen, da die Homosexualität für das Weib nicht dieselbe Bedeutung hat wie für den Mann. Der Eindruck, den ich bezüglich dieses Punktes gewonnen habe, geht dahin, daß die rudimentären und wahrscheinlich auch die Zwitterformen der Homosexualität beim weiblichen Geschlechte sich sehr viel häufiger, die ausgebildeten Formen der konträren Sexualempfindung dagegen seltener finden als beim männlichen Geschlechte [1]). Als rudimentäre Formen der Homosexualität lassen sich die so häufigen schwärmerischen Freundschaften unter Mädchen, welche selten bis ins reifere Alter sich erhalten, und die ebenfalls recht häufige schwärmerische Verehrung von Lehrerinnen, Sängerinnen, Schauspielerinnen und anderen fernstehenden weiblichen Persönlichkeiten von schöner Erscheinung, der man bei jungen Mädchen begegnet, deuten. Diesen rudimentären, d. h. über die ersten, leicht verwischbaren Ansätze nicht hinausgehenden homosexuellen Neigungen bei Mädchen stehen auf der männlichen Seite ähnliche Vorkommnisse nur in sehr beschränktem Maße gegenüber [2]). Das gänzliche Fehlen der Libido bei von sexuellen Erregungen unberührten Jungfrauen und die geringe Entwicklung derselben bei einem erheblichen Prozentsatze der nicht jungfräulichen weiblichen

---

erneute Erleben der Tatsache, um dieser Veranlagung willen von der Mehrzahl der Mitmenschen verachtet und verfolgt oder bestenfalls als „krank" bemitleidet zu werden. Die Schädigungen, welche diese ungerechte Wertung der Homosexualität durch die Gesellschaft und durch das Gesetz in der Seele des Betroffenen bewirkt, sie bilden den Großteil der dem Nervenarzt zu Gesicht kommenden nervösen Folgeerscheinungen der Homosexualität. (Dr. A. Kranfeld: Nervöse Folgeerscheinungen der Homosexualität. Jahrb. f. sex. Zwischenstufen. Jahrg. XX. Heft 3 u. 4. Juli u. Oktober 1920.)

[1]) Nach den Mitteilungen von Havelock Ellis scheint es sich in dieser Hinsicht in England ähnlich zu verhalten wie in Deutschland. „Die ganz ausgesprochenen Fälle", bemerkt der Autor (Molls Handbuch S. 648) „werden vielleicht seltener angetroffen als unter Männern, aber weniger ausgeprägte und weniger tief eingewurzelte sind bei Frauen wahrscheinlich häufiger."

[2]) Nach meinen Erfahrungen sind schwärmerische Freundschaften für ihresgleichen bei Knaben und Jünglingen ungleich seltener als bei Mädchen. Der schwärmerischen Verehrung fernstehender älterer Personen (Lehrer usw.), die man bei Mädchen so oft antrifft, bin ich bei Knaben überhaupt nie begegnet.

Personen bilden andererseits Umstände, welche die Entwicklung ausgeprägter Homosexualität erschweren.

Ebenso wie beim Manne sind auch bei der Frau homosexuelle Akte irgendwelcher Art nicht notwendig durch eine Anomalie des psychosexualen Fühlens, i. e. Erregbarkeit sexueller Neigungen lediglich durch Personen des gleichen Geschlechtes bedingt. Es kann sich hierbei lediglich um eine perverse Befriedigung, nicht um eine Perversion des Geschlechtstriebes handeln, und nach den vorliegenden Erfahrungen scheint ersteres sogar bei einem großen Teile der Fälle zuzutreffen. Nach Eulenburgs Schilderung, welche jedoch sich hauptsächlich auf Pariser Verhältnisse bezieht, rekrutieren sich die Anhängerinnen des homosexuellen Verkehrs zum größten Teile aus zwei zwar sozial, aber nicht ethisch voneinander entfernten Kreisen, nämlich Damen der großen Welt, reichen Müßiggängerinnen, welche durch alle möglichen Genüsse übersättigt und blasiert in dem homosexuellen Verkehr einen neuen Reiz suchen, und feineren Prostituierten, welchen durch ihr Gewerbe der Verkehr mit Männern zum Ekel geworden ist und die homosexuelle Befriedigung als etwas Reineres, Unschuldigeres erscheint. In nicht ganz seltenen Fällen mag aber der homosexuelle Verkehr auch faute de mieux, d. h. eines Mannes oder aus Furcht vor den Folgen heterosexuellen Umgangs geübt werden.

Halten wir alle diese Umstände zusammen, so können wir den Schluß nicht abweisen, daß eine zweifellose Anomalie des Geschlechtstriebes wohl nur bei einer nicht sehr erheblichen Minderzahl der der lesbischen Liebe Huldigenden vorliegt. Die konträre Sexualempfindung äußert sich klinisch beim Weibe in analoger Weise wie beim Manne, zeigt auch vom psychosexualen Zwittertume anfangend ähnliche Abstufungen in ihrer Entwicklung. Die Frauen, bei welchen homo- und heterosexuelle Neigungen nebeneinander bestehen, aber auch diejenigen mit ausschließlich homosexuellen Inklinationen müssen in ihrem übrigen psychischen Verhalten ebenso wie in ihrer äußeren Erscheinung nichts von dem weiblichen Typus Abweichendes aufweisen. Bei einem Teile der ausgesprochen konträrsexualen Frauen begegnen wir aber auch wie bei den Männern einer Assimilierung der Neigungen und Gewohnheiten an das sexuelle Fühlen: Vorliebe für männliche Beschäftigungen, Neigung, sich als Mann zu verkleiden, männliche Haartracht usw. (Viraginität). In den fortgeschrittensten Fällen läßt die ganze psychische Persönlichkeit einen ausgeprägt männlichen Charakter konstatieren. Die spezifischen seelischen Eigentümlichkeiten des Weibes (größere Emotivität und Suggestibilität, geringere Entwicklung der Willensenergie als beim Manne) fehlen gänzlich; im Denken, Fühlen und Wollen tritt die Art des Mannes zutage. Hiermit kann sich auch eine mehr oder minder weitgehende Annäherung der Körperform an den männlichen Typus verknüpfen (männliche Gesichtszüge, massiver Knochenbau, geringe Entwicklung des Fettpolsters und der Mammae, rauhe, tiefe Stimme usw.). Wir dürfen hier aber nicht unberücksichtigt lassen, daß äußerliche und psychische Gynandrie nicht notwendig mit konträrer Sexualempfindung einhergeht. Ein großer Teil der typischen Mannweiber zeigt ganz normale sexuelle Neigungen, und ein weiterer Teil gehört zur Kategorie der Frigiden ohne homosexuelle Perversion — das sogenannte III. Geschlecht —.

Bei den weiblichen Konträrsexualen kommen nicht nur Liebesverhältnisse untereinander, sondern auch eheähnliche Verbindungen vor, wobei die ältere gewöhnlich die Rolle des aktiven Teiles (des Mannes), die jüngere die des passiven Teiles übernimmt. Diese Rollen werden von den homosexuellen Frauen nicht immer beibehalten, da die ursprünglich Verleitete im Laufe der Zeit an dem homosexuellen Verkehr so viel Gefallen finden kann, daß sie bei Gelegenheit aktiv, d. h. Verführerin wird. Wie bei den männlichen variiert auch bei den weiblichen Homosexuellen die Art der geschlechtlichen Befriedigung sehr. Die moralisch höherstehenden und wenig sinnlich veranlagten Personen begnügen sich mit Küssen und Umarmungen; bei sehr reizbaren Naturen mag es hierbei zu Orgasmus kommen (v. Krafft-Ebing). Auch solitäre Onanie ist nicht selten. Zweifellos am häufigsten wird jedoch die Befriedigung durch mutuelle Masturbation erzielt, an welche sich noch verschiedene, die sexuelle Erregung fördernde Akte knüpfen können. Auf diese Praktiken weist auch schon die im Altertume übliche Bezeichnung der Anhängerinnen der lesbischen Liebe als Tribaden (von τρίβειν, reiben) hin.

Daß der homosexuelle Verkehr auch bei Frauen zu Schädigungen des Nervensystems führen kann, unterliegt wohl keinem Zweifel, wenn man erwägt, daß hierbei die Masturbation eine erhebliche Rolle spielt und die Friktion der Sexualteile hierbei zum Teil auf instrumentellem Wege durch Benützung künstlicher Nachbildungen des Membrum virile geschieht. Zu berücksichtigen ist auch, daß durch die konträre Sexualempfindung, soferne dieselbe als abnorme Erscheinung erkannt wird, der Gemütszustand des Weibes ebenso ungünstig beeinflußt werden kann, wie der des Mannes. Da homosexuelle Neigungen bei einer Frau den Koitus mit einem Manne nicht unmöglich machen, ist es begreiflich, daß konträrsexuale und hermaphroditisch angelegte weibliche Personen sich öfters verheiraten. Die Frau kann durch Fortsetzung homosexuellen Verkehrs in der Ehe sich für den Entgang heterosexueller Genüsse entschädigen. Nicht selten führt aber die Perversion des Geschlechtstriebes zu einem Abscheu gegen den ehelichen Verkehr und zunehmende Abneigung gegen die Persönlichkeit des Mannes, so daß eine Trennung der Ehe notwendig wird. Daß diese Verhältnisse für den Nervenzustand der Frau nicht gleichgültig sind, liegt nahe.

Wir haben im vorstehenden der Homosexualität eine ihrer praktischen Bedeutung entsprechende Berücksichtigung zuteil werden lassen, soweit eine solche im Rahmen dieser Schrift möglich ist. Mit der Homosexualität vergesellschaften sich, wie wir schon andeuteten, oft noch andere, mehr oder weniger ausgesprochene sexuelle Perversionen, die ihrerseits sowohl selbständig, wie in Verbindung mit anderen heterosexuellen Anomalien des Geschlechtstriebes vorkommen. Wir müssen uns im folgenden darauf beschränken, diejenigen Perversionen zu berühren, deren Kenntnis für den Arzt von besonderer Wichtigkeit ist.

Anhang.

Narzismus.

Der Homosexualität ist in gewissem Maße jene sexuelle Neigung verwandt, welche in der neueren Literatur unter der Bezeichnung „Narzismus" beschrieben wurde: Die Verliebtheit in die eigene Person. Von Havelock Ellis wurden die ersten hierher gehörigen Beobachtungen (Alienist und Neurologist April 1898) mitgeteilt. Die Bezeichnung „Narzismus" stammt von Naecke (Die sexuellen Perversitäten in der Irrenanstalt. Psychiatrische und neurologische Bladen 1899. Nr. 2.)

In rudimentärer Form ist diese Neigung insbesondere beim weiblichen Geschlechte ziemlich verbreitet. Man kann eine gewisse Spezies der Eitelkeit (das übermäßige Wohlgefallen an der eigenen Person und die übertriebene Schätzung der eigenen körperlichen Vorzüge) als eine Variante des Narzismus auffassen. Die Bedeutung einer Perversion gewinnt der Narzismus jedoch nur in jenen Fällen, in welchen die Betrachtung des eigenen Körpers in natura oder im Spiegel sexuelle

Erregung, die bis zum Orgasmus sich steigern kann, auslöst und ein Interesse für sexuellen Verkehr mangelt. Nach den bisherigen Beobachtungen bilden derartige Fälle jedoch bei Geistesgesunden äußerst seltene Vorkommnisse.

Die Entstehung des Narzismus wurde auch zum Gegenstande psychoanalytischer Forschungen gemacht. „Neuere psychoanalytische Erfahrungen", bemerkt Rank (ein Beitrag zum Narzismus, Jahrbuch für psychoanalytische und psychopathologische Forschungen III. Bd. S. 401) „insbesondere an Patienten mit gleichgeschlechtlichen Neigungen, haben es zunächst nahe gelegt, den Narzismus, die Verliebtheit in die eigene Person, als ein normales Entwicklungsstadium aufzufassen, welches die Pubertätszeit einleitet und dazu bestimmt ist, den notwendigen Übergang vom reinen Autoerotismus zur Objektliebe zu vermitteln."

Meine Erfahrungen sprechen jedoch nicht dafür, daß der Narzismus ein normales Stadium in der Entwicklung der Sexualität bildet, dagegen erscheint mir die Annahme Ranks wohl gerechtfertigt, daß der Narzismus die Entwicklung der Homosexualität begünstigt, speziell jener Form, bei welcher lediglich jugendliche Individuen Objekte der gleichgeschlechtlichen Neigung bilden.

Rohleder hat die hier erwähnte Perversion als „Automonosexualismus" bezeichnet und über 2 von ihm beobachtete Fälle ausführliche Mitteilungen veröffentlicht (Berliner Klinik, Heft 225. 1907). Im folgenden geben wir einen kurzen Auszug aus dem Berichte über den ersten der beiden Fälle.

Es handelt sich um einen 26jährigen Schiffsmaschinisten, einen in seinem Berufe sehr tüchtigen Menschen, der, ein außereheliches Kind, von einer Tante erzogen worden war. Der Patient hatte anfänglich (im 13. Jahre) infolge von Verleitung durch Kameraden Masturbation rein mechanisch, ohne an irgend etwas zu denken, getrieben. „Vom ca. 14. Lebensjahre an, erwachte in mir eine Achtung vor mir selbst, eine mächtige Eigenliebe, ich hatte mich furchtbar lieb, ich konnte nicht umhin, mich selbst zu küssen, derart, daß ich mich vor den Spiegel stellte und meinem eigenen Spiegelbilde Küsse gab, dabei bekam ich Erektionen, gleichzeitig war es mein höchster Genuß (dem ich mich, wenn ich allein war, hingab), mich nackend vor den größten Spiegel, den wir besaßen, zu stellen und mein eigenes Glied zu beobachten, welche Beobachtung mich manchmal allein, bevor ich mein Glied angefaßt, bis zur Ejakulation reizte. Ich lebte jetzt mein eigenes Sexualleben" . . . . Zärtlichkeiten von weiblicher Seite ließen den Patienten in den nächsten Jahren völlig kalt, und ein Koitus-Versuch in einem Bordell mißlang. Männliche Individuen vermochten auf ihn ebensowenig einen Reiz auszuüben als das hübscheste Mädchen . . . . Bezüglich seines Sexuallebens bemerkt der Patient weiter: Er habe es allmählich dahin gebracht, daß er sich selbst begatten könne, worüber er folgende Erklärung gibt. „Ich presse mein Glied an das im Spiegel wieder gebildete Glied oder zwischen die Oberschenkel und empfinde dabei das höchste Seligkeitsgefühl, abstoßend wirkt hierbei nur die Kälte des Spiegels. Noch günstiger wirkt hierbei aber das Reiben des stehenden Gliedes an meinem Oberschenkel, hierbei empfinde ich, besonders durch die Wärme des Oberschenkels, ein Kribbeln und Jucken in der Harnröhre und gleich darauf erfolgt der Samenerguß." In den Träumen des Patienten, die zu Pollutionen führen, sieht er sich zumeist nackt in einem großen Salon vor einem großen Spiegel oder in einem Zimmer, dessen Wände mit Spiegeln bedeckt sind. Er liebkost sein Spiegelbild, wodurch es zu Erektion und Pollution kommt. Der Patient erwähnt ferner, daß bei dem Sehen vor dem Spiegel ihm immer der Gedanke komme, das Spiegelbild sei sein zweites lebendes Ich und dieses zweite Ich sei das von ihm inbrünstig geliebte Wesen . . . . . Der physische Gesundheitszustand des Patienten ist ein vorzüglicher, auch geistig ist er, nach R.'s Angabe, völlig intakt. Sein sexuelles Verhalten betrachtet er selbst nicht als krankhaft. Zur Erklärung der in Frage stehenden Perversion nimmt R. an, daß bei dem Patienten ein psychischer eingeborener Defekt im psychosexuellen Zentrum der Hirnrinde oder wenigstens eine psychische Abnormität desselben vorliegt.

Transvestitismus[1]).

Unter dieser Bezeichnung versteht man nach Hirschfeld den pathologischen Drang in der äußeren Gewandung des Geschlechtes aufzutreten, der eine Person nach ihren sichtbaren Geschlechtsorganen nicht angehört. Die Kleidung muß als Ausdrucksform der innersten Persönlichkeit angesehen werden. Der Einfluß, welchen die männliche oder weibliche Kleidung auf das Seelenleben des Indivi-

[1]) Auszug aus M. Hirschfeld, Transvestitismus, Sexualpathologie, II. Bd.

duums äußert, ist ein ganz außerordentlicher. In der Tracht seines äußeren Geschlechts fühlt sich der Transvestit nicht bloß unbehaglich, sondern eingeengt, gedrückt, diese Kleidung ist ihm etwas Fremdes, Nichtentsprechendes, seine Ruhe Störendes, während er sich nicht genug tun kann, um das Glück und Wohlbehagen, das Gefühl der Sicherheit und Ruhe zu schildern, das er in der dem anderen Geschlechte gehörigen Kleidung findet. Sie betrachten dann auch die dem anderen Geschlechte dienenden Kleidungsstücke mit einer gewissen Verehrung.

Man hat früher die Transvestiten einfach den Homosexuellen zugerechnet. Die eingehenden Untersuchungen Hirschfelds haben jedoch gelehrt, daß es auch Transvestiten gibt, welche völlig normal heterosexuell empfinden. Nach Hirschfelds Statistik finden sich unter den Transvestiten 35% Heterosexuelle und 35% Homosexuelle, 15% Bisexuelle, während der Rest automonosexuell, einige vielleicht auch asexuell sein mögen. Verheiratungen finden sich unter den Transvestiten häufig, aber in der Wahl ihrer Gattin zeigt sich ihr Typus mehr oder minder unverhüllt. Die meisten männlichen Transvestiten bevorzugen eine Frau mit männlichen, die meisten weiblichen einen Mann mit weiblichen Einschlägen; die Bisexuellen haben Neigung für beide Geschlechter.

Der Einfluß, welchen Frauenkleidung auf die Potenz bei männlichen Transvestiten äußert, ist sehr verschieden. Manche derselben erklären, daß sie ohne Frauenkleidung fast impotent seien, dagegen bei Anlegen einer neuen Damentoilette, die gut sitzt, starke Erektionen, häufig mit Ejakulation bekommen. Daneben gibt es wieder andere, bei welchen die Bekleidung an sich noch keine geschlechtliche Empfindung verursacht; sie betrachten sie lediglich als einen Ausdruck ihres weiblichen Innenlebens und manche derselben sind zufrieden, wenn sie in weiblicher Kleidung spazieren gehen können. Der Transvestitismus kann sich auch verallgemeinern und sich insbesondere auch auf den Vornamen erstrecken; aus dem Otto wird eine Ottilie, aus dem Emil eine Emilie, aus der Walli ein Willi.

Auch feminine Züge sind bei Transvestiten nicht selten, weiche gerundete Körperformen, zarte Haut, stark entwickelte Brust, feminine Gesten und Mimik. Die Stärke des Triebes zeigt große Verschiedenheiten. Bei manchen macht sich der Trieb nur in der Phantasie geltend, er beschäftigt nur ihr Innenleben; bei anderen hinwiederum ist der Trieb außerordentlich stark und nicht ganz zu überwinden. Aber der Kampf gegen den Trieb bleibt nicht ohne Folgen für das Nervensystem. Sehr lange oder dauernde Unterdrückung des Triebes wird zumeist schwer ertragen, sie wirkt deprimierend und lähmend auf die Arbeitskraft und den Lebensmut. Die Verstimmung kann sich bis zu Selbstmordideen steigern und nach den vorliegenden Beobachtungen scheint die Selbstentleibung bei Transvestiten nicht sehr selten. Der Transvestitismus muß daher als ein für den Nerven- und Geisteszustand des Individuums durchaus nicht gleichgültiger Faktor betrachtet werden.

B. Substitutive Formen heterosexueller Perversion. Geschlechtlicher Symbolismus.

I. Fetischismus.

Unter den hier noch in Betracht kommenden sexuellen Perversionen bildet die von v. Krafft-Ebing im Anschlusse an Binet und Lombroso als „Fetischismus“[1]) bezeichnete die relativ harmloseste und den noch der Breite des

[1]) v. Krafft-Ebing bezeichnete die Schwärmerei für einzelne Teile des weiblichen Körpers oder weibliche Kleidungsstücke als Fetischismus, weil dieselbe an die den Reliquien und anderen Kultusgegenständen gewidmete religiöse Verehrung erinnert.

Physiologischen angehörenden Vorkommnissen am nächsten stehende Anomalie der Vita sexualis.

Das Wesen des Fetischismus besteht darin, daß bei demselben Pars pro toto substituiert wird, d. h. daß die unter normalen Verhältnissen der ganzen weiblichen Persönlichkeit zukommende sexuelle Reizwirkung von einem einzelnen, jedoch nicht zum Geschlechte in Beziehung stehenden Körperteile, oder sogar nur von einem leblosen, von weiblichen Personen als Kleidungsstück oder zu anderem Zwecke benützten Objekte ausgeübt wird. Der pathologische Körperteilfetischismus läßt sich, wie v. Krafft-Ebing mit Recht hervorhebt, nicht strenge von gewissen noch als physiologisch zu erachtenden Eigentümlichkeiten des erotischen Geschmackes abtrennen. Wir wissen, daß bei vielen Männern eine Schwärmerei für einzelne Körperteile, sofern dieselben eine gewisse Beschaffenheit aufweisen — Augen, Haar, Nacken, Hände und Füße insbesondere —, besteht und diese Teile nicht lediglich eine Quelle ästhetischen Wohlgefallens bilden, sondern auch an dem von dem weiblichen Körper ausgeübten sexuellerregenden Gesamteindruck einen wesentlichen Anteil besitzen. Während aber bei diesem noch physiologischen Fetischismus, wie groß auch immer die Schwärmerei für den attraktiven Körperteil sein mag, die Gesamtpersönlichkeit des Weibes doch ihre Bedeutung nicht verliert, übernimmt bei dem pathologischen Fetischismus der betreffende Körperteil ausschließlich die Rolle des Sexualreizes.

Das Abnorme bei dem Fetischisten liegt, wie schon von Krafft-Ebing hervorgehoben hat, nicht in dem, was auf ihn sexuell erregend wirkt, sondern in der Einschränkung des Gebietes der sexuellen Reize. Nicht nur der weibliche Gesamtkörper, sondern auch diejenigen Teile desselben, welche unter normalen Verhältnissen in erster Linie sinnlich erregend wirken, lassen den Fetischisten völlig unberührt. Nur der eine Teil oder das eine Objekt ist imstande, sexuellen Drang in ihm wachzurufen, und dieser Drang kann so bedeutend werden, daß er das Individuum zu lächerlichen, unanständigen und selbst zu kriminellen Handlungen fortreißt.

Unter den Körperteilen, welche bei den Fetischisten das sexuelle Interesse in Beschlag nehmen, figurieren in erster Linie dieselben, die auch physiologisch am häufigsten einen gewissen Zauber ausüben: Augen, Haar, Nacken, Hände, Füße. Ähnlich können aber auch das Ohr, der Mund, das ganze Bein wirken. Die Nuancierung der Perversion kann aber auch weiter gehen; häufig muß der attraktive Teil in bestimmter Weise bekleidet oder von einer besonderen Beschaffenheit (Färbung) sein, um seinen Einfluß als Fetisch zu äußern. So kommt es bei den Fußfetischisten vor, daß nur der mit einem Strumpfe von gewisser Farbe oder mit schmutzigen Schuhen bekleidete oder aber auch der nackte und schmutzige Fuß einen Reiz auszuüben vermag. Nachstehende Beobachtung Forels, die sich bei Krafft-Ebing mitgeteilt findet, bildet ein typisches Beispiel der hier in Frage stehenden Perversion.

Beobachtung.

Fußfetischismus bei dauernder Heterosexualität.

Herr X., 50 Jahre, ledig, den höheren Ständen angehörig, konsultierte den Arzt wegen „nervöser“ Beschwerden. Er ist belastet, von Kindesbeinen an nervös, sehr empfindlich gegen Kälte und Wärme, seit Jahren von Zwangsvorstellungen geplagt, die den Charakter eines korrigierten und vorübergehenden Verfolgungswahnes haben. Wenn er z. B. an einer Wirtstafel sitzt, kommt es ihm vor, als wären aller Augen auf ihn gerichtet und alle Anwesenden flüsterten und spotteten über ihn. Sobald er aufgestanden ist, ist dieses Gefühl vorbei und glaubt er nicht mehr an seine vermeintlichen Wahrnehmungen. Er fühlt sich nirgends auf die Dauer wohl und zieht deshalb von einem Orte zum anderen. Gelegentlich passierte es ihm, daß er in einem Gasthofe Zimmer bestellt hatte und nicht hin konnte, weil bezügliche Zwangsvorstellungen ihn daran hinderten. Die Libido dieses Mannes war nie groß. Er empfand nie anders als heterosexuell. Seine einzige Befriedigung war angeblich normaler (seltener) Koitus. X. gestand dem Arzte, daß er in seinem Sexualleben von Jugend auf sehr eigentümlich sei. Weder durch Frauen noch durch Männer werde er geschlechtlich gereizt, sondern ausschließlich durch das Sehen von nackten Füßen weiblicher Individuen, gleichgültig ob es Kinder oder Erwachsene sind. Alle übrigen Körperteile von Frauen lassen ihn vollständig kalt. Hat er Gelegenheit die nackten Füße von Personen, die sich „im Sande" herumtreiben, zu sehen, so kann er stundenlang stehen, um sie zu betrachten, und empfindet dabei den „fürchterlichen" Trieb, terere genitalia propria ad pedes illarum. Bis jetzt ist es ihm gelungen, sich nicht zur Befriedigung dieses Dranges hinreißen zu lassen. Was ihn am meisten ärgert, ist der Schmutz, mit welchem gewöhnlich die nackten Füße der sich Tummelnden bedeckt sind. Er möchte sie gerne recht schön rein haben. Wie er zu diesem Fetischismus gelangt sei, wußte er nicht anzugeben.

Den Übergang zu der Gruppe der Kleidungsstückfetischisten bilden einerseits die Individuen, bei denen das vom Körper abgetrennte Haar als Sexualreiz fungiert, andererseits die noch ungleich widerlicheren Perversen, bei denen die Exkrete des weiblichen Körpers die gleiche Rolle spielen (Kopromanie). Die Verehrer des vom Körper getrennten Frauenhaares werden durch ihre Perversion nicht selten verleitet, sich ihres Fetischs widerrechtlich zu bemächtigen. Gewöhnlich sind es die Zöpfe jüngerer weiblicher Personen, die ihrer Gier zum Opfer fallen, und der Erfolg, mit welchem manche dieser Perversen längere Zeit hindurch ihren Neigungen frönen konnten, bevor es zu ihrer Bestrafung kam, ist sehr merkwürdig [1]).

Unter den Stücken der weiblichen Toilette, welche Fetischeigenschaften gewinnen können, spielt die Leibwäsche eine hervorragende Rolle (Hemden, Unterkleider, Korsetts, Strümpfe); aber auch die weniger intimen Teile der Toilette, wie Schürzen, Schuhe, Unterröcke, Nachthauben, Krägen und selbst Gegenstände, die nicht zur eigentlichen Toilette gehören, wie Taschentücher, figurieren nicht selten als Fetische. Einzelne Beobachtungen zeigen, daß auch Körperfehler (Hinken, krumme Beine, Schielen) Fetischeigenschaften erlangen können. In vielen Fällen behält ein und derselbe Fetisch dauernd seine Kraft; die Art des Fetisches kann aber auch im Einzelfalle wechseln, ebenso können auch mehrere Fetische gleichzeitig bestehen.

Ich will hier Bruchstücke aus zwei brieflichen Mitteilungen über die Lebens- und Leidensgeschichte eines Fetischisten, der meinen Rat in Anspruch nahm, folgen lassen. Dieselben werden genügen, die wichtigsten Charaktere der in Frage stehenden Perversion und deren Einfluß auf die Lebensgestaltung eines Individuums zu illustrieren. Von einer vollständigen Wiedergabe der betreffenden Mitteilungen muß ich aus räumlichen Gründen und mit Rücksicht auf den heiklen Inhalt absehen.

„Ich bin im April . . . geboren, daher jetzt im 35. Lebensjahr stehend. Der Vater war ein in sittlicher Beziehung durchaus einwandfreier Mann, einfach und schlicht in allem, geachtet von allen, die ihn kannten. Er starb im 70. Lebensjahre an einer Lungenerweiterung und Asthmaleiden, das er sich ein Jahr vor seinem Tode durch eine Influenzaerkrankung zuzog. Die Mutter steht jetzt im 62. Jahre, lebt gesund und rüstig. Von Verwandten des Vaters kann ich angeben: 1. einen Bruder, der in den 30er Jahren starb; 2. einen anderen Bruder, der jetzt noch lebt, verheiratet, hat 7 Kinder, von denen einige ebenfalls verheiratet sind; alles normale, gesunde Menschen.

Von mütterlicher Seite zwei Brüder, verheiratet, ebenfalls nur normale Umstände zu verzeichnen. Ich habe zwei Schwestern, beide verheiratet, die eine hat zwei Kinder, die andere gegenwärtig kinderlos, ein Kind starb bald nach der Geburt.

---

[1]) So wurden in der Behausung eines in Paris festgenommenen Zopfabschneiders, über dessen Fall Voisin, Socquet und Motet berichteten, 65 Zöpfe und Haarflechten vorgefunden.

Die erste Spur einer perversen Neigung merkte ich an mir schon in meinen Kinder- bzw. Knabenjahren; damals empfand ich schon eine wollüstige Empfindung, wenn ich an anderen Knaben Rohrstiefel mit steifen Schäften sah, besonders solche mit Lackleder. Ich muß hier vor allem einschalten, daß der Vater von Beruf Schuhmacher war, ich also ein großes Feld für meine Leidenschaft hatte. Deutlich erinnere ich mich noch, in den ersten Schuljahren öfter einem Knaben nachgeschlichen zu sein, der solche Stiefel trug. Diese Neigung nahm aber bald einen größeren Umfang an und richtete sich auch auf Mädchen, die weiße Strümpfe und Schuhe mit Spangen trugen, wie man dies früher oft sehen konnte. Als Kundschaft hatten wir unter anderen auch einen Professor H., der drei hübsche, reizende Mädchen hatte, die oft bei uns plauderten und bei der Arbeit zusahen.

Damals schon verstand ich es, wenn die Mädchen da waren, mir einen geeigneten Platz zu suchen und mit der raffinierten Sinnlichkeit eines Erwachsenen diese Mädchen zu beobachten, wie ihre Füße in den verschiedensten Paraden sich zeigten, wie sie neue Schuhe anprobierten usw. Auch trieb ich damals schon Onanie. Ich konnte mich im Bette in eine gewisse wollüstige Stellung bringen, mich meinen Gedanken an Schuhe hingeben und ein gewisses Höchstgefühl von Wollust haben. Später einmal las ich etwas über Onanie der Kinder, über Abgang eines gewissen Samenhauches und erinnerte mich an meine damaligen Handlungen. Wenn zu jener Zeit Schuhe von diesen hübschen Kindern da waren, konnte ich sie nicht genug betasten, beriechen und vor allem hineingreifen.

So vergingen Jahre. Mein schrecklicher Hang für Schuhe vermehrte sich nur und dehnte sich auch auf Knopfstiefel, hübsche hohe Schnürstiefel aus. Ich wurde im Geschmack förmlich raffiniert, vor allem verehrte ich solche Stiefel und Schuhe, die Mädchen und Frauen angehörten, die nur wenig oder gar keinen Fußschweiß hatten. Die Schuhe von solchen verglich ich im Geiste nur mit einem „engelreinen Kelche". Es reizten mich auch vor allem solche Knopfstiefel, die mit weißem Flanell gefüttert waren, der Duft eines solchen Stiefels konnte mich förmlich berauschen.

In meinen ersten Schuljahren hatte ich auch öfters ohne allen Grund eintretende Erektionen; diese Steifheit des Gliedes war aber mit keinem Wollustgefühl, sondern mit einem Brennen im Glied, allgemeinem Unbehagen im Unterleibe verknüpft. Auch litt ich zu jener Zeit an Bettnässen, dies alles verlor sich aber wieder. Noch mehr aber, als die Leidenschaft für Stiefel, machte sich nach und nach eine schrecklichere und nachhaltigere in mir breit, eine merkwürdige Neigung, unter der ich jetzt schon über 20 Jahre leide, und der ich ungezählte schmerzliche Stunden zu verdanken habe. Ich mochte vielleicht 10—12 Jahre zählen, als ich anfing, solche Knaben und Mädchen mit Interesse zu beobachten, die steife Kragen trugen. Zu jener Zeit waren gewisse breite Leinenchemisetten für Knaben und Mädchen im Gebrauch, und es machte mir ein Wollustgefühl, an diesen steifen Kragen zu kratzen. Ich erinnere mich an einen kleinen Verwandten, damals einem hübschen Jungen, der ein solches Ding am Halse hatte; er sagte zu mir, es sei ihm zu eng, und zeigte mir eine wunde Stelle am Halse, die ihm der Kragen verursacht hätte; damals empfand ich eine heftige geschlechtliche Erregung. Seit jener Zeit war ich wie von einem höllischen Zauber umstrickt, die Gedanken an steife, weiße Kragen gewannen immer mehr Raum, insbesondere konnte mich der Anblick eines solchen Kragens an einem hübschen Mädchen ganz rasend machen. Ich bekam jedesmal heftiges Herzklopfen und geschlechtliche Erregung; wenn der Kragen hoch war, ein förmliches Gefühl von Schwindel. Dazwischen kamen auch noch die Neigungen für Schuhe, Knopfstiefel usw. In meinem 13. Jahre hatte ich schon eine Ahnung von dem unseligen Drang, der mich erfaßt hatte, obwohl mir der eigentliche Begriff „pervers" noch fremd war; so glaubte ich bereits, daß mein Zustand ein besonderer sei, ein unheilbarer, wie ich dies eigentlich auch jetzt noch glaube. Damals schon las ich einzelnes über Selbstbefleckung usw. Ich sollte nun auch irgend einem Beruf mich widmen; einige Handwerksmeister verschiedener Professionen schilderten ihr Gewerbe aber selbst in ungünstigem Lichte, warnten förmlich vor ihrem Handwerk, und so kam es, daß ich damals das Geschäft des Vaters lernen sollte. Trotz meiner Leidenschaft für Stiefel verspürte ich hierzu keine rechte Lust, das Sitzen wollte mir nicht behagen, auch hatte ich ein Gefühl, daß ich hier ewigen Anfechtungen ausgesetzt sei, es wäre besser für mich, etwas anderes zu ergreifen. Um keinen Preis aber hätte ich mich entdecken mögen. So kam es also, daß ich zu Hause blieb und mich der Schuhmacherei widmete. Über ein Jahr verging so, ich wurde geschlechtlich reifer, bei meinen Selbstbefriedigungen erfolgten bald Samenabgänge, was ich aber nicht weiter beachtete. Nach einiger Zeit aber verspürte ich die Folgen der Onanie, besonders wenn ich dieselbe maßlos getrieben hatte. Eine schreckliche Angegriffenheit des ganzen Körpers, Kreuzschmerzen, Kopfweh zeigten sich nun. Diese Anzeichen steigerten sich in den folgenden Jahren, ich werde daher dieses im besonderen schildern. Immer aber wieder kamen die schrecklichen wollüstigen Vorstellungen." Es folgt hier die Schilderung der Leidenschaft für eine hübsche Köchin, von der nur erwähnt werden mag, daß der Patient deren Schuhe küßte, in die er auch Wasser goß, um dasselbe auszutrinken.

„So vergingen Jahre, bald mehr bald weniger meinem unseligen Drange folgend. Ich wechselte meinen Beruf in jener Zeit, denn ich sah nur zu deutlich, daß ich es auf diesem Felde zu nichts bringen würde. Das Sitzen war mir eine Qual, auch peinigten mich wieder jene schon erwähnten Erektionen dazu, so kam es, daß ich in ein Handlungshaus eintrat, wo ich harte Tage, lange Arbeitszeit hatte, in späterer Zeit fand ich wieder andere Stellung. In meinem 20. Jahre endlich gelang es mir in einem großen Geschäft, in dem viele Angestellte beiderlei Geschlechts beschäftigt waren, eine ganz nette Stellung, wenn auch nicht besonders gut bezahlt, zu erlangen. Zu jener Zeit raffte ich mich oft auf, um meiner Leidenschaft Herr zu werden, und es gelang mir dies auch zeitweise; leider aber kamen immer wieder die Rückfälle. Ich möchte hier noch bemerken, daß ich schon von jeher ein großer Lesefreund gewesen bin — nicht von gewöhnlichem Schund. In dieser letzterwähnten Stellung, in der ich vor allem mich einer großen freien Zeit erfreuen konnte, erweiterte ich mein Wissen durch ganz begeistertes Lesen populär wissenschaftlicher Werke, die ich mit großer Aufmerksamkeit durchnahm. Ich entsagte dem Laster, um morgens Lust zum Aufstehen zu haben, und fand bald den schönen Wert und Genuß heraus, den wirkliche Bildung gibt. Ich muß hier noch eines Herrn gedenken, mit dem ich im Geschäfte bekannt wurde; er war, wie ich bald herausfand, Urning und stand mit einem anderen jungen Manne in diesbezüglichem Briefwechsel. Von diesem jungen Manne erhielt ich eines Tages auf kurze Zeit das bekannte Werk Dr. Krafft-Ebings zum Lesen. Dies Buch traf mich wie ein Donnerschlag. Mit Entsetzen, starkem Herzklopfen und Aufregung ersah ich, daß ich mit meinen Gefühlen nicht allein war, wie ich immer glaubte — eine fremde Welt voll Schauder, der also auch ich angehören sollte, tat sich vor mir auf. Auch das Werk Dr. Molls kam damals in meine Hände, im 22. Jahre. Ich möchte hier noch erwähnen, daß ich auch in jener Zeit mit einem Bekannten zu einer Prostituierten ging, der Erfolg war der bekannte. Über eine anfängliche Erektion brachte ich es nicht hinaus; ich ging mit der halben Überzeugung, impotent zu sein, und ähnlich den Personen in Krafft-Ebings Werke verspürte ich keine Lust mehr, zu einer öffentlichen Dirne zu gehen.

Ich möchte hier auch noch die Anfechtungen erwähnen, die mir die weiblichen Angestellten durch Kleidung, Schuhwerk erregten. Zu jener Zeit war schon längst in mir der Wunsch rege geworden, auch ein Mädchen zu haben, nach Herzenslust küssen und alle die perversen Triebe einmal befriedigen zu können. Das Höchste wäre mir gewesen, einem weiblichen Wesen die Schuhe auszuziehen, um, wie ich mich im Geiste ausdrückte, den warmen Lebenshauch spüren zu können. Schrecklich litt ich zu damaliger Zeit an dem Anblick der vielen steifen weißen Kragen, die die Fräulein, besonders gewisse, oft trugen. Maßlose Onanie war oft die Folge. So verging die Zeit. Ich kam wieder in andere Stellung, verbesserte mich in bezug auf Einnahmen usw. Von den Mitteln, die ich damals ergriff, meiner schrecklichen Triebe Herr zu werden, möchte ich auch die weiten Spaziergänge nennen, die ich damals unternahm, um nur recht müde zu werden. Die Freude an den Schönheiten der Natur ist es hauptsächlich auch heute, die mir mein Los erträglicher macht.

Es kommt nun eine neue Periode; es gelang mir, eine erste Bekanntschaft anzuknüpfen im 25. Jahr! Das Mädchen meiner Wahl hatte einfache regelmäßige Züge, ebenmäßige Figur und selbstverständlich hübsche Füße. Ich glaubte damals, für meine gewissen Wünsche nun endlich Befriedigung gefunden zu haben, doch sah ich bald, daß ich mich getäuscht hatte. Die Betreffende war von sehr normalem Temperament, harmlos, ziemlich religiös gesinnt, sie glaubte ohne weiteres, daß einer Bekanntschaft mit einem ihr anständig erscheinenden jungen Mann sicher eine Heirat folgen würde. Noch erinnere ich mich ihres verwunderten Blickes, als ich sie bei nächster Gelegenheit bat, ihr doch den Knopfstiefel ausziehen zu dürfen. Sie ließ mich gewähren, ohne irgendwie weiter Anteil zu nehmen oder zu fragen. Die lang unbefriedigte Glut meiner Wünsche war indes gestillt, ich konnte mich wenigstens satt küssen, und ich tat dies auch, buchstäblich gesprochen, ich konnte das Mädchen minutenlang küssen; sie ließ mich immer willenlos gewähren. Ablehnender aber zeigte sie sich schon meinem zweiten hauptsächlichen Wunsche, einen steifen weißen Kragen recht hoch zu tragen; sie machte kein Hehl daraus, daß ihr das unsinnig vorkomme, doch gelang meinen Bitten und Drängen auch hier die Erfüllung meines Triebes. Sie selbst blieb aber kalt, ähnlich den Urningfreunden, die keinen Sinn für die Gefühle ihrer Verehrer haben." . . .

Es folgt hier weitere Schilderung des sexuellen, zum Teil perversen Verkehrs zu dem fraglichen Mädchen, auf die nicht näher eingegangen werden kann. P. bemerkt hierbei auch, daß er damals Masturbation ohne Herbeiführung der Ejakulation trieb und hiervon dieselben nachteiligen Folgen, wie von dem vollständig durchgeführten masturbatorischen Akte, wahrnahm. Das Verhältnis zu dem betreffenden Mädchen wurde nach mehrmonatlicher Dauer gelöst, und einige Zeit später knüpfte Patient eine neue Liaison an. Es heißt dann weiter in dem Berichte: „Mein erstes war, ihr meine Komplimente über ihre kleinen Füße zu machen, und ich konnte beobachten, daß sie hierfür Sinn zeigte. Bei einem Spaziergang führte ich sie ebenfalls an einen geeigneten Platz, bat sie, ihr die Schuhe ausziehen und ihr den Fuß küssen zu dürfen. Mit reizender Verlegenheit, aber freundlicher Bereitwilligkeit ging sie auf meinen Wunsch ein, mit raschem Blick hatte ich mich von ihrer Reinheit überzeugt, meine Leidenschaft stieg. Ich hatte damals oft das Gefühl, es sei mir eigentlich mehr um Befriedigung perverser Triebe als um Befriedigung des normalen Geschlechtstriebes zu tun. Wie intensiv mich der perverse Trieb beherrschte, möchte ich am besten in einer Detailschilderung darlegen, bei anderen pervers veranlagten Personen werden wohl ähnliche Verhältnisse vorliegen. Wenn ich z. B. eine (am besten schwarz gekleidete) Dame sah, die einen hohen, engen, weißen Kragen trug, so ging ich ihr oft so lange nach, bis sie mit der Hand eine Bewegung an dem Kragen machte, oder beim Umsehen oder Seitwärtssehen eine gewisse Kopfhaltung machte, als ob der hohe Kragen ihr eine Unbequemlichkeit verursache — — in diesem Momente fühlte ich immer einen Schlag, einen Druck am Herzen, den ich am besten mit einer Blutwelle vergleichen möchte. Sobald aber diese obenerwähnte Bewegung an Kopf oder Hand des weiblichen Wesens geschah, blieb immer ein gedankenerzeugender Moment dazwischen, in dem sich der Begriff herausschälte: „Kräftig wirkt der Zauber und so bist du verloren!" und gleich darauf fühlte ich prompt den Druck, die Blutwelle in der Brust. Und so ist es auch heute noch.

Ich kaufte dem Mädchen damals einen hohen Leinenkragen, ein paar Manschetten und freute mich wahnsinnig, einen genußreichen Abend zu haben. Sie zeigte auch hierfür viel Sinn, ich konnte mich nicht satt sehen jenen Abend an ihr, buchstäblich gesprochen, sie mußte mir unzählige Male immer wieder den Kragen, den sie sich auf mein glühendes Bitten recht eng gerichtet hatte, mit dem Finger lockern lassen, und als ich bemerkte, daß an ihrem Hals eine aufgescheuerte Stelle entstand, verspürte ich die Sinneslust, wie sie ein Sadist vielleicht empfindet. So oft sie die Hand an den Kragen legte, gingen mir die sinnlichen Wellen durch den Körper. Ähnliches könnte ich schildern, als sie einst neue Knopfstiefel trug; als ich die neuen hübschen Stiefel sah, stand mir schon wieder der Genuß vor Augen, den mir das Ausziehen geben würde.

Das Verhältnis blieb aber nicht immer so ungetrübt und wurde ebenfalls nach kurzer Dauer gelöst."

Es folgte eine dritte Liaison, diesmal mit einem Mädchen, das sich als geschwängert und von ihrem Liebhaber verlassen erwies. Es heißt dann weiter: „Ich darf hier nicht vergessen, eine neue Liebhaberei zu erwähnen, die sich bei mir schon seit geraumer Zeit gebildet hatte: die Liebhaberei für enge Ärmel. Dem Mädchen nun wußte ich hierfür Interesse einzuflößen. Sie war von etwas voller Figur, und es machte mir Genuß, ihr unter den Arm zu greifen und den Schweiß spüren zu können, wenn sie eine anschließende Taille getragen hatte. Ich verstand es jetzt vortrefflich, das Mädchen mir abzurichten. Große Beredsamkeit, listige Komplimente, immerwährende Schmeichelei über ihre körperlichen Vorzüge wandte ich an, um sie für meine perversen Liebhabereien empfänglich zu machen, und ich kann sagen, es gelang mir auch. Im Laufe der Monate entstand ein förmlicher Briefwechsel in dieser Hinsicht zwischen uns; ich schrieb ihr die phantasiereichsten Schilderungen, und sie antwortete entsprechend. Diese Briefe habe ich verbrannt, um dem Reiz zu entgehen, den sie doch immer gehabt hätten. Der Inhalt ist mir aber doch noch im Gedächtnis."

Auch die weitere Schilderung des sexuellen Verkehrs mit diesem Mädchen muß übergangen werden. „Seit jener Zeit hatte ich kein Verhältnis mehr, es kamen wieder Rückfälle trotz Bemühungen, dem unsittlichen Sumpf zu entrinnen. Oft habe ich mich bestrebt, dem höllischen Zauber zu entkommen und mir vorgestellt, wie es denn nur möglich sei, daß ein weißer Leinwandstreifen von einem gewöhnlichen Gesicht getragen, mir dieselbe als anziehendstes Wesen erscheinen lasse, während ohne denselben sie mir absolut gleichgültig wäre — — umsonst — — bei nächster Gelegenheit fühlte ich wieder die Kraft, die reizt und wirkt, und ich konnte mich ihr nicht erwehren."

Aus der zweiten Mitteilung . . „Die verschiedenen Schriften, die ich über diesen Gegenstand las, um über meinen eigenen Zustand klarer zu werden, brachten mir nicht die Erklärung, die ich eigentlich erwartet hatte." . . . „Eine Bemerkung, die ich in einem bezüglichen Werke fand, möchte ich vor allem hier erwähnen und ausnehmen, in der gesagt wird, daß die Mode mit ihrem Wechsel die Perversität fördere. Mit dieser Bemerkung, in der ich gewissermaßen mit Trauer und Befriedigung meine eigenen Gedanken wieder fand, ist wohl sicher das Richtige getroffen" . . „Ich hatte in meinem Geschäfte einmal ein Gespräch mit einem jungen Mann, der sich mir gegenüber als Stiefelfetischist zu erkennen gab. Er sprach sich ganz ungeniert über ihm als höchst reizvoll erscheinende Änderungen in der Schuhmode aus. Wie ungemein stark das moderne Damenschuhwerk auf die Sinnesreize wirkt, ist ja sicher schon beschrieben worden; die ungeheuere Verbreitung und Wirkung dieses Reizmittels kann aber kaum genug wirklich geahnt werden." . „Wie stark das rein Perverse bei mir zum Ausdruck kommt, geht daraus hervor, daß sogar eine weibliche Person in vorgerückten Jahren, sofern sie nur eine regelmäßige Figur noch zeigt und vor allem den bewußten Halsschmuck zeigt, mich vollständig aufregen kann." . . „Über eine andere Gefühlserscheinung möchte ich noch berichten; nämlich, daß eine weibliche Person, die einen Zwicker trägt, mir auf jeden Fall nur wenig oder kein Interesse einflößen kann, wenn sie auch die betreffenden Attribute am Leib hat. Sonderbar ist es mir auch schon erschienen, daß mich sogar im Traum diese schrecklichen Bilder verfolgen, nicht nur einmal, öfters, und merkwürdigerweise immer dieselbe Handlung. Ich muß hier vorausschicken, daß ich alljährlich mindestens ein- oder zweimal eine gewisse Landschaft aufsuche; einen mir absolut ideal erscheinenden Platz, der mir als eine Zuflucht vor allen unreinen Dingen erscheint — — von dieser stillen Gegend nun bringt mir der Traum ein Bild vor die Seele, daß hier plötzlich ein Gebäude steht, und wenn ich erstaunt unwillig um die Ecke des Hauses gehe, so begegnet mir plötzlich eine ältere Frau, die zu Boden sieht, gefolgt von drei hübschen Mädchen, die zu meiner Bestürzung das zeigen, dem zu entfliehen ich gekommen war.

Es gibt Zeiten, wo ich glaube, der ganzen Sache gegenüber geklärter zu stehen, dann wieder kommen Momente von tiefsinniger entsetzlicher Traurigkeit. In förmlichen Schrecken und sinnliche Aufregung kann mich auch etwas Gedrucktes bringen, das meine Leidenschaft berührt. . . Ich möchte nun zu dem übergehen, was mir als das Wichtigste und Bedeutendste erscheint, nämlich zu dem Gefühl des doppelten Ich, das mir bei besonderem Auftreten der perversen Gefühle zum Ausdruck kommt. Wie schon berichtet, bemühe ich mich ja fortwährend, die perversen Gefühle und die damit verbundenen Laster zu unterdrücken, teilweise gelingt es, aber immer kommen die Zeiten der Rückfälle; es ist wie mit einer auf- und absteigenden Periode. Es gibt Zeiten, wo die perversen Neigungen stärker als sonst auftreten, der Körper befindet sich wie in einem fieberhaft entzündlichen Zustand, das Druckgefühl, unter einer Leidenschaft zu stehen, die von Normalen nur mit äußerstem Spott bedacht wird, die Meinung, daß auch der beste Arzt hinterher schließlich auch nur ähnlich denkt, wirkt lähmend auf alles. Und wenn dann wieder ein besonders reizvoll erscheinendes weibliches Wesen mir über den Weg kommt, dann tritt der gefürchtete Augenblick wieder ein, wo ich sehe, wie schrecklich tief das Übel Wurzel gefaßt hat. Manche Schilderung könnte ich hierüber geben, es kann aber eine für viele gelten. Ich sah mich einmal zwei Mädchen gegenüber, von denen die eine den bewußten Halsschmuck zeigte, mächtig setzte sofort die schon beschriebene Blutwelle, der Schlag am Herzen ein. Und nun entstand der seelische Kampf, der Streit zwischen Vernunft und Sinnlichkeit, der, oft geführt, mir nur zeigte, daß es vergebens sei, gegen eine Leidenschaft sich zu stemmen, die förmlich unabhängig von allen Gedanken und aller klaren Vernunft, wie in einer besonderen Kammer von Herz und Hirn verborgen liege und, wenn geweckt, übermächtig alles andere zurückdränge. Das Mädchen machte die bewußte Kopfbewegung — — —, wie es mich durchfieberte; ein förmliches Schwindelgefühl überkam mich, wie nach einem starken Laufe mußte ich atmen, fortwährend spürte ich, wie heftig in mir das Herz klopfte; und nun war es mir, wie wenn zwei unabhängig voneinander laufende Gedankenstreifen sich ablösten: auf der einen Seite die Vernunft, die mir sagte: „Ruhe, es ist ja nichts — — das eben ist die Sünde, du aber herrsche über sie!" Mit einer wirklich gewissen Gedankenruhe und Beobachtungsgabe konnte ich mich wundern und nachdenken, beobachten förmlich, daß die Erregung so heftig einsetze, sobald die Kopfbewegung von seiten des Mädchens kam. Sofort setzte die Welle am Herzen ein, unabhängig vom Gefühl der sich losreißenden befreienden Vernunft, wie festgebannt, überwältigt mich der Zauber und unterlegen kommt der Gedanke zum Ausdruck: „Was soll man da tun, wenn uns so die Versuchung gleich einem Gewappneten überfällt!" In diesem Moment ist es mir nicht anders, als wenn der Sitz der Sinnlichkeit mehr im Herzen alle Quellen und Reize hätte wie im Hirn. Ich kann es nicht lebhaft genug schildern, diese förmliche Trennung aller Gedanken, so wahrhaft vollkommen kommt alles zum Ausdruck, die gewissermaßen vollständige Beobachtung des sinnlich angelegten Teiles meiner Person trägt nur dazu bei, das Gefühl von Bestürzung und Hilflosigkeit zu vermehren."

Der vorstehend mitgeteilte Fall ist in mehrfacher Hinsicht von besonderem Interesse. Er zeigt uns das Auftreten ausgesprochener sexueller Erregungszustände und fetischistischer Neigungen schon im Kindesalter, die Vervielfältigung, welche letztere im Laufe der Jahre erlangen können und den hierbei zutage tretenden Einfluß der Mode sowie die Kombination fetischistischer mit sadistischen Elementen. Hierher ist der Umstand zu rechnen, daß die sexuelle Lust, welche dem

Patienten der Anblick und das Betasten steifer Halskragen bei weiblichen Personen verursacht, durch die Wahrnehmung der Unannehmlichkeiten, welche diese Toilettestücke den Trägerinnen bereiten (Aufscheuern des Halses usw.), gesteigert wird. Über den Entstehungsmodus des Fetischismus gibt der Bericht des Patienten keine direkte Aufklärung, aber es war wohl in dieser Hinsicht nicht ganz ohne Belang, daß Patient als Sohn eines Schuhmachers Gelegenheit hatte, viel mit weiblichem Schuhwerk sich zu beschäftigen. Dieser Umstand dürfte in Verbindung mit der Präkozität der sexuellen Erregungen zur Entwicklung des Schuhfetischismus geführt haben.

Den reinen Kleiderfetischisten stehen die Individuen nahe, welche nur mit Frauen in einer bestimmten Toilette geschlechtlich zu verkehren imstande sind und deren Potenz bei Fehlen diese Bekleidung, wie sehr auch die betreffende weibliche Person ihrem Geschmacke entsprechen mag, völlig versagt.

Was die Form sexueller Betätigung anbelangt, die bei dem Fetischismus vorkommen, so ist zunächst zu bemerken, daß bei einem erheblichen Teile der Fetischisten die Befriedigung des perversen Triebes durch Manipulationen an dem Fetischteile oder Gegenstande (Berühren, Streicheln, Andrücken), auch durch Küssen desselben, erreicht wird, wodurch diese Vorgänge zu einem Äquivalent des normalen Geschlechtsaktes sich gestalten. Der Eintritt von Ejakulation kann hierbei mehr oder weniger rasch erfolgen oder auch ganz ausbleiben. In einzelnen Fällen genügt schon der Anblick des Fetisches, um eine Ejakulation herbeizuführen.

Neben der perversen Befriedigungsmöglichkeit besteht häufig völlige Unfähigkeit zum normalen Geschlechtsverkehre. Letzterer gelingt zwar einem Teile der Fetischisten, aber nur dann, wenn sie in der Lage sind, während der Kohabitation den Fetisch zu sehen, zu fühlen oder sich wenigstens lebhaft vorzustellen.

In den selteneren Fällen, in welchen neben der fetischistischen Neigung sich die normale Triebrichtung geltend macht, mangelt natürlich auch nicht die Fähigkeit zu sexuellem Verkehr ohne die erwähnten Hilfen.

Im folgenden gebe ich den Bericht eines in Italien lebenden Herrn wieder, der meinen Rat wegen der bei ihm bestehenden fetischistischen Neigungen in Anspruch nahm.

„Bin in M. im Juni 1877 von deutschen Eltern geboren, meine Mutter ist vor 4 Jahren an einem Herzleiden gestorben, mein Vater lebt noch. Ein Bruder von mir, 1878 geboren, starb 1882; dagegen lebt noch mein Bruder, geboren 1889, sonst habe ich keine Geschwister. Außer Masern, Scharlach und Ohrenentzündungen habe keine Krankheiten gehabt; mein Körperbau ist grazil, auch bin ich nervös, was sich darin äußert, daß ich leicht an den Händen zittere. Habe daher Alkoholgenuß fast abgeschafft und im Sommer nahm ich fleißig kalte Schwimmbäder. Was nun die geschlechtliche Frage betrifft, so muß ich wohl als Kind einmal irgendwo im Theater oder auf der Straße eine Reitdame zu Gesicht bekommen haben, die hohe Schaftstiefel trug. Das hat auf mich einen bleibenden Eindruck gemacht; denn ich habe als Knabe immer die merkwürdige Tendenz gehabt, mit Vorliebe mir den Anblick von Reitdamen zu verschaffen, sei es in natura oder auf Abbildungen und zwar waren es vor allem die hohen Stiefel, die mein besonderes Interesse erregten, aber nur wenn von weiblichen Personen getragen, dagegen von Männern absolut nicht. Als Jüngling entstand beim Anblick derartiger Damen dann Samenerguß, und ich gestehe, daß mich die Neigung so packte, daß ich, wenn sich mir Gelegenheit bot, im Theater, Zirkus, in der Nähe von Reitschulen einen solchen Anblick mir zu verschaffen, ich der Versuchung absolut nicht widerstehen konnte. Dabei erfolgte dann stets Samenerguß. Infolgedessen pflegte ich keinen normalen geschlechtlichen Verkehr, sondern suchte meinen Geschlechtstrieb auf diese Weise zu befriedigen. Da sich in dieser Frage niemand um mich bekümmert hat, so habe ich bis zum 26. Jahre so weiter gemacht. Im 26. Jahre suchte ich endlich in M. einen italienischen Psychiater auf, Prof. A. R. und bat um Ratschlag. Derselbe riet mir, ein geeignetes Mädchen zu suchen, dasselbe so zu kleiden, wie es meine Phantasie liebe und dann den Geschlechtsakt zu versuchen. Das tat ich und der Geschlechtsakt gelang; ich fädelte den normalen Geschlechtsverkehr langsam ein. Ich versuchte nun auch ohne Kleid und Stiefel den Akt zu vollbringen, manchmal gelang er, manchmal auch nicht; bei entsprechender Kleidung ist eben mehr Sicherheit vorhanden. Die weiblichen Geschlechtsteile interessieren mich wenig. Es hat sich nun bei mir die Tendenz herausgebildet, auf der Straße die Fußbekleidung der Frauen bisweilen zu beobachten und ruft hohe elegante Fußbekleidung leicht Erektion hervor, die sich zum Samenerguß steigern kann, wenn ich der betreffenden Person folge. In Schaufensterauslagen rufen wohl hohe und Schaftstiefel für Damen einiges Interesse hervor, jedoch keine Erektion und Samenerguß. Derselbe tritt erst ein, wenn der Gegenstand von der Person getragen wird. Da ich nun jedoch den Schlüssel zum normalen Geschlechtsverkehr gefunden habe, so suche ich meine Neigung im Zaun zu halten und den richtigen Geschlechtsakt einmal in der Woche zu vollbringen. Diese Neigung, mit der ich behaftet bin, ist für mich von größtem Schaden; leicht schweben mir Gaukelbilder von Reitdamen vor, auch bin ich ziemlich indifferent im Geschäftsverkehr. Ich betreibe hier ein Geschäft, und wäre es später vielleicht von Vorteil für mich, wenn ich heiraten könnte, um eine Hilfe im Geschäft zu haben. Jetzt unterstützt mich noch mein Vater, aber er ist alt. Das Heiraten wird jedoch absolut nicht gehen, so lange ich solche merkwürdige Neigungen habe. Der italienische Professor, mit dem ich einmal darüber sprach, sagte mir, ich solle eine Reitdame heiraten. Das mag ja nun theoretisch vielleicht richtig sein, aber praktisch ist es nun nicht durchführbar; denn was tue ich in meiner Lebenslage mit einem Sportweibe, außerdem müßte ich doch erst Bekanntschaft machen. Ich würde beim Anblick der Kleidung und speziell der Stiefel der betreffenden Dame dann immer in Aufregung und Samenverlust geraten, was mich nur noch mehr schwächen würde."

Wir ersehen aus dem im vorstehenden Mitgeteilten, daß bei dem Patienten schon der Anblick des Fetisches genügte, nicht nur sexuelle Erregung, sondern auch Ejakulation herbeizuführen, daß es sich also bei ihm um einen höheren Grad von Fetischwirkung handelte. Trotzdem war die normale Triebrichtung bei dem Patienten nicht völlig unterdrückt. Sie machte sich, nachdem Patient entsprechend aufgeklärt war, geltend und ermöglichte ihm, wenigstens mit gewissen Hilfen, normalen Geschlechtsverkehr.

Der Fetischismus ist, wenn auch die Vertreter desselben in der Regel neuro- oder psychopathisch belastete Individuen sind, doch immer eine erworbene Anomalie, zu deren Entwicklung das zufällige Zusammentreffen gewisser Sinneseindrücke mit sexueller Erregung bei geschlechtlicher Frühreife den Anstoß gibt [1]). Man hat daher den Fetischismus einfach auf eine Zwangsassoziation zurückführen zu können geglaubt. Diese Annahme läßt jedoch die Einschränkung des sexuellen Interesses auf ein bestimmtes, bei normalen Individuen nicht sinnlich wirkendes Objekt unerklärt. Neben der durch einen Zufall bedingten Verknüpfung von bestimmten Sinneseindrücken mit sexuellen Lustgefühlen müssen beim Fetischisten Umstände wirksam sein, durch welche das dem Geschlechtssinne dienende kortikale Gebiet für die normalen Erregungsquellen (Vorstellungsreize) unzugänglich gemacht wird. Hierüber fehlt es noch an Aufklärung.

Die fetischistische Perversion hat für ihre Träger eine negative und eine

---

[1]) Freud erwähnt, daß in einem Teile der Fälle von Fetischismus eine den Betroffenen meist nicht bewußte symbolische Gedankenverbindung den Ersatz des normalen Sexualobjektes durch den Fetisch herbeigeführt hat; doch scheint nach dem Autor diese Symbolik nicht immer unabhängig von sexuellen Erlebnissen der Kinderzeit. Ich glaube, daß solche Erlebnisse hierbei immer eine Rolle spielen. Havelock Ellis nimmt für den Fußfetischismus ein angeborenes Element an. „So exzentrisch", bemerkt er, „der Fußfetischismus uns erscheinen mag, so ist er doch nur das durch einen Pseudoatavismus oder durch eine Entwicklungshemmung erfolgende Wiederauftauchen eines Triebes, den wahrscheinlich unsere Vorfahren gehabt haben und der heute noch bei jungen Kindern nachweisbar ist."

Ich muß gestehen, daß ich bei Kindern nie eine Andeutung von fußfetischistischer Neigung beobachtet habe und eine angeborene Disposition in dieser Richtung bei der europäischen Bevölkerung nicht annehmen kann. Dagegen scheint in China eine ererbte Disposition zum Fußfetischismus außerordentlich verbreitet zu sein, da sie zu der dort in weiten Kreisen noch jetzt bestehenden Sitte der künstlichen Fußverkrüppelung der jungen Mädchen geführt hat.

positive Seite. Es ist begreiflich, daß der Fetischist sich das Vergnügen, das ihm das Manipulieren mit seinem Fetisch gewährt, öfters zu verschaffen trachtet und daß dies nicht immer auf einwandfreiem Wege gelingt. Bei großer Stärke des perversen Triebes kommt es daher nicht selten und zwar auch bei sonst unbescholtenen Individuen zu kriminellen Handlungen. Die Haarfetischisten werden, wie wir schon erwähnten, Zopfabschneider, und die Kleiderfetischisten setzen sich oft durch Diebstahl in den Besitz der für sie attraktiven Objekte. Manche Diebsspezialitäten, so insbesondere die Diebe von Frauenschürzen und Taschentüchern, gehören der Kategorie der Fetischisten an, und es sind Fälle bekannt, in welchen selbst wiederholte Bestrafung den perversen Drang nicht zu unterdrücken vermochte. Die negative Seite des Fetischismus ist dadurch gegeben, daß derselbe das damit behaftete Individuum unfähig zu normalem geschlechtlichen Verkehr mit weiblichen Personen macht oder wenigstens die Befriedigung bei demselben verhindert, sofern der Fetischist nicht imstande ist, mit Hilfe seiner Phantasie an Stelle des vorhandenen Weibes den Fetisch als sexuell erregendes Medium zu setzen.

Man hat dem Gebiete des Fetischismus auch noch manche oben nicht erwähnte Anomalie im sexuellen Triebleben einverleibt. So unterschied v. Krafft-Ebing neben dem Körperteil- und Kleidungsstückfetischismus noch einen Stoff- und einen Tierfetischismus. Bei den betreffenden Individuen werden durch das Berühren von gewissen Stoffen, Seide, Samt, Pelz, oder durch das Streicheln von Tieren (Hund, Katze) sexuelle Erregungszustände hervorgerufen. Da es sich hierbei, wie auch v. Krafft-Ebing annimmt, um eine eigenartige Wirkung von Tasteindrücken handelt, scheinen mir diese Fälle mehr in das Gebiet der sexuellen Idiosynkrasien als der sexuellen Perversionen zu gehören. Einen den erwähnten nahestehenden Fall habe ich vor Jahren beobachtet.

Bei einem 22 jährigen Studenten bestand seit mehreren Jahren die Eigentümlichkeit, daß die Berührung der Kopfhaare mit kaltem Wasser Erektionen hervorrief, und bei ausgedehnter oder fortgesetzter Durchnässung der Haare es sogar zu Ejakulationen kam. Der junge Mann mußte deshalb darauf verzichten, sich den Kopf mit kaltem Wasser zu waschen, und beim Baden das Untertauchen vermeiden.

II. Andere substitutive Formen heterosexueller Perversion. Exhibitionismus.

Eulenburg hat unter dem Titel „geschlechtlicher oder erotischer Symbolismus" mit dem Fetischismus eine Reihe anderer sexueller Perversionen zu einer Gruppe vereinigt, „die das gemeinschaftlich hat, daß an Stelle des eigentlichen adäquaten Sexualreizes, als Äquivalente dafür, eigentümliche, scheinbar paradoxe, aber doch bestimmten sexualen Ideenassoziationen entspringende oder wenigstens irgendwie damit zusammenhängende Reizvorstellungen treten".

Da in den hier in Betracht kommenden Fällen jedoch nur die normalen und adäquaten Sexualreize konstant durch abnorme Reize ersetzt werden, die Befriedigung dagegen zum Teil durch sexuelle Akte (Masturbation usw.), und nur zum Teil durch einen äquivalenten ideellen (symbolischen) Vorgang erreicht wird, scheint es mir zweckmäßiger, von „substitutiven Formen" heterosexueller Perversion zu sprechen, nachdem bei denselben durchwegs die Beziehung zum weiblichen Geschlechte gewahrt ist. Hierher gehören die Frotteurs, die sexuelle Befriedigung dadurch suchen, daß sie sich an Frauen im Gedränge reiben, ferner die

Pygmalionisten, welche durch weibliche Statuen oder lebendige Imitation derselben (lebende Bilder) sexuell, resp. erotisch erregt werden und sich entweder durch Masturbation befriedigen oder sich mit dem Betrachten begnügen, auch die Voyeurs, deren Begierden sich auf die Zuschauerrolle bei den sexuellen Vergnügungen anderer (Kohabitation oder Masturbation) beschränken. Von den widerlicheren Nuancen letzterer Kategorie wollen wir hier absehen. Auch der sogenannte Exhibitionismus wurde dem sexuellen Symbolismus zugeteilt. Bei demselben handelt es sich um die Vornahme unzüchtiger Akte (Entblößung der Genitalien, Masturbation usw.) durch Männer in Gegenwart fremder weiblicher Personen, jedoch ohne weitere aggressive Absichten. Die Kasuistik lehrt jedoch, daß bei den Exhibitionisten ganz verschiedenartige pathologische Zustände vorliegen. Die meisten der betreffenden Individuen sind sexuell impotente Geistesschwache (an Dementia senilis oder paralytica, Alkoholismus usw. Leidende), die durch eine mächtige Libido zu dem läppischen Gebaren veranlaßt werden. In anderen Fällen liegt dem exhibitionistischen Akte Epilepsie zugrunde (psychisch-epileptisches Äquivalent). Auch Zwangs- und Dämmerzustände bei Neurasthenischen und Degenerierten können zu exhibitionistischen Akten führen, und wohl nur ganz selten dürfte, wie in dem von Hoche mitgeteilten und einem von mir untersuchten Falle, eine psychopathische Grundlage für die exhibitionistischen Neigungen nicht nachweisbar sein.

C. Algolagnie.

Sadismus und Masochismus.

Unter den Anomalien des Sexualtriebes haben in neuerer Zeit die als Sadismus und Masochismus bezeichneten ganz besonderes und weit über die medizinischen Kreise hinausgehendes Interesse erregt. Beide Anomalien lassen sich auf denselben Grundzug, die Verknüpfung von Grausamkeit mit Wollust, genauer gesagt, die Verknüpfung von psychischem oder physischem Schmerz mit sexuellen Lustgefühlen und sexuellen Erregungen zurückführen. Beim Sadismus handelt es sich um einem anderen Individuum zugefügten, beim Masochismus um selbst erduldeten seelischen oder körperlichen Schmerz. Die Bezeichnungen Sadismus und Masochismus sind von den Namen zweier Schriftsteller, Marquis de Sade und v. Sacher-Masoch, abgeleitet, welche beide in doppelter Beziehung zu der nach ihnen benannten Perversion standen. Beide waren nicht nur in eigener Person hervorragende Repräsentanten der betreffenden Perversion, sie schilderten und verherrlichten dieselbe auch in einer Reihe von dichterischen Werken und lieferten so den Beweis, wie sehr krankhafte Zustände im Bereiche des Sexuallebens auch das Denken und damit die literarische Tätigkeit geistig hochstehender Männer beeinflussen bönnen.

Der Ausdruck Sadismus wurde schon früher von französischen Autoren, jedoch in schwankendem und weitgehendem Sinne, gebraucht, so daß darunter sehr verschiedene psychosexuelle Anomalien zu verstehen waren. Die in der neueren und insbesondere der deutschen Literatur üblich gewordene Beschränkung der Bezeichnung auf die sexuelle Perversion, welche durch die Verbindung von zugefügtem Schmerze und Wollust charakterisiert ist, rührt von v. Krafft-Ebing her; hiermit ist der Sadismus zu einer scharf umgrenzten psychosexuellen Anomalie geworden, die sich den übrigen Anomalien auf diesem Gebiete, wenn auch gerade nicht an Häufigkeit, so doch an wissenschaftlichem Interesse anreiht.

Viele dem Gebiete des Sadismus angehörige Tatsachen sind schon lange bekannt und haben auch oft genug die Gerichte in älterer wie neuerer Zeit beschäftigt.

Die Kenntnis der dem Masochismus angehörigen Erscheinungen ist dagegen eine Errungenschaft neuerer Zeit und in erster Linie v. Krafft-Ebing zu verdanken, welcher Autor auch die Bezeichnung Masochismus in die Literatur einführte. Das Studium des früher ganz und gar unbeachtet gebliebenen Masochismus mußte auch die Aufmerksamkeit in erhöhtem Maße auf sein Gegenstück, den Sadismus, lenken, und infolge dieses Umstandes haben sich auch unsere Kenntnisse in betreff dieser letzteren Perversion beträchtlich erweitert. Einen deutlichen Beweis hierfür liefern u. a. die geistvolle Abhandlung Eulenburgs (Grenzfragen des Nerven- und Seelenlebens Nr. XIX, 2. Aufl. 1911) und das Kapitel „Erotik und Schmerz" in dem Havelock Ellisschen Werke „Das Geschlechtsgefühl", deutsch von Kurella, 1903.

Nach der ursprünglichen Auffassung v. Krafft-Ebings sollten der Sadismus und Masochismus sich auf den Mann beschränken. Der Sadismus sollte dadurch charakterisiert sein, daß Grausamkeitsakte an weiblichen Personen nicht bloß zum Zwecke sexueller Stimulation, sondern auch als Selbstzweck zur Befriedigung eines krankhaften Triebes verübt werden. Das Wesen des Masochismus sollte darin liegen, daß der Mann auf Grund sexueller Empfindungen und Dränge sich vom Weibe erniedrigen und mißhandeln läßt und in der Rolle des Unterworfenen seine Befriedigung findet. v. Krafft-Ebing ist jedoch das Vorkommen sadistischer und masochistischer Neigungen bei Frauen später nicht entgangen; er hat hierhergehörige Fälle in den neueren Auflagen seiner Psychopathia sexualis mitgeteilt und dementsprechend auch seine früheren Definitionen geändert.

v. Schrenck-Notzing hat für die durch die Verbindung von Wollust und Grausamkeit charakterisierten sexuellen Perversionen die gemeinschaftliche Bezeichnung „Algolagnie" (von ἄλγος und λαγνός) und die Unterscheidung einer aktiven und einer passiven Algolagnie vorgeschlagen; erstere entspricht dem Sadismus, letztere dem Masochismus.

Eulenburg hält die Bezeichnung „Lagnänomanie" für Sadismus und „Machlänomanie" für Masochismus für zutreffender.

Die innere Verwandtschaft, welche beide Perversionen trotz ihrer scheinbaren Gegensätzlichkeit besitzen, macht es verständlich, daß Sadismus und Masochismus auch nebeneinander bei demselben Individuum bestehen können. Das Weib z. B., das einem Manne gegenüber sadistisch verfährt, kann einem anderen gegenüber sich masochistisch verhalten. Bemerkenswert ist ferner, daß die sadistischen Neigungen sich nicht lediglich Personen des anderen Geschlechtes gegenüber äußern; bei Männern sowohl als bei Frauen kommt es vor, daß sie an Personen des eigenen Geschlechtes ihre sadistische Perversion betätigen; bei Frauen scheint dies sogar das Vorwaltende zu sein.

I. Sadismus.

Das Wesentliche dieser Perversion ist dadurch gegeben, daß bei den mit derselben behafteten Individuen die Wahrnehmung oder auch nur die Vorstellung von Akten, durch welche einem anderen Menschen oder auch einem Tiere körperliche oder seelische Pein verursacht wird, sexuelle Lustgefühle und sexuelle Erregung hervorruft. Mit diesem abnormen Verhalten verknüpft sich sehr häufig, aber glücklicherweise nicht immer der Drang, durch anderen Individuen zugefügtes Leiden sich sexuelle Lust zu verschaffen. Meine eigene Erfahrung veranlaßt mich, von vereinzelten Ausnahmen abgesehen, v. Krafft-Ebing beizustimmen, wenn er den Sadismus als eine angeborene, auf degenerativer Grundlage basierende psychosexuale Anomalie betrachtet. Es ist notwendig, dies hervorzuheben, weil man manchen von Sadisten verübten Scheußlichkeiten gegenüber geneigt sein mag, neben dem Verbrecherischen und Unnatürlichen das Krankhafte in der Betätigung ihres Sexualtriebes ganz zu übersehen. In einer Anzahl von Fällen meiner eigenen Beobachtung machten sich schon bei Kindern, und zwar wohlerzogenen und ethisch in keiner Weise defekten, sadistische Erscheinungen bemerklich.

Beobachtung.

Dr. X., Jurist, 26 Jahre alt, stammt aus einer neuropathischen Familie. Sein Vater, der an einem Drüsenleiden starb, war nervös; seine noch lebende Mutter hat mancherlei nervöse Zustände; auch seine zwei Geschwister sind nervös.

Der Patient hat als Kind im Alter von 6—8 Jahren Masern und Pneumonie durchgemacht und war später bis zur Pubertätszeit körperlich gesund, doch zeigten sich bei ihm schon in diesen Jahren verschiedene psychische Anomalien: Neigung zu Verstimmungs- und Angstzuständen, Furcht vor dem Tode, auch Zwangsvorstellungen und Zwangshandlungen, insbesondere ein peinlicher zwangsmäßiger Ordnungssinn, Beichten seiner Mutter gegenüber jede Nacht, weil er glaubte, daß ihm sonst etwas passieren könnte, auch andere Zwangshandlungen, durch welche verhütet werden sollte, daß ihm etwas Schlimmes widerfahre. Patient glaubt, daß die Zwangsvorstellungen (Zwangshandlungen) nach einem schrecklichen Traume bei ihm auftraten. Ferner machte sich bei ihm schon sehr früh eine die Vita sexualis betreffende Anomalie geltend. Er sah als Knabe einmal zufällig in der Nähe einer Eisenbahnstation junge Tiere schlachten. Der ihm ganz und gar ungewohnte, an sich peinliche Anblick rief bei ihm eine gewisse wollüstige geschlechtliche Erregung hervor. In der Folge stellten sich bei ihm beim Anblick junger Tiere, welche gefesselt zum Schlachten transportiert wurden, Erektionen ein. Auch entwickelte sich eine gewisse Zwangsneigung, solche gefesselte Tiere aufzusuchen und zu streicheln; die geschlechtliche Erregung wurde hierbei allmählich lebhafter. Zu gleicher Zeit kam es bei ihm aber auch bei Vorgängen, die ihn selbst betrafen und ihn mit Angst erfüllten (Angstzuständen) zu Erektionen. Patient faßte erstere Erscheinungen zwar als etwas Abnormes, aber nicht als eigentliche Perversion, sondern lediglich als eine abnorme Äußerung des Mitleids auf. Mit 14 oder 15 Jahren wurde Patient von einer fieberhaften mit einem Exanthem verbundenen Erkrankung befallen; er wurde in der Folge anämisch und von verschiedenen, früher nicht vorhandenen nervösen Beschwerden belästigt. Patient überanstrengte sich geistig schon während seiner Gymnasialzeit zeitweilig, noch mehr aber während der Universitätsjahre durch Studium. In seinem 21. Lebensjahre fühlte er sich daher bereits sehr schwach und erschöpft (häufige Pollutionen); auch traten damals öfter heftige Magenbeschwerden (Magenkrampf) bei ihm auf, weshalb ihm eine Kur in Karlsbad verordnet wurde. Auch während dieser Kur studierte Patient fleißig, und bei der Rückkehr an sein Domizil bestand Darmatonie und machten sich noch längere Zeit Verdauungsbeschwerden geltend. Im folgenden Jahre trank Patient zu Hause mehreremal 1—2 Wochen lang Karlsbader Wasser, und zwar sehr warm. Dies bekam ihm sehr übel; er konnte in der Folge kaum gehen, war ganz arbeitsunfähig und wurde außerdem von Schwächeanfällen und verschiedenen nervösen Magenbeschwerden heimgesucht. Patient gebrauchte wegen dieses Zustandes zuerst eine Massagekur mit Gymnastik, später eine Art Mastkur, beides ohne wesentlichen Erfolg. Noch im gleichen Jahre besuchte Patient Norderney; während des Aufenthaltes dortselbst fühlte sich Patient nicht wohler; im folgenden Herbste trat jedoch eine entschiedene Besserung bei ihm ein. Auch das sexuelle Verhalten des Patienten in diesen Universitätsjahren bot manches Bemerkenswerte. Er verliebte sich zwar wiederholt in hübsche Mädchen, seine Neigung ging jedoch nie über eine gewisse platonische Schwärmerei hinaus; die sexuelle Seite der Angelegenheit machte sich bei ihm gar nicht fühlbar. Während der Zeit seines schlimmeren Befindens bestand keinerlei Neigung zu geschlechtlichem oder überhaupt irgendwelchem Verkehre mit weiblichen Personen. Patient betrachtet dieses Verhalten als einfache physische Folge seines Nervenzustandes. Trotz seiner Abneigung wurde dem Patienten von einem Arzte sexueller Verkehr empfohlen. Ein Versuch in dieser Richtung schlug jedoch fehl, da die Erektion ausblieb; dagegen stellte sich nach gewissen Träumen nachts enorme sexuelle Erregung ein.

In der Folge machte sich perodisch abnorm heftige Libido geltend; der Kohabitationsversuch gelang dann auch. Patient erwähnt jedoch, daß hierbei die eigentliche Befriedigung fehlte; die Psyche war nach seiner Ansicht bei diesem Akte nicht beteiligt; es handelte sich nur um eine physische Entlastung.

Im 23. Lebensjahre strengte sich Patient wiederum durch Studium sehr erheblich an, wodurch sein Befinden sich neuerdings verschlechterte. Er versuchte es deshalb mit dem Gebrauche von Moorbädern und Gebirgsaufenthalt, und es gelang ihm auch in der Folge, sein Schlußexamen zu bestehen. Sexueller Verkehr wurde während dieser Zeit bald mit, bald ohne Erfolg versucht. Im folgenden Jahre wurde dem Patienten von einem Arzte an seinem Domizile eine Seereise empfohlen, er unternahm auch eine solche im mittelländischen Meere, akquirierte jedoch während eines Abstechers, den er nach Kairo unternahm, eine leichte Dysenterie, deren Behandlung 8 Tage erheischte. Mehrere kleine Seereisen, die er in der Folge unternahm, wirkten auf sein Befinden entschieden günstig, desgleichen ein Aufenthalt im Oberengadin. Patient trat bei der Rückkehr an sein Domizil in die Rechtspraxis. In betreff der Potenz änderte sich damals sein Zustand nur wenig, dagegen kam es öfters vor, daß er im Gerichtssaale Erektionen bekam, wenn eine Person verurteilt wurde. Patient trat später wieder in ärztliche Behandlung, ohne jedoch die gewünschten Erfolge zu erzielen.

Als derselbe in meine Beobachtung kam, betrafen seine Klagen hauptsächlich: Gefühl andauernder Müdigkeit und Erschöpfung, Arbeitsunfähigkeit, nervös dyspeptische Beschwerden. In sexueller Hinsicht erwähnte Patient seltenes Auftreten von Pollutionen trotz längerem Verzicht auf sexuellen Verkehr.

Objektiv O.

Ich sah den Patienten noch einige Male in Zwischenräumen von einem Jahre. Sein Nervenzustand war trotz wiederholten längeren Hochgebirgsaufenthaltes und verschiedener anderer Kuren immer unbefriedigend, und unter den Klagen des Patienten figurierte auch immer Mangel an Interesse für das weibliche Geschlecht, ein Umstand, der ihm den Verkehr in Damenkreisen und damit auch die psychische Ablenkung von seinem Zustande erschwerte.

Der hier mitgeteilte Fall ist sehr lehrreich, soferne er die kongenitale Natur der sadistischen Anomalie in recht deutlicher Weise zeigt. Wir sehen, daß bei einem wohlerzogenen Knaben, bei dem keinerlei Hang zur Grausamkeit, überhaupt kein moralischer Defekt, sondern eher eine moralische Überempfindlichkeit besteht, der Anblick einer Tierschlachtung sexuelle Erregung hervorruft und später ähnliche Wahrnehmungen (Anblick gefesselter Tiere) dieselbe Wirkung äußern. Wir sehen zugleich, daß der bei dem Knaben sich entpuppende sadistische Keim keinerlei Weiterentwicklung erfährt und zu keiner sadistischen Handlung führt, auf der anderen Seite aber auch nicht völlig schwindet, da Äußerungen desselben noch in späteren Jahren nicht mangeln. Bemerkenswert ist ferner der Umstand, daß auch der Angstaffekt bei dem Patienten zu sexueller Erregung führte, daß also hier die sadistische Anomalie mit einer anderen verknüpft war, die man als dem Gebiete des Masochismus angehörig betrachten kann (Verursachung sexueller Erregung durch selbsterduldete psychische Pein). Wir können daher den Fall als einen Beleg für die innere Verwandtschaft und Zusammengehörigkeit beider Perversionen betrachten.

Ebenso deutlich wie der vorstehende Fall werden uns die beiden folgenden die kongenitale Natur des sadistischen Grundzugs und dessen Unabhängigkeit von jedem moralischen Defekte dartun.

Beobachtung.

Herr X., 42 Jahre alt, dem Gelehrtenstande angehörig, aus Rußland, stammt von einem hochgradig neurasthenischen Vater und einer gesunden Mutter. Auch ein Bruder des Patienten ist neurasthenisch. Herr X. war schon als Kind sehr nervös und reizbar und bis zum 15. Lebensjahre mit Enuresis noct. behaftet. Er hatte das Unglück, seine Mutter früh zu verlieren und eine Stiefmutter zu bekommen, die ihn sehr schlimm behandelte, was nicht ohne nachteiligen Einfluß für seine Nerven blieb. Von frühester Jugend an machte sich bei Herrn X. eine äußerst lebhafte Phantasie bemerklich, so daß er die Gebilde seiner Einbildungskraft deutlich vor Augen sieht. Infolge dieses Umstandes konnte er sich als Kind mit sinnlicher Deutlichkeit vorstellen, daß er von seinen Eltern gestraft werde oder selbst als Vater, wie dies in den Kinderspielen geschieht, ein anderes Kind bestrafe. Den Vorgang dachte er sich in letzterem Falle als eine auf das entblößte Gesäß applizierte Züchtigung, welche ein Mädchen, und zwar ein braves Mädchen betraf, so daß es sich also um eine unverdiente Strafe handelte. Mit diesen Phantasievorstellungen verknüpfte sich bei ihm anfänglich schon ein deutliches Vergnügen, später mit 9 oder 10 Jahren bereits auch Erektion. Bei der Bildung dieser Vorstellungen wirkte offenbar die Erinnerung an manche unverdiente Züchtigung, welche Patient durch seine Stiefmutter erlitten hatte, mit. Die erwähnten Phantasien, denen sich Patient bis in die jüngste Zeit hingab, erregten, als Patient älter wurde (während der letzten Gymnasialjahre und der Universitätszeit), sehr starke und andauernde Erektionen ohne Ejakulation, wodurch bei der häufigen Wiederkehr des Vorganges seine Nerven sehr irritiert und erschöpft wurden. Begünstigt wurde diese nachteilige Wirkung noch durch den Umstand, daß Herr X. während der fraglichen Zeit in sehr ungünstigen äußeren Verhältnissen sich befand; er mußte während seiner Universitätsstudien, zum Teil auch schon früher, seinen Unterhalt durch Instruktionen gewinnen und wurde infolge dürftiger

Ernährung bei geistiger Überanstrengung allmählich anämisch. Diese Verhältnisse führten (etwa vom 20. Lebensjahre an) zu Schlafmangel und Kopfbeschwerden, welche Störungen mehrere Jahre anhielten und ihm die geistige Arbeit sehr erschwerten. Nach seinen Universitätsstudien widmete sich Herr X. einem wissenschaftlichen Berufe, in welchem er infolge seiner hohen intellektuellen Begabung bedeutende Erfolge erzielte. Gegen Ende der 20er Jahre fand Herr X. Gelegenheit, mit einem Mädchen aus niederem Stande sexuellen Umgang zu pflegen; dieses Verhältnis währte jedoch nicht lange, und Herr X. übte in der Folge bis zu seiner Verheiratung, jedoch nur selten, Masturbation, da ihm, nachdem er den geschlechtlichen Verkehr kennen gelernt hatte, die Hervorrufung von Erektionen durch Phantasievorstellungen nicht mehr genügte.

Vor neun Jahren verheiratete er sich, und seiner Ehe sind zwei bisher gesunde Kinder entsprossen. Sein eheliches Leben gestaltete sich jedoch infolge erheblicher Charakterverschiedenheit der beiden Gatten allmählich recht ungünstig; die immer wiederkehrenden Dissidien veranlaßten ihn, zu seinen vorehelichen Gepflogenheiten zurückzukehren, d. h. seine sexuelle Befriedigung auf masturbatorischem Wege nach vorhergängiger Inanspruchnahme seiner Phantasie zu suchen. Seit ungefähr $1^1/_2$ Jahren hat er auf den ehelichen Verkehr gänzlich verzichtet und überhaupt von seiner Frau sich möglichst fern gehalten. Diese Abstinenz blieb für Herrn X. nicht ohne ungünstige Folgen; es hat sich bei ihm allmählich eine erhebliche sexuelle Hyperästhesie entwickelt, so daß er bei relativ unbedeutenden Anreizen von Erektionen geplagt ist, auch ist er der Masturbation ganz und gar verfallen. Der Anstoß zu dieser geht immer von den erwähnten Phantasievorstellungen aus, die zum Teil von ihm willkürlich produziert werden, zum Teil aber auch unabhängig von seinem Willen bei beliebiger Beschäftigung sich einstellen und immer andauernde Erektionen hervorrufen. In den Phantasievorstellungen ist in neuerer Zeit jedoch insoferne eine Änderung eingetreten, als in denselben nicht mehr lediglich kleine Mädchen, sondern auch erwachsene weibliche Personen als Strafobjekt figurieren. Da diese Vorstellungen täglich mehreremal auf dem einen oder anderen Wege bei dem Patienten auftauchen, kommt es bei ihm ebenso häufig zu masturbatorischen Akten. Dieser sexuelle Mißbrauch, dem Patient durch die Kraft seines eigenen Willens ein Ende zu machen nicht imstande ist, obwohl er von dessen Schädlichkeit völlig überzeugt ist, hat bei Herrn X. schon Suizidideen hervorgerufen.

Die Klagen des Patienten betreffen indes noch einige andere Umstände, mangelhaften Schlaf, zeitweilige Unregelmäßigkeit der Herztätigkeit und Anfälle von Herzschwäche, besonders aber ein gewisses Zwangsdenken. Patient hat sich gewöhnt, beim Alleinsein stundenlang über Gegenstände nachzudenken, die ihn an sich wenig interessieren, z. B. politische Tagesfragen, oder auch endlos in Erinnerungen sich zu verlieren. Dieses Nachdenken setzt sich oft die Nacht hindurch bis zum Morgen fort, und er ist nicht imstande, dasselbe abzubrechen, obwohl er deutlich fühlt, daß er dadurch überanstrengt und aufgeregt wird.

Objektiv negativer Befund.

Im vorstehenden Falle sehen wir, daß sexuelle Erregungen und Lustgefühle schon im frühen Knabenalter durch die Vorstellung der unverdienten körperlichen Züchtigung, also Mißhandlung eines weiblichen Wesens, hervorgerufen werden. Die Auslösung von Lustgefühlen durch die Vorstellung eines Grausamkeitsaktes ist auch in diesem Falle unabhängig von einem Hange zur Grausamkeit und überhaupt irgend einem moralischen Defekte. In späterer Zeit mag bei dem Patienten neben der Vorstellung der Mißhandlung wohl auch die des entblößten Körperteiles sinnlich erregend gewirkt haben, ursprünglich handelte es sich jedoch jedenfalls um eine rein sadistische Erscheinung, die, was auch in diesem Falle sehr bemerkenswert ist, im Laufe von Dezennien keine weitere Entwicklung erfuhr und nie zu sadistischen Akten führte.

Schon in einer früheren Beobachtung haben wir die Hervorrufung sexueller Erregung durch die Phantasievorstellung der Vornahme einer körperlichen Bestrafung gefunden; in diesem Falle waren die Objekte der Phantasiestrafe Knaben und die Verknüpfung der sexuellen Erregung mit der Vorstellung der Strafe ist auf einen äußeren zufälligen Umstand zurückzuführen, während im vorstehenden Falle ein solcher nicht nachweisbar ist und daher die Verbindung der ideell verübten Mißhandlung mit Lustgefühlen usw. nur auf angeborene Veranlagung zu beziehen ist.

Noch deutlicher tritt die Bedeutung der kongenitalen Anlage in folgendem Falle hervor.

Beobachtung.

Der Fall betrifft eine unverheiratete Dame, welche im Alter von 38 Jahren wegen periodischer Depressionszustände und Zwangsvorstellungen in meine Behandlung kam. Aus der ziemlich langen Krankengeschichte der Patientin seien nur die uns hier interessierenden Vorkommnisse angeführt. Patientin, eine sehr feinfühlige und in moralischer Hinsicht hochstehende Persönlichkeit, ist erheblich neuropathisch und zwar von seiten ihrer beiden Eltern belastet. Da ihr Vater, ein sehr jähzorniger und mißtrauischer Mann, schon früh starb, war sie als Kind ganz dem Einflusse ihrer Mutter überlassen. Diese erzog ihre Tochter, wohl veranlaßt durch den Umstand, daß sie in ihrer kurzen Ehe mit ihrem Manne sehr unglücklich gelebt hatte, in Furcht und Abscheu vor den Männern. Es mag wohl mit eine Folge dieses Umstandes gewesen sein, daß die Patientin schon kurze Zeit, nachdem sie in die Schule kam, eine schwärmerische Verehrung für ihre Lehrerinnen zeigte und im Verkehr mit Kindern sich von Knaben gänzlich fernhielt. Im Alter von 12 oder 13 Jahren hörte Frl. X. zufällig beim Vorübergehen an zwei Arbeiterfrauen, daß die eine derselben zur anderen sagte. „Das L. . . hat mich heute wieder sehr geärgert, ich habe ihr aber dafür auch den Hintern ordentlich verhauen.“ Diese Bemerkung machte einen tiefen Eindruck auf die junge Hörerin; dieselbe mußte sich das ihr höchst widerwärtige Bild des Züchtigungsvorganges lebhaft vorstellen und fühlte dabei in den Genitalien eine sehr intensive Erregung, verbunden mit einzelnen schmerzhaften Rissen und Zuckungen, die aber mit einer Andeutung von Wollustgefühlen verknüpft waren. Dieser Zustand hielt etwa 1/4 Stunde an und behinderte fast das Gehen. In der Folge wiederholte sich derselbe Zustand, nicht nur wenn Patientin zufälligerweise Zeugin einer auf das Gesäß verabreichten Züchtigung bei Mädchen war, sondern auch, wenn sie durch irgend einen Umstand veranlaßt war, sich eine derartige Szene vorzustellen, oder wenn dieselbe anscheinend spontan in ihrer Erinnerung auftauchte. Die gleiche Szene ließ sie unbeeinflußt, wenn sie Knaben betraf. Auch spielten in ihrer Phantasie Züchtigungsvorgänge an Knaben nie eine Rolle. An dem sexuell erregenden Einflusse der erwähnten Vorstellung (oder Wahrnehmung) hatte neben dem Gedanken der Züchtigung das Bild des entblößten Teiles jedenfalls nur einen geringen Anteil, da die Wahrnehmung dieses Teiles in natura oder auch in Abbildung von weiblichen Personen nur zuweilen eine Andeutung von sexueller Erregung hervorrief und Abbildungen nackter Männergestalten überhaupt keinen Eindruck auf die Patientin ausübten. Die erwähnten Vorstellungen und Mädchenzüchtigungen behielten auch im späteren Leben der Patientin ihre sexuell erregende Wirksamkeit, und dieselbe machte sich namentlich zur Zeit der Menses geltend. Daneben traten aber auch gewisse homosexuelle Erscheinungen mehr und mehr hervor. Das männliche Geschlecht interessierte sie überhaupt in keiner Weise, weshalb sie auch verschiedene Heiratsanträge zurückwies. Die Freundschaft zu einzelnen ihrer weiblichen Gefährtinnen nahm dagegen lange Zeit hindurch einen außerordentlich schwärmerischen Charakter an, ohne dabei jedoch irgendwie über das rein Platonische hinauszugehen.

Im vorstehenden Falle haben wir eine Kombination von sadistischen mit homosexuellen Zügen. Während letztere wahrscheinlich ein Produkt der Erziehung bilden und sohin erworben sind, lassen sich erstere nur auf kongenitale Veranlagung zurückführen. Bemerkenswert ist auch hier, daß die sadistische Gefühlsanomalie sich nicht mit einem moralischen Defekte, sondern umgekehrt mit moralischer Überempfindlichkeit verbindet und das sadistische Element in keiner Weise eine weitere Entwicklung im Laufe der Zeit erfuhr [1]).

Anders verhielt es sich bei einer weiteren Patientin meiner Beobachtung, einer in den 40er Jahren stehenden Dame [2]). Bei dieser bestand seit ihrer Kindheit

[1]) Ein hierher gehöriger Fall wurde auch von W. Hammer (Über einen Fall von Algolagnie im Kindesalter, Monatsschrift für Harnkrankheiten und sexuelle Hygiene. 1. Jahrg. S. 131) mitgeteilt. Ein Lehrer berichtete dem Autor, daß er als 8jähriger Knabe bereits sexuelle Wollustgefühle hatte, wenn andere Knaben auf das Gesäß geschlagen wurden. Die Vorstellung derartiger Züchtigungsszenen in der Phantasie oder das Anhören der Schilderung derselben erregte bei ihm in den folgenden Jahren die gleichen sexuellen Gefühle. Ähnliche Wirkung äußerte aber auch der Gedanke, selbst von einem gewissen Lehrer geschlagen zu werden. Die in Frage stehende Perversion verlor sich in den 20er Jahren völlig.

[2]) S. Loewenfeld: „Über die hypermnestischen Leistungen in der Hypnose in bezug auf Kindheitserinnerungen“. Zeitschrift für Psychotherapie und medizinische Psychologie. II. Bd. 1910. S. 1 u. f.

die Eigentümlichkeit, daß beim Anblick oder auch nur Hören von Schlägen, die einem Kinde auf das Gesäß erteilt wurden, sehr widerwärtige, fast schmerzhafte Empfindungen in den Geschlechtsteilen (Hitze, Brennen, Fibrieren), verbunden mit einer gewissen Absonderung, auftraten. Durch Ausnutzung der hypnotischen Hypermnesie konnte eruiert werden, daß diese Eigentümlichkeit mindestens mit größter Wahrscheinlichkeit davon herrührte, daß die Patientin in früher Kindheit, wahrscheinlich im 4. Lebensjahre, von ihrer Mutter bei einem masturbatorischen Akte betroffen und durch Schläge auf das Gesäß bestraft worden war. Die Patientin selbst war der Überzeugung, daß der bei ihr bestehende sadistische Zug auf diesen Vorfall zurückzuführen sei, und diese Annahme wird durch den Umstand sehr gestützt, daß lediglich einem Kinde auf das Gesäß erteilte Schläge, nicht aber irgendwelche Mißhandlungen anderer Art die in Frage stehende Wirkung hervorrufen. In dem Leben der Dame spielte die erwähnte Gefühlsanomalie, abgesehen von gelegentlichen Belästigungen, keine Rolle.

Bei einem in den 40er Jahren stehenden Herrn, bei welchem die sadistische Perversion sich in der Form flagellatorischer Neigungen geltend machte, deren Beseitigung sehr wünschenswert geworden war, wandte ich das psychoanalytische Verfahren in der Hypnose an, in der Hoffnung, daß sich durch dasselbe vielleicht infantile (psychotraumatische) Wurzeln der Anomalie eruieren lassen würden. Diese Hoffnung erfüllte sich jedoch nicht, obwohl es gelang, ein großes Material von Erinnerungen, die bis in das 3. Lebensjahr zurückreichten, zur Reproduktion zu bringen. Unter den weitest zurückreichenden Erinnerungen betrafen manche gewisse Vorfälle, bei welchen die Anomalie sich schon mehr oder weniger deutlich offenbarte, aber kein Erlebnis, welches als Ursache letzterer angesehen werden konnte. Es lag daher hier nichts vor, was gegen die Annahme sprach, daß die sadistische Gefühlsanomalie bei dem Patienten auf angeborener Veranlagung beruhte [1]).

Der Grundzug der sadistischen Anomalie, die Erregung sexueller Lustgefühle durch die Wahrnehmung oder Vorstellung von Leiden anderer Individuen, ist, wie wir gesehen haben, nicht immer mit einem Triebe, sich sexuelle Lustgefühle durch Grausamkeitsakte zu verschaffen, verbunden [2]). Wo die Perversion sich in nicht ganz belanglosen Akten äußert, dürfen wir daher annehmen, daß die moralischen Widerstände bei dem Individuum sehr gering sind oder auch ganz fehlen (moralischer Irrsinn), oder das Handeln des Individuums durch Antriebe von Zwangscharakter bestimmt wurde. Die einzelnen sadistischen Akte sind sehr verschieden, und es ist gegenwärtig noch keineswegs aufgeklärt, wodurch diese Verschiedenheiten bedingt sind. Es handelt sich um eine lange, traurige Reihe, die mit relativ harmlosen, im Grunde nur läppischen Handlungen, wie z. B. Kleiderbesudelung, beginnt und mit den scheußlichsten Verbrechen, grausamer Tötung von Menschen (Lustmord) und Leichenschändung endet. Es liegt

[1]) Der erblich sehr belastete und auch mit verschiedenen anderen Anomalien behaftete Patient war imstande, den sexuellen Verkehr in durchaus normaler Weise zu üben. Die flagellatorischen Neigungen traten bei ihm nur periodisch in deutlicher Weise hervor und die Befriedigung derselben ersetzte (nach dem Eintritt der Pubertät wenigstens) nie den Sexualakt; sie bildete nur ein sexuelles Stimulans.

[2]) Es ist daher ganz und gar ungerechtfertigt, wenn man sich, wie es vielfach geschieht, die mit dieser Anomalie Behafteten ohne weiteres als moralisch tiefstehende oder ausgesprochen verbrecherische Naturen vorstellt. Die Erfahrungen von Havelock Ellis stimmen in dieser Hinsicht mit den meinigen überein. Der genannte Autor bemerkt: „Interessant ist es, daß der Sadist häufig von allgemein nervöser Konstitution und eine furchtsame, zarte, weibische Persönlichkeit ist, während der Masochist männlich und robust sein kann."

in der Natur der Dinge, daß sadistische Akte von geringerer krimineller Bedeutung häufiger verübt werden als andere von großer Atrozität, einerseits weil die moralischen und intellektuellen Widerstände gegen Handlungen letzterer Kategorie größer sind, andererseits auch derartige Akte in der Regel sofortige energische gerichtliche Verfolgung nach sich ziehen. Am häufigsten wird wohl der sadistische Grausamkeitstrieb durch Mißhandlung in Form der Flagellation betätigt, und unter diesen sadistischen (aktiven) Flagellanten bilden wieder die Knabengeißler eine besondere Spezies. Es ist begreiflich, daß die noch heute sehr verbreitete Verwertung körperlicher Züchtigung als Erziehungsmittel dieser Form sadistischer Betätigung großen Vorschub leistet, die denn auch vorwaltend von Lehrern und Erziehern geübt wird. Welche Schändlichkeiten dabei mitunterlaufen und welche traurigen Folgen diese für Leben und Gesundheit der sadistischen Opfer nach sich ziehen können, hierfür hat der berüchtigte Fall Dieppold erschütternde Belege geliefert. Den Knabengeißlern stehen Mädchenstecher gegenüber, deren sexueller Drang auf den Anblick fließenden Blutes gerichtet ist, und von diesen ist nur ein Schritt zu den Lustmördern. Unter den sadistischen Akten figuriert auch das Stuprum, wobei jedoch weniger die gewaltsame sexuelle Befriedigung, als die Entehrung und Mißhandlung des Weibes das eigentliche Ziel des Attentäters bildet. Die Beziehung der sexuellen Vorgänge zu den sadistischen Akten wechselt in den einzelnen Fällen. Bei der Mehrzahl der Sadisten scheinen Gewalttätigkeits- oder Grausamkeitsakte lediglich die Rolle eines präparatorischen Vorganges, eines sexuellen Stimulans, bei temporär oder überhaupt verminderter Potenz zu spielen. Bei anderen bilden die sadistischen Akte Begleitvorgänge der Kohabitation, die zur Erzielung völliger Befriedigung dienen. Bei fehlender oder mangelhafter Potenz kann der sadistische Akt auch die Bedeutung eines Äquivalents für den Koitus gewinnen, d. h. nicht bloß Erektion, sondern auch Ejakulation hervorrufen. Endlich kann der sadistische Antrieb sich auch erst post coitum geltend machen. Nach v. Krafft-Ebing soll es sich in diesen Fällen um Nichtbefriedigung einer Libido nimia handeln.

Der sadistische Drang richtet sich beim Manne im allgemeinen gegen Frauen, doch kann der Sadist, wie wir schon früher gesehen haben, zur Befriedigung seines Triebes auch männliche Objekte auf Grund homosexueller Neigungen oder faute de mieux wählen, selbst an Tieren seine Perversion betätigen.

Ungleich seltener als beim Manne begegnen wir dem Sadismus beim Weibe, obwohl diesem ein gewisser Hang zur Grausamkeit quasi als ein psychisches Geschlechtsmerkmal zugeschrieben wird. Eulenburg ist sogar der Ansicht, daß rein sadistische Züge dem Weibe überhaupt ursprünglich nicht eigen, sondern nur durch den entnervten masochistisch verliebten Mann bei demselben provoziert sein mögen. Der an sich so seltene Sadismus des Weibes dürfte in der Tat zumeist durch das masochistische Verhalten des Mannes geweckt und ausgebildet worden sein. Allein der sadistische Keim kann auch bei dem Weibe auf Grund angeborener Anlage, wie wir schon gesehen haben, bestehen. Dies wird auch durch nachstehende Beobachtung erhärtet.

Beobachtung.

Von einem völlig glaubwürdigen Herrn wurde mir mitgeteilt, daß ein demselben persönlich wohlbekannter hiesiger Gewerbemeister sich nach kaum einjähriger Ehe von seiner noch sehr jungen Gattin scheiden ließ, weil dieselbe beim ehelichen Verkehr ihn regelmäßig derart durch Bisse und Zerkratzen, insbesondere der Brust, malträtierte, daß er auf die Fortsetzung der ehelichen Beziehungen verzichten mußte. Es handelte sich dabei um einen zwar gutmütigen, aber keineswegs masochistisch angelegten Mann, wie schon aus dem Umstande hervorgeht, daß derselbe an der Malträtierung durch seine Frau keineswegs Gefallen fand; diese war ihrerseits der Kohabitation an sich durchaus nicht abgeneigt, so daß man ihr Verhalten nicht mit einem Abwehrbestreben in Verbindung bringen kann.

II. Masochismus.

v. Krafft-Ebing, welcher, wie wir schon erwähnten, den Masochismus wissenschaftlich entdeckt hat, bezeichnete denselben als „eine eigentümliche Perversion der Vita sexualis, welche darin besteht, daß das von derselben ergriffene Individuum in seinem geschlechtlichen Fühlen und Denken von der Vorstellung beherrscht wird, dem Willen einer Person des anderen Geschlechts vollkommen und unbedingt unterworfen zu sein, von dieser Person herrisch behandelt, gedemütigt und selbst mißhandelt zu werden“. Da diese Vorstellungen mit sexuellen Lustgefühlen verknüpft sind, sucht der Masochist, wenn auch nicht immer, so doch häufig dieselben in die Praxis umzusetzen, d. h. von weiblichen Personen Mißhandlung zu erfahren, um sich dadurch sexuellen Genuß zu verschaffen.

Die einzelnen masochistischen Akte differieren wie die sadistischen; von einfach läppischen und nur moralisch verletzenden finden sich Übergänge zu schweren und raffinierten körperlichen Mißhandlungen. Selbstverständlich fehlen auf masochistischem Gebiete die Endglieder der sadistischen Scheußlichkeiten, schwere Körperverletzung und Tötung, da derartigen Begierden, sofern dieselben überhaupt vorkommen, der Selbsterhaltungstrieb entgegenwirkt. Das am häufigsten von den Masochisten in Anspruch genommene Mittel ist zweifellos die passive Flagellation, was sich schon aus dem Umstande erklärt, daß Schläge auf das Gesäß ähnlich anderen in dieser Gegend applizierten Hautreizen (z. B. der Faradisation) wenigstens in vielen Fällen auf rein spinal-reflektorischem Wege sexuelle Erregung (Erektion) auslösen. Die passive Flagellation hat denn auch in einzelnen Ländern, so namentlich in England und Frankreich, zahlreiche Anhänger gefunden, und in den erstklassigen Bordellen finden sich dort, wie Eulenburg mitteilt, Einrichtungen für die Vornahme der Flagellation, die den Ansprüchen der verwöhntesten Habitués genügen. Die Flagellationsliebhaber sind jedoch keineswegs sämtlich und nicht einmal vorherrschend Masochisten. Häufig wird die Flagellation von Wüstlingen mit gesunkener Potenz und noch sehr reger Libido einfach als sexuelles Stimulans in Anspruch genommen, ohne daß dabei ein masochistischer Gedanke von Unterwerfung unter das die Prozedur vornehmende Weib im Spiele ist. Für den echten Masochisten ist aber dieser Gedanke die Hauptsache, die Flagellation, der er sich unterzieht, nur von sekundärer Bedeutung als Ausdruck seiner Unterwerfung unter die Gewalt des Weibes. Daß aber dabei auch die rein reflektorisch vermittelte Wirkung der Flagellation zur Geltung kommt, ist nicht zu bezweifeln.

Wie die Flagellation dienen auch andere Mißhandlungen dem Masochisten zu präparatorischem Zwecke zu dem im übrigen normal ausgeführten Koitus. Manche Masochisten sind in der Lage, auch ohne derartige Stimulation mit weiblichen Personen sexuell zu verkehren, während bei anderen dies nicht der Fall ist, sohin eine Art psychischer Impotenz besteht. Bei Individuen mit sehr herabgesetzter oder fehlender Potenz kann auch die masochistische Prozedur allein als Äquivalent für den Koitus zum Zwecke sexueller Befriedigung herangezogen werden.

Obwohl der Masochismus der seelischen Artung des Weibes viel näher liegt als der des Mannes — eine Folge der Jahrtausende hindurch fortgesetzten Unterwerfung unter den Willen des Mannes —, findet sich der ausgebildete pathologische

Masochismus wenigstens bei den Angehörigen des zarten Geschlechtes unserer Bevölkerung allem Anscheine nach ungleich seltener als bei Männern. Die Literatur enthält auch nur relativ wenige Beobachtungen vom weiblichen Masochismus. Bei den Weibern der unteren Klassen der slavischen Völker sollen, nach vielfach wiederkehrenden Berichten, ausgeprägte masochistische Neigungen eine Art nationaler Eigentümlichkeit bilden, doch ist dies noch keineswegs über jeden Zweifel festgestellt.

Wenn wir nach einer Erklärung der beiden im vorstehenden besprochenen, in ihrem inneren Wesen trotz scheinbarer Gegensätzlichkeit verwandten Perversionen suchen, so finden sich für den Sadismus ungleich leichter Anknüpfungspunkte an Erfahrungstatsachen, die noch dem Bereiche des Physiologischen angehören, als für den Masochismus. Der Sadismus, dessen Vertreter doch weit überwiegend dem männlichen Geschlechte angehören, läßt sich mit dem aggressiven Charakter des Mannes, gewissen noch normalen Äußerungen seines Sexualtriebes und der heutzutage noch sehr verbreiteten Lust am Grausamen in Verbindung bringen, während der Masochismus, dessen Repräsentanten ebenfalls zumeist Männer sind, wie v. Krafft-Ebing mit Recht bemerkte, nur eine Ausartung spezifisch weiblicher psychischer Eigentümlichkeiten darstellt.

Wenn wir hier zunächst den Sadismus in Betracht ziehen, so muß in erster Linie daran erinnert werden, daß der Affekt der Liebe mit einem Drang zu motorischer Entladung (Äußerung) verknüpft ist, welcher sich gegen das Objekt der zärtlichen Gefühle richtet. Diese motorische Äußerung kann in ihrer Form sich schon einigermaßen der Mißhandlung nähern (Totdrücken-, Totküssenwollen des geliebten Gegenstandes) und geht im sexuellen Affekt direkt in solche über, wenn Bisse an Stelle der Küsse treten, welch letztere übrigens wahrscheinlich nur eine symbolisierte Form des Beißens aus Zärtlichkeit bilden. Von diesen Bissen zu den schweren sadistischen Akten finden sich fließende Übergänge. Hierzu kommt der Umstand, daß der sexuelle Drang, wenigstens beim Manne, den Trieb in sich schließt, des reizenden und begehrten Objektes sich voll und ganz zu bemächtigen, dasselbe sich zu unterwerfen, und daß dieser Trieb durch Widerstand gesteigert wird. Während wir dergestalt im Bereiche der normalen Vita sexualis Andeutungen einer Verknüpfung sexueller Erregung und sexueller Lust mit gewaltsamen, resp. schmerzerregenden Akten finden, begegnen wir andererseits der Hervorrufung von Lustgefühlen durch Grausamkeitsakte, i. e. dem Vergnügen am Grausamen als normaler Erscheinung auch bei den zivilisierten Nationen der Jetztzeit noch in sehr ausgedehntem Maße. Bei den Menschen der Vorzeit war der Hang zur Grausamkeit, dem wir auch in der Tierwelt überall begegnen, zweifellos viel verbreiteter und mächtiger als bei den Kulturmenschen der Jetztzeit. Dieser Umstand hat dazu geführt, daß man den Sadismus dadurch zu erklären versuchte, daß man denselben als atavistische Erscheinung hinstellte. Gegen diese Auffassung hat Eulenburg geltend gemacht, daß sich algolagnistische Instinkte bei den höher organisierten Tieren nicht entdecken lassen und auch für den Menschen, soweit unsere geschichtlichen Kenntnisse reichen, eine größere Verbreitung sadistischer Neigungen nicht nachzuweisen ist. Das gleiche gilt von den heutigen Naturvölkern. Allein der Autor ist trotz dieser Einwände genötigt, einen gewissen Kern der atavistischen Theorie als berechtigt zu erklären. Der Kampf ums Dasein mußte bei dem Menschen dazu führen, daß sich bei demselben der anderen Wesen zum Zwecke der Selbsterhaltung zugefügte Schmerz mit Lustgefühlen verknüpfte. Diese Lustgefühle steigerten sich wohl im Laufe der Zeit und assoziierten sich, wie das nahe liegt, nicht mehr lediglich mit Grausamkeitsakten, die der Selbsterhaltung dienten, sondern auch mit anderen, an sich unnötigen. So entstand der Hang zur Grausamkeit, das Vergnügen an der Verübung und an der Wahrnehmung von Grausamkeitsakten, das sich bei den Kulturvölkern des Altertums, wie das Interesse an den Gladiatorenkämpfen, die barbarische Art der Kriegsführung usw. zeigen, noch ganz unverhüllt äußerte. Die fortschreitende Kultur hat diesen vom Urmenschen herrührenden Hang zwar gewaltig zurückgedrängt und in gewissem Maße verfeinert, aber keineswegs ausgerottet. Die Freude an Stier- und Hahnenkämpfen, an gefährlichen Schaustellungen, das Jagdvergnügen, das Interesse für Hinrichtungen, viele Vorkommnisse in den Kriegen der Neuzeit und noch verschiedene andere Tatsachen zeigen uns zur Genüge, daß der Hang zur Grausamkeit dem Kulturmenschen keineswegs vollständig abhanden gekommen ist [1]).

Die Beziehung der Grausamkeit zur Sexualität ist aber eine viel engere, als man nach dem eben Angeführten glauben möchte. Die sinnlichen Lustgefühle und die diesen nahestehenden ideellen wirken in gewissem Maße sexuell erregend. So erklärt es sich, daß ein schwelgerisches Mahl oft sexuelle Orgien einleitet und in den Kriegen früherer Jahrhunderte an Mord und Plünderung sich häufig Schändungen anschlossen. Auch der sogenannte Tropenkoller, eine der ehemaligen Söldnerzügellosigkeit analoge Erscheinung, verbindet sich häufig mit sexuellen Exzessen. Wir sehen demnach, daß von zwei Seiten aus eine Verknüpfung von Schmerzzufügung und sexuellen Lustgefühlen möglich ist, indem einerseits der sexuelle Affekt zur Verübung gewaltsamer und grausamer Akte führen, andererseits die Verübung solcher Akte sexuell erregend wirken kann. Diese Verhältnisse machen es bis zu einem gewissen Maße verständlich, daß bei manchen Individuen auf Grund ererbter krankhafter Veranlagung als funktionelle Degenerationserscheinung die sadistische Gefühlsanomalie auftritt. Es läßt sich aber vorerst nicht ausschließen, daß diese gelegentlich auch durch zufällige assoziative Verbindungen, wie es v. Schrenck-Notzing annimmt, entstehen mag. Einen Beleg in dieser Richtung bildet unsere eine Dame betreffende Beobachtung. Nach den bisherigen Erfahrungen dürften jedoch derartige Fälle nur sehr selten — man darf wohl sagen ausnahmsweise — vorkommen. Die Annahme Binets, welcher den Sadismus wie den Masochismus als eine in der Regel durch zufällige Assoziationen erworbene Anomalie betrachtet, erscheint mir schon meinen eigenen Beobachtungen gegenüber völlig unhaltbar.

Von den bisherigen Versuchen, den Masochismus zu erklären, kann meines Erachtens keiner als völlig gelungen betrachtet werden. Die Erklärung des Masochismus muß auch differieren, je nachdem man als das Wesentliche bei demselben die Verbindung von erduldetem Schmerz und sexuellen Lustgefühlen oder die mit Lust betonte Vorstellung der Unterwerfung unter das Weib betrachtet. v. Krafft-Ebing, welcher letzterer Auffassung zuneigte, wollte eine Wurzel des Masochismus in dem Umstande finden, daß im Zustande wollüstigen Affektes dem Erregten jede Einwirkung von seiten der erregenden Person, unabhängig von der Art derselben, willkommen ist. Der Autor legte diesem Umstande, der jedenfalls nur in einer beschränkten Anzahl von Fällen zutrifft und für die Genese

[1]) Auch Havelock Ellis ist nicht abgeneigt, ein atavistisches Element der Algolagnie anzuerkennen. „Jede algolagnische Äußerung des Geschlechtstriebes", bemerkt er, „ist entweder die hypertrophische Äußerung (zuweilen vielleicht von atavistischem Charakter) einer primitiven Phase der Bewerbung, oder sie ist der Versuch eines geschwächten Organismus, ein mächtiges, den Geschlechtstrieb erregendes Hilfsmittel für die Erregung der Tumeszenz zu erhalten."

des Masochismus kaum in Betracht kommen kann, nur eine untergeordnete Bedeutung bei. Die Hauptwurzel des Masochismus erblickte er in dem von ihm als „geschlechtliche Hörigkeit" bezeichneten abnormen psychischen Verhalten, der völligen Unterwerfung eines Individuums unter den Willen einer Person anderen Geschlechts (Pantoffelheldentum usw.). Aus der geschlechtlichen Hörigkeit kann sich nach v. Krafft-Ebing ein leichter Grad von Masochismus entwickeln, indem durch die Gewöhnung an die Tyrannei diese allmählich zu einer Quelle der Lust wird. Der echte Masochist ist aber in der Regel geboren. Die kongenitale Natur des Masochismus ist nach v. Krafft-Ebing darauf zurückzuführen, daß die Anlage zur geschlechtlichen Hörigkeit auf ein psychopathisches Individuum vererbt und dabei zur Perversion des Masochismus transformiert wird. „Aus diesen beiden Elementen", bemerkte v. Krafft-Ebing, „aus der geschlechtlichen Hörigkeit einerseits, aus jener oben erörterten Disposition zur geschlechtlichen Ekstase, welche selbst Mißhandlungen mit Lustbetonung apperzipiert, andererseits, aus diesen beiden Elementen, deren Wurzeln sich bis in das Gebiet psychologischer Tatsachen zurückverfolgen lassen, entsteht auf einem geeigneten psychopathischen Boden der Masochismus, indem die sexuelle Hyperästhesie allerlei zuerst physiologisches, dann nur abnormes Beiwerk der Vita sexualis zur krankhaften Höhe der Perversion steigert."

Dieser Auffassung gegenüber ist geltend zu machen, daß, wenn auch die geschlechtliche Hörigkeit eine Art Vorstufe des Masochismus bildet, doch das regelmäßige Vorkommen dieses abnormen Phänomens bei den Eltern oder anderen Vorfahren der Masochisten nicht nachgewiesen ist, andererseits die Abstammung von einem geschlechtlich hörigen Vater bei dem Sohne trotz psychopathischer Veranlagung nicht zum Masochismus führen muß (eigene Beobachtung). Legt man beim Masochismus das Hauptgewicht auf die Verbindung von erduldetem Schmerz und sexuellen Lustgefühlen, so läßt sich zur Erklärung desselben, wie es von Binet geschehen ist, die sexuell erregende Wirkung der passiven Flagellation heranziehen. Auch die von mir zuerst konstatierte Tatsache der Auslösung sexueller Erregung durch Angstzustände kann als hierher gehörig in Betracht kommen. Indes ist auch die Entstehung des Masochismus aus der passiven Flagellation allein beim Mangel kongenitaler Veranlagung nicht nachgewiesen. Die Wirkung letzterer scheint über die sexuelle Stimulation meist nicht hinauszugehen. Wir sind daher veranlaßt, nach der Möglichkeit einer anderen Erklärung Umschau zu halten. Diese ergibt sich aus dem Umstande, daß der Masochist sich als Weib seiner Herrin gegenüber fühlt, welche er in seiner Phantasie wenigstens mit männlichen Eigenschaften ausstattet. Dadurch charakterisiert sich der Masochismus im Grunde als eine Abart der konträren Sexualempfindung [1]). Hierdurch wird aber eine Annahme nahe gelegt, welche die hypothetische Übertragung einer Anlage zur geschlechtlichen Hörigkeit überflüssig macht. Nachdem der Masochismus lediglich eine Steigerung spezifisch weiblicher psychischer Eigentümlichkeiten darstellt, genügt zur Erklärung seines kongenitalen Ursprungs die Voraussetzung, daß dem Masochisten eine weibliche (resp. weibische) psychische Veranlagung angeboren ist. Es muß hier jedoch beigefügt werden, daß, wie die psychischen Eigentümlichkeiten des Weibes bei den einzelnen weiblichen Individuen variieren, dieselben auch bei den männlichen Individuen von weiblichem psychischen Habitus in ihren Komponenten Abstufungen der Entwicklung dar-

[1]) Auch v. Krafft-Ebing kam zu dem Schlusse, daß der Masochismus im Grunde eine rudimentäre Form der konträren Sexualempfindung ist, eine partielle Effeminatio, welche nur die sekundären Geschlechtscharaktere der psychischen Vita sexualis ergriffen hat.

bieten können. Aus diesen Variationen mag es sich erklären, daß in dem einen Fall Masochismus, im anderen eine Kombination von Urningtum mit masochistischen Zügen entsteht. Bei dieser Annahme bleibt auch dem Einflusse anderer Momente, wie der passiven Flagellation, zufälliger begünstigender Assoziationen, der Erziehung, des Milieus, der Lektüre usw. ein genügender Spielraum gewahrt. Bei dem weiblichen Masochismus bildet nach den vorliegenden Beobachtungen die Verknüpfung von sexueller Erregung und Lust mit erduldetem Schmerz das wesentliche Element. Daneben mag (so bei den Weibern slavischer Nationalität) eine hypertrophische Entwicklung des normalen Hanges zur Unterwerfung unter den Mann eine gewisse Rolle spielen.

Der Sadismus hat neben dem psychopathologischen fast ausschließlich forenses Interesse, während dem Masochismus auch eine Bedeutung als nervenschädigendes Moment zukommt. Der Masochist ist, wie wir schon erwähnten, häufig zum normalen geschlechtlichen Verkehr unfähig; da ihm zudem die Befriedigung seiner masochistischen Begierden nur selten möglich ist, so verfällt er gewöhnlich der Onanie, und zwar recht oft wegen Libido nimia in exzessivem Maße. Die Folgen für das Nervensystem sind die an früherer Stelle geschilderten. Es unterliegt aber auch keinem Zweifel, daß die sexuelle Stimulation oder auch Befriedigung durch körperliche Mißhandlungen, in welcher Form dieselben auch geübt werden mögen, kein für den Nervenzustand gleichgültiger Faktor ist; der gewaltsamen Anregung der Libido bei meist verringerter Potenz muß eine größere Erschöpfung des Nervensystems folgen, als bei dem normalen geschlechtlichen Verkehr. Der Masochismus ist daher geeignet, nervöse Störungen verschiedener Art zu verursachen und solche zu steigern, gleichgültig, ob dem Masochisten eine Befriedigung seiner perversen Neigungen möglich ist oder nicht.

Anhang.

Periodisches Auftreten von Anomalien des Sexualtriebes.

In den periodisch auftretenden Geistesstörungen (Manie, zirkuläres Irresein insbesondere) können nicht nur, wie wir schon sahen, quantitative, sondern auch qualitative Anomalien des Geschlechtstriebes (Homosexualität usw.) sich geltend machen. Daneben werden jedoch auch Fälle beobachtet, in welchen periodisch Anomalien des Sexualtriebes, insbesondere homosexuelle Impulse, als isolierte psychische Störungen auftreten oder wenigstens im Vordergrund der psychischen Veränderungen stehen. v. Krafft-Ebing hat diese Fälle unter dem Titel „Psychopathia periodica" zusammengefaßt. Tarnowsky, der auf diesem Gebiete umfängliche Erfahrungen sammelte, erwähnt, daß die Patienten nicht selten verheiratete Männer und Familienväter sind und sich in Zwischenräumen der Päderastie ergeben, wie Dipsomanen der Trunksucht. Derartige perverse Triebe (neben der Päderastie insbesondere auch Flagellation) machen sich nur zwei- oder dreimal im Laufe eines Jahres geltend, während der übrigen Zeit verkehren die Betreffenden in normaler Weise mit ihren Frauen.

Die periodische Perversion kommt bei Frauen wie bei Männern vor. Ein hierher gehöriger Fall wurde von Anjél[1]) mitgeteilt: Eine erblich stark belastete,

[1]) Anjél (Arch. f. Psychiatrie, XV, Heft 2).

dem Klimakterium nahestehende Frau, welche in jungen Jahren an Petit mal gelitten hatte und stets exzentrisch, dabei jedoch streng sittlich war, wurde vor mehreren Jahren nach gemütlichen Erregungen von einem hystero-epileptischen Anfalle mit folgendem mehrwöchentlichen Irresein heimgesucht. Daran schloß sich mehrmonatlicher Schlafmangel. In der Folge machte sich bei ihr während der Menses neben Insomnie ein Drang geltend, Knaben unter 10 Jahren an sich zu locken, zu küssen und ihre Genitalien zu betasten; Drang zu sexuellem Verkehr mit Erwachsenen bestand dabei nicht. Die Frau, welche intervallär keinerlei geschlechtliche Begehrlichkeit zeigte, verlangte während der kritischen Zeit Überwachung, da sie sich ihrem Drange gegenüber nicht sicher fühlte.

Die folgende Beobachtung, die schon anderweitig mitgeteilt wurde, entstammt meiner eigenen Praxis.

Beobachtung.

Periodische homosexuelle Zwangsneigung.

Frl. A., anfangs der 40er Jahre stehend, erblich belastet (Mutter hysterisch), seit langem neurasthenisch, mit Zwangsvorstellungen und Verstimmungszuständen behaftet, wird seit einigen Jahren periodisch von einer ganz überschwänglichen Neigung für eine ungefähr gleichalterige, ihr befreundete Dame B. befallen, welche sich der ihr gewidmeten Verehrung gegenüber ziemlich passiv verhält. Von irgendwelchen sexuellen Intimitäten zwischen den beiden Damen ist keine Rede, es handelt sich um rein platonische Beziehungen. Die Liebesanwandlungen treten bei Frl. A. nur in Perioden besonderer nervöser Angegriffenheit auf und währen nie länger als einige Monate. Während dieser Affektphasen schwankt die Neigung nicht unerheblich. Sieht Frl. A. ihre Angebetete längere Zeit nicht, so nimmt die Verehrung für dieselbe beträchtlich ab, um jedoch bei jedem neuen Zusammentreffen wieder mächtig angefacht zu werden. Bei letzterem fühlt sie beständig den Drang, ihrer Freundin Zärtlichkeiten zu erweisen, insbesondere aber ihr die Hand zu küssen, was sie auch soweit als tunlich ausführt. Trifft sie mit ihrer Freundin in einer Gesellschaft oder in einem öffentlichen Lokale zusammen, in welchem die Verhältnisse die Betätigung ihres Zärtlichkeitsdranges nicht gestatten, so gerät sie in eine qualvolle Aufregung. In den Zeiten stärkerer Neigung muß sie sich in Gedanken beständig mit Frl. B. beschäftigen, und dieses Zwangsdenken setzt sich mitunter auch während der Nacht fort, so daß das Einschlafen verhindert wird. Dabei macht sich auch der Drang, ihrer Freundin die Hand zu küssen, in lebhaftester Weise geltend, dem sie dadurch eine gewisse Befriedigung verschafft, daß sie sich selbst die Hand unzählige Male küßt. Die Patientin sieht das Krankhafte ihrer Neigung beständig ein; auch in den Zeiten, in welchen der Affekt sie ganz und gar beherrscht, mangelt es bei ihr an Krankheitseinsicht nicht. In den affektfreien Zeiten beurteilt sie ihre Freundin sogar mit ziemlicher Schärfe und kritisiert ihren Charakter mit geringerer Nachsicht als andere Personen. Dabei ärgert es sie häufig, daß sie von der, wie sie selbst wohl erkennt, durch die Persönlichkeit ihrer Freundin keineswegs motivierten Neigung sich nicht dauernd frei machen kann. In der affektfreien Zeit suchte sie auch den Verkehr mit Frl. B. keineswegs, ja sie vernachlässigt diese mitunter derart, daß sich dieselbe darüber beklagt.

Die Verstimmungszustände, von welchen Frl. A. schon früher zeitweilig heimgesucht wurde, sind seit dem Auftreten der homosexuellen Zwangsneigung nicht ausgeblieben, sondern nur vielleicht etwas seltener geworden. Es mangelt auch in den Affektperioden nicht an Depressionsanwandlungen von kürzerer oder längerer (tagelanger) Dauer, in welchen jedoch die Verstimmung zumeist an die bestehende Zwangsneigung und die dadurch verursachte geistige Unfreiheit anknüpft. Nur in den Zeiten stärkerer Entwicklung der Zwangsneigung bleiben die Verstimmungen völlig weg.

In bezug auf die Sexualempfindung bei Frl. A. ist noch beizufügen, daß dieselbe auch schon früher einzelnen ihrer Freundinnen gegenüber homosexuelle Neigungen zeigte. Diese waren jedoch immer von jahrelanger Dauer und zeigten nie die auffallenden Schwankungen, die sich während der oben erwähnten Anfälle geltend machten. Auch fehlte bei diesen Neigungen jedes Bewußtsein des Krankhaften. Frl. A. glaubte, daß es sich bei ihrem schwärmerischen Empfinden für einzelne ihrer Freundinnen lediglich um ein gewöhnliches warmes Freundschaftsgefühl handelte.

XIX.

Prophylaxe und Behandlung der sexuellen Neurasthenie.

Die neurathenischen Zustände, welche wir unter dem Titel „sexuelle Neurasthenie“ zusammenfassen und von anderen Varietäten der Neurose unterscheiden, bilden nicht eine ätiologische, sondern eine klinische Einheit, i. e. wir dürfen „sexuelle Neurasthenie“ nicht als gleichbedeutend mit sexuell verursachter Neurasthenie betrachten. Ich habe anderenorts schon dargelegt, daß wir der sexuellen Neurasthenie nur jene Fälle zuweisen können, bei welchen Störungen der sexuellen Verrichtungen entweder allein vorhanden sind, oder wenigstens hervorstechende Züge im Krankheitsbilde darstellen. Diese klinische Form der Neurasthenie tritt aber, wie auch schon von anderer Seite (Beard und v. Krafft-Ebing) hervorgehoben wurde, nicht lediglich als Folge sexueller Noxen und andererseits die durch diese herbeigeführte Neurasthenie nicht immer in der Form der sexuellen auf. Dabei muß jedoch betont werden, daß unter den Ursachen der sexuellen Neurasthenie die der Sexualsphäre entstammenden weitaus überwiegen, ein Umstand, der auch für die Prophylaxe und Therapie dieses Leidens nicht belanglos ist.

Die Prophylaxe der sexuellen Neurasthenie fällt einerseits zusammen mit der Prophylaxe der Neurasthenie überhaupt, andererseits mit der sexuellen Hygiene. Wir können natürlich nicht daran denken, diese Themata, von welchen das letztere schon von mehreren Seiten zum Gegenstand besonderer Darstellung gemacht wurde, hier erschöpfend zu behandeln; wir müssen uns darauf beschränken, einige für die Prophylaxe der sexuellen Neurasthenie besonders wichtige Umstände kurz zu besprechen [1]).

Die Schäden, welche die Masturbation für das Nervensystem nach sich zieht, haben wir im vorstehenden kennen gelernt. Mit der Verhütung der Masturbation ist daher schon für die Prophylaxe der sexuellen Neurasthenie viel erreicht. Da die Onanie im Alter vor der Pubertätsentwicklung besonders nachteilige Wirkungen äußert und zugleich bei kindlichen Individuen ungleich leichter bei entsprechender Sorgfalt hintanzuhalten ist als bei Erwachsenen, so muß auch ärztlicherseits die vollste Aufmerksamkeit der Verhütung der Onanie im Kindesalter

[1]) Ich möchte nicht unterlassen, hier darauf hinzuweisen, daß durch eine sachgemäße sexuelle Aufklärung der reiferen Jugend, die heutzutage trotz energischer Befürwortung von kompetentester Seite noch immer auf den Widerstand einflußreicher Kreise stößt, sehr vieles zur Verhütung sexueller Neurasthenie geschehen könnte. Dem Arzte, welcher viel mit Sexualneurasthenikern zu tun hat, bietet sich häufig genug Gelegenheit, die mißlichen Folgen ungenügender und falscher Aufklärung über sexuelle Vorgänge zu konstatieren, und er ist keineswegs immer imstande, den auf diese Weise verursachten Schaden zu reparieren.

zugewendet werden. In erster Linie kommt hier die Beseitigung örtlicher Affektionen in Betracht (Ekzem, Prurigo usw.), welche Veranlassung zu öfteren Berührungen der Genitalien bilden und damit zur Onanie führen können. Des weiteren ist es Aufgabe des Arztes, auf stetige Überwachung der Kinder bei Tag und Nacht, speziell im Hinblick auf die Möglichkeit onanistischer Vorkommnisse, und zwar von den ersten Lebensjahren an zu dringen. Diese Überwachung hat sich nicht bloß auf das Verhalten der Kinder in der Häuslichkeit und beim Alleinsein derselben, sondern ganz besonders auf deren Verkehr mit anderen Kindern unablässig zu erstrecken. Von welcher Wichtigkeit letzterer Umstand ist, ergibt sich aus der Tatsache, daß in der großen Mehrzahl der Fälle Onanie bei Kindern auf Verführung durch Spielgefährten oder Gefährtinnen, Mitschüler usw. zurückzuführen ist. Selbst bei Kindern, die noch nicht im schulpflichtigen Alter stehen, darf man die Möglichkeit einer Verführung durch Spielgenossen nicht außer acht lassen; eine Beobachtung, die ich gelegentlich machte, zeigt dies zur Genüge. Der 4jährige Knabe einer mir bekannten Familie wurde durch einen 5jährigen, einer benachbarten Familie angehörigen Knaben, den er öfters ohne Aufsicht besuchte, zu onanistischen Manipulationen verleitet. Selbstverständlich sollte seitens der Eltern auch dafür Sorge getragen werden, daß der Wahrnehmung der Kinder alles entzogen bleibt, was geeignet ist, eine verfrühte Libido in ihnen zu wecken oder nur ihre Aufmerksamkeit auf das Sexuelle zu lenken. In dieser Beziehung wird auch von den Eltern, denen an guter Erziehung der Kinder und Bewahrung derselben vor gesundheitlicher Schädigung zweifellos gelegen ist, aus Unverstand und Nachlässigkeit nicht selten gesündigt, nicht nur dadurch, daß sie den Kindern gänzlich unpassende Lektüre überlassen oder ihnen den Besuch von sinnlich erregenden Schaustellungen gestatten, sondern zuweilen sogar dadurch, daß sie dieselben — allerdings unbeabsichtigterweise — zu Ohren- oder Augenzeugen ihrer sexuellen Genüsse machen. Wiederholt haben mir junge Leute, welche ihre Nerven durch Masturbation schwer zerrüttet hatten, mitgeteilt, daß der erste Anstoß zur Onanie durch die sexuelle Erregung gegeben worden sei, welche bei ihnen durch gewisse aus dem Schlafzimmer ihrer Eltern durch eine offenstehende Tür dringende Geräusche hervorgerufen wurde.

Bezüglich des Einflusses sexueller Abstinenz auf das Nervensystem wurde bereits an früherer Stelle das Nötige bemerkt. Wir können hier beifügen, daß alle dort angeführten Umstände, welche die konsequente Durchführung sexueller Abstinenz erleichtern, zugleich als Vorbeugemittel gegen masturbatorische Inklinationen wirksam sind.

Ein Punkt von größter prophylaktischer (und therapeutischer) Tragweite, dem seitens des größten Teiles der Ärzte bisher weder das richtige Verständnis entgegengebracht, noch die nötige praktische Berücksichtigung geschenkt wurde, ist die Meidung schädlicher Arten sexuellen Verkehrs in (und außer) der Ehe. Das bisherige Verhalten der großen Mehrzahl der Ärzte in dieser wichtigen Angelegenheit erklärt sich aus mehreren Umständen. Gar manche Ärzte sind, wie ich aus gelegentlichen Äußerungen von Kollegen ersehen konnte, noch in Unkenntnis darüber, daß der sexuelle Umgang, auch abgesehen von Exzessen, zu einer Quelle nervöser Schädigungen werden kann; sie erachten die Art des sexuellen Verkehrs, ob normal oder nicht, für in gesundheitlicher Beziehung gleichgültig; auch an solchen fehlt es nicht, welche sich den Mitteilungen über nachteilige Folgen des Präventivverkehrs gegenüber einfach ungläubig verhalten, weil sie zufällig eigener Erfahrung in dieser Beziehung ermangeln. Die natürliche Folge dieses Verhaltens ist, daß die Betreffenden es für überflüssig erachten, sich um die Art der sexuellen Beziehungen der ihnen sich anvertrauenden Eheleute zu bekümmern, selbst wo Grund zu der Annahme vorliegt, daß malthusianistische Tendenzen bestehen, und daß des öfteren die in der Vita sexualis liegende Hauptquelle nervöser Übel nicht erkannt und in Umständen gesucht wird, die von nebensächlicher oder gar keiner Bedeutung in dem zu beurteilenden Falle sind. Ungleich größer als die Zahl der ununterrichteten und der Aufklärung sich verschließenden Praktiker ist nach meinen Wahrnehmungen die Zahl derjenigen, welche es mit ihrer Standeswürde oder ihren Moralbegriffen nicht vereinbar erachten, Eheleuten einen Rat bezüglich einer die Gesundheit nicht schädigenden Art des Präventivverkehrs zu geben. Diese allzu Subtilen sind gewöhnlich der Anschauung, daß das heutzutage so verbreitete Bestreben Verheirateter, die Nachkommenschaft zu beschränken, zumeist nur auf Bequemlichkeit oder andere verwerfliche Motive zurückzuführen sei, und deshalb der Arzt keinerlei moralische oder sonstige Verpflichtung habe, einen Rat zu erteilen, wie das angestrebte Ziel ohne Gesundheitsschädigung zu erreichen ist, oder sich überhaupt nur um diese Privatangelegenheit der Eheleute zu kümmern. Wie unberechtigt und verkehrt diese Auffassung und das auf derselben basierende ärztliche Verhalten ist, ergibt sich aus einigen einfachen Erwägungen. Hegar, dessen Unbefangenheit in der Frage des Malthusianismus gewiß niemand bestreiten kann, bemerkt: „Wann wird nun die Zahl der Kinder in einer Familie zu groß? Eine gewisse Maximalgrenze ist leicht festzustellen. Die passendste Zeit für Kindererzeugung liegt für eine Frau zwischen dem 20. und 40. Lebensjahr. Vorher und nachher leidet sowohl das Weib als auch die Nachkommenschaft zu leicht Not. Zwischen der Geburt eines jeden Kindes sollte ein Zwischenraum von etwa $2^1/_2$ Jahren liegen, so daß wir also acht Kinder hätten. Nimmt man an, daß die Schwangerschaft 9 Monate dauert, weitere 9—12 Monate das Kind zu stillen ist, oder, wenn die Frau nicht selbst stillt, die wachsame Beaufsichtigung der Amme oder der künstlichen Ernährung durchgeführt werden muß, so wird man die weitere Frist von 6—9 Monaten zur vollständigen Erholung der Frau nicht für zu hoch gegriffen halten. Sie ist doch auch nicht dazu da, um während zweier Dezennien allein der Fortpflanzung zu dienen. Dieses Maximum setzt einen guten Gesundheitszustand vor allem der Frau, gute Luft und genügend äußere Mittel voraus. Krankheiten, Schwäche oder Gebrechlichkeit des Weibes, welche die Führung des Haushaltes und die Pflege der vorhandenen kleinen Kinder erschweren, erfordern häufig eine weitere Beschränkung oder sollten dieses wenigstens tun." Nehmen wir nun an, wir haben es mit einem Ehepaar zu tun, von welchem der Gatte zur Zeit der Eheschließung im 30., die Gattin im 20. Lebensjahre stand. Dieses Ehepaar hat im Zeitraum von 20 Jahren acht Kinder und der eheliche Verkehr wurde während jeder Schwangerschaft, selbst bis an das Ende derselben, was doch gewöhnlich nicht der Fall sein dürfte, fortgesetzt, so ergibt sich, daß für dieses kinderreiche Ehepaar innerhalb der 20 Jahre nur während einer Frist von sechs Jahren der eheliche Verkehr in normaler Weise möglich war; in den übrigen 14 Jahren mußte entweder Abstinenz oder irgend eine Art des Präventivverkehrs geübt werden. Indes schließen die sexuellen Bedürfnisse beim Manne nicht mit dem 50. und bei der Frau mit dem 40. Lebensjahre ab. Nehmen wir des weiteren an, daß diese Bedürfnisse bei dem in Frage stehenden Ehepaare 30 Jahre lang (beim Manne bis zum 60., bei der Frau bis zum 50. Lebensjahre) sich geltend machen, so ergibt sich, daß das Ehepaar trotz seines Kinderreichtums von 30 Jahren ehelichen Lebens nur den fünften Teil der Zeit seine sexuellen Bedürfnisse in normaler Weise zu befriedigen vermochte. Heutzutage sind jedoch bekanntlich nicht allzuviele Familien in der Lage, für den Unterhalt und die

Erziehung einer so zahlreichen Nachkommenschaft genügend Sorge zu tragen. Nehmen wir an, das betreffende Ehepaar ist aus dem einen oder anderen Grunde genötigt, sich mit sechs Kindern zu begnügen, so beschränkt sich bei demselben innerhalb eines Zeitraumes von 30 Jahren die Zeit normalen sexuellen Verkehrs auf $4^1/_2$ Jahre. Wir ersehen aus dem Angeführten, daß malthusianische Vorkehrungen in jeder Ehe, in welcher die Frau ihre Konzeptionsfähigkeit behält und der Mann es nicht für sein unantastbares Recht hält, ohne jede Rücksicht auf Wohl und Wehe der Frau und der bereits vorhandenen Kinder seine sinnlichen Bedürfnisse zu befriedigen, früher oder später zur Notwendigkeit werden; bei zahlreicher Nachkommenschaft nicht minder als bei dem sogenannten Zweikinder- oder Einkindsystem.

Glücklicherweise nimmt auch bei uns die mitunter sogar noch mit einem Scheine von Moralität sich umhüllende eheliche Brutalität mehr und mehr ab, zum Teil auch in den unteren Bevölkerungsschichten. Eine notwendige Folge dieses Umstandes ist es, daß in neuerer Zeit nicht nur der Gebrauch antikonzeptioneller Mittel gewaltig zugenommen, sondern auch die Übung des Congr. interr. als der einfachsten Form des Präventivverkehrs in Kreise eingedrungen ist, welche sich früher durch Kinderreichtum (resp. durch die Zahl der Geburten) besonders auszeichneten (Lehrer, kleine Geschäftsleute, Arbeiter, Landbevölkerung).

Über die Pflichten, welche sich aus der vorstehend angeführten Sachlage für den Arzt, speziell den Hausarzt ergeben, kann unseres Erachtens kein Zweifel bestehen. Es gehört zu den Obliegenheiten des wahren Hausarztes, der ja auch Freund und Berater der Familie in allen die Gesundheit berührenden Angelegenheiten sein soll, nicht nur eintretende Krankheiten zu behandeln, sondern solche soweit als möglich bei den sich ihm Anvertrauenden zu verhüten. Er hat daher auch die Pflicht bei Ehepaaren, bei welchen nach Lage der Dinge die Übung irgendwelcher Prävention anzunehmen ist, sich darüber in diskreter Weise zu informieren, in welcher Weise dieselbe geschieht, und, falls er vernimmt, daß dem Congr. interr. gehuldigt wird, vor demselben nachdrücklich zu warnen und bezüglich eines minder schädlichen Modus der Konzeptionsverhinderung seinen Rat zu erteilen. Er darf sich dieser Pflicht auch dann nicht entziehen, wenn er die Motive, welchen die malthusianischen Tendenzen entspringen, nicht ganz billigen kann, da es seine Aufgabe nicht ist, seinen Klienten gegenüber den Wächter der Moral zu spielen. Ferner hat er die Obliegenheit, in den Fällen, in welchen er selbst aus dem einen oder anderen Grunde vor einer weiteren Schwangerschaft der Frau überhaupt oder innerhalb einer gewissen Frist warnen muß, dies nicht lediglich den Gatten anzukündigen, sondern ihnen auch mit Rat behilflich zu sein, wie sie es künftig mit ihren ehelichen Beziehungen halten sollen. Durch ein derartiges Verhalten kann der Hausarzt, ohne der Würde unseres Standes das Geringste zu vergeben, sicher viel zur Verhütung sexueller Neurasthenie und damit zugleich zur Erhaltung des ehelichen Friedens und ehelichen Glückes in vielen Familien beitragen. Die Unsicherheit der antikonzeptionellen Mittel und die Mißstände, welche mit dem Gebrauch einzelner derselben (Okklusivpessarien) verknüpft sind, veranlaßten Krönig, welcher bezüglich des Präventivverkehrs sich meinen Anschauungen völlig angeschlossen hat, für gewisse Fälle die operative Sterilisierung der Frau zu empfehlen. Der Autor bezeichnet den Eingriff, den er vom vorderen Scheidenschnitt aus vermittels der keilförmigen Exzision des uterinen Tubenstückes aus der Gebärmutterwand ausführt, als einen absolut lebenssicheren und leichten. Krönig glaubt, daß die Berechtigung zur Vornahme der operativen Sterilisierung bei schweren neurasthenischen Zuständen infolge schnell aufeinanderfolgender Geburten im allgemeinen gegenwärtig kaum mehr ernstlich bestritten werden kann. Selbstverständlich kommen neben dem Nervenzustande der Frau auch die sozialen Verhältnisse und die Sinnlichkeit des Mannes in Betracht [1]).

Die Behandlung der sexuellen Neurasthenie, so wie sie derzeit gelehrt und geübt wird, umfaßt nicht nur manchen strittigen Punkt; noch immer machen sich auf dem Gebiete derselben zwei Richtungen bemerklich, welche man als die lokalistische und die konstitutionelle unterscheiden kann. Die erstere erachtet die Lokalbehandlung vorhandener, respektive angenommener — hypothetischer — Veränderungen der Sexualorgane, speziell der Pars prostatica der männlichen Harnröhre, als das Haupterfordernis; die andere erblickt das Wichtigste in der Einwirkung auf das Nervensystem, ohne dabei übrigens die Lokalbehandlung ganz zu verwerfen. Diese Verschiedenheiten des therapeutischen Standpunktes rühren offenbar hauptsächlich davon her, daß die Behandlung der betreffenden Krankheitsfälle die Vertreter zweier medizinischer Spezialfächer, der Nervenkrankheiten und der Harn- und Geschlechtskrankheiten (Neuropathologen und Urologen), beschäftigt und von einem Teile der letzteren hinsichtlich der Wirkungsweise der sexuellen Mißbräuche allen Anfechtungen gegenüber an jener oben bereits berührten Auffassung festgehalten wird. Es ist begreiflich, daß die Vertreter dieser Anschauung bei ihrer Therapie ein sehr großes Gewicht auf die Lokalbehandlung der Pars prostatica legen, als desjenigen Teiles, der den supponierten Ausgangspunkt des ganzen Leidens darstellt. Die fragliche Auffassung entbehrt jedoch, wie wir gesehen haben, der Begründung. Sie würde aber auch, wenn sie völlig berechtigt wäre, die weitgehenden Erwartungen nicht rechtfertigen, welche noch gegenwärtig so manche Urologen bezüglich der Wirksamkeit einer Lokalbehandlung der Pars prostatica bei sexueller Neurasthenie hegen. Denn, selbst wenn die in Betracht kommenden nervösen Störungen ursprünglich lediglich reflektorisch von der Pars prostatica aus zustande kämen, könnten dieselben nach längerem Bestehen durch eine ausschließlich lokale Behandlung in der Regel nicht mehr beseitigt werden. Wie ich bereits vor mehr als 35 Jahren (Die moderne Behandlung der Nervenschwäche usw., 1. Aufl. 1887) darlegte, haben die Veränderungen des Zentralnervensystems, die dem neurasthenischen Zustande zugrunde liegen, bei längerem Bestehen eine Neigung, sich von den ursächlichen Momenten loszulösen, so daß die Beseitigung dieser an der Fortdauer des Leidens nichts mehr ändern kann. Dies gilt für die nervösen Schwächezustände, die durch sexuelle Noxen verursacht sind, in dem gleichen Maße wie für Neurasthenien anderen Ursprunges. Ist aber einmal die Unabhängigkeit des Nervenleidens von der ursprünglichen Ursache eingetreten, so kann die ausschließliche Bekämpfung letzterer nicht nur nutzlos dem Nervenübel gegenüber sein, sondern geradezu verschlimmernd auf dasselbe einwirken. Ich habe in der erwähnten Schrift von manchen Erfahrungen dieser Art den Fall eines jungen Geschäftsreisenden erwähnt, der wegen einer chronischen Urethritis, an die sich verschiedene neurasthenische Beschwerden knüpften, eine Reihe von Kurversuchen bei verschiedenen Ärzten an verschiedenen Orten, darunter auch bei anerkannten Fachautoritäten auf dem Gebiete der Geschlechtskrankheiten unternahm. Das Endresultat aller dieser Bemühungen war, daß der junge Mann eine Neurasthenie schwerster Form besaß,

[1]) Krönig will jedoch die operative Sterilisierung auch als prophylaktische Maßnahme zur Vermeidung erblich belasteter Nachkommenschaft angewendet wissen. Die Indikation hält er dann für gegeben, wenn aus der Ehe zweier hereditär nervös belasteter Personen schon einige Kinder hervorgegangen sind, welche früh die deutlichen Zeichen der Degeneration zeigen.

die ihn vollständig arbeitsunfähig machte; die Kurversuche hatten überdies sein nicht sehr beträchtliches Vermögen vollständig verschlungen.

Man darf wohl sagen, daß gegenwärtig auch die Mehrzahl der Urologen bereits die verderblichen Wirkungen schablonenmäßiger Be- resp. Mißhandlung der Pars prostatica erkannt und die Bedeutung antineurasthenischer Allgemeinbehandlung bei sexueller Neurasthenie mehr oder minder schätzen gelernt hat. Allein die Tatsache, daß lange bestehende neurasthenische und zwar auch der Sexualsphäre angehörige Störungen von gleichzeitig vorhandenen Veränderungen der Pars prostatica gänzlich unabhängig sein können, wird noch keineswegs genügend gewürdigt, weshalb es nicht überflüssig sein wird, wenn ich hier eine Beobachtung anführe, welche nicht nur diese Unabhängigkeit in geradezu klassischer Weise zeigt, sondern auch lehrt, daß selbst bei an sich völlig sachgemäßer, lange fortgesetzter Behandlung der Pars prostatica unter Umständen unerwünschte Wirkungen nicht zu vermeiden sind.

Beobachtung.

Der Fall betrifft einen 40jährigen, verheirateten, neurasthenischen Herrn, bei welchem infolge von Masturbation schon im 16. Lebensjahre häufige Pollutionen auftraten und seit vielen Jahren (auch schon lange vor seiner Verheiratung) neben Spermatorrhöe und gesteigerter geschlechtlicher Erregbarkeit eine psychisch-nervöse Potenzstörung bestand. Obwohl es bei dem Patienten an kräftigen Erektionen bei Tag und Nacht durchaus nicht mangelte und solche bei etwas längerer Abstinenz sich sogar in belästigender Weise einstellten, waren beim ehelichen Verkehr die Erektionen gewöhnlich mangelhaft — ein Umstand, der nur auf psychische Einflüsse zurückgeführt werden konnte — außerdem erfolgte die Ejakulation in der Regel in sehr präzipitierter Weise. Der Zustand verschlechterte sich allmählich derart, daß schon bei Zärtlichkeiten der Frau gegenüber Ejakulation erfolgte. Die Pars prostatica erwies sich bei Sondeneinführung äußerst empfindlich. Die Verschlimmerung wurde unter hydriatischer Behandlung, Gebrauch der Kühlsonde usw. rückgängig, doch blieben die Erektionen zumeist mangelhaft, die Ejakulation präzipitiert. Als später die endoskopische Untersuchung durch einen sehr erfahrenen hiesigen Urologen vorgenommen wurde, ergab sich bedeutende Hyperämie und leicht blutende Beschaffenheit der Schleimhaut der Pars prostatica; außerdem wurden zirkumskripte, knötchenartige Härten in der Prostata gefunden. Der über eine Anzahl von Monaten sich erstreckenden Behandlung des erwähnten Kollegen mit Ätzungen, Sondeneinführung usw. gelang es, die Hyperämie und Hyperästhesie der Pars prostatica völlig zu beseitigen, so daß schließlich die dicksten Sonden ohne erhebliche Beschwerden eingeführt werden konnten. Hiermit verlor sich zwar die Spermatorrhöe, an der vorhandenen Potenzstörung wurde jedoch, obwohl der behandelnde Kollege auch das Allgemeinbefinden nicht unberücksichtigt ließ, nicht das Geringste geändert. Dagegen hatte sich unter dem Einflusse der sicher mit großem Geschick durchgeführten Lokalbehandlung ein dem Patienten sehr lästiges Symptom, das sich schon früher zeitweilig gezeigt hatte, in sehr hartnäckiger Weise wieder eingestellt. Längere Zeit hindurch trat nach dem Urinieren regelmäßig ein Gefühl ausgesprochener Müdigkeit, namentlich im Rücken, ein. Diese Erscheinung war schon in früheren Jahren mitunter, aber immer nur ganz vorübergehend nach dem Urinieren, insbesondere nach spermatorrhoischen Abgängen aufgetreten; es mußte sich also, während die Empfindlichkeit der Pars prostatica für mechanische Reize eine so hochgradige Herabsetzung erfuhr, eine Hyperästhesie derselben für Wärmereize entwickelt haben, infolge welcher das einfache Hinwegströmen des Urins über die Schleimhaut bei der bestehenden erhöhten Irritabilität des Lendenmarkes genügte, in diesem reflektorisch einen schockartigen Vorgang auszulösen. Eine Erklärung für dieses Verhalten dürfte in dem Umstande gesucht werden, daß der Patient längere Zeit einen Mastdarmkühlapparat gebrauchte, welcher, während er in anderer Hinsicht sich wohl nützlich erwies, die in Frage stehende Hyperästhesie der Pars prost. für Wärmereize herbeigeführt haben mag.

Es muß als ein besonderes Verdienst Fürbringers anerkannt werden, daß er, nach seiner eigenen Aussage ehemals ein sehr entschiedener Vertreter einer rationellen Lokalbehandlung à tout prix, seit Jahren bemüht ist, den spezialistischen Übereifer in mechanischer und chemischer Behandlung der Pars prostatica auf Grund seiner reichen Erfahrung nachdrücklichst zu bekämpfen.

„Nichtsdestoweniger", erklärt er, „warnen wir nochmals eindringlich vor einer systema„tischen, einseitigen „spezielistischen" Behandlung der Harnröhre bei solchen Formen, in welchen

„die nervösen Symptome die entzündlichen Veränderungen überwiegen, und insbesondere bei „rein neurasthenischen Fällen, die mit früherer Gonorrhöe gar nichts zu tun haben. Die Fälle, „die wir einfach durch Sistierung der von Lokalfanatikern geübten Mißhandlung der armen „Harnröhre, allenfalls unter Hinzufügung des Aufenthalts an einem geeigneten Kurort, sich von „Tag zu Tag haben bessern, ja selbst heilen sehen, sind viel zu bedeutend, als daß wir nicht an „dieser Stelle unserer durch breite Erfahrung gestützten Überzeugung Ausdruck geben müßten."

Es würde indes der Wahrheit nicht entsprechen, wenn wir nicht zugeben wollten, daß hinsichtlich der Überschätzung des pathogenetischen Einflusses der Pars prost. und damit der Lokalbehandlung nicht gelegentlich auch von neuropathologischer Seite gesündigt wurde und vielleicht noch gesündigt wird. Das Unglaubliche hat in dieser Hinsicht gerade Beard, der um unsere Kenntnis der Neurasthenie sich so hervorragende Verdienste erwarb, geleistet. Was dieser Autor in der Lokalbehandlung sexueller Neurastheniker gelegentlich verübte, könnte bei Unbefangenen den Eindruck hervorrufen, daß mitunter selbst bedeutende Ärzte es für Pflicht halten, in therapeutischen Dingen wie in Glaubensangelegenheiten von ihrem Denkvermögen möglichst wenig Gebrauch zu machen.

Bei der Behandlung der in Frage stehenden Zustände müssen wir unser Augenmerk in erster Linie den ursächlichen Umständen zuwenden; dabei dürfen wir jedoch nicht außer acht lassen, daß aus den eben angeführten Gründen mit der Beseitigung der ursächlichen Momente häufig nur eine conditio sine qua non für die Wirksamkeit weiterer notwendiger therapeutischer Maßnahmen erfüllt ist. Was die Onanie bei Kindern betrifft, so glaube ich, daß im allgemeinen neben der Bekämpfung etwa vorhandener lokaler Erkrankungen (Ekzem usw.) strenge Überwachung, wo solche durchführbar ist, in erster Linie sich empfiehlt und nur in Ausnahmefällen — bei ganz besonderer Stärke des onanistischen Hanges — therapeutische Maßnahmen, wie hypnotische Behandlung oder die Vornahme schmerzhafter Eingriffe an den Genitalien (z. B. des Abkappens eines Teiles der Vorhaut), nötig werden. Die künstliche Erzeugung einer Urethritis und Zystitis nach Lallemand wird heutzutage niemand mehr ernsthaft in Vorschlag bringen wollen. Daß auch von einer gewissen psychischen Beeinflussung der Kinder bei Bekämpfung der Masturbation nicht abgesehen werden darf, liegt nahe. Eine solche darf jedoch nur durch gütliches, ernstes Zureden, Hinweis auf die gesundheitlichen Nachteile, nicht aber durch Drohungen mit schweren Eingriffen (wie Abschneiden des Gliedes usw.) geschehen, auf deren Schädlichkeit in der Diskussion „Über Onanie" in der Wiener Psychoanalytischen Vereinigung mit Recht hingewiesen wurde.

Bei Erwachsenen darf man sich durch die Versicherung, daß Masturbation „früher" geübt wurde, nicht ohne weiteres zu dem Glauben bestimmen lassen, daß das Laster ein überwundener Standpunkt ist; denn häufig genug wird ihm noch gefrönt, nachdem die Erkenntnis der schädlichen Wirkungen desselben sich bereits aufgedrängt hat. Energischer Appell an die Willenskraft des Leidenden und Belehrung über die möglichen Folgen eines Fortfahrens in der üblen Gewohnheit sind in diesen Fällen zwar nicht zu umgehen; man tut jedoch immer gut, wenn man auf den Erfolg dieser psychischen Einwirkung sich nicht zu sehr verläßt und durch strenge Regulierung der Lebensweise dafür Sorge trägt, daß dem Patienten nicht viel Zeit bleibt, sinnlichen Gedanken nachzuhängen, und auch die äußeren und inneren — körperlichen — Anreize zu solchen möglichst beschränkt werden. Wer nach redlicher Tagesarbeit noch stundenlang angestrengt turnt oder eine Marschleistung von 10—12 Stunden hinter sich hat, wird nicht viel von sexuellen Regungen belästigt. Energische Muskelübung jeder Art drückt entschieden die Erregbarkeit der sexuellen Zentren herab. Speziell jenen Onanisten, bei welchen Beruf oder Neigung vieles Stubensitzen veranlaßt, ist daher reichliche Bewegung im Freien oder eine andere Art körperlicher Beschäftigung während einer Anzahl von Tagesstunden (aber nicht Reiten und Velozipedfahren) [1]) dringend zu empfehlen. Intensive geistige Anspannung bildet dagegen kein durchwegs geeignetes Ableitungsmittel gegen den sexuellen Drang des eingefleischten Masturbanten. Dieselbe erweist sich zwar bei dem in sexueller Abstinenz Lebenden förderlich zur Bekämpfung der gelegentlich sich stärker geltend machenden sexuellen Regungen; bei den neurasthenischen Masturbanten kann dieselbe dagegen die bestehende nervöse Erschöpfung steigern und hierdurch das Auftreten übermäßiger Pollutionen und der Spermatorrhöe begünstigen. Leider kommt ein großer Teil der Masturbanten uns erst in einem Stadium zu Gesicht, in welchem die geistige und körperliche Leistungsfähigkeit derselben bereits erheblich gesunken ist. Auch bei diesen Patienten liegt es uns ob, auf eine entsprechende, den vorhandenen Kräften sorgfältig angepaßte Beschäftigung hinzuwirken. Des weiteren ist in allen Fällen für regelmäßige und leichte Stuhlentleerung Sorge zu tragen, der Genuß geistiger Getränke zu untersagen und bei körperlich heruntergekommenen Individuen auf Verbesserung der Allgemeinernährung hinzuwirken.

Sehr wichtige Dienste kann uns, wo es sich um die Beseitigung eingewurzelter masturbatorischer Gewohnheiten handelt, die hypnotische Suggestion leisten. v. Schrenck-Notzing glaubt sogar, daß bei Onanie keine andere Behandlungsmethode in bezug auf Schnelligkeit und Sicherheit der Wirkung mit der hypnotischen Therapie sich vergleichen läßt und dieses Heilverfahren berufen sei, zukünftig in der Behandlung der Onanisten die Hauptrolle zu spielen und die bisher üblichen Heilmethoden nur ergänzungsweise heranzuziehen seien. Auch Berillon, Forel, Wetterstrand u. a. rühmen die Wirksamkeit der Hypnotherapie bei Masturbation. Nach einer Zusammenstellung v. Schrenck-Notzing wurden von 20 Onanisten 13 geheilt (hiervon 10 mit späterer Nachricht) und 6 gebessert. Nach meinen bisherigen Erfahrungen empfiehlt sich die Anwendung der hypnotischen Suggestion bei älteren Kindern, deren andauernde Überwachung auf große Schwierigkeiten stößt und zum Teil überhaupt nicht durchführbar ist, dann bei Erwachsenen, deren Willensschwäche einen nachhaltigen Erfolg auch von energischen Mahnungen und Belehrungen im wachen Zustande nicht erwarten läßt, ferner in den Fällen, in welchen der Impuls zur Onanie ausgesprochenen Zwangscharakter aufweist. Bei Kindern jedoch sowohl als Erwachsenen dürfen wir auch bei Anwendung der Hypnotherapie die vorstehend erwähnten diätetischen Maßnahmen keineswegs außer acht lassen [2]).

---

[1]) Bei zwei jungen Männern meiner Beobachtung, die längere Zeit exzessiver Masturbation ergeben waren, stellten sich nach Reitversuchen Anzeichen von Spermatorrhöe ein. Daß das Velozipedfahren in derartigen Fällen ähnliche Folgen haben kann, ist naheliegend. Bei einem von mir behandelten, seit Jahren an Pollution. nimiae leidenden Neurastheniker traten beim Velozipedfahren auf holperigen Wegen öfters Pollutionen ein. Von Interesse sind hier auch die Mitteilungen Hammonds über die „Mujerados" unter den Puebloindianern in Neu-Mexiko. Diese erzeugen bei sich durch häufiges Masturbieren und fast kontinuierliches Reiten auf ungesattelten Pferden eine dauernde Spermatorrhöe, welche allmählich zur Verkümmerung der Sexualorgane und Impotenz führt. Die weitere Folge dieser künstlichen Entmannung ist, daß Charakter und Körperbau bei den Mujerados allmählich einen exquisit weiblichen Typus annehmen.

[2]) In einem sehr erheblichen Irrtum befindet sich, wie ich hier nicht unerwähnt lassen möchte, Sadger in betreff der Behandlung der Onanie. Er kennt nur zwei wirkliche Mittel gegen die Onanie: Die Benutzung der hetero- wie homosexuellen Verliebtheit des Masturbanten und zweitens die psychoanalytische Methode. Die Liebe dürfte nach dem Autor das praktisch, wichtigste Heilmittel darstellen, da sie den Menschen bestimmt, freiwillig auf masturbatorische Befriedigung zu verzichten. Nach meinen Erfahrungen bildet jedoch die Verliebtheit ein Moment,

Bei den Exzedenten in venere mit gesunkener Potenz ist oft ein Aussetzen des sexuellen Verkehrs für längere Zeit notwendig. Dabei ist natürlich jede Gelegenheit zu sexueller Erregung zu meiden. Bei Verheirateten führt in diesem Punkte nicht selten nur eine zeitweilige Trennung von der allzusehr geliebten oder begehrlichen Gattin zum Ziele. Daß wir außerdem auf Meidung des Congressus interr. und frustraner Erregung hinzuwirken haben, ist selbstverständlich. In den Bereich der ursächlichen Behandlung gehört ferner die Beseitigung von Erkrankungen und Abnormitäten der Sexualorgane bei beiden Geschlechtern, bezüglich welcher wir auf die einschlägigen Spezialwerke verweisen müssen.

Wenden wir uns nun zu jenen Mitteln, welche auf den Zustand des Nervensystems direkt einwirken, so ist vor allem zu bemerken, daß die Neurasthenie sexuellen Ursprungs kein anderes Eingreifen erheischt als jede Neurasthenie anderer Verursachung. Welchen Weg wir bei der Behandlung jedoch auch einschlagen wollen, immer müssen wir uns von zwei Klippen ferne zu halten suchen, zwei Klippen, an welchen so viele therapeutische Unternehmungen scheitern: der Überschätzung wie der Unterschätzung der einzelnen gebräuchlichen Heilverfahren. Bei der Behandlung aller sogenannten funktionellen Nervenkrankheiten werden bekanntlich mit den verschiedensten Mitteln — physikalischen Heilagentien, Massage, Luftkuren, Arzneien, lokaler Behandlung der Sexualorgane usw. — häufig auffallende Erfolge erzielt. Dieser Umstand und die spezialistische Beschäftigung mit einzelnen Behandlungsmethoden haben einen großen Teil der Ärzte zur Überschätzung der Leistungsfähigkeit und dem entsprechend zu einem übermäßigen Kultus einzelner Mittel geführt, mit dem sich gewöhnlich ungerechtfertigte Vernachlässigung anderer Mittel verbindet. An die Polypharmazie amerikanischer und englischer Ärzte, an den Mißbrauch, der mit den sogenannten Nervinis, narkotischen und hypnotischen Mitteln noch immer in großem Maßstabe getrieben wird, reiht sich der mit gänzlicher Verwerfung arzneilicher Behandlung einhergehende Wasserfanatismus deutscher Hydropathen, der übermäßige Kultus einzelner elektrotherapeutischer Verfahren, der Massage und der schwedischen Heilgymnastik, gewisser Diätkuren, die gynäkologische Behandlung nicht vorhandener oder irrelevanter Uterinaffektionen und die planlose Malträtierung des Caput gallinaginis an, von der Bäderreklame ganz zu schweigen. Die nicht zu leugnenden Wirkungen der Suggestion haben andererseits hervorragende Vertreter der suggestiven Behandlung (Bernheim, Forel) dazu geführt, die große Mehrzahl der Heilwirkungen der eben genannten Verfahren auf suggestive Einflüsse zu beziehen. Zum Glück hat diese Anschauung in weiteren ärztlichen Kreisen bisher keinen Eingang gefunden; sie müßte, wenn nicht zum therapeutischen Nihilismus, jedenfalls zu einer Vernachlässigung der durch vielfältige Erfahrungen erworbenen Grundsätze für die Anwendung der physikalischen, klimatischen und arzneilichen Heilmittel führen. Wenn die Wirkungen der Hydrotherapie z. B. hauptsächlich auf Suggestion beruhen würden, so könnte es keinen großen Unterschied ausmachen, ob wir in einem gegebenen Falle kalte Vollbäder und Duschen oder nur temperierte Halbbäder anwenden; die kalten Prozeduren müßten sogar eine intensivere Suggestivheilwirkung äußern. Für den Elektrotherapeuten wäre es an sich gleichgültig, wenn seine Erfolge hauptsächlich durch Suggestion bedingt sind, ob er am Kopfe mit einer Stromdichte von $^1/_{10}$ oder $^1/_{100}$ operiert,

---

das vorwaltend die Neigung zur Masturbation steigert oder wenigstens das Aufgeben derselben sehr erschwert. Daß andererseits die Hypnotherapie bei Behandlung der Onanie in vielen Fällen den Vorzug vor der Psychoanalyse verdient, ist meines Erachtens kaum zu bezweifeln.

sofern er nicht die größere Stromdichte etwa wegen ihrer intensiveren Suggestivwirkung vorziehen wollte. Die Erfahrung lehrt jedoch, daß es sich keineswegs so verhält. Die ungeheuere Zahl von Mißerfolgen, die bei der Anwendung der physikalischen Heilmethoden in unerfahrenen Händen beobachtet werden, die Vor- und Umsicht, deren auch der Geübteste bei Verwertung derselben bedarf, um das der Individualität des einzelnen Kranken Entsprechende zu treffen, sie zeigen in unverkennbarer Weise, daß die Erfolge dieser Heilverfahren nicht in dem Maße von suggestiven Einflüssen herrühren können, wie die Vertreter der Nancyer Schule annehmen. Wir dürfen auch hier das Kind nicht mit dem Bade ausschütten. Die ungerechtfertigte und verwerfliche Reklame, die mit einzelnen Kurmethoden getrieben wird, darf uns nicht verleiten, denselben den ihnen immanenten therapeutischen Wert abzusprechen. Immerhin müssen wir aber Bernheim und Forel das Verdienst zugestehen, zu einer strengeren Kritik der Wirksamkeit der bei nervösen Schwächezuständen gebrauchten Kurmittel den Anstoß gegeben zu haben.

Von arzneilichen Mitteln ist bei Bekämpfung neurasthenischer Affektionen — sohin auch bei der sexuellen Neurasthenie — wenigstens in bezug auf Hebung des krankhaften Allgemeinzustandes der Nerven erfahrungsgemäß nicht sehr viel Ersprießliches zu erwarten. Seltsam kontrastiert mit dieser Tatsache allerdings das stetige Anwachsen der Zahl der Nervenmittel, von denen eines das andere nach den Versicherungen der Fabrikanten und gläubiger Ärzte an Wunderleistungen überbieten soll. In der Tat hat aber die Menge der neueren und neuesten Nervina unser therapeutisches Vermögen im wesentlichen nur in symptomatischer Hinsicht vermehrt. Wo es sich z. B. um Beseitigung von Schmerzen und anderen Reizzuständen handelt, leisten uns neben den Brompräparaten Antipyrin, Phenazetin, Zitrophen, Aspirin, Trigemin usw. schätzbare Dienste; diese Mittel ermöglichen es uns auch, den Gebrauch der Narkotika auf gewisse seltene Einzelfälle zu beschränken. Aber eine direkte Kräftigung des Nervensystems wird durch keines der derzeit bekannten Nervina erzielt. Die Hoffnungen, welche man auf die organotherapeutischen Präparate tierischer Provenienz, insbesondere die subkutane Anwendung von Nervensubstanz setzte, haben sich nicht erfüllt. Auch über die Leistungen des Pöhlschen Spermin besteht noch keineswegs genügende Klarheit [1]). Wo es sich um Förderung der Ernährung des Nervensystems handelt, verdienen die organischen Phosphorpräparate Sanatogen, Lezithin, Protylin (Roche), Phytin Verwertung, wenn auch die hiermit erzielten Resultate im ganzen hinter den Anpreisungen der Fabrikanten und mancher Ärzte entschieden zurückbleiben.

Zu den am meisten bei Neurasthenie in Gebrauch gezogenen Mitteln zählen noch immer neben den Brompräparaten Eisen und Arsenik, und es ist nicht zu leugnen, daß auch gegenwärtig noch die Prüfung der Frage, ob für das eine oder andere dieser Mittel eine besondere Indikation vorliegt, häufig verabsäumt wird. Es ist begreiflich, daß bei diesem kritiklosen Vorgehen die erwarteten Erfolge oft ausbleiben und nicht selten statt einer Besserung des Nervenzustandes lediglich eine Beeinträchtigung des Magens resultiert.

Ich möchte nicht mißverstanden werden. Eisenmittel leisten uns in manchen Fällen von Neurasthenie entschiedene Dienste; ihre Verordnung ist jedoch nur in den Fällen am Platze, wo die Blutarmut und die daraus resultierende Herabsetzung der Allgemeinernährung zweifellos das Primäre, die nervösen Störungen deren Folgezustand bilden, also insbesondere in Fällen, wo direkte Blut- oder länger dauernde Säfteverluste infolge irgendwelcher Krankheiten vorhanden

---

[1]) Die Wirkungen des Spermin werden von vielen auf Suggestion zurückgeführt, wozu der hohe Preis des Mittels Veranlassung geben kann. Ich selbst habe in einzelnen Fällen den Eindruck gewonnen, daß dem Mittel eine gewisse physiologische Wirkung, namentlich bei Stoffwechselanomalien, nicht abzusprechen ist.

waren oder durch schwere Allgemeinerkrankungen die Ernährung herabgesetzt wurde. In diesem Fällen empfehlen sich auch die verschiedenen Hämoglobinpräparate, welche den Vorzug haben, daß sie den Magen nicht belästigen; dieselben können auch bei sekundären (im Gefolge der Neurasthenie sich entwickelnden) anämischen Zuständen Anwendung finden. Eine Kombination von Mitteln, unter welchen Eisen und Mangan eine wichtige Rolle spielen, enthält Fellows Sirup hypophosphites (Chinin, Strychnin, Eisen, Mangan, Kalzium, Kali, gebunden an unterphosphorige Säure). Der in neuerer Zeit unter dem Titel „Sirup Kolae compositus" in den Handel gebrachte Sirup enthält neben den Hauptbestandteilen des Fellowschen Sirup Kolaextrakt. Ich glaube, von beiden Siruparten bei manchen mit Anämie zusammenhängenden neurasthenischen Affektionen gute Wirkung gesehen zu haben; doch empfiehlt sich die Anwendung dieser Sirupe nur in Fällen, in welchen sexuelle Reizzustände fehlen und der Magen frei von Störungen ist. Seit einer Anzahl von Jahren wird bei Neurasthenie auch Nukleogen (eine Verbindung von nukleinsaurem Eisen mit Arsen) vielfach gebraucht. Für dieses Mittel gelten ähnliche Indikationen wie für die beiden vorstehend erwähnten Sirupe.

Entschieden Beträchtlicheres als arzneiliche Agentien leisten bei vielen Neurasthenikern klimatische Kuren. Schon ein einfacher Landaufenthalt in waldreicher Gegend erweist sich dem Städter mit heruntergekommenen Nerven oft in hohem Maße förderlich; noch größere Vorteile bietet namentlich bei länger bestehenden Leiden ein Aufenthalt im Gebirge oder an der See. Der Einfluß der Luft, der übrigens nicht zu unterschätzen ist, bedingt natürlich nicht allein den Heilerfolg der klimatischen Kuren. Die geistige Ausspannung, die hiermit gewöhnlich verbunden ist, die angenehmen und umstimmenden Eindrücke der neuen Umgebung, bessere und regelmäßigere Ernährung und reichliche Körperbewegung haben oft sogar den Hauptanteil an dem Heilerfolge zu beanspruchen. Reisen sind dagegen nur solchen zu empfehlen, die über ein gut Teil körperlicher und geistiger Leistungsfähigkeit verfügen. Ich habe mehrfach bei sexuellen Hypochondern, die anhaltend über Parästhesien und Schmerzen in den Genitalien, dem Rücken usw. klagten, von Reisen in Gesellschaft eines Freundes den günstigsten Einfluß gesehen.

Zu den mit Recht am meisten in Anspruch genommenen Hilfsmitteln zählt die Hydrotherapie, die bei der Mannigfalt und Abstufbarkeit ihrer Prozeduren bezüglich der thermischen und mechanischen Reizeinwirkung für die große Mehrzahl Neurasthenischer in irgend einer Form sich anwendbar erweist. Wenn wir auch zugeben wollen, daß häufig die Wirksamkeit der Wasserkuren insofern überschätzt wird, als dem Einflusse derselben zugeschrieben wird, was anderen hiermit verknüpften Faktoren (der geistigen Ruhe, Landluft usw.) zukommt, so müssen wir andererseits doch, wie wir oben schon andeuteten, entschieden davor warnen, die Bedeutung der Art der angewandten Prozeduren zu unterschätzen, etwa in der Annahme, daß die Suggestion die Hauptsache leiste. Die wahrhaft abschreckenden Resultate, welche der Kaltwasserfanatismus der Wasserärzte älteren Schlages lieferte, sind schon genügend, diese Illusion gründlich zu zerstören. Die von einem mächtigen Glauben ausgehenden Suggestiveinflüsse können zwar, wie manche in Wörishofen und anderweitig erzielten Erfolge lehren, die Wirkungen einer an sich schädlichen Behandlung paralysieren und sogar überkompensieren, so daß trotz aller dem Körper zugefügten Unbill eine günstige Änderung des Befindens eintritt. Solch mächtigen Glauben erwecken jedoch, wie der Nimbus lehrt, der seinerzeit eine Hohenester und später Pfarrer Kneipp umgab, in der Regel nur Heilkünstler nicht ärztlichen Standes. Der Arzt, der bei einem Patienten eine Wasserkur für angezeigt hält, tut jedenfalls gut, soferne er auf hydratischem Gebiete nicht zureichende Kenntnisse und Erfahrungen besitzt, seinen Patienten einer Anstalt zu überweisen, deren Leiter Bürgschaft für wissenschaftliche und strenge individualisierende Anwendung der

Wasserkur bietet. Bei der hydriatischen Behandlung der sexuellen Neurasthenie ist, abgesehen von dem allgemeinen Nervenzustande, speziell der Umstand zu berücksichtigen, ob sexuelle Reizsymptome vorhanden sind oder nicht. Kalte Duschen auf den Rücken und die Genitalien, ebenso kalte Sitzbäder sind bei Reizzuständen (belästigenden Erektionen, Pollutiones nimiae usw.) zu meiden; diese Prozeduren eignen sich nur für die Fälle mit herabgesetzter Potenz ohne Reizerscheinungen. Bei Neigung zu übermäßigen Pollutionen, verfrühter Ejakulation usw. sind dagegen mehr temperierte Sitzbäder (16—22° R) am Platze. Halbbäder von 22—24° R entsprechen den Anforderungen der großen Mehrzahl der Fälle, sie können bei Vorhandensein sowohl als bei Mangel von Reizerscheinungen Anwendung finden. Warme Bäder (Thermen, warme See-, Sol- und Stahlbäder) sind besonders bei in ihrer Ernährung sehr herabgekommenen, blutarmen Nervenschwachen angezeigt. Einfache Fluß- und Binnenseebäder leisten indes auch in vielen Fällen ersprießliche Dienste; selbst während der kalten Jahreszeit ist bei vorhandener Gelegenheit in einer entsprechend eingerichteten Badeanstalt die regelmäßige Benützung eines Schwimmbades öfters empfehlenswert.

Die Anwendung der Elektrizität gestattet uns, auf den Gesamtzustand des Nervensystems wie auf den Zustand einzelner Abschnitte desselben einzuwirken. Beeinflussung des Gesamtnervensystems erzielen wir durch die Methoden der allgemeinen Elektrisation, wovon meines Erachtens nur die sogenannte allgemeine Faradisation und das elektrische Bad Beachtung verdienen. Die Galvanisation des Kopfes wenden wir bei Erschöpfungszuständen des Gehirns, die Galvanisation des Rückens bei Myelasthenie; die Galvanisation am Halse vorzugsweise bei den mannigfachen Erscheinungen der Herzneurasthenie an. Die statische Elektrizität, die in ihrer physikalisch-therapeutischen Wirksamkeit dem galvanischen und faradischen Strome nachsteht, eignet sich besonders zur Erzielung psychischer Wirkungen.

Massage und Heilgymnastik erweisen sich bei höheren Graden von Muskelschwäche oft von Nutzen, die Massage namentlich bei Erschöpfungszuständen, die wenig aktive Bewegung zulassen. Sehr gute Dienste leisten diese Faktoren auch bei Bekämpfung der habituellen Obstipation, die bei den sexuellen Neurasthenikern oft wesentlich zur Steigerung ihrer Beschwerden beiträgt.

Die große Bedeutung einer sachgemäßen und konsequenten psychischen Behandlung bei neurasthenischen Zuständen hat in den letzten Jahren mehr und mehr Anerkennung gefunden. Die Maßnahmen, welche in das Gebiet der Psychotherapie gehören, sind jedoch sehr verschiedener Art und die Ansichten über den Heilwert einzelner derselben bei Neurasthenie geteilt. Dies gilt insbesondere für die hypnotische Suggestivbehandlung, viel weniger für die Suggestivtherapie im Wachen und die Psychoanalyse; doch scheinen die Vorurteile, welche gegen die Verwertung der Hypnotherapie im allgemeinen und daher auch bei Neurasthenie sich geltend machten, mehr und mehr abzunehmen. Das hypnotische Heilverfahren kann sich nicht direkt gegen den neurasthenischen Allgemeinzustand richten, sondern nur gegen einzelne Symptome, mit deren Beseitigung allerdings in der Regel auch der Allgemeinzustand günstig beeinflußt wird; das gleiche gilt für die Wachsuggestion.

Zur Vornahme von Mastkuren ist bei sexuellen Neurasthenikern im ganzen nicht häufig Veranlassung; ihre Anwendung kann auf die Fälle hochgradiger Nervenerschöpfung mit gesunkener Potenz ohne sexuelle Reizerscheinungen beschränkt werden. Im folgenden soll nur noch auf die Behandlung der wichtigsten, dem Gebiete der sexuellen Neurasthenie angehörigen Störungen eingegangen werden.

Was zunächst die Therapie der übermäßigen Libido betrifft, die wir als eine sehr beschwerliche Erscheinung nicht nur bei Ledigen, sondern mitunter auch bei Verheirateten mit Gelegenheit zu regelmäßigem Geschlechtsverkehr, ferner bei an Jahren vorgeschrittenen Personen nicht minder als bei jüngeren antreffen, so ist auf die hier erforderlichen Maßnahmen zum Teil schon früher hingewiesen worden. Die Wichtigkeit der Fürsorge für stete und leichte Stuhlentleerung möchte ich hier nochmals betonen; bei vollblütigen Individuen mit sitzender Lebensweise erweist sich öfters längerer Gebrauch von abführenden Mineralwässern von günstigem Erfolge. In den in Betracht kommenden Fällen ist ferner eine gewisse Gedankendisziplin notwendig; die betreffenden Patienten haben alles zu meiden, was irgend geeignet ist, sexuelle Erregung zu verursachen oder auch nur die Gedanken auf das sexuelle Gebiet zu lenken, wie intimeren Verkehr mit Angehörigen des anderen Geschlechts (bei Verheirateten Beschränkung der gegenseitigen Zärtlichkeiten), gewisse Arten der Lektüre, Besuch mancher Schauspiele, Operetten und insbesondere der Variétévorstellungen, Betrachtung obszöner Bilder usw.

Dagegen kann ich vieles Alleinbleiben, das Meiden jeder geselligen Unterhaltung durchaus nicht empfehlen. Ich habe gefunden, daß gerade bei Männern, welche infolge Mangels geeigneter Gesellschaft oder von Abneigung gegen geselligen Verkehr in einer Art beständiger Isolierung lebten, das Überwuchern des Sexuellsinnlichen in der Gedankenwelt besondere Dimensionen annahm. Eine gewisse Beschäftigung ist ebenfalls, wie wir schon erwähnten, unentbehrlich, um das Abschweifen der Gedanken auf das sexuelle Gebiet möglichst zu verhindern; hierbei muß der körperlichen und geistigen Leistungsfähigkeit der Patienten sorgfältig Rechnung getragen werden.

Daß die hypnotische Suggestion uns bei exzessiver Libido große Dienste leisten kann, erhellt schon aus dem an früherer Stelle bei Besprechung der Therapie des onanistischen Hanges Erwähnten. In manchen Fällen ist die Wirkung der Hypnose äußerst prägnant und über alles auf anderem Wege Erreichbare weit hinausgehend. So genügte bei einem von mir behandelten, Ende der 20er Jahre stehenden Fräulein, welches nach dem Aufgeben lange geübter Masturbation zeitweilig an Schlafmangel und großer geschlechtlicher Erregtheit litt, wiederholt eine einmalige Hypnotisierung mit entsprechenden Suggestionen, um der Betreffenden für Wochen ruhigen Schlaf und Befreiung von der sehr lästigen sexuellen Erregung zu verschaffen. Allerdings war diese Patientin eine vorzügliche Somnambule, die in wenigen Sekunden sich tief einschläfern ließ, und auch in einzelnen anderen Fällen, in welchen Somnambulismus erzielt wurde, waren die Erfolge sehr befriedigend, während bei den Patienten, bei welchen nur leichtere Grade der Hypnose sich herbeiführen ließen, die Wirkung der einzelnen hypnotischen Sitzungen zum Teil weniger ausgesprochen und nachhaltig war.

Von medikamentösen Mitteln erweisen sich häufig größere Gaben von Bromsalzen (4—6 Gramm pro die) von deutlichem Nutzen, in manchen Fällen auch Campher pur oder in Verbindung mit Brom als Camphora monobromata.

Wirksamer als die genannten Medikamente erscheint mir jedoch eine Kombination von Mitteln, mit welcher ich in neuerer Zeit bei sexueller Hyperästhesie und anderen sexuellen Reizzuständen entschieden günstige Resultate erzielte. Es ist dies die als Liquor sedans bezeichnete Mischung, die in neuerer Zeit namentlich von der Firma Parke, Davis & Comp. in den Handel gebracht und für dysmenorrhoische Beschwerden empfohlen wurde. Da die quantitative Zusammensetzung des englischen Fabrikats nicht bekannt ist, verwende ich in Fällen, in welchen eine genauere Dosierung des Medikaments wünschenswert erscheint, folgende Komposition, die sich mir nach verschiedenen Versuchen als die geeignetste erwiesen hat.

Rp.

Hydrastin. muriat.	0,6
Fluid. Extract. Piscidiae erythr.	18,0
Fluid. Extract. Viburni prunifolii.	24,0
Tinct. aromat.	8,0

3 × tägl. 20—40 Tropfen.

In diätetischer Hinsicht habe ich bei sexueller Hyperästhesie von vegetarischer Lebensweise, i. e. Verzicht auf Fleischgenuß und vollständiger Alkoholabstinenz ausgesprochen günstige Wirkungen gesehen.

Bei der Behandlung der übermäßigen nächtlichen Pollutionen ist vor allem ein gewisses diätetisches Regime unerläßlich. Sind diese Samenabgänge Teilerscheinung eines nervösen Erschöpfungszustandes, der mit Herabsetzung der Allgemeinernährung und Blutarmut vergesellschaftet ist, so ist eine roborierende Diät, Meidung erheblicher geistiger und körperlicher Anstrengungen und während der besseren Jahreszeit reichlicher Aufenthalt im Freien angezeigt. Bei gut genährten, körperlich nicht herabgekommenen Pollutionisten ist dagegen reizlose, frugale Ernährung mit Einschränkung der Fleischspeisen und Enthaltung von geistigen Getränken am Platze. Bei beiden Kategorien von Leidenden ist nur ein frugales Abendbrot (bei den Gutgenährten nur eine leicht verdauliche Mehl- oder Milchspeise) zu gestatten; dieses soll zeitig verzehrt und zwei Stunden vor dem Zubettgehen, wenn tunlich, überhaupt kein Getränke mehr genossen werden. Der Zweck dieser Verordnung ist ein doppelter: sowohl die reflektorische, durch den Druck einer stark ausgedehnten Blase vermittelte, als die von den psychischen Zentren aus — durch sinnliche Traumvorstellungen — erfolgende Erregung der genitalen Rückenmarkszentren zu verhüten. Von arzneilichen Mitteln leisten gegen die Poll. nimiae die Brompräparate in manchen Fällen gute Dienste. Das gleiche gilt für das Atropin, wie ich mich namentlich in Fällen überzeugen konnte, in welchen kein anderes Mittel zur Anwendung gelangte. Wirksamer scheint jedoch nach meinen bisherigen Erfahrungen das in neuerer Zeit von Teleki in Budapest und König in Braunau empfohlene Fluid. Extract. Hydrastis canadensis zu sein, das in Dosen von 15—30 und mehr Tropfen täglich 3 mal gegeben wird. Ich kann mich jedoch den enthusiastischen Lobeserhebungen, welche die genannten Autoren dem Mittel bei Poll. nimiae spenden, nicht ganz anschließen. Ein Erfolg tritt auch bei Anwendung des Fluid. Extr. Hydrastis nicht selten nur zögernd ein, und die Anwendung anderer therapeutischer und namentlich diätetischer Maßnahmen darf hierbei nicht verabsäumt werden. Der schon erwähnte Liquor sedans leistet bei Poll. nimiae im allgemeinen ähnliche, mitunter noch bessere Dienste als das Fluid. Extr. Hydrastis. Das gleiche gilt vom Styptol, von welchem man 2—3 Tabletten à 0,05 vor dem Schlafengehen nehmen läßt. Von einzelnen Beobachtern (J. W. Koetan und Robinson) wurde auch eine Verbindung von Styptol mit Ergotin empfohlen. Ob dieselbe besondere Vorteile bietet, muß ich dahingestellt sein lassen. In den letzten Jahren wurde ein neues organotherapeutisches Mittel gegen Libido nimiae empfohlen. Es ist das Epiglandol, ein Extrakt der Zirbeldrüse, welches von der Fabrik Chemische Werke von Grenzach in zwei Formen in den Handel gebracht wird; einer flüssigen zu Injektionen und in Tablettenform. Das Mittel wurde von verschiedenen Autoren bei Krankheitszuständen, die mit Libido nimiae einhergingen, in Anwendung gezogen und leistete in der Mehrzahl der Fälle gute Dienste. Ich habe deshalb das Mittel (in Tablettenform) ebenfalls in einer Anzahl von Fällen gebraucht, ich kann wohl sagen, zumeist mit günstigem Erfolge. Dieser ist jedoch, wenn es sich nicht um eine vorübergehende Erkrankung handelt, nicht von Dauer und deshalb öftere Anwendung des Mittels erforderlich. Von elektrischen Behandlungsmethoden kommen bei Poll. nimiae die horizontale Durchströmung des Lendenmarks (+ Pol untere Dorsal- und oberste Lendenwirbel, — Pol Abdomen), die Galvanisation längs der Wirbelsäule mit besonderer Berücksichtigung des Lendenmarks und absteigende Ströme von der Lendenmarksregion der Wirbelsäule zum Damme in Betracht; die Stromdichte soll hierbei $\frac{2\text{—}8 \text{ M.-A.}}{10 \times 5 \text{ cm}}$, die Sitzungsdauer fünf Minuten nicht übersteigen.

Eine lokale Behandlung der Pars prostatica der Harnröhre ist nur in einer Minderzahl jener Fälle, in welchen es sich nicht um chronische Urethritis handelt, erforderlich. Das wirksamste unter den hier in Betracht zu ziehenden örtlichen Mitteln und dabei ganz gefahrlos ist jedenfalls die Anwendung der von Winternitz empfohlenen Kühlsonde (Psychrophor). Die Kühlsonde, ein Katheter à double courant ohne Fenster und mit einem Zu- und Ablaufschlauche versehen, durch welchen man Wasser von einer Temperatur von 20—8° R in der Dauer von höchstens 12 Minuten durchfließen läßt, wird bis an den Blasenhals eingeführt; hierdurch wird die Harnröhrenschleimhaut mit dem Caput gallinaginis und seinen Ringmuskeln dem mechanischen Einflusse des Druckes und dem thermischen der gewählten Temperatur ausgesetzt. Ultzmann pflegte dem Gebrauche der Kühlsonde die Einführung dicker Metallsonden vorauszuschicken; diese vorbereitende Behandlung scheint mir jedoch überflüssig, da nichts entgegensteht, anfänglich die Anwendung der Kühlsonde auf ganz kurze Zeit zu beschränken, um die Harnröhre an den Eingriff zu gewöhnen. Die Erfolge, welche Winternitz mit der Kühlsonde erzielte, waren außerordentlich günstig [1]). Ob dieselben jedoch lediglich auf die mechanische und thermische Lokalwirkung des Instrumentes zurückzuführen sind, erscheint mir mindestens zweifelhaft. Die Anwendung der Kühlsonde ist eine Prozedur, die einer erheblichen Suggestivwirkung fähig ist. In den Fällen meiner Beobachtung ließen sich durch die Kühlsonde nicht immer andauernde Erfolge erzielen. In der ersten Zeit der Applikation war die Wirkung allerdings fast immer eine günstige, zum Teil sogar — bei täglichem oder fast täglichem Auftreten von Pollutionen — eine höchst frappante; diese günstige Beeinflussung läßt jedoch in manchen Fällen bei Fortsetzung der Applikationen wieder nach, so daß schließlich von denselben abgesehen werden muß. Auch die Berichte in der Literatur zeigen, daß die Wirkung der Kühlsonde bei Poll. nim. keine gleichmäßig gute ist. Wir dürfen auch nicht unerwähnt lassen, daß die Einführung des Psychrophors bei Pollutionisten zumeist durch eine bei denselben vorhandene beträchtliche Hyperästhesie der ganzen Urethra oder der Pars prost. allein erschwert wird. Mit geduldigem Vorgehen und eventuell Anwendung von Suppositorien mit Extr. Belladonn. oder Opii, die einige Zeit vor der Anwendung in das Rektum eingeführt werden und neben ihrer pharmakodynamischen jedenfalls auch eine Suggestivwirkung der Hyperästhesie der Urethra gegenüber äußern, kommt man zwar wenigstens in den Fällen, in welchen keine Striktur besteht, gewöhnlich ans

[1]) Winternitz erwähnt, daß in den meisten Fällen bei abnorm häufigen nächtlichen Samenentleerungen unter dem Gebrauche der Kühlsonde die Pollutionen seltener wurden. Sämtliche Fälle, die mit größerer Hyperästhesie der Harnröhrenschleimhaut einhergingen, wurden geheilt.

Ziel; die anfänglich erhebliche Schmerzhaftigkeit oder Unannehmlichkeit der Prozedur verliert sich mit öfterer Wiederholung derselben mehr und mehr. Doch sind auch bei behutsamster Einführung des Instrumentes Ohnmachtsanwandlungen während oder noch einige Zeit nach derselben in der ersten Zeit der Behandlung nicht sicher zu vermeiden. Wiederholt ist es mir auch vorgekommen, daß bei der Entfernung des Instrumentes aus der Harnröhre Samenergießungen (ohne Erektion usw.) erfolgten, so daß aus diesem Grunde von dem weiteren Gebrauche des Psychrophors abgesehen werden mußte. Auch das regelmäßige Auftreten von Erektionen nach der Einführung des Instrumentes habe ich beobachtet, was ebenfalls den weiteren Gebrauch desselben verhinderte [1]). In Fällen, in welchen die Anwendung der Kühlsonde wegen zu großer Empfindlichkeit oder Ängstlichkeit des Patienten zunächst nicht ratsam erscheint, kann man den Arzbergerschen oder einen anderen der verschiedenen Mastdarmkühlapparate mit Nutzen verwenden. Was dagegen die Anwendung von Ätzmitteln im prostatischen Teile der Harnröhre in Form von Einspritzungen usw. bei Mangel von Entzündungszuständen gonorrhoischer Provenienz anbelangt, so sind die mir bekannt gewordenen Resultate dieser Therapie im allgemeinen so abschreckend, daß ich diesbezüglich nur meine Warnungen den von sehr berufener Seite bereits vorliegenden beifügen kann.

Bezüglich der hydriatischen Behandlung haben wir an früherer Stelle bereits das Nötige bemerkt. Hier sei nur noch erwähnt, daß wir dem von manchen Seiten empfohlenen Gebrauche des Chapmanschen Rückenschlauches bei Poll. nim. kaum eine andere denn eine suggestive Wirkung zuzuerkennen vermögen.

Besondere Beachtung erheischt auch das psychische Verhalten der Pollutionisten. Infolge der ungünstigen Rückwirkung, welche die nächtlichen Samenergüsse auf das Allgemeinbefinden oder einzelne neurasthenische Symptome [2]) äußern, richtet sich die Aufmerksamkeit sehr vieler dieser Patienten — auch bei nicht mehr erheblicher Mehrung der Pollutionen — mehr und mehr auf die Samenverluste, und unter dem Einflusse einer allmählich sich entwickelnden oder verstärkenden hypochondrischen Verstimmung gelangen sie schließlich dahin, in diesen einen Umstand zu erblicken, der früher oder später zu ihrem körperlichen und geistigen Ruine führen muß. Wir dürfen natürlich, wo wir derartigen pessimistischen Anschauungen begegnen, nicht unterlassen, dieselben durch Aufklärungen und beruhigenden Zuspruch zu bekämpfen. Daneben müssen die Patienten zu der an früherer Stelle erwähnten, dem Abschweifen der Gedanken auf das sexuelle Gebiet entgegenarbeitenden geistigen Disziplin energisch angehalten werden. Bei Leuten, welche vor dem Zubettegehen sich mit der Lektüre pornographischer Romanwerke die Zeit vertreiben, ist es sehr schwer, den übermäßigen Pollutionen Einhalt zu tun. Als Mittel direkter psychischer Beeinflussung kommen hier die larvierte und die hypnotische Suggestion in Betracht. Die larvierte Suggestion z. B. in Form indifferenter Pulver oder Pillen hat mir schon in manchen Fällen Dienste geleistet; wirksamer ist jedoch im allgemeinen die hypnotische Suggestion; doch genügt es nicht, einfach das Wegbleiben der Pollu-

[1]) Buxbaum glaubt gefunden zu haben, daß hochgradige Hyperästhesie der Harnröhre für die Anwendung der Kühlsonde keine günstige Prognose gibt, dieselbe sogar direkt kontraindiziert. In den betreffenden Fällen sah er günstige Resultate von der Anwendung des Kühlschlauches längs der Wirbelsäule, Fächerduschen und Halbbädern.

[2]) Die in Frage stehenden ungünstigen Rückwirkungen sind nicht immer eine direkte Folge der Pollutionen; sie beruhen z. T., wie Moll mit Recht erwähnt, auf Autosuggestionen und können durch Beseitigung dieser zum Wegfall gebracht werden.

tionen für eine gewisse Zeit zu suggerieren; die Suggestion muß gegen die Quelle der Pollutionen, die sinnlich erregenden Träume, gerichtet sein. Die diversen mechanischen Pollutionsverhinderungs-Instrumente belästigen in der Regel den Leidenden erheblich, ohne ihren Zweck auf die Dauer zu erfüllen. Auch Moll hat von diesen Mitteln nie Erfolg gesehen.

Bei an Spermatorrhoe Leidenden erscheint mir eine Lokalbehandlung immer indiziert, wenn Samenabgänge bereits seit längerer Zeit regelmäßig oder wenigstens sehr häufig bei der Stuhl- oder Harnentleerung oder beiden Verrichtungen sich zeigen. Wir dürfen indes auch hier keineswegs sorgfältige Regulierung der Lebensweise, des Stuhlganges und die Anwendung von auf Kräftigung des Nervensystems hinwirkenden Mitteln vernachlässigen. Eine umfängliche Erfahrung hat mich belehrt, daß bei entwickelter Spermatorrhöe verschiedene Momente einen unverkennbaren Einfluß auf die Menge und Häufigkeit der Samenabgänge äußern. Sexuelle Aufregungen, geisitge und körperliche Überanstrengungen können entschieden verschlimmernd einwirken und sind deshalb natürlich zu vermeiden. Andererseits ist aber, wenn nicht ein höherer Grad nervöser Erschöpfung besteht, eine mäßige, das geistige Interesse in Anspruch nehmende Beschäftigung keineswegs zu widerraten, da das mit anhaltender Untätigkeit gewöhnlich verknüpfte Brüten über das vorhandene Leiden der Heilung nicht förderlich ist. Von den in Betracht kommenden Methoden lokaler Behandlung kommt der Anwendung des elektrischen Stromes in den Fällen, in welchen es sich nicht um chronische Urethritis oder Prostataaffektionen handelt, wohl die ausgedehnteste Wirksamkeit zu; dieselbe leistet aber auch bei chronischer Urethritis oft gute Dienste. Bei leichteren Graden des Samenflusses genügt häufig schon die äußerliche Applikation (Durchleitung anschwellender faradischer oder kräftiger galvanischer Ströme mit öfteren Wendungen vom Damme zur Symphyse); hiermit verbinde ich gewöhnlich absteigende Galvanisation vom Lendenmarke zum Damme. In einem Teile der Fälle führt jedoch intraurethrale Behandlung rascher und sicherer zum Ziele, und in den schlimmeren Fällen ist solche immer notwendig. Diese innerliche Behandlung geschieht vermittels einer Katheterelektrode, die bis in die Pars prost. vorgeschoben wird, während die andere Elektrode in Form einer Platte am Damme plaziert ist. Ich verwende hierzu nur mehr den faradischen Strom. Dieser bietet, intraurethral angewandt, den Vorteil, daß er keine Ätzwirkung entfaltet und bei sachtem Steigern der Stromstärke die Anwendung sehr kräftiger Ströme gestattet, ohne selbst sehr empfindlichen Neurasthenikern Schmerzen oder nur Unbehagen zu verursachen; infolge dieses Umstandes gestattet derselbe immer eine energische Einwirkung auf die Kontraktilität der muskulösen Elemente der Samenausführungsgänge. Die Tatsache, daß selbst bei hyperästhetischer Pars prost. bei allmählicher Steigerung der Stromintensität Ströme leicht ertragen werden, die an der äußeren Haut intensiven Schmerz verursachen, läßt sich nur dadurch erklären, daß der faradische Strom die Empfindlichkeit der Schleimhautpartien, auf welche er einwirkt, herabsetzt. Bezüglich des konstanten Stromes andererseits sind wir noch im unklaren, bei welcher Stromdichte Anätzung der Harnröhrenschleimhaut sicher vermieden wird. Die allseitigen Mahnungen zur Anwendung schwacher Ströme besagen gar nichts, da sich mir bei Anwendung einer Stromstärke von $^1/_2$ Milliamp., die nach elektrotherapeutischen Begriffen sehr gering ist, schon deutliche Anzeichen einer Kauterisation der Schleimhaut der Pars prost. (Auftreten eines geringen bräunlichen Ausflusses) ergaben, obwohl der betreffende Patient während der Stromanwendung keinen Schmerz empfunden hatte. Die Ätzwirkung erklärt sich in dem betreffenden Falle daraus, daß die Oberfläche der Metallspitze meiner Katheterelektrode nur zirka 1,7 cm beträgt, die Stromdichte demnach $\frac{0,5}{1,7}$ oder ungefähr $^1/_3$ und sohin trotz der geringen angewandten Stromstärke erheblich war. Man müßte daher, um Ätzwirkungen zu verhüten, noch erheblich geringere Stromdichten anwenden, bei welchen dann wieder eine erregende Einwirkung auf die erschlafften Muskelelemente zweifelhaft ist. Mit der intraurethralen Elektrisierung läßt sich mit Vorteil die äußerliche Behandlung (Durchleitung vom Damme zur Symphyse) mit dem galvanischen oder faradischen Strome und die absteigende Galvanisation vom Lendenmarke zum Damme verbinden. Die elektrische Behandlung der Spermatorrhöe (nicht gonorrhoischen Ursprungs) läßt nur in wenigen Fällen im Stiche; sie erheischt aber immer Geduld. Ich habe von derselben nie wunderartige Erfolge, sondern immer nur allmähliche Wirkungen gesehen; bei lange bestehender Spermatorrhöe darf man immer mehrmonatliche Behandlung ins Auge fassen. In einer Anzahl von Fällen von Samenfluß erweist sich der Psychrophor von deutlichem Nutzen; welche Fälle sich für diesen Behandlungsmodus besonders eignen, hierüber besteht jedoch noch keine Klarheit. Ich muß nach meinen Wahrnehmungen jedenfalls bei veralteten Fällen von Spermatorrhöe der Anwendung der Elektrizität den Vorzug geben. Bezüglich der lokalen Anwendung ätzender Mittel begnüge ich mich, auf das bei der Therapie der übermäßigen Pollutionen Bemerkte zu verweisen.

Was nun die Behandlung der Potenzmängel anbelangt, die dem Gebiete der sexuellen Neurasthenie angehören, so muß dieselbe selbstverständlich der Art der vorhandenen funktionellen Störungen angepaßt werden; dies ist bisher keineswegs von allen Seiten berücksichtigt worden. Die der Impotentia coeundi zugrunde liegenden Störungen sind in den einzelnen Fällen verschieden, und man kann im allgemeinen bei den hier in Betracht kommenden Patienten, soweit es sich zunächst um rein nervöse Affektionen handelt, zwei Formen des Übels unterscheiden: bei der einen bildet die präzipitierte Ejakulation das Hauptphänomen, die Erektionsfähigkeit kann dabei intakt sein oder auch gelitten haben (erethische oder irritative Form). Bei der anderen ist die Erektionsfähigkeit mehr oder minder verringert oder auch ganz erloschen, während die präzipitierte Ejakulation mangelt (atonische oder paralytische Form). Als pathologische und Impotenz begründende Erscheinung kann die präzipitierte Ejakulation nur in den Fällen angesehen werden, in welchen dieselbe konstant (nicht lediglich vorübergehend) unmittelbar nach der Immissio penis oder noch vor derselben, selbst schon bei sexuellen Aufregungen sich einstellt.

Bei der Behandlung beider im vorstehenden unterschiedenen Formen der Impotenz können wir neben der antineurasthenischen Allgemeinbehandlung, welche bei einem erheblichen Teile der Fälle zunächst in Betracht kommt, einer gewissen Lokalbehandlung nicht entraten. Bezüglich der Notwendigkeit, resp. Ersprießlichkeit dieser beiden Heilverfahren bei Potenzstörungen sind jedoch die Ansichten geteilt. Einzelne sehr vorsichtige und erfahrene Autoren, wie Fürbringer und Eulenburg, legen das Hauptgewicht bei nervöser Impotenz auf die Allgemeinbehandlung des Nervensystems und erachten eine Lokalbehandlung zumeist für entbehrlich, wenn nicht gar für nachteilig. Es ist nach dem Schaden, welchen die schablonenmäßige Mißhandlung der Pars prost. insbesondere mit Ätzungen in zahlreichen Fällen verursacht hat, zu wohl begreiflich, daß sich bei den genannten Autoren und anderen kritischen Beobachtern ein weitgehendes Mißtrauen gegen die urethrale Therapie der Potenzstörungen entwickelt hat.

Allein man darf durch dieses berechtigte Mißtrauen weder zu einer Vernachlässigung der Lokalbehandlung überhaupt, noch zu einer Überschätzung der Wirkungen der Allgemeinbehandlung sich verleiten lassen. Neben der beschwerlichen und zum Teil gefährlichen Lokalbehandlung der Impotenz mit Ätzung und erheblicher mechanischer Insultierung der Harnröhre verfügen wir noch über eine andere, bei sachgemäßer Anwendung völlig harmlose Lokaltherapie, die Anwendung der Elektrizität und der Kühlsonde. Die Heranziehung dieser Heilfaktoren scheint mir in der großen Mehrzahl der Fälle nervöser Impotenz unentbehrlich. Wenn ich die Bedeutung der antineurasthenischen Allgemeinbehandlung in den von mir beobachteten Fällen noch so günstig taxiere, so kann ich doch nur zugeben, daß dieselbe in etwa $^1/_3$ der Fälle die Hauptrolle spielt und die Lokalbehandlung ganz entbehrlich oder von untergeordneter Bedeutung ist. Bei etwa der Hälfte der Fälle muß ich die elektrische Lokalbehandlung (und zum Teil auch die Anwendung der Kühlsonde oder des Mastdarmkühlapparates) als mindestens ebenso wichtig für die Erzielung günstiger Erfolge erachten wie die antineurasthenische Allgemeinbehandlung, und bei einem gewissen Prozentsatze der Fälle fand ich letztere sogar ganz entbehrlich.

Die Unzulänglichkeit der Allgemeinbehandlung in der Mehrzahl der Fälle mit Potenzstörungen darf uns nicht zu sehr befremden; sie erklärt sich wenigstens zum Teil aus dem Umstande, daß die Störungen im sexuellen Bereiche bei sexueller Neurasthenie in ihrer Art und Intensität in keinem bestimmten Verhältnisse zu dem allgemeinen Nervenstatus stehen. Ich habe anderen Orts erwähnt, daß wir es bei einer Gruppe von Fällen sexueller Neurasthenie lediglich oder fast lediglich mit Funktionsstörungen in der Sexualsphäre, i. e. einer Neurose der genitalen Rückenmarkszentren zu tun haben. Als besonders bemerkenswert bezüglich dieser Gruppe führte ich den Umstand an, daß die Schädigung im Bereiche der Sexualfunktionen selbst die höchsten Grade erreichen kann, ohne daß eine merkliche Beeinträchtigung anderer nervöser Verrichtungen sich zeigt. Ähnlich sind die Erfahrungen Fürbringers. „Die Impotenz", bemerkt dieser Autor, „kann das einzige Symptom der Neurasthenie sein." Allein auch in den Fällen, in welchen sich zu den Erscheinungen sexueller Schwäche Symptome neurasthenischer Affektion anderer Abschnitte des Nervensystems oder Zustände allgemeiner Neurasthenie gesellt haben, beobachten wir häufig, daß die sexuellen Störungen sich durch Konstanz und Intensität von den übrigen neurasthenischen Symptomen wesentlich unterscheiden. Es ist daher begreiflich, daß Maßnahmen, welche auf das Nervensystem allgemein roborierend wirken, sich der tieferen funktionellen Schädigung der genitalen Rückenmarkszentren gegenüber in diesen Fällen unzureichend erweisen, weil sie sich in ihren anregenden und sedierenden Wirkungen den durch den Zustand der genitalen Zentren gegebenen Erfordernissen nicht anpassen lassen. Ich kann das elektrische Agens in der einen oder anderen Form, in größerer oder geringerer Intensität, an dieser oder jener Stelle anwenden; auch der Gebrauch der Kühlsonde gestattet manche Modifikationen durch Anwendung dünnerer oder stärkerer Sonden, verschiedene Dauer der Sitzungen und Anwendung von Wasser von verschiedener Temperatur. Allein an den Wirkungen eines Seebades oder der Höhenluft können wir nichts regulieren und nichts ändern.

Was ich hier von der Unzulänglichkeit der antineurasthenischen Allgemeintherapie sagte, gilt auch für die Anstaltsbehandlung, sofern mit dieser nicht die erforderliche Lokalbehandlung verknüpft ist. Mit den Leistungen mancher (ich dürfte vielleicht sagen vieler) Anstalten auf diesem Gebiete sieht es jedoch nach meinen Wahrnehmungen sehr prekär aus, und dieser Übelstand wird sich noch verschlimmern wenn noch öfters als in den letzten Jahren Anstalten in den Besitz von Praktikern ohne spezialistische (neurologische und elektrotherapeutische) Ausbildung gelangen.

Wir werden uns im folgenden zunächst und zwar in etwas eingehender Weise mit der elektrischen Behandlung der Potenzstörungen beschäftigen, zumal über diese noch gar manche Unklarheiten bestehen. Wer in den Lehrbüchern der Elektrotherapie und den größeren Abhandlungen und Journalaufsätzen über Impotenz und deren Behandlung nachsieht, findet eine Menge verschiedenartiger elektrotherapeutischer Prozeduren empfohlen, so daß ein mit der Sache nicht Vertrauter leicht auf die Idee kommen kann, das Wirksame bei allen diesen Verfahren bilde die larvierte Suggestion. Galvanisation und Faradisation werden vorwaltend angewendet, doch hat auch der Gebrauch des kombinierten Stromes, die Galvanofaradisation und die Franklinisation Anhänger.

Die Behandlung mit dem galvanischen Strome geschieht in der Form der Durchleitung vom Kopfe zum Halssympathikus und zur Wirbelsäule nach Grier wohl nur sehr selten, zumeist in der Form der Galvanisation am Rücken oder vom Lendenmark (untere Dorsalwirbel und erster Lendenwirbel) zum Damm stabil oder labil über Glied, Damm, Samenstränge bei fixer Applikation einer Elektrode über dem Lendenmarke oder an anderer Stelle; ferner wird Durchleitung des Stromes von der Symphysengegend zum Damm oder Einführung einer Elektrode in die Pars prost. der Harnröhre, der anderen in das Rektum oder Applikation derselben an den Damm oder das Kreuzbein, auch Durchleitung des Stromes durch die Hoden angewendet. Der faradische Strom wird mit feuchter Elektrode in ähnlicher Weise gebraucht, daneben jedoch auch faradische Pinselung der Genitalgegend, des Gesäßes, der Oberschenkel (ebenso auch galvanofaradische Pinselung) [1]. Auch die Franklinisation wird in verschiedener Weise geübt, indem man Funkenströme oder sogenannte Büschelentladungen auf die Wirbelsäule, das Gesäß oder die Genitalgegend einwirken läßt usw. Unzweifelhaft liegt hier eine Überfülle von Behandlungsmethoden vor; allein, wenn man aus derselben folgern wollte, daß es ganz gleichgültig sei, welche Prozedur im Einzelfalle angewendet wird, da es doch nur auf eine psychische Beeinflussung ankommt, so wäre dies ein entschiedener Irrtum. Daß die Elektrizität, unabhängig von jedem suggestiven Elemente, auf die genitalen Rückenmarkszentren erregende Wirkungen auszuüben vermag, hierfür habe ich anderen Orts einwandfreie Beobachtungen beigebracht, auf welche ich hier verweisen muß [2].

Wenn wir die verschiedenen bei Impotenz angewandten elektrotherapeutischen Prozeduren überblicken, so lassen sich dieselben, abgesehen von dem Grierschen Verfahren, welchem nur eine Suggestivwirkung zukommen kann, in zwei Gruppen teilen: in solche, welche direkt auf den Zustand der genitalen Zentren einwirken, und solche, welche denselben reflektorisch beeinflussen. Der ersteren Gruppe gehören lediglich die Galvanisation und Faradisation am Rücken, resp. die Durchleitung des Stromes von der Lendenmarksgegend in absteigender

[1] Weinberger sah gute Erfolge bei Impotenz und Spermatorrhöe von einer Faradisation der Prostata (nach Porosz), die er in folgender Weise ausführt: Die positive Elektrode wird zunächst auf den Bauch appliziert, die negative in das Rektum eingeführt. Nach fünf Minuten wird die positive Elektrode an die Gegend des ersten und zweiten Lendenwirbels transferiert, während die negative im Rektum bleibt. Die Methode, bei deren zweiter Phase nicht lediglich die Faradisation der Prostata in Betracht kommt, verdient nach meinen Erfahrungen nur bei Potenzstörungen atonischen Charakters Verwertung.

[2] Therapeutische Monatshefte, Februar 1898.

Richtung nach dem Damme usw. an, der zweiten Gruppe alle übrigen Methoden. Wenn nun auch eine Einwirkung auf dem einen Wege ebensogut wie dem anderen möglich ist, so ist doch die Behandlungsmethode, welche wir im einzelnen Falle wählen, keineswegs gleichgültig; das Verfahren, welches im einen Falle nützt, kann im anderen unwirksam bleiben oder sogar schaden. Es liegt nahe, daß bei der irritativen Form der Impotenz die abnorme Erregbarkeit der Rückenmarkszentren, auf welcher die Störung beruht, durch die Anwendung starker Ströme am Rücken und reflektorisch von der Haut der Genitalgegend und deren Nachbarschaft aus wirkende Prozeduren eher gesteigert als herabgesetzt wird. Bei den in Frage stehenden Zuständen empfiehlt sich daher nur Galvanisation des Rückens, resp. des Lendenmarks mit schwachen Strömen (+ Pol unterster Dorsal- und oberster Lendenwirbel, — Pol Abdomen oder am Damm; Stromdichte $\frac{2\text{—}3\ \text{M.-A.},}{105 \times 5}$ bei Verringerung der Erektionsfähigkeit $\left.\frac{3\text{—}5\ \text{M.-A.}}{10 \times 5}\right)$. Besteht dabei Hyperästhesie der Pars prostatica der Harnröhre, so läßt sich gegen diese Durchleitung eines schwachen konstanten Stromes vom Damm zur Symphyse $\left(\frac{2\text{—}3\ \text{M.-A.}}{4 \times 6}\right.$ am Damme) oder intraurethrale Faradisation (Katheterelektrode in die Pars prostatica urethrae, die andere Elektrode an den Damm), auch das Porosz-Weinbergersche Verfahren (1. Teil) zur Anwendung bringen; doch erweist sich zur Beseitigung der Hyperästhesie die Kühlsonde im allgemeinen geeigneter.

Bei der atonischen oder paralytischen Form der Impotenz haben wir einen weit größeren Spielraum sowohl in der Auswahl der elektrotherapeutischen Methoden als der Bemessung der zu gebrauchenden Stromstärke; wir können hier, wenn nicht andere Symptome Gegenanzeigen bilden, und keine organische Erkrankung des Rückenmarks vorliegt, bei der zentralen Behandlung galvanische und faradische Ströme von erheblicherer Stärke und mit Voltaschen Alternativen anwenden; auch bei der direkten Behandlung der Genitalorgane (speziell bei der Durchleitung vom Damme zur Symphyse) können wir uns kräftiger galvanischer und faradischer Ströme bedienen, ferner die faradische oder galvanofaradische Pinselung der Genitalien und der benachbarten Teile mit so intensiven Strömen vornehmen, wie sie eben der Patient erträgt. Daß man die elektrische Behandlung zu einer Tortur für die Patienten gestaltet, halte ich jedoch weder für notwendig, noch für nützlich. Ob es sich darum handelt, den Torpor des Centr. genitospinale zu überwinden oder dem Kranken die Vorstellung beizubringen, daß er von der angewendeten Prozedur die Herstellung seiner Potenz zu erwarten hat, macht in dieser Beziehung keinen wesentlichen Unterschied.

Bei der erethischen Form der Impotenz leisten uns auch die Kühlsonde und der Mastdarmkühlapparat zumeist sehr gute Dienste. Der Heilwert der örtlich wirkenden hydriatischen Prozeduren (Sitzbäder, lokale Duschen) tritt gegen den der Elektrizität und der erwähnten Kühlvorrichtungen erheblich zurück, und man tut im allgemeinen gut, von denselben nicht viel zu erwarten. Die Dienste, welche uns die Hydrotherapie bei Potenzstörungen leistet, sind im wesentlichen die einer antineurasthenischen Allgemeinbehandlung.

Von manchen Seiten werden die Erfolge kohlensäurehaltiger Bäder (natürlicher wie künstlicher) bei nervöser Impotenz gerühmt. Nach meinen Erfahrungen empfiehlt sich die Anwendung derselben nur bei der atonischen Form der Impotenz, insbesondere wenn dieselbe mit höheren Graden allgemeiner Neurasthenie zusammenhängt.

Auch die Mechanotherapie ist zur Bekämpfung der nervösen Impotenz herangezogen worden. Zabludowski (Berlin) wendet folgendes Verfahren an[1]: „Man ergreift mit der Hohlhand einen Hoden, ohne diesen zu drücken, und führt mit ihm bald in der einen, bald in der anderen Richtung unter leichter Anspannung und Zerrung des Samenstranges kreisförmige Bewegungen aus, zirka 1—$1^1/_2$ Minuten, dann folgt eine intensive Durchknetung der Adduktoren des gleichseitigen Oberschenkels in Verbindung mit kräftigem Tapôtement; schließlich eine energische Klopfung und Hackung der Rückenpartie über dem Lendenmark. Danach folgt die gleiche Behandlung des anderen Hodens mit den gleichen sich anschließenden Massageprozeduren." Eine unmittelbar sexuell erregende Wirkung soll der Prozedur, speziell der Hodenbehandlung, nicht zukommen.

Das Verfahren mag zur Unterstützung anderer therapeutischer Methoden bei der atonischen Form der Impotenz herangezogen werden, bei der erethischen scheint es mir kontraindiziert.

Den verschiedenen Arzneimitteln, welche früher bei Potenzstörungen gebraucht wurden, kommt nach meiner Erfahrung, abgesehen vom Strychnin (resp. Extr. nuc. vom.) nur ein Suggestivwert zu, und ihre Wirksamkeit hat sich daher vorwaltend bei der psychischen Impotenz kundgegeben. Das Strychnin erweist sich mitunter bei der atonischen Form der neurasthenischen Impotenz nützlich. Bei etwas anämischen Individuen kann die Darreichung des Strychnin zweckmäßig in der Form des Fellowschen Sirups geschehen.

Seit einer Reihe von Jahren sind sowohl die früher als Aphrodisiaka gebrauchten Medikamente als das Strychnin durch zwei neue aus tropischen Gegenden stammende Mittel in den Hintergrund gedrängt: das Yohimbin und das Extr. Muirae Puamae. Das Yohimbinum muriaticum ist ein aus der Rinde des Yohimbehebaumes dargestelltes Alkaloid. Die Rinde dieses Baumes steht bei den Eingeborenen im Kamerun als Mittel gegen männliche Impotenz in Gebrauch. Die Wirkung des Yohimbin bei Tieren wurde von Oberwarth und Loewy geprüft. Es stellte sich dabei heraus, daß größere Dosen sehr rasch bedrohliche Erscheinungen und nach kürzerer oder längerer Zeit den Tod der Tiere durch Herzlähmung hervorriefen. Bei der Anwendung kleinerer Dosen (0,005—0,01 g der Substanz) wurde bei den Versuchstieren (Kaninchen, Katze, Hund) neben größerer Lebhaftigkeit eine rasch sich entwickelnde hyperämische Anschwellung der Hoden und des Penis (beim Hunde ausgesprochene Erektion) beobachtet. Wochenlang täglich fortgesetzte Injektion des Mittels hinterließ keine ungünstigen Wirkungen.

Die experimentell festgestellten physiologischen Wirkungen des Mittels gaben Anlaß zu ausgedehnter therapeutischer Verwertung desselben, und in der medizinischen Literatur häuften sich alsbald die Mitteilungen über die guten Dienste, welche das Alkaloid bei funktionellen Potenzstörungen leisten sollte. Man beginnt bei dem Gebrauche des Mittels gewöhnlich mit der Darreichung von 3 mal täglich 5 Milligramm in Tablettenform oder Lösung. Diese Dosis kann nach einer Woche auf das Doppelte erhöht werden[2]). Die Erwartungen, denen man sich anfänglich bezüglich des therapeutischen Wertes des Yohimbin bei Potenzmängeln hingab, haben sich im Laufe der Jahre nicht als völlig gerechtfertigt erwiesen. Es scheint, daß ein großer Teil der bei Anwendung des Mittels beobachteten günstigen Re-

[1]) Die Schilderung der Details des Zabludowskischen Verfahrens verdanke ich einer Mitteilung des Kollegen Dr. Büdingen in Konstanz, welcher dasselbe in einem der Zabludowskischen Massagekurse kennen lernte.

[2]) Von Eulenburg wurde bei erfolglosem innerlichen Gebrauche des Mittels dessen subkutane Anwendung empfohlen.

sultate, über welche von einer Reihe von Ärzten berichtet wurde, auf suggestiven Einflüssen beruhte. Einzelne Autoren, deren Ansicht in dieser Frage von besonderer Bedeutung ist (so Fürbringer und Moll), glauben, dem Mittel jede somatische Wirksamkeit bei Impotenz absprechen zu müssen. Ich selbst habe in einzelnen Fällen von neurasthenischen Potenzmängeln zwar deutliche aber immer nur vorübergehende Besserung der Erektionsfähigkeit konstatieren können. Von einzelnen meiner Patienten wurde erwähnt, daß sie beim Gebrauche des Mittels Röte und Hitzegefühl am Kopfe empfanden. In der großen Mehrzahl der Fälle dieser Kategorie erwies sich das Mittel jedoch völlig wirkungslos, und es ist in dieser Hinsicht bezeichnend, daß die meisten der Patienten, die sich in den letzten Jahren wegen Potenzstörung an mich wandten, vorher bereits Yohimbin kürzere oder längere Zeit gebraucht hatten, ohne die nach der Reklame so sichere Hilfe zu finden. Man ist deshalb von der isolierten Anwendung des Mittels mehr und mehr abgekommen und verwendet es fast nur mehr in Verbindung mit anderen Mitteln, welchen ebenfalls aphroditische oder wenigstens nerventonisierende Eigenschaften zugeschrieben werden.

Mit dem Extr. Muirae Puamae verhält es sich ähnlich. Dasselbe wird aus dem Lignum Muirae Puamae dargestellt, welches in Brasilien als Aphrodisiakum in Gebrauch steht und außer Harzen, welche auf die Schleimhäute der Harnwege eine reizende Wirkung ausüben, auch Bestandteile enthalten soll, welche die genitalen Rückenmarkszentren direkt erregend beeinflussen. Unter der Bezeichnung Muriazithin wurde eine Verbindung des Verdampfungsrückstandes des flüssigen Extraktes mit Ovolezithin in Pillenform in den Handel gebracht. Die Reklame rühmte die therapeutischen Leistungen dieses Mittels bei sexueller Neurasthenie und speziell den neurasthenischen Potenzstörungen, und es mangelte auch nicht an ärztlichen Stimmen, welche in Zeitschriften sich im gleichen Sinne äußerten. Ich selbst habe jedoch ebensowenig wie Moll von dem isolierten Gebrauche des Muriazithin bei den genannten Leiden irgendwelche deutliche Erfolge zu konstatieren vermocht. Die Unsicherheit, welche bezüglich der therapeutischen Wirkungen des Extractum Muirae besteht, hat wohl in erster Linie dazu geführt, daß das Präparat vorwaltend in Verbindung mit anderen Mitteln gebraucht wird. Recht deutlich erhellt diese Sachlage aus dem Umstande, daß die pharmazeutische Industrie als Aphrodisiaka, resp. Mittel gegen sexuelle Neurasthenie, unter verschiedenen verlockenden Bezeichnungen eine Reihe von Kompositionen auf den Markt gebracht hat, welche Yohimbin oder Extr. Muirae oder beide Mittel neben Phosphor, Strychnin usw. enthalten. Hierher gehören u. a.: „Rhome" (Yohimbin, Strychnin und Phosphor), „Potentol" (Yohimbin, Extr. Muirae, Ginseng, glyzerinphosphorsaurer Kalk usw.), „Damiasin" (Yohimbin, Extr. Muirae, Extr. Damianae spiss.), „Virisanol" (Extr. Muirae und Lezithin). Kantorowicz empfiehlt ein alkoholisches Extrakt der Rinde des Yohimbinbaumes, des Lignum Muirae Puamae und der Kolanuß, eine Komposition, die als „Libidol" in den Handel kam. Kafemann verwendet eine Kombination folgender Mittel, welche sich in Form von Pillen oder Stuhlzäpfchen gebrauchen läßt: 1. Ambra, 2. Mentholmenthylester, 3. Yohimbin, 4. Extr. Muirae Puamae, 5. Calcium glycerophosphoricum. Die Pfefferminz besitzt nach dem Autor eine retardierende, die in übermäßiger Reflexbereitschaft befindlichen Zentren beruhigende Wirkung, was den Zusatz von Nr. 2 veranlaßte. Ich selbst habe eine ähnliche Kombination vielfach verwendet, wobei ich jedoch auf das Ambra wegen seines zweifelhaften therapeutischen Wertes verzichtete und in den Fällen, in welchen keine Neigung zu präzipitierter Ejakulation bestand, das Mentholmenthylester durch Strychnin ersetzte. Man darf von allen diesen Kombinationen nicht zu viel erwarten. Nach meinen Erfahrungen erreicht man mit keiner derselben bei erheblichen Potenzstörungen völlig befriedigende Resultate; sie können jedoch, von dem Virisanol abgesehen, mit Vorteil zur Unterstützung oder Ergänzung anderer Kurmittel (der physikalischen und psychischen Heilfaktoren) bei gewissen Formen sexueller Schwäche herangezogen werden. Als solche können nur die Fälle in Betracht kommen, in welchen bei mehr oder weniger gesunkener Erektionsfähigkeit keine ausgesprochene Neigung zu präzipitierter Ejakulation besteht oder diese nur in geringem Grade vorhanden ist. Steht die präzipitierte Ejakulation im Vordergrunde, dann können die erwähnten Kombinationen statt zu nützen sogar ungünstig wirken. In den Fällen dieser Art sind von Medikamenten die bei übermäßigen Pollutionen gebrauchten am Platze (in erster Linie der Liquor sedans). Bestreichen der Glans mit Propaesinsalbe nach Kafemann erweist sich ebenfalls mitunter nützlich.

Eine Neuerung von großer Bedeutung auf dem Gebiete der Behandlung der hier in Betracht kommenden sexuellen Störungen haben wir Bloch zu verdanken. Er kam auf die Idee, das Yohimbin mit seiner raschen aber vorübergehenden Wirkung mit dem langsamer wirkenden Stierhodenextrakt zu verbinden, um nachhaltigere Erfolge zu erzielen. Er glaubt, daß es sich bei der sexuellen Insuffizienz zumeist um Störungen der endokrinen Funktionen handelt, welche durch seine Mittel in besonderem Maße angeregt werden. Das Mittel für den Gebrauch bei Männern wird als Testogan bezeichnet, das für den Gebrauch bei Frauen, welches durch Verbindung eines Extraktes von Kuheierstöcken mit Yohimbin gebildet wird, Telygan. Das Testogan wird in 3 Formen dargestellt: einer flüssigen (in Ampullen), in Pillen und in Stuhlzäpfchenform. Man gebraucht in einigermaßen schweren Fällen zweimal je 40 Pillen mit einem Intervall von 14 Tagen, eventuell auch noch eine 3. Serie von Pillen nach weiteren 14 Tagen. Injektionen werden je 10, täglich eine Ampulle, vorgenommen, dann nach einer Pause von 14 Tagen die Prozedur wiederholt, was noch öfters geschehen kann. Ähnlich wird bei der Anwendung von Telygan vorgegangen. Als Indikation für die Anwendung der beiden Mittel sind nach dem Autor alle Formen sexueller Insuffizienz zu betrachten, daneben aber auch Krankheitszustände, bei welchen Potenzstörungen nicht im Vordergrund stehen, so z. B. beim Klimakterium beider Geschlechter.

Ich habe ebenfalls das Mittel (Testogan) in einer Reihe von Fällen in Anwendung gebracht und zwar zumeist mit günstigem Erfolge. Es ist aber nötig, daß man, um dauernde Resultate zu erzielen, neben dem Mittel noch alles, was zur Kräftigung der Nerven dienen mag (Hydrotherapie, Elektrizität usw.), in Anwendung zieht.

Die Erfahrungen über den Einfluß der inneren Sekretion veranlaßten Berg (Würzburg) Präparate herstellen zu lassen, an deren Zusammensetzung folgende Drüsen beteiligt sind: Testes, Prostata, Vesic. semin., Glandul. thyreoid, Hypophysis, Pankreas. Das Mittel kommt in Ampullen à 1 ccm, Suppositorien und Tabletten in den Handel. Das Indikationsgebiet desselben sind alle Arten sexueller Insuffizienz, daneben aber auch andere Leiden, bei welchen Störungen der endokrinen Funktionen von Einfluß sind, so die klimakterischen Beschwerden, periodische Migräne usw. Ich habe von dem Mittel in vereinzelten Fällen ebenfalls Gebrauch gemacht, z. T. mit günstigem Erfolge. Es ist längere Anwendung des Präparats in der einen oder anderen Form erforderlich und wie bei dem Blochschen Testogan zur Unterstützung die Verwendung der verschiedenen nervenstärkenden Mittel (Hydrotherapie, Massage usw.) nötig. Durch Einsetzung von Plazenta und Ovarium an Stelle von Testes, Ves. semin. und Prostata wird das

Mittel zur Anwendung bei Frauen hergestellt. Die Bezeichnungen sind Hormon masc. und Hormon femin. Fabrik: Natterer, München.

Von den verschiedenen Hodenextraktpräparaten, die zur Zeit im Gebrauche sind, sei hier nur noch das Testiglandol der Chemischen Werke Grenzach erwähnt. 1 ccm = 1 Tablette = 4 g frischer Drüse. Das Mittel wird in flüssiger Form, wie in Tabletten verwendet. 1—2 Ampullen täglich intragluteal injiziert, 1—2 Tabletten 3 mal täglich. Die Indikationen sind dieselben wie die des Testogan usw.

Wir haben hier auch ein in das Gebiet der Chirurgie einschlägiges Verfahren zu erwähnen, dessen Anwendung in den letzten Dezennien bei funktionellen Leiden des Harn- und Geschlechtsapparates von verschiedenen Seiten empfohlen wurde. Es ist dies die Cathelinsche Methode der Epiduralinjektion, bei welcher ein gewisses Quantum von Flüssigkeit durch Punktion des Sakralkanals in den Raum zwischen Periost der Wirbelsäule und der Dura mater eingespritzt wird. Cathelin verwandte physiologische Kochsalzlösung und erzielte hiermit bei Impotenz Erfolge. Strauß, welcher das Verfahren auf Grund einiger weniger Beobachtungen bei Poll. nimiae, Spermatorrhöe und Impotenz zu empfehlen nicht Anstand nahm, gebrauchte neben physiologischer Kochsalzlösung zum Teil eine Lösung, welche außer Kochsalz Kokain enthielt. Auch Hirsch, der die Injektionen namentlich bei Enuresis nocturna und reizbarer Blase gebrauchte und bei diesen Affektionen bemerkenswerte Erfolge erzielte, verwandte eine Kochsalzlösung mit Kokainzusatz. Götzel hingegen hatte mit dem Cathelinschen Verfahren bei Enuresis fast nur Mißerfolge, während Remete hiermit angeblich Heilungen erzielte und auch in einigen Fällen von Impotenz günstige Erfolge beobachtete. Lißmann hat das Cathelinsche Verfahren bei der Behandlung der Impotenz in der Weise modifiziert, daß er die verwandte Kochsalzlösung mit einem Yohimbinzusatz versah. Nach den bisher vorliegenden Mitteilungen scheint diese Modifikation die Wirksamkeit des Cathelinschen Verfahrens bei Impotenz nicht unerheblich zu steigern. Es muß hier jedoch betont werden — was der Autor selbst hervorhebt —, daß das Verfahren sich nur für jene Fälle eignet, in welchen die Impotenz durch Erschöpfung des Erektionszentrums allein bedingt ist und daß es auch bei diesen zum Teil versagt. In den erheblich häufigeren Fällen von Impotenz mit präzipitierter Ejakulation sowie bei Poll. nim. führen die fraglichen Injektionen nur zu einer Verschlechterung.

Neben den verschiedenen Arten somatischer Behandlung findet auch die Psychotherapie bei den uns hier beschäftigenden krankhaften Zuständen des geschlechtlichen Vermögens ein sehr lohnendes Feld.

Wir haben im vorstehenden zwei Formen neurasthenischer Potenzstörungen unterschieden: eine erethische und eine atonische, resp. paralytische Form. Beide können lediglich durch einen neurasthenischen Zustand der in Betracht kommenden spinalen Zentren herbeigeführt, aber auch durch psychische Momente mitbedingt oder allein verursacht sein. In letzterem Falle haben wir es mit psychisch-nervöser oder rein psychischer Impotenz zu tun. Im Einzelfalle ist es nicht immer leicht, sofort festzustellen, ob und in welchem Grade psychische Momente an der vorliegenden Potenzstörung beteiligt sind. Die Patienten sind sich hierüber oft keineswegs klar und sind selbst in Fällen rein psychischer Impotenz häufig geneigt, als Ursache ein nervöses und selbst organisches Leiden anzunehmen. In Fällen, in welchen es infolge erhöhter Erregbarkeit der Ejakulationszentren oder einer außergewöhnlichen sexuellen Erregung einmal bei einem Koitusversuche zu präzipitierter Ejakulation kam, mag sich bei dem nächsten Versuche leicht Angst vor einer Wiederholung des Vorganges einstellen, welche denselben auch tatsächlich herbeiführt. Dies kann sich Jahre hindurch fortsetzen, auch wenn die Kohabitationsversuche nur in größeren Zwischenräumen unternommen werden und andere Zeichen einer übermäßigen Erregbarkeit der Ejakulationszentren nicht bestehen. Ein erheblicher Teil der Fälle präzipitierter Ejakulation findet in dieser Weise seine Erklärung. Die Angst vor dem sexuellen Fiasko nimmt den Charakter einer Phobie an, die sich geltend macht, sobald der Patient sich sexuell betätigen will.

In der Mehrzahl der Fälle, in welchen die Potenz durch psychische Momente herabgesetzt oder aufgehoben wird, wirken diese ausschließlich oder wenigstens in erster Linie auf das Erektionszentrum. Zumeist sind es Befürchtungen sexuellen Unvermögens, welche den Eintritt der Erektion erschweren oder auch ganz verhindern und dadurch die Ausführung des Beischlafs dauernd oder wenigstens zeitweilig unmöglich machen. Es ist begreiflich, daß derartige Befürchtungen sich besonders leicht bei Individuen einstellen, bei welchen sich schon Anzeichen einer gewissen sexuellen Schwäche gel end gemacht haben und welche deshalb in dem Vertrauen zu ihrer Potenz schwankend geworden sind. Der neurasthenisch bedingte, mitunter nicht sehr erhebliche Potenzmangel kann hier durch die Vorstellung sexuellen Unvermögens zur vollen Impotenz gesteigert werden. Häufig nehmen die in Frage stehenden Befürchtungen früher oder später den Charakter von Zwangsvorstellungen an, die sich bei jedem Kohabitationsversuche einstellen und so zu einem konstanten Hindernisse für den sexuellen Verkehr werden. Die gleiche Wirkung können aber auch Befürchtungen nach sich ziehen, welche den Gegenstand des sexuellen Verlangens betreffen (Furcht vor einer Profanierung der Person durch den sexuellen Akt, vor einer Verletzung oder Schwängerung derselben). Die die Erektion hemmenden Vorstellungen sind dem Individuum nicht immer deutlich bewußt; sie äußern mitunter ihren Einfluß lediglich vom Unterbewußtsein aus, dies aber mit derselben Regelmäßigkeit bei jedem Koitusversuche, wie irgendwelche bewußte Vorstellungen von Zwangscharakter. Daß die angeführten psychischen Momente aber auch bei völlig intakter Potenz die Fähigkeit zum geschlechtlichen Verkehr aufheben können, erhellt besonders deutlich aus jenen Fällen, in welchen ein Mann mit einer weiblichen Person in ganz normaler Weise verkehren kann, dagegen einer anderen gegenüber sich völlig impotent erweist [1]). Besonders bemerkenswert ist der Umstand, daß nach meinen Erfahrungen häufig die Potenz einer Person gegenüber, mit welcher der Betreffende sehr gerne verkehren möchte (Gattin, Geliebte) völlig versagt, während die Kohabitation mit einer gleichgültigen Person (einer Prostituierten z. B.) regelmäßig ohne Anstand gelingt.

Die psychische Behandlung bildet bei nervöser Impotenz ein sehr wertvolles Unterstützungsmittel der somatischen Therapie und sollte nie vernachlässigt werden. Bei den psychisch-nervösen Potenzstörungen spielt sie begreiflicherweise eine besonders wichtige Rolle. Vor allem ist es Aufgabe des Arztes, dem Patienten wieder Vertrauen zu seiner Manneskraft zu verschaffen, wo diese geschwunden ist, die Hoffnung auf deren Wiederherstellung kräftig zu beleben und die hypochondrischen Befürchtungen durch Darlegung des wirklichen Sachverhaltes und beruhigenden Zuspruch zu beseitigen; hiermit allein kann schon sehr viel erreicht werden. Ferner ist darauf Bedacht zu nehmen, daß der Patient sich in seinen Gedanken nicht allzusehr mit seiner sexuellen Leistungsfähigkeit beschäftigt. Von den angeführten somatischen Heilmitteln besitzt die Elektrizität neben ihrer physikalischen auch eine erhebliche suggestive Wirksamkeit; wo diese sich nicht als ausreichend erweist und auch der Gebrauch anderer Mittel versagt, kann man zur hypnotischen Suggestion seine Zuflucht nehmen; dieselbe kann sowohl bei der erethischen als bei der atonischen Form der Impotenz mit Nutzen Anwendung finden. Man darf jedoch nicht glauben, daß die psychischen Hemmnisse der Erektion, wenn es sich um seit längerer Zeit mit automatischer Regelmäßigkeit sich einstellende Vorgänge handelt, durch die hypnotische Behandlung

[1]) Die Individuen mit fetischistischen Neigungen kommen hier natürlich nicht in Betracht.

sehr rasch und leicht zu beseitigen sind, vielmehr ist zumeist geduldiges, längere Zeit hindurch fortgesetztes Bemühen erforderlich, wenn dauernder Erfolg erzielt werden soll [1]).

Die Dauer des Kurverfahrens ist überhaupt ein sehr wichtiger, in seiner Bedeutung noch vielfach nicht genügend gewürdigter Umstand. Bei allen einigermaßen eingewurzelten Potenzstörungen muß sich die Behandlung meist über eine Reihe von Monaten erstrecken; sie erheischt also große Geduld und Ausdauer seitens des Arztes wie des Patienten. Hierin liegt eine große und häufig unüberwindliche Schwierigkeit für nicht am Domizile des Arztes wohnende Patienten. Eine kontinuierliche Fortsetzung der Behandlung während der angegebenen Zeit ist jedoch nicht immer notwendig, man kann mitunter nach einer 6 Wochen langen bis zweimonatlichen Kur, durch welche bereits ein gewisser Erfolg erreicht wurde, eine Pause von 1—2 Monaten eintreten lassen, welche man lediglich mit hygienischen Maßnahmen ausfüllt. In manchen Fällen habe ich auch entschiedenen Nutzen von der Wiederholung einer mehrmonatlichen Behandlung in aufeinanderfolgenden Jahren gesehen.

Über den Einfluß geschlechtlichen Verkehrs bei sexueller Neurasthenie haben wir uns bereits an früherer Stelle geäußert. Es sei hier nur noch auf folgendes hingewiesen. In Fällen psychisch-nervöser Impotenz dürfen Kohabitationsversuche erst gestattet werden, wenn die Wahrscheinlichkeit besteht, daß nicht nur eine Besserung der nervösen Störungen eingetreten ist, sondern auch die hemmenden psychischen Momente sich nicht mehr geltend machen. Ergibt der Versuch, daß letztere immer noch nicht überwunden sind, so tut man gut, um den Patienten nicht zu entmutigen, der Sache kein Gewicht beizulegen, trotzdem aber den nächsten Versuch erst nach einiger Zeit zu erlauben.

---

[1]) Die Behandlung der rein psychischen Impotenz, welche nicht dem Gebiete der sexuellen Neurasthenie angehört, stimmt im wesentlichen mit der der psychisch-nervösen Impotenz überein, nur daß bei derselben gelegentlich auch vom psychoanalytischen Verfahren Gebrauch gemacht werden kann. Die Bedeutung dieser therapeutischen Methode wird von manchen Seiten entschieden überschätzt, und zwar auf Grund der Annahme, daß unbewußte, aus dem infantilen Leben stammende Komplexe, speziell sogenannte Inzestkomplexe eine sehr häufige Ursache der psychischen Impotenz bilden. So hat Steiner sogar die Ansicht geäußert, daß psychische, aus dem infantilen Leben stammende Hemmnisse die weitaus häufigste Ursache der psychischen Impotenz bilden — eine Annahme, welche schon dadurch widerlegt wird, daß in der großen Mehrzahl der Fälle die psychische Impotenz erst eintritt, nachdem längere oder kürzere Zeit dem Individuum sexueller Verkehr möglich war.

Literatur.

Die Literatur, welche sich mit den in diesem Werke behandelten Thematen des sexuellen Gebietes beschäftigt, ist im letzten Dezennium ins Unübersehbare angeschwollen. Ganz besonders gilt dies für die sexuelle Abstinenz und die Perversionen. Schon aus räumlichen Gründen mußten daher die hier folgenden Literaturangaben in der Weise beschränkt werden, daß neben den in den früheren Auflagen angeführten Publikationen nur die wichtigeren unter den neueren Berücksichtigung fanden. Die Werke, welche ausführliche Literaturangaben enthalten, sind durch ein Kreuz gekennzeichnet.

Acton, On the reproductive organs. 6th ed. London.

Adler, Die frigide Frau. Sex. Probl. 1912. S. 5.

— Die mangelhafte Geschlechtsempfindung des Weibes. 2. Aufl. Berlin 1911.

†Anton, G., Über Geistes- und Nervenkrankheiten in der Schwangerschaft, im Wochenbett und in der Säugungszeit. Wiesbaden, J. F. Bergmann, 1910.

Arndt, Lehrbuch der Psychiatrie.

Barruco, N., Die sexuelle Neurasthenie und ihre Beziehung zu den Krankheiten der Geschlechtsorgane; nach der 3. Aufl. deutsch von Wichmann. Berlin 1899.

Bauchwitz, Veränderung des Nervensystems in der Gravidität. Inauguraldiss. München 1903.

Beard, Die sexuelle Neurasthenie. Deutsche Ausgabe. Wien 1885.

Bechterew, W. von, Die suggestive Behandlung des konträren Geschlechtstriebes und der Masturbation. Zentralblatt für Nervenheilkunde und Psychiatrie, Februar 1899.

Benedict, Neurosen des Harn- und Sexualapparates. Internat. klin. Rundschau 1890.

— Klinische Zeit- und Streitfragen. Bd. VI. Heft 3 „Über Neuralgien und neuralgische Affektionen".

Berg, Über die Beziehungen der inneren Sekretion zur Urogenitalsphäre und ihre therapeutische Verwertung. Würzburg 1915.

Berger (Berlin), Therapeutische Erfahrungen über das Yohimbin (Spiegel). Deutsche med. Wochenschr. 1901. Nr. 17.

Berger, O., Archiv für Psychiatrie. Bd. VI, 1876.

Bergeret, Des fraudes dans l'accomplissement des fonctions génératrices. Paris 1881. 13. éd.

Bernhardt, Zur Lehre von der Innervation der Blase, des Mastdarmes und der Geschlechtsfunktion. Berl. klin. Wochenschr. 1888, Nr. 32.

— Über pollutionsartige Vorgänge beim Weibe ohne sexuelle Vorstellungen und Lustgefühle. Berlin SW 11. 1903.

Blau, A., Die nasalen Reflexneurosen und ihre Behandlung. Schmidts Jahrbuch der in- und ausländischen Medizin 321. 1915. S. 205—217.

Bloch, Iwan, Beiträge zur Ätiologie der Psychopathia sexualis. Erster Teil. Dresden. H. R. Dohrn, 1902.

— Das Sexualleben unserer Zeit. Berlin 1907.

Börner, Praktisches Werk von der Onanie. Leipzig 1780.

Börner, E., Die Wechseljahre der Frau. Stuttgart, F. Enke 1886.

Bondi, Der Einfluß des Geschlechtsverkehrs auf den Eierstock. Zentralbl. f. Gyn. 1919. Nr. 14

Bossi, L. M., Malthusianismo e Neomalthusianismo. Firenze. Nov. 1910.

— Die gynäkologische Prophylaxe bei Wahnsinn. Berlin 1912.

— Psychiatrie und Gynäkologie. Münch. med. Wochenschr. Nr. 3. 1913.

— Wiener med. Wochenschr. 1912. Nr. 47.

Bourneville et Sollier. Des anomalies des organ géortaux chez les diots et les équileptiques. Progrès médial 1887.

Brunnberg, Menstruationsstörungen und ihre Behandlung mittels hypnotischer Suggestion. Aus dem Schwed. v. R. Tatzel (Berlin 1893).

Burr, The Insanity of Masturbation. Ref. in Erlenmeyers Zentralbl. 1882. S. 567.

Buxbaum, Zur Therapie sexueller Funktionsstörungen beim Manne. Blätter für klinische Hydrotherapie 1903. Nr. 6.

Cannstatt, Handbuch der med. Klinik. 3. Bd. 1. Abt. 1843.

Charcot, Leçons sur les maladies du système nerveux. 2. T. Paris 1887 und Leçons du Mardi 1887—88, 1888—89.

— Vorrede zu Janets Werk „État mental des Hystériques".

Church, Nervous and mental disturbances of the male climacteric. Journ. of the Amer. med. Assoc. 55, 301. 1910.

Cohn, H., Augenkrankheiten bei Masturbanten. Arch. f. Augenheilk. von Knapp und Schweizer. 11. Bd. 1882.

Cooper, Arthur, The sexual Disabilities of man and their Treatement. New-York 1910.

Curschmann, Die funktionellen Störungen der männlichen Genitalien. v. Ziemssens Handbuch der spez. Path. u. Therap. IX. 2. (1878).

Czempin, Pathologie und Therapie des Klimakteriums. Zeitschr. f. ärztl. Fortbildung 1908. H. 24.

Dercum, On the relation of the great neuroses to pelvic disease. The american gynaecological and obstetrical Journal, August 1898.

Desprès, A., Sur les consequences du coït chez les vieillards et chez les urinaires. Revue de therap, méd. chir. 1879. p. 310.

Dörnberger, Die Pubertätszeit. Deutsche Praxis 1905.

Donner, H., Über unfreiwillige Samenverluste. Stuttgart.

Eckhard, Verlauf der Nervi erigentes etc. Beiträge zur Anatomie und Physiologie. Bd. VII.

Effertz, O., Über Neurasthenia sexualis. Physiologie der sexuellen Gemeingefühle. New-York 1894.

Eisenhart, Die Wechselbeziehungen zwischen internen und gynäkologischen Erkrankungen. Stuttgart 1895.

Ellinger, Allgem. Zeitschrift für Psychiatrie. II. Bd.

Ellis, Havelock, Die krankhaften Geschlechtsempfindungen auf dissoziativer Grundlage. Deutsch von Jentsch. 1907.

— Das Geschlechtsgefühl. Eine biologische Studie. Autorisierte deutsche Ausgabe, besorgt von Dr. H. Kurella. Würzburg 1903.

— Das konträre Geschlechtsgefühl. Leipzig 1896.

— Geschlecht und Gesellschaft. Grundzüge der Soziologie des Geschlechtslebens. Deutsch von Kurella. 1910—11.

— Rassenhygiene und Volksgesundheit. Deutsche Originalausgabe. Würzburg 1912.

Engelhardt, Nervöse Symptomenkomplexe bei anatomischen Veränderungen in den Sexualorganen. Stuttgart 1886.

Erb, Handbuch der Rückenmarkskrankheiten. 2. Aufl. 1878. (v. Ziemssens Handbuch der spez. Path. u. Therap. II. Bd.)

— Zur Ätiologie der Tabes. Berl. klin. Wochenschr. 1891. Nr. 29 u. 30.

— Bemerkungen über die Folgen der sexuellen Abstinenz. Zeitschr. f. Bekämpfung d. Geschlechtskrankh. Bd. 2. Heft 1. 1903.

Eulenburg, A., Sexuelle Neuropathie, genitale Neurosen und Neuropsychosen der Männer und Frauen. Leipzig 1895.

— Sadismus und Masochismus, 2. Aufl. Wiesbaden. J. F. Bergmann 1911.

— Referat über sex. Abstinenz, Verhandlungen der VIII. Jahresversammlung der D. G. B. G. zu Dresden.

— Über sexuelle Perversionen. Zeitschr. f. Sexualw. 1. Bd. S. 305.

Fellner, Der Einfluß der Kastration und der Hysterektomie auf das spätere Befinden der operierten Frauen. Münch. med. Wochenschr. 1909. Nr. 14. S. 720.

Fellners, Über das Wesen und die Behandlung der weiblichen Impotenz. Klin.-therap. Wochenschrift 1908. Nr. 5.

Ferdy, Hans, Die Mittel zur Verhütung der Konzeption.

— Die Stellungnahme des Arztes gegenüber dem Verlangen nach Konzeptionsverhütung im Volke. Leipzig 1907.

Féré, Contribution à la pathologie des rapports sexuels. Paralysies post-paroxystiques. Rev. de Méd. Nr. 8. 1897.

Féré, Les Épilepsies et les Épileptiques. Paris 1890. S. 398.
Ferrier, S., Die Funktionen des Gehirns. Deutsch von Obersteiner 1879.
Feuchtwanger, Monatsschr. f. Geburtsh. u. Gynäk. Bd. X.
Finger, E., Die Störungen der Geschlechtsfunktionen des Mannes. Handbuch der Urologie, herausgegeben von Frisch u. Zuckerkandl, Wien 1906. Bd. III.
Finkelstein, L. O., On sensory disorders in diseases and on changes of the field of vision in menstruation. Dissertation, Petersburg 1887. Ophthalmic.
Fischer, Schwangerschaft und Diebstahl. Allg. Zeitschr. f. Psych. LXI. 3.
Flatau, Georg, Sexuelle Neurasthenie. Berlin 1912.
Fleischmann, Über die Onanie und Masturbation bei Säuglingen. Wiener med. Presse. XIX. 15. 2. 1898.
Fließ, Über den ursächlichen Zusammenhang von Nase und Geschlechtsorganen. Halle 1919.
— Innere Sekretion. Sexualität und Symmetrie. Zeitschr. f. Sexualw. 5. Bd. S. 129.
Forel, Zur Heilung der Hysterie durch Kastration. Korrespondenzbl. für Schweizer Ärzte 1886.
— Die sexuelle Frage. München 1905.
Frank, M., Zusammenhang von Genitalaffektionen der Frauen und Magenbeschwerden. Arch. f. Gyn. 45. Bd. 1. Heft. 1893.
— Sexuelle Anomalien, ihre psychologische Wertung und deren forensische Konsequenzen. Berlin 1914. J. Springer. S. 76.
Franke, Untersuchungen über das Verhalten des vegetativen Nervensystems während der Menstruation nebst Bemerkungen über den Zusammenhang zwischen der „inneren Sekretion" und Menstruation. Zeitschr. f. klin. Med. 84. 1917. Heft 1/2.
Franqué, Otto von, Innere Sekretion des Eierstockes. Biolog. Zentralbl. 1919. 39. Bd. Nr. 5.
Freud, Sammlung kleiner Schriften zur Neurosenlehre aus den Jahren 1893—1906. Leipzig u. Wien 1906. II. Folge 1909. III. Folge 1913.
— Studien über Hysterie. Leipzig u. Wien 1895.
— 3 Abhandlungen zur Sexualtheorie. Leipzig u. Wien. IV. Aufl. 1920.
Freudenberg, Zur Symptomatologie und Therapie der Retroflexio uteri. Deutsche med. Wochenschr. 1897.
— Steinachs Verjüngungsversuche. Münch. med. Wochenschr. 1920. S. 45.
Freund, Über das Eklampsiegift. Münch. med. Wochenschr. 1907. S. 240.
Friedjung, Die Häufigkeit und Bedingtheit der Pollutionen beim gesunden Manne. Münch. med. Wochenschr. 1908. S. 2071.
Friedländer, Die Renaissance des Eros Uranios (Schmargendorf-Berlin 1904). Verlag „Renaissance" (Otto Lahmann).
Friedmann, M., Über die primordiale menstruelle Psychose. Münch. med. Wochenschr. 1894. Nr. 1 u. 2.
Fuchs, A., Therapie der Anomalien der Vita sexualis bei Männern, mit spezieller Berücksichtigung der Suggestivbehandlung. Stuttgart 1899.
Fürbringer, Die inneren Krankheiten der Harn- und Geschlechtsorgane. 2. Aufl. 1890.
— Artikel „Onanie" in der Realenzykl. der med. Wissensch. Bd. 14. 1888.
†— Die Störungen der Geschlechtsfunktionen des Mannes. Wien 1895. (Nothnagels spezielle Pathologie und Therapie XIX. Bd. 3. T., mit sehr ausführlichem Literaturverzeichnisse.)
— Zur diätetischen und physikalischen Behandlung der Impotenz. Zeitschrift für diätet. u. physikal. Therapie. Bd. I. Heft I. 1898.
— Sexuelle Hygiene in der Ehe. Sonderdruck aus „Krankheiten und Ehe".
— Über Neuralgien im Bereiche der männlichen Genitalien. Zeitschr. f. ärztl. Fortbildung. XVIII. Jahrg. 1921. Nr. 4.
— Zur Frage der Sexualperiodizität beim weiblichen Geschlechte. Monatsschr. f. Geburtsh. u. Gyn. Bd. 47. Heft 1. 1918.
Garnier, Anomalies sexuelles. Paris 1898.
Gattel, F., Über die sexuellen Ursachen der Neurasthenie und Angstneurose. Berlin 1898.
Gebhard, K., Die Menstruation. Handb. d. Gyn. 3. Bd. 1. Abt. Wiesbaden, J. F. Bergmann.
Gettkant, R., Über Chorea gravidarum. Inaug.-Dissert. Berlin 1905.
Glaeveke, Körperliche und geistige Veränderungen im weiblichen Körper nach künstlichem Verluste der Ovarien einerseits und des Uterus andererseits. Leipzig 1889.
Goltz, Pflügers Archiv. Bd. VIII. Heft 8 u. 9. (Funktionen des Lendenmarks des Hundes.)
Gowers, London Lancet. Febr. 16. 1889.
— Manual of Diseases of the Nervous System. Vol. I. 1886.
Gyurkovechky, Pathologie und Therapie der männlichen Impotenz. 1889.

Hagen, Statistische Untersuchungen über Geisteskrankheiten. Erlangen 1876.
Halban, J., Die innere Sekretion von Ovarium und Plazenta und ihre Bedeutung für die Milchdrüse. Arch. f. Gyn. 1905. 75. Bd. 2. Heft.
Hammer, Algolagnie. Monatsschrift für Harnkrankheiten. 1. Jahrgang. S. 131.
— Geschlechtliche Enthaltsamkeit und Gesundheitsstörungen. Monatsschr. f. Harnkrankh. u. sex. Hyg. 1904. Heft 5. S. 214.
— Gesundheitsschädliche Enthaltsamkeit. Monatsschr. f. Harnkrankh. etc. 1905. Heft 5.
Hammond, Die sexuelle Impotenz beim männlichen und weiblichen Geschlechte. Deutsch von Sallinger. 1889.
Hasse, C., Über fakultative Sterilität. 1882.
Hegar, Der Geschlechtstrieb. Eine sozial-medizinische Studie. Stuttgart 1894.
— Der Zusammenhang der Geschlechtskrankheiten mit nervösen Leiden und die Kastration bei Neurosen. Stuttgart 1885.
— Die Kastration der Frauen. (Sammlung klin. Vorträge. III. Gyn.)
— Zur Kastration bei Hysterie. Berl. klin. Wochenschr. 1880. Nr. 26. S. 365.
— Beitrag zur Frage der Sterilisation aus rassehygienischen Gründen. Münch. med. Wochenschrift 1913. S. 243.
Henning, C., Die Beweise für den Wechselverkehr zwischen Herz und Gebärmutter. Zeitschr. f. Geburtsh. u. Gyn. 1894. 29. Bd.
Herz, Die sexuelle psychogene Herzneurose. Wien 1909.
Hyppokrates περὶ νευρῶν β μϑ.? zitiert bei Leyden, Klinik der Rückenmarkskrankheiten, 2. Bd. S. 24.
Hirsch (Wien), Über epidurale Injektionen (Gyogràszet 1905, Nr. 45). Ref. im Zentralbl. f. Nervenkrankh. u. Psych. 1907. S. 558.
Hirschfeld, Kastratenstudien. Sex.-Probleme 1909. S. 382.
— Ein Beitrag zur Frage der Homosexualität. Monatsh. f. krim. Psych. u. Strafrechtsreform 1908. V. 8./9.
— Die Homosexualität des Mannes u. des Weibes. 1913.
— Sexualpathologie. 3 Teile 1917—1920. Verl. v. Marcus & Weber, Bonn.
Hirschsprung, Erfahrungen über Onanie bei kleinen Kindern. Berl. klin. Wochenschr. Nr. 38. 1886.
Hoesslin, v., Müllers Handbuch der Neurasthenie. 1893.
— Münch. med. Wochenschr. 1904. Nr. 10.
— Arch. f. Psychiatrie. Bd. 38. Heft 3. 1904.
— Münch. med. Wochenschr. Nr. 14. 1905.
Hollander, B., Die Wechseljahre des Mannes (Klimakterium virile). Neur. Zentralbl. 1910. S. 1282.
Hoven, W. v., Versuch über die Nervenkrankheiten. Nürnberg 1813.
Hug-Hellmuth, Zur weiblichen Masturbation. Zentralbl. f. Psychoanalyse. III. Jahrg. 1912. Heft 1.
Jaffé, Über Dyspepsia uterina. Memorab. 31. Jahrg. 86. S. 200.
Jahrbuch für sexuelle Zwischenstufen. I.—XXI. Jahrg. Leipzig 1899—1921.
Jastrowitz, Einiges über das Physiologische und über die außergewöhnlichen Handlungen im Liebesleben der Menschen. Leipzig 1904.
Jaworski, von, Über den Einfluß der Menstruation auf die neuropsychische Sphäre der Frauen. Wiener klin. Wochenschr. 1910. Nr. 46.
Jolly, Handbuch der Krankheiten des Nervensystems. von Ziemssens Handbuch 12. Bd. 2. Hlft. 2. Aufl.
— Berliner klin. Wochenschr. Nr. 34. 1892.
— Die Indikation des künstlichen Abortus bei der Behandlung von Neurosen und Psychosen. Berl. klin. Wochenschr. 1901. Nr. 47. S. 1194.
— Beitrag zur Statistik und Klinik der Puerperalpsychosen. Münch. med. Wochenschr. 1907.
— Menstruation und Psychose. Habilitationsschrift der Universität Halle. Februar 1915.
Kafemann, Über Aphrodisiaka. Münch. med. Wochenschr. 1910. Nr. 7.
— Die Gefahren der sexuellen Abstinenz für die Gesundheit. Sex.-Probl. 1911. S. 46.
— Die Sexualhygiene des Mannes in Beziehung auf ansteckende Krankheiten und funktionelle Störungen. Sex.-Probl. 1910. S. 97 u. 194.
Kaltenbach, R., Über Hyperemesis gravidarum. Zentralbl. f. Gyn. 1890. Bd. 14. Heft 49. S. 892.
— Nochmals zur Frage der Hyperemesis gravidarum. Zentralbl. f. Gyn. 1891. Bd. 15. Heft 26. S. 537.

Kantorowicz, Über die Behandlung der nervösen Impotenz. „Libidol". Med. Klinik 1910. Nr. 26.
Kisch, Über Dispepsia uterina. Berl. klin. Wochenschr. Nr. 18. 1883.
— Cardiopathia uterina. Wien. klin. Rundschau 1896.
— Über Herzbeschwerden durch die Kohabitation. Münch. med. Wochenschr. 1897.
— Uterus und Herz in ihren Wechselbeziehungen. Leipzig 1898.
— Das Geschlechtsleben des Weibes in physiologischer, pathologischer und hygienischer Beziehung. 1904.
Kisel, Dispepsia uterina. Berl. klin. Wochenschr. 1893. Nr. 18. S. 263.
Klineberger, Über Pubertät und Psychopathie. J. F. Bergmann, Wiesbaden, 1914.
Knoblauch, Über nasale Reflexe. Deutsche med. Wochenschr. 1908. Nr. 24.
König, Eine Wirkung der Hydrastiswurzel. Separatabdruck aus den Verhandlungen des XXI. Kongresses für innere Medizin.
Kötscher, Das Erwachen des Geschlechtsbewußtseins und seine Anomalien. Grenzfragen des Nerven- und Seelenlebens. Wiesbaden 1907. Heft 52.
Kohl, Dr. August, Pubertät und Sexualität. Würzburg 1911. Stuber.
Kraepelin, Lehrbuch der Psychiatrie. 8. Aufl. 1. Bd.
Krafft-Ebing, v., Lehrbuch der Psychiatrie. 4. Aufl.
— Über Neurasthenia sexualis beim Manne. Wiener med. Presse. Nr. 5 u. f. 1887.
— Über pollutionsartige Vorgänge beim Weibe. Wiener med. Presse Nr. 14. 1888.
— Indikationen und Mittel der Schwangerschaftsverhütung. Münch. med. Wochenschr. Nr. 39. 1904. S. 1748.
— Über Neurosen und Psychosen durch Abstinenz. Jahrb. f. Psych. 8. Bd. 1889.
— Psychopathia sexualis mit besonderer Berücksichtigung der konträren Sexualempfindung. 9. Aufl. Stuttgart 1894; 14. Aufl. 1912.
— Über Neuropathia sexualis feminarum. Zülzer-Oberländers's „Klin. Handbuch der Harn- und Sexualorgane" 1894. 4. Abtl.
— Arbeiten aus dem Gesamtgebiete der Psychiatrie und Neuropathologie. Heft 3. Leipzig 1898. S. 237. (Hysteria gravis.)
Krantz, Dr. med. M., Diagnose und Therapie der nervösen Frauenkrankheiten infolge gestörter Mechanik der Sexualorgane. Wiesbaden 1899.
Kronfeld, Nervöse Folgeerscheinungen der Homosexualität. J. f. s. Z. 1920. Heft 3 u. 4. S. 99.
Krönig, Über die Bedeutung der funktionellen Nervenkrankheiten für die Diagnostik und Therapie in der Gynäkologie. Leipzig 1902.
Kuttner, Die nasale Dysmenorrhöe. Deutsche med. Wochenschr. 1908. S. 1050.
Kyrle, Ist Steinachs Lehre von der Funktion der Leydigschen Zellen zwingend? Med. Klinik 1921. Nr. 34.
Laker, Über eine besondere Form von verkehrter Richtung (Perversion) des weiblichen Geschlechtstriebes. Arch. f. Gyn. 34. Bd. Heft 2. 1889. S. 293.
Lallemand, Über unwillkürliche Samenverluste. Deutsche Ausgabe von Ofterdinger. 1841.
Lanz, Über die Fortpflanzungsfähigkeit der Thyreopriven. Neurol. Zentralbl. Nr. 9. 1904. S. 420.
Laurent, L'amour morbide. Paris 1895.
Leers, Einiges über den Exhibitionismus. Monatsschr. f. gerichtl. Medizin etc. Oktober 1907.
Lemke, Die Pubertät, dargestellt vom Standpunkt des Schul- und Kinderarztes. Langensalza 1920.
Leo, Über Berechtigung und Indikationen der fakultativen Sterilität. Münch. med. Wochenschrift 1910. S. 1097.
Leyden, Klinik der Rückenmarkskrankheiten. 1. Bd. 1874.
Lichtenstern, Bisherige Erfolge der Hodentransplantation beim Menschen. Jahreskurse für ärztliche Fortbildung. Bd. 11. April 1920.
— Erfolge der Altersbekämpfung beim Manne nach Steinach. Berl. klin. Wochenschr. 1920 Nr. 42.
Lieck, Zu den Steinachschen Verjüngungsversuchen. Deutsche med. Wochenschr. 1920. Nr. 42
Lindner, Jahrbuch für Kinderkrankheiten. Bd. 14.
Lipa Bey, Der Eunuch. Sex. Probleme 1911. S. 674.
Lipschütz, Die Pubertätsdrüse und ihre Wirkungen. 1919. Ernst Birkers Verlag in Bern
Lissmann, Zur Behandlung der sex. Impotenz. Münch. med. Wochenschr. Nr. 24. 1912.
Loewenfeld, Die moderne Behandlung der Nervenschwäche (Neurasthenie), der Hysterie und verwandter Leiden. 4. Aufl. Wiesbaden 1904.

Loewenfeld, Pathologie und Therapie der Neurasthenie und Hysterie. Wiesbaden 1894.
— Hysterie und Suggestion. Münch. med. Wochenschr. Nr. 7 u. 8. 1894.
— Über die Verknüpfung neurasthenischer und hysterischer Symptome in Anfallsform nebst Bemerkungen über die Freudsche Angstneurose. Münch. med. Wochenschr. Nr. 13. 1895.
— Zur Lehre von den neurotischen Angstzuständen. Münch. med. Wochenschr. Nr. 24 und 25. 1897.
— Bemerkungen über die von der Deutschen Gesellschaft zur Bekämpfung der Geschlechtskrankheiten unternommene Sammelforschung in betreff der sexuellen Abstinenz. Münch. med. Wochenschr. 1915. Nr. 14. S. 1521.
— Sexualchemismus und Sexualobjekt. Zeitschr. f. Sexualw. IV. Bd. 5. Heft. 1917.
— Über sexuelle Träume. Sex.-Probl. 4. Jahrg. Heft 10.
— Über sexuelle Abstinenz. Zeitschr. für Bekämpfung der Geschlechtskrankheiten. 1915. S. 230.
— Über die hypermnestischen Leistungen in der Hypnose in bezug auf Kindheitserinnerungen. Zeitschr. f. Psychotherapie und med. Psychologie 1910. II. Bd. Heft 1.
— Homosexualität und Strafgesetz. 1908.
— Über die Sexualität im Kindesalter. Sex.-Probl. 1911. Heft 7.
— Über die sexuelle Konstitution und andere Sexualprobleme. J. F. Bergmann. 1911.
— Über den sexuellen Präventivverkehr und seine Bedeutung als Ursache für Nervenleiden. Sex.-Probl. 1912. Heft 11.
Loewy, Beitrag zur Wirkung des Yohimbin (Spiegel). Berl. klin. Wochenschr. 1900. Nr. 42.
Loimann, Über Onanismus beim Weibe als einer besonderen Form von verkehrter Richtung des Geschlechtstriebes. Therapeut. Monatshefte 1890. S. 165.
Lomer, Untersuchungen über juvenile Demenz mit einem Heilvorschlag. Allgem. Zeitschr. f. Psychiatrie LXII.
Mac Cord, The pineal gland in relation to somatic, sexual and mental development. Journ. of the Americ. med. Assoc. August 7. 1915.
Maier, Hans W. Kastration und Sterilisation von Geisteskranken in der Schweiz. Halle 1911.
Malherbe, Über die Nasenbehandlung der nervösen Dysmenorrhöe und der männlichen Impotenz. Referat. Die Therapie. Januar 1904. S. 23.
Mantegazza, Physiologie der Liebe. Übersetzung. Jena.
— Hygiene der Liebe. Übersetzung. Jena.
Marcinowski, Zur Frage der infantilen Sexualität. Berl. klin. Wochenschr. 1909. Nr. 20.
Marcuse, Julian, Die Beschränkung der Geburtenzahl, ein Kulturproblem. München 1913.
Marcuse, Max, „Darf der Arzt zum außerehelichen Geschlechtsverkehr raten?" Monatsschr. f. Harnkrankh. und sex. Hyg. II. Jahrgang. 1905. Heft 9.
— Die Zeugungsunfähigkeit des Mannes. (Separatabdruck.) Sex.-Probleme. 1912. Heft 4.
— Die Einwirkung der sexuellen Abstinenz auf die Gesundheit. Dokumente des Fortschritts 1909. Januar.
†— Die Gefahren der sexuellen Abstinenz für die Gesundheit. Leipzig 1910.
— Über Atonie der Prostata. Mediz. Klinik. 1912. Nr. 45.
— Der eheliche Präventivverkehr, seine Verbreitung, Verursachung und Methodik. Dargestellt und beleuchtet an 300 Ehen. Verlag von Ferd. Enke, Stuttgart 1917. S. 199.
Mathes, Psychiatrie in der Gynäkologie. Münch. med. Wochenschr. 1912. S. 2735.
Matusch, Zeitschrift für Psychiatrie. Bd. 34.
Mayer, Über die Beziehungen zwischen Keimdrüsen und Hypophysis. Arch. f. Gyn. Bd. 90. Heft 3.
Mendel, E., Zur Therapie der Impotenz. Therapie der Gegenwart. Juli 1900.
Mendel, K., Die Wechseljahre des Mannes. Neurol. Zentralbl.. 1910. Nr. 20.
Merzbach, G., Die krankhaften Erscheinungen des Geschlechtssinnes. Wien u. Leipzig 1909.
†Meyer, E., Die Puerperalpsychosen. Arch. f. Psych. u. Nervenkrankh. 1911. Bd. 48. Heft 2. S. 459.
— Die künstliche Unterbrechung der Schwangerschaft bei Psychosen (mit Einschluß der Hysterie und Neurasthenie). Med. Klinik. Bd. 14. 1918. Nr. 7. S. 153—157. Nr. 8. S. 179—184.
Mingazzini, La nevrastenia spinale (sessulae). Estratto dal Policlnico. (Sez. pratica.) Anno 1904. Roma.
Moebius, Abriß der Lehre von den Nervenkrankheiten. 1893.
— Über die gegenwärtige Auffassuung der Hysterie. Monatsschr. für Geburtsh. 1895 Bd. 1. Heft I. S. 12.)
— Geschlecht und Entartung.
— Über die Wirkungen der Kastration. 1901.
Mönkemöller, Psychopathologie der Pubertätszeit. Beiträge zur Kinderforschung und Heilerziehung, Heft 104. 1912.

Mooren, Gesichtsstörungen und Uterinleiden. 2. Aufl. Wiesbaden 1898.
Moll, Untersuchungen über die Libido sexualis. 1898.
— Konträre Sexualempfindung. III. Aufl. Berlin 1899.
— Analyse des Geschlechtstriebes. Sonderabdruck aus der „med. Klinik" 1905. Nr. 12 u. 13.
— Das Sexualleben des Kindes. Berlin 1909.
— Handbuch der Sexualwissenschafter. Leipzig 1912. VI. Hauptabschnitt. Die Funktionsstörungen des Sexuallebens von Havelock Ellis u. A. Moll.
— Behandlung der Homosexualität: biochemisch oder psychisch? Abhandlungen auf dem Gebiete der Sexualforschung. Bonn 1920/21. A. Marcus u. E. Webers Verlag.
Moraglia, G. B., Die Onanie beim normalen Weibe und bei den Prostituierten. Autorisierte Übersetzung. Berlin 1897.
Müller, L. R., und W. Dahl, Die Innervierung der männlichen Geschlechtsorgane. Arch. f. klin. Medizin. 107. Bd. S. 110 u. f.
Müller, R., Sexualbiologie. Berlin 1907.
Müller, Hermann, Beiträge zur Kenntnis der Hyperemesis gravidarum. Psych. neurol. Wochenschr. X. Jahrgang.
Münzer, Zur Psychologie und Psychopathologie der Pubertät nebst einigen Bemerkungen über die inneren sekretorischen Funktionen der Keimdrüse. Berl. klin. Wochenschr. 1920. Nr. 15. S. 346.
Naecke, Gedanken über sexuelle Abstinenz. Sexualprobleme 1908. S. 321.
— Zur Frage der sexuellen Abstinenz. Deutsche med. Wochenschr. 1911. Nr. 43.
— Über die Pollutio interrupta. Münch. med. Wochenschr. 1909. Nr. 34.
— Weiteres über Pollutionen. Neur. Zentralbl. 1910. Nr. 22.
— Über tardive Homosexualität. Sexualprobl. 1910. S. 612.
— Einteilung der Homosexuellen. Allg. Zeitschr. f. Psych. 1908. I.
— Die Diagnose der Homosexualität. Neur. Zentralbl. 1908. Nr. 8.
— Beiträge zu den sexuellen Träumen. Groß, Archiv. 1908. 29.
— Der Fußfetischismus der Chinesen. Zeitschr. f. Sexualw. S. 660.
— Echte angeborene Homosexualität. Pseudohomosexualität. Deutsche med. Wochenschr. 1919. Nr. 34.
Niemeyer, Lehrbuch der speziellen Pathologie und Therapie. 7. Aufl. 2. Bd.
Notthafft v., Über Prostataschmerzen. Münch. med. Wochenschr. 1905. Nr. 4. S. 194.
— Der geschlechtliche Verkehr und das Geschlechtsvermögen. Sonderabdruck aus „Die Gesundheit".
— Die krankhaften Äußerungen des Geschlechtstriebs. Sonderabdruck aus „Mann und Weib". Herausgegeben von Prof. Dr. Koßmann u. Privatdozent Dr. J. Weiß.
Nothnagel, Handbuch der Krankheiten des Nervensystems. 2. Hälfte. 2. Aufl. 1877.
Nyström, Sexualleben und Gesundheit. Berlin 1911.
Oberholzer, Über die Wirkung der Kastration auf die Libido sexualis. Sexualprobleme 1912.
— Kastration und Sterilisation von Geisteskranken in der Schweiz. Juristisch-psychiatrische Grenzfragen. VIII. Bd. Heft 1—3.
Odebrecht, Über Neurosen im Gefolge von gynäkologischen Erkrankungen. Beitr. z. Geburtsh. u. Gyn. Stuttgart 1889. Verlag von Friedrich Enke.
Onanie, die. Vierzehn Beiträge zu einer Diskussion der „Wiener Psychoanalytischen Vereinigung". Wiesbaden. J. F. Bergmann. 1912.
Oppenheim, Lehrbuch der Nervenkrankheiten. VI. Aufl. 1913.
Orlowski, Die Innervation der Potenz. Neurol. Zentralbl. 1909. Nr. 12. S. 629.
Ortenau, 7 Fälle von psychischer Erkrankung nach gynäkologischer Behandlung geheilt. Münch. med. Wochenschr. 1912. S. 2388.
Pappenheim, M., u. C. Grosz, Die Neurosen und Psychosen des Pubertätsalters. Berlin 1914. J. Springer. 129 S.
Payr, Über die Steinachsche Verjüngungsoperation. Zentralbl. f. Chirurg. 1920. Nr. 37.
Pelnár, Histologischer Befund bei einem Falle von Chorea gravidarum. Neurol. Zentralblatt. 1905. Nr. 19.
Peretti, Über Geisteskrankheit bei Onanisten. Der prakt. Arzt. 1881. XI.
Peyer, Der unvollständige Beischlaf (Congressus interruptus, Onanismus conjugalis) und seine Folgen beim männlichen Geschlechte. 1890.
— Diagnostisches Lexikon für prakt. Ärzte. Artikel „Masturbation, Pollution und Spermatorrhöe".
— Die nervösen Erkrankungen der Urogenitalorgane in Zülzer-Oberländers klin. Handbuch der Harn- und Sexualorgane. Bd. IV. Leipzig 1894.

Pfister, Die Wirkungen der Kastration auf den weiblichen Organismus. Arch. f. Gyn. 56. Bd. 3. Heft. 1898. S. 583.
Pick, L., Über Hyperemesis gravidarum. (Leipzig 1902.)
Porosz, Über von der Prostata verursachte Pollutionen, Spermatorrhöe und Impotenz. (Vortrag.) Sexualprobleme 1910. S. 251.
— Über die Tagespollutionen. Zeitschr. f. Psychotherap. und med. Psych. 6. 1914. Heft 3 u. 4. S. 192—195.
Praetorius Numa, Die Bibliograpoie der sexuellen Zwischenstufen. 26, 71, 103, 141, 170. Zeitschr. f. Sexualw. 5. Bd.
Quensel, Die Beziehungen zwischen Psychosen und Generationsvorgängen beim Weibe. Med. Klinik. 1907. Nr. 50.
Redlich, Prof. E., Über das Heiraten ne:vöser und psychopathischer Individuen. Med. Klinik. 1908. Nr. 7. S. 217.
Reinl, Die Wellenbewegung der Lebensprozesse des Weibes. Volkmanns Sammlung klinischer Vorträge. Nr. 243.
Ribbing, S., Die sexuelle Hygiene und ihre ethischen Konsequenzen. Deutsch von Reyher. 2. Aufl. 1890.
Riedl, Professor, Die innere Sekretion. Verl. Urban u. Schwarzenberg.
Ripping, Über die Beziehungen d. sogen. Frauenkrankheiten z. den Geistesstörungen der Frauen. Allgem. Zeitschr. f. Psych. 1882. Bd. 39. S. 11.
Rohleder, Die Masturbation. 1899.
— Masturbatio interrupta. Zeitschr. f. Sexualw. 1908. Nr. 8. S. 458.
— Der Automonosexualismus. Berl. Klinik. Heft 225. 1907.
— Die libidinösen Funktionsstörungen beim Weibe. Leipzig 1914. G. Thieme.
Romeis, Untersuchungen zur Verjüngungshypothese Steinachs. Münch. med. Wochenschr. 1921. Nr. 20. S. 600.
Rosenthal, Wiener Klinik. 6. Jahrg. 5. Heft. 1880.
— Einfluß von Nervenkrankheiten auf Zeugung etc. Wiener Klinik. 1880. Nr. 5.
Rouband, Traité de l'impuissance et de la stérilité. Paris 1878.
Roux, L'instinct d'amour. Paris. Baillière et fils. 1903.
— Psychologie de l'Instinct sexual. Paris 1899.
Runge, Die Generationspsychosen des Weibes. Arch. f. Psych. u. Nervenkrankh. 1911. Bd. 48. H. ?.
Sadger, Zur Ätiologie der konträren Sexualempfindung. Med. Klinik. 1902. Nr. 2.
Sänger, Nervenerkrankungen in der Gravidität. Münch. med. Wochenschr. 1912. Nr. 41. S. 2214.
Schick, Bela, Das Menstruationsgift, Haarfärbung und Libido und ihre gegenseitigen Beziehungen. Zeitschr. f. Geb. u. Gyn. Bd. 82.
†Schickele, G., Straßburg, Die nervösen Ausfallerscheinungen der normalen und frühzeitigen Menopause in ihren Beziehungen zur inneren Sekretion. Handbuch der Neurologie. Herausgegeben von Lewandowsky. IV. Bd.
Schönthal, Beiträge zur Kenntnis der im frühen Lebensalter auftretenden Psychosen. Arch. f. Psychiatr. Bd. 23. 1892.
Schrenck-Notzing, v., Die Suggestionstherapie bei krankhaften Erscheinungen des Geschlechtssinnes etc. Stuttgart 1892.
Schröder, R., Über Anatomie und Pathologie des Menstruationszyklus. Zentralbl. f. Gyn. 1914. Nr. 42.
Schubert, Sieben Fälle von psychischer Erkrankung nach gynäkologischer Behandlung geheilt. Erwiderung. Münch. med. Wochenschr. 1912. Nr. 48. S. 2621.
Schüle, Über den Einfluß der sog. „Menstrualwelle" auf den Verlauf psychischer Hirnaffektionen. Zeitschr. f. Psychiatr. Bd. 47. S. 1.
Siemerling, Über Menstruationspsychosen. Zentralbl. f. Nervenheilk. 15. Januar 1905. S. 74.
Spencer-Wells, Die Operation von Gebärmuttergeschwülsten, die Oophorektomie und die Kastration der Frauen bei Geistes- und Nervenkrankheiten. (Volkmann, Vortr. Neue Folge 1891. Nr. 32.)
Spratling, Masturbation in the adult. The medical Record. 28. Sept. 1895.
Steinach, Geschlechtstrieb und echt sekundäre Geschlechtsmerkmale als Folge der innersekretorischen Funktionen der Keimdrüsen. Sexualprobleme 1911. Septemberheft. S. 652.
— Mitteilungen aus der Biologischen Versuchsanstalt der Akademie der Wissenschaften zu Wien. Nr. 36—39.
— Verjüngung durch experimentelle Neubelebung der alternden Pubertätsdrüse. Berlin. Verlag von J. Springer. 1920.

Steinach und Lichtenstern, Umstimmung der Homosexualität durch Austausch der Pubertätsdrüsen. Münch. med. Wochenschr. 65. 1918. Nr. 6. S. 145—148.
Steiner, Kompendium der Kinderkrankheiten. 1872. Kap. Onanie.
Steiner, Maximilian, Die funktionelle Impotenz des Mannes und ihre Behandlung. Wien. med. Presse 1907. Nr. 42.
— Die psychischen Störungen der männlichen Potenz, ihre Tragweite und ihre Behandlung. Leipzig und Wien. 1913.
Stieve, H. Entwicklung, Bau und Bedeutung der Keimdrüsenzwischenzellen. München und Wiesbaden, J. F. Bergmann. 1921.
Strümpell, Lehrbuch der spez. Pathologie u. Therapie. 2. Bd. 1. Teil. 5. Aufl.
Tandler und Grosz, Untersuchungen an Skopzen etc. Neur. Zentralbl. 1909. Nr. 17.
Tarnowsky, B., Die krankhaften Erscheinungen des Geschlechtssinnes. Berlin 1886.
Theilhaber, Beziehungen gastrointestinaler Affektionen zu den Erkrankungen der weiblichen Sexualorgane. Münch. med. Wochenschr. 1893. S. 887.
— Welche Symptome machen die Flexionen und Versionen des Uterus? Münch. med. Wochenschrift. 1896. S. 517.
— Die klinische Bedeutung der Retroflexio und Retroversio uteri. Verhandlungen der deutsch. Gesellsch. f. Gynäkol. 7. Versamml. zu Leipzig 1897.
— Der Zusammenhang von Nervenerkrankungen mit Störungen in den weiblichen Geschlechtsorganen. Samml. zwangl. Abhandl. a. d. Gebiete der Frauenheilk. u. Geburtsh. IV. Bd. Heft 6.
Tissot, De l'onanisme ou dissertation sur les maladies produites par la masturbation. Lausanne 1760.
Trigyesi, J., Chorea gravidarum. Orvosi Hetilap. 1905. Nr. 14.
Trousseau, Med. Klinik. Deutsch von Culmann. 2. Bd. 1868.
Tschich, W. v., Coitus reservatus als Ursache von Neurasthenie. (Sitzungsber. d. IV. Kongr. d. Gesellsch. russ. Ärzte in Kiew. 1896.)
Ultzmann, Neurosen der Harn- und Geschlechtsorgane. Wien. Klinik. 1879.
— Artikel „Impotenz" in Eulenburgs Realenzyklopädie. 2. Aufl. Bd. VII.
— Artikel „Onanie" in Eulenburgs Realenzyklopädie. 2. Aufl. Bd. VII.
Valenta, Über den sogenannten C. reserv. als eine Hauptursache der chronischen Metritis und der weiblichen Nervosität. Memorabilien. 1880.
Verhandlungen der VIII. Jahresversammlung der „Deutschen Gesellsch. zur Bekämpung der Geschlechtskrankheiten" in Dresden über sexuelle Abstinenz.
†Waldschmidt, Die Unterdrückung der Fortpflanzungsfähigkeit und ihre Folgen für den Organismus. Stuttgart 1913.
Walthard, Über die psychogene Ätiologie und Psychotherapie des Vaginismus. Münch. med. Wochenschr. 1909.
— Psychoneurose und Gynäkologie. Monatsschr. f. Geburtsh. u. Gyn. 36. Bd. Ergänzungsh.
— Über die Bedeutung psychoneurotischer Symptome für die Gynäkologie. Zentralbl. f. Gynäk. 1912. Nr. 16.
— Der Einfluß des Nervensystems auf die Funktionen der weiblichen Genitalien. Praktische Ergebnisse der Geburtsh. u. Gyn. 1910. Nr. 2.
Wegele, C. (Bad Königsborn), Über den Zusammenhang zwischen Affektionen der Genitalorgane mit Störungen der Magen- und Darmverdauung. Med. Klinik. 1910. S. 13—16.
Weil, Alfred, Die innere Sekretion. Berlin 1921. Verlag von Julius Springer.
Weil, Arthur, Die Körpermaße der Homosexuellen als Ausdrucksform ihrer besonderen sexuellen Veranlagung. Jahrgang XIII. Heft 3 u. 4. 1921.
Weinberger, Über die physikalische Therapie der Neurasthenia sexualis. Zeitschr. f. diätet. u. physik. Therap. 6. Bd. 8. Heft. 1902/03.
Wetterstrand, Der Hypnotismus und seine Anwendung in der praktischen Medizin. Wien und Leipzig 1891.
Whitridge, Will. J., (Baltimore), Hyperemesis gravidarum. Zentralbl. f. Gynäkol. 1905. XXX.
Wille, Nervenleiden und Frauenleiden. Stuttgart 1902.
Windscheid, Neuropathologie und Gynäkologie. Eine kritische Zusammenstellung ihrer physiologischen und pathologischen Beziehungen. Berlin 1897.
Winkel, Allgemeine Gynäkologie. Kap. 5. Die Gefahren der Ehe. S. 94.
Winter, Verhandlungen des VII. Kongr. der deutsch. Gesellsch. f. Gynäk.
Winternitz, Die Hydrotherapie auf physiologischer und klinischer Grundlage. 2. Bd. S. 123. 1879.
Wulff, Beitrag zur Lehre von den Herzneurosen (Angstneurose). Deutsche med. Wochenschr. 1910. Nr. 2.

Sachregister.

(Die beigesetzten Ziffern bedeuten die jeweiligen Seitenzahlen.)

Abstinenz, sexuelle beim männlichen Geschlecht 67.
— absolute 67.
— relative 67.
— Wirkung derselben bei Gesunden 68.
— Einfluß der sexuellen Konstitution 70.
— Einfluß der nervösen Konstitution 71.
— Anschauungen der Ärzte und Hygieniker 73.
— Einfluß auf Entstehung von Angstzuständen 82.
— als Ursache krankhafter Samenverluste 85.
— von Potenzstörungen 87.
— Beziehungen zur Homosexualität 89.
— beim weiblichen Geschlechte 93.
— Folgen derselben bei Gesunden 94, 95.
— Einfluß derselben bei neuropathisch Veranlagten 96.
Ätzung des prostatischen Teiles der Harnröhre 269.
Algolagnie, aktive und passive 240.
Amenorrhöe 29, 51.
Amentia 49.
Amnesie, infantile 6.
Amor lesbicus 226.
Anästhesie, sexuelle 14, 97, 196.
Anaphrodisie siehe sexuelle Anästhesie.
Anfälle, hysterische, Beziehung derselben zur Menstruation 30.
Angstneurose, Definition derselben 189.
— Freuds Theorie von der sexuellen Ätiologie derselben 180.
Angstzustände, Folge sexueller Abstinenz 82.
— Folge von sexuellen Exzessen 102.
— Folge von Masturbation 121.
— Folge von Präventivverkehr 139.
— Untersuchungen über die sexuelle Ätiologie derselben 189.
Anomalien des Geschlechtstriebes 196.
— quantitative 196.
— qualitative 206.
Anstrengungen, körperliche, post coitum, Folgen derselben 106.
— vor dem Koitus 106.
Apoplexie, genuine der Schwangerschaft 36.
Arsenik 263.
Arzneiliche Behandlung der Neurasthenie 263.
Asexueller Zustand 5.
Asthma, nervöses 124.
— uterinum 31.
Augenaffektionen, Folge von Onanie 125.
Augenmigräne, Folge von Onanie 125.
Autoflaggelation 248.

Badekuren bei Neurasthenie 265.
Bäder, warme 265.
Befriedigung, sexuelle, Mangel derselben bei Frauen 93.
— Ursachen des Mangels 96.
— Folgen derselben 96.
Begattungstrieb 11.
Beschäftigung, Regulierung derselben bei Onanisten 260.
Bisexualitätstheorie 208, 218.
Blase, reizbare 125.
Brompräparate 266.

Camphora monobromata 266.
Cerebrasthenie s. Gehirnerschöpfung.
Chatelinsche Methode 278.
Chorea gravidarum 34.
Coccygodynie 166.
Coitus in statione, Folgen desselben 106.
Congressus interruptus 134.
— reservatus 134.

Damiasin 276.
Dauer der sexuellen Funktionen 21.
Defäkationsspermatorrhöe 155.
Dementia praecox 25.
Depression, gewöhnliche bei Frauen in den Wechseljahren 54.
— als Folge der Kastration bei Frauen 56.
— bei Schwangeren 39.

Detumeszenztrieb 12.
Diätetische Behandlung der übermäßigen Pollutionen 267.
Disposition, neuropathische, Bedeutung derselben bei sexueller Abstinenz 71.
— Einfluß derselben auf die Wirkungen des Präventivverkehrs 138.
Dysmenorrhöe 28.
Dyspepsie, nervöse 102.
— uterine 168.

Effemination 212.
Eheschließung, prophylaktische Kraft derselben in bezug auf Geistesstörungen 149.
— Einfluß derselben bei Hypochondern 147.
Eisengebrauch bei Neurasthenie 263.
Ejakulationszentren 1.
Ejakulation, präzipitierte 101.
Eklampsie gravidarum et parturientium 35.
Elektrizität, Anwendung derselben bei Neurasthenie 265.
Elektrisation, allgemeine 265.
— intraurethrale 270.
Elektrische Behandlung der Spermatorrhöe 270.
— der Impotenz 272.
Elektrisches Bad 265.
Enthaltsamkeit, sexuelle s. sexuelle Abstinenz.
Entwicklung der sexuellen Funktion 5.
Epiglandol 267.
Epilepsie, Beziehung derselben zu sexuellen Exzessen 103.
— Beziehung derselben zur Menstruation 31.
Erbrechen, unstillbares bei Schwangeren 32.
Erektionszentren im Rückenmark 1.
Erethismus genitalis bei Frauen 132.
Erogene Zone 6.
Erotik im Kindesalter 9.
Erregung, frustrane 12.
Exzesse, geschlechtliche 99.
— neurasthenische Folgen derselben auf Entstehung von Psychosen 102.
— Beziehungen derselben zur Epilepsie 103.
— Beziehungen zu den organischen Rückenmarkskrankheiten 104.
— Folgen derselben beim weiblichen Geschlechte 107.
Exhibitionismus 239.
Extrakt Muriae Puamae 276.

Facultas coeundi 8.
— generandi 8.
Felatio 214.
Fellows Sirup 264.
Fetischismus 230.
Flagellation 246.
Flußbäder 265.
Fluid. Extract. Hydriastis 267.
Fortpflanzungstrieb 11.
Franklinisation 273.
Freuds Theorie von der Sexualität in der Ätiologie der Neurosen 180.
Frigidität, sexuelle 14.
Frotteurs 239.
Fußfetischismus 231.

Galls Theorie von dem Sitze des Geschlechtssinnes 1.
Galvanisation des Kopfes 265.
— des Rückens längs der Wirbelsäule 265.
Galvanofaradisation 273.
— am Halse 265.
Gebirgsaufenthalt 264.
Geburtsakt, nervöse und psychische Störungen während desselben 44.
Gedankendisziplin bei sexuellen Reizzuständen 266.
Gedankenonanie s. psychische Onanie.
Gehirnblutung als Folge sexuellen Verkehrs 101.
— bei Schwangeren 36.
Gehirnerschöpfung (zerebrale Neurasthenie 102.
Geisteskrankheiten, Heilung derselben durch gynäkologische Operationen 176.
— als Folge sexueller Abstinenz 79.
— während der Schwangerschaft 32.
— Geburt und im Wochenbett 14.
— in der Säugeperiode 46.
Gelüste bei Schwangeren 39.
Genitalleiden s. Sexualerkrankungen.
Geschlechtsreife 9.
Geschlechtstrieb 11.
— im Kindesalter 8.
— indifferenzierter 16.
— beim Manne 14.
— bei der Frau 14.
— Physiologie 20.
— Einfluß der Kastration auf denselben 17.
— krankhafte Steigerung desselben 198.
— angeborener Mangel desselben 196.
— perverser 206.
Grausamkeit, Verknüpfung derselben mit sexueller Lust 240.
Gynandrie 226.

Haftbarkeit, erhöhte infantiler Sexualerlebnisse 220.
Halbbäder 265.
Hämoglobinpräparate, Gebrauch derselben bei Neurasthenie 264.
Harnröhrenschleimhaut, Hyperästhesie derselben 152.
Harnröhrenstrikturen 153.
Häufigkeit der Homosexualität 214.
Homosexualität, Ansteckung durch dieselbe 215.
Hermaphrodisie, sexuelle 208.

Herzneurasthenie 102, 124.
Herzschwäche s. Herzneurasthenie.
Hodenextrakt, Brown-Sequards 263.
Homosexualität 206.
Hörigkeit, geschlechtliche 251.
Hydrastis canadensis 267.
Hydrotherapie 265.
Hyperästhesie, sexuelle, bei sexueller Enthaltsamkeit 198.
— klinische Formen derselben 198.
— elektive Form derselben 204.
— der Harnröhre 131.
— der Vulva und des Scheideneinganges 132.
Hyperemesis gravidarum 33.
Hyperlagnie 198.
Hypnotische Behandlung 266.
— der Potenzmängel 279.
Hysterie, Beziehung derselben zur sexuellen Abstinenz 93.
— Beziehung derselben zu den Sexualleiden bei Frauen 165.
— Freuds Theorie von der Ätiologie derselben 180.
Hysterische Konstitution 172.

Impotenz als Folge von sexuellen Exzessen 102.
— von sexueller Abstinenz 89.
— verschiedene Formen derselben 271.
— Behandlung derselben 271.
Infantilismus psychosexualis 197.
Injektion in den Spinalkanal 278.
Inversion, sexuelle s. Homosexualität.
Inzestphantasien 9.

Kampfer 266.
Kastration bei Frauen, nervöse Beschwerden im Gefolge derselben 55, 197.
— Verhalten der Libido nach derselben 57.
Keimdrüsen als Organe innerer Sekretion 19.
Klimakterische Neurosen 54, 60.
Klimakterium, natürliches, Eintritt und Dauer desselben 50.
— nervöse Störungen im Gefolge desselben 54.
— künstliches s. Kastration.
— virile 60.
Kleptomanie 27.
Klimatische Kuren 264.
Knabengeißler 247.
Kompromanie 232.
Kondoms, Gebrauch derselben als antikonzeptionelles Mittel 137.
Konstitution, sexuelle 7.
Kontraktionstrieb 12.
Konträre Sexualempfindung s. Homosexualität.
Körperfetischisten 231.
Krämpfe, Folge der Masturbation 118.
Kühlsonde 268.

Lageveränderungen des Uterus als Ursache nervöser Störungen 166.
Lagnänomanie 241.
Laktationspsychosen 51.
Landaufenthalt 264.
Leichenschändung 246.
Lenden- und Sakralmarkzentren des Geschlechtsaktes 1, 2.
Lendenmarksymptome 166.
Leydigsche Zwischenzellen 19.
Libido sexualis s. Geschlechtstrieb.
— nimia 198.
— Behandlung derselben 266.
Libidogene Stoffe 20, 194, 492.
Libidol 276.
Liquor sedans 266.
Lokalbehandlung des prostatischen Teiles der Harnröhre 258.
Ludeln 6.
Lustmord 246.

Machlänomanie 241.
Mädchenstecher 247.
Malthusianismus s. Präventivverkehr.
Masochismus 240.
Massage 265.
Mastdarmkühlapparat 272.
Mastkur 265.
Mastodynie bei Schwangeren 35.
— menstruelle 26.
Masturbation s. Onanie.
Mechanotherapie 275.
Melancholie bei Neuvermählten 148.
Menarche 23.
Menopause s. Klimakterium.
Menorrhagie 30.
Menstruation, erster Eintritt derselben 23.
— Andauer derselben 21.
— nervöse Störungen während derselben 26.
Menstrualblut 29.
— Einfluß desselben auf bestehende Nervenkrankheiten 30.
— plötzliche Unterdrückung desselben 30.
Miktionsspermatorrhöe 122.
Mißbildung der äußeren Geschlechtsteile bei Frauen als Ursache von Neurosen 175.
Moliminae menstrualia 26.
Mütterlicher Instinkt 11, 17.
Mujerodos 261.
Muiracithin 276.
Mutieren 10.
Myelasthenie, s. spinale Neurasthenie.
Myelitis, chronische, Einfluß der sexuellen Exzesse auf Entstehung derselben 105.

Narzismus 228.
Nasenschleimhaut, deren Beziehung zum Uterus 29.
Neomalthusianismus s. Präventivverkehr.

Neuralgien bei Schwangeren 35.
Neurasthenie als Folge sexueller Abstinenz 67.
— als Folge sexueller Exzesse 90.
— als Folge von Onanie 109.
— als Folge von Präventivverkehr 139.
— des Gehirnes s. Gehirnerschöpfung.
— des Rückenmarkes (spinale Neurasthenie) 100.
— allgemeine 122.
— viszerale 124.
— bei Konträrsexualen 225.
— sexuelle Prophylaxe und Behandlung derselben 254.
Neuritis während der Schwangerschaft 38.
— puerperalis 46.
Nukleogen 264.
Nymphomanie 205.

Ödipuskomplex 9.
Okklusivpessarien 137.
Onanie, Verbreitung derselben 109.
— ärztliche Beurteilung derselben 111.
— verschiedene Formen derselben 111.
— peripher mechanische 111.
— mutuelle 214.
— psychische 110.
— Beziehung derselben zu vorhandenen Krankheitszuständen und der neuropathischen Disposition 114.
— Zwangstrieb zur Onanie 116.
— unbewußte 117.
— Folgezustände derselben bei Kindern 118.
— Einfluß der Häufigkeit des Aktes bei Erwachsenen 119.
— mutuelle 214.
— neurasthenische Folgezustände derselben 122.
— Psychosen als Folge derselben 125.
— Epilepsie als Folge derselben 127.
— Erklärung der Einwirkung derselben auf das Nervensystem 131.
— beim weiblichen Geschlechte 132.
— nervöse Folgen derselben 132.
— Behandlung derselben 260.
Organotherapeutische Präparate 277.
Orgasmus, Verringerung und Mangel der Fähigkeit zu demselben 197.
— Ursachen dieser Erscheinung 197.

Päderastie 214.
Pars prostatica der Harnröhre, Beziehung derselben zur sexuellen Neurasthenie 152.
Periodische Anomalien des Geschlechtstriebes 252.
Perverse Sexualakte 196.
Perversion des Geschlechtstriebes 206.
Phimose 154.
Phobien als Folge sexueller Abstinenz 82.
— als Folge des Congr. interr. 139.
Phytin 263.
Pollutionen bei Männern 154.
— übermäßige (Pollut. nimiae) 156.
— Behandlung derselben 267.
— bei Frauen 161.
— infolge von Angst 129.
— interrupta 157.
Pollutionsartige Vorgänge 159.
Pollutionsverhinderungsmittel, mechanische 270.
Potental 276.
Potenz, geschlechtliche Entwicklung derselben 5.
Potenzstörungen s. Impotenz.
Präcocität des Geschlechtstriebes 220.
Präventivverkehr, sexueller 134.
— die Malthussche Lehre und der Neomalthusianismus 143.
— Motive desselben 135.
— eigene Beobachtungen über die nervösen Folgen desselben 136, 139.
— Schlußfolgerungen 143.
Priapismus 203.
Propäsinsalbe 277.
Prostataatonie 153.
Prostatitis, chronische 153.
Prostatorrhöe, nervöse Folgeerscheinungen derselben 153.
Protylin 263.
Pruritus genitalis als Ursache von Masturbation 114.
Pseudoangina pectoris bei Homosexualität 213.
Psychische Behandlung der Neurasthenie 266.
— der Potenzstörungen 279.
Psychoanalyse 180.
Psychosen bei Neuvermählten 148.
— kausale Beziehungen derselben zu Sexualerkrankungen bei Frauen 44, 48.
— menstruelle 27.
— puerperale 44, 48.
Psychrophor s. Kühlsonde.
Pubertätsdrüse 19.
— zwittrige 219.
Pubertätsentwicklung 22.
Pubertätszeit 22.
— nervöse Störungen derselben 22.
Pygmalionisten 240.
Pyromanie 27.

Reizbare Schwäche des Lenden- und Sakralmarkes 123.
Reisen 264.
Rhome 276.
Rückenmarkserschöpfung s. spinale Neurasthenie.
Rückenmarkskrankheiten, organische, Einfluß der sexuellen Exzesse auf Entstehung derselben 104.
— bei Schwangeren 37.
— Beziehung der Masturbation zu denselben 111.
Rückenschlauch 269.

Sadismus 240.
Samenfluß s. Spermatorrhöe.
Samenverluste, krankhafte s. Spermatorrhöe und Pollutionen.
Sanatogen 263.
Satyriasis 199.
Schuhfetischisten 231.
Schwangerschaft, Einfluß derselben auf Neurosen und Psychosen 41.
Schwangerschaftslähmungen, periphere 38.
— zentrale 36.
Schwangerschaftspsychosen 40.
Schwindel im Klimakterium 55.
Sehstörungen als Folge von Onanie 124.
Sekretion, innere 19.
Sekundäre Geschlechtsmerkmale 9.
Sexualerkrankungen bei Männern als Ursache von Nervenleiden 151.
— bei Frauen infolge von Masturbation 165.
— infolge von Präventivverkehr 136, 139.
— als Ursache lokaler nervöser Störungen 166.
— als Ursache nervöser Magenaffektionen 168.
— als Ursache nervöser Herzstörungen 169.
— Beziehungen derselben zur Hysterie 170.
Sexualobjekt 220.
Sexualität, infantile 5.
Sexualtrieb s. Geschlechtstrieb.
Sexueller Verkehr, Einfluß desselben auf bestehende Nervenkrankheiten und die Disposition zu solchen 144.
Sitzbäder 265.
Solbäder 265.
Spadones 17.
Spermatorrhöe 155.
— Behandlung derselben 270.
Spermin Poehl 263.
Stahlbäder 265.
Sterilisierung 257.
Steinachs Verjüngungstheorie 62.
— Operation auf Grund derselben 63.
Stoffetischismus 230.
Strychnin 275, 276.
Styptol 267.
Substitutive Formen heterosexueller Perversion 230.
Suggestion, hypnotische s. Suggestivbehandlung 261.
Suggestive Behandlung 265.
Symbolismus, geschlechtlicher 230.
Syrupus Kolae compositus 264.

Tachykardie bei Sexualkrankheit der Frauen 169.
Tagespollutionen 156.
Teligan 277.
Testiglandol 278.
Testogan 277.
Tierfetischismus 239.
Transvestitismus 229.
Träume, sexuelle 162.
Tribade 228.
Trigemin 263.
Tripperneurasthenie 152.

Übererregbarkeit, sexuelle 198.
Uranismus 206.
Urethritis posterior chronica, Beziehungen derselben zu den sexuellen Mißbräuchen 152.
— Beziehung derselben zur Neurasthenie 152.
Urning 206.
Uterinkoliken 28.
Uterusexstirpation, Folgezustände derselben 59.

Vaginismus 132.
Vegetarische Lebensweise bei Libido nimia 267.
Viraginität 226.
Vorstellungen als Ursache hysterischer Symptome 136.
Voyeurs 240.

Wallungen, klimakterische 56.
Wasserkur siehe Hydrotherapie.
Wechsel s. Klimakterium.
Wonnesaugen siehe Ludeln.

Yohimbin 275.

Zentren für den Geschlechtsakt im Rückenmark 1.
Zentrum für den Geschlechtsakt im Gehirn 2.
Zopfabschneider 232.
Zwangstriebe in der Schwangerschaft 39.
Zwangstrieb zur Onanie 116.
Zwangsvorstellungen bei Masturbanten 126.
Zwangsvorstellungsneurose, Freuds Theorie von der Ätiologie derselben 180.
Zwischenstufen, sexuelle 218.
Zwittertum, psychosexuales 208.